"十二五"普通高等教育本科国家级规划教材

21世纪高等院校旅游管理精品教材

Tourism Law
Theory & Practice

旅游法规
理论与实务

第5版
5th edition

王莉霞 编著

东北财经大学出版社 Dongbei University of Finance & Economics Press | 大连

图书在版编目（CIP）数据

旅游法规：理论与实务 / 王莉霞编著. —5版. —大连 ：东北财经大学出版社，2022.2（2025.1重印）
（21世纪高等院校旅游管理精品教材）
ISBN 978-7-5654-4415-9

Ⅰ. 旅… Ⅱ. 王… Ⅲ. 旅游业-法规-中国 Ⅳ. D922.296

中国版本图书馆CIP数据核字（2021）第281463号

东北财经大学出版社出版
（大连市黑石礁尖山街217号 邮政编码 116025）
网 址：http://www.dufep.cn
读者信箱：dufep@dufe.edu.cn

大连日升彩色印刷有限公司印刷 东北财经大学出版社发行

幅面尺寸：185mm×260mm 字数：541千字 印张：24.75
2022年2月第5版 2025年1月第5次印刷

责任编辑：孙 平 田玉海 吴 奂 责任校对：孙晓梅
封面设计：冀贵收 版式设计：钟福建

定价：52.00元

教学支持 售后服务 联系电话：（0411）84710309
版权所有 侵权必究 举报电话：（0411）84710523
如有印装质量问题，请联系营销部：（0411）84710711

第五版前言

《旅游法规：理论与实务》（第五版）以中国共产党十八大、十九大和二十大精神为指导，以培养符合人民满意的现代旅游业发展需要的从业人员为目标，把价值观培育和塑造融入教材内容，探索旅游管理类教材改革与实践应用的新方向。其创新点如下：

从教材内容分析，此次修订以“课程思政”为载体，将中国特色社会主义法治理论、法治体系以及习近平法治思想写进教材，分析探讨旅游法规在中国特色社会主义法律规范体系中的地位，其目的在于使学生明确良法善治是推进文旅领域治理体系和治理能力现代化的必然要求，以增强其政治意识和法治意识。同时，关注旅游新业态及其发展新趋势，将旅游竞争法律制度、互联网背景下在线旅游企业运营中的法律问题以及旅游者个人信息权保护等法律问题写进教材，以培养学生探求本真和接受新思想、新知识的能力。

从教材结构分析，新增加第一章、第二章、第八章、附录以及与旅游规划、文化遗产和非物质文化遗产旅游利用保护有关的内容，调整、合并了传统旅行社业、住宿业和交通业的内容，并以2018年10月修改的《中华人民共和国旅游法》和2021年1月1日起实施的《中华人民共和国民法典》为依据，修订了全书的相关内容。与本教材第四版相比，新增内容达20万字之多，修订覆盖面在70%以上。就单章结构而言，在正文前后，增加了“学习引导与目标”和“本章小结”，从而形成了“背景与提要-学习引导与目标-正文-本章小结-思考与练习”结构。同时，每章正文中又穿插了具有学术理论性、价值引导性的“延伸阅读”以及具有时效性和针对性的“案例”，以探索“知识传授与价值引领相结合”“理论学习与实践应用相结合”的有效路径。

本次修订由西安外国语大学王莉霞教授主持并独立完成，在此次修订中，我们借鉴了国内外专家、学者的相关研究成果，在此表示诚挚的谢意。

编著者

2023年7月修改于西安

目　录

第一章

中国特色社会主义法治理论及其在文旅领域的实践

背景与提要

党的十八大以来，以习近平同志为核心的党中央从坚持和发展中国特色社会主义的全局和战略高度定位法治、布局法治、厉行法治，把全面依法治国纳入“四个全面”战略布局，创造性地提出了全面依法治国的一系列新理念、新思想、新战略，领导和推动我国社会主义法治建设发生历史性变革、取得历史性成就。

◇党的十八届四中全会对全面依法治国进行顶层设计，描绘了宏伟蓝图。会议审议通过的《中共中央关于全面推进依法治国若干重大问题的决定》提出了“中国特色社会主义法治理论”这一概念，并为中国法治理论建设的基础性、根本性问题定下了总基调：坚持党的领导，坚持人民主体地位，坚持法律面前人人平等，坚持依法治国与以德治国相结合，坚持从中国实际出发。

◇党的十九大提出到2035年基本建成法治国家、法治政府、法治社会，确立了新时代法治中国建设的路线图、时间表。

◇党的十九届二中全会专题研究宪法修改，由宪法及时确认党和人民创造的伟大成就和宝贵经验，以更好发挥宪法的规范、引领、推动、保障作用。

◇党的十九届三中全会站在加强党对全面依法治国的集中统一领导的高度，成立中央全面依法治国委员会，统筹推进全面依法治国工作。

◇党的十九届四中全会从推进国家治理体系和治理能力现代化的角度，对坚持和完善中国特色社会主义法治体系，提高党依法治国、依法执政能力作出部署。

◇党的十九届五中全会在制定“十四五”规划和二〇三五年远景目标建议时，再次就全面依法治国作出部署，对立足新发展阶段、贯彻新发展理念、构建新发展格局立法工作提出新的要求。

2020年11月16日至17日，党的历史上首次召开的中央全面依法治国工作会议，将“习近平法治思想”确立为全面依法治国的指导思想，不仅具有十分重大的理论和实践意义，而且具有非常深刻的政治和法治价值。习近平法治思想凝聚着中国共产党人在法治建设长期探索中形成的经验积累和智慧结晶，标志着我们党对共产党执政规律、社会主义建设规律、人类社会发展规律的认识达到了新高度，开辟了21世纪马克思主义法治理论和实践的新境界。

党的二十大提出我们要坚持走中国特色社会主义法治道路，建设中国特色社会主义法治体系、建设社会主义法治国家，围绕保障和促进社会公平正义，坚持依法治国、依法执政、依法行政共同推进，坚持法治国家、法治政府、法治社会一体建设，全面推进科学立法、严格执法、公正司法、全民守法，全面推进国家各方面工作法治化。

旅游是新时代人民美好生活和精神文化需求的重要内容，是人民群众获得感和幸福感的重要体现，是展示国家形象和国民素质的重要窗口。习近平总书记强调，人文资源是发展旅游的基础，发展旅游经济要以优秀人文资源为主干，用文化提升旅游品位，精心打造出更多体现文化内涵、人文精神的特色旅游精品。旅游是综合性产业，是拉动经济发展的重要动力，是传播文明、交流文化、增进友谊的桥梁，是人民生活水平提高的一个重要指标。习近平总书记重要论述深刻阐明了文化和旅游融合发展的基本原则、总体要求。良好的旅游市场秩序是企业依法诚信经营和公民文明素养的集中反映，也是社会综合治理水平的集中体现。繁荣发展文化事业和文化产业，实现文旅领域治理体系和治理能力现代化，“以文塑旅、以旅彰文，推动文化和旅游融合发展”，就必须坚持把依法兴旅、依法治旅作为文旅领域治理体系与治理能力提升的基本方略，通过法治建设与法治改革，建立健全文旅融合发展体制机制，创造性地统筹各方力量，为高质量的旅游消费营造良好的环境。

学习引导与目标

中国特色社会主义法治理论是中国特色社会主义理论体系的重要组成部分。这一理论既是中国特色社会主义法治实践的理论表达，也是中国特色社会主义法治实践的理论指引。本章紧紧围绕着中国特色社会主义法治理论与法治体系、习近平法治思想以及中国特色社会主义法治理论在文化与旅游领域的实践运用展开。要求高等院校旅游管理类专业的学生学习和掌握中国特色社会主义法治理论的基本内涵和基本构成、中国特色社会主义法治体系，学习和掌握习近平法治思想的核心要义、精神实质、理论特质、时代特征与方法论贡献。在此基础上，要求学生明确良法善治是推进文旅领域治理体系和治理能力现代化的必然要求。作为高校旅游管理类专业的学生，既要注重专业理论知识的学习和培养，更要注重政治意识和法治意识的培养和造就，从而成为能够适应现代旅游服务业需要的高层次专业人才。

第一节　中国特色社会主义法治理论与法治体系

一、中国特色社会主义法治理论

（一）中国特色社会主义法治理论的内涵

中国共产党十八届四中全会审议通过的《中共中央关于全面推进依法治国若干重大问题的决定》提出了“中国特色社会主义法治理论”这一概念，并为中国法治理论建设的基础性、根本性问题定下了总基调：坚持党的领导，坚持人民主体地位，坚持法律面前人人平等，坚持依法治国与以德治国相结合，坚持从中国实际出发。关于中国特色社会主义法治理论的基本含义有以下代表性观点：

龚廷泰（2014）[①]：中国特色社会主义法治理论植根于中国特色社会主义法治实践，同时也是中国法治建设的理论指引。从理论渊源来看，它是马克思主义法学理论体系的重要组成部分；从学科归属来看，它是中国特色社会主义理论体系的一部分，属于马克思主义法学学科体系的一部分；从其内部结构来看，它涵盖基础法学理论和应用法学理论；从法治内涵来看，它是中国国情的特殊性与世界法治文明发展的一般性相结合的理论；从理论功能的角度来看，它是法治实践的先导。总之，中国特色社会主义法治理论是马克思主义法学理论和中国特色社会主义理论体系的重要组成部分，它是中国法治建设和法学学科建设的新理论。这个新理论，是既立足中国国情又体现世界法治文明一般规律的科学的理论体系，是中国社会主义法治建设的理论基础和观念指引。建设和完善中国特色社会主义法治理论，必须立足于中国国情，从我国社会主义初级阶段的实际出发；必须把握和平发展的时代特征，把中国的法治发展之路和中国与世界各国广泛合作、互利共赢的和平发展道路结合起来；必须立足于中国特色社会主义建设的伟大实践，特别是中国特色社会主义法治建设的伟大实践，乃是中国特色社会主义法治理论不断发展的永不枯竭的动力源泉。

张文显（2015）[②]：中国特色社会主义法治理论全面阐述了法治的本质、法治的普遍规律、现代法治的一般原理，以及社会主义法治的本质特征、内在要求、价值功能、基本原则、发展方向、遵循道路等重大问题；深刻回答了什么是社会主义法治，如何依法治国、建设社会主义法治国家和社会主义法治体系，如何推进法治中国建设，即如何实现依法治国、依法执政、依法行政共同推进，法治国家、法治政府、法治社会一体建设，国家法治、地方法治、社会法治协调发展，如何在法治轨道上推进国家治理体系和治理能力现代化，如何形成全面依法治国与全面建成小康社会、全面深化改革、全面从严治党相辅相成、相互促进、相得益彰的局面等一系列重大问题和前沿问题。总之，中国特色社会主义法治理论是关于法治，特别是关于中国特色社会主义法治的科学认知的集成，是党和国家法治建设的根本指导思想，是“我们党处理法治问题的基本立场”[③]。

付子堂、朱林方（2015）[④]：所谓中国特色社会主义法治理论，是马克思主义关于社会主义法治建设的基本原理与当代中国社会主义法治建设实际相结合的结晶，是从社会主义现代化建设事业的现实和全局出发，总结中国法治实践经验，汲取中国传统法治文化精华，借鉴国外法治合理元素，围绕如何建设社会主义法治国家这一核心问题而形成的知识系统。“当代中国”是中国特色社会主义法治理论的时空规定。中国特色社会主义法治理论回答的不是抽象的一般性法治问题，也不是别的什么国家的法治问题，而必须是当代中国的法治问题，其根本出发点必定也必须是中国国情，中国国情既是中国特色社会主义法治理论必须面对的复杂实际，也是创新发展中国特色社会主义法治理论可资凭借的丰富资源。“中国特色社会主义”是中国特色社会主义法治理论的政治性规定。中国特色社会主义制度是中国特色社会主义法治的根本制度基础，是全面推进依法治国的根本制度保障，

① 龚廷泰．中国特色社会主义法治理论的意涵［N］．光明日报，2014-12-02.
② 张文显．中国特色社会主义法治理论的科学定位［J］．法学，2015（11）：3-8.
③ 中共中央文献研究室．习近平关于全面依法治国论述摘编［M］．北京：中央文献出版社，2015：123.
④ 付子堂，朱林方．中国特色社会主义法治理论的基本构成［J］．法制与社会发展，2015（3）：17-31.

一切法律法规、体制机制和思想理论都必须建立在这一基础之上。

朱景文（2016）[①]：中国特色社会主义法治理论是中国特色社会主义理论体系的重要组成部分，是中国共产党人在坚持马克思主义指导，吸收中国传统法律文化治国理政的智慧，借鉴人类一切先进法律文化的优秀成果，立足中国法治实践、解决中国法治问题，探索中国法治道路、法治体系的过程中形成的。中国特色社会主义法治理论必须坚持以马克思主义为指导；中国特色社会主义法治理论具有中国传统法律文化的底蕴；坚持党的领导和坚持社会主义法治是根本一致的。

黄进（2017）[②]：中国特色社会主义法治理论是马克思主义先进理论和中国具体实践有机结合，不断推陈创新，具有强大生命力的法治理论体系，它新在将马克思主义的科学论断和中国政治、经济、文化、社会和生态文明建设的实践持续创新性结合，新在深入推进马克思主义理论和中国法治实践相结合，在深刻汲取中国传统和现实养分的基础上，持续不断推进，实现马克思主义理论在中国法治领域的中国化、时代化、大众化，成为引领中国特色社会主义法治理论的指导性思想。新时代中国特色社会主义法治理论是中国特色社会主义法治体系的理论基础，是全面吸收中外法治精髓的结晶，具有高度的系统性和专业性，是持续创新的理论体系。

莫纪宏、翟国强（2018）[③]：中国特色社会主义法治理论是中国特色社会主义理论体系的有机组成部分，是对马克思主义经典作家关于国家与法学说的继承和发展，是对中国特色社会主义法治最新实践经验的科学总结和理论升华，是传承中华法律文化精华、汲取世界法治文明精髓的理论成果，是中华民族对当代世界法治文明的原创性贡献。

综合分析以上观点，本教材认为学习和理解中国特色社会主义法治理论应当着眼于以下关键点：

1. 中国特色社会主义法治理论是中国特色社会主义法治道路的核心要义

中国特色社会主义法治理论是对马克思主义法学基本原理进行创造性转换的科学理论，是马克思主义法学当代化、现实化和中国化的产物，是将普遍性的法治理论同中国具体的法治实践紧密结合起来的结果，是法治中国建设的理论内涵和实践规律的科学总结。习近平总书记指出，党的领导是中国特色社会主义最本质的特征，是社会主义法治最根本的保证；中国特色社会主义制度是中国特色社会主义法治体系的根本制度基础，是全面推进依法治国的根本制度保障；中国特色社会主义法治理论是中国特色社会主义法治体系的理论指导和学理支撑，是全面推进依法治国的行动指南。这三个方面实质上是中国特色社会主义法治道路的核心要义，规定和确保了中国特色社会主义法治体系的制度属性和前进方向。

2. 全面推进依法治国是中国特色社会主义法治理论的核心议题

依法治国，是坚持和发展中国特色社会主义的本质要求和重要保障，是实现国家治理体系和治理能力现代化的必然要求。现阶段，全面推进依法治国是中国特色社会主义法治

---

① 朱景文. 坚持和发展中国特色社会主义法治理论［J］. 求是，2016（18）：44-46.

② 黄进. 新时代中国特色社会主义法治理论的新发展［EB/OL］.［2017-10-27］. http: //www.qstheory.cn/2017-10/27/c_1121866884.htm.

③ 莫纪宏，翟国强. 中国特色社会主义法治理论的新发展［N］. 人民日报，2018-03-05.

理论的核心议题，也是一个系统工程，是国家治理领域一场广泛而深刻的革命，是关系我们党执政兴国、人民幸福安康、党和国家长治久安的重大战略。全面推进依法治国既是立足于解决我国改革发展稳定中的矛盾和问题的现实考量，也是着眼于实现中华民族伟大复兴的中国梦、实现党和国家长治久安的长远考虑和战略谋划，对推动经济持续健康发展、维护社会和谐稳定、实现社会公平正义，对全面建成小康社会、实现中华民族伟大复兴，都具有十分重大的意义。习近平总书记指出，坚持把依法治国作为党领导人民治理国家的基本方略，把法治作为治国理政的基本方式，全面推进依法治国，是党领导人民从社会主义革命、建设和改革实践中得出的重要结论和作出的重大抉择，是我们党在治国理政上的自我完善、自我提高。

3. 中国特色社会主义法治理论传承了中华传统法律文化的精华

习近平总书记指出，中国优秀传统文化，可以为治国理政提供有益的启示，只有坚持从历史走向未来，从延续民族文化血脉中开拓前进，才能做好今天的事业。中国特色社会主义法治理论在对中华传统法律文化的丰富资源进行梳理和甄别的基础上，总结和吸取了中国传统法律文化中的“民本思想”，把那些能够与以科学、理性、民主、自由、公平、人权、法治、和平、秩序、效率为内容的时代精神融为一体的文化传统，融入中国特色社会主义法治理论、法治体系和法治实践之中，强调在全面推进依法治国的进程中，牢固树立人民至上思想，努力实现人民群众对美好生活的向往和追求，始终坚持法治为了人民，依靠人民，造福人民，保护人民。同时，中国特色社会主义法治理论体系在形成过程中，坚持从中国国情和中国需要出发，认真鉴别、合理吸收了西方法治经验和法治理论，使之与中国本土化理论相贯通，彰显了中国特色社会主义法治理论体系的开放性、包容性和科学性。

4. 中国特色社会主义法治理论是对中国社会主义法治实践的经验总结和理论表达，是与时俱进、不断创新的理论

党的十八届四中全会对如何坚持和发展中国特色社会主义法治理论提出了明确的意见和要求，指出：“必须从我国基本国情出发，同改革开放不断深化相适应，总结和运用党领导人民实行法治的成功经验，围绕社会主义法治建设重大理论和实践问题，推进法治理论创新，发展符合中国实际、具有中国特色、体现社会发展规律的社会主义法治理论，为依法治国提供理论指导和学理支撑。”可见，中国特色社会主义法治理论最鲜明的特点就是它的实践性，而与时俱进、创新发展，是中国特色社会主义法治理论的重要品格。中国特色社会主义法治理论立足于当代中国法治建设的实践，是对中国特色社会主义法治实践过程、实践经验的理论概括，它指导法治实践，回答法治实践提出的问题，并在法治实践中丰富、创新和发展。特别是改革开放以来党领导人民厉行法治、依法治国、建设法治国家的伟大实践，为内涵丰富、逻辑自洽、思想深刻的中国特色社会主义法治理论的形成奠定了坚实的实践基础，提供了丰富的实践经验，只有不断创新，才能适应法治建设和法治现代化的需求。

（二）中国特色社会主义法治理论的基本构成

中国特色社会主义法治理论是中国特色社会主义理论体系在法治领域的体现，是以中

国特色社会主义法治道路、中国特色社会主义法治体系、中国特色社会主义法治文化为基础的法治理论，是从我国改革开放和社会主义现代化建设实际出发、以全面推进依法治国实践为基础的法治理论，是全面总结我国社会主义法治建设历史经验逐步形成的具有中国特色、中国风格、中国气派的法治理论[①]。在新时代，发展中国特色社会主义法治理论，必须坚持以习近平新时代中国特色社会主义思想为指导。该理论体系的基本构成如下：

1.中国特色社会主义法治的思想价值理论

法治价值理论是中国特色社会主义法治理论体系的一个重要内容，是培育法治信仰、建设社会主义法治体系的必然要求。中国特色社会主义法治理论中关于法治的价值阐释主要体现在三个方面，即以人民福祉为根本归宿，以促进社会公平正义为核心要求，以正当程序作为独立价值[②]。党的十八大对社会主义核心价值体系作了高度凝练的表达，提出了“三个倡导”的社会主义核心价值观，即：“倡导富强、民主、文明、和谐，倡导自由、平等、公正、法治，倡导爱国、敬业、诚信、友善”。这二十四个字的社会主义核心价值观是一个内在关联、有机整合的价值观念系统，集中凝聚着全党全社会的价值共识。在这里，法治被确立为社会主义核心价值观的一项基本要素，与自由、平等、公正一起共同表达了社会主义核心价值观在社会层面的价值取向。中国特色社会主义法治理论深刻回答了社会主义法治的本质特征、价值功能、内在要求、基本原则、发展方向等重大问题[③]，其思想价值理论具体阐释中国特色社会主义法治理论的有关价值、核心概念、基本范畴和重要内容。例如，关于马克思主义国家与法的学说；关于马克思主义国家观、政党观、民主观、法律观、法治观、人权观、平等观、正义观、权力观等；关于马克思主义法学思想及其中国化；关于社会主义法治精神、社会主义法治意识、社会主义法治观念、社会主义法治价值等。

2.中国特色社会主义法治的制度实践理论

中国特色社会主义法治理论随着法治实践的发展不断得以丰富，随着中国特色社会主义制度和国家治理体系的形成完善不断得到检验[④]。中国特色社会主义法治的制度实践理论以中国特色社会主义法治道路为基础，其关键点是用中国的法治理论解读中国法治实践、中国法治经验以及中国法治道路，对什么是社会主义法治、如何依法治国、如何建设社会主义法治国家和中国特色社会主义法治体系、如何在法治轨道上推进国家治理现代化等一系列根本性问题形成系统认识。法治制度实践理论包括法治过程理论和法治方式理论两个层面，法治过程理论是将法治看作一个动态的运行过程，即法律规则体系的创制、适用、执行和遵守的整个运行过程，包括立法理论、行政执法理论、司法理论和守法理论；法治方式理论是法治如何具体实现的方法论基础。法治方式理论亦称法治的实践运行操作理论，它要求将法治精神贯穿于认识、分析、处理问题的整个过程[⑤]。中国特色社会主义

① 李林．在新时代发展中国特色社会主义法治理论［N］．人民日报，2018-07-25.

② 张立伟．中国特色社会主义法治理论的价值阐释［EB/OL］．［2015-09-17］．https：//theory.gmw.cn/2015-09/17/content_17069857.htm.

③ 王乐泉．坚持和发展中国特色社会主义法治理论［N］．人民日报，2015-08-28.

④ 冯玉军．中国特色社会主义法治理论体系创立的实践证成［EB/OL］．［2020-12-04］．http：//www.rmlt.com.cn/2020/1204/600800.shtml.

⑤ 付子堂，朱林方．中国特色社会主义法治理论的基本构成［J］．法制与社会发展，2015（3）：17-31.

法治的制度实践理论具体阐释社会主义法治的基本制度、法律规范、法律体系、法治体系、法治程序、法治结构等范畴和内容。例如，关于国家宪法和宪制的理论，包括宪法规定的社会主义根本政治制度和基本政治制度的理论，我国基本经济制度、基本社会制度、基本文化制度的理论，社会主义民主选举制度、人权保障制度、立法体制、中国特色社会主义法律体系等的理论；关于中国特色社会主义法治体系理论；关于中国特色社会主义法治政府、依法行政和行政执法制度理论；关于社会主义法治原理原则的应用、法律制度运行的理论，科学立法、严格执法、公正司法、全民守法以及关于法治运行实施的一般规律、特点、机制、行为、方式等的基本理论。

3. 中国特色社会主义法治文化理论

法治文化是在建立法治社会的过程中形成的一种文化形态和社会生活方式，其核心是法治理念和法治思维模式的确立以及在此理念支配下相应制度和组织机构的建立与运行。社会主义法治文化是以社会主义法治理念为导引、以社会主义法律制度为主干、以依法办事和自觉守法为基础、以构建社会主义法治秩序为目标的法治文明状态[①]，它深刻地影响着当代国人的思想观念、道德规范和价值选择。正如《中共中央关于全面推进依法治国若干重大问题的决定》提出“必须弘扬社会主义法治精神，建设社会主义法治文化。法治文化不仅是法治国家建设的社会文化基础，也是文化软实力的重要组成部分”。中国特色社会主义法治文化理论，是在汲取中华传统法律文化精华和借鉴国外法治有益经验基础上形成的文化系统。它包括对西方法治文化的取舍和对中国法治实践智慧的化用，具体阐释法治内涵、法治社会表征和遵循原则，以及法治运行机制的建构和实践活动，如法治的价值目标追求，法治的理念和精神，法治的制度设计和运行模式，法治的实现状态等。习近平总书记将中国传统法治文化创造性地运用到国家治理实践中，创建出了具有中国文化特色的依法治国新体系。对中国特色社会主义法治文化的研究，能够使我们更好地理解习近平治国理政方略，增强民族文化自信心。而大局观，法治、礼治与德治相结合以及和谐观念等恰恰是我们文化自信的重要来源，它们不仅是中国传统法律文化的优秀基因，也是世界法律文化中的瑰宝。

二、中国特色社会主义法治体系

建设中国特色社会主义法治体系、建设社会主义法治国家是坚持和发展中国特色社会主义的内在要求。党的十八届四中全会提出了“全面推进依法治国”的总目标是“建设中国特色社会主义法治体系，建设社会主义法治国家”。这一总目标的提出，既明确了全面推进依法治国的性质和方向，又突出了全面推进依法治国的工作重点和总抓手。一是向国内外鲜明宣示我们将坚定不移走中国特色社会主义法治道路。中国特色社会主义法治道路，是社会主义法治建设成就和经验的集中体现，是建设社会主义法治国家的唯一正确道路。在走什么样的法治道路问题上，必须向全社会释放正确而明确的信号，指明全面推进依法治国的正确方向，统一全党全国各族人民认识和行动。二是明确全面推进依法治国的

① 蒋传光．大力繁荣中国特色社会主义法治文化［EB/OL］．［2017-06-12］．http：//theory.people.com.cn/n1/2017/0612/c40531-29332974.html.

总抓手。全面推进依法治国涉及很多方面，在实际工作中必须有一个总揽全局、牵引各方的总抓手，这个总抓手就是建设中国特色社会主义法治体系。依法治国各项工作都要围绕这个总抓手来谋划、来推进。三是建设中国特色社会主义法治体系、建设社会主义法治国家是实现国家治理体系和治理能力现代化的必然要求，也是全面深化改革的必然要求，有利于在法治轨道上推进国家治理体系和治理能力现代化，有利于在全面深化改革总体框架内全面推进依法治国各项工作，有利于在法治轨道上不断深化改革。党的十九届四中全会审议通过的《中共中央关于坚持和完善中国特色社会主义制度、推进国家治理体系和治理能力现代化若干重大问题的决定》提出，要“坚持和完善中国特色社会主义法治体系，提高党依法治国、依法执政能力”。该决定指出：“必须坚定不移走中国特色社会主义法治道路，全面推进依法治国，坚持依法治国、依法执政、依法行政共同推进，坚持法治国家、法治政府、法治社会一体建设。”①

（一）建设中国特色社会主义法治体系应当遵循的基本原则②

建设中国特色社会主义法治体系，建设社会主义法治国家是全面推进依法治国的总目标。实现这个总目标，必须坚持中国共产党的领导、坚持人民主体地位、坚持法律面前人人平等、坚持依法治国和以德治国相结合、坚持从中国实际出发等原则。

1.坚持中国共产党的领导

党的领导是中国特色社会主义最本质的特征，是社会主义法治最根本的保证。把党的领导贯彻到依法治国全过程和各方面，是我国社会主义法治建设的一条基本经验。我国宪法确立了中国共产党的领导地位。坚持党的领导，是社会主义法治的根本要求，是党和国家的根本所在、命脉所在，是全国各族人民的利益所系、幸福所系，是全面推进依法治国的题中应有之义。党的领导和社会主义法治是一致的，社会主义法治必须坚持党的领导，党的领导必须依靠社会主义法治。只有在党的领导下依法治国、厉行法治，人民当家作主才能充分实现，国家和社会生活法治化才能有序推进。依法执政，既要求党依据宪法法律治国理政，也要求党依据党内法规管党治党。必须坚持党领导立法、保证执法、支持司法、带头守法，把依法治国基本方略同依法执政基本方式统一起来，把党总揽全局、协调各方同人大、政府、政协、审判机关、检察机关依法依章程履行职能、开展工作统一起来，把党领导人民制定和实施宪法法律同党坚持在宪法法律范围内活动统一起来，善于使党的主张通过法定程序成为国家意志，善于使党组织推荐的人选通过法定程序成为国家政权机关的领导人员，善于通过国家政权机关实施党对国家和社会的领导，善于运用民主集中制原则维护中央权威、维护全党全国团结统一。

2.坚持人民主体地位

人民是依法治国的主体和力量源泉，人民代表大会制度是保证人民当家作主的根本政治制度。必须坚持法治建设为了人民、依靠人民、造福人民、保护人民，以保障人民根本

① 《法制日报》评论员．坚持和完善中国特色社会主义法治体系［N］．法制日报，2019-11-11.

② 中国共产党第十八届中央委员会第四次全体会议于2014年10月20日至23日在北京举行。全会审议通过了《中共中央关于全面推进依法治国若干重大问题的决定》。相关内容参见中央政府门户网（http：//www.gov.cn/zhengce/2014-10/28/content_2771946.htm）。

权益为出发点和落脚点，保证人民依法享有广泛的权利和自由、承担应尽的义务，维护社会公平正义，促进共同富裕。必须保证人民在党的领导下，依照法律规定，通过各种途径和形式管理国家事务，管理经济文化事业，管理社会事务。必须使人民认识到法律既是保障自身权利的有力武器，也是必须遵守的行为规范，增强全社会学法尊法守法用法意识，使法律为人民所掌握、所遵守、所运用。

3.坚持法律面前人人平等

平等是社会主义法律的基本属性。任何组织和个人都必须尊重宪法法律权威，都必须在宪法法律范围内活动，都必须依照宪法法律行使权力或权利、履行职责或义务，都不得有超越宪法法律的特权。必须维护国家法制统一、尊严、权威，切实保证宪法法律有效实施，绝不允许任何人以任何借口任何形式以言代法、以权压法、徇私枉法。必须以规范和约束公权力为重点，加大监督力度，做到有权必有责、用权受监督、违法必追究，坚决纠正有法不依、执法不严、违法不究行为。

4.坚持依法治国和以德治国相结合

国家和社会治理需要法律和道德共同发挥作用。必须坚持一手抓法治、一手抓德治，大力弘扬社会主义核心价值观，弘扬中华传统美德，培育社会公德、职业道德、家庭美德、个人品德，既重视发挥法律的规范作用，又重视发挥道德的教化作用，以法治体现道德理念、强化法律对道德建设的促进作用，以道德滋养法治精神、强化道德对法治文化的支撑作用，实现法律和道德相辅相成、法治和德治相得益彰。

5.坚持从中国实际出发

中国特色社会主义道路、理论体系、制度是全面推进依法治国的根本遵循。必须从我国基本国情出发，同改革开放不断深化相适应，总结和运用党领导人民实行法治的成功经验，围绕社会主义法治建设重大理论和实践问题，推进法治理论创新，发展符合中国实际、具有中国特色、体现社会发展规律的社会主义法治理论，为依法治国提供理论指导和学理支撑。汲取中华法律文化精华，借鉴国外法治有益经验，但决不照搬外国法治理念和模式。

（二）中国特色社会主义法治体系构成①②③

党的十八届四中全会在对建设中国特色社会主义法治体系作出全面阐述的基础上，提出："全面推进依法治国，总目标是建设中国特色社会主义法治体系，建设社会主义法治国家。这就是，在中国共产党领导下，坚持中国特色社会主义制度，贯彻中国特色社会主义法治理论，形成完备的法律规范体系、高效的法治实施体系、严密的法治监督体系、有力的法治保障体系，形成完善的党内法规体系。"中国特色社会主义法治体系是中国特色社会主义制度在法律领域的具体表现。坚持和完善中国特色社会主义法治体系是坚持和完善中国特色社会主义制度、推进国家治理体系和治理能力现代化的应有之义，也是提高党

① 《法制日报》评论员. 坚持和完善中国特色社会主义法治体系［N］. 法制日报，2019-11-11.
② 袁曙宏. 坚持和完善中国特色社会主义法治体系［N］. 光明日报，2019-12-10.
③ 汪全军. 坚持和完善中国特色社会主义法治体系［EB/OL］.［2020-03-18］. http://www.wenming.cn/djw/djw2016sy/djw2016xxll/202003/t20200318_5481818.shtml.

依法治国、依法执政能力的必然要求。“完备的法律规范体系、高效的法治实施体系、严密的法治监督体系、有力的法治保障体系，完善的党内法规体系”等五大体系相辅相成、相得益彰，构成了坚持和完善中国特色社会主义法治体系的具体目标。

1.加快形成完备的法律规范体系

法律是治国之重器，良法是善治之前提。坚持和完善中国特色社会主义法治体系，必须坚持立法先行，发挥立法的引领和推动作用，把党的方针政策主张和人民意志贯穿于立法工作的全过程；坚持民主立法原则，积极推进重点领域立法，恪守立法为民的价值理念，拓宽公民有序参与立法的途径，使每一项立法都反映人民意志、得到人民拥护。同时，深入推进科学立法，依法立法，提高法律规范的针对性和可操作性。不断完善以宪法为核心的中国特色社会主义法律体系，维护社会主义法制的统一和尊严，为推进国家治理体系和治理能力现代化筑牢法律基础。

2.加快形成高效的法治实施体系

高效的法治实施体系是连接良法与善治的桥梁。坚持和完善中国特色社会主义法治体系，重点是形成高效的法治实施体系，难点也是形成高效的法治实施体系。在中国特色社会主义法律体系已经形成的情况下，国家和社会生活各个方面基本实现有法可依。此时，有法必依、执法必严、违法必究就成为最紧迫的任务。宪法是党和人民意志的集中体现，是通过科学民主程序形成的根本法。坚持依法治国首先要坚持依宪治国，坚持依法执政首先要坚持依宪执政。因此，在高效的法治实施体系中，首先是宪法的实施和监督，推进合宪性审查工作，维护宪法权威和尊严。同时，要推进依法行政，严格规范公正文明执法；要深化司法体制综合配套改革，完善审判制度、检察制度，全面落实司法责任制；要加大普法力度，建设社会主义法治文化，使宪法法律至上、法律面前人人平等法治理念深入人心，为推进国家治理体系和治理能力现代化创造良好的法治环境。

3.建设严密的法治监督体系

坚持和完善中国特色社会主义法治体系离不开严密的法治监督体系。法治监督体系包括党内监督、人大监督、民主监督、行政监督、检察监督、司法监督、审计监督、社会监督和舆论监督。各种监督制度之间密切配合，形成强大的监督合力，确保法律的良好运行。制度化、规范化、程序化是社会主义民主政治的根本保障，法治监督是法律良性运行的保障机制。立法权、行政权、监察权、司法权都是重要的国家公权力，与人民群众的切身利益密切相关。

国家立法机关、执法机关、司法机关是社会主义国家机器极其重要的组成部分，承担着确立行为规则、规范各种关系、维护公共秩序、制裁违法犯罪、实现公平正义、保障党和国家长治久安等重大职责。必须通过有效制约和监督，确保这些权力的行使永远体现党和人民意志，接受党和人民监督，始终为人民服务。因此，建设严密的法治监督体系，就是要进一步完善党内监督与国家监督、党的纪律检查与国家监察的衔接、协调、统一的法治机制；通过制度化、规范化、程序化的实现机制强化群众监督；完善集中统一、权威高效的法治监督体系，为推进国家治理体系和治理能力现代化提供有力的法治保障。

4.建设有力的法治保障体系

坚持和完善中国特色社会主义法治体系离不开有力的法治保障体系。“徒法不足以自行”，如果没有法治保障体系，法治就难以实现。建设有力的法治保障体系，要加强党的领导，为全面依法治国提供政治保障；要坚持和完善中国特色社会主义制度，为全面依法治国构建制度保障；要建设高素质的法治工作队伍，为全面依法治国强化人才保障；充分利用大数据、人工智能、区块链等先进科技手段，为中国特色社会主义法治体系建设提供强有力的技术保障。加强中国特色社会主义法治理论研究，要创新理论体系，为全面依法治国夯实理论基础。

5.加快形成完善的党内法规体系

坚持和完善中国特色社会主义法治体系必须统筹推进依法治国和依规治党。党内规章是管党治党的重要依据，也是建设社会主义法治国家的重要保障。党内法规制度体系，是以党章为根本，以民主集中制为核心，以准则、条例等中央党内法规为主干，由各领域各层级党内法规制度组成的有机统一整体。新时代我们党要履行好执政兴国的重大历史使命，赢得具有许多新的历史特点的伟大斗争，实现党和国家长治久安，必须始终坚持依法治国与依规治党有机统一，不断加强党内法规制度建设，坚持党规党纪严于国家法律，充分发挥依规治党对依法治国的引领和保障作用，充分发挥党内法规对从严治党、管党的保障性作用，全面提高党依规治党和依法执政的能力和水平。

第二节　习近平法治思想：中国特色社会主义法治理论的创新发展

一、习近平法治思想的重要意义与核心要义

党的十八大以来，以习近平同志为核心的党中央站在党和国家工作全局高度，着眼实现“两个一百年”奋斗目标，立足推进国家治理体系和治理能力现代化，创造性提出全面依法治国的一系列新理念新思想新战略，开启了全面依法治国的新征程。党的十九大报告把坚持全面依法治国确立为新时代坚持和发展中国特色社会主义基本方略的重要内容，对深化依法治国实践作出全面部署，为建设社会主义法治国家提供了科学指引。①2020年11月16日至17日，党的历史上首次召开的中央全面依法治国工作会议将“习近平法治思想”确立为全面依法治国的指导思想，不仅具有十分重大的理论和实践意义，而且具有非常深刻的政治和法治价值。习近平法治思想凝聚着中国共产党人在法治建设长期探索中形成的经验积累和智慧结晶，标志着我们党对共产党执政规律、社会主义建设规律、人类社会发展规律的认识达到了新高度，开辟了21世纪马克思主义法治理论和实践的新境界②。

（一）习近平法治思想的重要意义

习近平法治思想是在继承与发展马克思主义法治思想的基础上，从我国革命、建设、

① 莫纪宏，翟国强．中国特色社会主义法治理论的新发展［N］．人民日报，2018-03-05．

② 胡君颜．习近平法治思想的形成和发展［EB/OL］．［2021-01-22］．http://www.china.com.cn/opinion/theory/2021-01/22/content_77142542.htm．

改革的伟大实践出发，坚持以人民为中心的根本立场，着眼全面建设社会主义现代化国家、实现中华民族伟大复兴的奋斗目标，深刻回答了新时代为什么实行全面依法治国、怎样实行全面依法治国等一系列重大问题，是一个内涵丰富、论述深刻、逻辑严密、体系完备、博大精深的法治思想理论体系，是全面依法治国的根本遵循和行动指南，是马克思主义法治思想的时代结晶[①②]。习近平法治思想在推动更高水平良法善治的时代进程中彰显实践品格、展现实践伟力，真正做到了历史和现实相贯通、国际和国内相关联、理论和实际相结合。

1.习近平法治思想是顺应实现中华民族伟大复兴时代要求的重大理论创新成果[③]

全面依法治国是实现中华民族伟大复兴中国梦的重要保障。进入新时代，改革发展稳定任务之重前所未有，矛盾风险挑战之多前所未有，人民群众对法治的期待和要求之高前所未有。只有以科学的理论指导全面依法治国实践，才能在全面建设社会主义现代化国家的新征程上更好发挥法治固根本、稳预期、利长远的保障作用。习近平法治思想在党的十八大以来我们党领导人民进行伟大斗争、建设伟大工程、推进伟大事业、实现伟大梦想的实践中形成和丰富发展，顺应实现中华民族伟大复兴时代要求，蕴含着伟大的真理力量。以习近平同志为核心的党中央胸怀中华民族伟大复兴战略全局和世界百年未有之大变局，站在实现党和国家长治久安的战略高度，统筹考虑国际国内形势、法治建设进程和人民群众法治需求，科学回答如何在法治轨道上推进国家治理体系和治理能力现代化、使全面依法治国与推进国家治理体系和治理能力现代化的要求相协同，如何依法应对重大挑战、抵御重大风险、克服重大阻力、解决重大矛盾，不断满足人民群众对法治的更高期待等重大问题。在习近平法治思想引领下，我国法治建设实践积极回应人民群众新要求新期待，系统研究谋划和解决法治领域人民群众反映强烈的突出问题，不断增强人民群众获得感、幸福感、安全感，用法治保障人民安居乐业，法治中国建设不断开辟新境界，为中华民族伟大复兴提供了有力法治保障。

2.习近平法治思想是马克思主义法治理论中国化的最新成果，开创了当代中国马克思主义法治理论发展新境界[④]

新时代全面依法治国的伟大实践充分证明，只有与时代同步伐、与人民共命运，关注和回答时代和实践提出的重大课题，马克思主义法治理论才能永葆生机活力，成为引领全面依法治国的科学理论和行动指南。习近平法治思想贯穿着马克思主义立场、观点和方法，深化了对共产党依法执政规律、社会主义法治建设规律和国家治理普遍规律的认识，谱写了马克思主义法治理论新的时代篇章，开创了马克思主义法治理论发展新境界，为全面依法治国提供了强大的精神力量、系统的理论指导、科学的顶层设计。习近平法治思想

① 李林．习近平法治思想的核心要义［EB/OL］．［2020-11-23］．http：//www.china.com.cn/opinion2020/2020-11/23/content_76940601.shtml.

② 高德胜，凌海霞．习近平法治思想：马克思主义法治思想的时代结晶［EB/OL］．［2020-11-28］．https：//theory.gmw.cn/2020-11/28/content_34410809.htm

③ 胡明．深刻认识习近平法治思想的重大意义［EB/OL］．［2020-12-15］．http：//www.xinhuanet.com/politics/2020-12/15/c_1126861880.htm.

④ 翟国强．发展马克思主义法治理论的原创性贡献［EB/OL］．［2020-12-10］．https：//theory.gmw.cn/2020-12/10/content_34451088.htm.

将马克思主义法学基本原理运用于中国特色社会主义法治建设的新实践，在继承马克思主义法学中国化重要成果的基础上不断探索解决中国法治问题的法治路径，科学回答和深刻阐释了我国社会主义法治建设中面临的若干重大理论和实践问题，提出和确立了许多新思想新论断新要求，例如，关于全面依法治国的理论，关于中国特色社会主义法治发展道路的理论，关于党的领导、人民当家作主和依法治国相统一的理论，关于中国特色社会主义法治体系的理论等，都是重要的理论突破和创新，由此推动了马克思主义法学中国化的深入发展，从而形成了体现我国法治特色、符合基本国情并具有科学理论体系和形态的法治思想，体现了底蕴深厚的理论自信。

3. 习近平法治思想为新时代全面依法治国、推进中国法治现代化提供了行动指南[①②]

法治是现代国家治理的基本特征和根本保障，任何一个国家进行法治建设，都必须探索适合自己的法治道路。习近平法治思想在新时代波澜壮阔的治国理政实践中应运而生，并在坚持和完善中国特色社会主义制度、推进国家治理体系和治理能力现代化进程中不断创新发展、日益成熟完备。习近平总书记强调，中国特色社会主义法治道路，是社会主义法治建设成就和经验的集中体现，是建设社会主义法治国家的唯一正确道路。中国特色社会主义法治道路是一个管总的东西。具体讲我国法治建设的成就，大大小小可以列举出十几条、几十条，但归结起来就是开辟了中国特色社会主义法治道路这一条。在坚持和拓展中国特色社会主义法治道路这个根本问题上，我们要树立自信、保持定力。习近平法治思想明确法治是国家治理体系和治理能力的重要依托，推进全面依法治国，是国家治理领域的一场深刻变革，更要以科学理论为指导。只有全面依法治国，才能有效保障国家治理体系的系统性、规范性、协调性，才能最大限度凝聚社会共识。全面依法治国是一项长期而重大的历史任务，要整体谋划，更加注重系统性、整体性、协同性。习近平法治思想提出强化法治思维，运用法治方式，有效应对挑战、防范风险，综合利用立法、执法、司法等手段开展斗争；强调不断提高运用法治思维和法治方式深化改革、推动发展、化解矛盾、维护稳定、应对风险的能力；明确推进全面依法治国，根本目的是依法保障人民权益。

总之，习近平法治思想是习近平新时代中国特色社会主义思想的有机组成部分，在习近平新时代中国特色社会主义思想体系中居于十分重要的理论地位。习近平法治思想强调坚定不移走中国特色社会主义法治道路，有力推动了中国特色社会主义法治理论的创新发展，开启了马克思主义法治思想与中国具体实际相结合的历史性飞跃，是在法治轨道上推进国家治理体系和治理能力现代化的根本遵循，为新时代全面依法治国、推进中国法治现代化提供了行动指南，为解决法治中国建设中的重大问题提供了基本思路。

（二）习近平法治思想的核心要义[③]

习近平总书记围绕当前和今后一个时期推进全面依法治国的重点工作，强调坚持党对

① 公丕祥. 马克思主义法治思想中国化的重大理论创新成果［EB/OL］.［2020-12-09］. http：//news.cssn.cn/zx/bwyc/202012/t20201209_5230258.shtml.

② 胡明. 深刻认识习近平法治思想的重大意义［EB/OL］.［2020-12-15］. http：//www.xinhuanet.com/politics/2020-12/15/c_1126861880.htm.

③ 李林. 习近平法治思想的核心要义［EB/OL］.［2020-11-23］. http：//www.china.com.cn/opinion2020/2020-11/23/content_76940601.shtml.

全面依法治国的领导、坚持以人民为中心、坚持中国特色社会主义法治道路等“十一个坚持”，是习近平法治思想的核心要义。

1.坚持党对全面依法治国的领导，是中国特色社会主义法治的本质特征和内在要求

党政军民学、东西南北中，党是领导一切的。中国共产党的领导是中国特色社会主义最本质的特征，是社会主义法治最根本的保证，是社会主义法治之魂。全面依法治国绝不是要削弱党的领导，而是要加强和改善党的领导，不断提高党领导依法治国的能力和水平，巩固党的执政地位。必须推进党的领导制度化、法治化，不断完善党的领导体制和工作机制，把党的领导贯彻到全面依法治国全过程和各方面，具体落实到党领导立法、保证执法、支持司法、带头守法的各环节。

2.坚持以人民为中心，是全面推进依法治国的力量源泉

人民是国家的主人，依法治国的主体。社会主义法治建设必须为了人民、依靠人民、造福人民、保护人民。人民幸福生活是最大的人权。推进全面依法治国，根本目的是依法保障人民权益。要依法保障全体公民享有广泛的权利，保障公民的人身权、财产权、基本政治权利等各项权利不受侵犯，保证公民的经济、文化、社会等各方面权利得到落实，不断增强人民群众获得感、幸福感、安全感，用法治保障人民安居乐业。公平正义是我们党追求的崇高价值。要牢牢把握社会公平正义这一法治价值追求，努力让人民群众在每一项法律制度、每一个执法决定、每一宗司法案件中都感受到公平正义。

3.坚持中国特色社会主义法治道路，是全面推进依法治国的发展道路和正确方向

道路决定命运，道路决定前途。中国特色社会主义法治道路本质上是中国特色社会主义道路在法治领域的具体体现。全面推进依法治国必须走对路。我们既不走封闭僵化的老路，也不走改旗易帜的邪路，而要从中国国情和实际出发，传承中华优秀传统法律文化，从我国革命、建设、改革的实践中探索适合自己的法治道路，为全面建设社会主义现代化国家、实现中华民族伟大复兴夯实法治基础。我们要学习借鉴人类法治文明的有益成果，但决不能照搬别国模式和做法，决不能走西方“宪政”“三权鼎立”“司法独立”的路子。

4.坚持依宪治国、依宪执政，是全面推进依法治国的工作重点

宪法是国家的根本大法，是国家制度和法律法规的总依据，是治国安邦的总章程，是党和人民意志的集中体现，具有最高的法律地位、法律权威、法律效力。坚持依法治国首先要坚持依宪治国，坚持依法执政首先要坚持依宪执政。党领导人民制定宪法法律，领导人民实施宪法法律，党自身必须在宪法法律范围内活动。要坚持宪法确定的中国共产党领导地位不动摇，坚持宪法确定的人民民主专政的国体和人民代表大会制度的政体不动摇，加强宪法实施和监督，推进合宪性审查工作，维护宪法权威。

5.坚持在法治轨道上推进国家治理体系和治理能力现代化，是实现良法善治的必由之路

国家治理体系和治理能力以法治为重要依托，坚持全面依法治国，是中国特色社会主义国家制度和国家治理体系的显著优势。通过宪法法律确认和巩固国家根本制度、基本制度、重要制度，并运用国家强制力保证实施，保障了国家治理体系的系统性、规范性、协

调性、稳定性。实现国家治理现代化，必须推进国家治理的制度化、程序化、法治化，在宪法范围内和法治轨道上推进国家治理体系和治理能力现代化，充分实现国家和社会治理的有法可依、有法必依、执法必严、违法必究。

6.坚持建设中国特色社会主义法治体系，是全面推进依法治国的发展目标和总抓手

依法治国各项工作都要围绕这个总抓手来谋划、推进。必须抓住建设中国特色社会主义法治体系这个总抓手，努力形成完备的法律规范体系、高效的法治实施体系、严密的法治监督体系、有力的法治保障体系，形成完善的党内法规体系。充分发挥依法治国和依规治党的互补性作用，确保党既依据宪法法律治国理政，又依据党内法规管党治党、从严治党。坚持依法治国和以德治国相结合，法安天下，德润民心，实现法治和德治相辅相成、相得益彰。

7.坚持依法治国、依法执政、依法行政共同推进，法治国家、法治政府、法治社会一体建设，是全面推进依法治国的战略布局

全面依法治国是一个系统工程，必须统筹兼顾、把握重点、整体谋划，更加注重系统性、整体性、协同性。依法治国、依法执政、依法行政是一个有机整体，关键在于党要坚持依法执政、各级政府要坚持依法行政。法治国家、法治政府、法治社会三者各有侧重、相辅相成，法治国家是法治建设的目标，法治政府是建设法治国家的主体，法治社会是构筑法治国家的基础。法治政府建设是重点任务和主体工程，要重点推进，率先突破。

8.坚持全面推进“科学立法、严格执法、公正司法、全民守法”，是新时代法治建设的“十六字”方针

在全面推进依法治国的工作格局中，科学立法是前提条件，严格执法是关键环节，公正司法是重要任务，全民守法是基础工程。开启全面依法治国新征程，要完善中国特色社会主义法律体系，加强重点领域、新兴领域、涉外领域立法，提高依法行政水平，完善监察权、审判权、检察权运行和监督机制，促进司法公正，有效发挥法治固根本、稳预期、利长远的保障作用。全面推进依法治国需要全社会共同参与，需要全社会法治观念增强，必须深入开展法治宣传教育，在全社会弘扬社会主义法治精神，建设社会主义法治文化。

9.坚持统筹推进国内法治和涉外法治，是建设法治强国的必然要求

法治兴则国兴，法治强则国强。面对世界百年未有之大变局，必须统筹推进国内法治发展和涉外法治建设，积极参与全球治理体系改革和建设，加强涉外法治体系建设，加强国际法运用，维护以联合国为核心的国际体系和以国际法为基础的国际秩序，共同应对全球性挑战。中国走向世界，以负责任大国形象参与国际事务，必须善于运用法治，加强国际法治合作，推动全球治理体系变革，构建人类命运共同体。

10.坚持建设德才兼备的高素质法治工作队伍，是全面推进依法治国的组织保障

全面推进依法治国，必须着力建设一支忠于党、忠于国家、忠于人民、忠于法律的社会主义法治工作队伍，推进法治专门队伍正规化、专业化、职业化，提高职业素养和专业水平。坚持立德树人，德法兼修，努力培养造就一大批高素质法治人才及后备力量。

11.坚持抓住领导干部这个“关键少数”，是全面推进依法治国的关键问题

领导干部具体行使党的执政权和国家立法权、行政权、监察权、司法权，是全面依法治国的关键。全面推进依法治国必须抓住领导干部这个“关键少数”，不断提高他们运用法治思维和法治方式深化改革、推动发展、化解矛盾、维护稳定的能力，要求他们做遵法学法守法用法的模范。要坚持依法治权，用宪法和法律法规设定权力、规范权力、制约权力、监督权力，把权力关进法律和制度的笼子里。

二、习近平法治思想的理论特质与时代特征

（一）习近平法治思想的理论特质①②③④

1.习近平法治思想是当代中国最鲜活的马克思主义法治理论

马克思主义法学思想揭示出法律现象在人类历史发展过程中的本质属性和运动规律，是历史唯物主义和辩证唯物主义在法学领域的集中表现和具体体现，具有高度的科学性、鲜明的阶级性、显著的实践性、广阔的开放性和持续的发展性。习近平法治思想始终把马克思主义作为理论起点、逻辑起点、价值起点，集中体现了马克思主义的理论品质和精神实质，是对马克思主义法治理论的继承、丰富和创造性发展，是当代中国最鲜活的马克思主义法治理论。例如，明确党的领导是中国特色社会主义法治之魂，在党法关系、党政关系方面提出了一系列重大命题，强调依法执政、依宪执政，创造性地发展了马克思主义政党理论，深化了对共产党依法执政规律的认识；明确全面依法治国是新时代坚持和发展中国特色社会主义的本质要求，提出建设中国特色社会主义法治体系、建设社会主义法治国家的总目标，创造性地发展了马克思主义国家与法学说，深化了对社会主义法治建设规律的认识；明确将法治作为治国理政的基本方式，强调要坚持在法治轨道上推进国家治理体系和治理能力现代化，创造性地发展了马克思主义国家治理学说，深化了对依法治理一般规律的认识。

2.习近平法治思想是根植于中国特色社会主义法治实践而形成的新时代党的创新理论

习近平法治思想根植于新中国成立以来特别是改革开放和党的十八大以来的法治实践进程，既是对中国法治实践的经验总结和理论升华，又是对中国法治发展的前瞻与谋划。习近平法治思想与毛泽东法律思想以及邓小平民主法制理论、依法治国思想、社会主义法治理念等虽然形成于不同的历史时期，面对不同的历史任务，具有不同的具体内容，但从“法制”到“法治”到“依法治国”再到“全面依法治国”一脉相承又与时俱进，特别是中国特色社会主义法治理论中的马克思主义的立场、观点和方法，构成了习近平法治思想不断创新发展的逻辑主线。习近平法治思想科学回答了“全面推进依法治国的总目标是建设中国特色社会主义法治体系、建设社会主义法治国家”，“中国如何在法治轨道上推进国家治理体系和治理能力现代化、在经济全球化时代如何统筹推进国内法治和涉外法治”等

① 翟国强．发展马克思主义法治理论的原创性贡献［EB/OL］．［2020-12-10］．https：//theory.gmw.cn/2020-12/10/content_34451088.htm.

② 邱水平．习近平法治思想的鲜明理论特质［N］．光明日报，2020-12-09.

③ 迟方旭．习近平新时代中国特色社会主义法治思想的实践基础、理论渊源与精神实质［EB/OL］．［2018-02-06］．http：//www.qstheory.cn/llqikan/2018-02/06/c_1122376248.htm.

④ 陈一新．习近平法治思想是马克思主义中国化最新成果［N］．人民日报，2020-12-30.

重要问题，提出“在坚持和拓展中国特色社会主义法治道路这个根本问题上，我们要树立自信、保持定力”，强调“坚持依法治国、依法执政、依法行政共同推进，坚持法治国家、法治政府、法治社会一体建设”等，这些重要论断和思想，不仅继承和发展了马克思主义法学基本原理，而且坚持和体现了社会主义法治理论的精髓和要义，极大地推进了中国特色社会主义法治理论在新时代的不断创新发展。

3.习近平法治思想贯通古今中外，赋予了中华法治文明新内涵，具有历史的穿透力

习近平法治思想注重汲古润今。党的十八大以来，习近平总书记深刻总结我国古代法治传统和成败得失，挖掘和传承中华优秀传统法律文化精华，赋予中华法治文明新的时代内涵，使中华法治文明焕发出新的生命力。例如，坚持依法治国和以德治国相结合、坚持以人民为中心等，汲取和弘扬了中国古代德治、民本等思想精华，并注重创造性转化、创新性发展，把中华优秀传统文化与现代法治实践紧密融通起来，形成中华民族自己的法治理论。同时，习近平法治思想也注重博采众长。习近平总书记指出，法治是人类文明的重要成果之一，法治的精髓和要旨对于各国国家治理和社会治理具有普遍意义。在坚持马克思主义立场基础上，习近平法治思想吸收借鉴了人类法治文明进程中的重要理论成果，并将其转化为符合中国国情、带有鲜明中国特色的法治理念，始终站在时代前沿，不断探索时代发展提出的法治新课题。

（二）习近平法治思想的时代特征①②③④

1.习近平法治思想具有理论原创性

马克思主义创造性地揭示了人类社会发展规律，并随着实践的变化而发展。习近平法治思想是党的创新理论、科学理论，真正做到了历史和现实相贯通、国际和国内相关联、理论和实际相结合。历史和现实相贯通体现在习近平法治思想既是一脉相承，又是与时俱进的。它继承和发展了中华优秀传统法律文化、马克思主义法治思想和党的历届中央领导集体的法治理念。同时，准确把握国内外形势发展变化，立足国情和全面依法治国进程中的实际问题，提出了一系列新思想、新观点、新判断和新举措，为马克思主义法治思想的发展作出了原创性贡献，是马克思主义法治思想的时代结晶；国际和国内相关联体现在习近平法治思想着眼于国内法治建设与国际法治建设两个层面，既推进国家治理体系和治理能力现代化，又致力于推动全球治理变革，维护国际公平正义，为实现中华民族伟大复兴创造良好国际国内法治环境，推动构建人类命运共同体；理论和实际相结合体现在习近平法治思想始终植根中国大地，是坚持在中国特色社会主义法治建设的实践中进行理论创新和实践创新的成果。学习领会习近平法治思想，要具备宽广的视野，全面把握其核心要义和实践要求，做到贯通历史与现实，统筹国际与国内，统一理论与实践，在继承与创新的基础上引领全面依法治国的航程。

---

① 陈一新．习近平法治思想是马克思主义中国化最新成果［N］．人民日报，2020-12-30．

② 高德胜，凌海霞．习近平法治思想：马克思主义法治思想的时代结晶［EB/OL］．［2020-11-28］．https：//theory.gmw.cn/2020-11/28/content_34410809.htm

③ 迟方旭．习近平新时代中国特色社会主义法治思想的实践基础、理论渊源与精神实质［EB/OL］．［2018-02-06］．http：//www.qstheory.cn/llqikan/2018-02/06/c_1122376248.htm．

④ 蒋文龄．习近平法治思想的时代特征［EB/OL］．［2017-06-30］．http：//theory.people.com.cn/n1/2017/0630/c40531-29373190.html

总之，习近平总书记以马克思主义政治家、思想家、战略家的深刻洞察力、敏锐判断力和战略定力，在理论上不断拓展新视野、提出新命题、作出新论断、形成新概括，解决了马克思主义经典作家没有讲过、前人从未遇到过的重大理论和实践问题，为发展马克思主义法治思想作出了重大原创性贡献。

2.习近平法治思想具有科学系统性

系统观点是马克思主义基本原理的重要内容。作为自成体系的科学理论，习近平法治思想：一是正确地反映了中国特色社会主义法治建设的本质属性和规律所在，揭示出中国特色社会主义法治建设的人民性或社会主义属性以及共产党的依法执政规律、法治社会的建设规律和人类法律发展的历史规律；二是完整地适用于中国特色社会主义法治建设的全部过程和各个方面，既统摄科学立法、严格执法、公正司法、全民守法，又涵盖法治道路、法治理论、法治制度、法治文化；三是有机地建立于内部各有侧重但又高度统一的法治理论子系统之上，既拥有法律规范体系和法治实施体系的子系统理论，又具有法律监督体系和法治保障体系的子系统理论，还包括从严治党、依规治党的理论内容；四是强调全面依法治国是一个系统工程，注重用整体联系、统筹协调、辩证统一的科学方法谋划和推进法治中国建设，科学指出当前和今后一个时期推进全面依法治国11个重要方面的要求，构成了系统完备、逻辑严密、内在统一的科学思想体系。

3.习近平法治思想具有时代宏观战略性

时代性是马克思主义的一个基本特性。党的十九届五中全会提出“协调推进全面建设社会主义现代化国家、全面深化改革、全面依法治国、全面从严治党的战略布局”，这是“四个全面”的最新表达。习近平法治思想立足中国特色社会主义进入新时代的历史方位，立时代之潮头，发思想之先声，从宏观和战略高度谋划法治发展，思考和回答了全面依法治国与其他战略目标之间的关系。他指出，“要把全面依法治国放在‘四个全面’的战略布局中来把握，深刻认识全面依法治国同其他三个‘全面’的关系，努力做到‘四个全面’相辅相成、相互促进、相得益彰”，从而突出法治在经济社会发展和“四个全面”战略布局中的重要地位和关键作用。同时，习近平法治思想科学回答了新时代我国法治建设向哪里走、走什么路、实现什么目标等根本性问题，提出推进全面依法治国的过程，就是使宪法精神、法律原则、法治文化和法治信仰融入并渗透到国家治理和公民生活各个领域的过程。全面依法治国，就是要用法治的方式为党和国家各项事业发展提供根本性、全局性、长期性的制度保证。因此，必须从法治方式的高度和法治思维的角度，为经济社会发展寻求和提供最为有效的制度化解决方案和途径。习近平法治思想在新时代波澜壮阔的治国理政实践中开启了法治中国新篇章，体现了极其深邃的政治智慧。

4.习近平法治思想具有鲜明的人民性

人民性是马克思主义最鲜明的品格，即坚持“人民主体论”和“人民中心论”，注重发挥法治公平正义的基本价值，保障群众合法权益，维护基本人权，体现了情真意切的为民情怀。社会主义法治建设既要求完善的立法、严格的执法、公正的司法和普遍的守法，又要求在坚持人民主体地位原则的前提下，最终实现公平正义的奋斗目标。法治是实现人民利益的必由之路，是维护基本人权的可靠保障。习近平总书记指出，公平正义是我们党追求的一个非常崇高的价值，全心全意为人民服务的宗旨决定了我们必须追求公平正义，保护人民利益、伸张正义。全面依法治国，必须紧紧围绕保障和促进社会公平正义来进行。他还强调，必须“坚持人民主体地位，切实保障公民享有权利和履行义务”。为此，要运用法治手段保护人民群众的生存权、发展权和经济、社会、文化等各项权利，及时顺应人民群众对法治建设和权利保护的新期待、新要求，这是社会主义法治建设的根本遵循和努力方向。习近平法治思想具有鲜明的人民性，强调推进社会主义法治建设其实质就是制定实施宪法法律，解决损害群众权益问题，维护群众合法权益。要为了人民、依靠人民、造福人民、保护人民，推动把体现人民利益、反映人民愿望、维护人民权益、增进人民福祉落实到全面依法治国各领域全过程，不断增强人民群众获得感、幸福感、安全感。习近平法治思想反映了我们党领导法治工作的一贯主张和最终目的，就是始终站在人民立场上，坚持以人民为中心，维护公平正义。

5.习近平法治思想具有实践性

实践性是马克思主义理论区别于其他理论的显著特征，强化问题意识、坚持问题导向是马克思主义的鲜明特点。问题意识作为坚定自信的人格品质、敢于担当的人格魅力，一直贯穿在习近平总书记治国理政的方方面面，具有鲜明的实践特色。特别是习近平法治思想，立足中国国情和法治建设实际，借鉴吸收古今中外法治文明有益成果，集中体现当代中国法治发展规律，体现了强烈的问题意识和精准的问题导向，以增强改革的针对性和时效性。习近平总书记在系列重要讲话中多次强调了“科学立法、严格执法、公正司法、全民守法”，这“十六字方针”是贯彻落实全面依法治国全局部署的务实战略举措，是稳步推进法治中国建设的总方针和法治国家建设的重要衡量标准。习近平法治思想以破解中国法治实践难题为着力点，从理论和实践两个层面的结合上讲清楚、讲透彻了事关社会主义法治建设的若干重大关系，作出了一系列重大决策部署，解决了在中国社会主义法治建设实践中，许多长期想解决而没有解决的难题，办成了许多过去想办而没有办成的大事，社会主义法治国家建设发生历史性变革、取得历史性成就，保证了社会主义法治国家建设沿着正确道路和方向前进。

6.习近平法治思想具有开放性

马克思主义经典作家在对人类法律思想进行“扬弃”的基础上，创立了马克思主义法治理论。这一理论在无产阶级革命斗争的实践中产生，在社会主义国家法治建设的实践中不断创新，至今依然闪耀着真理的光辉，饱含着科学的智慧，蕴含着精神的力量。实践证明，马克思主义法治理论之所以能够在中国焕发出旺盛的生命力，根本就在于中国共产党人在领导人民建设社会主义法治国家的进程中，始终保持自我革命精神，敢于承认错误，勇于纠正错误，不断推进实践基础上的理论创新，坚持用发展着的马克思主义观察时代、解读时代、引领时代，推动马克思主义法治理论不断与时俱进。中国特色社会主义进入新时代，以习近平同志为核心的党中央从关系党和国家前途命运的战略全局出发，从前所未有的高度谋划法治，以前所未有的广度和深度践行法治，以宏大的战略视野，统筹国内国际两个大局，高举和平、发展、合作、共赢的旗帜，提出构建人类命运共同体理念，指明了应对全球性挑战、走向更加美好光明前景的方向，为推动全球治理变革贡献了中国智慧、提供了中国方案。习近平法治思想倡导开放融通互利共赢的合作观，倡导共同综合合作可持续的安全观，倡导共商共建共享的全球治理观，贡献了维护国际法治秩序新智慧，开辟出全面依法治国理论和实践的新境界，具有世界的影响力。习近平法治思想是不断发展的开放的理论，必将随着全面依法治国伟大实践的深入推进而不断发展完善，为发展当代中国马克思法治理论作出新的原创性贡献。

三、习近平法治思想的精神实质与方法论贡献

（一）习近平法治思想的精神实质①②③

习近平法治思想深刻回答了法治中国建设为了谁、依靠谁的问题，科学指明了新时代全面依法治国的根本立场。习近平法治思想明确全面依法治国最广泛、最深厚的基础是人民，必须坚持以人民为中心，坚持为了人民、依靠人民。要把体现人民利益、反映人民愿望、维护人民权益、增进人民福祉落实到全面依法治国各领域全过程。积极回应人民群众新要求新期待，系统研究谋划和解决法治领域人民群众反映强烈的突出问题，不断增强人民群众获得感、幸福感、安全感，用法治保障人民安居乐业。“以人民为中心”是习近平法治思想的灵魂和精神实质，这是历史唯物主义世界观和方法论在习近平法治思想中的具体反映，是马克思主义政党领导人民治国理政基本理念思想和战略在法治建设领域的具体反映。“以人民为中心”作为习近平法治思想的精神实质，同时在本体论、价值论和方法论三个领域中得到了具体体现。

1.“以人民为中心”是习近平法治思想的本体论

按照马克思主义唯物史观，人民是历史创造者，是推动历史发展的根本动力，是决定党和国家前途命运的根本力量。人民，只有人民，才是历史发展的动力，这是历史唯物主义的真谛和马克思主义的精髓。广大人民群众不仅是物质财富的创造者，而且是以理论为灵魂的精神财富的创造者。我国实行的根本制度是社会主义制度，我们的最大制度优势是中国共产党的领导。社会主义制度保证了人民当家作主的主体地位，真正实现了社会主义法治的阶级性和人民性的统一。党的十八大以来全面推进依法治国的伟大事业，是涉及亿万人民群众的切身利益、造福亿万人民群众的伟大事业。坚持和创新什么样的法治理论，人民群众最有发言权。应该说，依法治国的主体和力量源泉是广大人民群众。

习近平法治思想强调，要坚持党对全面依法治国的领导。“党的领导”是宪法一以贯之的精神，是宪法自身规范性的要求。在习近平法治思想中重申党对全面依法治国的领导，实际上就是贯彻宪法中“党的领导”的精神内核。全心全意为人民服务是党的宗旨，党代表着我国最广大人民的根本利益。因此，坚持党总揽全局、协调各方的领导地

① 迟方旭．习近平新时代中国特色社会主义法治思想的实践基础、理论渊源与精神实质［EB/OL］．［2018-02-06］．http：//www.qstheory.cn/llqikan/2018-02/06/c_1122376248.htm.

② 秦前红．习近平法治思想蕴含深刻宪法精神［EB/OL］．［2020-12-04］．https：//www.spp.gov.cn/spp/llyj/202012/t20201204_488184.shtml.

③ 中共中国法学会党组．用习近平法治思想引领法治中国建设［EB/OL］．［2020-12-25］．http：//www.xinhuanet.com/politics/2020-12/25/c_1126906172.htm.

位，能更好地维护人民根本利益，这与国家尊重和保障人权的宪法精神内核相契合。习近平法治思想，最具决定性的根源在于以人民为中心，紧紧依靠广大人民群众的法治实践进行理论探索，这不仅保证了习近平法治思想的科学性，同时也保证了法治工作者以及广大人民群众对习近平法治思想的衷心拥护和自觉贯彻。习近平法治思想强调，要坚持以人民为中心，全面依法治国必须坚持为了人民、依靠人民。其中，“依靠人民”是坚持人民主体地位的体现，与宪法第2条所体现的“一切权力属于人民”的宪法精神相契合，从中可以深入地领会习近平法治思想中的“以人民为中心”理念。这不仅意味着坚持“以人民为中心”就是坚持宪法确定的人民民主专政的国体和人民代表大会制度的政体不动摇，还意味着坚持“以人民为中心”必须“社会协同”与“公众参与”。一方面，必须释放社会力量，推进国家与社会的良性互动；另一方面，必须强化公众参与。公众参与是实践民主的重要方式，本质是宪法所赋予的参与权、表达权、监督权、知情权等公民权利的实践。习近平法治思想坚持人民主体地位，明确人民是依法治国的主体和力量源泉，注重调动人民群众投身全面依法治国实践的积极性和主动性，使全体人民都成为社会主义法治的忠实崇尚者、自觉遵守者、坚定捍卫者。因此，在习近平法治思想的指导下，通过法律制度拓宽公众参与的渠道和方式，建构完备的公共参与规则体系，充分激发蕴藏在人民群众中的创造伟力，使全面依法治国深深扎根于人民群众的创造性实践中。

2.“以人民为中心”是习近平法治思想的价值论

人民的利益高于一切，人民的福祉是最高的法律。习近平总书记强调，党的一切工作都必须以最广大人民根本利益为最高标准，推进全面依法治国，根本目的是依法保障人民权益。“以人民为中心”构成了习近平法治思想的价值论，也是习近平法治思想的核心理论原则。必须始终把人民利益摆在至高无上的地位，把人民对美好生活的向往作为奋斗目标，加强人权法治保障，保证人民依法享有广泛权利和自由。公正是法治的生命线，是人民对美好生活向往的重要内容。全面依法治国，必须紧紧围绕保障和促进社会公平正义来进行。正是因为习近平法治思想以人民为法治建设的主体和力量源泉，决定了它必然同时以人民的利益、意志和意愿的实现作为自身的价值追求。在这个意义上我们可以说，以人民为中心既是习近平法治思想的出发点，同时也是落脚点。习近平法治思想中“以人民为中心”的理念，除了体现为全面依法治国必须坚持“依靠人民”，还体现为全面依法治国必须坚持“为了人民”。这恰恰与“国家尊重和保障人权”的宪法精神相契合。“人民权益”在宪法中体现为公民的基本权利。依据宪法之规定，公民的基本权利包含人的尊严、自由，政治权利、经济生活文化权利等。“依法保障”在宪法中则体现为国家义务之履行。既包括国家对公民权利负有尊重义务，公权力不肆意干涉公民权利、不侵犯公民权利；又包括国家对公民权利负有保护义务，将公民权利视为宪法中必须恪守的客观价值，国家机关的一切活动必须在权利保障的价值导向下进行，通过制度配套、组织设置、程序安排等，在客观上促成公民权利的保护。当然，“以人民为中心”除了体现习近平法治思想中权利保障的价值导向，还体现了“现实回应性”与“人民性”相结合的理论创新与理论优势。习近平法治思想强调，“要积极回应人民群众新要求新期待，系统研究谋划和解决法治领域人民群众反映强烈的突出问题”。这意味着，中国特色社会主义法治建设必须回应人民需求。公权力的运作不仅要追求效率导向与任务导向，更要重视权利保障与人民需求导向。因此，国家制度与法律制度的建构与完善必须以人民为中心，把“体现人民利益、反映人民愿望、维护人民权益、增进人民福祉”作为根本方向。正如习近平总书记在党的十九大报告中指出的：“必须坚持人民主体地位，坚持立党为公、执政为民，践行全心全意为人民服务的根本宗旨，把党的群众路线贯彻到治国理政全部活动之中，把人民对美好生活的向往作为奋斗目标，依靠人民创造历史伟业。”

3.“以人民为中心”是习近平法治思想的方法论

习近平法治思想之所以能够实现马克思主义法治思想的中国化，并开创出马克思主义法治思想的新阶段、新时期和新境界即新时代，最根本的原因之一是坚持了“以人民为中心”的历史唯物主义的根本方法论。从宏观的角度观察，习近平法治思想“以人民为中心”，实际是以人民为法治建设的实践主体和法学理论的研究主体，实际是以人民的利益、意志和意愿是否得到维护、体现和满足，作为法治建设成败得失和法治理论科学与否的判断标准。从微观的角度观察，习近平法治思想的理念进路和制度设计无不同时呈现出人民主体地位和人民权益至上的双重方面特征，以此为方法，习近平法治思想再一次同时也更加具体地彰显出其以人民为中心的精神实质。

（二）习近平法治思想的方法论贡献①②③

马克思主义哲学既是世界观也是方法论。习近平总书记始终坚持马克思主义唯物辩证法，体现在法治领域，他突出强调要运用战略思维、系统思维等科学方法统筹推进全面依法治国，不断提高法治思维能力。习近平法治思想既是对社会主义条件下为什么实行全面依法治国、怎样实行全面依法治国这一根本问题的回答，也是对马克思主义法治理论的重大发展和对人类法治文明认识深度的根本拓展，在战略思维、辩证思维方法论以及具体观点上具有重大原创性。其原创性体现在对科学思维方法的深刻运用。可以说，习近平法治思想在观点上之所以有重大原创性，就在于习近平总书记将治国理政的科学方法运用到了对法治问题的分析和回答上，极大拓展了我们对全面依法治国的认识和把握。学习习近平法治思想，要特别注意掌握蕴含其中的科学方法论。

1.习近平法治思想的辩证法

习近平法治思想首次将坚持在法治轨道上推进国家治理体系和治理能力现代化，坚持统筹推进国内法治和涉外法治纳入思想体系之中。同时，将坚持处理好全面依法治国的辩证关系融入整个思想理论体系之中，而不单独列为一项。全面依法治国必须正确处理政治和法治、改革和法治、依法治国和以德治国、依法治国和依规治党的关系。这充分体现了

① 周佑勇．习近平法治思想的立场观点方法［EB/OL］．［2020-11-23］．http://www.china.com.cn/opinion2020/2020-11/23/content_76940603.shtml? f=pad&a=true.

② 金国坤．习近平法治思想的辩证法［EB/OL］．［2020-11-30］．http://news.youth.cn/sz/202011/t20201130_12597190.htm.

③ 王旭．习近平法治思想的原创性方法贡献［EB/OL］．［2020-12-29］．https://www.chinanews.com/ll/2020/12-29/9373851.shtml.

习近平法治思想的战略思维和辩证思维方法论，是马克思主义辩证唯物主义在法治理论中的应用。

（1）正确处理政治和法治的关系。政治和法治的关系本质上是党的领导和依法治国的关系。党和法治的关系是法治建设的核心问题。党的领导是中国特色社会主义最本质的特征，是社会主义法治最根本的保证。党的领导和社会主义法治是一致的，社会主义法治必须坚持党的领导，党的领导必须依靠社会主义法治。要进一步推进党的领导入法入规，善于使党的主张通过法定程序成为国家意志，转化为法律法规，推进党的领导制度化、法治化、规范化。宪法明确了党的领导是中国特色社会主义最本质的特征，法律法规将党的领导入法，才能确保依法执政具有明确的法定依据，才能将党的领导贯彻到国家治理的全过程和各方面。

（2）正确处理改革和法治的关系。改革与法治似乎是一对矛盾，要改革就得冲破旧的障碍，包括不合时宜的法律制度。如何解决这一矛盾，习近平总书记早就指出，凡属重大改革都要于法有据。在整个改革过程中，都要高度重视运用法治思维和法治方式，确保在法治轨道上推进改革。同时，要发挥法治的引领、规范、保障作用。经过改革实践证明行之有效的经验，应当将其固化下来，上升为法律法规，为改革成果提供法治保障。实践证明阻碍社会经济发展和改革的旧有规定，应当及时提请修改废除；在修改废除之前，也可以授权地方先行先试，停止执行法律法规的相关规定。在习近平法治思想中，将全面依法治国纳入四个全面战略布局，成为改革的护航保驾者，坚持在法治轨道上推进国家治理体系和治理能力现代化，实现全面深化改革的既定目标。

（3）正确处理依法治国和以德治国的关系。德治和法治作为一对矛盾，自古就争论不休。儒家主张德治，孔子提出“道之以政，齐之以刑，民免而无耻；道之以德，齐之以礼，有耻且格”，而法家主张为政以法，“法必明，令必行”等，在治国方略上是对立的。在历史的长河中，由于各个朝代的统治者好恶，儒家德治和法家法治在历史上不时呈现此强彼弱之趋势。我们今天厉行法治，在习近平法治思想指导下，我们要以中国特色社会主义法治体系建设作为推进全面依法治国的总抓手，同时要坚持依法治国和以德治国相结合，既重视发挥法律的规范作用，又重视发挥道德的教化作用，实现法治与德治相辅相成、相得益彰。习近平总书记强调，法律是成文的道德，道德是内心的法律。法安天下，德润人心。法律有效实施有赖于道德支持，道德践行也离不开法律约束。法治和德治不可分离、不可偏废，国家治理需要法律和道德协同发力。这既是历史经验的总结，也是对治国理政规律的深刻把握。

（4）正确处理依法治国与依规治党的关系。依规治党并不是党员干部可以凌驾于宪法和法律之上，另搞一套行为规范，也不是损害党员干部宪法和法律规定的权利。而是基于其先进性，要求党员干部既遵守法律法规，又遵守党内法规。中国特色社会主义法治体系建设将党内法规纳入其中，要发挥依法治国和依规治党的互补性作用，确保党既依据宪法和法律治国理政，又依据党内法规管党治党、从严治党。依规治党是依法治国的重要保障，党内法规对党员干部规定更多的义务和责任，模范遵守法律党规，为全民守法起到模范引领作用；依法治国是依规治党的重要依托，用法治理念管党治党，以法治实施、监督保障体系为参照，建设党内法规的实施、监督保障体系，形成党内法治体系。从法律规范体系和党内法规规范体系建设来说，还要注重宪法法律与党内法规的衔接和协调，确保二者在制定、实施、监督上相互协同，在党和国家生活中同向发力、同时发力、形成合力。同时要明晰各自规范界限，避免外溢效应、相互替代。

2.习近平法治思想的思维方法

从构成习近平法治思想核心要义的“十一个坚持”来看，其在形成一个逻辑严密、体系完整的思想背后是底线思维、战略思维、系统思维、精准思维的方法支撑，归根结底是马克思主义辩证思维智慧的闪耀。习近平法治思想的“十一个坚持”在逻辑上可以归纳为“根本政治方向”（第一个“坚持”到第三个“坚持”）、“基本总体目标”（第四个“坚持”到第九个“坚持”）和“重要保障力量”（第十、第十一个“坚持”）三个层次。

（1）习近平法治思想的“底线思维”。全面推进依法治国必须坚持正确的政治方向，这在根本上体现为习近平总书记多次强调的“底线思维”。方向是底线，也是高压线，更是红线，是在全面推进依法治国过程中绝对不能退，绝对不能让，绝对不能突破的红线。底线思维主要体现在“坚持党对全面依法治国的领导”“坚持以人民为中心”“坚持中国特色社会主义法治道路”这三个命题之中，它们分别体现了全面依法治国的政治底线、价值底线和道路底线。坚持党对全面依法治国的领导是根本政治底线。中国共产党领导是中国特色社会主义最本质的特征，也是中国特色社会主义法治建设最根本的保障，法治建设是加强党的领导之题中应有之义，也是巩固党的执政地位、完善党的执政方式、增强党的执政能力的重要要求。“坚持以人民为中心”同样体现了底线思维，任何法治改革的举措或手段，都是以不断满足人民群众对美好生活的需要，使人民的获得感、幸福感、安全感更加充实、更有保障为出发点和归宿，任何法治改革的成效也归根结底只能由人民来评价与认可。因此，坚持以人民为中心是推进全面依法治国的价值底线。“坚持中国特色社会主义法治道路”，就是要坚持党的领导，坚持中国特色社会主义制度，贯彻中国特色社会主义法治理论。全面推进依法治国必须坚持这个道路底线，法律制度和法治理论必须体现中国特色社会主义的本质特征。

（2）习近平法治思想的战略思维。坚持和强化战略思维，就是要从坚持和发展中国特色社会主义的全局和战略高度定位法治、布局法治、厉行法治，统筹推进国家治理各个领域各个方面的法治建设。习近平法治思想的战略思维深刻体现在第四个“坚持”和第五个“坚持”中。将法治作为治国理政的基本方式，进而强调和突出依法治国首先是依宪治国，依法执政关键是依宪执政，并在法治轨道上推进国家治理体系和治理能力现代化，这是一种重大的战略判断，体现着“对国之大者要心中有数”的战略思维。战略思维既是一种全局思维，又是一种抓根本、“四两拨千斤”的智慧。法治建设千头万绪，抓住依宪治国、依宪执政，就是抓住了根本，抓住了“国之大者”。宪法是社会主义法治体系的根基，把这个根基打牢了，社会主义法治的“参天大树”就能在根基之上茁壮成长。只有首先尊重宪法，才能尊重其他的法律法规；只有崇尚宪法权威，整个法治体系才能树立权

威。习近平法治思想从宪法的方向、地位、性质、功能、监督实施和有效保障等方面，全面论证了依宪治国和依宪执政的重大价值与具体遵循，高瞻远瞩地抓住了主要矛盾的主要方面。同样，坚持在法治的轨道上推进国家治理现代化也体现了典型的战略思维。国家治理现代化，需要我们首先把法治这个根基打牢。只有依靠法治，国家治理体系的协同性、整体性、科学性才有规范依据，治理能力的提升才有规则遵循。

（3）习近平法治思想的系统思维。习近平总书记强调："全面依法治国是一个系统工程，要整体谋划，更加注重系统性、整体性、协同性。"这就要求我们必须把握系统思维，站在系统性、整体性、协同性的战略部署层面，坚持依法治国、依法执政、依法行政共同推进和法治国家、法治政府、法治社会一体建设，以建设法治体系作为总抓手，统筹推进科学立法、严格执法、公正司法、全民守法。习近平法治思想的系统思维深刻体现在第六个"坚持"到第九个"坚持"之中。全面依法治国是一项系统工程，内在要素互相支撑、互相影响，所以我们不能割裂这个有机整体。推进全面依法治国应该运用系统思维解决在法治建设中长期存在的问题。中国特色社会主义法治体系包括完备的立法体系、高效的法治实施体系、严密的法治监督体系、有力的法治保障体系和完善的党内法规体系。过去一段时间，我们在不断完善中国特色社会主义法律体系的过程中十分强调立法的功能与作用。对此，习近平总书记指出："天下之事，不难于立法，而难于法之必行。"这就意味着如果离开了实施、监督与保障，那么立法就可能只具有象征意义。中国特色社会主义进入新时代，依法治国与依规治党联系越来越紧密，从体制机制的调整，到党纪与国法的衔接转化和协同，我们不断完善党纪与国法的系统建设，为法治进步提供了充足的支撑与动力。此外，系统思维进一步在领域（法治国家、法治政府、法治社会）共同建设、环节（立法、执法、司法、守法）共同覆盖、层次（国内法治与涉外法治）共同统筹三个部分具体展开，构成第七到第九个"坚持"的核心要义。习近平总书记指出："法治社会是构筑法治国家的基础。"这就意味着，只有培育规则意识，才能加快推进法治政府建设；只有培育规则意识，公民才会信法守法，遇事找法，这将有利于政府在法治轨道和框架内解决问题，并由此减少政府依法行政的成本。

（4）习近平法治思想的精准思维。法治思维本身就是一种重要的哲学思维方法。习近平总书记高度重视提高领导干部法治思维能力，反复强调领导干部要运用法治思维和法治方式开展工作、解决问题、推动发展。习近平法治思想的精准思维体现在第十个"坚持"和第十一个"坚持"之中。社会主义现代化归根结底是人的现代化，因此，实现法治现代化，干部队伍建设问题是关键。习近平总书记指出，要"坚持建设德才兼备的高素质法治工作队伍"，"坚持抓住领导干部这个'关键少数'"。"徒法不足以自行"，"奉法者强则国强"，抓住干部队伍，尤其是抓住掌握决策权或占据关键岗位、重要岗位的领导干部这个"关键少数"，是习近平总书记精准把脉、精准施策的精准思维的典型体现。全面推进依法治国不能平均用力，必须精准提升保障能力。我们亟须把症结点找到，把风险点分析和控制住，不断提高领导干部运用法治思维和法治方式的能力，让领导干部在带头守法和用法上率先垂范，切实把习近平法治思想贯彻落实到法治建设的各个方面，为推进全面依法治国贡献力量。

总之，立场观点方法是马克思主义思想体系的灵魂，是科学理论的精髓所在。习近平法治思想，始终坚持马克思主义的立场观点方法并将其创造性地运用到全面依法治国伟大实践中，其蕴含着的底线思维、战略思维、系统思维、精准思维这四个科学思维方法是马克思主义辩证思维的体现，构成了我们理解习近平法治思想具体观点的根本思维遵循和方法论。从这个意义上说，习近平法治思想是马克思主义基本原理在当代中国法治建设领域中的重大理论创新成果，是马克思主义法治理论在当代的巨大飞跃。

第三节　依法兴旅治旅，推进文旅领域治理体系与治理能力现代化

一、依法兴旅、依法治旅及其重要意义

习近平新时代中国特色社会主义思想深刻阐明了中国特色社会主义法治的理论依据、本质特征、价值功能、内在要求、中国特色、基本原则、发展方向等重大问题；系统阐述了什么是社会主义法治，如何全面依法治国、建设中国特色社会主义法治体系和社会主义法治国家，如何在法治轨道上推进国家治理体系和治理能力现代化等一系列根本问题[①]。《关于贯彻党的十八届四中全会精神全面推进依法兴旅依法治旅的意见》（旅发〔2014〕241号）准确把握依法治国对旅游法治建设的要求和内涵，既是贯彻落实十八届四中全会精神的具体举措，也是依法治旅实践的阶段性总结，为旅游业发展，为全面推进依法兴旅、依法治旅创造了良好的法治环境。

（一）依法兴旅与依法治旅的关系[②③]

依法兴旅、依法治旅是《中华人民共和国旅游法》（自2013年10月1日起施行，2016年、2018年两次修改，以下简称《旅游法》）颁布实施，特别是党的十八届四中全会以后旅游业界关注的热点词汇，是中国旅游业法治化进程中的两个不同层面。“治”，即治理、整顿，侧重于自上而下地、有计划地实施管理，需要通过不断完善旅游法律体系，认真贯彻落实旅游法等法律规章，理顺多部门联动的执法主体，健全社会监督体制，完善行业自律机制等手段来实现；“兴”，指的是振兴、发展，侧重于由近及远、有步骤地加以推进，需要有近期目标，也需要更多的整体谋划和全方位综合考虑。依法治旅侧重依法治理和整顿旅游业，依法兴旅则侧重依法振兴和发展旅游业，二者是递进与升华的关系。

1.从自身来说，依法兴旅的层级更高、目标更远，它是依法治旅的目的，也是依法治旅的更高追求

要想让“依法兴旅”贯穿旅游业发展的全过程，就需要旅游从业人员尤其是旅游行政

① 李林. 在新时代发展中国特色社会主义法治理论［N］. 人民日报，2018-07-25.

② 刘思敏. 依法兴旅与依法治旅是递进关系［EB/OL］.［2015-02-10］. http：//www.ctnews.com.cn/paper/201502/10/node_01.html

③ 汪洋. 全面提高依法兴旅和依法治旅的水平［EB/OL］.［2013-05-16］. http：//www.gov.cn/wszb/zhibo564/content_2403747.htm.

管理部门从现在起就在法治化改革总框架下谋划旅游业的长远发展。坚持市场配置旅游资源的基本方向，放宽市场准入，减少行政审批，鼓励各类市场主体投资旅游业。支持地方政府推进旅游业综合改革和专项改革，理顺旅游业发展的体制机制，形成支持旅游业发展的合力。支持旅游行业组织发展，促进行业自律和转型升级。可见，依法兴旅需要更多一些的改革精神，需要更系统、更全面的思维方式，比依法治旅更进一步。

2.在外延影响上，依法兴旅范围更广、意义更深，它是国家法治化、旅游业国际化、服务业现代化的突出体现和客观要求

党的十八届四中全会提出了全面推进依法治国的总要求，为我国各行各业的发展提出了法治化的新要求。旅游业已被定位作为国民经济的战略性支柱产业和人民群众更加满意的现代服务业来培育。作为一个综合性的行业，旅游行业的监管涉及多个部门，需要文旅、市场监督管理、公安、交通、商务、卫生、质检、价格等部门以及居民、游客和媒体的广泛参与。要想让旅游业与时俱进，及时融入国家法治化轨道，跟得上时代发展的步伐，就需要高度重视旅游业发展的法治思维和方向。不仅是旅游行政管理部门，诸如国务院旅游工作部际联席会议等国家层面的旅游协调机构，也需要密切关注旅游业发展，努力通过旅游业的日益规范，促进旅游相关产业的有序发展。因此，依法兴旅是将依法促进旅游业发展作为依法治国的一个长期发展战略的表现。

3.依法兴旅更宏观，需要与旅游业的发展实际紧密结合才有实质意义

相比较而言，依法治旅是有具体的标的物的，甚至是“看得见、摸得着”的，而依法兴旅是一个宏观说法，应与旅游业发展实际结合起来。这就需要有关部门进一步提升站位，系统思考振兴与发展旅游业的诸多问题，而绝非仅仅局限在规范和整顿的层面上。要实现依法兴旅，一要建立宏观思维和整体协调机构，新组建的国务院旅游工作部际联席会议，为依法兴旅提供了组织保障。二要吃透《旅游法》《国务院关于促进旅游业改革发展的若干意见》等的内涵，并与消费者权益保护法、民法典等充分对接，形成完善的旅游法律体系。三要加强依法行政，尤其是文化和旅游行政管理部门，应在依法兴旅的总思想指引下，更加注重行业内依法行政的落实。四是要在法治思维方面加大宣传教育和培训的力度，培养各层面的、具有法律知识的旅游从业人员队伍。五是构建旅游法律落实的多角度监督机制，形成依法兴旅的良性循环。

总之，依法治旅，是旅游业当前发展的迫切需要，迫在眉睫。依法兴旅，则是国家法治化和旅游业取得持续、长远发展的客观要求，也是旅游业走向国际化和服务业走向现代化的题中之义，需要旅游从业人员站位更高、眼光更远、谋划更深。

（二）依法兴旅、依法治旅的重要意义[①]

1.依法兴旅、依法治旅是依法治国总目标对旅游业发展的根本要求

党的十八届四中全会对全面推进依法治国作出了整体部署，提出了建设中国特色社会主义法治体系，建设社会主义法治国家的总目标，为推进法治国家、法治政府、法治社会

① 国家旅游局．国家旅游局关于贯彻党的十八届四中全会精神全面推进依法兴旅依法治旅的意见（旅发〔2014〕241号）［EB/OL］．［2020-12-04］．http：//zwgk.mct.gov.cn/zfxxgkml/zcfg/gfxwj/202012/t20201204_906255.html.

建设指明了方向。旅游法治建设是国家法治体系建设的有机组成部分，要实现把旅游业培育成为“国民经济的战略性支柱产业和人民群众更加满意的现代服务业”的战略目标，就必须全面推进依法兴旅、依法治旅，把依法治国、依法执政、依法行政的各项要求贯彻落实到旅游业改革发展和规范管理的各个环节，以旅游法治建设的不断完善促进旅游业持续健康发展。

2.依法兴旅、依法治旅是新时期旅游业发展的重要标志

《旅游法》的颁布实施，是我国旅游业法治建设的里程碑，为维护旅游者和旅游经营者合法权益、保护和合理利用旅游资源奠定了法律基础；为规范经营行为、维护市场秩序、调整民事法律关系、发挥市场配置资源的决定性作用提供了法律依据；为健全旅游管理体制、完善旅游产业发展机制营造了法治环境。我国正处于全面建设社会主义现代化国家和深化改革发展的关键阶段，转型升级、提质增效是当前旅游业发展面临的首要任务。贯彻落实《旅游法》，全面推进依法兴旅、依法治旅，适应了旅游业消费升级、结构调整、体制改革、产业发展的新要求，标志着我国旅游业发展进入新阶段。

3.依法兴旅、依法治旅是新形势下旅游业法治建设的迫切要求

近年来，我国旅游业法治建设取得了较大进展，但也面临着不少问题：第一，对社会主义法治体系认识不全面，对依法兴旅、依法治旅理解不深入，在一定程度上存在希望用一部《旅游法》解决现实中所有问题的现象。第二，《旅游法》是综合法，涉及各相关部门的职责，但是在施行过程中，各方协调不力、争权诿责现象仍然存在，综合法在综合实施上还有很多困难。第三，有法不依现象仍然存在，《旅游法》实施之初，规范效应已初显成效，但在执法不能全部到位、违法不能一究到底的环境下，旅游市场违法行为出现“回潮”。第四，执法机制不健全，市场执法盲点多，权责脱节、多头执法和选择性执法现象仍然存在。这些问题在一定程度上反映了社会法律信仰没有形成，依法经营、依法维权的社会氛围还没有普遍建立，同时，一些旅游主管部门法治观念不强、能力不足，有法不能用、不会用、不敢用，旅游经营者和旅游消费者不信、不愿以法律方式，特别是司法途径解决纠纷等也是重要原因。解决这些问题，就必须坚持改革方向、问题导向，引领旅游行业全面步入依法兴旅、依法治旅的发展轨道，努力形成政府依法监管、企业守法经营、游客文明旅游的良性格局。

二、文旅领域治理现代化理念及法治建设原则

（一）文旅领域治理现代化理念

治理理念中的现代化包含了法治精神、多元和宽容意识以及公民参与等要素。国家治理体系就是在党领导下管理国家的制度体系，包括经济、政治、文化、社会、生态文明和党的建设等各领域的体制机制、法律法规安排，也就是一整套紧密联系、相互协调的制度体系。形成系统完备、科学规范、运行有效的国家制度体系，是国家治理体系现代化的重要目标。国家治理能力就是运用国家制度管理社会各方面事务的能力，包括改革发展稳定、内政外交国防、治党治国治军等各个方面。国家治理体系和治理能力是一个有机整

体，相辅相成，有了好的国家治理体系才能提高治理能力，提高国家治理能力才能充分发挥国家治理体系的效能[①]。党的十九大报告指出，中国特色社会主义进入新时代，我国社会主要矛盾已经转化为人民日益增长的美好生活需要和不平衡不充分的发展之间的矛盾。发展不平衡不充分的问题已经成为满足人民日益增长的美好生活需要的主要制约因素。发展不平衡，主要指各区域各方面发展不够平衡，制约了全国发展水平提升；发展不充分，主要指一些地方、一些领域、一些方面还有发展不足的问题，发展的任务仍然很重。现阶段我国发展不平衡不充分表现在很多方面，从中国特色社会主义事业的总布局来看，我国依然存在民生领域体制机制仍不完善、社会文明水平需要进一步提高、国家治理体系和治理能力还需要进一步加强等问题。社会矛盾产生的根本原因在于社会资源有限、社会结构失衡和文化传统习惯等。矛盾的解决一方面需要强大的经济建设、合理调整分配社会资源配置，恢复社会结构平衡；另一方面需要依靠精神价值观的引导。

推进国家治理现代化，就是要推进和实现国家治理体系和治理能力的法治化、民主化、科学化和信息化，核心是推进国家治理的法治化。一方面，要推进国家治理制度体系的法治化。法治国家治理制度体系中的绝大多数制度、体制和机制，已通过立法程序规定在国家法律体系中，表现为法律规范和法律制度。因此，发展和完善国家法律体系，构建完备科学的法律制度体系，实质上就是推进国家治理制度体系的法律化、规范化和定型化，形成系统完备、科学规范、运行有效的国家制度体系。另一方面，要推进国家治理能力的法治化。推进国家治理能力的法治化，归根结底是要增强治理国家的权力（权利）能力和行为能力，强化宪法和法律的实施力、遵守力，提高国家制度体系的运行力、执行力[②]。可见，全面依法治国不仅是国家治理现代化的主要内容，而且是推进国家治理现代化的重要途径和基本方式，对实现国家治理现代化具有引领、规范、促进和保障等重要作用。旅游是新时代人民美好生活和精神文化需求的重要内容，是人民群众获得感和幸福感的重要体现，是展示国家形象和国民素质的重要窗口。习近平总书记强调，人文资源是发展旅游的基础，发展旅游经济要以优秀人文资源为主干，用文化提升旅游品位，精心打造出更多体现文化内涵、人文精神的特色旅游精品。旅游是综合性产业，是拉动经济发展的重要动力，是传播文明、交流文化、增进友谊的桥梁，是人民生活水平提高的一个重要指标。习近平总书记重要论述深刻阐明了文化和旅游融合发展的基本原则、总体要求。良好的旅游市场秩序是企业依法诚信经营和公民文明素养的集中反映，也是社会综合治理水平的集中体现[③]。作为空间流动性和人员聚集性相结合的产业，旅游不仅是一种经济现象，而且是一种社会现象和文化现象，涉及民生的需求、经济的发展、文化的交流、环境的影响、道德的维护等一系列问题。面对这一复杂的综合现象，如何实现从管理向治理延伸，是新时代文旅领域改革与发展所面临的一个重要课题。繁荣发展文化事业和文化产业，实

---

① 薛澜，张帆，武沐瑶．国家治理体系与治理能力研究：回顾与前瞻［J］．公共管理学报，2015，12（3）：1-12.

② 李林．全面推进依法治国具有重大战略意义［EB/OL］．［2014-10-25］．http：//cpc.people.com.cn/n/2014/1025/c389745-25907232.html.

③ 国家文化和旅游部．文化和旅游部关于实施旅游服务质量提升计划的指导意见（文旅市场发〔2019〕12号）［EB/OL］．［2019-01-16］．http：//www.gov.cn/gongbao/content/2019/content_5411617.htm.

现文旅领域治理体系和治理能力现代化，“以文塑旅、以旅彰文，推动文化和旅游融合发展”，就必须坚持把依法兴旅、依法治旅作为文旅领域治理体系与治理能力提升的基本方略，通过法治建设与法治改革，建立健全文旅融合发展体制机制，创造性地统筹各方力量，为高质量的旅游消费营造良好的环境。

（二）文旅领域法治建设的原则[①②③]

良法善治是推进国家治理体系和治理能力现代化的必然要求。党的十九届五中全会系统阐述了“十四五”时期我国文化旅游业发展的一系列重大问题，为我们加快推进文化旅游法治建设和高质量发展指明了前进方向。发展旅游业是实现经济高质量发展、帮助群众脱贫致富的重要途径，也是满足广大人民对美好生活向往的具体要求。文旅领域的法治建设应把全面依法治国与国家治理现代化融合起来理解，把厉行法治与加强治理结合起来把握，在两者融合统一中达到良法善治状态[④]。

1.坚持党对文化和旅游法治工作的全面领导

推进文化事业、文化产业和旅游业融合发展，必须坚持以习近平新时代中国特色社会主义思想为指导，深入贯彻习近平总书记关于文化和旅游工作特别是文化和旅游融合发展重要论述精神。从价值论的角度而言，文化主要体现精神价值和社会价值，旅游作为一个市场化产业，更多地体现出经济价值，如何通过融合发展，带动区域经济发展，提升产业的附加价值是文旅融合的关键。为此，文旅领域必须坚持党的全面领导，建立党对文旅融合发展的新业态、文旅法治的领导机制，深化“放管服”改革，切实加强法律制度建设，做到依法、科学、有效管理，不断提高现代化治理水平；综合用好政策、法规、规划、标准等手段，统筹发挥好政府和市场作用，支持社会力量参与文化建设和旅游发展；强化法律法规制定和实施，自觉用法治思维谋划思路，用法治手段破解难题，对融合发展的新业态，要及时加强关注、引导，不断更新监管理念，深入推进规划工作，完善管理、健全体系、提高质量。在党的领导下，通过法治建设与法治改革，更好发挥文化和旅游法治建设的引领和规范作用。

2.坚持将社会主义核心价值观全面融入文化和旅游法治建设

社会主义核心价值观“富强、民主、文明、和谐，自由、平等、公正、法治，爱国、敬业、诚信、友善”是我国文化和旅游法治体系的“灵魂”，也是确保我国文化和旅游体制机制改革坚持正确方向的精神内核。2018年，中共中央印发《社会主义核心价值观融入法治建设立法修法规划》，强调要以习近平新时代中国特色社会主义思想为指导，坚持全面依法治国，坚持社会主义核心价值体系，着力把社会主义核心价值观融入法律法规的立改废释全过程。社会主义核心价值观入法入规，彰显中华民族优秀文化基因的历史传承，是国家发展实践在法治层面的精神呈现。文旅领域应当将社会主义核心价值观全面融入法律政策体系，更好地为全国各族人民提供坚强思想保证、强大精神力量、丰厚道德滋

① 朱兵，周刚志．开创文化和旅游法治建设新格局［N］．中国旅游报，2020-12-10.

② 中国旅游报采访组．乘势而上，开启文化和旅游新征程［N］．中国旅游报，2020-11-02.

③ 李林．深刻理解习近平法治思想的丰富内涵［EB/OL］．［2020-11-30］．https：//www.chinanews.com/gn/2020/11-30/9351023.shtml.

④ 莫纪宏，翟国强．中国特色社会主义法治理论的新发展［N］．人民日报，2018-03-05.

养，筑牢全面依法治国的思想道德基础。“十四五”时期，社会文明程度将得到新提高，社会主义核心价值观深入人心，人民思想道德素质、科学文化素质和身心健康素质明显提高，公共文化服务体系和文化产业体系更加健全，人民精神文化生活日益丰富，中华文化影响力进一步提升，中华民族凝聚力进一步增强。文旅领域法治建设中应当以法治体现道德理念、强化法律对道德建设的促进作用，通过教育、思想宣传、文化陶冶、制度保障等方式，推动社会主义核心价值观深入人心，成为国民的精神追求，从而渗透到旅游实践活动中去。

3.坚持文化自信的法治理念

党的十九大报告明确指出，“文化自信是一个国家、一个民族发展中更基本、更深沉、更持久的力量”，“没有高度的文化自信，没有文化的繁荣兴盛，就没有中华民族伟大复兴”。党的二十大报告提出“推进文化自信自强，铸就社会主义文化新辉煌”。随着中国特色社会主义进入新时代和人民群众对美好生活的需要日益旺盛，文化建设在“五位一体”（经济建设、政治建设、文化建设、社会建设、生态文明建设）总体布局的位置更加凸显，在实现中华民族伟大复兴的宏伟目标中将承担更加重要的历史使命。社会主义法治文化作为中国特色社会主义先进文化的重要组成部分，是全体人民意志和党的主张相统一、社会主义伦理道德与社会主义法治精神相统一、社会主义法治理论与全面依法治国实践相统一、法治宣传教育与培养法治行为习惯相统一的集中体现。它以社会主义核心价值观为引领，由社会主义法治精神、法律意识、法治观念、法治信仰、法治知识、法治习惯、法律行为、法治文艺、法治宣传、法治（法学）教育、法治环境、法治氛围等构成，是中华优秀传统法律文化创造性转化和创新性发展的成果，是全面推进依法治国、建设社会主义法治国家的精神家园和文化根基。“十四五”期间，文化建设对旅游业的战略引领和支撑作用将会更加明显，文化建设的成果，将会进一步提升大众旅游消费的品质需求，并从需求侧推进旅游业高质量发展。因此，文旅领域应当发挥文化自信的引领作用，深入贯彻习近平总书记关于保护弘扬中华优秀传统文化重要论述精神，落实好相关法律法规和政策文件精神，加强文物保护利用和非遗传承发展，推动中华优秀传统文化创造性转化、创新性发展。只有在文化和旅游法治建设中始终贯彻“文化自信”的基本理念，只有保持文化自觉、文化自信的定力，才能坚持文化和旅游法治建设过程中的自主独立思考，并在保护传承基础上，加大文化遗产资源挖掘阐发力度，为旅游发展注入更优质、更富吸引力的文化内容，同时发挥旅游业的独特优势，为文化遗产保护利用和传承发展注入新的动力。

4.坚持“以人民为中心”原则

文化和旅游是丰富人民群众精神文化生活的重要方式，是衡量人民群众幸福指数和民生福祉的重要指标。习近平总书记指出：“带领人民创造美好生活，是我们党始终不渝的奋斗目标。”当前，伴随社会进步和依法治国战略的推进，社会大众权利意识和法治意识不断提升，参与社会治理的热情日益高涨，自我保护意识和维权意识强烈，对文旅领域的社会治理水平和保障能力提出了更高要求。党的十九届五中全会审议通过的《中共中央关于制定国民经济和社会发展第十四个五年规划和二〇三五年远景目标的建议》，高度评价决胜全面建成小康社会取得的决定性成就，并提出了到二〇三五年基本实现社会主义现代化远景目标以及“十四五”时期经济社会发展主要目标。全会为全面建成小康社会后，“更多的国民参与、更高的品质分享”的旅游业发展指明了方向、奠定了基础，为文化和旅游业发展作出科学指引。我国文化和旅游法治建设应当坚持以人民为中心，与时俱进地不断满足人民群众对美好生活的更高需求，通过多种形式为人民提供文化和旅游公共服务和公共产品，尤其是要建立更为公平、开放的社会成员保障体制与机制，对各类社会弱势群体给予更多的扶持和帮助，如坚持“政府主导、社会参与、重心下移、共建共享”，推动基本公共文化服务标准化、均等化；坚持“补齐短板、融合共享、全域覆盖”，推动旅游公共服务转型升级；保障老年人的旅游权，实现文化旅游均等权等。

5.坚持社会效益优先原则

旅游业涉及部门多、带动效益大、融合程度高。习近平总书记强调“要推进旅游业高质量发展”，习近平总书记重要论述科学回答了新时代旅游发展的一系列根本性、方向性问题，既有总体要求，又有方法论指导。我国《旅游法》中既规定了旅游业发展原则，又专章规定旅游规划，提出旅游业发展应遵循社会效益、经济效益和环境效益相统一的原则，鼓励各类市场主体在有效保护的前提下，依法合理利用旅游资源，利用公共资源建设的游览场所应当体现公益性质。按照《旅游法》要求，文旅领域应当进一步推动健全综合协调机制，完善综合协调职能，提升综合协调实效；推动将旅游业发展纳入当地国民经济和社会发展规划，科学、统筹编制旅游发展规划和专项规划，确保规划的有效衔接和实施；积极推进旅游与相关产业的融合发展，扶持老少边穷地区旅游业发展，发挥旅游在促发展、调结构、保就业、惠民生等方面的积极作用；进一步加强旅游对外交流与合作，实施好旅游形象推广战略，健全并扩大旅游形象推广机构和网络；加大对旅游业的资金投入，推进旅游公共服务、旅游安全、旅游信息化建设，便利游客出行和入境旅游接待。保证旅游业在法治轨道上规范快速发展。可见，文化和旅游法治建设要始终坚持把社会效益放在首位，并实现社会效益、经济效益和环境效益相统一，确保文化和旅游事业、产业发展沿着正确的政治方向前进。

【延伸阅读1-1】　社会治理及习近平社会治理思想

Δ社会治理

社会治理是一个综合性的系统，其完整的定义应该包括四个方面的内容：为什么治理？谁来治理？治理什么？如何治理？其中，“为什么治理”主要回答治理的背景和针对性的问题；“谁来治理”主要回答治理主体的问题；“治理什么”主要讨论治理对象的问题；“如何治理”主要讨论治理主体凭借什么手段采用何种方式来治理的问题。尽管治理概念本身具有“问题导向”和“结果导向”的特点，但社会治理不应该只是解决社会麻烦、维持社会稳定的手段，它也应该是释放社会活力、促进公益发展的方式。如果按照政府与社会的关系将社会治理分为政府行政导向型和社会自治导向型两种理论模型，那么，协同治理导向型就是二者结合的最优模型。从理论上讲，社会当以“善治”为目标，而“善治”取决于两个方面的工作配合，即良好的政府管理和良好的社会自理。“政府管理”

通过政府决策和行为体现政府对于社会事务的管理（Management）和控制（Control），属于“国家法治”的范畴，反映了政府的施政能力（Governability）和水平。“社会自理”通过社会集体决策（Collective Decision）和集体行动（Collective Action）体现社会的自我协调和自我管理（Social Self-government），属于“社会自治”的范畴，反映了社会的自组织和自管理能力与水平。可以说，社会治理的理想状态，就是良好的政府管理与良好的社会自理相辅相成。总而言之，良好的社会治理通过多元制度供给得以实现，在这个过程中它强调的是“公共事务公共治理”，即政府、社会组织、社区单位、企业、个人等所有的利益攸关者共同参与、协同行动，实现国家与社会良性互动、协同治理的状态。因此，建立信息开放、集体决策和共同参与的制度，加强公共选择和公共博弈，实现责任共担，利益共享，权力协同，成为增进社会治理，进而提升国家治理水平、实现国家治理体系与治理能力现代化的必然要求。

国家治理的绩效受制于许多因素，如自然禀赋、历史条件、人为作用以及其他偶发因素，但是，在给定其他条件不变的情况下，国家治理的水平取决于两个要素：一是制度供给能力，二是制度执行能力。从制度供给的方面看，政府当然是制度供给的提供者，但它不是唯一的提供者，社会组织和团体也是制度供给的重要提供者。而且，在一些与普通百姓生活密切相关的公共管理和公共服务的事项上，社会组织和团体所创造的制度供给可能比政府所提供的制度更加有效合理。从制度执行的角度看，费孝通先生当年在《乡土中国》中所提供的理论框架是值得借鉴的。他的分析框架强调，一个良好的治理取决于两种机制：一是法治机制（代表着政府机制）；二是自治机制（代表着社会机制）。这也就是说，国家治理的状况取决于两种要素，即，法治+自治，所以，提升法治化和社会化的水平，正是国家治理的重要任务。中国的社会治理应当追求这样的目标：一个富有领导力的政党凭借其不断的创意能力引领社会；一个有效的政府提供足够的制度供给和信用保障；所有企业和经济组织不仅追求自身利益的最大化，而且还具有社会责任的担当和贡献；每个公民通过社会组织参与到社会生活和社会管理与社会公益活动中来，贡献自己的爱心，弘扬社会正能量。总之，不同的社会力量和要素得到有效整合，各司其职，共同承担社会管理和服务功能，实现有效的社会治理，这便是多元共治的格局！

Δ 习近平社会治理思想

习近平社会治理思想作为习近平新时代中国特色社会主义思想重要组成部分，其始终围绕以下三个基本问题展开：什么是中国特色社会治理现代化？为什么要推进中国特色社会治理现代化？怎样推进社会治理现代化，加快建设更高水平的“平安中国”“法治中国”，打造共建共治共享社会治理格局？其核心要义是：社会治理战略布局论——强调坚持依法治国、依法执政、依法行政共同推进，法治国家、法治政府、法治社会一体建设；社会治理性质论——强调社会治理坚持人民主体地位，以人民为中心，为了人民，依靠人民；社会治理格局论——强调党委领导、政府负责、社会协同、公众参与、法治保障，努力实现“良政善治”；社会治理主体论——明确党委、政府、社会组织在社会治理中的主体地位、职能作用，强调政社合作、多元主体协同共治；社会治理动力论——强调创新社会治理体制，处理好活力与秩序的关系，解放和增强社会活力，确保社会既生机勃勃又井然有序；社会治理基本原则论——强调问题导向，实现系统治理、依法治理、综合治理、源头治理的有机结合；社会治理体系论——提出创新社会治理体制，完善中国特色社会主义治理体系；社会管理体制论——强调深化社会组织管理体制改革，培育社会组织参与社会治理的能力，畅通参与社会治理渠道；社会治理机制论——强调创新有效预防和化解社会矛盾机制，建立健全多元化纠纷解决机制、依法维权和化解纠纷机制，构建对维护群众利益具有重大作用的制度体系；网络社会治理法治论——提出维护国家主权、安全、发展利益，实现建设网络强国战略目标。

资料来源：

[1] 燕继荣. 社会变迁与社会治理——社会治理的理论解释 [J]. 北京大学学报，2017，54（5）：69-77.

[2] 徐汉明. “习近平社会治理法治思想”的核心要义及其时代价值 [EB/OL]. [2018-06-13]. http：//theory.people.com.cn/n1/2018/0613/c40531-30055178.html.

[3] 薛澜，张帆，武沐瑶. 国家治理体系与治理能力研究：回顾与前瞻 [J]. 公共管理学报，2015，12（3）：1-12.

三、提升文旅领域治理体系与治理能力现代化的路径选择

当前，我国旅游业发展存在的突出问题和主要障碍是与人民群众日益增长且不断变化的旅游休闲需求相比，旅游供给相对滞后。当前以及今后一段时期，旅游业发展的主要矛盾就是人民对美好生活的向往所带来的旅游消费升级与供给侧不平衡不充分的矛盾。旅游发展的“不平衡、不充分”问题主要体现在：一是市场结构相对失衡。国民旅游市场快速增长，出境旅游综合效益不高，入境旅游市场占比逐年下降；2018年以来出境旅游人数和花费已经双双超过入境旅游接待人数和入境旅游收入，呈现出所谓的“双逆差”现象；农村居民、中西部居民缺乏出游特别是出境旅游的条件；休闲度假的需求还未得到有效满足。二是旅游企业的国际竞争力亟待提高。在产品创新能力、国际化水平等方面还存在很大差距，资本、科技、文创和人才新动能不足，具有世界影响力、有效应对拥堵难题的旅游景区偏少。三是旅游治理体系现代化建设显得相对滞后，旅游政策的获得感不强。如旅游公共服务体系还不是很完善，旅游过程中存在不文明现象，欺客、宰客等痼疾难以根除，旅游发展中过于重视经济利益、忽视综合效益等。特别是在当前，加快建立起文化和旅游融合新时代的现代旅游治理体系，提升文化和旅游领域治理能力现代化尤显迫切①。

（一）完善文化和旅游法律规范体系

完备的法律规范体系是建设中国特色社会主义法治体系的前提条件，建设完备的法律规范体系，必须坚持发挥立法的引领和推动作用，把党的方针政策主张和人民意志贯穿于立法工作的全过程，并积极推进重点领域立法，深入推进科学立法、民主立法、依法立法，不断完善以宪法为核心的中国特色社会主义法律体系，为推进国家治理体系和治理能

① 李晓红. “十四五”时期旅游业将迎来全面开放新格局——访中国旅游研究院副院长李仲广 [N]. 中国经济时报，2020-08-27.

力现代化筑牢法律基础[①]。

1.完善旅游法律规范体系

旅游法律规范体系建设是全面提升旅游市场治理体系与治理能力的基础。完善旅游法律规范体系，一是以《中华人民共和国宪法》（以下简称《宪法》）、《中华人民共和国民法典》（2021年1月1日起施行，以下简称《民法典》）为依据，以实施《旅游法》为主线，结合旅游业综合性以及跨部门、跨行业的特征，将促进法、规范法、保护法融为一体，使旅游法律规范体系成为旅游者权益的保护法，旅游市场秩序的规范法，旅游企业行为的基本法，旅游业发展的促进法，同时积极推进旅游法相关配套制度建设，建立健全法规体系；二是依法建立旅游业发展的专项保障体系和经营管理制度，包括旅游投诉处理制度、旅游安全风险提示制度、高风险旅游保障制度、旅游景区价格和流量管理制度、在线旅游企业经营管理制度、城乡居民经营旅游业务管理制度等；三是以全面提升旅游服务质量为切入点，编制完善评价体系、标准体系。如完善现行旅游酒店的等级标准、旅游民宿基本要求与评价标准，编制旅游休闲街区等级与标准、旅行社服务接待标准、旅游从业人员行为规范标准等。

2.积极推进文化和旅游融合法律体系[②]

文化和旅游融合法律法规是对文化和旅游制度建设经验的概括和总结，积极推进文化和旅游融合法律体系就是通过法定程序把党在文化和旅游领域的政策主张上升为国家法律，使党关于文化和旅游建设的政策主张获得国家强制力的保障。建立健全文化与旅游融合发展的法规政策体系，要按照中央加快形成完备的法律规范体系要求，要坚持高起点高标准，做到全面融合、深度融合，要有新思路和新举措。一是随着文化和旅游融合发展，要积极研究立法项目，填补立法空白。例如，积极推进文旅产业促进法的出台，积极研究制定国家文化公园、革命文物保护相关法律法规等。二是根据文旅融合要求，对现行法律进行修改完善，如文物保护法、非物质文化遗产法、公共文化服务保障法等；三是文化和旅游领域法律体系的构建需要打破过去法律分割的状况，按照“宜融则融、能融尽融，以文塑旅、以旅彰文”的总思路推进，既要尊重文化和旅游各自的独立性，又要充分考虑文化和旅游的共通性，促进文化和旅游法律不断完善，为文化和旅游的发展提供强有力的保障。

（二）充分发挥《民法典》的治理效能，让旅游更美好

民法作为私法，在国家治理体系的构建和运行中发挥重要作用。《民法典》被称为社会生活的百科全书，在法律体系中居于基础性地位，是市场经济的基本法，是国家治理体系现代化的制度保障[③]。编纂《民法典》是以习近平同志为核心的党中央作出的重大法治建设部署，是推进全面依法治国、完善中国特色社会主义法律体系的重要内容，为实现“两个一百年”奋斗目标和实现中华民族伟大复兴中国梦提供完备的民事法治保障。《民法

① 《法制日报》评论员. 坚持和完善中国特色社会主义法治体系［N］. 法制日报，2019-11-11.
② 朱兵，周刚志. 开创文化和旅游法治建设新格局［N］. 中国旅游报，2020-12-11.
③ 王利明. 发挥民法典在国家治理现代化进程中的保障作用［N］. 光明日报，2020-01-15.

典》全面践行社会主义核心价值观，以法治承载道德观念，以道德滋养法治精神，彰显了明确的价值导向。它的颁布实施是我国民事立法的一次重大创新，是完善社会主义法治体系、维护广大人民群众根本利益和增进人民福祉的充分体现，是包括旅游在内的民事领域的基础性、综合性法律，对涉及人民群众吃、住、行、游、购、娱的切身问题作出了明确的规定，与每一个旅游者、旅游经营者的权益息息相关[①]。如关于旅游者个人信息权或隐私权保护，体现了民事法律关系的价值归属；完善旅游合同订立、履行规则，体现了鲜明的中国特色与时代特征，使得旅游合同的订立更加便捷、高效；确立了旅游经营活动中的生态保护原则，规定"因污染环境、破坏生态造成他人损害的，侵权人应当承担侵权责任"，并且专门规定了适合生态保护的特殊的担责方式，即生态修复责任以及惩罚性赔偿制度，体现了对经济交易活动的环境保护导向和立法价值追求，是保护生态资源、促进生态旅游、旅游活动与生态保护和谐共生、可持续发展的立法表达和法律宣言；关于旅游景区的经营管理或当地人民政府的安全管理责任及自甘风险原则体现的社会治理原则；关于针对旅游实践中霸王游客的规定，如何保护旅游经营者的合法权益问题，等等，有利于规范旅游市场秩序与主体的行为边界。

此外，《民法典》扩大了精神损害赔偿适用范围[②]，规定："因当事人一方的违约行为，损害对方人格权并造成严重精神损害，受损害方选择请求其承担违约责任的，不影响受损害方请求精神损害赔偿。"这就意味着因旅游经营者方面的原因造成旅游者人身损害、财产损失的，旅游者选择要求旅游经营者承担违约责任的，也可以请求旅游经营者承担精神损害赔偿，承担相对少的举证责任。同时，《民法典》还规定："因故意或者重大过失侵害自然人具有人身意义的特定物造成严重精神损害的，被侵权人有权请求精神损害赔偿。"《民法典》的上述规定，扩大了精神损害赔偿范围，使精神损害赔偿制度进一步完善，强调精神权益、人格权益的重要性，是社会发展进步的具体体现[③]。总之，《民法典》彰显人民至上，回应百姓关切，对规范旅游新业态、维护旅游市场秩序、促进旅游业健康发展具有重要意义。

【案例 1-1】 《民法典》：旅游合同纠纷可以主张精神损害赔偿了

2020 年 6 月，徐某参加某旅行团，旅途中，徐某在某酒店用餐后不慎摔伤。之后徐某回贵阳某医院治疗，后以合同纠纷案为由向法院起诉，要求某旅行社支付残疾赔偿金、医疗费、精神损害赔偿金等各项费用。徐某经法院释明后坚持在违约之诉中主张精神损害赔偿金，一二审法院对其关于精神损害赔偿的主张均未予支持。

法院在判决中引用的依据之一是《最高人民法院关于审理旅游纠纷案件适用法律若干问题的规定》第 21 条之规定："旅游者提起违约之诉，主张精神损害赔偿的，人民法院应告知其变更为侵权之诉；旅游者仍坚持提起违约之诉的，对于其精神损害赔偿的主张，人

① 伍策，一丁．业内专家解读：《民法典》，让旅游更美好［EB/OL］．［2020-05-29］．http：//travel.china.com.cn/txt/2020-05/29/content_76106242.html.

② 郝跃翔．旅游合同纠纷可以主张精神损害赔偿［EB/OL］．［2020-11-12］．http：//www.ctnews.com.cn/sjyx/content/2020-11/12/content_91187.html.

③ 沈琼．《民法典》中关于旅游的那些事［EB/OL］．［2020-06-29］．https：//dy.163.com/article/FG8OLI9H0514EL7V.html.

民法院不予支持。”（注：此21条，该规定在2020年12月23日修改时已删除，以后类似情况依《民法典》第996条和第1183条之规定）

相同的案例，如北京消费者徐某与旅行社签订《团队境内旅游合同》，约定由旅行社安排前往某地旅游。住酒店期间，因旅行社未尽到安全保障等合同义务，徐某在酒店摔倒，导致颈椎严重受伤，后经鉴定构成十级伤残，徐某要求该旅行社支付残疾赔偿金、医疗费、精神损害赔偿金等各项费用。在《民法典》实施前，法院对原告主张的精神损害赔偿金是不予支持的。然而，已施行的《民法典》中，就合同违约当事人可以主张精神损害赔偿做了规定。

点评：长期以来，我国法律和审判实践中，一直坚持违约行为不得请求适用精神损害赔偿责任。当一个行为出现违约责任和侵权责任竞合时，受害人只能选择违约责任或者侵权责任中的一种，不能二者同时选择。但是，违约责任和侵权责任，在归责、举证责任等方面又是存在区别的，选择侵权责任，虽然可以主张精神损害赔偿，但侵权人承担的一般是过错责任，权利人在举证方面的责任可能比违约之诉要大。这样的区别，往往让权利人一方难以作出选择。

现实中，由于违约不支持精神损害赔偿，一些案件处理起来就有失公平，不合情理。比如前述案例中的徐某，以及现实生活中一些诸如婚礼摄影服务合同，如果摄影服务提供者不慎将全部资料误删了恢复不了，而这些具有特殊意义的摄影不可能再次取得，此时，给新人造成的精神上的痛苦是显而易见的，如果仅仅是退还服务费用等实际损失，显然是不足以弥补的。

《民法典》在我国首次确立了违约精神损害赔偿制度，实现了创新性突破。

2021年1月1日起实施的《民法典》在人格权篇第996条对违约行为造成精神损害适用精神损害赔偿责任救济作出突破，规定因当事人一方的违约行为，损害对方人格权并造成严重精神损害，受损害方选择请求其承担违约责任的，不影响受损害方请求精神损害赔偿。

当然，并不是所有的违约之诉，受损害人都可以主张精神损害赔偿，还是需要满足一定的条件的：首先，双方当事人要存在合法有效的合同关系，这种合同一般带有一定的人格权特征；其次，一方当事人违反了合同的约定，构成违约；再次，违约方的违约行为不仅造成了守约方的物质损失，还给守约方造成人格权等方面的损害，导致守约方精神损害；最后，即使存在精神损害，根据最高人民法院的司法解释，还应该达到严重的程度，即一般的或者轻微的精神方面损害，并不一定都可以获得赔偿。

资料来源：

[1] 刘培波.《民法典》：旅游合同纠纷可以主张精神损害赔偿了［EB/OL］.［2020-06-17］. http://lawyers.66law.cn/s2f1059f9e2147_i765642.aspx.

[2] 孟刚.《民法典》对处理旅游合同纠纷影响几何［EB/OL］.［2021-01-18］. http://www.ccn.com.cn/Content/2021/01-18/1701465189.html.

（三）积极推进旅游市场监管体系建设，提高治理能力

旅游市场治理体系和治理能力现代化是文旅领域治理体系和治理能力现代化的重要组成部分，而旅游市场监管体系的构建是全面提升旅游市场治理体系与治理能力的保障。全面提升旅游市场治理体系是指由政府相关部门、旅游者、旅游经营者、旅游行业协会、旅游社区居民、旅游志愿者组成的旅游机构与群体，相互合作、交流以实现共享共治的旅游市场发展质量目标的行为、过程与结果的制度安排、交流平台与合作方式。推进“旅游市场治理体系和治理能力现代化”，应当构建人民满意、游客乐意、行业惬意的旅游市场环境。围绕“四个统筹”扎实开展十项重点工作，即统筹抓好“资质监管、行为监管与信用监管”三种监管方式，统筹抓好“行政监管与社会监督、行业自律、游客自觉”四种力量，统筹抓好“实体市场与网络市场”两种经营主体的有效监管，统筹抓好“境内游与出境游”两大文明形象；开展旅游市场监管“升级行动”，深化导游体制与旅行社体制改革，打造全国旅游公共服务监管平台，着力构建全国旅游市场诚信经营体系，推动文明旅游建设、旅游标准化工作，推动旅游饭店业创新发展，加强在线旅游综合监管，构建国家省市县四级综合监管体系①。

近年来，全国旅游市场监管部门，以贯彻落实《国务院办公厅关于加强旅游市场综合监管的通知》为标志，从中央到地方对旅游市场综合监管形成了共识，即：以推进“1+3+X”（“1”是指旅游发展委员会；“3”分别是指旅游警察、旅游巡回法庭和工商（市场监管）旅游分局，X是指其他创新性的市场监管措施）模式为标志，管理体制改革从“点上发力”到“遍地开花”，成为推动全国旅游市场秩序趋势向好的核心力量；以“不合理低价游”整治风暴为标志，行业监管工作受到社会和舆论空前关注；以导游体制改革为标志，旅游服务供给侧改革向“深水区”推进，导游与旅行社管理加快向法治化、市场化、信息化转变；以“为中国加分”的文明旅游网络公益活动为标志，文明旅游汇聚成群众广泛参与的社会风尚，境内外旅游文明形象大有改观。但是，随着游客旅游方式从以旅游线路为主向以旅游目的地为中心的游客集散地转移，旅游市场监管体系的构建，可以增加对游客满意度的调查与监测，即“用游客的评价去调查目的地政府综合执法、整体提升旅游发展环境的积极性”，亦可在重要旅游景区及游客集散地设立旅游法庭、警务室以及由人民调解员、旅游协会成员、志愿者等组成的旅游调解委员会，快诉快结旅游活动中发生的纠纷矛盾，及时保障旅游者合法权益。目前，这方面已经形成了一些理论成果，但还需要在行政和法律的层面进行实践检验，特别是总结一批可复制、可推广的经验在全国范围内展开。因此，从法治旅游的战略要求出发，文旅领域应当重构以游客满意度为导向的旅游行业微观监管体系和以产业健康发展为导向的旅游经济宏观调控体系②。

（四）融入科技创新，推动旅游业提质升级

科技引领、数据支撑、业态创新、跨界融合，正持续赋能旅游业高质量发展，这也是

---

① 何建民．全面提升旅游市场社会治理体系与治理能力［EB/OL］．［2017-10-31］．http：//m.people.cn/n4/2017/1031/c902-10046549.html.

② 戴斌．依法兴旅、依法治旅的时代背景、战略目标与路径选择［J］．旅游学刊，2015，30（3）：1-2.

文旅领域治理水平与治理能力现代化的重要表现。当前，以互联网为代表的现代信息技术持续更新迭代，为旅游业高质量发展提供了强大动力。为坚定不移建设网络强国、数字中国，持续深化"互联网+旅游"，推动旅游业高质量发展，更好发挥旅游业在促进经济社会发展、满足人民美好生活需要等方面的重要作用，助力构建以国内大循环为主体、国内国际双循环相互促进的新发展格局[①]，2020年11月，文化和旅游部出台了《关于推动数字文化产业高质量发展的意见》，并经国务院同意，联合国家发展改革委、教育部等多部门出台《关于深化"互联网+旅游"推动旅游业高质量发展的意见》（文旅资源发〔2020〕81号）。该意见提出优化"互联网+旅游"营商环境，以数字赋能推进旅游业高质量发展。业界认为，互联网技术为旅游业高质量发展增添动力，通过推进"互联网+旅游"发展，有望推动旅游行业与更多各业融合，形成"乘数效应"[②]。

技术应用的最终目的是服务大众。通过科技创新和数字化变革催生发展动能，以"互联网+"为手段，推动旅游生产方式、服务方式、管理模式创新，丰富旅游产品业态，拓展旅游消费空间，是新时代智慧旅游发展的必然要求，也是近年来旅游业发展的一大特点。当下，越来越多的旅游产品、项目借助科技手段和元素，实现了文化、创意与旅游的跨界融合，取得了良好的市场效益。尤其是在疫情防控下，旅游行业加速科技创新和数字化变革，让"吃、住、行、游、购、娱"有了不一样的体验。而在文化和旅游融合发展的背景下，伴随着疫情防控常态化、旅游管理科学化和旅游资源特别是自然和文化遗产保护成为旅游管理服务"新常态"，科技创新在为行业高质量发展打开思路，为满足人们美好生活需要注入了新活力的同时，如何持续赋能文化和旅游发展，如何支持预约旅游，实现预约旅游和旅游智慧管理服务的多方面功能，成为旅游管理、文明旅游、资源保护的新方式，仍是值得研究和探索的问题[③]。

【延伸阅读1-2】 预约旅游也是一个国家治理水平的表现

培育国民养成计划和预约的良好习惯，是旅游业供给侧结构性改革的重要方面。推进预约旅游常态化更是我国推进国家治理体系和治理能力现代化的缩影。2020年3月31日，习近平总书记考察杭州西溪国家湿地公园时强调，预约旅游也是一个国家治理水平的表现。科技如何支持预约旅游成为旅游管理、文明旅游、资源保护的新方式，是值得研究和探索的一个问题。"预约旅游"是总书记疫情期间针对旅游业复工复产强调的旅游管理的重要方式，也是针对生态资源保护提出来的，是总书记关于旅游发展新的重要论述，是习近平生态文明思想和"绿水青山就是金山银山"理论的具体体现，是文明旅游的重要内容。

文化和旅游部2020年2月25日印发的《旅游景区恢复开放疫情防控措施指南》中明确指出，要有效采取门票预约、智慧引导等手段，科学分流疏导游客，做好游客流量关口前置管控。而更多的网友呼吁："真心希望以后所有景区都实行预约制，限制每天的人

---

① 文化和旅游部等. 关于深化"互联网+旅游"推动旅游业高质量发展的意见（文旅资源发〔2020〕81号）[EB/OL]. [2020-12-25]. http: //zwgk.mct.gov.cn/zfxxgkml/zykf/202012/t20201225_920085.html.

② 陈爱平，余俊杰."互联网+旅游"发展提速 如何以数字赋能"旅游×"[EB/OL]. [2020-12-02]. http: //www.xinhuanet.com/local/2020-12/02/c_1126810130.htm.

③ 中国旅游报采访组. 科技创新驱动旅游业提质升级 [N]. 中国旅游报，2021-01-07.

数，减轻景区负担，防止人口密集带来的风险。”所以，景区实行预约和限流制度，也正是游客对提升旅游体验的呼唤。景区限流预约是对景区、游客的双保护，在保护景区文物和自然资源的同时，让游客获得更安全、更有尊严的游览体验，得到更好的精神享受。

伴随着疫情防控常态化、旅游管理科学化和旅游资源特别是自然和文化遗产保护，“预约旅游”将会成为旅游管理服务“新常态”。要做好预约旅游，实现预约旅游和旅游智慧管理服务的多方面功能，科技支持是旅游管理技术的一项新业务领域。

Δ从当前看，疫情影响期的不确定性需要做好预约旅游，也急需技术支持

“五一”小长假，在手机上的体验可谓不尽如人意：一些景区的在线信息找不到，一些景区预约旅游还仅仅是电话预约，更多的景区采取公众号预约，各类旅游平台和景区之间在预约旅游上也没有串联起来，远远低于游客“一键便知”的心理预期。仅仅从疫情防控角度来说，预约旅游的技术性问题还存在明显的“短板”。有学者提出了预约旅游模拟、预约系统建构，但尚处于探索阶段。另外，预约旅游的主要目的是通过把游客控制在可容纳总数的30%之内，同时解决景区内扎堆集聚现象，避免发生感染事故，因此还应与景区内管理相结合。目前，景区内的人员集聚监测及疏散，大部分还是采取人工方式，小景区还好，大景区就很难管理，也需要技术监测和疏散方式。

Δ从长期看，完善旅游管理服务需要“预约旅游”，并且更加需要技术支撑

“预约旅游”不仅是疫情防控应急之需，而且是今后文明旅游、健康旅游的重要方式。多年来，热门景区“人挤人”的现象严重影响了游客的旅游体验，甚至损害到游客的人格尊严。在满足人民群众美好生活需要的新时代，“人挤人”不能简单作为旅游经济业绩的表现说说拉倒，而是旅游管理出了问题。人们都愿意到你那里去“挤”，并非你旅游服务做得好，是你把最好的旅游资源圈起来收费了。游客埋单购买的是你的服务，游客不满也是因为你的服务不到位。因此，我们不要仅仅把“预约旅游”理解为一种限制性措施，还要把它理解为一种服务方式，即事先了解游客需求、精准服务游客的方式。旅游业高质量发展的内容之一就是为游客提供高品质服务，高品质服务并非高档设施所能够取代，想游客所想、满足游客心理预期才是高品质服务。通过预约，提前掌握游客需求，不仅能够作出管理服务的预判，做好安全、供给、保护等工作，还能节约管理成本。开发预约数据搜集和分析软件，支持预约旅游服务方式，很有意义。

Δ预约旅游是旅游资源保护的重要方式，科技支撑尤为重要

旅游可持续发展的基础在于科学的资源保护。目前我国成为世界自然和文化遗产的有55处，都是国内热门景区。除此之外，湿地、草原、沙漠、森林及其他地貌都面临生态保护问题。故宫、九寨沟、神农架等所采取的特定时间节点限制游客流量的做法提供了前期实践。今后，出于文化和旅游资源保护的长远利益考虑，预约旅游以及和预约旅游连贯起来的智慧生态保护将是旅游管理的重要方面，支撑这方面的科技研发目前也相当匮乏。从资源保护的角度来看，比如，一定时间的游客量与资源损失的关系是什么，一定时期内资源损害因素中游客因素的影响程度有多大，这些都需要借助科技手段来精准研判。旅游资源保护包括对自然资源、生态资源、文化资源的保护，预约旅游是一种新的方式。运用

大数据，可提高保护这些资源的科学性、有序性，是将来旅游公共服务的重要内容，也集中体现了科技伦理。这是旅游可持续发展对资源利用提出的客观要求。

资料来源：

[1] 毕绪龙．“预约旅游”的三层意蕴［EB/OL］．［2020-05-02］．http：//www.ccdy.cn/portal/detail?id=e035d128-c7c9-4bb9-98e9-47deeaeec36e&categoryid=&categoryname

[2] 陈爱平．预约旅游渐成旅游消费新习惯［N］．经济参考报，2020-07-09.

[3] 刘发为．预约游玩得更舒畅［N］．人民日报（海外版），2020-04-09.

本章小结

（1）本章阐释了中国特色社会主义法治理论的内涵，介绍了建设中国特色社会主义法治体系应当遵循的基本原则以及体系构成，提出在新时代，发展中国特色社会主义法治理论，必须坚持以习近平新时代中国特色社会主义思想为指导。

（2）本章阐释了习近平法治思想的重要意义、核心要义、理论特质与时代特征，并对习近平法治思想的精神实质与方法论贡献做了较为系统的分析。

（3）在对依法兴旅、依法治旅的关系及其重要意义介绍的基础上，本章分析了文旅领域治理现代化理念及法治建设原则，提出了推进文旅领域治理体系与治理能力现代化的思路。

思考与练习

一、简答题

1.中国特色社会主义进入新时代，我国社会主要矛盾是什么？如何从根本上解决这些矛盾？

2.中国特色社会主义法治理论的核心议题是什么？

3.建设中国特色社会主义法治体系应当遵循的基本原则和具体目标是什么？

二、论述题

1.试结合中国的法治实践，谈谈对习近平法治思想及其重要意义的理解。

2.“以人民为中心”是习近平法治思想的精神实质，试从价值论视角，分析习近平法治思想。

3.试结合现阶段我国旅游业发展的实际，谈谈文旅领域提升治理体系与治理能力现代化的思路。

三、案例分析题

2020年开春，一场来势汹汹的新型冠状病毒肺炎疫情让原本火热的春节旅游市场按下了“暂停键”。这场突如其来的重大疫情既是对文旅行政部门行业治理水平的“大考”，也是对文旅企业生存能力的挑战。

新冠疫情对旅游业发展的微观影响主要表现在：一是旅行社退订压力。2020年1月24日，文化和旅游部办公厅下发《文化和旅游部办公厅关于全力做好新型冠状病毒感染的肺炎疫情防控工作暂停旅游企业经营活动的紧急通知》，要求全国旅行社及在线旅游企业暂停经营团队旅游及“机票+酒店”旅游产品。此外，全国各地的景区、文化娱乐场所相继暂停运营。疫情的阻止导致年前预订的旅游团队无法成行引发退订潮，携程这样的OTA巨头春节期间接到的退订电话是平常业务量的10倍。旅行社退订的压力既来自要追回节前为了掌控资源向各类供应商支付的定金，又来自游客要求全额返还团款的诉求。二是租金压力。物业租金一般占中小旅游企业运营成本的20%～30%，是疫情期间中小企业沉重的开支负担。疫情之初，万达、华润、大悦城、宝龙等地产商纷纷减免了旅行社的部分租金，问题是绝大部分中小旅游企业承租的是非公物业，其减租空间很小。三是稳定岗位和薪酬支付压力。人力成本是疫情停工期间中小旅游企业的另一项重要开支，约占运营成本的25%，在没有现金流的疫情期间，成为企业节流的重要渠道。政府从保持社会稳定的大局出发，希望中小旅游企业能够稳岗位，不裁员或少裁员，并按国家规定在疫情期间给员工发工资，不能因为疫情影响员工生活。政府稳定岗位的要求与中小旅游企业薪酬支付压力之间的矛盾需要政府、企业和员工相互理解，共克时艰。在薪酬支付方面，中小旅游企业和员工之间是“皮之不存、毛将焉附”的关系。

新冠肺炎疫情给旅游行业造成巨大冲击，由此导致旅游合同纠纷数量激增。2020年7月23日，最高人民法院、司法部、文化和旅游部联合发布《关于依法妥善处理涉疫情旅游合同纠纷有关问题的通知》（法〔2020〕182号），该通知第三部分提出严格执行法律政策，依法妥善处理涉疫情旅游合同纠纷的措施，其中包括“依公平原则分担损失”等内容。

①积极引导变更旅游合同。结合纠纷产生的实际情况，准确把握疫情或者疫情防控措施与旅游合同不能履行之间的因果关系，积极引导当事人在合理范围内调整合同中约定的权利义务关系，包括延期履行合同、替换为其他旅游产品，或者将旅游合同中的权利义务转让给第三人等合同变更和转让行为，助力旅游企业复工复产。旅游经营者与旅游者均同意变更旅游合同的，除双方对旅游费用分担协商一致的以外，因合同变更增加的费用由旅游者承担，减少的费用退还给旅游者。

②慎重解除旅游合同。疫情或者疫情防控措施直接导致合同不能履行的，旅游经营者、旅游者应尽可能协商变更旅游合同。旅游经营者、旅游者未就旅游合同变更达成一致且请求解除旅游合同的，请求解除旅游合同的一方当事人应当举证证明疫情或者疫情防控措施对其履行合同造成的障碍，并已在合同约定的或合理的期间内通知合同相对人。旅游合同对解除条件另有约定的遵循合同约定。

③妥善处理合同解除后的费用退还。因疫情或者疫情防控措施导致旅游合同解除的，旅游经营者与旅游者应就旅游费用的退还进行协商。若双方不能协商一致，旅游经营者应当在扣除已向地接社或者履行辅助人支付且不可退还的费用后，将余款退还旅游者。旅游经营者应协调地接社和履行辅助人退费，并提供其已支付相关费用且不能退回的证据，尽力减少旅游者因疫情或者疫情防控措施受到的损失。旅游经营者主张旅游者承担其他经营成本或者经营利润的，不予支持。旅游经营者应及时安排退费，因客观原因导致不能及时退费的，应当及时向旅游者作出说明并出具退款期限书面承诺。

④妥善处理安全措施和安置费用的负担。因疫情影响旅游者人身安全，旅游经营者应当采取相应的安全措施，因此支出的费用，由旅游经营者与旅游者分担。因疫情或者疫情防控措施造成旅游者滞留的，旅游经营者应当采取相应的合理安置措施，因此增加的食宿费用由旅游者承担，增加的返程费用由旅游经营者与旅游者分担。

⑤妥善认定减损和通知义务。旅游经营者、履行辅助人与旅游者均应当采取措施减轻疫情或疫情防控措施对合同当事人造成的损失，为防止扩大损失而支出的合理费用，可依公平原则予以分担。旅游经营者和旅游者应将受疫情或者疫情防控措施影响不能履行合同的情况及时通知对方，以减轻对方的损失。旅游经营者或旅游者未履行或未及时履行减损和通知义务的，应承担相应责任。

思考题：旅游业是外部因素敏感性行业，经常暴露于多种风险之下，但也是极具复原力和生命力的行业。我国旅游业正处于高速度增长向高质量发展的结构化转型阶段，新冠肺炎疫情的暴发既暴露了行业原有的问题和短板，也提供了突破创新的难得机遇。试结合案例材料分析，旅游业如何根据疫情发展，随时调整危机应对的决策机制？如何与行政主体、市场主体和消费主体间形成良性互动？如何加快完善旅游治理体系，提升旅游治理能力？

资料来源：

[1] 最高人民法院，司法部，文化和旅游部．最高人民法院 司法部 文化和旅游部关于依法妥善处理涉疫情旅游合同纠纷有关问题的通知［EB/OL］．［2020-07-29］．http：//www.gov.cn/zhengce/zhengceku/2020-07/29/content_5531030.htm.

[2] 戴斌．新冠疫情对旅游业的影响及应对方略［J］．人民论坛·学术前沿，2020（6）：46-52.

[3] 吴志才．新冠肺炎疫情下的旅游业应对思考［EB/OL］．［2020-02-17］．http：//gs.people.com.cn/n2/2020/0217/c366766-33803905.html.

[4] 严伟，严思平．新冠疫情对发展的影响与应对策略［J］．商业经济研究，2020（11）：190-192.

第二章

旅游法规在中国特色社会主义法律规范体系中的地位

背景与提要

中国特色社会主义法律规范体系包括了立法体系和法律体系两方面的内容。所谓立法体系（System of Legislation），是指一国法律内在结构的外在表现形式，亦称为规范性法律文件体系或法的渊源体系；所谓法律体系（System of Law），通常指一个国家的全部现行法律规范分类组合为不同的法律部门而形成的有机联系的统一整体，是一个国家国内的、现行的、全部的法律规范，按照一定的标准、原则和方法，划分为不同的法律部门而形成的呈体系化的有机整体，是立法体系所反映的法律的内在结构体系。中国现代旅游业开始于改革开放初期，与西方旅游业发达国家不同，我国旅游业经历了一个先入境、后国内、再出境的发展次序。与旅游业发展相一致，我国旅游法规建设也经历了一条不断探索和实践的发展道路。由于我国旅游立法的现实与特点，学界在一些著述、教材或者论文中将“法规”与“法”“法律”等概念经常混同使用，从广义或整体角度理解“法”的内涵。因此，本教材所称旅游法规，通常被认为是旅游法律和旅游规则的简称，它是指国家机关制定的与旅游有关的规范性文件，包括旅游法律、法令、条例、规定、规则、决议、决定、命令等。

◇党的十一届三中全会以后，我国现代旅游业进入了理顺机制、稳步发展的阶段，“旅游业要变成综合性的行业”，将旅游业作为一个经济性产业来发展是邓小平旅游经济思想的重要核心。到了20世纪中后期，我国旅游业进入规模扩张、高速发展、法治化管理的阶段。这一阶段，我国旅游法规建设进入了一个新时期，但从当时实际情况看，由于主客观原因的限制，旅游立法存在滞后性、应急性、暂时性，更多关注的是行业行为规范，缺乏对旅游者有针对性的保护，更缺乏适用于全国范围的有权威性的行政法规和旅游基本法。

◇进入21世纪，中国现代旅游业进入稳健提升、开拓创新阶段。从世界范围来说，从一个旅游大国到一个旅游强国，只靠数量性的增长很难实现，其要害问题是要从规模发展转向追求更强的国际竞争力。2001年，我国正式加入世贸组织（WTO），政府主导型旅游发展模式取得了重大成就。按照协议，我国要在国际贸易中履行既定的权利和义务，对原有的法律法规中与WTO规则不相符的内容不断地进行调整、修订和完善。2009年《国务院关于加快发展旅游业的意见》按照科学发展观的要求，从“大旅游”的战略角度，对旅游业提出了全新的定位，指出“把旅游业培育成国民经济的战略性支柱产业和人民群众更加满意的现代服务业”，并提出力争到2020年我国旅游产业规模、质量、效益基本达到世界旅游强国水平。这一阶段，旅游立法的体系化、权威化是其主要特点。

◇2013年4月，《旅游法》在经过了31年理论研究和实践探索后出台，同年10月1日起实施，并于2016年、2018年两次修改。该法的亮点：一是采取综合立法模式，将促进法、规范法、保护法融为一体；二是体现“以人为本”的立法精神，在平衡旅游经营者、旅游者、政府三者之间关系的基础上，向保障旅游者权益倾斜；三是注重发挥市场机制的作用，整合了旅游产业各要素和旅游活动全链条，明确并细化旅游市场主体间的权利义务关系；四是加强了对旅游资源的保护。《旅游法》的实施对保障旅游者和旅游经营者的合法权益，规范旅游市场秩序，保护和合理利用旅游资源，促进旅游业持续健康发展，具有重要作用。

◇随着国家“一带一路”倡议的推进，以全域旅游时代的“互联网+、旅游+”为重心，多元主体的共同参与，旅游消费方式的转变成为当前旅游业发展的特色。这一阶段，文化和旅游融合发展是以习近平同志为核心的党中央立足党和国家事业全局、把握文化和旅游发展规律作出的战略决策，是贯彻习近平总书记关于文化和旅游工作重要论述的重大实践。党的十九届五中全会提出：“推动文化和旅游融合发展，建设一批富有文化底蕴的世界级旅游景区和度假区，打造一批文化特色鲜明的国家级旅游休闲城市和街区，发展红色旅游和乡村旅游。”该建议进一步明确了文化和旅游融合发展要求，为“十四五”时期文化和旅游改革发展提供了遵循、指明了方向。

旅游法律规范体系作为中国特色社会主义法律规范体系的重要组成部分，与其他部门立法一样，也必须以《宪法》为基础，与其他部门法之间相互协调，如现行《宪法》规定“中华人民共和国劳动者有休息的权利，国家发展劳动者休息和休养的设施，规定职工的工作时间和休假制度”，旅游作为劳动者休息和休养的重要形式之一，这一规定可以认为是涉及旅游的规范；而规范旅游经营中各种合同的条款就应与《民法典》有关规定相适应。此外，我国现行的法律，如《中华人民共和国公司法》（以下简称《公司法》）、《中华人民共和国消费者权益保护法》（以下简称《消费者权益保护法》）、《中华人民共和国电子商务法》（以下简称《电子商务法》）、《中华人民共和国反不正当竞争法》（以下简称《反不正当竞争法》）、《中华人民共和国环境保护法》（以下简称《环境保护法》）等，在一定程度上对旅游业发展中的社会关系起到了调整作用。

学习引导与目标

中国特色社会主义法律体系是全面实施依法治国基本方略、建设社会主义法治国家的基础，是以宪法为统帅，以法律为主干，由宪法及其相关法、民商法、行政法、经济法、社会法、刑法、诉讼与非诉讼程序法等多个法律部门组成的有机统一整体，是我国改革开放以来，享有立法权和司法解释权的国家机关，坚持在中国共产党的领导下，为保障人民民主专政的国家政权及国家、集体和公民个人的合法权利而制定并修正的宪法、法律、行政法规及地方性法规的法律体系的总称。本章围绕着旅游法规概念、特点以及旅游法规体系在中国特色社会主义法律规范体系中的地位展开讨论。通过学习，要求学生了解旅游法规与其他社会现象，如旅游政策、旅游经济以及旅游职业道德的关系；弄清旅游法规体系与中国特色社会主义法律规范体系的结构关系；了解我国现代旅游业运行中存在的主要法律问题；理解和掌握旅游法规的原则以及旅游法规在中国现代旅游业发展中的作用。

第一节 旅游法规的内涵及其与其他社会现象的关系

一、旅游法规的概念与特点

（一）概念界定

1.法与法律

古代“法、刑、律”与现代意义近似。“法”的古体字是“灋”。东汉许慎著《说文解字》记载：“灋，刑也，平之如水，从水；廌，所以触不直者去之，从去。”其意一是在古代，法和刑是通用的，或者说当时之“法”主要以刑法为其表现形态；二是“平之如水”，喻示“法”如水一样平，取公平、公正之意。廌（zhì），是传说中的古代神兽，似牛、似羊、似鹿，头有独角，性直恶曲，古者决讼，令其触不直者。从词源上看，汉字“法”确有“平”、“正”、“直”和“公正裁判”的含义。与“法”字有密切联系的另一个字是“律”。据《说文解字》解释，“律，均布也”。“均布”是古代调整音律的工具，以正六音，木制，长七尺。把律解释为均布，说明律有规范人们行为的作用，是普遍的、人人必须遵守的规范、格式、准则。可见，在古代汉语中，“法”和“律”二字最初分开使用，其含义也不同，最早把“法”和“律”联系起来使用的是春秋时期的管仲，“法律政令者，吏民规矩绳墨也”。而作为一种规范性文件的使用，秦朝以前称法，秦朝以后至清朝叫律，真正把“法”“律”联用作为独立合成词，是在清末民初由日本输入我国的，因此，我国在清朝以后统称为“法律”。在现代汉语中，“法”与“法律”两个词在习惯上是通用的，有广义和狭义两种用法。就我国现行的法律而论，广义的法指法的整体或抽象意义的法律，是指国家制定或认可的，反映以工人阶级为领导的广大人民的利益和意志，具有权利义务内容，并以国家强制力保障实施的行为规范的总称。它包括作为根本法的宪法，全国人大及其常委会所制定的法律，国务院制定的行政法规，省、直辖市人民代表大会及其常务委员会制定的地方性法规，民族自治地方的自治条例和单行条例，国际条约等。狭义的法，即特定或具体意义上的法律，专指全国人民代表大会及其常务委员会制定和修改的规范性文件。

法是一种行为规范或行为规则。按照调整对象的不同，行为规范一般可以分为两大类：技术规范和社会规范。技术规范是调整人与自然之间的关系，反映自然科学的成就，是人们通常所说的技术标准、操作规程；社会规范则调整人与人之间的关系即社会关系。法律规范是社会规范的一种。当某些技术规范在法律上被确认之后，就成为技术法规，这种技术法规在内容上仍是技术性的，但已具有法律上的约束力。在西文中，除英语中的“Law”同汉语中的“法律”对应外，欧洲大陆的各民族语言都用两个词把“法”和“法律”分别加以表达。比如拉丁文的Jus和Lex，法文中的droit和loi，德文中的recht和gesetz，意大利语中的diritto和legge，西班牙语中的derecho和ley，等等。在上述语言中，英文“Law”同汉语“法律”的习惯用法一致，既可作广义解，又可作狭义解。可以认为，西方的法律指由国家机关制定和颁布的具体的法律规则，而法则与永恒的、普遍有效的正义原则和道德公理、权利相联系，法律只是法的一种外在的表现形式。总之，法作为一种社会规范，不是只针对个别人、个别场合的命令，而是适用于某一类社会生活主体、某一情况的一般行为规则，不是只适用一次，而是在法律规范所规定的范围内可以反复适用，具有规范性和普遍适用性。

2.旅游法规

由于我国旅游立法的现实与特点，学界在一些著述、教材或者论文中将“法规”与“法”“法律”等概念经常混同使用，从广义或整体角度理解“法”的内涵。因此，本教材所称旅游法规，通常被认为是旅游法律和旅游规则的简称。它是指国家机关制定的与旅游有关的规范性文件，包括旅游法律、法令、条例、规定、规则、决议、决定、命令等。由此可见，旅游法规是调整旅游社会关系的各种法律规范的总和。该旅游社会关系主要包括：

（1）纵向关系。纵向关系主要是指国家文化和旅游行政管理部门与旅游运营主体及其工作人员之间、文化和旅游行政管理部门上下级之间，以及旅游运营主体内部决策部门与执行部门之间、各执行部门和员工之间管理与被管理、领导与被领导的关系。这种纵向的旅游社会关系，主要通过制定和执行旅游政策、法规，实现国家对旅游、文化事业的领导，以及文化和旅游行政管理部门对所属各旅游运营主体的管理和监督。纵向关系在法律调整中表现为上下级之间一种隶属的社会关系。

（2）横向关系。横向关系主要是指平等主体之间，即各旅游运营主体之间、旅游运营主体与旅游者之间的关系，以及我国旅游企业与境外旅游组织之间在业务交往中所发生的各种关系。这种横向的旅游社会关系，主要通过旅游法律关系主体相互之间的协作，实现各自在旅行游览活动中相互间的权利义务等。横向关系在法律调整中表现为各个主体之间的平等的社会关系。

（二）旅游法规的特点

我国的旅游法规是随着旅游业的发展而新兴的一个法律分支，它在旅游业的发展和整个法律体系中有着重要的地位，它除了与其他法律、法规具有相同的特点外，还具有许多自身的特点，是国家组织、管理和促进旅游业发展的重要工具，其特点主要表现在：

1.综合性与专业性相统一

旅游法规的综合性特点是由旅游业态的长产业链和产业集群的发展决定的。在内容构成上，旅游法规既包括若干部门法中与旅游相关的法律、法令，又包括许多单行旅游法规；在调整手段上，旅游法规兼顾公法与私法，保护法、规范法与促进法，民商法、行政法与社会法，将各种法律调整手段有机地结合起来对旅游关系进行综合性调整；在调整范围上，旅游法规调整的内容既包括宏观旅游领域的调控关系，也包括微观旅游领域的管理和协作关系。我国《旅游法》创造了旅游立法的新格局，立法思路从旅游管理法和单项法规调整为综合法，就旅游业发展中带有根本性的问题做了比较详尽、具体的规定，是旅游者权益的保护法，旅游市场秩序的规范法，旅游企业行为的基本法，旅游发展的促进法，全面体现了综合法的特点。同时，旅游行政法规、地方旅游法规和单行旅游法规是我国旅游法的重要组成部分，对特定问题、专项问题，以及各旅游主体的权利、义务、责任有较为详尽的规定。此外，旅游业发展中的相关问题，还需依赖我国的《公司法》《民法典》《消费者权益保护法》等才能得以解决，体现了民事法律规范与行政法律规范并重。

旅游法规专业性的特点可以从旅游法规的内容和立法技术两个方面得以体现。在内容方面，旅游法规正确反映了旅游产业发展规律的客观要求，如为旅游者提供旅游资源、旅游景观、旅游交通运输、食宿设施、旅游接待以及在线旅游产品与服务等经营管理活动，都具有特定的业务内容，也就必然具有专业性的特点。在立法技术方面，《旅游法》按照市场经济和法治化的要求，整合了旅游业各要素和旅游活动全链条，在维护旅游经营者、旅游者、政府权益总体平衡的基础上，更多地向旅游者倾斜。同时，《旅游法》采用融合促进法、规范法和保护法为一体的立法模式，构建了政府统筹、部门负责、有分有合的旅游综合协调、市场监督、投诉处理等制度。总之，在我国，旅游法规的综合性与专业性是相统一的。以民商法、经济法等相关法律为依托，以《旅游法》为主体，旅游行政法规、地方旅游法规和单行旅游法规为支撑，建立健全统一的旅游服务标准和诚信、公平、有序参与竞争的市场规则，着力解决旅游资源及其经营管理中的部门、行业和地区分割问题，力争实现政府公共服务和监管、行业组织自律以及企业依法自主经营的有机统一，是旅游法规综合性与专业性统一最突出的特点，二者相辅相成存在于旅游法律规范之中。

2.效益性

旅游法规调整的法益不仅有旅游活动主体的私益，也包括不特定多数的消费者、经营者及团体的社会化利益、国家和公共利益，体现了法益复合性的特点。《旅游法》颁布实施，我国旅游业全面进入有法可依、依法治旅、依法兴旅的新时代，对促进旅游业全面协调可持续发展，进一步促进扩大内需和地方经济的发展意义重大。2019年2月，国家发展改革委、文化和旅游部等18部门联合印发《加大力度推动社会领域公共服务补短板强弱项提质量促进形成强大国内市场的行动方案》提出，到2020年，现代公共文化服务体系基本建成，文化产业成为国民经济支柱性产业；旅游经济稳步增长，对国民经济的综合贡献度达到12%。该行动方案明确完善重点地区旅游基础设施，强调推进多种旅游业态发展，提出，加强优秀传统文化保护传承利用，推进“互联网+中华文明”行动计划等。中国旅游研究院（文化和旅游部数据中心）发布的《2019年旅游市场基本情况》显示，2019年，旅游经济继续保持高于GDP增速的较快增长。国内旅游市场和出境旅游市场稳步增长，入境旅游市场基础更加稳固。全年，国内旅游人数60.06亿人次，比上年同期增长8.4%；入出境旅游总人数3.0亿人次，同比增长3.1%；全年实现旅游总收入6.63万亿元，同比增长11%。旅游业对GDP的综合贡献为10.94万亿元，占GDP总量的11.05%，中国旅游业对全球GDP综合贡献居第二位。中国旅游业的内生动力不断增强，旅游业贡献了数千万个就业岗位，旅游直接就业2 825万人，旅游直接和间接就业7 987万人，占全国就业总人口的10.31%。居民文化和旅游消费日趋活跃，消费潜力进一步释放，文旅产业正在成为经济增长的重要引擎，旅游成为百姓幸福生活的重要配置。旅游法规的效益性除经济性外，更多的是社会效益。《旅游法》以“保障旅游者和旅游经营者的合法权益，规范旅游市场秩序，保护和合理利用旅游资源，促进旅游业持续健康发展”为其目的和宗旨（第1条），以“旅游业发展应当遵循社会效益、经济效益和生态效益相统一”为基本原则（第4条）。同时，《旅游法》规定，国家鼓励各类市场主体在有效保护旅游资源的前提下，依法合理利用旅游资源，利用公共资源建设的游览场所应当体现公益性质等，体现了旅游法规具有社会效益的特点。

3. 干预性

鼓励或限制文化与旅游产业的发展，表现了旅游法规的干预性特征。在新冠肺炎疫情的影响下，文旅产业面临着一次超常的危机，旅游接待人数、旅游收入都出现大幅下滑，特别是在疫情发生初期，整个旅游产业链停摆，资源、渠道、服务、销售端无一幸免。面对疫情的影响，2020年1月，文化和旅游部下发《文化和旅游部办公厅关于全力做好新型冠状病毒感染的肺炎疫情防控工作暂停旅游企业经营活动的紧急通知》，要求全国旅行社及在线旅游企业暂停经营团队旅游及“机票+酒店”旅游产品。2020年2月，文化和旅游部在印发的《旅游景区恢复开放疫情防控措施指南》中明确指出，要有效采取门票预约、智慧引导等手段，科学分流疏导游客，做好游客流量关口前置管控。2020年7月，文化和旅游部发布《关于统筹做好乡村旅游常态化疫情防控和加快市场复苏有关工作的通知》提出，随着国内疫情防控形势持续向好和各项支持政策效应逐步显现，旅游市场不断恢复，旅游消费日益升温，乡村旅游成为当前人民群众出游的重要选择之一。因此，应当积极对接相关部门，促进乡村旅游复工复产复市各项扶持政策落实落地，加快推进预算内投资涉及乡村旅游基础设施项目开工建设，适时推出全国乡村旅游精品线路，利用好中央媒体资源优势，加大乡村旅游宣传，拓宽增收渠道，营造良好的人居环境和卫生整洁的村容村貌，为游客提供安全健康舒适的乡村旅游环境等，从而推进旅游市场复苏。同时期，最高人民法院、司法部、文化和旅游部联合发布《关于依法妥善处理涉疫情旅游合同纠纷有关问题的通知》，提出了严格执行法律政策，依法妥善处理涉疫情旅游合同纠纷的措施。

目前，随着国内疫情的有效控制和常态化，国内旅游业正逐步恢复发展。总之，疫情发生以来，为帮助企业渡过难关，国家相关部门在减税降费、延缓交税时间、贷款贴息等方面均出台了积极政策。文化和旅游部门也通过暂退旅行社部分质量保证金、强化导游劳动权益保护、加大线上公共服务力度等多种手段支持旅游企业恢复发展。后疫情时期，政府相关政策应更加关注中小微旅游企业的发展，从资金、税费、新业态、发展基金等多个方面对其发展给予更大支持，增强中小微企业的生存能力。同时，政策出台应相对聚焦于消费领域，以最大限度地激发和释放旅游消费需求为重点，从根本上恢复旅游业活力。鼓励各地通过发放旅游消费券、落实带薪休假、灵活实施四天半弹性工作制、各省市灵活确定重要节假日放假时间等措施，进一步激发并释放旅游消费需求。此外，适度放松监管政策，鼓励更多企业投入旅游业发展，以丰富旅游产品和服务供给类型，提升旅游产品和服务品质，最大限度激发市场主体活力①。

4. 灵活性

改革开放以来，我国实现了从旅游短缺型国家到旅游大国的历史性跨越。"十二五"期间，旅游业全面融入国家战略体系，走向国民经济建设的前沿，成为国民经济战略性支柱产业，以《旅游法》为核心，旅游政策法规和地方条例为支撑的现代法律政策治理体系初步建立。旅游业具有的内生创新引领性、协调带动性、开放互动性、环境友好性、共建共享性，与创新、协调、绿色、开放、共享五大发展理念高度契合。"十三五"期间，我国文化和旅游产业成为新常态下的优势产业，处于结构调整期、文化和旅游融合初期，出现了一些矛盾，也面临了不少挑战，如旅游业发展的体制机制与综合产业和综合执法的要求不相适应，政策环境有待优化；旅游基础设施和公共服务明显滞后，补短板任务艰巨；游客的文明素质和从业人员的整体素质有待提升，市场秩序有待规范等。"十四五"时期，文化和旅游发展的战略任务就是要实施社会文明促进和提升工程，构建和完善新时代艺术创作体系、文化遗产保护传承利用体系、现代公共文化服务体系、现代文化产业体系、现代旅游业体系、现代文化和旅游市场体系、对外文化交流和旅游推广体系等。随着文旅融合的进一步推进、后疫情时代旅游消费需求的转变以及旅游企业对旅游产品和旅游服务供给方式的创新，旅游法律、法规、政策体系也将及时加以补充、修改和完善，这也是旅游法规反映旅游业发展客观要求的结果。

二、旅游法规与其他社会现象的关系

法律法规与社会的关系问题，是法理学研究的一个主要领域。马克思说："社会不是以法律为基本的，那是法学家的幻想。相反，法律应以社会为基础。法律应该是社会共同的，由一定的物质生产方式所产生的利益需要的表现，而不是单个人的恣意横行。"②社会是法律法规的基础，从这个意义上讲，认识法律法规，必先认识社会，掌握社会的存在机理，才能了解法律法规的结构及其运行的规律。

社会是以物质生活条件为基础而相互联系的人类生活共同体，其包含政治、经济、文化等社会领域以及法律法规、道德、宗教等社会规范。在这个复合体中，任何一个因素的变化，都会直接或间接影响到社会整体的均衡和稳定。法律法规是社会的产物，它反映现存的制度、道德、伦理等价值观念，反映某一时期、某一社会的社会结构，其功能是调和社会各种利益的冲突，进而保证社会秩序得以确立和维护。只有充分了解产生某一种法律

---

① 吴丽云．疫情常态化背景下提振国内旅游业的几点建议［EB/OL］．［2020-09-04］．http：//cact.bisu.edu.cn/art/2020/9/4/art_15704_252293.html.

② 马克思，恩格斯．马克思恩格斯全集（第六卷）［M］．中共中央马克思恩格斯列宁斯大林著作编译局，编译．北京：人民出版社，1961（8）：291-292.

法规的社会背景，才能了解该法律法规的意义和作用。通过法律法规对社会机体的疾病进行疗治，就是运用法律解决经济、政治、文化、科技、道德、宗教等方面的各种社会问题，由此实现法的价值，发挥法的功能。当然，要使法律法规有效地控制社会，还必须使法律法规与其他资源分配系统进行配合。

【延伸阅读2-1】 法理学的定位

法理学（Jurisprudence）是法学体系中处于基础理论地位的理论学科，是以整个法律现象的共同发展规律和共同性问题为研究对象的学科。它的研究范围十分广泛，主要包括法律的起源、发展和消亡，法律的本质和作用，法律和其他社会现象的关系，法律的创制和实现，法律的价值等。波斯纳（Ricbard A. Posner）认为，法理学是关于法律这种社会现象的最基本的、最一般的和最理论化的分析。因此，传统将法理学定义为法律哲学或哲学在法律中的运用，这显然是恰当的。德沃金（Ronald Dworkin）则认为法理学是对整体性的法律理论的最佳阐释，法律的一般理论肯定是抽象的，因为它们旨在阐释法律实践的主要特点和基本结构，而不是法律实践的某一具体方面或具体部分。除了具有抽象性外，它们是建设性的阐释，即力图充分地说明整个法律实践，同时还力图在探明法律实践和对这种实践的最佳论证之间保持平衡。因此，在法理学与判案或法律实践的任何其他方面之间，不能划出一条固定不变的界线。法哲学家们是对任何法律论证所必须具备的一般要素和阐释基础展开争论的。

鉴于上述观点，国内法理学者葛洪义教授（1996）认为，法理学有两个鲜明的学科特征：一是法理学是由能够用哲学方法说明的法律问题构成的，尽管这些哲学方法可能有所不同，但最终不会也不应局限于对各国各种法律规定的简单介绍；二是法理学研究的不是具体的法律问题，而是带有普遍性和根本性的法律难题，其观点难免比较抽象。归结起来，法理学是探讨基本的法律问题，不是一个知识体系，而是一个思想体系。刘作翔教授（2008）也认为，法理学就其学科本性而言，是理论思维科学，而这种理论思维科学必定是抽象的而非具体的，它具有较浓厚的哲学色彩。正是在此种意义上，法理学有时也被称为“法哲学”。但法理学的抽象性是有其坚实的基础的，这个坚实的基础便是丰富的法律实践，法理学正是在对大量丰富的法律实践和法律现象考察的基础上，抽象出其带有共同性和规律性的理论来。法理学的另一个重要特点是它的概括性。法理学的概括性是指它将许许多多个别的、具体的法律现象作为研究对象，从中概括出一些带有共性的、普遍性的结论，这种结论对那些具体的、个别的法律现象具有普遍性的阐释作用。

资料来源：

[1] 波斯纳. 法理学问题［M］. 苏力，译. 北京：中国政法大学出版社，2005：1-31.

[2] 德沃金. 法律帝国［M］. 李常青，译. 北京：中国大百科全书出版社. 1996：1-2，83-85.

[3] 葛洪义. 法理学导论［M］. 北京：法律出版社，1996：24-33.

[4] 刘作翔. 法理学的定位——关于法理学学科性质、特点、功能、名称等的思考［J］. 环球法律评论，2008，30（4）：37-44.

（一）旅游法规与旅游经济的关系

1.旅游经济的概念界定

旅游经济（Tourism Economy）是指由一系旅游活动引起的，旅游活动主体如旅游目的地政府、社区与居民，旅游产品和服务的提供者、旅游经营者、其他旅游接待业的参与者与旅游客源地的旅游需求者之间因旅游活动产生的各种经济关系，以及由这种关系产生的旅游业与社会经济其他相关行业之间的经济联系和经济关系的总和。简言之，旅游经济是指旅游需求者和旅游供给者等利益相关者，因旅游活动中的商品和服务交换关系产生的经济关系。这种经济关系包括：

（1）旅游供需关系。这对关系主要表现为旅游客源地与旅游目的地、旅游需求者与旅游供给者之间的关系。旅游需求是旅游市场形成的根本基础，旅游客源地是旅游目的地存在的前提条件，其社会性因素决定着旅游目的地旅游经济的特点。随着中国旅游市场的不断成熟，越来越多的游客对新兴旅游业态、新的旅游消费模式更感兴趣，更加追求产品的真实性，游客的消费行为、游客的期望和价值敏感度对旅游目的地旅游经济活动产生影响，影响着旅游目的地的发展。旅游目的地的供给能力即旅游目的地在一定时期，以一定价格向旅游市场提供的旅游产品数量、质量及服务接待水平，诸如旅游目的地的环境、文化、社会、资源状况、居民素质等吸引物、旅游设施、旅游服务和可进入性等都会成为影响旅游者消费行为及其选择的重要因素。

（2）旅游主体：政府-社会中间层-市场关系。这对关系主要表现为旅游业发展中的政府主导或引导与市场行为之间的关系，以及政府、市场与旅游行业组织机构之间的关系。在这对关系中，主要体现为旅游业运行是“政府主导”还是“市场主导”，旅游行业组织机构即社会中间层与前两者的关系，以及该社会中间层在帮助旅游行业开拓国内外市场、进行技术与管理创新、帮助企业提高竞争力等方面如何发挥基础性作用的问题。

（3）旅游行业与旅游业运行中相关行业的关系。这对关系主要表现为旅游经济运行中所形成的各个行业、部门之间的比例关系及其相互作用关系，既包括传统旅游业吃、住、行、游、购、娱涉及的旅游交通、旅游游览、旅游住宿、旅游餐饮、旅游购物、旅行社、娱乐等部门，也包括从“景点旅游”向“全域旅游”转变中介入新业态涉及的各个部门，以及旅游安全与保险、旅游权利救济等部门，这些部门按递进关系横向构造旅游产品，形成旅游产业链，满足旅游者在旅游活动中的各种基本旅游需求。

2.旅游法规对旅游经济的主要作用

法律的内容是由特定社会物质生活条件决定的，对经济发展发挥的作用也是必然性的。市场经济条件下，经济交往的平等特性、市场运行的稳定背景、市场交易的规模效益需求等，都决定了法律具有更强大的功能。旅游法对旅游经济的作用主要表现在：

（1）界定旅游活动的概念，创造良好的旅游业发展环境。在现代旅游业发展过程中，旅游产业的转型升级，旅游消费模式的转变，“景点旅游”向“全域旅游”发展的旅游规模、范围和内容的不断扩大、增加，使人们在旅游活动中所产生的社会经济关系越来越错综复杂。旅游法的主要目标是从法律上界定旅游活动的概念。一个国家的旅游法规应该反映该国对旅游的一种界定。从某种意义上说，旅游法规应该考虑旅游的社会、文化和经济方面的属性，而且也应该考虑该国各地区和当地社区的特点和传统[①]。旅游法规以调整旅游经济活动中形成的各种社会关系为对象，逐渐形成、发展并完善旅游法的体系，保护和合理利用旅游资源，为旅游业的发展创造良好的外部环境，促进旅游业持续健康发展。

（2）设定旅游资源配置框架，加快旅游资源优化。市场经济条件下，资源配置在很大程度上是通过法律实现的，旅游法规设定出旅游资源配置的制度框架，确立旅游市场经济基本原则，培育市场体系，维护旅游市场秩序，并由此决定资源的基本流向和利用方式，加快旅游资源的优化配置、旅游经济结构的转换和水平的提高等，运用法律法规手段对旅游市场经济进行宏观调控，实现旅游经济的良性运转。

（3）确认和维护旅游市场主体法律地位，规范微观经济行为。追求利益最大化是经济活动主体的行为目标，如旅游者在支付一定成本（时间、精力、货币）的前提下，所获得的物质和精神上的最大满足取决于期望值和付出成本两者的一致性，同时还受旅游者自身的阅历、知识背景等影响。旅游经营者在满足旅游需求，获得经济利益的同时，应当注重企业形象的树立。而目的地政府利益的最大化，主要是通过有效的行政管理，调配资源，优化配置，在当地获得经济、社会和环境效益的最大化。旅游法规应当反映利益相关者在旅游经济活动中的作用和责任，通过“旅游契约”维护旅游活动主体的权益，明确旅游消费者和旅游供应商等市场主体的责任和义务，成为旅游法规作用于旅游经济的又一重要功能。

（4）明晰监管权责，完善管理机制。旅游业综合性强、产业链长、涉及面广，关系到国民经济中诸多产业和领域。旅游监管中存在的问题，如监管体系混乱，产业边界模糊，多头监管、重复监管或监管缺位等现象，严重扰乱了旅游市场秩序。对旅游经济活动实施有效监管，关键是要明晰监管权责，建立完善的管理机制和监管方式，更多地培育和发展社会监管力量，形成对旅游业综合、立体的监管。在制度安排上，体现政府对旅游业发展的宏观引导、政策扶持和服务职能。

（二）旅游法规与旅游政策的关系

1.旅游政策的概念界定

旅游政策（Tourism Policy）是党和国家根据旅游发展的社会经济条件，以及旅游发展的具体情况制定的，促进旅游业发展的综合性、指导性文件，既包括指明旅游业发展方向的战略方针，也包括为实现一定时期旅游业发展具体目标的行为准则。旅游政策具有可行性、全面性、协调性、灵活性、前瞻性等特点。

国外旅游政策研究多从制定、实施、演化或评估的角度切入，以实证为主，具有专项旅游政策的针对性，理论性较弱，在旅游政策研究内容方面，旅游可持续发展是近几年旅游政策研究的热点，对旅游政策的经济目标性研究在弱化，而对旅游政策的社会目标性研

---

① 帕特里斯·特基尼（联合国世界旅游组织秘书处信息资源档案部主任）. 当前和未来的世界旅游立法［N］. 中国旅游报，2011-06-01（旅游法立法研讨会专题）：03.

究在加强[①]。我国关于旅游产业政策的研究从无到有，从国内外比较研究到针对国内相关政策、区域、问题、现象的具体指向性研究，学界对旅游产业政策的关注度越来越高，研究角度也呈现多元化[②]。但目前对旅游政策的研究还相对薄弱，研究成果的理论性、实践性、系统性和全面性亟待加强。目前，我国的旅游政策涉及的领域较为广泛，内容也较为分散，既有基本旅游政策，也有具体旅游政策；既有直接旅游政策，也有间接旅游政策；既有全国性旅游政策，也有区域性和地方性旅游政策；既有一般性旅游业整体发展的政策，也有针对性的行业、产业政策和专业旅游政策等。

旅游业作为一项综合性产业，除了具有竞争产业的营利性特征外，其文化性和社会性特征也十分突出，与一国的政治、经济、文化、生态等密切关联。因此，与传统产业相比，旅游政策引导产业成长的宏观环境与产业导向机制也更为复杂。作为对旅游经济干预的重要手段和工具，旅游政策在加强国民经济发展上具有重要意义，应当通过有效制度安排和政策设计来实现旅游产业和旅游事业的共同发展、共同促进。

2.旅游法规与旅游政策的异同

（1）旅游法规与旅游政策的共同点。旅游法规与旅游政策是党和国家在一定时期内，制定的调整一定旅游社会关系的行为依据和准则。在我国，旅游法规与旅游政策在本质上是一致的，其内容归根到底都是由我国旅游经济基础决定的。旅游政策是旅游法规的制定依据和“灵魂”，对旅游法规的制定和实施起着指导作用；旅游法规要体现党和国家旅游政策的基本精神，是旅游政策的规范化、具体化和定型化，是实现旅游政策的一种重要形式；实施了旅游法规就等于实施了旅游政策，用旅游法规去实现旅游政策，使人们能够明确地了解政策的内容，就能使政策的贯彻落实有国家强制作用。学习旅游法规必须同时注意学习党和国家有关发展旅游业的政策，脱离旅游政策去学习旅游法规，就会失去旅游法规的灵魂，脱离了当时客观的政治、经济形势，在旅游法规实施中就可能产生极大的盲目性；相反，如果只局限于学习党和国家有关旅游的政策，不注意把旅游政策上升为体现国家意志的旅游法规，又会变成法律虚无主义。因此，学习旅游政策与旅游法规，一定要很好地注意旅游政策与旅游法规之间的关系，把旅游政策与旅游法规有机地结合起来。但是旅游法规并不是实现旅游政策的唯一途径，旅游法规作为实现党和国家旅游政策的重要形式，必须同实现旅游政策的其他形式配合使用，才能充分发挥其应有的作用。

（2）旅游法规与旅游政策的区别。旅游法规与旅游政策虽然联系紧密、相辅相成，但旅游法规与旅游政策毕竟是两种社会规范，有各自的特点和作用，二者不能相互代替。这是因为：①体现意志的属性不同。旅游法规是由国家制定或认可，是国家的主张，具有国家意志的属性。旅游政策分为党的旅游政策和国家的旅游政策两方面，党的旅游政策是党组织制定的，是党的主张，党的政策要成为国家意志，必须通过国家机关转化为国家的政

① 李锋，唐晨．中国旅游产业政策研究：进展、争论与展望［J］．北京第二外国语学院学报，2015（3）：22-32.

② 李锋．国外旅游政策研究：进展、争论与展望［J］．旅游科学，2015（1）：58-75.

策，制定为国家的法律、法规。②实施保证不同。旅游法规是由国家强制力保证实施，并具有普遍的约束力。旅游政策是通过思想工作、说服教育、模范带头作用以及党和国家的纪律保证来实现，特别是党的某些政策并非对每个公民都具有约束力。③表现形式不同。旅游法规是由法律、法规等规范性文件形式表现的。旅游政策被制定或认可为法律规范之前，是由决定、决议、纲领、宣言、意见、通知、纪要等形式表现。④确定性不同。旅游法规规定的内容比较具体、明确和详尽，不仅告诉人们可以做什么、应该做什么和禁止做什么，而且还规定了违法所应承担的责任，便于人们掌握和遵守。旅游政策一般比较原则和概括，这在总政策、基本政策中表现得尤为突出。⑤稳定性不同。旅游法规的稳定性比较强，在客观情况变化时，要通过法定程序来进行修改、废止或创制。旅游政策具有相对的灵活性，变化较快，可以随着客观情况的变化比较快地修正，特别是具体的旅游政策更是如此。

总之，旅游法规和旅游政策是治理我国旅游业两个不可缺少的工具，既要重视政策的作用，也要重视法规的作用，既要执行政策，也要执行法律法规，两者各有自己独特的、互相不可替代的职能和作用。

（三）旅游法规与旅游职业道德的关系

1.旅游职业道德的概念界定

道德是由经济基础所决定，以善恶为基本评价标准，依靠社会舆论、传统习惯和内心信念维系的，用以调节人与人之间以及个人和社会之间关系的价值观念和行为规范。旅游职业道德（Tourism Professional Ethics）是旅游从业人员在旅游职业活动中所遵循的，与其特定职业活动相适应的道德规范，以及形成的道德观念、道德情操和道德品质等。旅游职业道德是在特定的职业范围内、特定的人们处理人际关系和利益关系的特殊道德要求，具有形式上的多样性以及内容上的稳定性和连续性的特点。

旅游职业道德除具有一般职业道德的共性外，还具有进步性、目的性、自觉性和实践性的特点，要求旅游从业人员要有政治意识、敬业意识和服务意识。政治意识要求旅游从业人员拥护社会主义制度，热爱祖国，自觉维护祖国利益和民族尊严，顾全大局，遵纪守法；敬业意识要求旅游从业人员热爱旅游业，热爱企业，热爱本职工作，要有职业荣誉感和职业责任感，忠于职守、尽职尽责；服务意识要求旅游从业人员在对游客服务中要热情友好，文明礼貌，真诚公道，恪守信誉，处处为客人着想，真心诚意为客人服务。旅游职业道德具有以下功能和作用：

（1）提高旅游从业人员的素质。旅游从业人员的良好素质是德、智、体、美的全面发展的统一，其标准是成为有理想、有道德、有文化、有纪律的社会主义旅游工作者。“德”是素质中第一位的，是最基本要求，它包含政治素质和品德素质，而旅游从业人员的品德素质的提高在于加强旅游职业道德教育。

（2）改善经营管理，提高经济效益和社会效益。旅游业的经营管理，不仅依靠法律、制度和奖惩条例，还必须结合职业道德教育，使员工有职业责任心和道德责任感。社会主义旅游职业道德对于正确调节旅游企业与旅游者利益关系、旅游企业与其他行业之间的关系、旅游企业内部各种关系时所起的作用，往往比法律手段和行政手段范围更广泛，影响更深刻。

（3）改善服务态度和提高服务质量。旅游从业人员与旅游者之间的提供服务与享受服务的关系被称作“客我关系”。要使旅游者满意，旅游从业人员必须以良好的服务态度，向旅游者提供优质服务。

2.旅游法规与旅游职业道德的异同

（1）旅游法规与旅游职业道德的共同点。旅游法规与旅游职业道德相互联系、相互渗透、相互补充、相互作用、相辅相成。一方面，旅游法规在培养旅游从业人员的道德中具有重要作用，可以培养旅游从业人员的社会主义道德品质和高尚的情操，以规范作用培养旅游从业人员遵守道德规范的责任感；另一方面，旅游职业道德是健全旅游法制、厉行法治的重要因素，立法者制定旅游法律、法规时，必然要考虑旅游职业道德规范和道德要求，把旅游职业道德精神渗透在旅游法律规范中。

（2）旅游法规与旅游职业道德的区别。旅游法规与旅游职业道德是两种不同的社会规范，二者的区别表现在：旅游法规是由国家制定或认可的，是国家意志的反映，着重要求的是人们的外部行为及其后果，由国家强制力保证实施；旅游职业道德主要是由社会舆论确立的，表现为一般社会意志，存在于旅游从业人员的思想观念、内心信念和社会舆论之中，着重要求的是旅游从业人员的内心世界的善良和高尚，是由人们的内心信念和社会舆论来保证其存在和发生作用的。

总之，旅游法规与旅游职业道德有一致性又有区别点，不能将两者对立起来、割裂开来，也不应将两者混同。要严格划清违法行为同违反道德行为的界限。在进行物质文明和精神文明建设中，在旅游领域从业人员的核心价值观培育时，既要重视旅游法规的作用，更要重视旅游职业道德的作用。“游客为本，服务至诚”既是旅游行业的核心价值观，也是发展旅游业的价值理念，旅游从业人员在增强法治观念、法律意识，遵纪守法的同时，要不断加强职业道德修养，端正对旅游服务的认识，增强职业认同感和工作主动性，以满腔热忱尽可能地满足游客不断增长的需求，以真诚服务赢得游客和社会的尊重。

【延伸阅读2-2】　旅游行业核心价值观

2013年10月，中国国家旅游局推出旅游行业核心价值观，即“游客为本，服务至诚”。“游客为本，服务至诚”作为旅游行业的核心价值观，是社会主义核心价值观在旅游行业的延伸和具体化，体现了对服务对象的承诺，符合中国政府提出的把旅游业建设成为国民经济的战略性支柱产业和人民更加满意的现代服务业的基本要求，是提升全行业综合素质，激发全体从业人员积极向上、奋发有为的精神动力，是旅游行业持续健康发展的精神指引和兴业之魂，也是对改革开放以来业已形成的旅游行业核心价值取向的高度提炼和概括。

“游客为本”即一切旅游工作都要以游客需求作为最根本的出发点和落脚点，是旅游行业赖以生存和发展的根本价值取向，解决的是“旅游发展为了谁”的理念问题。

“游客为本”是以人为本的科学发展观在旅游行业的生动体现。旅游业作为现代服务

业的龙头，本身就是以为人服务为核心特点的行业。“游客为本”是行业属性使然，更是行业发展的基石。同时，旅游行业只有以游客为本，才能在满足游客需求的过程中，充分发挥改善民生、推动消费、带动就业、调整结构、促进和谐等产业和社会功能，实现行业自身的价值，获得相应的社会认可。

“服务至诚”即以最大程度的诚恳、诚信和真诚做好旅游服务工作，是旅游行业服务社会的精神内核，是旅游从业人员应当树立的基本工作态度和应当遵循的根本行为准则，解决的是“旅游发展怎么做”的理念问题。

“服务至诚”是对旅游行业特性的集中概括，体现了对服务对象的承诺，展示了对自身工作的追求。服务是旅游行业的本质属性，至诚是人们道德修养追求的最高境界。

“游客为本”和“服务至诚”二者相辅相成，共同构成旅游行业核心价值观的有机整体。“游客为本”为“服务至诚”指明方向，“服务至诚”为“游客为本”提供支撑。二者完美地结合在一起，将指引旅游行业沿着国民经济的战略性支柱产业和人民群众更加满意的现代服务业两大战略目标更好地前进，并在这一过程中实现从业人员、游客、企业、社会等多方利益相关者的共赢。

资料来源：

[1] 周音. 中国国家旅游局推出旅游行业核心价值观 [EB/OL]. [2013-10-23]. https://www.chinanews.com/cj/2013/10-23/5416910.shtml.

[2] 佚名. 国家旅游局旅游行业核心价值观解读 [EB/OL]. [2013-10-23]. http://fashion.ifeng.com/travel/news/detail_2013_10/23/30580076_0.shtml.

第二节 旅游法规体系与中国特色社会主义法律规范体系的结构关系

一、中国特色社会主义法律规范体系

中国特色社会主义法律规范体系包括了立法体系和法律体系两方面的内容。所谓立法体系，是指一国法律内在结构的外在表现形式，亦称为规范性法律文件体系或法的渊源体系。凯尔森（Hans Kelsen，2016）认为，法律秩序最恰当的理解是具有等级结构的实证规范体系，它首先是一个体系，而非一个纯粹的集合，因为构成法律秩序的法律规范的多元性，是通过法律创制的渐次授权发挥作用的①。中国特色社会主义立法体系是由多层次、门类齐全的调整社会关系的规范性文件所组成的有机联系的统一整体，它是中国特色社会主义法律体系的外在表现形式，是法律的效力来源。所谓法律体系，通常指一个国家的全部现行法律规范分类组合为不同的法律部门而形成的有机联系的统一整体②，是一个国家国内的、现行的、全部的法律规范，按照一定的标准、原则和方法，划分为不同的法律部门而形成的呈体系化的有机整体，是立法体系所反映的法律的内在结构体系。中国特色社会主义法律体系是全面实施依法治国基本方略、建设社会主义法治国家的基础，是以

① 凯尔森. 法与国家的一般理论 [M]. 沈宗灵，译. 北京：商务印书馆，2016 (3)：9-10.

② 《中国大百科全书》总编辑委员会. 中国大百科全书（法学）[M]. 北京：中国大百科全书出版社，2006：84.

宪法为统帅，以法律为主干，由宪法及其相关法、民商法、行政法、经济法、社会法、刑法、诉讼与非诉讼程序法等多个法律部门组成的有机统一整体，是我国改革开放以来，享有立法权和司法解释权的国家机关，坚持在中国共产党的领导下，为保障人民民主专政的国家政权及国家、集体和公民个人的合法权利而制定并修正的宪法、法律、行政法规及地方性法规的法律体系的总称。

（一）宪法及宪法相关法

宪法是国家的根本大法，它规定国家的根本制度和根本任务、公民的基本权利和基本义务，具有最高的法律效力；宪法相关法是与宪法相配套、直接保障宪法实施和国家政权运作等方面的法律规范的总和。宪法及宪法相关法是国内法律秩序的基础，其包含的某些条款不仅涉及用以制定今后法律的机关和程序，而且还涉及这些法律的内容，是包括旅游立法在内的一切法律的立法依据。

（二）法律

法律是指由具有国家立法权的机关制定的规范性文件。在现代国家中，按照通常的理解，法律所进行的控制主要是借由“普遍性”指令来执行，其标准的运作形式也具有普遍性，这一方面是指某种普遍的行为态样，另一方面它适用于一般大众，而这一般大众也能预期法律会适用在其身上，且应当服从[①]。法律的范围既包括由全国人民代表大会通过的新中国第一部以法典命名的，在法律体系中居于基础性地位，又是市场经济基本法的《民法典》，也包括由全国人大常委会通过的《旅游法》《中华人民共和国电子商务法》（2019年1月1日起实施，以下简称《电子商务法》）等。

（三）行政法规和部门规章

行政法规是专指国务院在法定职权范围内为实施宪法和法律而制定的有关国家行政管理的规范性文件，如《旅行社条例》《导游人员管理规定》《风景名胜区管理条例》等；部门规章则是指国务院所属的部、委、办发布的规定、办法、实施细则、规则，如文化和旅游部发布的《在线旅游经营服务管理暂行规定》（2020年10月1日起实施）、《文化和旅游规划管理办法》（2019年6月1日起实施）、《国家级文化生态保护区管理办法》（2019年3月1日起实施）等。该部分由非立法机关如行政机关发布的一般规范往往不称为“法律”，而称为“命令”（Ordinances）或“法规”（Regulations），它不是以法律（这些机关所实施的）为根据所发布的，而是代替法律所发布的具有法律效力的规则[②]，它既符合法治的一般原则，又能反映旅游业发展的规律，从而更具针对性。

（四）地方性法规和自治条例

在我国现行的二级立法体制中，地方立法作为国家立法的延伸和补充，对于建立和完善社会主义市场经济法律体系，具有不可缺少和不可替代的重要作用[③]。在国内，地方性法规和自治条例，是指省、自治区和直辖市的人民代表大会及其常务委员会根据本地区旅

① 哈特. 法律的概念［M］. 许家馨等，译. 北京：法律出版社，2011：20-31.
② 凯尔森. 法与国家的一般理论［M］. 沈宗灵，译. 北京：商务印书馆，2016：369.
③ 郑建华. 对民族自治地方立法权行使若干问题的思考［J］. 理论研究，1998（6）：43-45.

游业发展的具体情况和实际需要，在法定权限内制定发布的适用于本地区的规范性文件，如《上海市旅游条例》《内蒙古自治区旅游管理条例》《陕西省旅游条例》等。

总之，中国特色社会主义法律规范体系包含了三个层级：一是宪法与相关法中对社会关系调整的一般规范、基本原则与立法精神；二是综合性立法及基本法中为法律关系主体的行为提供的基本准则、权利能力与行为能力的实施行为界限，以及划分合法性与违法性行为的基本界线；三是行政法规、地方性法规、自治条例等将法律关系主体的一定行为、事实与一定法律关系的发生、变更、消灭联系起来，引导主体实施正常行为，以取得对自己有利的法律后果。可见，体系化的立法通过对主体行为体系化的规范方法，使主体行为正常化，法律调整社会关系的目的——使社会关系秩序化，也就实现了。

二、中国特色社会主义法律规范体系中的旅游法规体系及其类属

（一）旅游立法体系

1.旅游立法体系中的冲突与解决

法律作为调节社会关系的一种行为规范，其初衷就在于为人们提供一种解决冲突、解决纠纷的模式，以规范协调人们的行为，使社会在一种规则指引下有秩序地发展。随着旅游立法数量的日渐增大，立法部门的日渐增多，法律内容的日渐扩大，加之旅游业综合性的特点，法律与社会关系的日渐复杂，旅游立法体系中的冲突成为不可避免的问题。因此，寻求解决立法冲突的原则和方法，无论对于提高立法质量、增强法律的尊严，还是对于正确实施法律、增大法律的实效，都具有重要的现实意义。

（1）旅游立法冲突的表现与原因

旅游立法的冲突表现为立法权限的冲突和立法文件内容及效力的冲突两种情形。立法权限的冲突是以立法部门的非唯一性为前提的，如前所述，依据宪法和相关法的规定，全国人大及其常委会，国务院及其各部委，省级权力机关，较大的市的权力机关，民族自治地区、经济特区、特别行政区以及这些地方的政府等都有在一定的范围内制定旅游规范性文件的权力，加之旅游立法所赖以存在的条件和环境，包括社会关系的变化，政策的灵活性，法律、法规体系的庞大和数量的倍增以及立法者的能力等，从而引起了旅游立法的冲突。立法文件内容及效力的冲突是立法权限的冲突导致的必然结果，使某些立法文件在效力上错乱、内容上不协调。当然，立法者对待立法冲突的主观意向和态度，包括法律文件修改不同步，法律文件清理未形成制度，立法监督不得力，以及立法参与者的能力与水平等也会导致旅游立法冲突现象。

（2）旅游立法冲突的解决

我国在宪法及高位阶的法律中确立法制统一原则以及宪法保障制度。《中华人民共和国立法法》（以下简称《立法法》）根据法律生效的时间、法律适用的对象和法律制定主体的不同，规定了在上位法和下位法互相冲突时法律适用的原则——下位法服从上位法的原则，亦即当不同等级的主体制定的法律发生冲突时，等级高的主体制定的法的效力高于等级低的主体制定的法。例如，宪法的效力高于法律的效力，法律的效力高于行政法规的

效力，行政法规的效力高于地方性法规的效力，地方性法规的效力高于地方政府规章的效力，等等。

在法律适用方面，根据法制统一原则，《立法法》规定了上位法优于下位法的法律适用规则，这意味着当下位法的规定不符合上位法时，法院原则上应当适用上位法。另外，当冲突所涉及的事项比较重大、有关机关对是否存在冲突有不同意见、对应当优先适用的法律规范的合法有效性持有异议或者按照法律适用规则不能确定如何适用时，原则上应依据《立法法》规定的有关程序逐级报请有关机关裁决。但是，由于存在普遍性和局部性的问题，在法律的适用上，如果部门规章和地方性法规有冲突，虽然从下位法服从上位法的原则出发，应当优先适用地方性法规，但是司法实践中需要提请国务院裁定适用问题。当然，部门规章之间的冲突也需要国务院裁定解决。例如，2013年9月，原国家旅游局关于执行《旅游法》有关规定的通知，明确指出：《立法法》第79条规定“法律的效力高于行政法规、地方性法规、规章”。因此，现行旅游法规、规章或者规范性文件等法律规范，与《旅游法》对同一事项规定不一致的，应当适用《旅游法》的规定，各级旅游主管部门应当在权限范围内或者建议有关部门按照《旅游法》的规定作相应调整；现行旅游法规、规章或者规范性文件等法律规范，与《旅游法》对旅游行政处罚的行为、种类和幅度规定不一致的，应当适用《旅游法》的规定。

2.旅游立法体系的趋势

旅游立法工作是健全国家法治的重要内容，是国家对旅游业加强宏观控制的重要措施，也是旅游业健康发展的保障。未来我国旅游立法趋势如下：

（1）系统化。旅游立法的系统化是旅游法治建设的前提和基础，应当以《旅游法》为基础，制定相关领域、行业法规。其系统化表现为从旅游宏观调控到市场规制的立法，从全国性到地方性旅游立法，从旅游目的地政策与规划到旅游资源、旅游设施、旅游服务等全域旅游立法，从旅游饭店、旅行社、旅游景区、旅游从业人员到旅游服务对象的游客利益保护立法，等等，形成不同层次、不同领域、不同区域的“以政策为核心”向“以法规为核心”转变，并日趋完善的旅游立法体系与法律系统。

（2）国际化。旅游业的国际化决定了优质、高效、国际标准化的旅游服务是保证国际旅游者重复消费的重要条件，因此旅游服务的国际标准化成为我国旅游立法的重要内容。此外，随着国家“一带一路”倡议的推进，我国与其他国家和地区的区域旅游合作会越来越多，无论政府间还是行业或企业间合作，都会涉及法律问题，甚至国家主权问题。因此，关于国际法律权利义务的实现问题，国际旅游合作中的法律冲突与法律适用问题，以及国际旅游主体法律责任确认等内容成为我国旅游立法体系的重要组成部分。

（3）科技化。随着“互联网+”在旅游业中的应用，以及信息技术的介入，旅游业的宏观管理、转型升级、运营模式以及游客的消费习惯和消费期待都将发生根本性变化。因此，无论是应用信息技术对旅游业相关领域进行立法，还是关于新业态旅游、智慧旅游的立法都将信息化和智能化。

（二）旅游法律体系

1.旅游法律体系定位、结构与内容构成

旅游法律体系是中国特色社会主义法律规范体系的重要组成部分，是指由我国现行的、全部的旅游法律规范分类组合而形成的有机联系的统一整体。它既包括旅游国内法构成体系，也包括被国家承认的、与旅游有关的国际法体系。通常情况下，旅游法律体系分类的标准：一是旅游法律法规调整的社会关系，它所回答的问题是旅游法律影响和作用的对象是什么；二是旅游法律法规调整的方法，包括调整原则，它所回答的是旅游法律法规怎样对它的调整对象施加影响，发生作用的问题。旅游法律体系理想化的要求是门类齐全、结构严密、内在协调（如图2-1所示）。

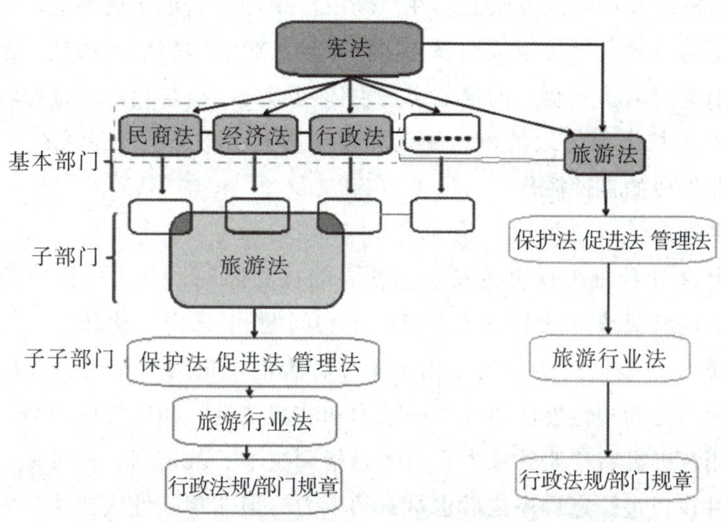

图2-1 我国旅游法律体系与结构

图2-1显示，未来我国旅游法律体系理想化的状态有两种结构模式：一是在民商法、经济法、行政法等基本部门法下形成旅游法子部门，在旅游子部门法下有旅游保护法、旅游促进法、旅游管理法等子子部门法等，依此类推；二是旅游法上升为基本部门法，在基本部门法下形成旅游保护法、旅游促进法、旅游管理法等子部门法，旅游行业法即为子子部门法，行政法规与部门规章为子子子部门法，等等。无论哪种模式，我国旅游法律体系的完善均依赖于我国旅游立法、旅游司法、旅游执法体系的完善以及旅游法规理论研究的推进。其基本内容在现行基本法《旅游法》引领下，融旅游宏观调控法、旅游市场主体法、旅游规制法为一体。其具体内容表现在：

（1）旅游宏观调控法。宏观调控指调控主体运用指导性计划和财政、金融、投资等经济手段，调整具有全局意义的某些经济变量，以诱导市场主体的运行符合国家宏观意图，从而“控制”或“调节”宏观经济发展方向、结构和总量。政府主导型模式是我国旅游业发展的主要模式，即在以市场为基础配置资源的前提下，由政府组织、发动和协调各种社会主体的力量，加快旅游业增长速度的发展模式。在这种模式下，旅游政策的法律化较为明显，即国家、旅游目的地政府，根据当地旅游业发展的实际，制定旅游政策，后对该旅游政策赋予法律效力。可见，旅游宏观调控法既包括对旅游市场运行进行宏观调控和协调的法律法规，也包括我国旅游政策的法律化表现形式。

（2）旅游市场主体法。旅游市场主体法是指确立旅游主体资格、组织形式和法律地位的法律规范的总称。目前我国关于旅游市场主体的法律规范，除依托国家综合性立法外，主要是国家的行政法规和部门规章。随着旅游业在国家经济社会发展中地位的提升，需要制定旅游市场主体法，诸如旅行社业法，旅游酒店业法，旅游目的地、旅游景区规划与发展法，旅游者行为管理与利益保护法等。

（3）旅游市场规制法。市场规制法是指市场管理机构，从维护公共利益出发，对市场主体及其行为进行的某些规制或限制。在市场经济条件下，市场规制应以矫正或改善市场机制内在的问题为目的，通过规范和强化国家干预旅游业的职能，通过国家管理机构对旅游业实行积极引导或消极限制达到规范市场主体的行为，以避免由于政府调控职能弱化或旅游管理部门滥用权力而导致的市场失调和市场规制法的作用不能充分发挥等一系列问题，促进旅游业发展的良性循环。

2.旅游法律效力

法律效力是建立和维护社会主义法律秩序的核心问题，是法律权威的重要基础和根据，它当然也成为法理学和法哲学史研究的中心问题[①]。旅游法律效力，是旅游法律规范的一种内生因素，是表征旅游业法作用于主体行为的约束力或作用力。从法的效力渊源看，旅游法律效力分为规范性法律文件的效力和非规范性法律文件的效力。前者指法律的生效范围或适用范围具有普遍约束力；后者是指判决书、裁定书、许可证、合同等的法律效力，这些文件在经过法定程序之后也具有约束力，但非规范性法律文件的这种约束力是规范性法律文件效力的派生效力或次生效力。从法律效力对象看，旅游法律效力可区分为一般法律效力与具体法律效力。前者是指把法律的效力作为一个整体看，得出旅游法律效力是由适用对象、适用时间和适用空间三要素构成的法律的约束力；后者指每个法律或规范性文件所规定的具体事项具有的效力。因此，本教材所称的法律效力范围是指正式意义上的法律形式或渊源，尤其是规范性法律文件的一般的效力，即旅游法规在适用对象、时间、空间三方面的效力范围。

（1）旅游法律效力的来源。法律效力的来源可以被划分为内部来源与外部来源两大部分。其中，法律效力的内部来源主要包括法律的“内在道德”与上位法律的授权两个部分。法律效力的外部来源则主要包括三个方面：第一，国家权力，即法律效力最直接的来源。第二，社会理性，即法律效力来源的深层因素。第三，基于一定的社会物质生活条件产生的法权关系，其中最重要的是社会经济关系，这是法律效力的终极渊源[②]。旅游法律效力来源十分复杂，一般包括法律本身、道德、利益、经济、伦理、心理、社会等方面。旅游法律法规具有国家强制力，规定了旅游行为具体的否定性后果，任何明显的违法行为

① 梁晓俭．凯尔森法律效力论研究——基于法学方法论的视角［M］．济南：山东人民出版社，2005：3-5.
② 吴伟．论法律效力来源［J］．理论界，2008（2）：77-78.

都要受到国家相应的制裁；旅游法律法规也保障旅游关系主体及社会成员的利益，规定了旅游行为的肯定性后果，对合法权利与利益进行保护。旅游法律效力建立在社会道德基础之上，体现公平、正义，因而旅游关系主体应当服从政府的监管、遵守法律；旅游法律效力来自社会，旅游关系主体有模仿他人所为的习惯，包括按照别人的行为守法的习惯，因此，法律维护社会秩序，要求人们的行为符合法律规范，包括旅游职业道德规范、文明旅游行为规范等。

（2）旅游法律效力的范围。旅游法律效力范围是指旅游法规在什么时间、对什么样的人、在多大空间适用的问题，它包括旅游法律法规对人的效力、对空间的效力以及对时间的效力。

①对人的效力。旅游法律法规对人的效力是指旅游法律法规对谁有效力，适用于哪些人。在世界各国的法律实践中先后采用过四种对人的效力的原则，即属人主义、属地主义、保护主义，以及以属地的原则为主，与属人主义、保护主义相结合的原则这四种原则。我国旅游法律法规对中国公民的效力表现为中国公民在中国领域内的旅游活动一律适用旅游法律法规，在中国境外的中国公民，也应遵守中国法律并受中国法律保护。外国人和无国籍人在中国领域内的旅游活动，除法律另有规定者外，适用我国旅游法律法规，这是国家主权原则的必然要求。

②对空间的效力。旅游法律法规的空间效力即旅游法律法规效力的地域范围，是指在全

国范围内有效的旅游法律法规，即在一国主权所及全部领域有效，包括属于主权范围的全部领陆、领空、领水，也包括该国驻外使馆和在境外航行的飞机或停泊在境外的船舶。如《旅游法》和旅游行政法规，除本身有特别规定外，都在全国范围内有效。在一定区域内有效的旅游法规，一是地方性法规仅在一定行政区域有效，二是具有域外效力的法律，如中国与旅游目的地国家与地区或者客源国签订的旅游协定等，就具有了法的域外效力范围。

③对时间的效力。旅游法律法规的时间效力是指旅游法律法规效力的起止时限以及对其实施前的行为有无溯及力。旅游法律法规开始生效的时间，指法从何时起开始发生约束力。如自公布之日起开始生效，公布后经过一段时间生效、以到达期限为生效时间等。旅游法律法规终止生效的时间，指法的废止的时间，依法律法规的规定、立法发展、客观情况变化及其他有关因素而定，分为以明文规定明示废止、新法与旧法相冲突时采用新法默示废止两种形式。旅游法律法规的溯及力也称溯及既往的效力，是指旅游法律法规对其生效以前的事件和行为是否适用。如果适用，就具有溯及力；如果不适用，就没有溯及力。法律是否具有溯及力，不同法律规范之间的情况是不同的。关于法律的溯及力问题，一般通行“法律不溯及既往”原则和“原则补充”两种情势。从目前我国法律法规溯及既往的原则分析，旅游法规一般采用“不溯及既往”的原则，具体表现在有关旅游侵权、违约的法律适用，法律不溯及既往，而在某些民事权利的法律保护中，法律有溯及力。

【案例2-1】 “邮轮旅游”的法律适用分析

游客杨某携带未成年女儿参加旅行社组织的邮轮旅游，邮轮行驶在公海期间，杨某领着女儿来到游泳池游泳。游泳池分为浅水池和深水池，杨某女儿下到浅水池后，杨某在旁独自忙自己的事，直到未成年的女儿在深水池溺水，被其他游客发现，杨某才呼救。杨某女儿被同行游客救起，邮轮工作人员将其紧急送往岸上医院进行抢救、治疗。虽经救治，但事后该未成年游客被鉴定为植物人，需终生接受康复治疗、护理。关于责任与赔偿事宜，游客杨某在与邮轮公司协商未成后，以侵权为由将邮轮公司（英国公司）起诉到上海海事法院，法院追加旅行社为第三人。由于杨某索赔的治疗、康复、精神损失、伤残等费用高达500万元，因此各方在法庭上的一个争议焦点是：邮轮公司或旅行社在杨某未成年女儿遭受人身伤害的过程中有否存在过失，应否承担赔偿责任。原告认为，涉事泳池中的深水池和浅水池没有物理隔断、没有救生圈，也未配备救生人员，所以邮轮公司未尽基本管理职责，且严重违反中英两国关于泳池的安全规范。事故发生时，邮轮工作人员未及时帮助杨某寻找女儿；事故发生后，船上人员又未及时施救，因此，邮轮公司应承担杨某的全部损失。各方当事人争论的第二个焦点是，本案例所涉及的损害赔偿是否适用中国法律的问题。

点评1：邮轮旅游服务合同属于旅游服务合同。《旅游法》对于旅游服务合同采取狭义概念，即主要是指包价旅游合同，而不包括旅店住宿合同等旅游代办合同。根据《旅游法》第111条第3项之规定，包价旅游合同是指旅行社预先安排行程，提供或者通过履行辅助人提供交通、住宿、餐饮、游览、导游或者领队等两项以上旅游服务，旅游者以总价支付旅游费用的合同。据此，旅游服务合同的主要内容是组织、安排旅游活动。旅游者与旅行社订立旅游服务合同的目的是享受旅游服务，符合消费者的内涵；至于旅行社，《旅游法》第111条第1项明确定义旅游经营者是旅行社、景区以及为旅游者提供交通、住宿、餐饮、购物、娱乐等服务的经营者。因此，旅游服务合同是旅游消费权利义务关系的载体，合同双方当事人符合消费者和经营者的身份要求，理应属于消费者合同，学界对此也大多持认可态度。此外，《旅游法》第92条规定旅游者可向消费者协会申请调解作为旅游纠纷的解决途径之一，而消费者协会正是对商品和服务进行社会监督的保护消费者合法权益的社会组织，这亦可佐证旅游消费属于生活消费之一部分。由于我国现行法律对旅游服务合同的法律适用并无特别规定，我们认为，应当一并适用《涉外民事关系法律适用法》第42条关于消费者合同法律适用的规定，邮轮旅游服务合同亦然。

点评2：邮轮旅游是近年来在我国快速发展的新兴旅游形式，必然容易带来相应的民事纠纷，其特殊性也决定了此类民事活动需要相对特殊的法律规则进行调整。当前，我国邮轮旅游市场上基于旅行社包销的邮轮船票销售模式，旅客与邮轮公司之间主要通过邮轮船票成立海上旅客运输合同，而船票大多是由旅行社作为包价邮轮旅游产品的组成部分向旅客进行销售，因而，邮轮公司通过船票条款规定适用域外法律的情形较为普遍。虽然其中规定适用的域外法律多为航运法律较为发达国家的法律，尤其是英国法律在航运领域居于无可替代的重要地位。但是，由于海上旅客运输合同与海上货物运输合同存在一定差

异，不仅邮轮船票载明的法律适用条款作为格式条款本身的效力确有可商榷之处，且邮轮旅客毕竟有别于货主，对于域外法律多数并无充分的了解，适用域外法律对于作为消费者的旅客寻求救济明显不利，而妥善安排救济策略恰恰要求旅客对于法律赋予的权利应有相对准确的认识，因而需要适当考虑未来我国邮轮旅游法律制度的建立完善及其法律的适应性。在本案处理中，《上海海事法院海事审判情况通报（2016）》明确指出，邮轮旅游纠纷在诉讼中已有所体现，并且涉案法律关系复杂、法律规则尚待明确等诸种因素均给案件妥善处理带来困难。因此，在我国司法实践中，邮轮旅游服务合同大多依据消费者合同的规则适用中国法律，而作为海上旅客运输合同主要内容的邮轮船票条款普遍规定适用域外法律，邮轮船票销售合同作为商事合同则充分贯彻意思自治原则确定法律适用。

资料来源：孙思琪．邮轮旅游法律适用论要［J］．武大国际法评论，2018，2（2）：120-139.

第三节 现代旅游业发展中的法律问题及旅游法规的作用

一、现代旅游业发展中的法律问题

（一）现代旅游业发展的法律环境、资源与生态保护问题

1.文旅融合发展的法律环境问题

文化和旅游融合发展是以习近平同志为核心的党中央立足党和国家事业全局、把握文化和旅游发展规律作出的战略决策，是贯彻习近平总书记关于文化和旅游工作重要论述的重大实践。党的十九届五中全会通过的《中共中央关于制定国民经济和社会发展第十四个五年规划和二〇三五年远景目标的建议》提出：“推动文化和旅游融合发展，建设一批富有文化底蕴的世界级旅游景区和度假区，打造一批文化特色鲜明的国家级旅游休闲城市和街区，发展红色旅游和乡村旅游。”该建议进一步明确了文化和旅游融合发展要求，为“十四五”时期文化和旅游改革发展提供了遵循、指明了方向。[①]现代旅游业的发展需要包括政治、经济、社会、科技等综合性的环境因素，该环境因素为旅游业的发展提供了条件，对旅游业发展的影响起着十分重要，甚至是决定性的作用。在供给侧方面，文化、旅游、科技融合特别是数字文旅业态加快旅游业高质量发展，各种新兴业态在旅游产业发展中占有越来越重要的地位，区域旅游发展更加均衡，文化和旅游管理体制机制将进一步理顺，公共服务职能更加突出，围绕坚持和完善“一国两制”推进对港澳台旅游交流合作，围绕建设新型国际关系、构建人类命运共同体推动形成旅游业的全面开放新格局。因此，文旅融合发展的法律环境指综合性环境因素通过法律形式的确立，形成的特定法律规范、法律制度对旅游业的影响，它规定了旅游业发展中各参与主体宏观的权利、义务和责任，为文旅深度融合发展创设一套完整的法律秩序。其具体内容包括健全文旅融合发展的体制机制，强化政策法规引领作用，研究制定有关扶持政策和举措，特别是在财政、金融、用地和人才保障等方面为文旅深度融合、创新发展提供政策支撑和制度保障。

① 雒树刚．推动文化和旅游融合发展［EB/OL］．［2020-12-14］．http：//www.gov.cn/xinwen/2020-12/14/content_5569244.htm

2.旅游资源、环境、生态的保护问题

旅游资源是旅游业的三大支柱之一，一个国家或地区要发展旅游业就必须合理地开发、利用和保护旅游资源。旅游资源不仅包括由自然因素形成的自然景观，还包括反映人类社会生活的政治、经济、文化、艺术和宗教等活动的人文景观和民俗风情。环境是人类赖以生存和活动的空间，保护和创造良好的生态环境，是建设中国特色社会主义事业的重要组成部分。2021年3月，习近平总书记在参加十三届全国人大四次会议青海代表团审议时强调，“高质量发展是‘十四五’乃至更长时期我国经济社会发展的主题，关系我国社会主义现代化建设全局”；“把生态保护放在首位，体现了生态保护的政治自觉”；“要优化国土空间开发保护格局，严格落实主体功能区布局，加快完善生态文明制度体系，正确处理发展生态旅游和保护生态环境的关系，坚决整治生态领域突出问题”。在文旅融合发展大背景下，文化建设既要关注文化的事业属性，也要面向国民休闲和旅游消费来发展产业；旅游发展既要开发自然资源和历史文化资源，也要依托商业环境和文化品质，自觉以主流价值观去提升人民的美好生活。“十四五”时期我国旅游业发展环境总体上利大于弊①：全面建成小康社会奠定基本发展格局，高质量发展成为主线，消费持续升级，基础设施不断完善，科技迅速发展，生态文明建设迈上新台阶，这些都为旅游业发展创造了良好条件。但与此同时，随着城市化进程加快，对自然资源的开发强度加大，环境污染、生态破坏的问题日趋严重；旅游业发展也需要更加关注经济发展中的结构性调整、消费升级带来的市场需求变化、社会老龄化趋势以及世界秩序深刻变化等问题。此外，目前我国在世界遗产保护上依然存在很多问题，如世界遗产地的政府管理体制、世界遗产地的所有权与开发权矛盾问题，以及各类文化遗产资源旅游化利用中的矛盾问题等。可以说，对这些问题的忽视已经对中国世界遗产的保护带来了非常恶劣的影响和严重的后果。因此，制定适合我国国情的旅游资源保护法律法规，对发展国民经济、规范旅游行为、维护旅游企业和旅游者的合法权益已显得尤为重要。资源、环境、生态保护早已成为当今世界的主题，也是发展旅游业的先决条件，如何正确处理旅游资源的开发与环境保护、生态保护之间的关系，如何将国家资源、环境、生态立法与旅游立法协调，如何运用旅游立法促进旅游业的可持续发展，如何用旅游法律维护和充分协调旅游目的地政府、企业、社区的关系，造福于旅游目的地居民等问题也就成为学者们研究的重点。

（二）旅游者权益的法律保护问题

1.旅游者合法权益保护问题

旅游是一种精神产品消费活动，旅游者参加旅游活动的目的在于通过旅游缓解身心压力，获得欢乐和愉快的体验。旅游者如果通过旅游不仅没有得到愉悦的感受，反而使自己的人身和财产受到巨大伤害，并且这种伤害是由于旅游经营者的过错造成的，旅游者是否有权利要求赔偿损失？回答是肯定的。损害赔偿是权利主体因其合法权益受到不法侵害，使其物质或精神利益受到损害而要求侵权人通过财产赔偿等形式进行救济的一种民事法律

① 李晓红.“十四五”时期旅游业将迎来全面开放新格局——访中国旅游研究院副院长李仲广［N］.中国经济时报，2020-08-27.

制度。各国国内法和国际法对旅游者合法权益的范围及享有条件等方面都有规定。同时，政府在引导旅游者理性消费方面也采取了相应的措施和对策。可见，旅游者权益是旅游者的利益在法律上的体现，旅游者合法权益的保护直接关系到旅游业的可持续发展问题，维护与实现旅游者权益是旅游法规研究的重点问题之一。我国《旅游法》突出以旅游者为本的理念，在政府公共服务、旅游经营规则、民事行为规范、各方旅游安全保障义务、旅游纠纷解决等方面进行规范，以加强对旅游者权益保护，使国民旅游休闲、旅游消费与体验的权益得到更好的保障。此外，我国旅游法规通过法律的强制性培养理性的消费者，让旅游者用自己理性的消费影响旅游生产、经营、服务者，实现合理的风险转移，从而使旅游者合法权益得到根本保障与实现。

2.旅游安全与保险法律问题

随着经济社会的进步，旅游正在从人们的生活元素向生活要素甚至生活目的转变，“旅游产业规模有多大并不重要，重要的是怎样提高人们的生活质量，种植业保障生存，制造业解决短缺，服务业提供便利，旅游业创造幸福。旅游是达到幸福的渠道，实现幸福的领域，这个领域需要法律的保障”[①]。《旅游法》为充分保障旅游者的人身财产安全，对旅游风险的阻断机制进行了系统设计。但是，在旅游活动中，无论是旅游者，还是旅游业经营者，都会面临各种风险，如旅游者在旅途中可能发生人身意外伤害、财物丢失等，而旅游经营者则要承担可能出现的各种经营风险，于是，旅游保险便应运而生了。应当说，旅游保险是保险在旅游活动中的体现。在国外，旅游保险如同其他保险一样十分发达，保险法律制度也是较为完善的。在我国，旅游保险如同整个保险业一样，经历了一个发展缓慢、充满曲折的过程。时下，自由行和团队行成为旅游者出游的两大方式，旅游者的维权意识也在不断提高，特别是在团队旅游中，游客更加注重购买相关的旅游保险以分散旅途中的风险。虽然目前我国各大保险公司涉及旅游的保险条款多达几十种，游客可以根据需要自行选择组合，但自由行的散客购买旅游保险的情况不容乐观，从而导致旅游中因安全问题引起的旅游赔偿纠纷频繁出现。此外，从旅游安全视角分析，后疫情时代如何摆脱制约旅游业发展的难点问题？[②]对政府旅游主管部门而言，需要不断完善旅游经济宏观调控体系，特别是旅游经济运行预警系统、旅游危机应对机制，并动态制定产业指导政策，加强预警，政府托底，引导产业持续发展；对旅游企业而言，要加强战略管理和制定风险预案，及时取得经济运行数据与发展环境信息，企业决策的制定才有坚实的现实依据和前瞻性。当然，在市场波动特别是面临重大冲击时，行业协会开展的互助行动，企业的努力自救，旅游专家学者的智库智囊作用，为旅游业渡过难关、恢复发展提供了有力的支撑。

3.旅游者出入境管理法律问题

“十二五”期间，我国旅游市场开发以国内旅游为重点，按照“全面发展国内旅游、

① 郭小璇．魏小安：智慧旅游发展的根本在企业［EB/OL］．［2014-02-25］．http://travel.ifeng.com/news/interview/detail_2014_02/25/34160604_0.shtml.

② 李晓红．“十四五”时期旅游业将迎来全面开放新格局——访中国旅游研究院副院长李仲广［N］．中国经济时报，2020-08-27.

积极发展入境旅游、有序发展出境旅游”的战略方针，统筹协调、深化开发三大市场，形成了更加协调的市场格局。《“十三五”旅游业发展规划》提出，大力提振入境旅游、深化与港澳台旅游合作、有序发展出境旅游，使中国旅游业的国际影响力大幅提升。入境旅游持续增长，出境旅游健康发展，与旅游业发达国家的差距明显缩小，在全球旅游规则制定和国际旅游事务中的话语权和影响力明显提升。“十四五”期间，游客出游更加理性、文明，旅游需求在继续朝大众化、品质化方面发展的同时更加多样化；入境旅游有所上升，新兴市场可望有较好表现，来华游客动机更加多元；出境旅游保持中高速度增长，出国比重进一步上升，我国将继续保持世界第一大出境旅游客源国的地位。但是，疫情后的旅游业还需要消除不确定性，特别是疫情不确定性带来的影响。我国现行有关旅游者出入境的法律法规及旅游政策有待完善，有关旅游签证、通关便利化、游客安全保障措施以及如何保障出入境旅游者的合法权益等仍然是亟待解决的问题。

（三）旅游运营主体的法律问题

1.旅游企业经营中的法律问题

（1）旅游企业经营中的一般法律问题。有一种形象比喻：市场是海，企业是船，质量是帆。旅游企业是以营利为目的的，其生产的产品是服务，兑现承诺是检验旅游企业产品合格的最低标准。质量事故是旅游企业对旅游者不负责任的表现，旅游投诉是旅游者对旅游企业不守承诺的抗议，不能摆脱投诉的旅游企业，是无法远航的。不可否认，有的质量事故的发生，有着无法预测、无法控制的客观因素。但是，不管是什么原因，对于劣质产品，旅游者有权退货并得到赔偿。随着人民生活水平提高，外出旅游的人越来越多，旅游投诉的绝对量肯定会上升。旅游投诉增多，一方面说明我们的市场还不成熟，企业、消费者、管理者不成熟，因而有空子可钻；另一方面也是我们的市场在迅速扩大的表现，这就为如何进一步加强对旅游企业的管理提出了严峻的课题。应该说，在建立了旅游服务质量保证金制度、加大了旅游市场治理整顿力度，特别《旅游法》的实施和一系列旅游政策法规的完善与修订，我国已形成了一个较为完善的旅游法律法规管理体系，旅游企业的经营更加规范。只要我们做好对旅游经营者的引导与监督，增强其守法、规范的经营意识和自我保护的权益意识，旅游者作为旅游市场主体的合法权益得到保护，旅游投诉就可能降下来，这也就保护了守法旅游企业的长远利益，旅游市场就会走上健康发展的轨道。

（2）在线旅游企业及其不正当竞争问题。在线旅游企业（Online Travel Agency，OTA）是在旅游电子商务发展中逐渐形成的旅游服务重要媒介及运营商。伴随着互联网市场的高速发展，我国旅游电子商务发展逐步走向专业化、多元化。经营者和运营商们在积极探索和实践符合中国消费市场的旅游电子商务模式。近几年，高速增长的旅游市场和日益成长的网络消费人群，也使得旅游电子商务的发展迎来了新的契机，从而诞生出一大批具有资讯服务实力的旅游电商网站，主要分为三类：专业网站，如携程旅行网、去哪网、艺龙旅行网等；区域性网站，如丽江旅程网、游客网、100T・海南完美之旅旅游网等；门户网站的旅游频道，如新浪旅游、搜狐旅游等。这些网站在提供常规的网上资讯、预约服务的同时，其经营范围涵盖了旅游的食、住、行、游、购、娱等较全面的旅游产品分析、旅游个性化服务推送、旅游产品体验与分享等。

对抗与抗辩是法律的特色，也是法律运作的方式。OTA旅游企业行为的法律规制应当是各主体方不断对抗、平衡的结果。影响OTA旅游企业产生不正当竞争的众多因素中，政府行为是最主要的因素。政府加大监管执法力度和对OTA旅游企业诚信经营的鼓励程度都能成为影响不正当竞争发生的可能性；其次是OTA旅游企业自身因素，包含了OTA旅游企业采取不正当竞争手段的心理成本因素及其社会责任意识和产品信息公开程度等。目前，在关于包括OTA旅游企业在内的旅游电子商务的规制方面，国家颁布并实施了《电子商务法》，新修订的《反不正当竞争法》添加了“互联网条款”，由文化和旅游部印发的《在线旅游经营服务管理暂行规定》也于2020年10月1日起正式施行。但是，《旅游法》《消费者权益保护法》《中华人民共和国反垄断法》（以下简称《反垄断法》）等法中缺乏针对旅游电子商务行业或OTA旅游企业相关行为直接的特别规定。总之，OTA旅游企业的发展需要公平有序的竞争环境，也需要商业伦理道德约束，相关旅游立法的建立和完善、旅游行业协会的积极引导以及OTA企业自律，可以有效避免不正当竞争的产生。因此，电子商务发展中OTA旅游企业行为的法律规制就显得尤为紧迫和重要，只有明确了取得许可的OTA旅游企业各主体相关责任及连带责任，强化平台的资质审核、提示、预警、监督、处理、报告、保险等相关要求，理清其法律关系，才能将依法规范在线旅游市场秩序和保障旅游者合法权益相结合，促进在线旅游行业依法发展。

2.非营利性博物馆类景区商品化的法律问题

随着博物馆旅游的发展，博物馆类景区基于游客的“真实性感受”①，以满足其文化旅游体验需求为出发点，突出文旅产业要素集聚集约和资源整合，在传统收藏、展陈、传播职能基础上，发挥着“研究、教育、学习、休闲、娱乐等”②特色文化旅游功能，在增强和彰显文化自信的同时，让文旅产业释放更多发展新动能。“非营利性”是博物馆的基本属性，作为法律概念，从博物馆类景区视角分析，应当有以下理解：一是博物馆类景区具有为社会公众服务的公共职能属性；二是博物馆类景区的业务运营范围应当以馆藏资源及其文创衍生品的设计开发为旅游核心吸引物。博物馆类景区商品化面临的核心问题在于现有法律对其“非营利性”规定的限制，而现行相关法律制度的多元、位阶低、内容冲突等又加大了博物馆类景区商品化难度。形成博物馆类景区商品化趋势的原因有二：其一是博物馆类景区或经营者利用消费者对馆藏藏品及其他博物馆相关要素的市场认知度和影响力，将公众的注意力集中到与这些要素相结合的产品或服务上，满足了消费者对文化类产品的旅游需求，从而激发其购买的欲望；其二是博物馆类景区馆藏资源文创衍生品的设计开发为景区或经营者带来了经济效益、无形收益或者潜在的商业价值。而现行法律对博物馆类景区“非营利性”的规定，既限制了博物馆类景区的可持续发展，又难以满足现代消费者对文化性休闲和知识性消费的旅游新需求。需要破解的难题是：如何既要保留非营利

---

① DAVIES A，PRENTICE R.Conceptualizing the latent visitor to heritage attractions［J］. Tourism Management，1995，16（7）：491-500.

② 李健文，孟庆金，金森. 旅游视角下的博物馆职能演变［J］. 科普研究，2010，5（25）：25-27.

性博物馆类景区的公益性，又要维护其商品化过程中的合法权利，为实现其可持续发展提供经费支持。建议从博物馆类景区主体法律制度设计入手，在赋予其基本功能与旅游功能新内涵的基础上，通过制定统一的上位法，明确博物馆类景区基本权利和特殊权利，从而协调现行法律制度体系，提升国民博物馆旅游的品质。

（四）旅游合同法律问题

1.旅游合同中的法律责任及精神损害赔偿问题

诚信是旅游经营之根本，信誉是旅游企业之生命。旅游是以预收款方式提供服务的，这就需要诚信的环境，需要当事人之间恪守信誉，它包括经营者与消费者的诚信以及经营者与经营者的诚信。在现时的旅游市场，因合同纠纷引起的旅游投诉，反映出的问题大小不一。例如，在包价旅游合同中，既有旅游行程安排不合理、导游缺乏经验，致使服务质量存在问题，也有导游擅自更改日程线路，使游客疲惫不堪的；既有双方当事人签订有书面合同，却未按合同约定提供服务，也有未签订书面合同，却提供旅游服务，旅行社不承认违约的；既有游客投诉旅行社的，也有旅行社起诉游客的，等等。而对于旅游者因合同纠纷引起的投诉，有的旅游经营者闪烁其词，想方设法推卸责任，结果失去了信誉，长此以往也将丢掉市场；有的旅游经营者则采取认真负责的态度，主动承认过错，积极予以赔偿，力求让消费者放心满意，从而赢得信誉，也拥有了更加广阔的市场。诚信的环境才会给经营者带来商机，使得经营者的竞争力及商业口碑得到增强。因此，作为旅游经营者，首先要从自身做起，以“诚信”作为服务宗旨，规范旅游合同行为，加强旅游信息的公开、透明与引导。同时，游客也应增强合同意识和契约精神，提高自我防范意识，自觉抵制不合理低价游，以诚信对待经营者。只要双方当事人都能以诚信相待，旅游环境就能得到改善，就可避免不必要的损失，各自的合法权益就能得到保护。

此外，目前国内关于旅游合同的研究主要集中在对旅游合同概念、主要内容以及责任的表现形态等方面，而对旅游合同主体责任与权利界定、责任承担的原则，合同履行中的情势变更，旅游合同的违约与侵权竞合等问题的研究，特别是针对旅游实践中精神损害赔偿问题的研究严重滞后或欠缺。对于旅游者而言，旅游是一种以消费精神产品为主、文化含量很高的社会活动，旅游服务是通过旅游运营商及其从业人员的行为，使其享受精神消费，达到身心愉快的一种精神服务。或者说，旅游活动是旅游者追求精神生活享受和个人独特审美体验的过程，旅游合同是旅游者获得旅游服务实现上述目的的保证。如果旅游者通过旅游不仅没有得到愉悦的感受，相反使自己的身心受到巨大伤害，并且这种伤害是由于旅游企业的违约造成的，旅游者是否有权利要求赔偿精神损失呢？我国《民法典》突破了传统的民事法律规范，规定“因当事人一方的违约行为，损害对方人格权并造成严重精神损害，受损害方选择请求其承担违约责任的，不影响受损害方请求精神损害赔偿”。这一规定，将精神损害的赔偿延伸到因合同违约引起的责任承担中，无疑为旅游业运行中精神赔偿机制研究注入了新的内容。因此，关于违约行为造成精神损害赔偿的具体法律适用问题成为当前研究的重点问题。

2.旅游合同的信息不对称或“霸王条款”问题

信息不对称是指在旅游市场运行中，旅游交易中的各个当事人拥有的信息不同或者各类人员对有关信息的了解的差异性。旅游合同从签订到履行的整个过程中，旅游企业作为掌握信息比较充分的一方当事人，往往处于比较有利的地位，而信息较为贫乏的旅游者则处于弱势地位，这就可能导致旅游企业利用自己所处的优势地位与游客签订不平等旅游合同的情况，并因此而引发旅游纠纷。在旅游实践中，大多数旅游合同是旅游企业为重复使用而预先拟定好，并在订立合同时未与旅游者协商的条款，即格式合同。格式合同虽节约了一定的交易成本，但也存在明显缺陷。格式条款既然未经合同双方在事前协商拟定，另一方的意思就很难在格式条款上得到全面的体现，因此不利于贯彻“合同自由”原则。其存在的主要是“霸王条款”问题，即经营者单方制定的逃避法定义务、减免自身责任的不平等条款、通知、声明和店堂公告或者行业惯例等。例如，包价旅游合同中，服务提供方旅行社通过加重合同相对人的责任、不合理地分配合同风险等来减免自己的责任等，或在合同中约定“由于旅行社组团人数不够而不能成行的，旅行社可变更出团日期，旅游消费者应依据变更后的团费标准付费，旅游消费者也可以选择退团，但仍需承担所发生的相关费用，并依情况须支付赔偿金”。再如，“民宿预订”业务，如果游客因个人的原因需要取消预订，在线旅游平台总是回应“民宿的退款规则是房东自主设定的。房东在平台上架房源时，可以针对该房源设定不同的退款规则，包括宽松或是不退款规则。如果房东拒绝退款，平台也没办法强制其退款，只能在房东与房客之间起到协调作用，除非是符合平台有关特殊情况的退款规则才能强制房东退款”，等等。依据《最高人民法院关于审理旅游纠纷案件适用法律若干问题的规定》(2020年修订)，旅游经营者以格式条款、通知、声明、店堂告示等方式作出排除或者限制旅游者权利、减轻或者免除旅游经营者责任、加重旅游者责任等对旅游者不公平、不合理的规定，旅游者依据《消费者权益保护法》第26条的规定请求认定该内容无效的，人民法院应予支持。上述“增加旅游者责任”或“一经预订，不予退款”“不可取消”的格式条款，是旅游企业单方赋权给自己利益或限制、剥夺旅游者权利的条款，均被认定为无效。

（五）旅游职业素养及从业者薪酬体系构建问题

现代旅游业是经济与文化高度结合的产业，旅游业激烈竞争的成败已经演变为在旅游目的地的资源条件下旅游从业人员素质优劣的竞争。旅游业发展的后劲，越来越取决于旅游专门人才的数量、质量和旅游从业人员的素质。对游客来说，旅途愉快与否与旅游从业人员有直接关系。在近年来的旅游投诉案例中，一半以上的纠纷都是由于旅游从业人员的素质、服务质量和服务水平所引起的。这既侵害了游客的利益，又损害了中国旅游业界在国内外的信誉。因此，高素质旅游服务人员、旅游管理人员素质的构成研究，国际化旅游专业人才的培养研究，旅游人才培养模式研究等成为一项十分紧迫的任务。同时，众所周知，旅游从业者是整个旅游活动的轴心，其服务质量的好坏直接影响到游客满意度的高低。目前我国旅游业一线从业人员的真实劳动付出和收入不成比例，极大地影响了服务积极性，导致旅游服务质量下降。如何解决当前旅游从业者薪酬制度中存在的问题，如何通过岗位工作的分析，建立旅游从业者的职位价值评估体系，如何通过市场数据的获取和结构设计，建立和完善旅游从业者薪酬法律与政策制度，提高旅游服务质量和水平，已成为亟待解决的关键问题。

【案例2-2】 在线旅游企业经营行为法律分析

游客外出旅游或者参加商务活动，预订目的地的客房不外乎两种途径：第一种途径是游客和酒店直接联系预订客房。游客向酒店预订客房，又包括口头预订的方式和书面预订的方式。所谓口头方式，就是游客通过口头的方式，向酒店前台或者预订部预订客房。所谓书面方式，就是游客和酒店通过书面形式预订客房，诸如通过传真、酒店网上订房系统或者微信等方式预订。第二种途径是游客借助第三方渠道，包括订房公司、旅行社、第三方平台等企业预订客房。由于第三方企业具有较多的客房信息、预订便捷，且相对价格较为优惠，因此，通过网站、APP等渠道在线预订酒店产品，已成为游客预订酒店的主要方式。

案例1：在多个旅行APP的预订界面，都可以看到有“入住保障”的相关承诺。然而，对于具体损失的赔付措施，很少有APP进行明确说明。杜某“五一”期间和朋友去云南香格里拉游玩，“因为担心放假人多订不到房，我提前在一家旅行网站预订了酒店客房，离景区只有不到两公里”。下单后杜某收到网站发来的确认短信，并在线全款付清了房费。然而，出发前一天，杜某接到旅行网站客服打来的电话，说由于房费上涨，原订单自动取消，将为她换到附近的旅游客栈。杜某没有接受客服的安排，要求对方在景区附近再找同等级别、同等距离的客房，“如果在新预订中产生费用，应由旅行平台承担”。客服没有同意，还强调说：“本次订单取消是酒店方的问题，网站没责任，而且房价上涨属于不可抗力的因素。”杜某认为，预订酒店的订单完成后，她和网站之间已形成电子契约，并产生支付关系，酒店和网站的行为属于违约，应承担责任。为了不让朋友扫兴，杜某还是先同意了调换酒店的方案。但在入住时，由于网站客服工作疏忽，更改的订单没有生成，杜某只能自行解决住宿，网站方表示可以退还全部费用。

案例2：2018年6月，艾女士在携程网预订普陀山大酒店精品双床房、精品大床房和标准双人房三间房，时间为22—24日两天，共支付8400元与房费相等的担保费，打算带家人一行8人前往普陀山游玩。22日上午10时许，艾女士被当地导游告知普陀山正在下大雨，因不方便带四位老人和仅两个月大的儿子出行，艾女士决定取消行程。当日上午11时许，艾女士联系携程网客服申请退房，但客服回复称，艾女士预订的酒店类型，在确定订单之后，便“不可取消”，如果要退订，需要和酒店协商，若酒店同意退款即可退订。但与普陀山大酒店协商后，酒店不同意退款。再三协商后，酒店只同意退回一天的房费，但表示可以选择更改入住日期。艾女士表示，自己无法再确定下次的行程，所以不能按照酒店要求进行更改入住日期。澎湃新闻注意到，通过携程手机APP预订普陀山大酒店客房过程中，预订页面显示“不可取消”四个灰色字，下方附有“扣款说明”，有“该订单确认后不可被取消修改，若未入住担保费用将不予退还”等内容。艾女士称，她在预订时没有注意到“不可取消”灰色字及扣款说明。

点评：《电子商务法》规定，电子商务经营者从事经营活动，应当遵循自愿、平等、公平、诚信的原则，遵守法律和商业道德，公平参与市场竞争，履行消费者权益保护的义务，并应当全面、真实、准确、及时地披露商品或者服务信息，保障消费者的知情权和选择权。电子商务平台经营者知道或者应当知道平台内经营者销售的商品或者提供的服务不符合保障人身、财产安全的要求，或者有其他侵害消费者合法权益行为，未采取必要措施的，依法与该平台内经营者承担连带责任。专家认为，在案例1中，第三方平台应该按照当时接受消费者预订并经过确认成功的订单，来履行有关的服务承诺，保障消费者能够准时顺利入住宾馆房间。如果平台或酒店未能履约，导致消费者无法入住，应作出相应赔偿。

关于案例2，根据《消费者权益保护法》第26条的规定，经营者不得以格式条款、通知、声明、店堂告示等方式，作出排除或者限制消费者权利、减轻或者免除经营者责任、加重消费者责任等对消费者不公平、不合理的规定，不得利用格式条款并借助技术手段强制交易。格式条款、通知、声明、店堂告示等含有前款所列内容的，其内容无效。因此，专家认为如果酒店未能在交易前明确告知相关退订政策，在游客退订时再拿出单方的政策不退款的话，则侵害了消费者的知情权，对于退费政策，需要根据公平合理的原则，通过双方协商或由司法机关进行裁判，而不应由一方强势提出“不予退款”的要求。此外，无论酒店或OTA哪一方提出的“一经预订，不予退款”，或“不得取消”的交易条款，均违反了契约自由精神和契约平等，涉嫌构成霸王条款。如果游客预订酒店后单方取消的，确实构成违约，需要承担违约责任，但违约责任则是需要由法律来规范的，需要根据一方违约的后果以及对对方造成的损失，由双方约定合理的违约责任。当然，在实践中，现在不管是酒店自身渠道还是OTA，在退订政策上其实还是比较透明的，但是政策有时会不统一，这也是造成双方相互推诿的原因。专家建议，可以适当引入退订取消险这种产品，用商业化的模式来解决这类纠纷。

资料来源：

[1] 黄恢月. 游客取消预订客房遭遇不可退款的法律分析［EB/OL］.［2018-08-29］. https：//www.sohu.com/a/250726932_164004.

[2] 安徽日报. 预订“不可取消”酒店未能入住可以退回订金吗？［EB/OL］.［2019-11-01］. http：//app.ahrb.com.cn/ahrb/layout/201911/01/node_03.html.

[3] 吴海波. 旅游在线订真烦：机票遭捆绑 订房被加价 约车不准时［EB/OL］.［2017-06-09］. http：//news.cnr.cn/native/gd/20170609/t20170609_523792919.shtml.

[4] 陈兴王，康娟，赵思维. 普陀山游客因雨退订酒店遭遇“不可取消”条款，被扣近三千元［EB/OL］.［2018-06-27］. https：//www.thepaper.cn/newsDetail_forward_2223305.

二、旅游法规的原则

（一）旅游法规原则的基本含义与一般类型

法的原则通常反映出立法者以法的形式所选择确定的思想理论和基本立场，突出地体现着执政者或立法者的某些重要意志，是法的主旨和精神品格的主要所在，是法定制度的基本性质、基本内容和基本价值取向的集中反映[①]。旅游法规的原则是指旅游法规中所存在的可作旅游法规则的基础或本源的综合性、稳定性的原理和准则。旅游法规原则不预先设定具体的事实状态，也不直接包含具体的权利、义务和具体的行为模式、后果模式等方面的内容，它是旅游法律规范概念的基础和出发点，也是协调、平衡和统一各相关法的规则和法规概念的关键或枢纽。旅游法规的原则依据不同的标准可分为以下几种主要类别：

1.政策性原则与公理性原则

依据渊源或来源的不同，可将旅游法原则分为政策性原则与公理性原则。政策性原则是国家为达到一定目的而依据长远目标、结合当前情况或历史条件所制定的实际行动准则即国家旅游政策，在法律、法规中的原则性反映。如《旅游法》第4条“旅游业发展应当遵循社会效益、经济效益和生态效益相统一的原则。国家鼓励各类市场主体在有效保护旅游资源的前提下，依法合理利用旅游资源。利用公共资源建设的游览场所应当体现公益性质”；第5条“国家倡导健康、文明、环保的旅游方式，支持和鼓励各类社会机构开展旅游公益宣传，对促进旅游业发展作出突出贡献的单位和个人给予奖励”；第6条“国家建立健全旅游服务标准和市场规则，禁止行业垄断和地区垄断。旅游经营者应当诚信经营，公平竞争，承担社会责任，为旅游者提供安全、健康、卫生、方便的旅游服务”等，都是国家旅游政策在旅游法律规范中的体现。公理性原则是在社会生活和社会关系中产生的，经由立法者选择和认可的公理，在法律、法规中的原则性反映。公理性原则通常都应与一定的社会关系所需要、所能接受的状况相吻合，其在私法中有更多的体现，如旅游服务合同中的“平等自愿、等价有偿、诚实信用”等原则，都属于公理性原则。公理性原则比之政策性原则，有更大的普适性和稳定性。

2.基本原则与具体原则

依据位阶和具体程度不同，可将旅游法原则分为基本原则与具体原则。基本原则是体现法的基本精神和基本价值取向的原则，是法的原则体系中的上位阶原则。不仅宪法中体现着诸多法的基本原则，而且每个部门法都有自身的基本原则，如《旅游法》中的“促进旅游业可持续发展原则”“注重发挥市场机制与政府的权责关系原则”“加强对旅游资源的保护的原则”“保护旅游者合法权益原则”等，基本原则的调整范围较为广泛，因而也更具指导性。具体原则是以基本原则为基础，相对于基本原则而言适用范围更具体，是有一定操作性的旅游法原则。在旅游法原则体系中，具体原则的数量较多，如《旅游法》中“契约自由原则”“全面履行合同原则”“旅游者人身、财产安全不受侵犯原则”等，具体原则不得与基本原则相抵触。

3.实体性原则与程序性原则

依据法的内容的不同，可将旅游法原则分为实体性原则与程序性原则。实体性原则是关涉实体权利和义务或职权和职责的原则，如前所述的原则事例均为实体性原则。程序性原则是关涉实体性权利和义务或职权和职责实现程序的原则，如《旅游法》中的权利救济

① 沈宗灵. 现代西方法理学［M］. 北京：北京大学出版社，1992：115-116.

原则，旅游投诉管辖中的“效率原则”“分工原则”“回避原则”等。

（二）旅游法规的基本原则

法的基本原则是体现法的基本精神和基本价值取向的原则。旅游法规的基本原则，是指旅游法律规范在制定和实施中所应遵循的基本指导思想。根据旅游业的特点、需要以及各国的经验，可将旅游法规的基本原则概括为以下几项：

1.保护旅游者合法权益的原则

保护旅游者合法权益的原则是我国旅游法规首要的、最基本的原则。《旅游法》以保障旅游者合法权益为主线，把消费者权益保护法中的一般消费权益，结合旅游业的特点，进行了细化，它不仅仅是宣告旅游者有哪些权益，更多的是通过规范政府公共服务、旅游经营规则、民事行为规范、各方旅游安全保障义务、旅游纠纷解决等对旅游者的权益给予更充分的保障，较好地体现了1980年《马尼拉世界旅游宣言》、1982年《阿卡普尔科文件》、1985年《旅游权利法案和旅游者守则》、1989年《海牙旅游宣言》中所确定的“保护旅游者”的原则。

2.有利于旅游业发展的原则

有利于旅游业发展的原则作为衡量旅游法规的制定是否科学、合理的重要标志，要求一切国内和国际旅游立法活动都应促进旅游业的发展，而不能成为其障碍。随着全面建成小康社会带来的大众旅游消费持续快速增长与释放，旅游消费已成为城乡居民生活的基本内容和主要的消费需求，从而对旅游业的发展提出了更高要求。近年来，国家就加快旅游业发展作出了一系列重大部署，出台了一系列支持政策，推动了我国旅游业快速发展。例如，《国务院关于加快旅游业发展的通知》将发展旅游业纳入国家战略体系，《国民旅游休闲纲要（2013—2020年）》促进了旅游业发展的制度安排，通过实行长假制度和落实职工带薪休假制度，促进居民旅游休闲消费，并加大了对旅游企业的支持力度，等等。对此，《旅游法》对国家在发展旅游业方面的职责提出了原则要求。各级人民政府及有关部门应当按照该法的要求，大力提升旅游产品的供给能力，加快完善以交通、旅游配套服务设施为重点的旅游基础设施建设，加强旅游市场监管，提高旅游业发展的质量。

3.平等互利、协作共赢的原则

在旅游业发展中，旅游法律关系各主体间是相互依存的，如旅游目的地政府、社区、居民与旅游经营者之间在旅游规划、旅游市场开发、旅游社区参与等方面的关系，旅游经营者和旅游者之间的关系，各旅游经营者相互之间的关系，客源地国和旅游目的国之间的关系等，无不体现相互依存关系。既然旅游法律关系主体之间相互依存，那么在其相互的旅游经济利益关系中，就应坚持平等互利、协作共赢的原则。这种旅游协作关系在法律调整中主要是通过主体相互之间的旅游契约和专业化协作，实现相互间的权利义务等。

4.遵循社会效益、经济效益和生态效益相统一的原则

《旅游法》第4条规定：“旅游业发展应当遵循社会效益、经济效益和生态效益相统一的原则。国家鼓励各类市场主体在有效保护旅游资源的前提下，依法合理利用旅游资源。利用公共资源建设的游览场所应当体现公益性质。”发展旅游业必须注意发挥其良好的经

济效益、社会效益和生态效益，这一目标必须从旅游法规的制定和实施中得到体现。旅游法规应能促进和保证旅游业发挥其积极作用，克服消极影响，从我国旅游法律法规的实际情况看，事实上也是严格遵循了这一原则。一方面，为了保证提高旅游业的经济效益，我国在旅游业的宏观控制和微观管理方面都制定了相应的法律或法规；另一方面，经济效益不是我国发展旅游业的唯一目的，在加快发展的同时，必须按照科学发展观的要求，转变发展方式，全面提升旅游业的发展质量和水平，把旅游业培育成国民经济的战略性支柱产业和人民群众更加满意的现代服务业。为促进旅游业的持续健康发展，需要充分发挥旅游业对经济建设、文化建设、社会建设、生态文明建设的综合推动作用。

5.兼顾旅游法规各主体利益的原则

旅游法律关系各主体的利益应得到合理的兼顾，旅游行政主管部门、旅游企业和旅游者是一个完整的链条，无论是国家利益、旅游企业的利益还是旅游者的利益，都是整体旅游利益的一部分。从行政主管部门来讲，加强行业管理、净化市场、规范市场，是必须要做到的；作为企业来讲，诚信经营，对游客者负责，是必须要承担的职责；从游客方面来讲，理性消费、合理维权，同样也是作为一个游客应有的态度。所以，各种旅游法律规范都必须较好地协调上述各方的关系，对各方当事人之间旅游纠纷的解决，必须确定合理的原则和方法。

6.国家支持社会参与旅游业发展的原则

在旅游日益成为广大人民群众一种生活方式的今天，发展旅游不仅是政府、有关部门和旅游行业自身的职责，更需要全社会的共同参与。旅游立法从社会效益目标出发，对社会、对公民参与旅游活动进行必要的引导，以更好地发挥旅游业的事业功能。如《旅游法》第5条规定："国家倡导健康、文明、环保的旅游方式。支持和鼓励各类社会机构开展旅游公益宣传，对促进旅游业发展作出突出贡献的单位和个人给予奖励。"健康就是要开展符合社会主义核心价值观要求、有利于身心愉悦的旅游活动；文明就是要在旅游活动中遵守社会公共秩序，尊重社会公德，遵守文明行为规范；环保就是要在旅游活动中节约能源资源，保护生态环境。国家应当通过各种方式，加强宣传教育，引导人们从自我做起，从小事做起，共同参与，形成健康、文明、环保旅游的氛围，使健康、文明、环保旅游成为社会公众的习惯和风尚。

7.关于旅游市场规范的原则

《旅游法》第6条规定："国家建立健全旅游服务标准和市场规则，禁止行业垄断和地区垄断。旅游经营者应当诚信经营，公平竞争，承担社会责任，为旅游者提供安全、健康、卫生、方便的旅游服务。"经济和社会发展战略目标的选择，经济总量的平衡，重大结构和布局的调整，收入分配中公平与效率的兼顾，市场效率条件的保证以及资源和环境的保护等，都需要国家的"看得见的手"[①]。按照现代市场经济理论，政府的经济职能主要有宏观调控职能、提供公共产品、服务职能和市场监管等，而制定规范并监督规范的执

① 桂世镛. 社会主义市场经济体制中计划的作用［J］. 求是，1992（23）：37.

行正是政府市场监管职能的具体体现；而在旅游业，则主要体现在服务标准和市场规则两个方面。发展旅游产业，就要按照经济产业的发展规律，以市场机制为导向，建立健全市场规则和经营规范，禁止行业垄断和地区垄断，形成公平、有序的市场竞争秩序。旅游经营者应当遵守国家制定的标准和规则，维护公平、有序的市场竞争秩序，为旅游者提供高质量的旅游服务。

8.全面参照国际惯例的原则

国际惯例是指在长期的国际交往中逐渐形成的并为国际所公认的行为规则，它已超越各国社会制度和意识形态，是各国在交往中习惯遵从，并确有实际成效的行为规则。全面参照国际惯例，其目的就是要彻底理清规则，迅速提高运行效率，切实降低交易成本，最终使中国走向世界，进入世界经济大循环之中，并参与国际分工。也只有遵从国际惯例，努力掌握除了产品的技术标准之外的，在组织经营管理各方面的成文或不成文的国际标准，才能塑造中国旅游业的良好形象和声誉。国际惯例是随着商品经济自然发展和国际经济相互交往逐步扩大而形成的，在保护国家和民族的利益的前提下，在不违背本国法律和社会公共利益的前提下，尽可能地适用或参照某些国际惯例，国际性区域旅游关系可以通过国家间、区域性旅游合作公约、条约实现旅游目的地的共同发展，如国家层面的旅游合作关系、旅游组织层面的合作关系等，既可避免不必要的法律冲突，也易为外国旅游者所理解和接受，有利于对外社会旅游关系的建立，有利于发展国际旅游业。

三、旅游法规在现代旅游业发展中的作用

旅游法规的作用是指旅游法规的内在或潜在功能发挥、释放于外部世界所引起的客观社会效应。旅游法规的作用分为规范作用和社会作用。

（一）旅游法规的规范作用

规范作用是指旅游法规作用于人，规范人的行为并使之达到有序化状态的效果。其具体包括：

1.引导作用

引导作用亦称指引、规制作用，是指旅游法规通过规定权利义务以及违法责任引导人们行为的作用，它为指导、指引人们行为或预测未来行为及其后果提供了尺度。

2.评价作用

评价作用是指旅游法规作为调整人的行为或社会关系的规范，它规定人们可以做（授权）什么，应当做（义务）什么，禁止做（禁止）什么，从而为评价一般行为和评价具体行为提供标准的作用。合理与否的评价是良心、舆论支持的评价，合法与否的评价是国家支持的评价。

3.评价作用

预测作用是指旅游法规为人们预先估计相互之间的行为和行为后果提供依据的作用。

4.教育作用

教育作用是指旅游法规的颁布和实施影响旅游法律关系主体的心理、意识、观念，促使其自觉遵守法律的作用。

5.强制作用

强制作用是指旅游法规为采取强制措施制裁违法者提供依据和标准的作用，它为警戒和制裁违法行为提供了依据。

（二）旅游法规的社会作用

旅游法规是由国家制定，并由国家强制力保证实施的旅游社会经济活动的行为规范，它是指法律通过规范人的行为进而作用于社会，调整社会关系，以达到维护社会秩序的效果。旅游法规对我国现代旅游业发展的社会作用主要体现在以下两个方面：

1.宏观调控作用

所谓宏观调控，是指由被授权的国家旅游管理机关依法对国家旅游业进行计划、管理、调节、监督和干预的活动，这是旅游法规的首要任务和作用。例如，旅游法规作为一种综合性立法，厘清了旅游市场主体间的权利、义务和责任关系，从而均衡旅游法律关系主体的利益，维护与实现旅游者权利，为我国现代旅游业的良性运行提供一种有效的保障和秩序。又如，旅游法规具有促进旅游业可持续发展的作用。旅游可持续发展是指不破坏当地自然环境，不损坏现有和潜在的旅游资源，在环境、社会、经济三效合一的基础上持续发展的旅游经济开发行为①。我国《旅游法》中既规定了旅游发展原则，又专章规定旅游规划，提出旅游业发展应遵循社会效益、经济效益和环境效益相统一的原则，鼓励各类市场主体在有效保护的前提下，依法合理利用旅游资源，利用公共资源建设的游览场所应当体现公益性质。因此，从法的价值取向分析，我国旅游法规不仅将经济价值与促进价值体现在了立法的目的与宗旨中，还从立法理念、定位到法律的具体内容促进、鼓励与支持旅游业发展，把旅游发展与生态环境的可持续性有机地结合起来，建立和完善旅游资源评价与经营管理制度、旅游环境影响评价制度，使旅游与自然、文化和人类生存环境成为一个整体，实现旅游资源经济价值、生态价值和潜在价值的平衡与协调，最终实现旅游的可持续发展，以保障人类旅游权利得以根本实现。

2.微观管理作用

所谓微观管理，是指依法对旅游法律关系主体之间及旅游经营单位内部的经济活动进行管理的活动，主要包括：促进旅游企业改善经营管理，提高劳动生产率和经济效益；实现旅游经营单位的内部管理和民主管理；促进旅游经营单位建立和健全以经济责任制为中心的各项规章制度；保证国家统一指导和旅游经营单位自主经营相结合；运用法律手段确立间接控制市场的方法、内容及法律制裁的手段等。

本章小结

（1）本章阐释了旅游法规的概念、特点以及旅游法规与其他社会现象之间，如旅游经

① 杨富斌. 国外旅游立法对我国旅游立法的启示［J］. 观察与思考，2007（8）：57-57.

济、旅游政策以及旅游职业道德的关系。

(2) 本章探讨了旅游法规体系与中国特色社会主义法律规范体系的结构关系，厘清了中国特色社会主义法律规范体系中的旅游法规体系及其类属与定位。

(3) 在对我国现代旅游业发展中的法律问题进行梳理与研判的基础上，本章对旅游法规的原则以及旅游法规在现代旅游业发展中的作用进行剖析，其目的在于为旅游业的发展创设良好的法律环境。

思考与练习

一、简答题

1.什么是旅游法规？旅游法规有什么特点？

2.旅游法规与旅游经济、旅游政策以及旅游职业道德的关系是什么？

3.中国特色社会主义法律规范体系包括哪些内容？

二、论述题

1.试分析旅游法律体系在中国特色社会主义法律规范体系中的类属与发展趋势。

2.结合我国旅游立法实践，谈谈对旅游法规基本原则的理解。

3.试分析现阶段旅游法规对我国现代旅游业发展的作用。

三、案例分析题

2021年1月1日实施的《民法典》规范了包括旅游在内的人们日常生活的方方面面，这使得旅游者、旅游经营者的行为及各类旅游纠纷的处理更加规范、更加明确。《民法典》的实施将推动旅游服务质量提升，文化和旅游从业者要认真学习，增强法律意识，规范旅游行为，推动旅游业高质量发展。

一是加大了对旅游者隐私权和个人信息的保护力度。获取旅游者的姓名、出生日期、身份证件号码、生物识别信息、住址、电话号码、电子邮箱地址、行踪信息等个人信息，是旅游经营的需要，但与之相伴的是旅游者个人信息被用作他途的问题屡禁不止，而近年来频发的酒店、宾馆、民宿客房安装针孔摄像头偷拍事件，也侵害了旅游者隐私权。《民法典》明确规定："民事主体的人身权利、财产权利以及其他合法权益，受法律保护，任何组织或者个人不得侵犯。""自然人的个人信息受法律保护，任何组织或者个人……不得非法收集、使用、加工、传输他人个人信息，不得非法买卖、提供或者公开他人个人信息。"旅游者作为自然人，享有《民法典》赋予的上述全部民事权利。同时，《民法典》在"人格权编"设立"隐私权和个人信息保护"专章，强化了对于个人信息处理环节的规制，对个人信息保护做了更加全面细致的规定，彰显了旅游者隐私权和个人信息保护的重要性。旅游企业在提供服务过程中应自觉保护游客个人信息安全。旅游经营者、旅游辅助服务者有保护旅游者隐私和个人信息的责任义务，在提供服务过程中应自觉保护游客个人信息安全。《民法典》的相关规范对旅游者隐私权和个人信息的保护必将发挥重要作用。

二是强化合同意识，严格合同履行条款。《民法典》宣示了合同双方的缔约自由，在不违反法律强制性规定下，强调以双方合意为中心的缔约制度，合同的订立、变更、终止都应以达成合意为基础，否则，除了涉嫌违约外，还将可能触犯旅游法等法律法规，承担相应法律后果。同时，《民法典》明确了电子合同订立和变更规则，规定："以电报、电传、传真、电子数据交换、电子邮件等方式能够有形地表现所载内容，并可以随时调取查用的数据电文，视为书面形式。""当事人一方通过互联网等信息网络发布的商品或者服务信息符合要约条件的，对方选择该商品或者服务并提交订单成功时即告合同成立（另有约定的情况除外）。"也就是说，游客在OTA平台上只要下单就表示合同成立，提供服务方应严格按照合同约定履行服务义务。如旅行社在提供服务过程中擅自变更行程、压缩景点游玩时间、擅自增加购物点和自费项目等行为都是违反《民法典》的行为，应承担违约法律责任。《民法典》对通过网络签订的电子合同予以认可和保护，将有效遏制商家网上虚假宣传、降低服务质量、随意更改和撤销合同的行为。旅游经营者在提供服务时，要与旅游者签订规范的服务合同，认真履行合同内容，变要合同内容要及时签订补充协议，不能擅自更改旅游行程，更不能为旅游者设置消费陷阱。同时，消费者也要树立正确的合同观念，提高合同订立和履行意识，在线上下单的时候也要认真阅览订单条款，避免订立不利合同。

三是引入自甘风险原则。游客在明知某些旅游项目有一定风险仍自愿参加，在活动中因其他参加者的正常行为受到损害，应自行承担风险。目前，旅行社提供的旅游产品不再拘泥于传统的观光项目，旅行社在组织这类活动时如遇游客在此过程中受到其他游客的行为造成人身伤害的，该损失应由谁承担赔偿责任？《民法典》第1176条作出了规定，自愿参加具有一定风险的文体活动，因其他参加者的行为受到损害的，受害人不得请求其他参加者承担侵权责任；其他参加者对损害的发生有故意或者重大过失的除外。旅行社组织的旅游项目有一定风险，且明确告知游客存在该风险，游客了解该风险后仍自愿参加，在活动过程中受到其他参加者的行为造成损害，其他参加者也不存在故意或过失，该损失应由游客自行承担。同时，《民法典》明晰了危险区域的管理责任，有利于旅游景区厘清责任边界。在户外旅游、探险旅游活动中，追逐刺激的驴友，常常不顾景区、当地政府的明确提示，擅自进入未开放区域。未开放区域往往是高风险地带，在探险和越野过程中，有些驴友因个人原因受伤或陷入困境。有些遇难、受伤的驴友，在遇险之后，其本人或家属往往会向法院起诉其他驴友、当地政府或者当事景区，要求景区和当地政府承担损害赔偿责任。对于此类日渐增多的旅游新业态方面的安全责任纠纷，《民法典》规定，未经许可进入高度危险活动区域，管理人已经采取措施尽到安全警示义务的，可以减轻或者不承担责任。

综上所述，《民法典》是保护民事主体的合法权益，调整平等主体之间的人身和财产关系的首部法典。该法典围绕旅游者生命健康权、精神权益、知情权、选择权、个人信息等方面作出的修改，有利于唤醒和强化旅游者民事权益意识，彰显旅游者合法权益法律保护的重要性。

思考题：《民法典》的实施推动了旅游服务质量的全面提升，试结合案例材料分析，

旅游法规在中国特色社会主义法律规范体系中的定位以及与《民法典》的结构关系。《民法典》对保障旅游者的合法权益、对旅游合同的变更与解除、对旅游纠纷的处理有哪些具体影响？

资料来源：

［1］徐智慧．民法典推动旅游服务质量提升［N］．中国旅游报，2021-01-14.

［2］王春霞．民法典对旅游者权益保障的影响［N］．中国旅游报，2021-01-14.

第三章

旅游法规基础理论

背景与提要

“十二五”时期，我国旅游业发展所面临的机遇是战略性的，调整发展结构，转变发展方式，走内涵式道路，提高游客满意度，促进资源节约和环境保护，提高产业发展质量和效益成为当期旅游业发展面临的最大挑战。“十三五”时期文化和旅游加快融合，文化事业、文化产业和旅游业成为满足人民美好生活需要、推动高质量发展的重要支撑，在党和国家工作全局中的地位和作用愈加突出。2021年6月，文化和旅游部发布《“十四五”文化和旅游发展规划》。该规划确定的“十四五”时期文化和旅游发展目标为：到2025年，我国社会主义文化强国建设取得重大进展。文化事业、文化产业和旅游业高质量发展的体制机制更加完善，治理效能显著提升，人民精神文化生活日益丰富，中华文化影响力进一步提升，中华民族凝聚力进一步增强，文化铸魂、文化赋能和旅游为民、旅游带动作用全面凸显，文化事业、文化产业和旅游业成为经济社会发展和综合国力竞争的强大动力和重要支撑。

种植业保障生存，制造业解决短缺，服务业提供便利，旅游业创造幸福。旅游是达到幸福的渠道，实现幸福的领域，这个领域需要法律的保障（魏小安，2012）。中国旅游业发展应当满足人民大众的现实所需，要致力于一个更加大众、更加多样的国民旅游福祉而努力创新（戴斌，2011）。但是，在法律调整或制度安排背后，有着各种各样的多重价值的权衡和选择，不同环境背景的不同价值主体、不同的价值诉求、不同的价值理念，必然地存在着价值冲突。旅游行业涉及众多部门与行业，产业链及其经济现象复杂。针对旅游者、旅游经营者、旅游景区以及其他旅游运营商等群体，群体之间的利益如何协调，如何规范游客的旅游行为，如何规范运营商、旅游经营者的服务提供等，都是旅游法规制定需要考虑的因素。我国《旅游法》从立法理念、定位到法律的具体内容促进、鼓励与支持旅游业发展，有利于行业整体规范有序健康发展，消费者权益得到全面保障，旅行体验和旅游质量得到保障，从而整体提升了国民出游率。

本章所称的旅游法规基础理论，其实是将法理学的基础理论运用于旅游领域，试图解决旅游业运行中的基础性、普遍性法律问题，为后续章节旅游法律法规的具体阐释与分析提供理论框架与理论支持。其包含了旅游法律关系、旅游法律规范以及旅游法律责任等内容。旅游法律关系是指由旅游法律规范调整和确认的，旅游法律关系主体具有的旅游权利与旅游义务内容的社会关系；旅游法律规范是构成旅游法规的基本单位，是旅游法规中关于主体行为模式的明确规定，是由国家权力机关或其他有权制定旅游法律法规的机关制定

或认可的，规定旅游主体的法定权利、义务及法律后果，旨在建立和维护社会秩序的特定的行为准则；旅游法律责任与旅游义务及其法律后果紧密联系，是旅游法规主体违反法定义务或合同义务，依法应当承担法律处罚或制裁的、否定性法律评价的后果。

学习引导与目标

在一个选择了依法而治的国家，制度设计基本上都要通过法的形式体现出来，不管是政治制度、经济制度还是思想文化制度，其中行之有效且具有普遍性的内容都会或迟或早地被创制为国家法律。本章围绕下列问题进行阐释与讨论：旅游法律关系概念、特征与类型，旅游法律关系的构成要素及旅游法律关系的产生、变更与消灭；旅游法律规范的内涵、构成要素及分类以及法律责任的归责原则，旅游法律责任的构成要素及类型等。通过学习，要求学生了解我国旅游业发展中的法律关系，掌握各类法律关系的性质及其构成要素；了解旅游法律规范的结构，熟悉作为社会规则表现方式的旅游法律规范实质在于为主体提供行为标准与依据。同时，要求学生掌握旅游法律责任的归责原则、构成要件，并能运用旅游法规理论分析旅游业运行中的法律问题。

第一节 旅游法律关系

一、旅游法律关系的概念、特征与类型

（一）旅游法律关系的概念及特征

旅游法律关系是指由旅游法律规范所确认和调整的，旅游法律关系主体之间具有旅游权利与义务内容的社会关系。现代旅游业发展中的法律关系归纳起来，一方面表现为平等法律关系主体之间在业务交往中，为了各自的利益和价值趋向而形成的契约关系；另一方面则表现为国家在协调旅游业运行和宏观管理过程中形成的法律关系。旅游法律关系同其他社会关系相比，具有以下特征：

1.旅游法律关系是客观存在的社会关系

社会关系分为物质关系和思想关系。物质关系主要是生产关系，它是社会的经济基础，而思想关系包括政治关系、道德关系、法律关系等，是物质关系的上层建筑。法律关系是以法律上的权利、义务为纽带而形成的社会关系，是法律规范之内容在事实社会关系中的体现。法律关系不能因为参与者忽略、没有考虑或甚至不知道它而就消灭了。债务人不能因为忘记或不知道自己的负债，而就不再是债务人①。旅游法律关系是与物质关系相联系的社会上层建筑的重要组成部分，是客观存在的、不以人的意志而转移的，没有特定旅游法律关系主体的实际法律权利和法律义务，就不可能有旅游法律关系的存在。旅游法律关系以客观存在的物质关系为依据，并对物质关系具有促进作用。

① 舒国滢．法理学导论［M］．北京：北京大学出版社，2012：147-148.

2.旅游法律关系是法律规范调整或确认的社会关系

任何一种法律关系的产生和存在都是以与这种法律关系相适应的法律规范的存在为前提的，否则，就不可能形成法律关系。旅游法律关系是经过旅游法律规则或旅游法律规范调整或确认的社会关系，即旅游活动中产生的各种社会关系，只有经过旅游法律规范调整或确认，在立法、执法和守法的运行机制之后，才具有了法律的性质，成为旅游法律关系。

3.旅游法律关系是体现意志性的特种社会关系

从实质上看，旅游法律关系作为一定社会关系的特殊形式，正在于它体现国家的意志。这是因为，旅游法律关系是根据旅游法律规范有目的、有意识建立的。所以，旅游法律关系像旅游法律规范一样必然体现国家的意志。在这个意义上，破坏了旅游法律关系，其实也违背了国家意志。但旅游法律关系毕竟又不同于旅游法律规范，它是现实的、特定的旅游法律主体所参与的具体社会关系。因此，特定旅游法律主体的意志对于旅游法律关系的建立与实现也有一定的作用。有些旅游法律关系的产生，不仅要通过法律规范所体现的国家意志，而且要通过法律关系参加者的个人意志表示一致。当然也有很多旅游法律关系往往基于行政命令而产生。总之，每一个具体的旅游法律关系的产生、变更和消灭是否要通过它的参加者的意志表示，呈现出复杂的情况，不可一概而论。

4.旅游法律关系是具有权利义务内容的社会关系

法律关系是法律规范在实际生活中的实现，只有当人们按法律规定结成具体的权利与义务关系时，才构成法律关系。旅游法律关系是以法律上的旅游权利、义务为纽带而形成的社会关系，它是法律规范行为模式的规定在事实社会关系中的体现。没有特定旅游法律关系主体的实际法律权利和法律义务，就不可能有旅游法律关系的存在。在此，旅游法律权利和义务内容是旅游法律关系区别于其他社会关系的重要标志。旅游法律关系具有旅游权利和旅游义务的内容，双方当事人相互享有旅游权利，承担旅游义务。如关于旅游纪念品的买卖合同，旅游工艺品商店的义务是将旅游商品交付给旅游者，它的权利是取得商品的价金；旅游者的权利是取得旅游商品，其义务是支付旅游商品的价金。

5.旅游法律关系是由国家强制力保证实现的社会关系

旅游法律关系是旅游法律规范的内容（行为模式及其后果）在现实社会生活中得到具体的贯彻。换言之，人们按照旅游法律规范的要求行使旅游权利、履行旅游义务并由此而发生特定的法律上的联系，这既是一种旅游法律关系，也是旅游法律规范的实现状态。在此意义上，旅游法律关系是人与人之间的符合法律规范的合法关系，这也是它与其他旅游社会关系的根本区别。可见，旅游法律关系是旅游法律规范的实现形式，是由国家强制力保障法律关系主体的合法权利的实现和法定义务的履行的社会关系，任何侵犯他人合法权利和不履行法定义务的行为，都要受到法律制裁。

（二）旅游法律关系的类型

1.从法理学认识的角度分类

按传统西方法学分类方法，旅游法律关系可分为公法关系和私法关系；按旅游法律关

系的性质分类，旅游法律关系可分为民商事法律关系、经济法律关系、行政法律关系；以当事人是否属于同一国籍为标准分类，旅游法律关系可分为国内法律关系和国际法律关系或涉外法律关系等。

2.从旅游法律关系依据标准分类

按照旅游法律关系产生的依据、执行的职能和实现规范的内容不同，旅游法律关系可以分为调整性法律关系和保护性法律关系。调整性旅游法律关系是基于人们的合法行为而产生的、执行法的调整职能的法律关系，它所实现的是法律规范的行为规则的内容。调整性法律关系不需要适用法律制裁，法律主体之间即能够依法行使权利、履行义务。保护性法律关系是由于违法行为而产生的、旨在恢复被破坏的权利和秩序的法律关系，它执行法的保护职能，所实现的是法律规范的保护规则的内容，是法的实现的非正常形式。

3.从旅游法律关系主体地位分类

按照旅游法律主体在法律关系中的地位不同，旅游法律关系可以分为纵向的法律关系和横向的法律关系。纵向的法律关系是指在不平等的法律主体之间所建立的权力服从关系。其特点：一是法律主体处于不平等的地位。如旅游行政管理关系中的上级机关与下级机关，在法律地位上有管理与被管理、命令与服从、监督与被监督诸方面的差别。二是法律主体之间的权利与义务具有强制性，既不能随意转让，也不能任意放弃。横向法律关系是指平权旅游法律主体之间的权利义务关系。其特点在于，法律主体的地位是平等的，权利和义务的内容具有一定程度的任意性。

4.从旅游法律主体数量及权利义务一致性分类

按照旅游法律主体的多少及权利义务是否一致为根据，可以将旅游法律关系分为单向法律关系、双向法律关系和多向法律关系。所谓单向法律关系，是指权利人仅享有权利，义务人仅履行义务，两者之间不存在相反的联系；双向法律关系，是指在特定的双方法律主体之间，存在着两个密不可分的单向权利义务关系，其中一方主体的权利对应另一方的义务，反之亦然；多向法律关系，又称“复合法律关系”或“复杂的法律关系”，是三个或三个以上相关法律关系的复合体，其中既包括单向法律关系，也包括双向法律关系。

5.从旅游法律关系作用分类

按照旅游法律关系作用不同，旅游法律关系可以分为主法律关系和从法律关系。主法律关系是人们之间依赖建立的不依赖其他法律关系而独立存在的法律关系或在多向法律关系中居于支配地位的法律关系。由此而产生的、居于从属地位的法律关系，就是从法律关系。

二、旅游法律关系的构成要素

旅游法律关系由主体、内容和客体三大要素构成，缺少其中任何一个要素都不能构成法律关系。

(一) 旅游法律关系主体

1.旅游法律关系主体及其一般结构

旅游法律关系主体，是指依法享有权利、承担义务的旅游法律关系的参加者或当事人。任何法律关系，如果没有享有一定权利和承担一定义务的主体参加，是不可能成立的。在我国，旅游法律关系的一般主体包括自然人、法人和其他非法人组织三类。

(1) 自然人。自然人即在自然状态下出生的人，包括公民、无国籍人和外国人。自然人要成为旅游法律关系主体，必须具有民事权利能力和民事行为能力。

民事权利能力是指国家通过法律赋予的民事主体享有权利和承担义务的地位和资格，即享有民事权利能力就可以参加民事活动，享有民事权利、承担民事义务。我国《民法典》第13条规定："自然人从出生时起到死亡时止，具有民事权利能力，依法享有民事权利，承担民事义务。"民事行为能力指民事主体能够以自己的行为参加民事活动，享有民事权利，承担民事义务的地位和资格。《民法典》将公民的行为能力依其年龄、智力和精神状况可分为完全民事行为能力的人、限制民事行为能力的人和无民事行为能力的人。完全民事行为能力的人即年满18周岁的公民为成年人，并且可以独立进行民事活动，才是完全民事行为能力的人。此外，16周岁以上不满18周岁的公民，若以自己的劳动收入为主要生活来源的，可视为完全民事行为能力的人。完全民事行为能力的人，独立进行旅游活动并承担由此产生的旅游法律责任；限制民事行为能力的人即8周岁以上的未成年和不能完全辨认自己行为的精神病人。限制民事行为能力人，实施民事法律行为由其法定代理人代理或者经其法定代理人同意、追认，但是，可以独立实施纯获利益的民事法律行为或者与其年龄、智力相适应的民事法律行为。无民事行为能力的人不具有以自己的行为取得民事权利和设定民事义务的能力，由其法定代理人代理或者监护人负责，并承担由此产生的法律责任。无民事行为能力的人主要指不满8周岁的未成年人和完全不能辨认或者控制自己行为的精神病人。

(2) 法人。所谓法人，是指具有民事权利能力和民事行为能力，依法独立享有民事权利和承担民事义务的组织。法人制度是世界各国规范经济秩序以及整个社会秩序的一项重要法律制度。各国法人制度具有共同的特征，但其内容不尽相同。不同的法人制度形成了不同的法人理论，法人制度理论成为世界各国建立和完善法人制度、规范经济秩序以及整个社会秩序的理论基础。《民法典》第59条规定：法人的民事权利能力和民事行为能力，从法人成立时产生，到法人终止时消灭。《民法典》第60条规定：法人以其全部财产独立承担民事责任。法人与自然人相较有以下区别：一是权利能力区别。法人是社会组织在法律上的人格化，是法律意义上的"人"，具备法定设立条件才能成立。法人因法定原因丧失民事主体资格而终止，该法定原因包括依法被撤销、解散、依法宣告破产或其他原因等。法人终止，不再以法人名义对外从事民事活动。虽然法人、自然人都是民事主体，但法人是集合的民事主体，即法人是一些自然人的集合体，但又不是自然人的随意集合体，它有自己的组织机构、组织章程等。二是行为能力区别。自然人的行为能力有完全与不完全之分，而法人的行为能力总是有限的，由其成立宗旨和业务范围所决定。法人的行为能力和权利能力同时产生与终止，法人一经依法成立，就同时具有权利能力和行为能力，法人一经依法撤销，其权利能力和行为能力也就同时消灭。而公民的行为能力和权利能力并不是同时存在的，即公民具有权利能力却不一定同时具有行为能力，公民丧失行为能力也并不意味着丧失权利能力。

（3）非法人组织。非法人组织是不具有法人资格，但是能够依法以自己的名义从事民事活动的组织。非法人组织包括个人独资企业、合伙企业、不具有法人资格的专业服务机构等。《民法典》第103条规定：非法人组织应当依照法律的规定登记。设立非法人组织，法律、行政法规规定须经有关机关批准的，依照其规定。《民法典》第104条规定：非法人组织的财产不足以清偿债务的，其出资人或者设立人承担无限责任。

2.旅游法律关系主体的特有结构

根据主体的表现形态，对直接参与旅游活动的旅游法规主体进行细分，在我国，旅游法规主体主要包括旅游行业主管部门、旅游经营者、旅游者及境外旅游组织等。

（1）旅游行业主管部门。旅游行业主管部门分为国家旅游行业主管部门和地方各级人民政府旅游主管部门两级。国家旅游行业主管部门即国家文化和旅游部，是为增强和彰显文化自信，统筹文化事业、文化产业发展和旅游资源开发，提高国家文化软实力和中华文化影响力，推动文化事业、文化产业和旅游业融合发展，2018年3月经十三届全国人大一次会议表决通过设立的。地方各级人民政府旅游主管部门受同级地方人民政府的领导和上级旅游行业主管部门的指导。

（2）旅游经营者。《旅游法》规定：旅游经营者是指旅行社、景区以及为旅游者提供交通、住宿、餐饮、购物、娱乐等服务的经营者。景区，是指为旅游者提供游览服务、有明确的管理界限的场所或者区域。可见，旅游经营者的范围是较广泛的，既包括传统的各类旅行社、旅游饭店及饭店管理公司、旅游交通运输部门、导游服务公司、自然类或文化文物类景区以及旅游品商店等，也包括互联网背景下利用先进的计算机网络及通信技术和电子商务的基础环境，进行网络化运营的各类在线旅游经营者。

（3）旅游者。旅游者包括海外旅游者和国内旅游者两大类。前者是指从境外到我国内地旅游的外国人、无国籍人、海外华侨以及港、澳、台同胞等；后者是指在国内旅行游览的我国公民，以及出境旅游的我国公民。

（4）境外旅游组织。境外旅游组织成为我国法律关系主体的情况较少，但是，当我国的旅游经营者与境外旅游组织发生交往时，该旅游组织也可以成为我国旅游法律关系主体。

（二）旅游法律关系内容

1.旅游法律关系内容的基本含义

旅游法律关系内容，是指由旅游法律法规规定的旅游法律关系主体的旅游权利和旅游义务，它是旅游法律规范的行为模式在旅游业运行中的具体落实，是法律规范在社会关系中实现的一种状态。旅游权利是指旅游法律关系主体所享有的作出某种旅游行为的能力或者资格。换句话说，旅游权利就是旅游法律关系主体有权作出或不作出一定旅游行为以及有权要求他人作出或不作出相应旅游行为，以实现自己的旅游利益。旅游权利由旅游法规确立、认定，并受法律保护。旅游义务是指旅游法律关系主体所承担的某种必须履行的旅游行为的职责，表现为负有义务的人必须作出（或不作出）一定的行为，以保证权利人权利的实现。

2.正确认识和处理旅游权利和旅游义务的关系

在旅游业运营中，我们必须正确认识和处理权利和义务关系。首先，坚持权利和义务相统一的原则。旅游权利与旅游义务是相辅相成、不可分割的。任何旅游权利的实现总是以履行相应的旅游义务为前提的；相反，履行一定的旅游义务往往是以实现相应的旅游权利为条件的。在旅游法律关系中，一个旅游法律关系主体可能同时享有旅游权利和承担旅游义务。例如，在旅游购销合同关系中，买方有义务向卖方支付价款，卖方有义务向买方交付商品。又如，在旅游交通货物运输合同中，旅客或者托运人有权要求承运部门安全及时地把行李运送到目的地，而同时又有义务支付运费。其次，不得滥用权利。旅游法律关系主体在行使自由和权利时，不得损害国家的、社会的、集体的利益和旅游法律关系其他主体的自由和权利。最后，自觉履行义务。每一个旅游法律关系主体在享受权利的同时，都应当积极自觉地履行自己的义务。

【延伸阅读3-1】　贝克（Lawrence C.Becker）的权利要件分析

关于权利要件的分析在当代权利理论占据显著位置。贝克在《财产权》一书里认为，权利的存在，就是下述事物状态的存在：甲（权利人）对乙（义务人）作为或不作为有要求；如果该要求被行使或有效力，且前述作为或不作为未履行，那么，在其他条件等同情形下，用强制手段实现此种履行或以赔偿（或补偿）代替此种履行的做法就是正当的。在此意义上，权利的典型特征就是，与义务相依存，以强制为后盾，涉及作为或不作为，侵犯者必须赔偿（或补偿）。贝克从权利现象的形式结构入手，提炼出了权利的十个要件，也即我们思考权利现象应该遵循的十个步骤。如果存在一个权利，那么就必然有：

①权利人；②义务人；③权利人和义务人的关系；④权利人拥有的或可要求的作为、不作为、地位或利益；⑤权利–要求道德根据；⑥构成侵权的要素；⑦侵权行为在何种情况下可宽宥；⑧何为适当救济；⑨何为获取救济的方法；⑩谁可以强制施与救济。

在上述十个思维步骤里，①和②是由③④⑤决定的。③，即权利人和其他人的关系的性质，显然具有决定意义。如果权利人拥有变更其他人的权利关系的权力，那么，只有具备独立作出某种行动的资格的人才是权利人。④，权利的内容，可以很抽象，也可很具体，它是权利人主张、行使权利的前提条件。⑤，权利–要求为正当的条件，也有助于确定权利人。权利人可以是自然人或法律拟制的人格。然而，单纯的个人集合体则不应视作权利人。⑥，涉及两个问题：第一，义务人在什么情形下才算没能满足权利人的权利要求？第二，在某些条件下，对某些权利限制的行为是正当的。⑦，同样涉及两个问题：一是确定“行动者应为其行为负责”的普遍标准；二是在某些情形下，强加制裁是没有意义的，或者说，较之原来的侵权行为来说，强加此种制裁同样是不正义的或是更大的罪恶。这个时候，侵权行为就是可宽宥的。⑧，救济方式随具体情形的不同而有相应差异。在某

种情形下，义务人可以不承担惩罚性的赔偿责任，但必须给予权利人公平及时的补偿。⑨，获得救济的方法，一方面取决于正义原则对赔偿和补偿的要求，另外还受到侵权人自身生存状况的制约，它不应该置侵权人于非人道的境地；再者，救济方法的确定，通常还会考虑到它可能对整体经济发展的影响。⑩，现在的法律一般禁止受害人自己强制实现救济，而是将此种职责交由某种官方的机构。在现代社会，这个实体就是国家，现实中代表国家来实现此使命的终端者通常是法院。

资料来源：

[1] 夏勇. 权利哲学的基本问题［J］. 法学研究，2004（3）：3-26.

[2] 托马斯. 政治哲学导论［M］. 顾肃，等译. 北京：中国人民大学出版社，2006：189-190.

（三）旅游法律关系客体

旅游法律关系客体是指旅游法律关系主体之间的权利和义务所指向的对象。它是构成旅游法律关系的要素之一。旅游法律关系客体是一定利益的法律形式。任何外在的客体，一旦它承载某种利益价值，就可能成为法律关系客体。法律关系建立的目的，总是保护某种利益、获取某种利益或分配、转移某种利益。所以，实质上，客体所承载的利益本身才是法律权利和法律义务联系的中介。这些利益，从表现形态上可以分为物质利益和精神利益、有形利益和无形利益、直接利益和间接利益；从享有主体的角度，利益可分为国家利益、社会利益和个人利益，等等。总体来看，由于权利和义务类型的不断丰富，旅游法律关系客体的范围和种类有不断扩大和增多的趋势，归纳起来，有以下几类：

1.物

物，即标的物。法律意义上的物是指法律关系主体支配的、在生产上和生活上所需要的客观实体。它可以是天然物，也可以是生产物；可以是活动物，也可以是不活动物。作为旅游法律关系客体的物与物理意义上的物既有联系，又有不同，它不仅具有物理属性，而且应具有法律属性。物理意义上的物要成为法律关系客体，须具备的条件：一是应得到法律之认可；二是应为人类所认识和控制；三是能够给人们带来某种物质利益，具有经济价值；四是须具有独立性，不可分离之物一般不能脱离主物，故不能单独作为法律关系的客体存在。作为旅游法律关系客体的物是指在旅游法律关系中可以作为财产权对象的物品和其他的物质财富，如旅游商品等，至于哪些物可以或不可以作为旅游法律关系的客体，应由法律予以具体规定。

2.行为

在很多法律关系中，其主体的权利和义务所指向的对象是行为。作为旅游法律关系客体的行为是特定的，即义务人完成其行为所产生的能够满足权利人利益要求的结果，它包括旅游服务行为和旅游管理行为。旅游服务行为是体现在食、住、行、游、购、娱等一系列活动中的服务工作。旅游管理行为是一种间接的为旅游服务的行为，它对旅游活动进行管理、监督，具体贯彻执行国家的各项旅游政策、法规，维护旅游活动的秩序，促进旅游业健康发展。

3.精神产品

精神产品也可称为非物质财富，是人通过某种物体或大脑记载下来并加以流传的思维成果。精神产品不同于有体物，其价值和利益在于物中所承载的信息、知识、技术、标识（符号）和其他精神文化。同时它又不同于人的主观精神活动本身，是精神活动的物化、固定化。精神产品属于非物质财富，西方学者称之为“无体（形）物”，我国法学界常称为“智力成果”或“无体财产”。在某种情况下，非物质财富也可以成为我国旅游法律关系的客体，如与旅游商品有关的注册商标、专利、著作权等智力创造性劳动在特定条件下可以成为旅游法律关系的客体。

三、旅游法律关系产生、变更和消灭

在社会生活中，法律关系是处在不断变化之中的，法律关系主体、客体及权利和义务关系可由于某种原因而发生变化，这种变化在法学上称为法律关系的产生、变更和消灭。

（一）旅游法律关系产生

旅游法律关系的产生，是指旅游法律关系主体之间形成权利义务关系。由于某种法定事实的出现，在法律关系主体之间产生了权利和义务关系，如旅游业实行“先收费、后接待”的运行策略，旅游接待合同的订立，要求旅行社与旅游者依据约定，履行各自的法定义务，在旅游者支付了旅游服务费用后，旅行社必须提供约定的产品与服务，否则就应当承担违约责任。

（二）旅游法律关系变更

旅游法律关系的变更，是指旅游法律关系的主体、客体或内容的变化。主体的变更就是权利或义务从这一主体转移到另一主体。《旅游法》第63条规定：“……因未达到约定人数不能出团的，组团社经征得旅游者书面同意，可以委托其他旅行社履行合同；组团社对旅游者承担责任，受委托的旅行社对组团社承担责任。”这实际上就是一种法定的主体变更的情形。客体的变更是主体的权利义务共同指向的目标的变化，如旅游合同标的物的部分灭失，损害他人物品不能恢复原状而变为赔偿损失等。内容的变更即权利义务的变化，由于义务的部分履行，权利就随之缩小，由于权利的部分实现，义务就相应减少，如旅游合同的部分履行等。

（三）旅游法律关系消灭

旅游法律关系的消灭，是指旅游法律关系主体之间的权利和义务的终止。由于某种法律事实的出现，法律关系主体之间的权利和义务关系消灭。如旅游合同履行完毕，旅行中的不可抗力出现等都可能使当事人之间的权利义务即告消灭。

综上所述，旅游法律关系的产生、变更和消灭都是由一定的旅游法律事实引起的。所谓旅游法律事实，是指由旅游法规定的，能够引起旅游法律关系产生、变更和消灭的客观情况或客观现象。旅游法律事实包括旅游法律事件和旅游法律行为。旅游法律事件，是指不以当事人的主观意志为转移的客观事件。简单地说，就是指与个人意志无关的客观现象，如旅游活动中的意外事故、不可抗力等。旅游法律行为，是指旅游法律关系主体有意识的、自觉的活动的结果，如旅游合同的签订。无论是合法的旅游行为还是违法的旅游行为都能够引起旅游法律关系的产生、变更和消灭。

【案例 3-1】 新冠肺炎疫情背景下旅游纠纷的处理

2020 年 1 月，游客吴先生一行 5 人报名参加某旅行社组织的越南旅游，出行日期为 1 月 26 日至 1 月 30 日，团款共计 33 250 元。1 月 24 日，文化和旅游部办公厅下发《关于全力做好新型冠状病毒感染的肺炎疫情防控工作暂停旅游企业经营活动的紧急通知》。该旅行社通知游客吴先生取消该行程。吴先生认为因新冠肺炎疫情原因取消行程，游客在此没有任何过错，不应承担损失，况且国家民航、铁路等部门也发出通知要求执行无损退款，因此要求旅行社全额退款。但旅行社回复地接、签证等费用已支付，只能退还机票等未支付费用，双方因此产生争议。旅游投诉处理机构接到投诉后，对案情进行了调查核实，查明：组团社团费涉及境外地接社以及境外酒店、旅游车辆等，并已支付，境外旅游企业依据合同约定不退还费用。同时，根据组团社提供的与航空公司订票协议、订票记录、签证费用凭证以及与地接社协议、支付凭证、订房记录、取消行程后沟通记录等证据，能够证明部分费用已支付给第三方且不可退还，旅行社确有损失发生，故旅行社应按照《旅游法》第 67 条的规定，应当在扣除已向地接社或者履行辅助人支付且不可退还的费用后，将余款退还旅游者，符合法律规定。由此案例可见，因疫情取消行程应认定为不可抗力的情形解除合同，故“已支付且不可退还的费用”应由旅游者承担，因此在与旅行社交涉退订退团的过程中，游客也应该了解其中的相关规定，若旅行社还未退还应退款项，可向质监部门反映相关情况。

点评：根据 2020 年 2 月文化和旅游部旅游质量监督管理所下发的《关于妥善处理疫情旅游投诉的若干意见》，因疫情影响导致旅游合同无法履行的，应认定为不可抗力的情形。

涉疫旅游投诉有三种主要处理方式。首先是变更旅游合同，根据《旅游法》第 67 条之规定，旅行社和旅游者可在合理范围内变更旅游合同，延期至疫情解除后出行，并对包括费用支付在内的相关条款作出新的约定，因此增加的费用由旅游者承担，减少的费用由旅行社归还旅游者。其次是解除旅游合同，根据《旅游法》第 67 条之规定，旅行社和旅游者均可以解除旅游合同，旅行社应当在扣除已向地接社或者履行辅助人支付且不可退还的费用后，将余款退还旅游者。最后是旅游投诉调解不成的，根据《旅游投诉处理办法》，旅游者可以按照国家法律法规的规定，向仲裁机构申请仲裁或者向人民法院提起诉讼。

而关于因疫解除旅游合同的退费时间，意见也指出，旅游企业应按照相关部门要求及时安排退费，因疫停工的旅游企业应按照当地政府要求，复工后尽快安排办理退费，而因追款导致不能及时退费的旅游企业，应及时向游客作出说明和正式退费承诺。

资料来源：陈薇薇．涉疫旅游投诉集中，退款还没到账怎么办？[N]．广州日报，2021-03-17.

第二节　旅游法律规范

一、旅游法律规范的内涵

旅游法律规范亦称旅游法律规则，它是社会规则的一种，是构成旅游法规的基本单位，是旅游法规中关于主体行为模式的明确规定，是由国家权力机关或其他有权制定旅游法律法规的机关制定或认可的，规定主体的旅游权利、义务及法律后果，旨在建立和维护社会秩序的特定的行为准则。其内涵具体表现在：

（一）旅游法律规范是社会规则的一种表现方式

社会规则是多种多样的，诸如道德规则、宗教规则、团体规则、行业规则以及其他旨在确定和维系一定社会秩序的行为准则。旅游法律规范是社会规则的其中一种表现方式，但在这个规则体系中具有特殊重要地位。旅游法律规范是在旅游领域体现国家政权意志，规范国家生活、社会生活和公民生活的规范体系中具有最高地位和效力的一种社会规则。

（二）旅游法律规范的作用在于提供标准或依据

旅游法律规范的意义存在于与其他各类规范标准和依据的比较之中，它由国家权威机构制定，为旅游关系主体提供了最大限度的具体行为的标准，也为司法机关、旅游投诉受理机构等提供了最强有力的审判案件、解决纠纷的依据。同时，旅游法律规范与旅游政策、旅游道德等其他社会规范共同维护着旅游秩序，维护着公平与正义。

（三）旅游法律规范与社会发展紧密联系

旅游法律规范作为社会的一种重要规范形式，是与旅游业作为国家战略性支柱产业和人民满意的现代服务业的发展紧密相连的，它能尽量完美地体现社会的需要和价值观念，并随着社会的不断进步和旅游业发展而发生新的变化。

二、旅游法律规范的构成要素

（一）适用条件（假定）

适用条件是指适用该旅游规范的情况和条件。换句话说，就是在旅游业发展、运行中发生的某一种事实，其情节与旅游法律规范规定的情节、条件相符时，才适用该规范。旅游法律规范与旅游事实一致的部分就称为“假定”。例如，《民法典》第563条第1款规定：“有下列情形之一的，当事人可以解除合同：（一）因不可抗力致使不能实现合同目的；（二）在履行期限届满前，当事人一方明确表示或者以自己的行为表明不履行主要债务……”这里的“（一）、（二）”等情形，就是适用条件部分。再如，《旅游法》第48条规定：“通过网络经营旅行社业务的，应当依法取得旅行社业务经营许可，并在其网站主页的显著位置标明其业务经营许可证信息。”这里的“通过网络经营旅行社业务的”就是适用条件部分。在旅游业实践中，如果有主体通过旅游电子商务平台经营在线旅行社（Online Travel Agent，OTA）业务，却“未取得旅行社业务经营许可证”，就可以依据该条规定，承担相关责任。同理，《导游人员管理条例》第21条规定：“导游人员进行导游活

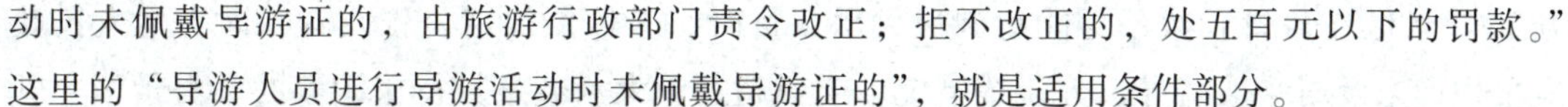

动时未佩戴导游证的，由旅游行政部门责令改正；拒不改正的，处五百元以下的罚款。”这里的“导游人员进行导游活动时未佩戴导游证的”，就是适用条件部分。

（二）行为模式（处分）

行为模式是指该规范所规定的行为类别，行为模式是从大量实际行为中概括出来作为行为的理论抽象、基本框架或标准。行为模式并非实际行为本身，它仅指明旅游法律关系主体行为的方式、尺度及权利和义务等。行为模式通常用“有……义务”或者“不得……”“应当……”“可以……”“有权……”“有……权利”等述评表示，如《旅游法》第9条规定：“旅游者有权自主选择旅游产品和服务，有权拒绝旅游经营者的强制交易行为；旅游者有权知悉其购买的旅游产品和服务的真实情况。旅游者有权要求旅游经营者按照约定提供产品和服务。”第45条规定：“景区接待旅游者不得超过景区主管部门核定的最大承载量。景区应当公布景区主管部门核定的最大承载量，制定和实施旅游者流量控制方案，并可以采取门票预约等方式，对景区接待旅游者的数量进行控制。”第78条第2款规定：“突发事件发生后，当地人民政府及其有关部门和机构应当采取措施开展救援，并协助旅游者返回出发地或者旅游者指定的合理地点。”再如，《消费者权益保护法》第26条规定：“经营者在经营活动中使用格式条款的，应当以显著方式提请消费者注意商品或者服务的数量和质量、价款或者费用、履行期限和方式、安全注意事项和风险警示、售后服务、民事责任等与消费者有重大利害关系的内容，并按照消费者的要求予以说明。”“经营者不得以格式条款、通知、声明、店堂告示等方式，作出排除或者限制消费者权利、减轻或者免除经营者责任、加重消费者责任等对消费者不公平、不合理的规定，不得利用格式条款并借助技术手段强制交易。”“格式条款、通知、声明、店堂告示等含有前款所列内容的，其内容无效。”为此，2020年12月修订的《最高人民法院关于审理旅游纠纷案件适用法律若干问题的规定》第6条规定：“旅游经营者以格式条款、通知、声明、店堂告示等方式作出排除或者限制旅游者权利、减轻或者免除旅游经营者责任、加重旅游者责任等对旅游者不公平、不合理的规定，旅游者依据消费者权益保护法第二十六条的规定请求认定该内容无效的，人民法院应予支持。”以上都是旅游法律规范的行为模式部分，是对旅游法律关系主体行为提供的行为依据与标准。

（三）法律后果（制裁）

法律后果是指法律法规对该规范所规定的行为的处理办法，或称为违反该规范时所导致的法律否定性评价或法律责任。法律后果可分为两类：一是肯定性法律后果，即旅游法律法规承认某种行为合法、有效并加以保护以至于奖励；二是否定性法律后果，即法律上不予承认、加以撤销以至于制裁。而旅游法律规范以否定性法律后果为主要表现形式，如前述“导游人员进行导游活动时未佩戴导游证的，由旅游行政部门责令改正；拒不改正的，处五百元以下的罚款”。这里的“责令改正；拒不改正的，处五百元以下的罚款”就是法律后果部分。又如“未经许可经营旅行社业务的，由旅游主管部门或者市场监督管理部门责令改正，没收违法所得，并处一万元以上十万元以下罚款；违法所得十万元以上的，并处违法所得一倍以上五倍以下罚款；对有关责任人员，处二千元以上二万元以下罚款”“景区在旅游者数量可能达到最大承载量时，未依照规定公告或者未向当地人民政府报告，未及时采取疏导、分流等措施，或者超过最大承载量接待旅游者的，由景区主管部门责令改正，情节严重的，责令停业整顿一个月至六个月”等。

三、旅游法律规范的分类

（一）根据行为模式的不同性质分类

根据行为模式的不同性质，旅游法规则可分为命令性规范、禁止性规范和授权性规范。命令性规范是指要求旅游法律关系主体必须作出一定行为，即承担一定积极作为义务的法律规范；禁止性规范是指禁止旅游法律关系主体作出一定行为，即承担消极作为义务的法律规范；授权性规范是指授权旅游法律关系主体有权自己作出某种行为，或要求他人作出或不作出某种行为的法律规范。

（二）根据法律规范不同的强制程度分类

根据强制程度不同，旅游法规则可分为强制性规范和任意性规范。强制性规范是指对于权利和义务的规定十分明确，不允许当事人以任何方式变更或违反的法律规范，包括上述命令性规范和禁止性规范。任意性规范是指允许当事人在法定的范围内自行确定其权利和义务的法律规范。

（三）根据法律规范的确定性程度分类

根据法律规范本身不同的确定性程度，旅游法规则可分为确定性规范、委任性规范和准用性规范。确定性规范是明确地规定了某一行为规则的内容，而不必援引其他规范来说明的法律规范。委任性规范是指没有明确规定某一行为规则的内容，而是委托某一专门机关予以规定的法律规范。准用性规范是指没有直接规定某一行为规则内容，而是明确指定这一行为规则问题上准许引用某项规定的法律规范。

在实行成文法的国家，旅游法规则都是通过法律条文表现出来的，但是，二者并不等同，旅游法规则是行为规则本身或法律法规的本体，而法律条文则是旅游法规则的外部表现形式。在一个法律条文内，不一定必须把某一旅游法规则的全部要件表述出来，即某一旅游法规则，能用一个或几个法律条文表述。同时，一个法律条文中也可能规定几个旅游法规则。

【延伸阅读3-2】 法律规范的有效性、规范性与法律思维

法律是社会生活中的行为规范，规范性是法律的本质属性。法律的规范性，就是说法律是由一套行为规范构成的体系，当然法律也是一种裁判规范。每一个法律规范，都可以分解为构成要件、适用范围、法律效果等要素。如《消费者权益保护法》第55条规定：“经营者提供商品或者服务有欺诈行为的，应当按照消费者的要求增加赔偿其受到的损失，增加赔偿的金额为消费者购买商品的价款或者接受服务的费用的三倍。”这是一个法律规范，从规范性分析：其适用范围——消费者合同，即消费者与经营者之间的合同；其构成要件——欺诈行为；其法律效果——三倍赔偿。因此，学习法律一定要从规范性入手。法律思维与别的思维如经济学思维的区别，正在于规范性。

在博登海默（Edgar Bodenheimer）看来，如果人们说一条法律规范是有效的，就意味着这条法律规范对于它所指向的那些人具有约束力。一般而言，法律规定具有强制力乃是法律作为社会和平与正义的捍卫者的实质之所在，因此法律规范的有效性问题乃是一个植根于法律过程之中的问题。如果一项有效的法律设定了义务或禁令，那么它就只能要求此义务达及的那些人服从它和依从它。如果它授予私人以权利或权力，这些权利和权力就必须得到其他私人的尊重，而且在它们遭到侵损时应当得到司法机关的保护。再者，一项有效的法律还必须由那些受托执法的机构付诸实施。

这里要谈到法律规范的作用，立法机关为什么要制定法律规范？立法机关制定法律规范有两方面的作用：一方面是指引法官裁判案件。立法机关预先为每一类案件设立法律规范，明确规定其构成要件、适用范围和法律效果，就为法官树立了裁判的标准，用来指引法官裁判案件。法官审理案件的整个过程，可以分解为两个阶段：事实认定和法律适用。先查清案件事实，然后查找应当适用的法律规范。当我们把案件事实查清楚后，找到了该类案件应当适用的法律规范，就知道了这个案件应该怎么判决。这就是我们常说的"以事实为根据，以法律为准绳"，法律规范就是这个"准绳"。

法律规范另一方面的作用，就是约束法官裁判案件。立法机关制定法律规范，也是为了对法官起一种约束的作用。法官裁判案件，必须遵循法律规范，不能背离法律规范，不能任意裁判。所以，立法机关在法律规范当中明确规定了构成要件、适用范围和法律效果，用来约束法官的任意性。不同地区、不同法院的不同法官，如果裁判同样的案件，就应当适用同一个法律规范，得出同样的判决。可见，立法机关制定法律规范的目的，是要用法律规范指引法官裁判案件，同时约束法官裁判案件，最终保障裁判结果的公正性和法制的统一性。

法律规范的作用不仅在于指引法官和约束法官，当然也指引律师和约束律师。律师代理案件，在接受了当事人的委托之后，当然先要弄清楚本案的事实并为在法庭上证明本案事实准备各种证据，然后就要从现行法律法规中找到本案应当适用的法律规范，建议审理本案的法官采用这一法律规范，作为裁判本案的裁判基准。原告律师所提出的这一法律规范，将成为法庭辩论的焦点。此项法律规范，理论上称为"请求权基础"。

资料来源（结合法律修改的新内容整理）：

[1] 博登海默. 法理学：法律哲学与法律方法［M］. 邓正来，译. 北京：中国政法大学出版社，2010：347.

[2] 梁慧星. 怎样进行法律思维？［EB/OL］.［2014-03-04］. http：//www.cssn.cn/hqxx/xkdt/xkdtnews/201403/t20140304_1012819.shtml.

第三节 旅游法律责任

一、法律责任及其归责原则

（一）法律责任的概念与特点

"责任"一词有两种意义：一是指责任的积极方面，这种责任是人对自己在社会中的地位、在社会发展中的作用，个人自觉地参与社会事务的意识；在第二种意义上讲的是责任的回溯方面，即关于过去的事的责任①。责任首先是一种职责和任务，其次是对“职责”或“任务”未履行或未完全履行应当承担的后果。从这个意义上分析，责任可以分为法律责任、经济责任、道德责任及社会责任等。法律责任属于法理学的基本范畴，是法理学的基本问题之一，是法律义务履行的保障机制和法律义务违反的矫正机制，在整个法律体系中占有十分重要的地位。关于法律责任问题，有学者认为，法律责任是因某种行为而产生的受惩罚的义务及对引起的损害予以赔偿或用别的方法予以补偿的义务②；法律责任包括义务、职责 、惩罚，还包括“服从”③；而更多的学者则认为法律责任是基于这样一种倾向，即法律责任是与法律权力或法律权利相向的概念，与法律职责、法定义务或合同义务，以及违法行为后果相联系。该定义所确立的法律责任的基本理论格局是：法律责任就是制裁意义上的法律后果；没有违法行为就没有法律责任，“过错”责任和“责任自负”是法律责任的基本原则；法律责任是违法者基于违法行为向国家和受害者承担的法律后果④。学者们的观点虽然在研究视角、表述方式等方面有所区别，但其共识点是：法律责任是指因违反了法定义务或契约义务，或不当行使法律权利、权力所产生的，由行为人承担的不利后果。法律责任的特点表现在：

1.法律责任以法律义务为前提

法律责任首先表示一种因违反法律规定义务、职责或合同约定义务而形成的责任关系，即法律关系主体不履行或不完全履行法律规定义务或合同约定义务，或者因为滥用权力或权利而产生的后果。

2.法律责任是一种状态或责任方式

法律责任包含两层语义，即法律责任关系和法律责任方式。法律责任关系是指因损害法律上的义务关系所产生的对于相关主体所应当承担法定强制的不利后果；法律责任方式一般情况下可分为补偿性方式和惩罚性方式两类⑤。法律责任是指由于某些违法行为或法律事实的出现而使责任主体所处的某种特定状态，是由于产生了违反法定义务及契约义务或不当行使权利和权力，不当履行义务的思想或行为，国家迫使行为人或其关系人或与损害行为、致损物体有利害关系的人所处的受制裁、强制和给予补救的必为状态，这种状态由法律加以规定⑥。可见，在民事法律理论上，法律责任既是一种责任关系，即义务人以积极的或消极的方式损害相对人的利益而形成的一种债权债务关系；也是法律关系主体承担责任的一种方式，即因法律关系主体违反了不同的法律规范或合同约定，而要承担不同的法律责任，如民事责任赔偿、补偿责任或经济惩罚或处罚等责任。

3.法律责任具有内在逻辑性

法律责任的内在逻辑性表示：法律关系主体承担的后果与责任产生的原因是紧密联系

① 孙国华. 法学基础理论［M］. 北京：法律出版社，2012：320-335.
② GARNER B A.Black's law dictionary［M］. St.Paul：West Publishing Company，1983：1197.
③ 沃克. 牛津法律大辞典［M］. 北京社会与科技发展研究所，译. 北京：光明日报出版社，1988：553.
④ 葛洪义. 法理学导论［M］. 北京：法律出版社，1996：265.
⑤ 孙笑侠. 法理学［M］. 北京：中国政法大学出版社，1996：188.
⑥ 周永坤. 法律责任论［J］. 法学研究，1991（3）：31-33.

的，或者说，要使法律关系主体承担法律责任，必须以主体违法行为或违反合同的行为存在为前提，前因与后果之间具有法律上的因果关系。违法行为或违约行为是承担法律责任的依据，只有对违法者或违约者才能追究其法律责任，否则，不承担惩罚性的责任。需要注意的是，无过错不构成违法，但是造成损害的，在一定条件下应当承担补偿性的责任。如我国《侵权责任法》规定：行为人因过错侵害他人民事权益，应当承担侵权责任；根据法律规定推定行为人有过错，行为人不能证明自己没有过错的，应当承担侵权责任；行为人损害他人民事权益，不论行为人有无过错，法律规定应当承担侵权责任的，依照其规定。这里的“不论行为人有无过错，法律规定应当……”即指在特殊侵权行为下，主体承担相应的补充责任。

4.法律责任的追究以国家强制力为基本保证

法律责任的目的是通过法律责任的预防、救济和惩罚等功能来实现的。法律责任和法律后果相联系，由于侵犯法定权利或违反法定义务而引起的、由专门国家机关认定并归结于法律关系的有责主体的、带有直接强制性的义务①，体现了违法或违约者与国家机关之间的一定关系，是由国家强制力予以保障的。虽然法律责任的范围比法律后果更加宽泛，但是，如果法律关系主体违反法律规定或合同约定，就应当承担一定的、对自己不利的法律后果。

（二）法律责任的类型

法律责任是与法律的概念和性质紧紧联系在一起的。法律是一种行为规范，它为人们的行为提供模式、标准、样式和方向。同时法律责任具有概括性，它是人们从大量实际、具体的行为中高度抽象出来的一种行为模式，它的对象是一般的人，是反复适用多次的，因而也就具有普遍性，即法律所提供的行为标准是按照法律规定所有公民一概适用的，不允许有法律规定之外的特殊，即要求“法律面前人人平等”。当“人人”或者主体未按法律规范提供模式行为时，就应当承担法律责任。从这个角度分析，法律责任可分为肯定性法律责任、否定性法律责任和义务性法律责任②。法律责任的三种类型本质上互相联系、互相作用、互相依赖，统一于法律规范之中。

1.肯定性法律责任

肯定性法律责任是指根据法律的规定，主体应当承担的一种责任。这类责任既包括通常所说的职责，更多的是指每个个体在特定社会关系中所处位置的责任，即个体的社会化所要求的负责态度经法律确认后形成的法律责任。例如，《旅行社条例》第2条第2款规定：“本条例所称旅行社，是指从事招徕、组织、接待旅游者等活动，为旅游者提供相关旅游服务，开展国内旅游业务、入境旅游业务或者出境旅游业务的企业法人。”这是我国行政法规对社会化个体“旅行社”的职责或者旅行社业务范围的规定，实际上是法律确认的旅行社的社会角色定位。

2.义务性法律责任

义务性法律责任是指在法律规定下，个体必须通过自己的行为表明自己确实承担了肯

---

① 张文显. 法学基本范畴研究［M］. 北京：中国政法大学出版社，1993：187.
② 马朱炎，葛洪义. 法律责任若干理论问题的探讨［J］. 法律科学，1990（4）：9-14.

定性法律责任。义务化法律责任要求个体要么以积极作为的法律形式，要么以消极不作为的法律形式来实现肯定性法律责任，这类法律责任在法律关系中体现为法律义务。例如，《旅游法》第15条第1款、第2款规定："旅游者购买、接受旅游服务时，应当向旅游经营者如实告知与旅游活动相关的个人健康信息，遵守旅游活动中的安全警示规定；旅游者对国家应对重大突发事件暂时限制旅游活动的措施以及有关部门、机构或者旅游经营者采取的安全防范和应急处置措施，应当予以配合。"这是关于旅游者在旅游过程中"如实告知真实信息"义务、"对安全防范和应急处置措施配合"义务的规定，就属于义务性法律责任。

3.否定性法律责任

否定性法律责任则比较接近否定性法律后果意义上的法律责任，它是指因法律关系主体的某种违反法律义务的行为发生或某种损害结果出现后应该承担的法律责任。该类法律责任的设置目的主要是保证前两类法律责任的实现，并推动法律关系主体的权利的实现。例如，《旅游法》第15条第3款规定："旅游者违反安全警示规定，或者对国家应对重大突发事件暂时限制旅游活动的措施、安全防范和应急处置措施不予配合的，依法承担相应责任。"这实际上就是关于否定性法律责任的规定，其目的是保证旅游经营者获得旅游真实信息和情况，以及国家对旅游安全紧急处置的权力和职责的实现。

（三）法律责任的归责原则

归责原则是确定责任归属所必须依据的法律准则。归责原则所要解决的是依据何种事实状态确定责任归属问题，是解决法律责任的基础性问题。它是指特定国家机关或国家授权的机关依法对行为人的法律责任进行判断、确认、归结和执行法律责任的活动。

1.法律责任的一般归责原则

（1）责任法定原则

责任法定原则是指违法行为发生后应当按照法律事先规定的性质、范围、程度、期限、方式追究违法者的责任。作为一种否定性法律后果，它应当由法律规范预先规定，排除无法律依据的责任，即责任擅断和"非法责罚"。在一般情况下要排除对行为人有害的既往追溯。

（2）公正与合理性原则

公正与合理性原则要求在设定及归结法律责任，追究主体法律责任时，一是对任何违法、违约的行为都应依法追究相应的责任，并使责任与违法或损害相均衡；二是综合考虑各当事人的心智、情感等使行为人承担责任的多种因素，做到合理地区别对待，以期真正发挥法律责任的功能；三是坚持公民在法律面前一律平等，对任何主体的违法或违约行为，都必须同样地追究法律责任，不允许有不受法律约束或凌驾于法律之上的特殊主体。另外，必须依据法律程序追究法律责任，非依法律程序，不得追究法律责任。

（3）因果联系原则

因果联系原则要求在认定行为人违法责任之前，应当首先确认行为与危害或损害结果之间的因果联系，这是认定法律责任的重要事实依据。同时，确认责任承担主体的意志、

思想等主观方面因素与外部行为之间的因果联系，区分这种因果联系是必然的还是偶然的、直接的还是间接的。有时这也是区分有责任与无责任的重要因素。

（4）责任相称原则

责任相称原则要求在设定及归结法律责任时，“责罚相当”“罚当其罪”。法律责任的性质与违法行为性质相适应，法律责任的轻重和种类应当与违法行为的危害或者损害相适应，法律责任的轻重和种类还应当与行为人主观恶性相适应。

（5）责任自负原则

责任自负原则要求在设定及归结法律责任，追究主体法律责任时，违法行为人应当对自己的违法行为负责，不能让没有违法行为的人承担法律责任，要保证责任人受到法律追究，也要保证无责任者不受法律追究，做到不枉不纵。

2.侵权责任的归责原则

侵权责任的归责原则，是指基于一定的归责事由确定侵权责任承担的法律原则。按照《民法典》“侵权责任”编的规定，侵权责任的归责原则包括过错责任原则、过错推定责任原则、无过错责任原则和公平责任原则。

（1）过错责任原则

过错责任原则是指以过错作为归责的最终构成要件，即行为人的侵权行为给对方造成损害，须行为人在主观上存在过错才承担相应的民事责任。《民法典》第1165条规定：“行为人因过错侵害他人民事权益造成损害的，应当承担侵权责任。”可见，过错责任是侵权责任或损害赔偿的一般归责原则，除法律法规规定的特别侵权行为外，一般侵权行为均适用过错归责原则。

（2）过错推定责任原则

过错推定责任原则是指基于法律的特别规定，推定行为人存在过错而应承担侵权责任，行为人能够证明自己没有过错的除外，即行为人不能证明自己没有过错的情况下，推定行为人有过错，应承担赔偿损害的民事责任。《民法典》第1253条规定：“建筑物、构筑物或者其他设施及其搁置物、悬挂物发生脱落、坠落造成他人损害，所有人、管理人或者使用人不能证明自己没有过错的，应当承担侵权责任。”实质上，推定过错责任，是过错责任范畴内的“加重责任”，与一般的过错责任不同，它是在无法判明过错的情况下，保护受害人的合法权利。凡属过错推定的事实状态，行为人必须举证，证明自己没有过错，才不承担民事责任。

（3）无过错责任原则

无过错责任原则又称严格责任原则，是指基于法律的特别规定，不以当事人的主观过错为构成侵权行为的必备要件的归责原则，即行为人造成他人民事权益损害，不论行为人在主观上有无过错，都应当承担民事责任。如我国《民法典》关于“环境污染和生态破坏责任”的侵权责任承担、关于“产品责任”中产品缺陷的侵权责任承担等，均属无过错责任。

（4）公平责任原则

公平责任原则是指行为人和受害人对造成的损害事实均没有过错，为补偿受害人因某种法律事实的出现遭受的损失而采用的一种归责原则。《民法典》第1186条规定："受害人和行为人对损害的发生都没有过错的，依照法律的规定由双方分担损失。"例如，在"不可抗力"发生时，不能适用无过错责任要求行为人赔偿，而受害人遭受的损失得不到补偿又显失公平的情况下，由人民法院根据公平原则，在考虑当事人的财产状况、支付能力等实际情况的基础上，由双方分担损失。

二、旅游法律责任及其构成

（一）旅游法律责任的概念与特征

目前，我国关于旅游法律责任问题的研究还处在探索阶段，从研究内容分析，多以旅游过程中的特定领域、特定环节或特定行为为研究对象，并借助民事法律责任或经济法律责任理论进行阐释。如关于旅游安全法律责任的研究，主要以自助游、探险游为研究对象；关于旅游者利益保护的法律责任分析，主要集中在旅行社、旅游酒店、旅游交通和旅游景区方面；关于旅游合同的法律责任，主要探讨的是旅游经营者未履行或未完全履行合同约定的违约责任问题等。旅游法律责任的独立性、旅游法律责任理论及旅游法律责任的概念性质方面的研究等还未有涉猎。通过对包括《旅游法》在内的旅游法律法规的规范性分析，可以认为，旅游法律责任是法律义务、行为处罚与法律后果的有机统一。为此，旅游法律责任的概念可以界定为：它是指旅游法规主体违反法定义务或合同义务，依法应当承担法律处罚或制裁的不利的、否定性法律后果。其特点包括：

1.旅游法律责任以保护旅游者利益和社会公共利益为主要目的

从保护目的上分析，旅游法律责任以保护旅游者利益和社会公共利益为侧重点，这与民事法律责任侧重保护个体权益、行政法律责任侧重保护国家利益是有区别的。例如，《旅游法》"总则"第3条"国家发展旅游事业，完善旅游公共服务，依法保护旅游者在旅游活动中的权利"，第4条"旅游业发展应当遵循社会效益、经济效益和生态效益相统一的原则。国家鼓励各类市场主体在有效保护旅游资源的前提下，依法合理利用旅游资源。利用公共资源建设的游览场所应当体现公益性质"，第6条"国家建立健全旅游服务标准和市场规则，禁止行业垄断和地区垄断。旅游经营者应当诚信经营，公平竞争，承担社会责任，为旅游者提供安全、健康、卫生、方便的旅游服务"等，体现了旅游法律规范的目的，也充分说明了旅游法律责任的侧重点。

2.旅游法律责任、法律义务与法律后果紧密联系

法律责任的概念是与法律义务相关联的概念，一个人在法律上对一定行为负责，或者他在此承担法律责任，意思就是，如果做相反的行为，他应受制裁[①]。当法律规则要求人们作出一定的行为或抑制一定的行为时，（根据另一些规则）违法者因其行为应受到惩罚，或强迫对受害人赔偿[②]。旅游法律责任与旅游法律规范规定的主体义务及其法律后果是相互联系的，旅游法律责任以旅游法律义务的存在为前提，当事人不履行或违反了法律义务，即产生相应的法律责任，就应当承担不利的法律后果，体现了违法行为与法律责任

① 凯尔森. 法与国家的一般原理［M］. 沈宗灵，译. 北京：中国大百科全书出版社，1996：73.
② 刘作翔，龚向和. 法律责任的概念分析［J］. 法学，1997（10）：7-10.

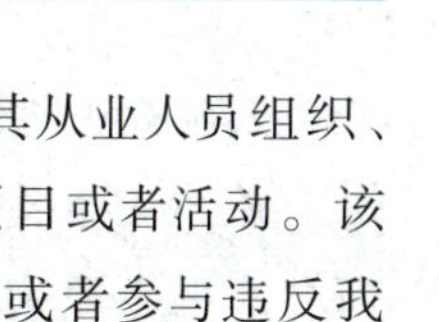

之间的因果关系。例如，《旅游法》“旅游经营”第33条规定：旅行社及其从业人员组织、接待旅游者，不得安排参观或者参与违反我国法律、法规和社会公德的项目或者活动。该法“法律责任”第101条规定：“旅行社违反本法规定，安排旅游者参观或者参与违反我国法律、法规和社会公德的项目或者活动的，由旅游主管部门责令改正，没收违法所得，责令停业整顿，并处二万元以上二十万元以下罚款；情节严重的，吊销旅行社业务经营许可证；对直接负责的主管人员和其他直接责任人员，处二千元以上二万元以下罚款，并暂扣或者吊销导游证、领队证。”

3.旅游法律责任以“过错责任”和“公平责任”为其主要归责原则

从旅游法律规范关于法律责任的承担方式分析，旅游法律责任的归责原则以过错责任原则和公平责任原则为其主要归责原则。旅游法律责任强调旅游法规主体违法行为或违约行为的主观要素，即有过错承担责任，没有过错不承担责任，过错大责任大，过错小则责任小。例如，《旅游法》第74条规定：“旅行社接受旅游者的委托，为其代订交通、住宿、餐饮、游览、娱乐等旅游服务，收取代办费用的，应当亲自处理委托事务。因旅行社的过错给旅游者造成损失的，旅行社应当承担赔偿责任。”同时，在旅游实践中，如果行为人和受害人都没有过错，损害事实已经发生的情况下，以公共考虑作为价值判断标准，根据实际情况和可能，由旅游法主体双方当事人公平地分担损失，即以公平原则作为归责原则。例如，依据《旅游法》第67条的规定，因不可抗力或者旅行社、履行辅助人已尽合理注意义务仍不能避免的事件，影响旅游行程的，按照四种情形处理，其中：“（三）危及旅游者人身、财产安全的，旅行社应当采取相应的安全措施，因此支出的费用，由旅行社与旅游者分担；（四）造成旅游者滞留的，旅行社应当采取相应的安置措施。因此增加的食宿费用，由旅游者承担；增加的返程费用，由旅行社与旅游者分担。”公平责任原则的出现是弥补适用过错责任原则可能导致的不公平，在当事人间合理分配损失的承担，起到利益平衡器的作用，在一定程度上促进了公平价值目标的实现。

总之，旅游法律责任是一种强制性的法律责任，即旅游法律责任的履行由国家强制力保证，由于行为人违法行为、违约行为或其他违反法律法规的行为，就必须承受法律制裁的义务。旅游法律责任也是一种综合性的法律责任，这种综合性表现为追究责任的机关和责任承担方式的多样性，即追究旅游法律责任的机关可能是旅游行政管理部门，也可能是其他主管部门，如市场监管部门、税务机关或者是司法机关，其责任的承担方式既有民事责任、行政责任，也有经济责任，甚至是刑事责任。

（二）旅游法律责任的构成要件

旅游法律责任构成是指依照旅游法律规范的规定，构成旅游法律责任必须具备的主观要件和客观要件的总和。确定和归结旅游法律责任是立法、守法、执法、司法各环节全部法律实践活动的主要内容。旅游法律责任的构成要件如下：

1.旅游法律关系主体的资格要合法

旅游法律关系主体的资格要合法，是指旅游违法行为的行为人要达到法定的责任年龄和具有法定的责任能力。（具体内容参见本章第一节“旅游法律关系主体”中的相关内容）

2.旅游法律关系主体要有过错

旅游法律关系主体要有过错，是指旅游违法行为的行为人对自己行为引起的损害结果所持有的心理状态，它包括故意和过失两种形式。故意，是指旅游违法行为人明知自己的行为会给国家、社会和他人造成损害结果，并且希望或者放任这种结果发生的心理状态。在法律上，把希望结果发生的心理状态称为直接故意；把放任结果发生的心理状态，称为间接故意。前者是行为人直接追求这种结果的发生；后者是行为人对结果的发生采取听之任之，满不在乎的态度。过失，是指行为人应当预见自己的旅游违法行为可能会发生损害国家、社会和他人利益的结果，因为疏忽大意没有预见，或者虽然已经预见而轻信能够避免的心理状态。在法律上，把疏忽大意没有预见损害结果发生的心理状态称为疏忽大意的过失；把已经预见损害结果的发生但轻信能够避免的心理状态称为过于自信的过失。

3.要有旅游违法行为的存在

根据我国有关法律的规定，旅游违法行为既可以由作为构成也可以由不作为构成。作为的旅游违法行为，是指旅游法律关系主体用积极行为所实施的我国法律、法规所禁止的损害国家、社会和他人利益的行为；不作为的旅游违法行为，是指行为人有义务实施某种行为，而消极地不去实施该行为，结果给国家、社会和他人造成的损害。要使行为人对自己不作为的旅游违法行为所造成的损害结果负责必须以行为人负有某种特定的旅游义务为前提。

4.要有旅游损害事实的存在

所谓旅游损害事实，是指旅游法律关系主体违反旅游法规和其他法律、法规的规定，给国家、社会和他人造成的损害。这里的“损害”，既包括给旅游经营管理造成的损害，也包括给财产和人身造成的损害，如旅游企业漏税、欠税、偷税、抗税的行为，违反货币管理、信贷管理、金融管理、外汇管理的行为，违反旅游价格管理的行为等都能使旅游经营管理活动和我国经济秩序受到损害。又如，旅游产品质量不符合规定标准，就会给旅游者造成财产、人身的损害等。

5.旅游违法行为与旅游损害事实之间有因果关系

旅游违法行为与旅游损害事实之间的因果关系，是指二者之间存在着内在的、必然的联系。也就是说，旅游损害事实是旅游违法行为人承担责任的前提条件，如果只有旅游违法为，而没有造成损害事实，旅游违法行为人可不承担旅游法责任。相反，行为人只能对自己的旅游违法行为所造成的结果负责，如果仅有旅游损害事实的存在，而没有旅游违法行为或者该旅游损害事实的存在，不是旅游违法行为人的行为所造成，行为人不承担旅游法律责任。

在一般情况下，旅游违法行为与旅游损害事实之间是否存在因果关系是不难确定的，但是，在某些条件下，由于二者间掺杂着其他因素，要判明引起旅游损害事实的真正原因是比较困难的，因此，在分析因果关系时应注意以下问题：一是一个人的旅游违法行为在当时的条件下不是必然地发生某种旅游损害事实，只是与其他原因联系在一起发生了损害结果。在这种情况下，该旅游违法行为仅是旅游损害事实发生的条

件，而不是原因，二者之间不存在法律上的因果关系。二是有时一个旅游违法行为，可能产生几个旅游损害结果，有时一个旅游损害结果，可能是由几个人的旅游违法行为引起的。在这种情况下，应该分清哪些是主要原因，哪些是次要原因；哪个人负主要责任，哪个人负次要责任。三是解决了旅游违法行为与旅游损害事实之间的因果关系，并不完全解决了行为人的法律责任问题，还必须对整个事件进行全面分析，特别要查明行为人主观上是否有过错，如果行为人主观上没有过错，即使造成了旅游损害事实，行为人也不负旅游法律责任。总之，在确认旅游法律责任时，必须坚持主、客观相一致的原则，既要查明旅游违法行为与旅游损害事实之间有无因果关系，还要查明行为人主观上有无过错。

三、旅游法律责任的分类

（一）旅游法律责任的分类依据

1.依责任产生的根据分类

依责任产生的根据分类，旅游法律责任可分为合同责任、侵权责任与其他责任。合同责任，是指因旅游法律法规主体违反旅游合同约定的义务或违反《民法典》或《旅游法》中关于合同的义务，如缔约过失责任、后合同责任等而产生的责任；侵权责任，是指因旅游法律法规主体违反了法律的规定，侵犯他人的财产权益或人身权益而产生的责任；其他责任就是合同责任与侵权责任之外的其他民事责任。

2.依承担责任的主体分类

依承担责任的主体分类，旅游法律责任可以分为自然人责任、法人责任和国家责任。自然人责任是指因违法或违约的事由是自然人的行为引起的，而应当承担的法律责任。例如，《旅游法》第14条规定："旅游者在旅游活动中或者在解决纠纷时，不得损害当地居民的合法权益，不得干扰他人的旅游活动，不得损害旅游经营者和旅游从业人员的合法权益；导游和领队应当严格执行旅游行程安排，不得擅自变更旅游行程或者中止服务活动，不得向旅游者索取小费，不得诱导、欺骗、强迫或者变相强迫旅游者购物或者参加另行付费旅游项目。"法人责任指因违法或违约的事由是具有法人资格组织的行为引起，而应当承担的法律责任。在旅游业运行中，法人责任主要表现在旅游企业法人的经营行为或旅游景区的行为引起的旅游法律责任。例如，《旅游法》第105条规定："景区不符合本法规定的开放条件而接待旅游者的，由景区主管部门责令停业整顿直至符合开放条件，并处二万元以上二十万元以下罚款。景区在旅游者数量可能达到最大承载量时，未依照本法规定公告或者未向当地人民政府报告，未及时采取疏导、分流等措施，或者超过最大承载量接待旅游者的，由景区主管部门责令改正，情节严重的，责令停业整顿一个月至六个月。"国家责任主要指国家旅游管理主体在行使权力或履行职责过程中产生的法律责任。例如，《旅游法》第109条规定："旅游主管部门和有关部门的工作人员在履行监督管理职责中，滥用职权、玩忽职守、徇私舞弊，尚不构成犯罪的，依法给予处分。"

3.依法律实践分类

在法律实践中，最基本的分类方法是将旅游法律责任分为民事法律责任、行政法律责任、经济法律责任和刑事法律责任。民事法律责任是指公民或法人因违反旅游法律法规、旅游合同约定或者因法律规定的其他事由而依法承担的民事赔偿或补偿责任；行政法律责任是指旅游法主体因违反旅游法律法规规定的义务而应当承担的行政处罚或行政制裁责任；经济法律责任是指在国家干预和调控旅游业运行过程中因主体违反经济法律、法规而依法应强制承担的否定性、单向性、因果性经济处罚、经济制裁的义务；刑事法律责任主要指旅游法主体的违法行为，已触犯国家刑事法律规范而应当承担的法定的不利后果。

（二）旅游法律责任的具体种类

依照旅游法律关系主体违法的性质和程度的不同，旅游法律责任一般可分为行政责任、民事责任和刑事责任三种。

1.行政责任

行政责任是旅游法律关系主体违反了国家的行政法规或本单位内部的规章、制度，尚不够追究刑事责任，由国家行政机关或违法者所在单位负责追究责任的一种形式。它分为旅游行政处罚和旅游行政处分两种。

旅游行政处罚是指由国家行政机关给予实施了旅游违法行为但尚未构成犯罪的旅游企业法人及其工作人员或者旅游者等旅游法律关系主体的一种制裁。例如，对违反旅游管理法规行为的处罚、对违反治安管理法规行为的处罚、对违反市场监管法规行为的处罚等。依据《旅游行政处罚办法》(357C01-02-2013-23010)，旅游行政处罚的方式有警告，罚款，没收非法所得，暂停或者取消出国（境）旅游业务经营资格，责令停业整顿，暂扣或者吊销导游证、领队证，吊销旅行社业务经营许可证以及法律、行政法规规定的其他种类，如扣留或者吊销营业执照，行政拘留等。

旅游行政处分是指旅游行政管理机关和企事业单位，根据法律或者旅游法规的规定，按行政隶属关系给予有轻微违法失职行为或违反单位内部管理制度行为的一种制裁。行政处分的方式主要有警告、记过、降级、降职、撤职、留用察看、开除等。

2.民事责任

民事责任是指旅游法律关系主体，违反了民事法律规范时应当承担责任的形式。根据我国有关法律的规定，当事人承担民事责任的方式主要是应负给付义务，在旅游法规中，它主要体现为侵权行为、债务不履行和不履行合同约定的内容等所承担的赔偿义务。其具体承担责任的方式有返还财产、恢复原状或者恢复名誉、排除妨害、停止侵害、消除影响、赔礼道歉、赔偿损失、支付违约金、支付赔偿金、中止或者继续履行合同等。

3.刑事责任

刑事责任是指旅游法律关系主体违反刑事法律规范时承担责任的形式。我国《刑法》将当事人实施了刑法规范所禁止的行为所必须承担的后果叫刑罚，它分为主刑和附加刑两种。主刑有管制、拘役、有期徒刑、无期徒刑和死刑五种，它只能独立适用，不能附加适用；附加刑有罚金、剥夺政治权利、没收财产三种，它既可独立适用又可附加适用。此外，对于犯罪的外国人可以独立适用或者附加适用驱逐出境。总之，凡是按照我国《刑法》的规定，构成犯罪的行为，均应依法追究刑事责任。

另外，随着我国社会主义市场经济体制的确立与发展，单位犯罪成为我国一种新的犯罪形态。旅游企业法人作为单位的一种类型，对旅游市场发展起到了积极作用，由于其自律机制、监督机制不健全，一些旅游企业法人为了小集体利益，钻法律空子，从事各种违法犯罪活动，严重损害了国家利益。目前，最常见的旅游企业法人犯罪类型有：假冒他人注册商标或者销售假冒注册商标商品，偷税、漏税、骗税，合同诈骗等。依据《刑法》的规定，对单位犯罪的处罚采取“两罚原则”，即在惩治单位犯罪时，既对单位判处罚金，同时对单位的主管人员和直接责任人员追究刑事责任。

【案例 3-2】 微信招徕自驾游，可别“说走就走”

随着移动互联网社交媒体的应用普及，各类微信群、QQ群越来越多，为一些个人或企业非法组织旅游活动提供了便利，同时因为更加具有隐蔽性，加大了监管难度。为此，2021年，文化和旅游部持续开展未经许可经营旅行社业务专项整治行动，并公布了一批指导案例。其中，某市文化广电和旅游局依法查处一起通过微信公众号招徕、组织24名旅游者参加“青海邂逅柴达木之行”半自驾游活动的案件。在旅游行程中，组织者安排旅游者到未开放地区游览，存在较大安全隐患。

该市文化广电和旅游局执法人员介绍，2020年8月6日，游客张女士举报称，师某通过个人微信公众号发布旅游线路产品，并于2020年7月24日至8月4日组织了24名游客到青海旅游。经查，师某在未办理营业执照和旅行社业务经营许可证的情况下，通过个人微信公众号招徕游客，违反了《旅游法》第28条的规定。对于本案例，行业管理部门、业界高层管理人员以及旅游专家有如下建议：

文化与旅游行业管理部门提醒广大游客：旅游时要选择有合法资质的旅行社，并查验旅行社的营业执照、经营许可证等信息，切勿参与某些保健品公司、户外俱乐部、微信群主等组织的团队旅游活动。

旅游专家学者提出：鉴于此类情况的特殊性，一方面监管部门应该积极使用新兴技术，加大线上监督和打击力度；另一方面要通过警示引导提高群众的认识，让游客认识到选择合法旅行社才是对自己负责任的出游方式。另外，正规旅行社也应重视和加强线上业务，建立社交群和粉丝群，适应新时代消费方式。

旅行社高层管理人员表示：未经许可经营旅行社业务对旅游市场造成了严重危害，损害了旅游行业的形象。政府执法部门持续整治旅游市场、查处各类违法行为，有利于提升正规旅行社的市场竞争力，营造良好的经营环境，提振了业界信心。旅行社也应当加强自律，杜绝与不合格供应商合作，加强高品质旅游产品的研发，强化高品质旅游服务意识。

点评：依据《旅游法》的规定，招徕、组织、接待旅游者，为其提供旅游服务，应当具备一定条件，取得旅游主管部门的许可，依法办理工商登记。由于“群”这种自然组织不具备经营旅游业务的资质和相关经营许可，在操作旅游业务时专业能力不足，风险防范能力差，又规避相关主管部门的监管，不仅扰乱正常的旅游市场秩序，也带来一定的安全风险。建议游客外出旅游务必选择有资质的正规旅行社，拒绝个人或无资质单位提供的旅游服务。

资料来源（经过整理、分析）：

任英文，高越，刘丽丽．微信招徕自驾游 可别“说走就走”［N］．中国旅游报，2021-05-18.

本章小结

（1）本章阐释了旅游法律关系概念、特征与类型，旅游法律关系的构成要素以及旅游法律关系的产生、变更与消灭。

（2）本章阐释了旅游法律规范的内涵、构成要素及分类，提出作为社会规则表现方式的旅游法律规范是与旅游业作为国家战略性支柱产业和人民满意的现代服务业的发展紧密相连的，如果它本身不能尽量完美地体现社会的需要和价值观念，就会随着社会的不断进步和旅游业发展而发生新的变化。

（3）本章阐述了旅游法律责任的概念与特征，提出了旅游法律责任在责任法定原则、公正与合理性原则、因果联系原则、责任相称原则及责任自负原则等一般法律责任归责原则前提下，以“过错责任原则”和“公平责任原则”为其主要归责原则。

（4）本章提出了旅游法规主体承担法律责任的构成要件：有过错、有旅游违法行为存在、有旅游损害事实，以及旅游违法行为与旅游损害事实有因果关系。最后，对旅游法律责任，特别是旅游业运行中最常见的旅游法律责任的具体类型进行了分析。

思考与练习

一、简答题

1.什么是旅游法律关系？旅游法律关系的构成要素有哪些？

2.什么是旅游法律规范？举例分析旅游法律规范的结构。

3.什么是旅游法律责任？旅游法律责任成立的条件有哪些？

二、论述题

1.试结合我国《旅游法》的内容，分析其立法原则与特征。

2.谈谈旅游法规的价值取向及对中国旅游业的影响。

三、案例分析题

近年来，受不少短视频影响，国内景区景点迅速蹿红，成为游客的“网红打卡地”。但是面对蜂拥而至的游客，一些“网红景点”并未做好红起来的准备，导致景区拥堵、环境脏乱、游客体验差，旅游安全事故频发等突出问题。也有游客认为，“网红景点”属于短时间兴起的景区，在巨大的游客流量下，一些“网红打卡地”背后的管理问题也逐渐凸显出来：一方面，一些短视频炒火的景点并非传统景区，有的只是城市内的公共区域，没有接待大量游客的能力；另一方面，一些“网红景点”单纯实现了让游客“打卡”，其文化内涵远远没有得到有效的传播。面对突然的走红，没有做好应对工作，这也是导致许多“网红景点”早早“夭折”的原因。分析网红景点存在问题的原因：一是过度重视经济效益，重点目标在于如何吸引大批量的游客，却忽视对游客的管理；二是缺乏科学规划，服务设备设施不完善，设置不合理，直接影响着游客的行为，存在安全隐患；三是游客不文明行为如乱涂乱画、乱丢垃圾等造成景区环境破坏，加剧了景区乱象。

据媒体报道，2020年5月24日，大连某游乐景区内一项名为“步步惊心”高空游乐项目突发意外，一名年轻女子从十几米高空坠落。景区工作人员随即拨打了报警电话，同时在树林中找到了该女子，并用担架抬上了救护车。值得庆幸的是，该女子身体并无大碍。

据景区官方介绍，“步步惊心”项目是新开设的网红项目，桥长数十米，由两条高空廊桥组成，廊桥台阶装饰成五颜六色的样子，看上去十分漂亮，到该景区的游客基本都要上去走一走这网红桥。据目击者称，“步步惊心”廊桥台阶间隙非常大，扶手之间间隙也很宽。事发时，坠落的这名女子行走在桥上，因为紧张，导致失足坠落，而身上的安全绳没起到任何作用。目前该游乐项目已停运，相关部门也展开调查。该女子从十几米高处坠落没有大碍，也算是不幸中的万幸了，但并不是每一个人都会如此幸运。河北18岁女孩儿“蜘蛛蹦床”摔断腰椎造成瘫痪、四川成都某亲子乐园游客冲出防护栏致2死12伤、网红桥摇出颅内出血……各种案例就在我们身边发生着。

面对乱象，“网红景点”亟待转“高流量”为“高口碑”，提高管理水平，体现文化内涵，让景点成为经典传承的载体。有专家认为，对于借助短视频走红的旅游景点来说，需要不断提升管理能力和服务水平，为游客创造独特的旅游体验，才能留住游客并维持良好的口碑，形成长久的竞争力；“网红景点”应该借助网红效应，提高接待能力和服务水平。随着旅游形态的变化，城市旅游也要摆脱传统局限，把地域特色和时代发展结合起来，注重游客的生活体验，梳理“网红景点”背后的故事，体现城市的文化内涵。也有专家认为，“网红景点”火热对旅游部门提出了更高的要求，需要加强旅游市场监管，维护城市的旅游形象；“网红景点”还要冷静地分析自己的优势和劣势，有针对性地提高管理水平和服务质量。

总之，偶然性突发因素带来大量游客涌入，如果相关景区不提升管理和服务水平，反而会放大景区的不足，甚至形成负面宣传。只有不断地加强安全责任意识，提高服务质量和水平，增强游客的满意度和旅游体验感，旅游景区才能真正实现从“网红景区”到“口碑景区”的转变。

思考题：随着生活质量的不断提高，旅游成为节假日大多数人的一种解压方式，各种网红项目也成为现在年轻人的首选。然而，在休闲娱乐的同时，如何安全游玩成为不容忽略的问题，而旅游安全以及高风险旅游项目的安全责任也成为游客关注的重点。

资料来源：

[1] 鲁畅，周文冲．网红景点，真去了你还会点赞吗？[EB/OL]．[2018-11-11]．https：//www.the-

paper.cn/newsDetail_forward_2623664.

［2］佚名. 网红景点存在的问题与建议［EB/OL］.［2020-09-13］. https：//www.docin.com/p-2454431785.html.

［3］华洁莹，毛沁田. 网红景点可持续发展问题与对策研究［EB/OL］.［2020-04-08］https：//www.fx361.com/page/2020/0408/6539793.shtml.

［4］大连e族. 大连一高空项目突发意外游客坠落［EB/OL］.［2020-05-24］. https：//www.163.com/dy/article/FDDN6C900534B3JB.html.

第四章

旅游规划与旅游资源保护法律制度

背景与提要

进入21世纪，国家先后颁布了《旅游规划通则》（GB/T18971—2003）、《旅游资源分类、调查与评价》（GB/T18972—2017）、《旅游规划设计单位等级划分与评定条件》（LB/T 076—2019）以及《旅游发展规划管理办法》（2019年废止）、《旅游规划设计单位资质等级认定管理办法》（2005）等国家、行业标准及相关规章，并随着国家和地方旅游规划的编制与实施，我国旅游规划标准体系日趋完善。《旅游法》在明确“旅游业发展应当遵循社会效益、经济效益和环境效益相统一原则”基础上，把旅游发展与生态环境的可持续性有机地结合起来，鼓励各类市场主体在有效保护前提下，依法合理利用旅游资源，并规定利用公共资源建设的游览场所应当体现公益性质。同时，《旅游法》设“旅游规划与促进”专章，确立旅游规划体系和编制规范，明确各市场主体和各部门对资源保护的责任，加强对旅游资源的保护；建立和完善旅游资源评价与经营管理制度、旅游环境影响评价制度，体现了对旅游资源的整体保护要求。

旅游规划分为旅游发展规划和旅游专项规划。前者是根据旅游业的历史、现状和市场要素的变化所制定的目标体系，以及为实现目标体系在特定的发展条件下对旅游发展的要素所做的安排；后者是对重点旅游资源开发利用，特定区域内旅游项目、设施和服务功能配套，以及旅游发展要素提升优化等方面所做的安排。党的十八大以来，中央高度重视规划工作，多次以中央文件形式对规划工作作出重要部署。中共中央、国务院出台《关于统一规划体系更好发挥国家发展规划战略导向作用的意见》（中发〔2018〕44号），将规划作为党治国理政的重要方式，作了具有全局性、战略性、系统性的制度安排，这对于新时代规划工作具有里程碑式的重大意义，为文化和旅游规划工作提供了根本遵循。为推进文化和旅游规划工作科学化、规范化、制度化，充分发挥规划在文化和旅游发展中的重要作用，2019年7月，文化和旅游部制定《文化和旅游规划管理办法》，从总则、立项和编制、衔接和论证、报批和发布、实施和责任等方面对文化和旅游规划体系进行统一，对规划管理进行完善，以提高规划质量。该办法所称的文化和旅游规划是指文化和旅游行政部门编制的中长期规划，主要包括文化和旅游部相关司局或单位编制的以文化和旅游部名义发布的总体规划、专项规划、区域规划，地方文化和旅游行政部门编制的地方文化和旅游发展规划。

旅游资源是旅游业赖以生存和发展的前提条件，是旅游业产生及可持续发展的物质基础，是旅游的客体，是旅游产品和旅游活动的基本要素之一，是旅游生产力增长的潜力所在。本章从旅游资源基本成因、属性以及旅游者观赏角度，将旅游资源分为自然旅游资源和人文旅游资源。自然旅游资源是构成自然环境的主体要素，如地貌、气候、水体和生物中具有旅游吸引力的部分，是指由于自然因素形成的自然景观，它包括山水风光、气候、天文、动植物等自然地理要素所构成的、吸引人们前往进行旅游活动的天然景观，具有明显的天赋性质；人文旅游资源是指反映人类社会生活的政治、经济、文化、艺术和宗教等活动的人文景观和民俗风情，是人类在长期的生产实践和社会生活中所创造的艺术结晶和文化成就，是激发旅游者旅游动机的物质财富和精神财富的总和。

学习引导与目标

旅游规划与旅游资源的利用应当使旅游与自然、文化和人类生存环境成为一个整体，实现旅游资源经济价值、生态价值和潜在价值的平衡与协调，最终实现旅游的可持续发展，以保障人类旅游权利得以根本实现。本章依据《旅游法》、《文物保护法》、《非物质文化遗产法》、《自然保护区条例》及《风景名胜区条例》等相关法律法规，从旅游业可持续发展视角，分析旅游发展规划的编制要求与内容以及对旅游资源在有效保护的前提下依法合理利用的要求。通过学习，要求学生了解旅游资源开发、利用与保护的关系，并能从自然旅游资源和人文旅游资源视角识记《自然保护区条例》、《文物保护法》及《非物质文化遗产法》的内容，掌握在自然保护区、风景名胜区开展旅游活动的基本要求。

第一节　旅游规划与资源利用保护的法律规范依据

一、旅游规划及其编制

（一）旅游规划的概念及类型

旅游规划的目的在于对未来发展进行预测、协调并选择为达成一定的目标而采用的手段[①]。学者们根据自己的研究和旅游规划实践，常常按照不同的标准对旅游规划进行分类，从而形成了不同的旅游规划类别，如区域旅游规划、目的地旅游规划、旅游区规划，旅游发展战略规划、旅游发展总体规划、旅游详细规划等。在我国的旅游法律规范中，如《旅游法》将旅游规划分为旅游发展规划和旅游专项规划。这里的旅游发展规划是根据旅游业的历史、现状和市场要素的变化所制定的目标体系，以及为实现目标体系在特定的发展条件下对旅游发展的要素所做的安排；旅游专项规划则是指对重点旅游资源开发利用，特定区域内旅游项目、设施和服务功能配套，以及旅游发展要素提升优化等方面所做的安排。《文化和旅游规划管理办法》所称的文化和旅游规划是指文化和旅游行政部门编制的中长期规划，主要包括文化和旅游部相关司局或单位编制的以文化和旅游部名义发布的总体规划、专项规划、区域规划，地方文化和旅游行政部门编制的地方文化和旅游发展规

① 吴必虎，俞曦．旅游规划原理［M］．北京：中国旅游出版社，2010：14-15.

划。总体规划是指导全国文化和旅游工作的中长期发展规划，是其他各类规划的重要依据，规划期与国家发展规划相一致，落实国家发展规划提出的战略安排；专项规划是以文化和旅游发展的特定领域为对象编制的规划；区域规划是以特定区域的文化和旅游发展为对象编制的规划；地方文化和旅游发展规划是指导本地区文化和旅游工作的中长期发展规划。

（二）旅游发展规划的特征与编制旅游规划的原则

1.旅游发展规划的特征

旅游发展规划（Tourism Development Plan）是对规划区域的旅游业发展作出的战略性决策，是旅游规划体系中层次最高的旅游产业发展总纲领。其具有以下基本特征：

（1）综合协调性。旅游发展规划涉及地理、历史、文化、建筑、园林、交通、商业、社会、经济、金融、信息等方面的内容，需要多部门互相配合，共同参与规划的编制和实施。《旅游法》第4条规定："旅游业发展应当遵循社会效益、经济效益和生态效益相统一的原则。"因此，旅游发展规划应当处理好吃、住、行、游、购、娱各要素之间以及各要素与支持保障体系要素之间的关系，处理好产业发展空间的协调关系和开发时间序列的协调关系，使旅游发展规划的编制与实施分步骤进行，使各区域、各项目开发做到有序而协调发展。

（2）预见性与发展性。旅游发展规划是对特定区域未来旅游业发展蓝图的描绘，应当准确把握和科学预测对未来旅游业发展的影响因素，在规划内容上，通过旅游总体规划，抓住区域旅游业发展的核心问题，按照旅游可持续发展的思想，用大旅游观念看待旅游业产业体系，将国际旅游、国内旅游和当地居民的休闲游憩活动视为完整的市场系统，构筑区域旅游产业板块，将众多旅游相关产业纳入政府"大旅游管理"体系，制定旅游发展规划的指导思想、规划目标、规划具体方案，为区域经济和社会的发展提供决策支持和政策保障。同时，旅游发展规划应当考虑区域旅游业发展地理环境的差异性、旅游业发展的阶段性、旅游市场的多变性，以及经济社会环境发展带来的机遇性等因素，使规划的总体思想、思路与内容逐步完善。

（3）实用性与层次性。旅游发展规划不仅要求其内容具有战略性、指导性、原则性、系统性、完整性，而且要求对旅游资源、旅游市场、发展目标、战略部署、空间布局和功能组合等进行具体的分析和研究，具有一定的实用性，可切实指导和协调区域内旅游业的建设、布局和健康发展。在层次性方面的体现：一是从期限上看，旅游发展规划包括近期旅游发展规划（3～5年）、中期发展规划（5～10年）、远期发展规划（10～20年）等，并对20年以后的旅游发展作出轮廓性的规划安排。二是从区域范围上看，可以是跨区域旅游发展规划或国家间旅游发展规划，如丝绸之路旅游发展规划；可以是国家级旅游发展规划，如全国性的旅游目的地、旅游风景区的确定，以及规划开发的战略目标、开发导向、环境保护等；可以是区域级旅游发展规划，如跨省市区域的东北旅游区、长江中上游旅游区等；也可以是地方旅游发展规划，如省级、市级或县级的旅游发展规划。

2.编制文化和旅游规划的原则

《文化和旅游规划管理办法》第3条规定，编制文化和旅游规划应当坚持以下原则：围绕中心，服务大局，以习近平新时代中国特色社会主义思想为指导，体现关于文化和旅游发展的总体要求；突出功能，找准定位，明确政府职责的边界和范围；实事求是，改革创新，适应时代要求和符合发展规律；远近结合，务实管用，突出约束力、可操作，使规划可检查、易评估。

（三）旅游规划编制的要求与内容

1.旅游发展规划定位及编制的职责要求

《旅游法》第17条规定："国务院和县级以上地方人民政府应当将旅游业发展纳入国民经济和社会发展规划。""国务院和省、自治区、直辖市人民政府以及旅游资源丰富的设区的市和县级人民政府，应当按照国民经济和社会发展规划的要求，组织编制旅游发展规划。对跨行政区域且适宜进行整体利用的旅游资源进行利用时，应当由上级人民政府组织编制或者由相关地方人民政府协商编制统一的旅游发展规划。"这是关于旅游发展规划定位和政府组织编制旅游发展规划职责要求的规定，规定了各级政府将旅游业发展纳入国民经济和社会发展规划，并组织编制旅游发展规划，明确了政府在跨区域旅游资源整体利用规划编制的协调作用。按照该要求将旅游业发展的目标与国民经济和社会发展各方面的目标、规划作出系统的衔接，明确了各级政府是旅游发展规划组织编制的主体，并将旅游发展规划的编制范围定位在国家、省、自治区、直辖市以及旅游资源丰富的设区的市和县。同时明确规定，对跨行政区域的旅游资源必须统一编制旅游发展规划。

2.旅游规划的内容与要求

《旅游法》第18条规定："旅游发展规划应当包括旅游业发展的总体要求和发展目标，旅游资源保护和利用的要求和措施，以及旅游产品开发、旅游服务质量提升、旅游文化建设、旅游形象推广、旅游基础设施和公共服务设施建设的要求和促进措施等内容。""根据旅游发展规划，县级以上地方人民政府可以编制重点旅游资源开发利用的专项规划，对特定区域内的旅游项目、设施和服务功能配套提出专门要求。"这是关于旅游发展规划的内容以及根据旅游发展规划编制专项规划的规定，为各级政府制定特定功能区域专项规划指明了方向。

在上述内容中，"旅游业发展的总体要求和发展目标"指旅游发展的指导思想，包括总体定位、形象定位、产业定位、市场定位、发展定位以及包括发展速度、经济目标、社会目标、文化目标、环境目标、城乡部门等的发展目标；"旅游资源保护和利用的要求和措施"指对依法保护和合理利用资源的规划及其科学衔接提出具体的措施和要求，合理划定禁止开发、适度开发和适宜开发的区域，对不同资源的利用方式和强度作出规范，建立保护利用和效果评估机制；"旅游产品开发"指在对旅游资源条件和旅游市场调查以及旅游产品现状分析的基础上，对市场潜在旅游产品的结构、类型、项目的发展目标及其实施战略和措施进行规划，包括对产品结构、产品系列化以及产品的生命周期进行规划；"旅游服务质量提升"主要包括旅游品牌创建工程、旅游标准化示范工程、旅游人才培训工

程、旅游服务质量评价工程、旅游信息化工程、导游服务质量提升工程等；“旅游文化建设”指结合本地实际，在保护和不改变文化原真性的前提下，打造能够体现本地文化特色、符合社会主义核心价值观的旅游产品、旅游商品，形成旅游文化品牌；“旅游文化推广”指统一旅游形象，对资金保障、推广方式、推广目标和绩效评估等提出要求以及针对目标、重点、新兴和潜在等不同市场确定不同的营销策略；“旅游基础设施建设”指旅游发展规划中应明确包括旅游饭店、旅游交通运输工具、水电气供应、各种文体疗养旅游休闲场所及其设施与设备等旅游基础设施的数量和质量要求、布局安排等；“旅游公共服务设施”主要包括旅游信息网、旅游咨询服务中心、移动和旅游信息服务、旅游集散中心、观光穿梭巴士、自驾车出租服务、公厕、无障碍旅游设施、旅游安全救援系统、旅游投诉处理系统等；旅游促进措施包括基金促进、信息化促进和人才促进等。重点旅游资源的开发利用，往往体量大、投入大、牵涉的部门和产业多，在资源保护等方面的综合性要求高，与当地经济社会发展密切相关，因此，重点旅游资源开发管理专项计划由县级以上人民政府编制①。

3.文化和旅游规划文本的内容与要求

《文化和旅游规划管理办法》第4条规定：规划文本一般包括指导思想、基本原则、发展目标、重点任务、工程项目、保障措施等以及法律法规规定的其他内容。具体要求如下：

符合国家发展规划；发展目标尽可能量化；发展任务具体明确、重点突出；工程项目和政策举措具有必要性、可行性；对需要国家安排投资的规划，应事先征求发展改革、财政等相关部门意见。

4.旅游发展规划评估及其与相关规划的衔接

依据《旅游法》的规定，“各级人民政府应当组织对本级政府编制的旅游发展规划的执行情况进行评估，并向社会公布”，这是关于政府应当对旅游发展规划执行情况进行评估的规定。该规定明确规定了评估的主体是各级政府，因此要确定好评估周期、参评人员、评估标准以及评估结果落实的监督等，评估内容是执行情况即规划执行情况和需改进之处，结果的公布途径可包括政府网站、政府公报、新闻发布会及报刊、广播、电视、互联网络等。“旅游发展规划应当与土地利用总体规划、城乡规划、环境保护规划以及其他自然资源和文物等人文资源的保护和利用规划相衔接。”这是关于旅游发展规划要与其他法定规划衔接的规定，“相衔接”指政府在组织编制和批准包括旅游发展规划在内的各种法定规划时，应从土地、城镇空间、产业布局、生态环境、自然及文物资源、交通等多个方面进行协调平衡，确保同是政府编制和批准的各规划间没有矛盾，彼此协调，有效执行。通过对资源的合法合理利用，发挥其最大效用，实现各产业共同发展，促进经济、环境、社会、文化效益的和谐统一。

此外，《旅游法》第20条规定：“各级人民政府编制土地利用总体规划、城乡规划，

---

① 虞国华.《旅游法》理解与适用［EB/OL］.［2013-12-05］. http://www.jiaxing.gov.cn/slyj/zcwj_6486/zcjd_6489/t20131205_293562.html.

应当充分考虑相关旅游项目、设施的空间布局和建设用地要求。规划和建设交通、通信、供水、供电、环保等基础设施和公共服务设施，应当兼顾旅游业发展的需要。”这是关于政府通过其他规划的编制和基础及公共服务设施的建设支持旅游业发展的规定，要求各地政府的土地总体规划和城乡基础设施和公共设施建设规划，必须融入旅游业发展的因素考虑。《中华人民共和国土地管理法》（以下简称《土地管理法》）已将旅游用地列入建设用地的范畴，《国务院关于加快发展旅游业的意见》也要求土地规划在编制过程中应适当增加旅游业发展用地，为旅游开发建设提供政策和法律的保障。按照立法原意，城乡规划的编制在确定城乡性质、发展目标时，应为旅游发展留足空间；在确定城乡人口发展规模和用地时，必须对“居住、生产、交通、游憩”四大功能区进行合理安排；确定城乡发展及建设用地的空间布局时，应当结合旅游项目的建设和旅游设施的空间布局，合理计划和安排；在城乡规划建设中，应合理安排城市基础设施和公共服务的规模与布局，充分考虑其与旅游基础设施的双重使用性，避免重复建设。

中共中央、国务院《关于统一规划体系更好发挥国家发展规划战略导向作用的意见》强调“建立健全规划衔接协调机制，落实国家发展规划的要求”“统一规划体系，形成规划合力”，要求规划编制单位做好加强规划衔接与论证，充分征求各方意见。总之，文化和旅游总体规划、专项规划、区域规划以及地方文化和旅游发展规划构成统一的旅游发展规划体系，专项规划、区域规划、地方文化和旅游发展规划须依据总体规划编制。不同层次和不同范围的旅游发展规划应当相互衔接，并坚持下位规划服从上位规划、下级规划服务上级规划、等位规划相互协调，建立以国家发展规划为统领，以空间规划为基础，以专项规划、区域规划为支撑，由国家、省、市县各级规划共同组成，定位准确、边界清晰、功能互补、统一衔接的国家规划体系。

【延伸阅读4-1】　《旅游规划设计单位资质等级认定管理办法》（摘选）

……

第三条　旅游规划设计单位资质等级分为甲级、乙级和丙级。

……

第八条　申请甲级、乙级资质的旅游规划设计单位，须向所在地省级旅游规划设计单位资质等级认定委员会提出申请，由该委员会初审通过后，向全国旅游规划设计单位资质等级认定委员会推荐申报。丙级资质旅游规划设计单位由省级旅游规划设计单位资质认定委员会直接认定，并报全国旅游规划设计单位资质等级认定委员会备案。

第九条　甲级资质旅游规划设计单位应满足下列要求：（1）获得乙级资质一年以上，且从事旅游规划设计三年以上。（2）规划设计机构为企业法人的，其注册资金不少于一百万元人民币；规划设计机构为非企业法人的，其开办资金不少于一百万元人民币。（3）具备旅游经济、市场营销、文化历史、资源与环境、城市规划、建筑设计等方面的专职规划设计人员，其中至少有五名从业经历不低于三年。（4）完成过省级以上（含省级）旅游发展规划，或至少完成过五个具有影响的其他旅游规划设计项目。（5）项目委托方对其成果和信誉普遍评价优秀。

第十条 乙级资质旅游规划设计单位应满足以下要求：(1) 从事旅游规划设计一年以上。(2) 规划设计机构为企业法人的，其注册资金不少于五十万元人民币；规划设计机构为非企业法人的，其开办资金不少于五十万元人民币。(3) 具备旅游经济、市场营销、文化历史、资源与环境、城市规划、建筑设计等方面的专职规划设计人员，其中至少有三名从业经历不低于三年。(4) 至少完成过三个具有影响的旅游规划设计项目。(5) 项目委托方对其成果和信誉普遍评价良好。

第十一条 丙级资质旅游规划设计单位应满足下列要求：(1) 从事旅游规划设计一年以上。(2) 规划设计机构为企业法人的，其注册资金不少于十万元人民币；规划设计机构为非企业法人的，其开办资金不少于十万元人民币。(3) 具备旅游经济、市场营销、文化历史、资源与环境、城市规划、建筑设计等方面的专职规划设计人员，其中至少有一名从业经历不少于三年。(4) 至少完成过一个具有影响的旅游规划设计项目。(5) 项目委托方对其成果和信誉普遍评价好。

第十二条 旅游规划设计单位资质等级每两年复核一次。复核通过的，换发新的资质等级证书；复核未通过的，由具有相应权限的资质等级认定机构作出撤消或降低资质等级的决定。被撤消资质等级的旅游规划设计单位，一年内不得重新申请资质认定。

……

资料来源：国家旅游局. 旅游规划设计单位资质等级认定管理办法 [EB/OL]. [2020-12-04]. http: //zwgk.mct.gov.cn/zfxxgkml/zcfg/bmgz/202012/t20201204_905283.html.

二、旅游资源及其利用保护

(一) 旅游资源的概念与类型

1.旅游资源概念界定

旅游资源是旅游业赖以生存和发展的前提条件，是旅游业产生及可持续发展的物质基础，是旅游的客体，是旅游产品和旅游活动的基本要素之一，是旅游生产力增长的潜力所在。构成旅游资源的基本条件：一是对旅游者有吸引力，能激发人们的旅游动机。二是具有可利用性和发展性，它能够被现实条件下的旅游业所开发利用；同时随着旅游者旅游爱好和习惯的改变，其包容范畴正在并将不断扩大。三是资源的开发能产生不同的经济效益、社会效益和环境效益。随着社会进步，旅游业向纵深层次拓展，人们对旅游资源的认识因其多样性和发展性而深化。

目前，我国学术界有关旅游资源概念的界定，代表性的观点有：一是强调功能性，如郭来喜、吴必虎等（2000）认为，凡能为旅游者提供观光游览、知识乐趣、度假疗养、娱乐休息、探险猎奇、考察研究、寻根访祖、宗教朝拜、商务交往以及人民友好往来的客体与劳务等，并具有开发价值者，均可称为旅游资源[①]。二是强调要素性，如陈传康等（1990）认为旅游资源是在现实条件下，能够吸引人们产生旅游动机并进行旅游活动的各种因素的总和[②]；申葆嘉（2010）认为，旅游资源是一切可以用于旅游开发的条件和因

① 郭来喜，吴必虎，等. 中国旅游资源分类系统与类型评价 [J]. 地理学报，2000（3）：294-301.
② 陈传康，等. 旅游资源鉴赏与开发 [M]. 上海：同济大学出版社，1990：39-41.

素[①]。三是强调吸引物性，田里（1998）认为旅游资源是指对旅游者具有吸引力的自然存在和历史文化遗产，以及直接用于旅游目的的人工创造物[②]；李天元（2000）则提出，凡是能够造就对旅游者具有吸引力环境的自然事物、文化事物、社会事物或其他任何客观事物，都可构成旅游资源[③]。

《旅游资源保护暂行办法》（357C01-02-2007-23576）所称旅游资源，是指自然界和人类社会凡能对旅游者产生吸引力，可以为旅游业合理利用，并可产生经济效益、社会效益和生态效益的各种事物和因素，包括已开发的各类自然遗产、文化遗产、地质、森林、风景名胜、水利、文物、城市公园、科教、工农业、湿地、海岛、海洋等各类旅游资源，也包括未开发的具有旅游利用价值的各种物质和非物质资源[④]。可见，旅游资源必须是既具有吸引力，又有市场开发价值，能被人类所利用的各种因素。旅游资源又可称为旅游吸引物，它是指能够激发旅游者的旅游动机，为旅游业所利用，并能产生经济效益、社会效益和生态效益的自然的和社会的事物和现象等各种因素和条件的总和。

2.旅游资源内涵分析

对于旅游资源的正确认识，必须具备三种意识：一是整体意识。资源要素是一个复合要素，它由众多内涵不同、功用迥异的单项资源组合而成，如自然风光、寺庙建筑、经济环境（商贸旅游）等，而且，资源赋存各组成部分之间的关系既是并列的，又是重叠、交叉的，因此，在衡量某地资源赋存状况的时候，就必须采取将各单项资源加权平均的测算办法，即要力求综合考察、具备整体的意识。二是发展意识。旅游资源也是一个发展的概念，在不同的发展阶段，对资源的内涵必须有不同的认识，对资源的利用也将适时而改变。对于“不同的发展阶段”的理解应该包括两个方面，即在区域旅游业发展的不同历史阶段以及全国乃至于全球旅游业发展所处的不同历史阶段，因此，发展意识包括微观与宏观两方面的意识，缺一不可。三是市场意识。对于资源赋存的认识发展和变化并不是杂乱无章的，它也自有其应该遵循的规律，即以市场需求为导向。对于旅游资源赋存的品评、开发，是与市场的需求相一致的，在对市场需求衡量或界定时既要预测需求总量，也要加强市场定位等方面的工作。

综上，关于旅游资源的内涵可以从以下角度理解：第一，旅游资源是客观存在的旅游活动的客体，可以是物质的，也可以是精神的、非物质的；可以是已被开发利用的，也可以是尚未被开发利用的。第二，旅游资源具有实现旅游活动的吸引功能，它具有美学特征，能满足旅游者求新、求异、求知、求美等精神需求，吸引旅游者参加旅游活动。旅游吸引力是旅游资源的核心。第三，旅游资源能被旅游业所利用，产生经济效益、社会效益和生态效益。第四，旅游资源的概念随人们认识水平的提高在不断发展，旅游资源的范畴也随着科学技术的进步不断扩大。

---

① 申葆嘉．旅游学原理［M］．北京：中国旅游出版社，2010：135-139.
② 田里．旅游学概论［M］．天津：南开大学出版社，1998：102-111.
③ 李天元．旅游学概论［M］．天津：南开大学出版社，2009：117-118.
④ 文化部．关于印发《旅游资源保护暂行办法》的通知［EB/OL］．［2020-12-04］．http：//zwgk.mct.gov.cn/zfxxgkml/zcfg/gfxwj/202012/t20201204_906115.html.

3.旅游资源的类型

目前，世界各国对旅游资源尚没有统一的分类标准和分类方法。我国旅游资源十分丰富，包括的范围很广，关于旅游资源的分类，学术界也有不同见解，大体有以下几种划分方法：按资源的客体属性划分，可以分为物质性旅游资源、非物质性旅游资源和物质与非物质共融性旅游资源；按资源的科学属性划分，可以分为自然景观旅游资源、人文景观旅游资源和服务性旅游资源；按资源的发育背景划分，可分为天然赋存性旅游资源、人工创造性旅游资源和两者兼具的复合性旅游资源；按资源的开发状态划分，可分为已开发旅游资源（现实态）、待开发旅游资源（准备态）和潜在旅游资源（潜在态）等；按资源的可持续利用潜力划分，可分为再生性旅游资源与不可再生性旅游资源。本教材从旅游资源基本成因、属性，以及旅游者观赏角度，将旅游资源分为自然旅游资源和人文旅游资源两大类。

（1）自然旅游资源。自然旅游资源是构成自然环境的主体要素，如地貌、气候、水体和生物中具有旅游吸引力的部分，是指由于自然因素形成的自然景观，它包括山水风光、气候、天文、动植物等自然地理要素所构成的、吸引人们前往进行旅游活动的天然景观，具有明显的天赋性质。自然旅游资源包括的类型：地文类旅游资源，如典型地质构造、标准地层剖面、生物化石点岩石与矿物、自然灾变遗迹、山岳景观、峡谷景观、火山熔岩岩溶景观、风沙地貌、丹霞地貌、海岸与岛礁等；水体类旅游资源，如江河湖泊、瀑布、泉景、海洋、现代冰川、非峡谷风景河流等；气候、生物类旅游资源，如森林景观、草原景观、古树名木、奇花异卉、观赏动物表演、动植物自然保护区、气象气候、天象奇观、太空景观等。作为大自然的直接造化，自然旅游资源是最基本的旅游资源，在影响旅游活动场所的一切因素中，最重要的是自然因素。因此，人们又称自然环境为旅游的第一环境。

自然旅游资源的主要旅游价值表现为三方面：其一，提供观赏性审美对象，优美奇异的自然景观是观光旅游最基本的对象。其二，提供休养度假的自然环境，如避暑或避寒的气候条件，有康体疗身作用的温泉、海滨、森林等自然环境条件。其三，提供娱乐与探险活动的天然场所和条件，如登山、滑雪、泛舟、游泳、垂钓、狩猎等。自然旅游资源作为最基本的旅游资源，不仅仅在于其对旅游资源的结构性作用上。由于自然环境是与人类生存休戚相关的根本物质基础和一切生命活动的可视大舞台，从而不仅使得人类对自然环境具有切肤之亲，并且使得人类对自然环境的审美需求成为最基本的环境审美需求。因此，以自然旅游资源为对象的旅游活动，成为人类最基本、最共同、最经常、最持久的旅游活动。投身大自然是人类永恒的旅游主题。尤其是在现代社会都市化人工环境的大扩张日益使人类被迫疏远大自然的背景下，回归大自然、追求美好的自然环境成为当代旅游活动的强烈趋向。

（2）人文旅游资源。人文旅游资源是指反映人类社会生活的政治、经济、文化、艺术和宗教等活动的人文景观和民俗风情，是人类在长期的生产实践和社会生活中所创造的艺术结晶和文化成就，是激发旅游者旅游动机的物质财富和精神财富的总和。人文旅游资源主要包括：历史遗产类旅游资源，如古人类遗址、军事遗址、古建筑、石窟、碑碣、古代工程、陵墓、名人遗址、宗教建筑、宗教艺术、古城与古城遗址等；现代人文类旅游资源，如现代建筑与大型工程、科学教育、文化设施、体育健身设施、娱乐休闲设施、现代都市特色、城镇乡村景观等；抽象人文吸引物与非物质文化遗产类旅游资源，如山水文学作品、民间传说、书法、绘画影视、戏曲音乐、舞蹈、宗教文化、民间文艺、少数民族文化、特色民俗等。

人文旅游资源除了具备旅游资源的一般特点外，还具有自身特点。一是历史文化性。对于原生性人文旅游资源而言，它们基本上是前人创造的物质文明和精神文明的物质遗存，国际上叫文化遗产。作为历史的产物，其产生有特定的社会历史背景，从而在内容和形式上都打上了时代的烙印。二是民族性与地方性。人类历史的物质与精神遗产是由不同民族的人民所创造，它们与民族和民族感情不可分割，无论在内涵和风格上，都会明显地表现一个民族的特征。同时，居住在不同自然环境下的同一民族所创造的人文旅游资源，也必然会呈现不同的地方特色。三是人为性与依附性。人文旅游资源既为人类所创造，就必然体现人的目的和意志。但是，人文旅游资源的人为性又是建立在对一定自然环境的依附上，即与地形、水源等自然因素有关。四是创造性与时代性。人文旅游资源作为人类社会的产物，可以不断被创造、形成，并随着不同时代审美情趣的变化，也会有不同特色的人文旅游资源的演替。

同时，人文旅游资源是以自然条件为基础，在一定自然地理环境甚至自然旅游资源基础上形成的，在许多方面表现出自然因素的影响，具有较全面的观赏、康乐和科学考察等旅游功能，但其重心主要落在文化观光、文化考察及现代物质性康乐享受方面。

（二）旅游资源的开发、利用与保护

1.旅游资源开发、利用与保护的关系

旅游资源保护是保护生态环境和人文环境的需要，是保护旅游地文化的需要，是保护旅游业发展的需要，是旅游资源可持续利用的需要。《旅游法》总则提出了对旅游资源在有效保护的前提下依法合理利用的要求，所谓合理，是指在法律法规的禁令性规定之外，切实维护资源的区域整体性、文化代表性和地域特殊性，将环境保护设施和生态保护设施作为景区开放的必要条件。《旅游法》第21条规定：“对自然资源和文物等人文资源进行旅游利用，必须严格遵守有关法律、法规的规定，符合资源、生态保护和文物安全的要求，尊重和维护当地传统文化和习俗，维护资源的区域整体性、文化代表性和地域特殊性，并考虑军事设施保护的需要。有关主管部门应当加强对资源保护和旅游利用状况的监督检查。”这是关于资源的旅游利用过程中依法综合保护的原则和总体性要求的规定，对旅游资源的依法利用和监督检查提出了要求。这里的“资源的区域整体性”是指旅游产品内涵和形象的整体性所决定的资源的不可分割性，在实践中又分为跨行政区区域和不跨行政区区域两种情况。“文化代表性”是指某一旅游资源区别于其他旅游资源的文化特性。维护文化代表性，必须树立扎根于地域文化的原真性和先进性理念，避免出现“庸俗化”、“同质化”和“盲目差异化”的偏向，给当地文化品位造成损害。“地域特殊性”是指某一资源不同于其他资源的特殊自然属性及其周边环境。每个资源都处在一种既（特）定的自

然状态和周边环境中，法律法规中要求的“修旧如旧”和“与周边环境相协调”就是出自这个法理。“军事设施”涉及国家安全，可作旅游资源使用的，必须遵循《国防法》和《军事设施保护法》等法律法规的规定适度开发，并加强保护。同时，规定了有关部门监督检查的责任，如国土资源部门、城乡建设部门、环境保护部门、林业部门、文物保护部门、文化旅游行政部门等。《旅游资源保护暂行办法》第3条规定：“旅游资源保护坚持严格保护、开发服从保护的原则，实现协调监管、合理利用、科学发展的目标。”旅游资源的开发在改善、美化资源环境，为资源保护创造经济收益的同时，带来的是环境污染、游人的不文明行为、外来文化的冲击等。旅游资源开发、利用和保护既相互联系又相互矛盾，两者是辩证的矛盾统一体，并在辩证联系中共同改善旅游资源与环境的关系，推动旅游业的可持续发展。

（1）旅游资源开发和保护相互联系、相互依存。旅游资源是旅游者进行旅游活动的基础和前提条件，资源的保护是开发利用和发展的前提，保护是为了更好地开发；开发是保护的必要体现，是旅游业发展的基础。旅游资源必须经过开发利用，才能招徕游客，发挥其功能和效益，也才具有现实的经济意义和社会意义；资源保护的必要性只有通过开发才能得以体现。开发是旅游业发展的先导，是旅游资源价值的充分体现①；旅游资源的保护贯穿在开发的整个过程中，合理的、科学的旅游资源开发，意味着对资源环境进行改善、美化，增加其可进入性，或对历史遗迹进行发掘修复、保护，或对人文旅游资源进行资料搜集和整理，重现其光芒。

（2）旅游资源开发和保护相互矛盾。旅游资源开发需要对资源地进行的适度建设是以局部范围的破坏为前提的，旅游资源的开发不可避免地会造成某种破坏。可以说，没有破坏也就没有开发，破坏和开发在一定程度上是共生的，盲目的、掠夺式的开发造成资源浪费、环境污染、生态失衡更是对资源的严重破坏。同时，因管理不善，资源地游客涌入量往往超过其承载力，产生巨大的污染，破坏了资源环境，从而给资源本身造成致命的损坏。此外，由于旅游资源，特别是人文旅游资源所具有的文化性，开发利用带来外来文化的冲击也可能对旅游资源产生毁灭性打击。尽管旅游者与资源所在地的交流和影响以及两种文化之间的作用是相互的、双向的，但事实上，外来文化、外来旅游者对资源所在地的冲击和影响远大于他们所接受到的资源地的影响。旅游资源开发带来了诸多消极的影响，如资源所在地居民观念意识的变化，旅游地经济状况、经济意识、审美倾向、社会关系等的改变，民俗风情的商业化、庸俗化等，给旅游资源及其环境造成了直接或间接的破坏。当然，过量的保护，忽视对资源的开发利用，就无法体现资源本身所具有的价值，旅游业也就得不到发展。因此，如何正确处理资源开发、利用与保护的关系，把旅游资源开发建设纳入地方经济发展规划中是旅游目的地政府亟须解决的问题。

2.旅游可持续发展与旅游环境保护的关系

生态环境是关系民生的重大问题，更是对执政能力的考验。习近平总书记在全国生态

① 任红阳，CHEN.我国旅游环境保护法律法规存在的问题及对策研究［J］.经济研究导刊，2015（25）：191-193.

环境保护大会的重要讲话中强调，“生态文明建设是关系中华民族永续发展的根本大计”，推进生态文明建设应当坚持人与自然和谐共生、绿水青山就是金山银山、良好生态环境是最普惠的民生福祉、山水林田湖草是生命共同体、用最严格制度最严密法治保护生态环境以及共谋全球生态文明建设等六项重要原则，展现了习近平生态文明思想的丰富内涵。[①]旅游环境是在旅游活动特定的区域或范围内各种因素的存在状况和综合作用的结果，是旅游业赖以存在和发展的基础。长期以来，旅游目的地总把旅游发展视为一种经济活动，偏重追求其经济效益，而忽略了普遍存在的旅游对环境的影响。旅游对环境尤其是自然环境造成的严重破坏不仅会阻碍旅游业本身的持续发展，而且也会带来相关的负效益。因此，对旅游环境不妥善管理和系统保护，势必影响到旅游发展的持续性。旅游业发展的实践证明，旅游与环境密切相连，是相互依赖、相互促进的。

（1）环境是旅游业发展的基石。当今世界，良好的生态环境已经成为旅游目的地最具魅力、最响亮的旅游品牌。只有那些自然景观和人文景观得到有效保护的旅游目的地，才能激发人们前往旅游的欲望并最终将其转化为现实的旅游消费需求。相反，生态环境一旦受到破坏，旅游目的地就很难再吸引旅游者前往观光游览，旅游产业也必将因此而衰落萎缩。因此可以说，生态环境以其可提供的旅游资源数量决定了旅游产业发展的规模和潜力，是旅游产业的生存之本、发展之源。

（2）环境保护工作需要旅游产业做支撑。旅游业的发展带动了相关产业的发展，增加了政府的财政收入，增强了政府对生态环境保护工作的投入能力，直接促进了环保工作的开展。旅游需求是一种高层次的需要，它对于增强旅游者和旅游经营者自觉维护生态环境的意识起到积极的促进作用。旅游产业的蓬勃发展，替代了污染严重和资源消耗大的传统产业，优化了旅游目的地的经济结构，改变开发和利用生态环境的方式，减少经济发展对自然资源和环境的压力和破坏，推动了当地环境质量的改善。

（3）旅游业是人类可持续发展的重要领域。可持续发展是人类寻求与生态环境和谐共存的一个生存发展模式。尽管旅游业号称“无烟工业”，但旅游资源的不合理开发同样也会对环境造成污染和破坏。旅游业同样面临着可持续发展的问题。同时，旅游是当代人类社会生活质量提高的一个重要标志，是现代人类而且也是未来人类的一种基本生活需求。因此，旅游业不仅必须倡导可持续发展，而且也是人类最需要实施可持续发展的一个重要领域。旅游业在发展过程中，有责任、有义务遵守和宣传教育可持续发展，妥善处理好资源开发利用和保护环境、保护生态的关系，努力实现旅游、环境和经济的协调发展，为人类可持续发展作出积极的贡献。

（4）可持续发展的根本目的是“发展”。对于广大发展中国家来说，贫穷和落后是环境的最大污染源，是影响人类生存和可持续发展的最严重问题。发展经济是发展中国家共同面临的首要任务。旅游业作为一个投资少、见效快的新兴产业，对促进贫困地区经济增长，改善人民生活水平有着不可替代的重要作用。发展旅游业，不仅是发展中国家落后地

① 李宏伟．推动新时代绿色发展和生态文明建设［N］．学习时报，2018-06-04.

区发展国民经济和改善人民生活的现实选择，也是延续和光大这些地区民族和传统文化的重要举措，是发展中国家实现可持续发展的有力保障。因此，对于发展中国家来说，“发展”才是旅游业可持续发展的落脚点和根本目的。要在保护好生态环境的基础上，积极开发和利用旅游资源，大力发展旅游业，并通过旅游业来带动当地经济社会的全面发展，促进人民生活水平的不断提高，谋求人类的可持续发展。

【延伸阅读4-2】 美国大峡谷景区旅游规划开发的经验与启示

【科罗拉多大峡谷】科罗拉多大峡谷是世界著名的自然和文化旅游区，和黄石国家公园、约塞米蒂国家公园构成美国游客最多、知名度最高的三大公园。经过一百多年的综合开发，科罗拉多大峡谷已成为全球峡谷型景区开发的典范。

1.采用国家公园模式：科罗拉多大峡谷的开发按照美国国家公园模式进行，由国家公园管理机构全面独立负责景区的开发和运行。以国家公园模式为基础，在国家公园内建设了多处国家公园、度假区和国家森林，如岩拱国家公园、印第安遗址公园和布莱斯公园等。

2.严格保护环境：对游客数量进行严控，严格保护自然景色、野生动物、地形地貌、历史遗迹等，公园内严禁人工兴建景观景点，并遵循区内游、区外住的原则，在公园内杜绝住宿设施。公园还鼓励内部乘坐穿梭游览车，尽可能少驾驶私家车。

3.体验式学习型旅游：在公园内旅游过程就是一个完整的学习过程，并不仅仅提供满足视觉要求的观光旅游，景点介绍牌和各种资料中随处可见相关的科普知识，比如地质学、生态学等科学教育，且表达方式灵活而不生硬，注重发挥教育功能，以人与自然和谐相处的理念作为大峡谷景区解说系统建设的出发点，发挥教育功能。

【乌杜邦峡谷】乌杜邦峡谷属于美国旧金山一个民间自然保护区，本来被规划成一个住宅区，在当地居民的努力下，他们集资买下并很好地保护了这一地区，成立了乌杜邦峡谷开发组织，其附近的Bo-linas湖区已经被列入国际重要湿地系统。

1.采用社区居民组织发展模式：乌杜邦峡谷采用的是自然保护区经营模式，采取社区开发的发展思路，其组织管理和资金来源、产品开发等方面由社区居民组成的乌托邦峡谷开发组织进行。乌杜邦峡谷开发组织是一个非营利性质的公益性组织，其使命是保护并管理其财产，以便为当地动植物提供保护地；通过孩子们在保护地的亲身经历，教给他们自然环境方面的知识，并且使其懂得保护环境的必要性。

2.志愿者和环境教育模式：乌杜邦峡谷以其保护地为课堂，以体验教学法为主导，着重开展环境教育项目。40多年前，乌杜邦峡谷开发组织提出了一种在当时的环境教育领域中独特的观念。它以遵循共同受益的原则招募志愿者：乌杜邦峡谷开发组织的专家和顾问首先对志愿者进行相当于大学水平的自然科学和地方生态学领域的培训，志愿者再负责将这些知识传播给开发组织环境教育项目中的孩子们。项目开展得非常成功，有效且成本非常低。此教育模式已经广泛地为政府机构和非政府组织所效仿。

3.资金来源模式：主要以申请科研基金，向参观者和以前的资助者发请求信等方式来筹集运作资金，同时开发志愿者服务和环境教育产品等。除提供给研究和用于修复栖息地的特别资助外，不接受其他的政府资金或运作资金。乌杜邦峡谷开发组织还通过一年一次向参观者和以前的资助者发请求信的方式来筹集运作资金。

资料来源：何季东. 国内外大峡谷景区经典开发案例比较分析［N］. 中国旅游报，2014-12-29.

第二节 人文旅游资源保护法律制度

一、文化遗产与非物质文化遗产保护法律制度

（一）文化遗产保护的法律思考

1.文化遗产的概念、特点与保护

依据《保护世界文化和自然遗产公约》，文化遗产是指从历史、艺术或科学角度看具有突出普遍价值的建筑物、碑雕和碑画，具有考古性质的成分或结构、铭文、窟洞以及联合体及建筑式样、分布均匀或与环境风景结合方面具有突出普遍价值的单立或连接的建筑群；从历史、审美、人种学或人类学角度看具有突出普遍价值的人类工程或自然与人联合工程及考古遗址等。文化遗产具有稀缺性、唯一性、独特性、不可再造性、不可替代性、价值普遍性和产出地域性等特点。

现代意义上的文化遗产保护思想和活动起源于欧洲，并最先影响到美国和日本等国。由于社会文化背景的不同，东西方国家在文化遗产的管理、保护的具体方式上有着较大的差异。西方国家主要采取国家投资方式或通过法律法规、政策杠杆来鼓励地区、企业以及全社会对文化遗产进行保护，其具体表现在注重对科学和技术的应用、注重科学的管理方法，以法的规范、理性探究、科学规划、程式化管理为特征的文化遗产管理模式。而我国目前处在社会环境和经济发展转型期阶段，文化遗产保护注重权威、实用、协调、直觉与感悟和管理者经验。因此，对我国文化遗产保护模式进行分析，必须理顺保护文化遗产与发展经济及发展旅游业的关系。

2.旅游与文化遗产的互动关系

《关于文化旅游的国际宪章》规定："旅游和文化遗产内容之间的动态的相互作用，以及国际旅游业的持续发展已经成为文化交流、增加个人经历的最重要的渠道，这个不仅仅是为了保护过去的遗存，也是为了当代社会和生活的发展。对文化遗产欣赏不断增长的要求，是自然和文化遗产保护的积极力量，旅游业体现遗产的经济特征，通过投资来促进保护、教育和影响相关政策。当有成功的管理时，旅游将成为许多国家和地区经济的基础和发展的重要因素。"随着经济的全球化和国内市场经济的逐步发育，特别是由于旅游业的迅猛发展，人们对跨文化体验的追求使得文化遗产成为一种可以用于发展旅游的资源，同时也由于文物市场的复活，文物交易的盛行，我国有形文化遗产与无形文化遗产都遇到了前所未有的冲击，文化遗产保护的最大瓶颈即发展中国家相对贫弱的经济基础与作为数千年文明古国的极其丰富的文化遗产之间的矛盾，现有经济实力与超能力负载的矛盾日显突出。

许多国家的发展经验证明，文化遗存丰富并且保护得较好的国家和城市都可以成为旅

游热点地区。文化遗产作为一种旅游资源和文化创新的资源给一个国家社会、经济的发展带来的效益是多方面的，有精神文明效益，还有经济效益、环境效益等，让大众参观欣赏文化遗产是其发挥作用、实现价值增值和传承的重要途径。有观点认为，保护文化遗产会影响文化遗产地经济发展和老百姓的生活。文化遗产作为特殊的资源，在市场经济条件下，其价值能够通过供求关系大致地反映出来。资源只是遗产地的一个基础因素，不是完整的产品形态，不可能直接进入市场，只有经过经营开发才能实现它的价值，而开发过程中难免对文化遗产造成破坏。从各方面综合比较的结果来看，利用文化遗产资源优势发展旅游业，是实现文化遗产地经济良性增长、与环境资源冲突最小、环境代价最小的一种现实选择。

3.文化遗产的保护模式与实现路径

文化遗产保护是开发利用的前提，开发利用是为了更好地进行文化遗产保护，将文化遗产资源保护的公益性与资源本身所具有的经济利用价值有机结合。一方面通过合理利用文化遗产资源获取利益，壮大经济实力；另一方面要在实践中探求实施有效保护的具体措施，促进资源的科学利用，走保护—开发利用—发展—保护的良性循环发展之路，并辐射带动相邻周边区域发展，共同构筑保护屏障。但是，在市场经济条件下，文化遗产的价值判断、定价，乃至管理与运作都无法也不必回避市场这只看不见的调节之手。文化遗产的经济价值可以通过保护和经营两方面来实现，具体的途径是多种多样的，最明显的是推动旅游业和文化产业的融合发展。因此，对文化遗产来说，要保护文化遗产的多样性，注重原创性，就应当从道德、观念、文化、规划、法律与市场等多重角度，考虑文化遗产权利和利益分享机制，建立多元化、开放式、前瞻性的文化遗产价值对话平台，借鉴国外文化遗产保护的经验，采取政府保护、法律保护、市场保护与社会支持等多重因素综合保护的模式，以期形成符合我国实际的文化遗产利用与保护法律法规体系。其实现路径包括：

（1）理顺文化遗产管理体制，建立科学完善的保护体系。我国对文化遗产的管理实行多元化、多层次的管理体制，从而导致在管理上有时发生政策方面的冲突，甚至有一些政府部门或企业将国家公共资源作为其谋取利益的工具。文化遗产保护过程中出现的问题从表面看是旅游资源的开发和保护之间的矛盾，实质上是由于经营模式取向导致的管理体制的变革和地方发展要求与部门分割管理的冲突。因此，在文化遗产管理体制机制方面，应建立和完善以政府保护为主、动员全社会广泛参与的新的运行体制，否则文化遗产难以实现有效的保护。当然政府对文化遗产的保护方式应是注重文化遗产整体发展的宏观管理与保护，逐步建立文化遗产的宏观调控机制，运用政策倾斜来实施文化遗产保护，逐步加大国家文化资金的投入与监督实施，保证文化遗产在国家投资预算中的不断增长和社会配套资金的筹集与到位，并协助立法机关建立和完善文化遗产保护的法律、法令和法规，建立一种科学完善的保护体系。

（2）通过法律法规和政策杠杆，探索市场化保护文化遗产的新路。国外对于文化遗产的保护主要包含两大方面：其一，市场保护具有核心地位，依靠市场方式，通过文化遗产自身的扩大与积累来改变过去文化遗产保护单一的输血模式，形成自我积累、自我发展的良性循环；其二，对于那些不能以产业形式发展的文化遗产，则必须通过市场，寻求企业和个人资助的道路。在我国，文化遗产资源作为国家公益事业性的社会资源，保护的主体应该是政府，国家要加大对世界遗产保护的财政支持力度。同时，可以借鉴国外在文化遗产保护方面的做法，通过立法的形式，探索市场化保护文化遗产的途径，建立引导多元化资金筹集机制，为文化遗产保护工作寻求资金支持。如在一定范围内发行国家债券，用于筹集文化遗产项目的建设、保护和修复的资金；积极鼓励企业和个人为保护文化遗产提供资金或捐赠，当然必须保证对提供资金或捐赠的企业和个人投资能获得相应的利益回报，如采取减免税收的优惠政策等。当然，用市场化运作手段保护文化遗产，只适用于能够直接产生经济效益的文化遗产资源，政府在文化遗产资源保护主体的市场化选择进程中，需要研究如何规范和引导市场做好保护工作；对不能直接获取市场价值的文化遗产资源，不可能采取市场化的运作方式，应由国家建立必要的机制，确保文化遗产的保护。例如，国家可以采取向已进入市场经营的文化遗产地收取一定管理费，建立文化遗产保护基金，用于不能采取市场化运作的文化遗产地的保护工作。

（3）制定文化遗产保护标准，用法律规范修复工作。文化遗产是民族的生命和根基。在我国，文化遗产的保护是涵盖在文物保护的范围之内的。当前我国保护文化遗产有三个层次：其一，保护文物古迹。其二，保护具有传统风貌的历史街区。其三，保护历史文化名城。而用法律规范文化遗产的技术标准和保护标准就显得尤其重要。我国《文物保护法》规定：凡涉及古城的建设，不能以破坏历史文物为代价，必须完整地保留文物的遗迹原状。在文物保护单位的建设控制地带内，不得建设危及文物安全的设施，不得修建其形式、高度、体量、色调等与文物保护单位的环境风貌不相协调的建筑物或者构筑物。在对文物保护单位的革命遗址、纪念建筑物、古墓葬、古建筑、石窟寺、石刻等进行修缮、保养时，必须遵守不改变文物原状的原则，要修旧如旧。已经全部毁坏的文物，不得重新修建。这是我国有关文化遗产修复工作的原则性规定，但缺乏具体的操作规范，在实践中很难把握。同时，《文物保护法》中所称的文物是单体，其意义在于个别建筑物和个别艺术杰作单体上的价值。而历史文化名城的价值更在于整体，在于各个建筑物的整体配合、风格协调，在于全部布局的秩序和由此形成的整体性的自然和人文环境面貌；历史文化风貌区主要强调的是文化遗址周边的环境保护，这个环境大的可以是一个城市，小的可以是一个村镇、一个街区。优秀历史建筑主要强调的是对建筑本身及其周边的环境的保护。因此，仅靠《文物保护法》来保护文化遗产还远远不够。

（4）依法开展宣传教育，创设文化遗产保护的良好环境。一个国家、一个民族文化遗产的发展取决于这个国家人民对文化遗产保护的专业水平及态度。世界遗产委员会会议《苏州宣言》曾呼吁国际社会和世界各国重视青年人在世界遗产保护中的作用，加强针对青年人的世界遗产保护教育。根据该宣言的精神，我们应首先重视对文化遗产保护专业队伍的建设，实行持证上岗和资质认证制度，使员工不仅要学习有关的专业历史文化知识，还要担负文化遗产的保护和修复工作及负责对全国文物的跟踪与观察；其次通过系统、循序渐进地开展文化遗产的普及宣传工作，提高公众特别是青年人对文化遗产保护工作的认

识，使人们逐步认识到文化遗产在生活中所具有的种种不可替代的价值与作用，主动承担保护的责任与义务，参与到保护的行列中来，不断提高市民整体素质，从根本上提高广大市民综合素质和文化遗产保护意识。

（二）非物质文化遗产保护法律制度

1.非物质文化遗产的概念与范围

非物质文化遗产是指各族人民世代相传并视为其文化遗产组成部分的各种传统文化表现形式，以及与传统文化表现形式相关的实物和场所，包括：传统口头文学以及作为其载体的语言；传统美术、书法、音乐、舞蹈、戏剧、曲艺和杂技；传统技艺、医药和历法；传统礼仪、节庆等民俗；传统体育和游艺以及其他非物质文化遗产。依据《非物质文化遗产法》的规定，属于非物质文化遗产组成部分的实物和场所，凡属文物的，适用《文物保护法》的有关规定。

非物质文化遗产（以下简称“非遗”）构成了人类文化基础有价值的知识与其他非物质资源体系，对其旅游利用具有凝聚社会文化共识、辨别并判断价值观的重要功能，也延伸了旅游产业链，提升了旅游目的地的吸引力和竞争力。国内外基于制度的非遗保护多集中在法律、规则等正式制度领域，并经历了从早期的法律、行政法规等公法保护，向以公法为主，兼顾私法保护的过程。传承是非遗保护的核心，但是由于非遗的无形性与脆生性特点，在旅游利用中，具有历史文化、审美艺术、科学认识、社会教育以及价值性和市场潜力的非遗被过度开发，“原有的实用价值丧失”[①]，商标、专利被抢注，品牌被效仿，核心技艺被擅自使用，传承人的专有权利被侵害等正侵蚀着基于制度理论的非遗保护模式的合法性基础。为了继承和弘扬中华民族优秀传统文化，促进社会主义精神文明建设，加强非遗保护、保存工作，2011年2月，我国通过《非物质文化遗产法》（357C01-02-2011-1417），该法从总则、非遗的调查、非遗代表性项目名录、非遗的传承与传播、法律责任和附则六个方面进行了规定。

此外，为加强非物质文化遗产区域性整体保护，维护和培育文化生态，传承弘扬中华优秀传统文化，坚定文化自信，满足人民日益增长的美好生活需要，文化和旅游部于2018年12月制定了《国家级文化生态保护区管理办法》。该办法所称的“国家级文化生态保护区”，是指以保护非物质文化遗产为核心，对历史文化积淀丰厚、存续状态良好，具有重要价值和鲜明特色的文化形态进行整体性保护，并经文化和旅游部同意设立的特定区域。国家级文化生态保护区建设要以习近平新时代中国特色社会主义思想为指导，充分尊重人民群众的主体地位，贯彻新发展理念，弘扬社会主义核心价值观，推动中华优秀传统文化创造性转化、创新性发展。国家级文化生态保护区建设应坚持保护优先、整体保护、见人见物见生活的理念，既保护非物质文化遗产，也保护孕育发展非物质文化遗产的人文环境和自然环境，实现“遗产丰富、氛围浓厚、特色鲜明、民众受益”的目标。

---

① 张礼敏. 自洽衍变：“非遗”理性商业化的必然性分析——以传统手工艺为例［J］. 民俗研究，2014（2）：66-74.

2.非遗的传承与传播

（1）代表性传承人制度与要求。《非物质文化遗产法》第28条规定：国家鼓励和支持开展非遗代表性项目的传承、传播。国务院文化主管部门和省、自治区、直辖市人民政府文化主管部门对本级人民政府批准公布的非遗代表性项目，可以认定代表性传承人。非遗代表性项目的代表性传承人应当符合下列条件：熟练掌握其传承的非遗；在特定领域内具有代表性，并在一定区域内具有较大影响；积极开展传承活动。认定非遗代表性项目的代表性传承人，应当参照执行《非物质文化遗产法》有关非遗代表性项目评审的规定，并将所认定的代表性传承人名单予以公布。

（2）政府文化主管部门的职责。《非物质文化遗产法》第30条规定：县级以上人民政府文化主管部门根据需要，采取下列措施，支持非遗代表性项目的代表性传承人开展传承、传播活动：提供必要的传承场所；提供必要的经费资助其开展授徒、传艺、交流等活动；支持其参与社会公益性活动；支持其开展传承、传播活动的其他措施。

（3）代表性传承人的义务。《非物质文化遗产法》第31条规定：非遗代表性项目的代表性传承人应当履行下列义务：开展传承活动，培养后继人才；妥善保存相关的实物、资料；配合文化主管部门和其他有关部门进行非物质文化遗产调查；参与非遗公益性宣传。非遗代表性项目的代表性传承人无正当理由不履行前款规定义务的，文化主管部门可以取消其代表性传承人资格，重新认定该项目的代表性传承人；丧失传承能力的，文化主管部门可以重新认定该项目的代表性传承人。

（4）国家及地方政府的职责与义务。依据《非物质文化遗产法》，县级以上人民政府应当结合实际情况，采取有效措施，组织文化主管部门和其他有关部门宣传、展示非物质文化遗产代表性项目；国家鼓励开展与非物质文化遗产有关的科学技术研究和非物质文化遗产保护、保存方法研究，鼓励开展非物质文化遗产的记录和非物质文化遗产代表性项目的整理、出版等活动；国家鼓励和支持公民、法人和其他组织依法设立非物质文化遗产展示场所和传承场所，展示和传承非物质文化遗产代表性项目；国家鼓励和支持发挥非物质文化遗产资源的特殊优势，在有效保护的基础上，合理利用非物质文化遗产代表性项目开发具有地方、民族特色和市场潜力的文化产品和文化服务。开发利用非物质文化遗产代表性项目的，应当支持代表性传承人开展传承活动，保护属于该项目组成部分的实物和场所。县级以上地方人民政府应当对合理利用非物质文化遗产代表性项目的单位予以扶持。单位合理利用非物质文化遗产代表性项目的，依法享受国家规定的税收优惠。

（5）其他机构和组织责任与义务。依据《非物质文化遗产法》，学校应当按照国务院教育主管部门的规定，开展相关的非物质文化遗产教育；新闻媒体应当开展非物质文化遗产代表性项目的宣传，普及非物质文化遗产知识；图书馆、文化馆、博物馆、科技馆等公共文化机构和非物质文化遗产学术研究机构、保护机构以及利用财政性资金举办的文艺表演团体、演出场所经营单位等，应当根据各自业务范围，开展非物质文化遗产的整理、研究、学术交流和非物质文化遗产代表性项目的宣传、展示。

3.非遗旅游利用中的法律保护

（1）非遗旅游利用中传承人权利的私法保护路径。非遗传承总是与其传承人紧密联系，传承人权利的私法保护制度是非遗旅游利用中的核心制度和基础性制度。传承人权利的私法保护路径是：构建以知识产权为核心的传承人权利保护制度，将非遗品牌、认证标志、地理标识、商业秘密等纳入传承人权利保护范围，并使传承人的“权利”从法律明定向可实现利益延伸；依托“契约关系”和“关系契约”，将“事前知情同意”和“事后利益分享”嵌入制度运行规则。同时，提出将传承人承担社会责任的优先性与权利义务相统一，确立“群体代表性传承人”主体法律地位制度，设计非遗传承人利益侵害的特殊赔偿制度等，以期为非遗旅游利用中传承人权利保护的私法与公法融通提供理论借鉴。

（2）非遗旅游利用中的知识产权保护。非遗是一种“活态”文化，其核心内涵在于精神的实践、经验的积累、技巧的改良和艺术的展现，说到底，是智力创造性成果。知识产权是人们基于自己的智力活动创造的成果和经营管理活动中的经验、知识以及使用的标志等而依法享有的民事权利。非遗的地方垄断性特征，使其成为旅游目的地的重要吸引物，而又由于其脆生性，在旅游利用中容易遭受各种形式的损害而降低甚至丧失对旅游者的吸引力。因此，对非遗的保护利用除了收集整理保存那些物质性的载体或通过记录等手段将其物质形态化外，更重要的是将非遗转化为旅游吸引物，纳入知识产权保护体系，从而实现有条件、有期限地保护非遗智力创造性成果和经营成果，以激励社会的创新机制，促进科技的进步和社会的发展。从这个角度来说，“非遗-旅游吸引物-知识产权”存在着必然的联系和共性，“运用知识产权法律制度实施对非遗的保护是比较理想的选择”①。在旅游利用中，应当将非遗纳入现行知识产权法的保护范围，借鉴知识产权保护模式，确立族群或社区作为知识产权主体的权利，以及采取“适度原则”，在现行知识产权框架内创设一种“传统资源权”，从而为非遗旅游利用中知识产权保护提供新思路，为非遗保护法律制度构建提供理论依据。

（3）非遗旅游利用中的非正式制度保护。从制度变迁理论分析，非遗族群、社区的意识形态、传统文化、伦理道德、风俗习惯、民族特色等与非正式制度发生了高度重合，具有了相互依赖性，形成了“共同的地方心理和价值理念”②，成为非正式制度生存的客观社会基础。在非遗旅游利用中，非正式制度发挥着凝聚与社会控制功能、价值指导与激励功能以及行为规范与隐性教育等功能，运用非正式制度对非遗实施保护，能够弥补正式制度保护的不足，从而在保护原创人、传承人及相关利益者前提下，通过传承、教育等手段使非遗在个体、群体、区域或社会中得以延续和发展，以满足现代旅游者的多样化需求。因此，尊重可持续发展理论的“代际平衡”原则，保护非遗赖以存在的生态环境，建立非遗保护的共享心智模型与适用柔性管理制度的自主组织，探索非正式制度对非遗保护的运行机制与保护性旅游利用模式，能够使非遗“地方性公共产品”特质在旅游利用中得到充分彰显，以增进社会公共福利，实现社会整体效用最大化。

---

① 李宗辉. 非物质文化遗产的法律保护——以知识产权法为中心的思考［J］. 知识产权，2005（6）：54-57.
② 包哲钰，罗彪. 论民间法对非物质文化遗产保护的可能贡献［J］. 山东大学学报，2010（3）：54-59.

二、《文物保护法》的主要内容

为了加强对文物的保护，继承中华民族优秀的历史文化遗产，促进科学研究工作，进行爱国主义和革命传统教育，建设社会主义精神文明和物质文明，1982年12月，我国公布实施《文物保护法》，该法前后经过五次修改，最近一次修改是在2017年11月。

（一）文物及其保护

1. 文物的保护管理

文物是人类在历史发展过程中遗留下来的具体物质遗存，是具有文化、艺术、考古和科学价值或可供人们纪念观赏的遗存在地上或埋藏在地下的物品，是具有稀缺性、唯一性、独特性和不可再生性的文化资源，是人类宝贵的历史文化遗产。《文物保护法》规定："文物工作贯彻保护为主、抢救第一、合理利用、加强管理的方针。""一切机关、组织和个人都有依法保护文物的义务。"

我国关于文物保护和管理的机关是国家文物行政管理部门、地方各级人民政府及相关部门。依据《文物保护法》，文物保护和管理机关的职责是："国务院文物行政部门主管全国文物保护工作；地方各级人民政府负责本行政区域内的文物保护工作。"县级以上地方人民政府承担文物保护工作的部门对本行政区域内的文物保护实施监督管理，有关行政部门在各自的职责范围内，负责有关的文物保护工作。"各级人民政府应当重视文物保护，正确处理经济建设、社会发展与文物保护的关系，确保文物安全。""基本建设、旅游发展必须遵守文物保护工作的方针，其活动不得对文物造成损害。"公安机关、市场监管部门、海关、城乡建设规划部门和其他有关国家机关，应当依法认真履行所承担的保护文物的职责，维护文物管理秩序。

《文物保护法》规定："一切考古发掘工作，必须履行报批手续；从事考古发掘的单位，应当经国务院文物行政部门批准。地下埋藏的文物，任何单位或者个人都不得私自发掘。"在进行建设工程或者在农业生产中，任何单位或者个人发现文物，应当保护现场，立即报告当地文物行政部门，文物行政部门接到报告后，如无特殊情况，应当在二十四小时内赶赴现场，并在七日内提出处理意见。文物行政部门可以报请当地人民政府通知公安机关协助保护现场；发现重要文物的，应当立即上报国务院文物行政部门，国务院文物行政部门应当在接到报告后十五日内提出处理意见。非经国务院文物行政部门报国务院特别许可，任何外国人或者外国团体不得在中华人民共和国境内进行考古调查、勘探、发掘。

《文物保护法》规定："国家加强文物保护的宣传教育，增强全民文物保护的意识，鼓励文物保护的科学研究，提高文物保护的科学技术水平。"根据保证文物安全、进行科学研究和充分发挥文物作用的需要，省、自治区、直辖市人民政府文物行政部门经本级人民政府批准，可以调用本行政区域内的出土文物。国务院文物行政部门经国务院批准，可以调用全国的重要出土文物。国家对在文物保护过程中有突出贡献的单位或者个人，给予精神鼓励或者物质奖励。

2.受法律保护的文物范围

依据《文物保护法》，在我国境内，下列文物受国家保护：具有历史、艺术、科学价值的古文化遗址、古墓葬、古建筑、石窟寺和石刻、壁画；与重大历史事件、革命运动或者著名人物有关的以及具有重要纪念意义、教育意义或者史料价值的近代现代重要史迹、实物、代表性建筑；历史上各时代珍贵的艺术品、工艺美术品；历史上各时代重要的文献资料以及具有历史、艺术、科学价值的手稿和图书资料等；反映历史上各时代、各民族社会制度、社会生产、社会生活的代表性实物。具有科学价值的古脊椎动物化石和古人类化石同文物一样受国家保护。

3.文物的所有权

（1）国家文物所有权。《文物保护法》规定："中华人民共和国境内地下、内水和领海中遗存的一切文物，属于国家所有。""古文化遗址、古墓葬、石窟寺属于国家所有。国家指定保护的纪念建筑物、古建筑、石刻、壁画、近代现代代表性建筑等不可移动文物，除国家另有规定的以外，属于国家所有。""国有不可移动文物的所有权不因其所依附的土地所有权或者使用权的改变而改变。"下列可移动文物，属于国家所有：中国境内出土的文物，国家另有规定的除外；国有文物收藏单位以及其他国家机关、部队和国有企业、事业组织等收藏、保管的文物；国家征集、购买的文物；公民、法人和其他组织捐赠给国家的文物；法律规定属于国家所有的其他文物。属于国家所有的可移动文物的所有权不因其保管、收藏单位的终止或者变更而改变。国有文物所有权受法律保护，不容侵犯。

（2）其他文物所有权。《文物保护法》规定：属于集体所有和私人所有的纪念建筑物、古建筑和祖传文物以及依法取得的其他文物，其所有权受法律保护。文物的所有者必须遵守国家有关文物保护的法律、法规的规定。

4.文物的类型与级别

文物按照不同标准，可以分为不同的种类，如按性质，文物可分为历史文物和革命文物；按存在形式，文物可分为馆藏文物和散存文物；按来源，文物可分为传世文物和出土文物。我国《文物保护法》按移动状况，将文物分为不可移动文物和移动文物，或称固定文物和非固定文物。

不可移动文物，如古文化遗址、古墓葬、古建筑、石窟寺、石刻、壁画、近代现代重要史迹和代表性建筑等文物，也称文物保护单位。《文物保护法》将文物保护单位根据其历史、艺术、科学价值，分别确定为全国重点文物保护单位，省级文物保护单位，市、县级文物保护单位。可移动文物，如历史上各时代重要实物、艺术品、文献、手稿、图书资料、代表性实物等，分为珍贵文物和一般文物。珍贵文物分为一级文物、二级文物、三级文物。

《文物保护法》规定：保存文物特别丰富并且具有重大历史价值或者革命纪念意义的城市，由国务院核定公布为历史文化名城；保存文物特别丰富并且具有重大历史价值或者革命纪念意义的城镇、街道、村庄，由省、自治区、直辖市人民政府核定公布为历史文化街区、村镇，并报国务院备案；历史文化名城和历史文化街区、村镇所在地的县级以上地方人民政府应当组织编制专门的历史文化名城和历史文化街区、村镇保护规划，并纳入城市总体规划。

5.对文物保护单位的保护

对文物保护单位的保护主要是依法设定保护范围和建设控制地带，并采取相应措施。《文物保护法》规定：各级文物保护单位，分别由省、自治区、直辖市人民政府和市、县级人民政府划定必要的保护范围，作出标志说明，建立记录档案，并区别情况分别设置专门机构或者专人负责管理。全国重点文物保护单位的保护范围和记录档案，由省、自治区、直辖市人民政府文物行政部门报国务院文物行政部门备案。文物保护单位的保护范围内不得进行其他建设工程或者爆破、钻探、挖掘等作业。但是，因特殊情况需要在文物保护单位的保护范围内进行其他建设工程或者爆破、钻探、挖掘等作业的，必须保证文物保护单位的安全，并经核定公布该文物保护单位的人民政府批准，在批准前应当征得上一级人民政府文物行政部门同意；在全国重点文物保护单位的保护范围内进行其他建设工程或者爆破、钻探、挖掘等作业的，必须经省、自治区、直辖市人民政府批准，在批准前应当征得国务院文物行政部门同意。《文物保护法》第18条规定：根据保护文物的实际需要，经省、自治区、直辖市人民政府批准，可以在文物保护单位的周围划出一定的建设控制地带，并予以公布。在文物保护单位的建设控制地带内进行建设工程，不得破坏文物保护单位的历史风貌；工程设计方案应当根据文物保护单位的级别，经相应的文物行政部门同意后，报城乡建设规划部门批准。在文物保护单位的保护范围和建设控制地带内，不得建设污染文物保护单位及其环境的设施，不得进行可能影响文物保护单位安全及其环境的活动。对已有的污染文物保护单位及其环境的设施，应当限期治理。建设工程选址，应当尽可能避开不可移动文物，因特殊情况不能避开的，对文物保护单位应当尽可能实施原址保护；实施原址保护的，建设单位应当事先确定保护措施，根据文物保护单位的级别报相应的文物行政部门批准；未经批准的，不得开工建设。

（二）文物的修缮、保养、使用和转让

《文物保护法》规定了“保护为主、抢救第一、合理利用、加强管理”的文物保护工作方针，完善和建立了一系列保护文物、确保文物安全的制度和措施，并将十六字方针以法律的形式写进总则。提倡在确保文物安全前提下，对文物的合理利用，用科学精神和创新意识解决新形势下的新问题，满足人民群众日益增长的文化生活需求，形成保护与利用的良性互动。

1.文物的修缮、保养

《文物保护法》规定：国有不可移动文物由使用人负责修缮、保养；非国有不可移动文物由所有人负责修缮、保养。非国有不可移动文物有损毁危险，所有人不具备修缮能力的，当地人民政府应当给予帮助；所有人具备修缮能力而拒不依法履行修缮义务的，县级以上人民政府可以给予抢救修缮，所需费用由所有人负担。对文物保护单位进行修缮，应当根据文物保护单位的级别报相应的文物行政部门批准；对未核定为文物保护单位的不可移动文物进行修缮，应当报登记的县级人民政府文物行政部门批准。文物保护单位的修缮、迁移、重建，由取得文物保护工程资质证书的单位承担。对不可移动文物进行修缮、保养、迁移，必须遵守不改变文物原状的原则。

不可移动文物已经全部毁坏的，应当实施遗址保护，不得在原址重建。但是，因特殊情况需要在原址重建的，由省、自治区、直辖市人民政府文物行政部门报省、自治区、直辖市人民政府批准；全国重点文物保护单位需要在原址重建的，由省、自治区、直辖市人民政府报国务院批准。

2.文物的使用、转让

《文物保护法》规定：核定为文物保护单位的属于国家所有的纪念建筑物或者古建筑，除可以建立博物馆、保管所或者辟为参观游览场所外，作其他用途的，市、县级文物保护单位应当经核定公布该文物保护单位的人民政府文物行政部门征得上一级文物行政部门同意后，报核定公布该文物保护单位的人民政府批准；省级文物保护单位应当经核定公布该文物保护单位的省级人民政府的文物行政部门审核同意后，报该省级人民政府批准；全国重点文物保护单位作其他用途的，应当由省、自治区、直辖市人民政府报国务院批准。国有未核定为文物保护单位的不可移动文物作其他用途的，应当报告县级人民政府文物行政部门。国有不可移动文物不得转让、抵押。建立博物馆、保管所或者辟为参观游览场所的国有文物保护单位，不得作为企业资产经营。非国有不可移动文物不得转让、抵押给外国人；非国有不可移动文物转让、抵押或者改变用途的，应当根据其级别报相应的文物行政部门备案。使用不可移动文物，必须遵守不改变文物原状的原则，负责保护建筑物及其附属文物的安全，不得损毁、改建、添建或者拆除不可移动文物。对危害文物保护单位安全、破坏文物保护单位历史风貌的建筑物、构筑物，当地人民政府应当及时调查处理，必要时，对该建筑物、构筑物予以拆迁。

（三）馆藏文物与民间收藏文物

1.馆藏文物

（1）馆藏文物的保管、取得与调拨。《文物保护法》规定：博物馆、图书馆和其他

文物收藏单位对收藏的文物，必须区分文物等级，设置藏品档案，建立严格的管理制度，并报主管的文物行政部门备案。县级以上地方人民政府文物行政部门应当分别建立本行政区域内的馆藏文物档案；国务院文物行政部门应当建立国家一级文物藏品档案和其主管的国有文物收藏单位馆藏文物档案。文物收藏单位可以通过购买、接受捐赠、依法交换，或者法律、行政法规规定的其他方式取得文物，国有文物收藏单位还可以通过文物行政部门指定保管或者调拨方式取得文物；文物收藏单位的法定代表人对馆藏文物的安全负责。国务院文物行政部门可以调拨全国的国有馆藏文物。省、自治区、直辖市人民政府文物行政部门可以调拨本行政区域内其主管的国有文物收藏单位馆藏文物；调拨国有馆藏一级文物，应当报国务院文物行政部门备案。国有文物收藏单位可以申请调拨国有馆藏文物。

（2）馆藏文物的展览与交换。《文物保护法》规定：文物收藏单位应当充分发挥馆藏文物的作用，通过举办展览、科学研究等活动，加强对中华民族优秀的历史文化和革命传

统的宣传教育。国有文物收藏单位之间因举办展览、科学研究等需借用馆藏文物的，应当报主管的文物行政部门备案；借用馆藏一级文物的，应当同时报国务院文物行政部门备案。非国有文物收藏单位和其他单位举办展览需借用国有馆藏文物的，应当报主管的文物行政部门批准；借用国有馆藏一级文物，应当经国务院文物行政部门批准。文物收藏单位之间借用文物的最长期限不得超过三年。已经建立馆藏文物档案的国有文物收藏单位，经省、自治区、直辖市人民政府文物行政部门批准，并报国务院文物行政部门备案，其馆藏文物可以在国有文物收藏单位之间交换。未建立馆藏文物档案的国有文物收藏单位，不得处置其馆藏文物。

此外，《文物保护法》还规定：依法调拨、交换、借用国有馆藏文物，取得文物的文物收藏单位可以对提供文物的文物收藏单位给予合理补偿。国有文物收藏单位调拨、交换、出借文物所得的补偿费用，必须用于改善文物的收藏条件和收集新的文物，不得挪作他用；任何单位或者个人不得侵占。调拨、交换、借用的文物必须严格保管，不得丢失、损毁。禁止国有文物收藏单位将馆藏文物赠与、出租或者出售给其他单位、个人。博物馆、图书馆和其他收藏文物的单位应当按照国家有关规定配备防火、防盗、防自然损坏的设施，确保馆藏文物的安全。馆藏一级文物损毁的，应当报国务院文物行政部门核查处理。其他馆藏文物损毁的，应当报省、自治区、直辖市人民政府文物行政部门核查处理；省、自治区、直辖市人民政府文物行政部门应当将核查处理结果报国务院文物行政部门备案。馆藏文物被盗、被抢或者丢失的，文物收藏单位应当立即向公安机关报案，并同时向主管的文物行政部门报告。文物行政部门和国有文物收藏单位的工作人员不得借用国有文物，不得非法侵占国有文物。

2.民间收藏文物

文物收藏单位以外的公民、法人和其他组织可以收藏通过下列方式取得的文物：依法继承或者接受赠与；从文物商店购买；从经营文物拍卖的拍卖企业购买；公民个人合法所有的文物相互交换或者依法转让；国家规定的其他合法方式。文物收藏单位以外的公民、法人和其他组织收藏的文物可以依法流通。但是，公民、法人和其他组织不得买卖下列文物：国有文物，但是国家允许的除外；非国有馆藏珍贵文物；国有不可移动文物中的壁画、雕塑、建筑构件等；来源不符合“民间收藏文物的取得”几种形式的文物。

此外，《文物保护法》还规定：国家鼓励文物收藏单位以外的公民、法人和其他组织将其收藏的文物捐赠给国有文物收藏单位或者出借给文物收藏单位展览和研究。国有文物收藏单位应当尊重并按照捐赠人的意愿，对捐赠的文物妥善收藏、保管和展示。国家禁止出境的文物，不得转让、出租、质押给外国人。

3.文物的拍卖

文物的拍卖应当依法进行。文物商店不得从事文物拍卖经营活动，不得设立经营文物拍卖的拍卖企业。依法设立的拍卖企业经营文物拍卖的，应当取得国务院文物行政部门颁发的文物拍卖许可证。经营文物拍卖的拍卖企业不得从事文物购销经营活动，不得设立文物商店。

文物收藏单位不得举办或者参与举办文物商店或者经营文物拍卖的拍卖企业。禁止设立中外合资、中外合作和外商独资的文物商店或者经营文物拍卖的拍卖企业。除经批准的文物商店、经营文物拍卖的拍卖企业外，其他单位或者个人不得从事文物的商业经营活动。文物商店购买、销售文物，拍卖企业拍卖文物，应当按照国家有关规定作出记录，并报原审核的文物行政部门备案。拍卖文物时，委托人、买受人要求对其身份保密的，文物行政部门应当为其保密；但是，法律、行政法规另有规定的除外。文物行政部门在审核拟拍卖的文物时，可以指定国有文物收藏单位优先购买其中的珍贵文物。购买价格由文物收藏单位代表与文物的委托人协商确定；银行、冶炼厂、造纸厂以及废旧物资回收单位，应当与当地文物行政部门共同负责拣选掺杂在金银器和废旧物资中的文物。拣选文物除供银行研究所必需的历史货币可以由人民银行留用外，应当移交当地文物行政部门。移交拣选文物，应当给予合理补偿。

（四）文物出境进境

《文物保护法》规定：国有文物、非国有文物中的珍贵文物和国家规定禁止出境的其他文物，不得出境，但出境展览或者因特殊需要经国务院批准出境的除外。文物出境，应当经国务院文物行政部门指定的文物进出境审核机构审核。经审核允许出境的文物，由国务院文物行政部门发给文物出境许可证，从国务院文物行政部门指定的口岸出境。任何单位或者个人运送、邮寄、携带文物出境，应当向海关申报；海关凭文物出境许可证放行。文物出境展览，应当报国务院文物行政部门批准；一级文物超过国务院规定数量的，应当报国务院批准。一级文物中的孤品和易损品，禁止出境展览。出境展览的文物出境，由文物进出境审核机构审核、登记。海关凭国务院文物行政部门或者国务院的批准文件放行。出境展览的文物复进境，由原文物进出境审核机构审核查验。文物临时进境，应当向海关申报，并报文物进出境审核机构审核、登记。临时进境的文物复出境，必须经原审核、登记的文物进出境审核机构审核查验；经审核查验无误的，由国务院文物行政部门发给文物出境许可证，海关凭文物出境许可证放行。

（五）法律责任

1.刑事责任

《文物保护法》规定：有下列行为之一，构成犯罪的，依法追究刑事责任：盗掘古文化遗址、古墓葬的；故意或者过失损毁国家保护的珍贵文物的；擅自将国有馆藏文物出售或者私自送给非国有单位或者个人的；将国家禁止出境的珍贵文物私自出售或者送给外国人的；以牟利为目的倒卖国家禁止经营的文物的；走私文物的；盗窃、哄抢、私分或者非法侵占国有文物的以及其他应当追究刑事责任的其他妨害文物管理行为。此外，《文物保护法》规定：造成文物灭失、损毁的，依法承担民事责任。

2.行政责任

对于违反《文物保护法》的规定，尚不构成犯罪的，如擅自在文物保护单位的保护范围

内进行建设工程或者擅自迁移、拆除不可移动文物的，转让或者抵押国有不可移动文

物或者将非国有不可移动文物转让或者抵押给外国人的，买卖国家禁止买卖的文物或者将禁止出境的文物转让、出租、质押给外国人，发现文物隐匿不报或者拒不上交的，刻划、涂污或者损坏文物等行为的当事人应当承担责令改正、罚款、没收违法所得或非法经营的文物。对于情节严重的行为，如拍卖企业拍卖的文物，未经审核等，由原发证机关吊销许可证书。

【案例 4-1】 “非遗”知识产权保护案例与分析

在最高人民法院公布的2012年度知识产权司法保护十大案件中，“泥人张”不正当竞争纠纷案这一有关非遗保护的案件，颇为引人注目。“泥人张”彩塑神形兼备、色彩明快，早在1915年就获得巴拿马万国博览会一等奖，在国际上享有盛誉。2006年，“泥人张”入选我国首批非物质文化遗产名录。不过近年来，“泥人张”官司不断，涉及商标侵权、老字号侵权等。

“泥人张”案件，源自天津、北京两个“泥人张”“打架”。张教授是天津“泥人张”第四代传人，他的太爷爷就是“泥人张”的开山鼻祖张明山。在经营活动中，张教授一直将“泥人张”作为商业标识。与此同时，北京人张某某也宣称自己是北京“泥人张”传人，并注册了公司从事经营。张教授认为，北京“泥人张”侵犯了自己对“泥人张”名称享有的专用权，将其告上法庭。官司从北京第二中级人民法院一路打到了最高人民法院。2012年，最高人民法院终审判决天津“泥人张”胜诉。驰名中外的老字号“泥人张”终于得到了依法保护。

判决书指出，“泥人张”作为张明山及其后人中泥塑艺人的特定称谓和他们所传承的特定技艺、创作生产作品的特定名称，具有极高社会知名度，承载着极大商业价值。被告张某某等人在明知“泥人张”知名度的情况下将其作为商业标识使用，又不能提供充分证据证明其为合法使用，客观上造成了公众的混淆和误认，构成了不正当竞争。“泥人张”案并非特例，随着我国数量众多的非物质文化遗产走向商业化，大量知识产权案件层出不穷。有专家在接受记者采访时说，我国制定出台的非物质文化遗产法偏重行政保护，与知识产权法律体系缺乏有效衔接。如何加强对非遗的法律保护，还有许多问题亟待解决。

点评：非遗知识产权保护是国际国内有关方面共同关注的话题。非遗形式多样、内容丰富、利益主体多元，存在群体性与个体性、继承性与创新性之间的矛盾纠结，导致其立法供给疲软乏力。一般认为，过度的知识产权保护可能会导致非遗保护受到限制，不利于非遗的传承、传播。但无知识产权保护，非遗资源如同一片“公地”，容易受到侵犯、破坏，主要表现为不端利用，甚至歪曲、贬损。在非遗保护上，联合国教育、科学及文化组织（UNESCO）与世界知识产权组织（WIPO）在保护政策上反向而行。前者将非遗视为“人类共同遗产”，将保护定义为确保非物质文化遗产生命力的各种措施，包括这种遗产各个方面的确认、立档、研究、保存、保护、宣传、弘扬、传承（特别是通过正规和非正规教育）和振兴；后者虽作出大量努力试图通过制定规则实现对非遗资源的知识产权保护，但未能形成共识性成果。有专家指出，非遗传承人利益具有专属性：一是与非遗无历史渊源的个人或企业将非遗“老字号”或与其近似的字号注册为商标后，以非遗历史含义进行宣传的，应认定为虚假宣传，构成不正当竞争。二是与非遗具有历史渊源的个人或企业在未违反诚实信用原则的前提下，将非遗注册为个体工商户字号或企业名称，未引人误认且未突出使用该字号的，不构成不正当竞争或侵犯注册商标专用权。三是非遗作品的衍生部分具有独创性，即基于非遗产生的文字作品、口述作品，音乐、戏剧、曲艺、舞蹈、杂技艺术作品和美术、建筑作品，其表达系独立完成且有创作性的部分，符合著作权法保护的作品特征的，应当认定作者对其独创性部分享有著作权。非遗知识产权保护体现法治契约精神，契约精神是非遗保护的起点和保障。

资料来源：

[1] 王逸吟. 2012年知识产权十大案件公布［N］. 光明日报，2013-04-25.

[2] 屠少萌. 2012年中国法院知识产权司法保护十大案件简介［N］. 人民法院报，2013-04-24.

[3] 李涛. 非物质文化遗产知识产权保护新论［J］. 文化遗产，2018（5）：17-24.

第三节 自然与风景名胜区旅游资源保护法律制度

一、自然遗产与自然保护区制度

（一）自然遗产与自然保护区的概念与类型

1. 自然遗产及自然遗产保护法

自然遗产是大自然遗留给人类稀缺而不可再生的资源，是人类共同的财富。作为自然环境的重要组成部分，自然遗产对于保护生物多样性、维持生态平衡、促进人类和环境协调发展有着重要意义。依据《保护世界文化和自然遗产公约》，自然遗产包括：从审美或科学角度看具有突出的普遍价值的由物质和生物结构或这类结构群组成的自然面貌；从科学或保护角度看具有突出的普遍价值的地质和自然地理结构以及明确划为受威胁的动物和植物生境区；从科学、保护或自然美角度看具有突出的普遍价值的天然名胜或明确划分的自然区域。其标准，一是代表地球演化历史中重要阶段的突出例证，二是代表进行中的重要地质过程、生物演化过程以及人类与自然环境相互关系的突出例证，三是独特、稀有或绝妙的自然现象、地貌或具有罕见自然美地域，四是尚存的珍稀或濒危动植物栖息地。可见，自然遗产是指在国际上有影响，在国内有典型代表意义，由自然演化形成的，具有生态价值、科学价值、文化价值、美学价值和经济价值的国家资源，包括诸如自然生态系统、物种栖息地、自然遗迹地、自然景观以及人文景观比较集中的区域。在国际上有典型代表意义的自然遗产，经过规定程序批准成为世界自然遗产①。自然遗产资源除具有一般资源的特征外，应当具有景观多样性特征。

景观是由相互作用的景观要素或生态系统以一定的规律组成的具有高度空间异质性的区域。景观多样性是一定区域内景观类型和景物品类的数量。通常以一个风景区内的景观类型和景物数量表示丰富程度，是指由不同类型景观要素或生态系统构成的空间结构、功能机制和时间动态方面的多样化和变异性。它反映了景观的复杂程度，是对景观水平上生

① 马明飞. 我国自然遗产保护立法的困境与出路［J］. 法律科学，2011（4）：175-180.

物组成多样性程度的表征。景观多样性与地区内文明历史的长短和自然环境分异程度有关。文明历史越长，人文景观种属的丰度越高；自然环境变化越强，自然景观种属的丰度也越高。我国有五千多年的文明史，历史悠久，地质地理结构复杂，自然环境变化多，特别是我国的绝大多数自然景区内都有丰富的人文景观。景观多样性是对一个旅游区资源评价的重要指标[①]。景观多样性主要研究组成景观的斑块在数量、大小、形状和景观的类型、分布以及斑块间的连接性、连通性等结构和功能上的多样性[②]。如世界自然遗产“三江并流”风景名胜区，是世界上生物多样性最丰富的地区之一，代表地球演化史和重要地质过程的杰出和关键地区。除独有的“三江并流”世界奇观外，集雪山峡谷、高山湖泊、冰川草甸、珍稀动植物、丹霞泉华等自然景观于一体，雄、险、秀、奇、幽、奥等各类景观齐备，可以说是北半球除沙漠、海洋景观外各类自然景观的大观园。区内有13个原生状态的世居少数民族，有着独特的民族风情、服饰、节日和习俗，有着与自然环境和谐共生的人居环境等[③]。

国家应当加强对自然遗产立法，通过立法不仅可以为自然遗产保护提供基本的法律保障，而且可以进一步健全我国自然遗产保护体系，推动自然保护区、风景名胜区保护事业的发展。当然，自然遗产立法应当处理好自然遗产权利归属问题，处理好在自然遗产资源上的利益分配问题，处理好自然遗产保护落实问题，建立权利明确、职责明确、奖惩明确的机制。其中，自然遗产地开发建设所得收益（如景区门票收入）要按照一定比例提取经费用于对自然遗产的保护，并建立专用账户，做到专款专用。[④]基于此，关于自然遗产保护法的概念应当界定为：调整以保护生态系统平衡和景观多样性为目的，在保护自然遗产资源，对一定的自然地域、野生生物及其生境实行特殊保护、改善自然环境以及开发、利用中产生的各种社会关系的法律规范之总和。其特点是强调对自然遗产资源的合理利用，同时注意对环境的保护以及对环境污染的防治。凡是在我国领域内的工业、交通、水利、农林、商业、卫生、文教、科研、旅游、市政、机场等从事对环境有影响的建设项目都要实行“三同时”制度，即“建设项目中防治污染的设施，应当与主体工程同时设计、同时施工、同时投产使用……”（《环境保护法》第41条），这也是由环境问题的多样性和综合性所决定的。“三同时”制度保护的是整个人类赖以生存的生活环境和生态环境，而不是只将某一集团或某一个人的生活环境和生态环境得到保护。其预防保护对象包括大气、水、海洋、土地、矿藏、森林、草原、野生生物、自然遗迹、人文遗迹、自然保护区、风景名胜区、城市和乡村等环境要素，凡是可能损害这些环境要素的建设项目都必须实行“三同时”制度[⑤]。

2.自然保护区的概念与功能类型

为了加强对自然保护区的建设和管理，保护自然环境和自然资源，国务院于1994年发布实施了《自然保护区条例》，并先后进行了三次修改，最近一次修改是在2017年10

① 陈安泽．旅游地学大辞典［M］．北京：科学出版社，2013：261-262．
② 傅伯杰，陈利顶．景观多样性的类型及其生态意义［J］．地理学报，1996，51（5）：454-462．
③ 陈砡，曹礼昆，陈阳．三江并流的世界自然遗产价值--景观多样性［J］．中国园林，2004（1）：22-26．
④ 张斌．出台自然遗产保护法［N］．湖南日报，2010-03-07．
⑤ 孙明烈，肖彦山．污染防治法基本制度研究［M］．青岛：中国海洋大学出版社，2016：1-54．

月。该条例所称的自然保护区，是指对有代表性的自然生态系统、珍稀濒危野生动植物物种的天然集中分布区、有特殊意义的自然遗迹等保护对象所在的陆地、陆地水体或者海域，依法划出一定面积予以特殊保护和管理的区域。

自然保护区可分为国家级自然保护区和地方级自然保护区两个等级。在国内外有典型意义、在科学上有重大国际影响或者有特殊科学研究价值的自然保护区，列为国家级自然保护区；除列为国家级自然保护区的外，其他具有典型意义或者重要科学研究价值的自然保护区列为地方级自然保护区。

整个自然保护区可以分为核心区、缓冲区和实验区三个部分。自然保护区内保存完好的天然状态的生态系统以及珍稀、濒危动植物的集中分布地，应当划为核心区，禁止任何单位和个人进入。除依照《自然保护区条例》的规定经批准外，不允许进入核心区从事科学研究活动。

核心区外围可以划定一定面积的缓冲区，只准进入从事科学研究观测活动。

缓冲区外围划为实验区，可以进入从事科学试验、教学实习、参观考察、旅游以及驯化、繁殖珍稀、濒危野生动植物等活动。

原批准建立自然保护区的人民政府认为必要时，可以在自然保护区的外围划定一定面积的外围保护地带。

自然保护区的命名方法：国家级自然保护区，用自然保护区所在地地名加“国家自然保护区”；地方级自然保护区，用自然保护区所在地地名加“地方级自然保护区”。有特殊保护对象的自然保护区，可以在自然保护区所在地地名后加特殊保护对象的名称。

（二）自然保护区管理

1.自然保护区的建立和管理

（1）建立自然保护区的条件。根据《自然保护区条例》的规定，凡有下列条件之一的，应当建立自然保护区：典型的自然地理区域、有代表性的自然生态系统区域以及已经遭受破坏但经保护能够恢复的同类的自然生态区域；珍惜、濒危野生动植物物种的天然集中分布区域；具有特殊保护价值的海域、海岸、岛屿、湿地、内陆水域、森林、草原和荒漠；具有重大科学文化价值的地质构造、著名溶洞、化石分布区、冰川、火山、温泉等自然遗迹；经国务院或者省、自治区、直辖市人民政府批准，需要予以特殊保护的其他自然区域。对于跨两个以上行政区域的自然保护区的建立，由有关行政区域的人民政府协商一致后提出申请，并按照《自然保护区条例》规定的有关程序审批；建立海上自然保护区，须经国务院批准。

（2）自然保护区的管理机构及职责。依据《自然保护区条例》的规定，我国对自然保护区实行综合管理和分部门管理相结合的管理体制。国务院环境保护行政主管部门负责全国自然保护区的综合管理；国务院林业、农业、地质矿产、水利、海洋等有关行政主管部门在各自职责范围内，主管有关的自然保护区；县级以上地方人民政府负责自然保护区管理的部门的设置和职责，由省、自治区、直辖市人民政府根据当地具体情况确定。自然保护区管理机构的主要职责：贯彻执行国家有关自然保护区的法律法规和方针、政策；

制定自然保护区的各项管理制度，统一管理自然保护区；调查自然资源并建立档案，组织环境监测，保护自然保护区内的自然环境和自然资源；组织或者协助有关部门开展自然保护区的科学研究工作；进行自然保护的宣传教育；在不影响保护自然保护区的自然环境和自然资源的前提下，组织开展参观、旅游等活动。管理自然保护区所需经费，由自然保护区所在地的县级以上地方人民政府安排。国家对国家级自然保护区的管理，给予适当的资金补助。

2. 自然保护区开展旅游活动的规定

（1）禁止性规定。依据《自然保护区条例》第27条的规定，禁止任何人进入自然保护区的核心区。因科学研究的需要，必须进入核心区从事科学研究观测、调查活动的，应当事先向自然保护区管理机构提交申请和活动计划，并经自然保护区管理机构批准；其中，进入国家级自然保护区核心区的，应当经省、自治区、直辖市人民政府有关自然保护区行政主管部门批准。自然保护区核心区内原有居民确有必要迁出的，由自然保护区所在地的地方人民政府予以妥善安置。同时，《自然保护区条例》第28条规定：禁止在自然保护区的缓冲区开展旅游和生产经营活动。因教学科研的目的，需要进入自然保护区的缓冲区从事非破坏性的科学研究、教学实习和标本采集活动的，应当事先向自然保护区管理机构提交申请和活动计划，经自然保护区管理机构批准。从事该活动的单位和个人，应当将其活动成果的副本提交自然保护区管理机构。

（2）开展旅游活动的要求。《自然保护区条例》规定了在自然保护区的实验区开展旅游活动的程序、行为规范以及对外国人进入的基本要求。《自然保护区条例》第29条规定：在自然保护区的实验区内开展参观、旅游活动的，由自然保护区管理机构编制方案，方案应当符合自然保护区管理目标。在自然保护区组织参观、旅游活动的，应当严格按照前款规定的方案进行，并加强管理；进入自然保护区参观、旅游的单位和个人，应当服从自然保护区管理机构的管理。严禁开设与自然保护区保护方向不一致的旅游项目。依据该条例，外国人进入自然保护区，应当事先向自然保护区管理机构提交活动计划，并经自然保护区管理机构批准；其中，进入国家级自然保护区的，应当经省、自治区、直辖市环境保护、海洋、渔业等有关自然保护区行政主管部门按照各自职责批准。进入自然保护区的外国人，应当遵守有关自然保护区的法律、法规和规定，未经批准，不得在自然保护区内从事采集标本等活动。

3. 违反《自然保护区条例》的法律责任

（1）行为人的责任。《自然保护区条例》规定：有下列行为之一的，由自然保护区管理机构责令其改正，并可以根据不同情节处以100元以上5 000元以上的罚款：擅自移动或者破坏自然保护区界标的；未经批准进入自然保护区或者在自然保护区内不服从管理机构管理的；经批准在自然保护区的缓冲区内从事科学研究、教学学习和标本采集的单位和个人，不向自然保护区管理机构提交活动成果副本的。

（2）自然保护区管理机构的责任。自然保护区管理机构违反《自然保护区条例》的规定，有下列行为之一的，由县级以上人民政府有关自然保护区行政主管部门责令限期改正；对直接责任人员，由其所在单位或者上级机关给予行政处分：开展参观、旅游活动未编制方案或者编制的方案不符合自然保护区管理目标的；开设与自然保护区保护方向不一致的参观、旅游项目的；不按照编制的方案开展参观、旅游活动的；违法批准人员进入自然保护区的核心区，或者违法批准外国人进入自然保护区的；有其他滥用职权、玩忽职守、徇私舞弊行为的。

（3）损害赔偿及其他责任。违反《自然保护区条例》的规定，给自然保护区造成损失的，由县级以上人民政府有关自然保护区行政主管部门责令赔偿损失。妨碍自然保护区管理人员执行公务的，由公安机关依照《治安管理处罚条例》的规定给予处罚；情节严重，构成犯罪的，依法追究刑事责任。违反该条例的规定，造成自然保护区重大污染或者破坏事故，导致公私财产重大损失或者人身伤亡的严重后果，构成犯罪的，对直接负责的主管人员和其他直接责任人员，依法追究刑事责任。

二、旅游景区及其质量等级管理

（一）景区管理的《旅游法》依据

《旅游法》在“旅游规划与促进”基础上，从保护旅游者合法权益、满足游客旅游活动的需求出发，建立了景区开放制度。该法所称景区“是指为旅游者提供游览服务、有明确的管理界限的场所或者区域”，既包括传统旅游景区，也包括按照各类文化旅游产业集聚区发展需要，整合相关文化旅游资源，突出特色旅游旅游功能而设置的可接待旅游者，具有观赏游憩、文化娱乐等功能，具备相应旅游服务设施并提供相应旅游服务，且具有相对完整管理系统的游览区。景区开放制度是关于旅游主管部门对景区开放条件管理、景区门票控制管理、景区容量管理等制度的总和。

1.景区开放条件

《旅游法》第42条规定：景区开放应当具备下列条件，并听取旅游主管部门的意见：一是有必要的旅游配套服务和辅助设施；二是有必要的安全设施及制度，经过安全风险评估，满足安全条件；三是有必要的环境保护设施和生态保护措施，以及法律、行政法规规定的其他条件。这里的“必要”是指景区开放需要满足旅游者的最基本要求，符合保障旅游者人身财物安全和保护生态环境要求的最低标准，即要求景区开放必须具备安全性、便利性、舒适性等条件，同时要保护生态环境，实现可持续发展。

“旅游配套服务设施和辅助设施”一般包括：食宿设施及其服务、文娱设施及其服务、医疗设施及其服务、景区穿梭交通设施及其服务、无障碍设施、景区导向系统、游客中心与游览讲解系统、救助电话，以及供排水设施、供电系统、停车场、通信设备、公厕、垃圾箱等生活必要配套设施；“安全设施及制度”主要指：场所的安全保障、游乐等设备设施的安全保障、配备必要的抢险救灾设备设施、旅游者的安全保障制度等；“安全风险评估”主要包括识别景区可能发生安全事故的危害、评估危害的风险，以及评估控制风险的措施与管理制度等；“环境保护设施和生态保护措施”的要求是对《环境保护法》和《文物保护法》的衔接。景区应当具备或订立污水处理、环保生态公厕、植被及绿地保护、噪声限制、空气质量监控、游客容量控制等设施和措施。此外，第42条的“听取旅游主管部门的意见”是《旅游法》赋予旅游部门的新职能，这是对旅游部门全面介入景区行业管理的一次依法行政赋权，对于确立旅游部门对旅游景区的行业管理具有重要意义。

2.门票控制制度

景区门票涨价原因具有多样性，如产权责任制度问题、地区发展的差异性问题，以及旅游资源的不可替代性等均可能引起门票的涨价。在国外，很多国家将景区分为公益型景区、市场型景区和混合型景区，其景区门票的模式为：公益型景区指具有极大的、明显的社会公益价值的“优中选优”的景区，这类景区实行国家全额或差额补贴，采取国家公园模式的门票价格机制，免票或者低门票价格；市场型景区指不依托所在地传统的旅游资源，依靠开发商投入资本、土地、文化创意等旅游发展要素产生市场价值的“无中生有”的景区，实行门票市场化定价，其应采取完全放开模式的门票价格机制，只需在主管部门依法备案；混合型景区指依托所在地的自然或一般人文古迹等国有资源，同时也依靠开发商投入资本、土地、文化创意等旅游发展要素，产生市场价值的“平中见奇”的景区，这类景区门票定价模式理应介于公益型景区和市场型景区之间，由政府实行市场指导价或最高限价管理。

《旅游法》第43条规定：“利用公共资源建设的景区的门票以及景区内的游览场所、交通工具等另行收费项目，实行政府定价或者政府指导价，严格控制价格上涨。拟收费或者提高价格的，应当举行听证会，征求旅游者、经营者和有关方面的意见，论证其必要性、可行性。利用公共资源建设的景区，不得通过增加另行收费项目等方式变相涨价；另行收费项目已收回投资成本的，应当相应降低价格或者取消收费。公益性的城市公园、博物馆、纪念馆等，除重点文物保护单位和珍贵文物收藏单位外，应当逐步免费开放。”这是关于利用公共资源建设的景区门票和其他项目收费的规定。“利用公共资源建设的景区”主要包括世界自然遗产、风景名胜区、自然保护区等自然资源景区和世界文化遗产、重点文物保护单位、珍贵文物收藏单位、历史文化街区等人文资源景区。

公共资源类旅游景区的核心和主要吸引力依托“公共资源”，其产权人应当是“全民”，应当由政府代表全民拥有和承担旅游资源不可替代型景区的一切权利和责任。公共资源类旅游景区具有较强的观光游览价值及很强的非竞争社会性，即同在一个景区内消费的游客所观赏的是同一景观，他们不影响彼此欣赏的效用，即使再增加一个人，原来享用景区内消费者产品的人的消费利益也不会随之减少。但这种非竞争性因拥挤现象的出现，使景区内每个游客的观赏效用降低。因此，景区管理者通过门票控制制度的建立与实施，使景区游客规模在合理容量或承载力范围内，这样旅游消费便具备了排他性，只有支付得起或者愿意支付该价格的人才有资格进行消费，显然，价格过高，会侵犯普通旅游消费者的权利。当然，门票控制制度的建立与实施，也使得依托公共资源建立起来的旅游景区由公共产品变为准公共产品，因此，根据《中华人民共和国价格法》（以下简称《价格法》），确立公共资源类旅游景区定价与提价的听证制度，主要目的在于保障定价和调价的公开、公平、公正、效率与科学，保障经营者、旅游者等相关方在门票价格问题上的知情权和参与权，充分论证其必要性和可行性。

《旅游法》第44条规定："景区应当在醒目位置公示门票价格、另行收费项目的价格及团体收费价格。景区提高门票价格应当提前六个月公布。将不同景区的门票或者同一景区内不同游览场所的门票合并出售的，合并后的价格不得高于各单项门票的价格之和，且旅游者有权选择购买其中的单项票。景区内的核心游览项目因故暂停向旅游者开放或者停止提供服务的，应当公示并相应减少收费。"这是关于景区门票公示、打包售票以及门票据实收费的规定。目前，旅游景区门票价格一般分为散客价、团体价和旅行社协议价。这里的"团体价"是指景区自行制定的，满足一定人数条件即可享受的对外公布价，与旅行社无关。同时，规定了景区调价必须提前六个月公布，即六个月内不得调价。同时，该条的主要目的在于禁止景区为提高效益，将辖内不同的景点硬性组合成套票捆绑向旅游者出售，非法剥夺旅游者的自主选择权和公平交易权。"核心游览项目"主要指景区内最主要、最经典的，具有不可替代性、独特性和唯一性的吸引物，旅游者的主要游览和体验点。景区必须按照其开放和服务情况据实收费，并及时降价并公示，否则，应当承担相应的法律后果。

3.景区流量控制制度

《旅游法》第45条规定："景区接待旅游者不得超过景区主管部门核定的最大承载量。景区应当公布景区主管部门核定的最大承载量，制定和实施旅游者流量控制方案，并可以采取门票预约等方式，对景区接待旅游者的数量进行控制。旅游者数量可能达到最大承载量时，景区应当提前公告并同时向当地人民政府报告，景区和当地人民政府应当及时采取疏导、分流等措施。"这是关于景区流量控制制度的规定。景区是流量控制的责任主体，其主要责任包括适时报请主管部门核定最大承载量并予公布，制定流量控制方案和分流预案，并通过包括门票预约等各种有效手段进行有效控制，将达最大承载量时及时公告并报告；当地人民政府对景区流量负有统筹职责，接到报告后应当指挥、指导景区及时采取疏导、分流等措施；景区主管部门有核定和监督景区最大承载量的职责。作为控制流量的方法，除门票预约方式外，景区还可以采取：合理设计景区内游览线路，提高旅游者流动率；设置明确、清晰的导向标识，避免旅游者迷路而造成不必要的拥堵；提前、及时公布景区流量信息并保持实时畅通，以供旅游者选择和参考；合理设计旅游者排队的方式和途径等。

总之，《旅游法》对旅游景区的管理提出了更高的要求，在旅游法律和旅游管理转型方面起到了积极的作用。但是，目前我国旅游景区的资源隶属、主管部门，以及投资主体有所不同，仅仅依赖《旅游法》是无法解决景区管理实践中诸多法律问题的，因此，在市场经济之下，要适应于市场，符合市场发展规律，要维护旅游业的稳定和持续发展。

（二）旅游景区质量等级管理

1.旅游景区及其质量等级管理原则

为了加强旅游景区质量等级的评定和管理，提升旅游景区服务质量和管理水平，树立旅游景区行业良好形象，促进旅游业可持续发展，原国家旅游局依据国家有关法律、法规和国家标准《旅游景区质量等级的划分与评定》及相关评定细则，于2012年5月发布《旅游景区质量等级管理办法》（以下简称《办法》）。

《办法》所称的旅游景区，是指可接待旅游者，具有观赏游憩、文化娱乐等功能，具备相应旅游服务设施并提供相应旅游服务，且具有相对完整管理系统的游览区。凡在我国境内正式开业一年以上的旅游景区，均可申请质量等级。旅游景区质量等级划分为5个等级，从低到高依次为1A、2A、3A、4A、5A。旅游景区质量等级管理工作，遵循自愿申报、分级评定、动态管理、以人为本、持续发展的原则。

2.旅游景区评定机构与证书标牌要求

依据《办法》的规定，国务院文旅行政主管部门组织设立全国旅游景区质量等级评定委员会，负责全国旅游景区质量等级评定工作的组织和实施，授权并督导省级及以下旅游景区质量等级评定机构开展评定工作。各省、自治区、直辖市人民政府文旅行政主管部门组织设立本地区旅游景区质量等级评定委员会，按照全国旅游景区质量等级评定委员会授权，负责本行政区域内旅游景区质量等级评定工作的组织和实施；省级旅游景区质量等级评定委员会及时向全国旅游景区质量等级评定委员会报备各级评定委员会及其办公室成员组成与变动。省级旅游景区质量等级评定委员会应当全面掌握本地区各级旅游景区新增及变动情况，实现动态管理，每年分别于6月底和12月底将本地区各级旅游景区名称和数量报全国旅游景区质量等级评定委员会备案。省级及以下旅游景区质量等级评定委员会出现玩忽职守，未按要求开展工作的，上级评定机构可以撤销其已获得的评定权限。同时，《办法》规定，旅游景区质量等级的标牌、证书由全国旅游景区质量等级评定委员会统一制作，由相应评定机构颁发。旅游景区在对外宣传资料中应正确标明其等级。旅游景区质量等级标牌，须置于旅游景区主要入口显著位置。旅游景区可根据需要自行制作庄重醒目、简洁大方的质量等级标志，标志在外形、材质、颜色等方面要与景区特点相一致。

3.旅游景区申请与材料提交

依据《办法》的规定，3A级及以下等级旅游景区由全国旅游景区质量等级评定委员会授权各省级旅游景区质量等级评定委员会负责评定，省级旅游景区评定委员会可向条件成熟的地市级旅游景区评定委员会再行授权。4A级旅游景区由省级旅游景区质量等级评定委员会推荐，全国旅游景区质量等级评定委员会组织评定。5A级旅游景区从4A级旅游景区中产生。被公告为4A级三年以上的旅游景区可申报5A级旅游景区。5A级旅游景区由省级旅游景区质量等级评定委员会推荐，全国旅游景区质量等级评定委员会组织评定。申报3A级及以下等级的旅游景区，由所在地旅游景区评定机构逐级提交评定申请报告、“旅游景区质量等级评定报告书”和创建资料，创建资料包括景区创建工作汇报、服务质量和环境质量具体达标说明和图片、景区资源价值和市场价值具体达标说明和图片。省级或经授权的地市级旅游景区评定机构组织评定，对达标景区直接对外公告，颁发证书和标牌，并报全国旅游景区质量等级评定委员会备案；申报4A级的旅游景区，由所在地旅游景区评定机构逐级提交评定申请报告、“旅游景区质量等级评定报告书”和创建资料，省级旅游景区评定机构组织初评，初评合格的景区，由省级旅游景区评定机构向全国旅游景区质量等级评定委员会提交推荐意见，全国旅游景区质量等级评定委员会通过明查、暗访等方式进行检查，对达标景区对外公告，颁发证书和标牌；申报5A级的旅游景区，由所在地旅游景区评定机构逐级提交评定申请报告、“旅游景区质量等级评定报告书”和创建资料，省级旅游景区评定机构组织初评，初评合格的景区，由省级旅游景区评定机构向全国旅游景区质量等级评定委员会提交推荐意见。

4.5A级旅游景区的评定程序

《办法》规定，全国旅游景区质量等级评定委员会对申报5A级旅游景区的评定程序如下：

（1）资料审核。全国旅游景区质量等级评定委员会依据景区评定标准和细则规定，对景区申报资料进行全面审核，审核内容包括景区名称、范围、管理机构、规章制度及发展状况等。通过审核的景区，进入景观评估程序，未通过审核的景区，一年后方可再次申请重审。

（2）景观价值评价。全国旅游景区质量等级评定委员会组建由相关方面专家组成的评议组，听取申报景区的陈述，采取差额投票方式，对景区资源吸引力和市场影响力进行评价，评价内容包括景区观赏游憩价值、历史文化科学价值、知名度、美誉度与市场辐射力等。通过景观评价的景区，进入现场检查环节，未通过景观评价的景区，两年后方可再次申请重审。

（3）现场检查。全国旅游景区质量等级评定委员会组织国家级检查员成立评定小组，采取暗访方式对景区服务质量与环境质量进行现场检查，检查内容包括景区交通等基础服务设施，安全、卫生等公共服务设施，导游导览、购物等游览服务设施，电子商务等网络服务体系，对历史文化、自然环境保护状况，引导游客文明旅游等方面。现场检查达标的景区，进入社会公示程序，未达标的景区，一年后方可再次申请现场检查。

（4）社会公示。全国旅游景区质量等级评定委员会对达到标准的申报景区，在中国旅游网上进行七个工作日的社会公示。公示阶段无重大异议或重大投诉的旅游景区通过公示，若出现重大异议或重大投诉的情况，将由全国旅游景区质量等级评定委员会进行核实和调查，作出相应决定。

（5）发布公告。经公示无重大异议或重大投诉的景区，由全国旅游景区质量等级评定委员会发布质量等级认定公告，颁发证书和标牌。同时，《办法》规定，各质量等级旅游景区必须按照国家统计部门和文旅行政主管部门要求，履行《旅游统计调查制度》，按时报送旅游景区各项相关统计数据和信息，确保数据的真实性和准确性。

5.旅游景区检查员

依据《办法》的规定，旅游景区质量等级评定现场工作由具有相应资格的检查员担负。旅游景区质量等级评定检查员分为国家级检查员和地方级检查员；旅游景区质量等级评定检查员需熟练掌握国家标准及相关细则要求，熟悉景区建设管理知识，业务水平高，实践经验丰富，严格遵守评定工作规范，工作责任心强；旅游景区质量等级评定检查员由旅游景区研究、管理的专业人员，旅游景区协会成员单位的有关人员，景区评定机构的相关人员组成；旅游景区质量等级评定检查员采取分级培训聘任的方式。国家级检查员由全国旅游景区质量等级评定委员会培训，经国务院文旅行政主管部门批准后聘任并颁发证书，地方级检查员由省级旅游景区质量等级评定委员会聘任并颁发证书；旅游景区质量等级评定国家级与地方级检查员每三年进行一次审核。对于出现重大工作失误、未按工作规范开展工作、未承担相应工作职责以及由于各种原因不再适宜担负旅游景区评定工作的检查员，不予通过审核，并取消旅游景区检查员资格。

6.旅游景区的管理与监督

依据《办法》的规定，各级旅游景区质量等级评定机构对所评旅游景区要进行监督检查和复核。监督检查采取重点抽查、定期明查和不定期暗访以及社会调查、听取游客意见反馈等方式进行；全国旅游景区质量等级评定委员会负责建立全国旅游景区动态监测与游客评价系统和景区信息管理系统，系统收集信息和游客评价意见，作为对旅游景区监督检查和复核的依据之一；对游客好评率较低、社会反响较差、发生重大安全事故、被游客进行重大投诉经调查情况属实及未按时报送数据信息或填报虚假信息的景区，视情节给予相应处理；4A级及以下等级景区复核工作主要由省级质量等级评定委员会组织和实施，复核分为年度复核与五年期满的评定性复核，年度复核采取抽查的方式，复核比例不低于10%。5A级旅游景区复核工作由全国旅游景区质量等级评定委员会负责，每年复核比例不低于10%。经复核达不到要求的，视情节给予相应处理。

7.对旅游景区的处理方式及权限

《办法》规定了对景区处理方式包括签发警告通知书、通报批评、降低或取消等级。旅游景区接到警告通知书、通报批评、降低或取消等级的通知后，须认真整改，并在规定期限内将整改情况上报相应的等级评定机构；旅游景区被处以签发警告通知书和通报批评处理后，整改期满仍未达标的，将给予降低或取消等级处理。凡被降低、取消质量等级的旅游景区，自降低或取消等级之日起一年内不得重新申请等级。

此外，依据《办法》的规定，旅游景区质量等级评定委员会签发警告通知书、通报批评、降低或取消等级的处理权限如下：省、自治区、直辖市旅游景区质量等级评定委员会有权对达不到标准规定的3A级及以下等级旅游景区签发警告通知书、通报批评、降低或取消等级，并报全国旅游景区质量等级评定委员会备案；省、自治区、直辖市旅游景区质量等级评定委员会有权对达不到标准规定的4A级旅游景区签发警告通知书、通报批评，并报全国旅游景区质量等级评定委员会备案，如需对4A级旅游景区作出降低或取消等级的处理，须报全国旅游景区质量等级评定委员会审批，由全国旅游景区质量等级评定委员会对外公告；全国旅游景区质量等级评定委员会对达不到标准规定的5A级旅游景区作出相应处理；全国旅游景区质量等级评定委员会有权对达不到标准规定的各级旅游景区，作出签发警告通知书、通报批评、降低或取消等级通知的处理。

三、风景名胜区管理

（一）风景名胜区管理的基本规范

1.风景名胜区的概念和级别划分

《风景名胜区条例》规定，风景名胜区是指具有观赏、文化或者科学价值，自然景观、人文景观比较集中，环境优美，可供人们游览或者进行科学、文化活动的区域。由此可见，风景名胜区应当具备三个条件：具有观赏、文化或科学价值；自然景物、人文景物比较集中；可供人们游览或者进行科学、文化活动。风景名胜区按其景物的观赏、文化、科学价值和环境质量、规模大小、游览条件等，可划分为国家级风景名胜区和省级风景名胜区。

（1）国家级风景名胜区。国家级风景名胜区是指自然景观和人文景观能够反映重要自然变化过程和重大历史文化发展过程，基本处于自然状态或者保持历史原貌，具有国家代表性的景区。设立国家级风景名胜区，由省、自治区、直辖市人民政府提出申请，国务院建设主管部门会同国务院环境保护主管部门、林业主管部门、文物主管部门等有关部门组织论证，提出审查意见，报国务院批准公布。

（2）省级风景名胜区。省级风景名胜区指自然景观和人文景观能够反映重要自然变化过程和重大历史文化发展过程，基本处于自然状态或者保持历史原貌，具有区域代表性的景区。设立省级风景名胜区，由县级人民政府提出申请，省、自治区人民政府建设主管部门或者直辖市人民政府风景名胜区主管部门，会同其他有关部门组织论证，提出审查意见，报省、自治区、直辖市人民政府批准公布。

此外，依据《风景名胜区条例》的规定，申请设立风景名胜区应当提交包含下列内容的有关材料：风景名胜资源的基本状况；拟设立风景名胜区的范围以及核心景区的范围；拟设立风景名胜区的性质和保护目标；拟设立风景名胜区的游览条件；与拟设立风景名胜区内的土地、森林等自然资源和房屋等财产的所有权人、使用权人协商的内容和结果。

2.风景名胜区的规划与保护

依据《风景名胜区条例》的规定，国家对风景名胜区实行科学规划、统一管理、严格保护、永续利用的原则。设立风景名胜区，应当有利于保护和合理利用风景名胜资源。新设立的风景名胜区与自然保护区不得重合或者交叉；已设立的风景名胜区与自然保护区重合或者交叉的，风景名胜区规划与自然保护区规划应当相协调。

（1）风景名胜区的规划。风景名胜区规划分为总体规划和详细规划。风景名胜区总体规划的编制，应当体现人与自然和谐相处、区域协调发展和经济社会全面进步的要求，坚持保护优先、开发服从保护的原则，突出风景名胜资源的自然特性、文化内涵和地方特色。风景名胜区总体规划应当包括下列内容：风景资源评价；生态资源保护措施、重大建设项目布局、开发利用强度；风景名胜区的功能结构和空间布局；禁止开发和限制开发的范围；风景名胜区的游客容量；有关专项规划。《风景名胜区条例》规定，风景名胜区应当自设立之日起2年内编制完成总体规划。总体规划的规划期一般为20年。省级风景名胜区的总体规划，由省、自治区、直辖市人民政府审批，报国务院建设主管部门备案。风景名胜区详细规划应当根据核心景区和其他景区的不同要求编制，确定基础设施、旅游设施、文化设施等建设项目的选址、布局与规模，并明确建设用地范围和规划设计条件。风景名胜区详细规划，应当符合风景名胜区总体规划。省级风景名胜区的详细规划，由省、自治区人民政府建设主管部门或者直辖市人民政府风景名胜区主管部门审批。

（2）风景名胜区的保护。《风景名胜区条例》规定，风景名胜区内的景观和自然环境，应当根据可持续发展的原则，严格保护，不得破坏或者随意改变。风景名胜区管理机构应当建立健全风景名胜资源保护的各项管理制度。风景名胜区内的居民和游览者应当保护风景名胜区的景物、水体、林草植被、野生动物和各项设施。风景名胜区管理机构应当对风景名胜区内的重要景观进行调查、鉴定，并制定相应的保护措施。在风景名胜区内禁止进行下列活动：①开山、采石、开矿、开荒、修坟立碑等破坏景观、植被和地形地貌的活动，修建储存爆炸性、易燃性、放射性、毒害性、腐蚀性物品的设施，在景物或者设施上刻划、涂污；乱扔垃圾。②禁止违反风景名胜区规划，在风景名胜区内设立各类开发区和在核心景区内建设宾馆、招待所、培训中心、疗养院以及与风景名胜资源保护无关的其他建筑物。已经建设的，应当按照风景名胜区规划，逐步迁出。③在风景名胜区内从事禁止范围以外的建设活动，应当经风景名胜区管理机构审核后，依照有关法律法规的规定办理审批手续。在国家级风景名胜区内修建缆车、索道等重大建设工程，项目的选址方案应当报国务院建设主管部门核准。④在风景名胜区内设置、张贴商业广告，举办大型游乐等活动，进行改变水资源、水环境自然状态以及其他影响生态和景观的活动，应当经风景名胜区管理机构审核后，依照有关法律法规的规定报有关主管部门批准。

此外，依据《风景名胜区条例》的规定，风景名胜区内的建设项目应当符合风景名胜区规划，并与景观相协调，不得破坏景观、污染环境、妨碍游览。在风景名胜区内进行建设活动的，建设单位、施工单位应当制订污染防治和水土保持方案，并采取有效措施，保护好周围景物、水体、林草植被、野生动物资源和地形地貌；国家建立风景名胜区管理信息系统，对风景名胜区规划实施和资源保护情况进行动态监测。国家级风景名胜区所在地的风景名胜区管理机构应当每年向国务院建设主管部门报送风景名胜区规划实施和土地、森林等自然资源保护的情况。国务院建设主管部门应当将土地、森林等自然资源保护的情况，及时抄送国务院有关部门。

（二）风景名胜区管理机构及职责

1.风景名胜区的管理机构

依据《风景名胜区条例》的规定，风景名胜区实行行业专门管理与行政机构的监督管理相结合的管理体制。在行业专门管理方面，风景名胜区所在地县级以上地方人民政府设置的风景名胜区管理机构，负责风景名胜区的保护、利用和统一管理工作。在行政机构监督管理方面，国务院建设主管部门负责全国风景名胜区的监督管理工作。国务院其他有关部门按照国务院规定的职责分工，负责风景名胜区的有关监督管理工作；省、自治区人民

政府建设主管部门和直辖市人民政府风景名胜区主管部门，负责本行政区域内风景名胜区的监督管理工作；省、自治区、直辖市人民政府其他有关部门按照规定的职责分工，负责风景名胜区有关监督管理工作。

2.风景名胜区管理机构的职责

（1）基本职责。《风景名胜区条例》规定，风景名胜区管理机构应当根据风景名胜区的特点，保护民族民间传统文化，开展健康有益的游览观光和文化娱乐活动，普及历史文化和科学知识；风景名胜区管理机构应当根据风景名胜区规划，合理利用风景名胜资源，改善交通、服务设施和游览条件，并在风景名胜区内设置风景名胜区标志和路标、安全警示等标牌；风景名胜区内宗教活动场所的管理，依照国家有关宗教活动场所管理的规定执行。风景名胜区内涉及自然资源保护、利用、管理和文物保护以及自然保护区管理的，还应当执行国家有关法律法规的规定。

（2）安全保障职责。风景名胜区管理机构应当建立健全安全保障制度，加强安全管理，保障游览安全，并督促风景名胜区内的经营单位接受有关部门依据法律法规进行的监督检查。禁止超过允许容量接纳游客和在没有安全保障的区域开展游览活动。国务院建设主管部门应当对国家级风景名胜区的规划实施情况、资源保护状况进行监督检查和评估。对发现的问题，应当及时纠正、处理。

（3）门票管理与其他职责。《风景名胜区条例》规定，进入风景名胜区的门票，由风景名胜区管理机构负责出售；风景名胜区内的交通、服务等项目，应当由风景名胜区管理机构依照有关法律法规和风景名胜区规划，采用招标等公平竞争的方式确定经营者；风景名胜区管理机构应当与经营者签订合同，依法确定各自的权利义务。经营者应当缴纳风景名胜资源有偿使用费。《风景名胜区条例》还规定，风景名胜区的门票收入和风景名胜资源有偿使用费，实行收支两条线管理。风景名胜区的门票收入和风景名胜资源有偿使用费应当专门用于风景名胜资源的保护和管理以及风景名胜区内财产的所有权人、使用权人损失的补偿。

（4）关于管理机构的禁止性规定。依据《风景名胜区条例》的规定，风景名胜区管理机构实行政企分离，不得从事以营利为目的的经营活动，不得将规划、管理和监督等行政管理职能委托给企业或者个人行使。风景名胜区管理机构的工作人员，不得在风景名胜区内的企业兼职。

（三）违反《风景名胜区条例》的法律责任

1.相关单位与个人的责任

对于违反《风景名胜区条例》规定的单位或个人，根据情节轻重，承担停止违法行为、恢复原状、限期拆除或者采取其他补救措施，没收违法所得和罚款等行政处罚责任；对直接负责的主管人员和其他直接责任人员给予降级或者撤职的处分；构成犯罪的，依法追究刑事责任。如果当事人的违法行为，侵害国家、集体或者个人财产的，有关单位或者个人应当依法承担民事责任。此外，《风景名胜区条例》规定，责令限期拆除在风景名胜区内违法建设的建筑物、构筑物或者其他设施的，有关单位或者个人必须立即停止建设活动，自行拆除；对继续进行建设的，作出责令限期拆除决定的机关有权制止。有关单位或者个人对责令限期拆除决定不服的，可以在接到责令限期拆除决定之日起15日内，向人民法院起诉；期满不起诉又不自行拆除的，由作出责令限期拆除决定的机关依法申请人民法院强制执行，费用由违法者承担；违法行为侵害国家、集体或者个人财产的，有关单位或者个人应当依法承担民事责任。

2. 游客的责任

依据《风景名胜区条例》的规定，在景物、设施上刻划、涂污或者在风景名胜区内乱扔垃圾的，由风景名胜区管理机构责令恢复原状或者采取其他补救措施，处50元的罚款；刻划、涂污或者以其他方式故意损坏国家保护的文物、名胜古迹的，按照治安管理处罚法的有关规定予以处罚；构成犯罪的，依法追究刑事责任。

3. 主管部门的责任

依据《风景名胜区条例》的规定，国务院建设主管部门、县级以上地方人民政府及其有关主管部门有下列行为之一的，对直接负责的主管人员和其他直接责任人员依法给予处分；构成犯罪的，依法追究刑事责任：违反风景名胜区规划在风景名胜区内设立各类开发区的；风景名胜区自设立之日起未在2年内编制完成风景名胜区总体规划的；选择不具有相应资质等级的单位编制风景名胜区规划的；风景名胜区规划批准前批准在风景名胜区内进行建设活动的；擅自修改风景名胜区规划的；不依法履行监督管理职责的其他行为。

4. 风景名胜区管理机构的责任

依据《风景名胜区条例》的规定，风景名胜区管理机构有下列行为之一的，由设立该风景名胜区管理机构的县级以上地方人民政府责令改正；情节严重的，对直接负责的主管人员和其他直接责任人员给予降级或者撤职的处分；构成犯罪的，依法追究刑事责任：超过允许容量接纳游客或者在没有安全保障的区域开展游览活动的；未设置风景名胜区标志和路标、安全警示等标牌的；从事以营利为目的的经营活动的；将规划、管理和监督等行政管理职能委托给企业或者个人行使的；允许风景名胜区管理机构的工作人员在风景名胜区内的企业兼职的；审核同意在风景名胜区内进行不符合风景名胜区规划的建设活动的；发现违法行为不予查处的。

【案例4-2】 A级旅游景区品牌形象树立与动态管理

近年来，我国旅游产业蓬勃发展，旅游景区作为旅游业龙头，数量不断增长，质量稳步提升，投资快速增长，文化内涵更加凸显，在强化资源保护利用、引导旅游消费、促进就业、带动区域经济发展等方面取得了令人瞩目的成绩。截至2019年底，全国共推出A级旅游景区12 402家，其中5A级旅游景区280家，4A级旅游景区3 720家。A级旅游景区覆盖了我国众多的优质资源，是旅游业发展的核心要素之一，已成为中国精品旅游产品的标杆，5A级景区更成为群众广泛认同、市场深度认可的金字招牌。不仅如此，景区开发建设、管理服务等也在有效支撑引领旅游业发展，满足人民群众旅游生活需求，传承中华文化、展示国家形象，示范带动旅游资源开发，助力地方经济社会发展，推动标准化建设等方面作出了积极贡献。为进一步树立A级旅游景区品牌形象，各地不断加大A级旅游景区动态管理力度。2018年10月29日，文化和旅游部召开新晋5A级旅游景区授牌会。经全国旅游资源规划开发质量评定委员会组织评定，山西省临汾市洪洞大槐树寻根祭祖园景区、内蒙古自治区赤峰市克什克腾石阵景区等9家景区确定为国家5A级旅游景区。同时，各地对本地区景观和服务质量退化，服务设施缺失，厕所革命滞后，游客体验度差，旅游功能弱化的11家4A级旅游景区进行了摘牌处理，有力地促进了本地区旅游景区质量的提升。2019年7月31日，为加强旅游景区质量管理，提升旅游景区品质，净化旅游消费环境，文化和旅游部依照《旅游景区质量等级的划分与评定》（GB/T 17775—2003）与《旅游景区质量等级管理办法》，根据5A级旅游景区年度复核结果，对复核检查严重不达标或存在严重问题的1家5A级旅游景区给予取消旅游景区质量等级，6家5A级旅游景区给予通报批评、责令整改的处理。

点评：5A级为中国旅游景区最高等级，代表着中国世界级精品的旅游风景区等级。由于国家5A级旅游景区是公认的旅游景区的最佳品牌，也是旅游产业发展的重要支撑，因此文化和旅游部对5A级景区的管理一直是严格的和动态的。业内人士表示，5A级景区退出机制几年前就已经形成，如今国家对景区动态管理趋严，使得那些不符合规定的景区被“摘牌”、整改，如此也有利于倒逼景区向高质量服务水准看齐。资深旅游专家表示，“5A”是景区服务质量的一个代表，文旅部通过“摘牌”不符合质量的景区，一方面促进这些景区整改，另一方面起到警示其他景区的作用，这也标志着未来景区将进入严控质量时代。

资料来源：

[1] 文化和旅游部．全国旅游资源规划开发质量评定委员会公告（索引号：357A10-15-2018-31269）[EB/OL]．[2020-12-13]．http：//zwgk.mct.gov.cn/zfxxgkml/zykf/202012/t20201213_919466.html.

[2] 张慧娟，刘柏煊．9家旅游景区晋级5A，11家4A景区被摘牌 [EB/OL]．[2018-10-30]．http：//www.cnr.cn/jingji/jjgd/20181030/t20181030_524399786.shtml.

[3] 柳青，刘溪桥．文化和旅游部处理7家5A级景区 [N]．华西都市报，2019-08-01.

本章小结

（1）本章分析了旅游规划的概念及类型，并依据《旅游法》《文化和旅游规划管理办法》等法律法规，阐释了旅游发展规划的特征与编制旅游规划的原则、要求与内容。

（2）本章在梳理学者观点的基础上，分析了旅游资源的概念、类型以及对旅游资源在有效保护前提下依法合理利用的要求，理顺了旅游资源开发、利用与保护的关系。

（3）本章分析了文化遗产的概念与特征，并依据《关于文化旅游的国际宪章》的规定，阐释了旅游与文化遗产的互动关系。

（4）本章介绍了《文物保护法》《非物质文化遗产法》的基本内容，提出了文化遗产与非物质文化遗产旅游化利用中的法律保护模式及实现路径。

（5）本章介绍了自然遗产、自然保护区、风景名胜区的概念与类型，分析了旅游景区质量等级管理的基本要求以及《旅游法》关于景区开放条件、门票控制制度、流量控制制度等的规定。

思考与练习

一、简答题

1.什么是旅游规划？旅游发展规划有什么特征？

2.什么是文物的所有权？《文物保护法》对国有文物的范围是如何规定的？

3.什么是自然保护区？在自然保护区开展旅游活动应当注意哪些问题？

二、论述题

1.试举例分析非物质文化遗产旅游化利用中的法律保护。

2.联系实际，谈谈公共资源类景区既能发挥其“公共性”功能，又能保护普通旅游者合法权利的管理策略。

三、案例分析题

据中国之声《全球华语广播网》报道，2016年7月，一段“男子故意破坏长城”的视频在网站流传。在这段只有6秒长的视频中，身着白色T恤、米色短裤的短发男子先是用手扒掉一块垛墙石，随后抬脚又踹掉一块。视频中的长城为大营盘长城，位于怀来县瑞云观乡南部山区，修建于明朝正德十五年。7月19日，怀来警方通过“怀来公安”微信平台对网传肆意破坏怀来大营盘古长城遗址的男子进行全城搜捕。7月21日，违法行为人朱某主动到怀来县公安局投案自首。朱某故意损坏国家保护文物的行为触犯了我国《文物保护法》和《治安管理处罚法》的规定，据此，对其处以行政拘留10天，并处500元罚款的处罚。

我国《文物保护法》第66条第2款规定：“刻划、涂污或者损坏文物尚不严重的，或者损毁依照本法第15条第1款规定设立的文物保护单位标志的，由公安机关或者文物所在单位给予警告，可以并处罚款。”《治安管理处罚法》第63条规定：“刻划、涂污或者以其他方式故意损坏国家保护的文物、名胜古迹，或者违反国家规定，在文物保护单位附近进行爆破、挖掘等活动，危及文物安全的，处警告或者二百元以下罚款，情节较重的，处五日以上十日以下拘留，并处二百元以上五百元以下罚款。”由此看来，当地警方对朱某的处罚，已经是“顶格”处理。现在来看看各国对破坏文物行为的处理：

埃及的文物保护法律十分健全，在公共场所任意破坏、损毁或移动文物的话，一般根据法律要罚款，罚款金额折合人民币300元到3 000元不等。如果情节严重，可能直接被拘留，或判刑一到两年。按照埃及新的古迹保护法案，对破坏神庙、古雕像等古迹以及在古迹周围建造房屋者，可根据情节轻重，施以不同额度的罚款，最高可达10万美元，并判处无期徒刑等。虽然埃及的文物保护法律体系非常完善，但现实情况是，埃及政府在文物保护方面的力量有限，资金投入也并不是很足够，所以到埃及旅游，在景点很难见到警察出现。如果有人刻意损毁，也许并不会立即被抓或实质性地被监管。

俄罗斯的文物保护法律比较滞后，直到2013年才实施针对非法处置文化遗产者的处罚制度。在俄罗斯，破坏任何对其具有重大意义的古代建筑，将被处于最高2 000万卢布约合200万元人民币的罚金，而破坏被联合国教科文组织列入世界文化遗产的古建筑，可被处以约合600万元人民币的罚款，然而这些措施仍显得力度不足。

在英国，与工业化形影相随的城市化历程，一度造成对英国文物古迹的损毁。在各方利益博弈中，有良知的知识精英和民间文物古迹保护组织，共同致力于营造保护文物古迹的社会氛围，促使英国民众养成了保护文物的公共意识和社会责任感。在此背景下，英国于1876年起草了《古代历史文物法案》，1882年英国正式颁布《古代历史文物保护法令》。根据此法令，英国政府中的国家资产服务管理局被赋予古建筑或历史文物的法人资格，并可使用国家资金修缮受损的文物。1900年，城镇地方政府也被授予相关职权。除了立法之外，20世纪初的英国还设立了历史文物管理委员会，整理记录各类历史遗产以及建筑物的档案。

在墨西哥2014年修订的文物保护法中，分别对非法挖掘考古文物的行为，以及破坏、非法携带出境、非法展出和复制各类文物等行为制定了不同的刑罚和经济处罚。经济处罚相当于1 000到5 000个最低日工资的罚款，刑罚为最低3年最高12年的徒刑。

在日本，乱写乱画是一种文化传统，日语叫“落书”。但是，在国家重点文物上涂鸦则违反日本的文物保护法，可处以5年以下有期徒刑或30万日元以下的罚款。

印度古迹保护法规定，损毁古迹将被处以最高5 000卢比的罚款，或被判处最长3个月监禁，或两项处罚并行。“人民的参与是最好的保障”，这是印度文物界对外宣传的一句口号。每年的“世界遗产周”，印度文物考古界就大力进行文保宣传，提高民众保护民族文化遗产的意识，收效显著。

法国家长注意从小就在孩子们心中树立保护公共物品和文物古迹的意识。无论多小的孩子，只要在公共场所喧哗、打闹，或是乱涂乱画，都会被家长严肃批评。法国一些城市和景点还使用高科技防止乱涂乱画现象的发生。

思考题：专家们依然在寻找保护文化遗产的有效办法，除了实施重罚外，各国对于破坏文物、古迹行为的惩戒措施，或者对文物、古建筑的保护模式与方法，有哪些经验值得我们借鉴？

资料来源：

［1］殷伟豪. 男子踢踹古长城被拘并罚款，看他国如何惩处破坏文物行为［EB/OL］.［2016-07-23］. http://www.chinanews.com/sh/2016/07-23/7949268.shtml.

［2］焦波. 看国外如何妥善保护并利用文物古建［N］. 中国文化报，2015-06-12.

第五章 旅游合同法律制度

背景与提要

旅游合同是规范合同双方当事人权利义务最基本的法律文件，是“旅游行为提供者和消费者约定权利义务的协议，是保护双方权益的法律凭证”。这种私法关系，在不违背法律法规和社会公德，不扰乱社会经济秩序，不损害社会公共利益的前提下，一般适用契约自由原则和当事人意思自治原则。目前，国外关于旅游合同的立法不尽相同，但对旅游合同概念界定均有明确的法律规定。如《日本旅游行业法》和“标准旅行业约款”中的旅游合同是指旅行社与参加包价旅游团队的旅游者为明确双方在旅游活动中的权利和义务而缔结的合同；《德国民法典》中的旅游合同是指旅游者和旅游举办人订立的关于提供全部旅游给付的合同，其实是有关各种具体类型的旅游合同的通则。《国际旅游合同公约》则规定“旅游合同系指一项组织旅游的合同或者一项中间旅游合同”，所谓有组织的旅游合同是指一方当事人提供他方“一项一次计酬的综合性服务，包括交通、住宿或任何其他有关服务”的合同。中间旅游合同是指“一方当事人为他方媒介旅游合同或媒介一项或多项个别给付，使他方得以完成旅游或短期居留的合同”。此外，《布鲁塞尔旅行契约国际公约》(1970)、欧共体《1990年关于包价旅游、包价旅行、包价度假的指令》以及美国与旅游相关的立法均涉及旅游合同问题。

在我国，《民法典》实施之前，关于旅游合同主要适用《中华人民共和国民法通则》《中华人民共和国民法总则》《中华人民共和国合同法》等相关法律规范进行调整，特别是《旅游法》结合现代旅游服务业的特点，专章设定“旅游服务合同”，针对旅游活动的特殊性设定若干规范，如对包价旅游合同、委托代订合同和旅游咨询等旅游服务合同的具体内容、不可或缺条款，旅游合同主体资格及其权利义务，危机事件下旅游合同的变更、转让、解除，旅游合同的格式化及“霸王条款”等问题进行规制，从而成为旅游合同关系当事人权利义务的法律依据。但是，在实践中，合同法律规范的多元化，使得旅游合同纠纷的处理出现“同一或相似的合同问题因法院在适用法律上的不一使结果有较大不同甚至相悖”。《民法典》的颁布实施，对包括旅游合同在内的合同和身份关系协议作出了全新的规定，对保障民事主体的合法权益具有重大意义。

总之，就旅游合同制度本身而言，《旅游法》确立了特殊情况下旅游者优先保护规则、特殊责任承担制度、变更和解除制度等。对于旅游业实践中的合同法律问题，应当在《民法典》“合同编”相关规定的基础上，专门就旅游服务合同问题进行分析探讨，既解决旅游合同与其他合同如商事合同的共同问题，又解决旅游服务合同的特有问题，为未来

“旅游合同法”的制定提供理论支持。

学习引导与目标

合同效力规范作为对当事人之间合意法律评价的制度，是合同法律制度的重要内容之一。如果当事人在意思自治基础上订立的合同，因违反法律法规不能生效，不仅无法实现双方的交易目的，还要因合同效力存在瑕疵承担相应的责任。本章主要以我国《民法典》和《旅游法》为依据，对旅游合同的概念与特征、旅游合同的类型、旅游合同的效力以及违约责任等问题进行阐释。要求学生了解旅游合同订立和履行的原则、旅游合同订立的程序，掌握旅游合同的主要条款、旅游合同履行中的担保以及旅游合同的变更、解除、转让和终止等内容。同时，要求学生对旅游合同的缔约过失责任、旅游合同的法律效力及其法律后果进行分析判断，并要求学生能够用严格责任原则、违约责任的承担方式等解决旅游业运行中诸如遭遇不可抗力、违约责任的精神损害赔偿以及旅游经营者与履行辅助人共同责任等现实法律问题。

第一节 旅游合同概述

一、旅游合同及其相关法律问题

（一）旅游合同的概念与特征

旅游合同是规范合同双方当事人权利义务最基本的法律文件，是“旅游行为提供者和消费者约定权利义务的协议，是保护双方权益的法律凭证”[①]。这种私法关系，在不违背法律法规和社会公德，不扰乱社会经济秩序，不损害社会公共利益的前提下，一般适用契约自由原则和当事人意思自治原则。简言之，旅游合同是指旅游法律关系当事人之间为实现旅行游览的目的，签订的明确相互权利和义务的协议。旅游合同有以下主要法律特征：

1.旅游合同关系的主体是具有平等资格的当事人

旅游合同是当事人意思表示一致的结果，当事人之间如旅游者与旅游经营企业之间，旅行社、饭店、餐饮、交通、景点等旅游企业相互之间，我国旅游企业与海外旅游企业之间等，都是具有平等民事主体资格的当事人，不允许一方当事人将自己的意志强加给对方当事人。

2.旅游合同的内容是当事人约定的旅游权利和旅游义务

在旅行游览业务活动中，双方当事人约定的旅游权利和旅游义务是旅游合同的内容。例如，在包价旅游合同中，旅行社的权利就是按约定的标准收取旅游服务费，旅游者则以总价支付旅游费用，不受任何单位和个人的干预；旅行社的主要义务就是预先安排行程，提供或者通过履行辅助人提供交通、住宿、餐饮、游览、导游或者领队等两项以上旅游

① 孟刚.《民法典》对处理旅游合同纠纷影响几何［N］. 中国消费者报，2021-01-18.

服务。

3.旅游合同关系的客体是旅游权利和旅游义务所指向的对象

旅游合同关系的客体是主体为实现一定旅游活动而约定的旅游权利和旅游义务所指向的对象，即旅游消费构成的食、住、行、游、购、娱所指向的事物。旅游合同双方当事人因旅游权利和旅游义务而联结起来，又因共同指向的客体而使权利义务得以实现。

4.依法订立的旅游合同具有法律的约束力

旅游合同是当事人在自愿、平等、公平、诚实信用原则基础上，在互利互惠、充分表达各自意见，并就旅游合同的条款取得一致后，依法达成的协议，具有法律的约束力，即旅游合同一经成立，当事人应当按照约定履行自己的义务，非依法律规定或者取得对方同意，不得擅自变更或解除合同[①]。依法成立的旅游合同受法律的保护，如果当事人不履行合同义务或者履行合同义务不符合约定，从而使对方当事人的权益受到损害，应当承担违约责任。

（二）《民法典》对旅游合同的影响[②③]

《民法典》的颁布实施，对包括旅游合同在内的合同和身份关系协议作出了全新的规定，对保障民事主体的合法权益具有重大意义。

1.立法依据调整影响合同效力裁判规则

立法依据的调整会给合同履行带来一系列变化。《民法典》实施后，民法通则、合同法、侵权责任法被废止，不再作为司法解释的立法依据，与之相关的一些条款和原则，也不再作为法院审理和纠纷处理的依据。按照情势变更原理，因情势变更致使合同不能履行或者显失公平时，双方可以协商变更合同的内容，达成新的合意；不能协商一致的，双方可解除合同。按照这个规则，如果订立旅游合同所依据的法律法规和司法解释已经修改或者废止，那么，一些合同就可能出现与法律法规和司法解释不相符，甚至违反法律法规和司法解释的情况。例如，《民法典》第469条规定：以电子数据交换、电子邮件等方式能够有形地表现所载内容，并可以随时调取查用的数据电文，视为书面形式。该条款明确了电子数据交换、电子邮件也可视为书面形式。由此，对于《旅游法》第58条规定的“包价旅游合同应当采用书面形式”，就可以认定电子数据交换、电子邮件也属于包价旅游合同的一种书面形式。可见，根据法律法规和司法解释的变化适时变更旅游合同的相关内容，在旅游实践中是十分必要的。

2.旅游合同违约可获得精神赔偿

长期以来，在我国法律和审判实践中，一直坚持违约行为不得请求适用精神损害赔偿责任。当一个行为出现违约责任和侵权责任竞合时，受害人只能选择违约责任或者侵权责任中的一种，不能二者同时选择。在《民法典》实施之前的司法实践中，精神损害赔偿并不适用于违约责任中，单纯存在于侵权纠纷中。由于一些违约案件不支持精神损害赔偿

① 胡康生. 合同法释义［M］. 法律出版社，1999：5-10.
② 孟刚.《民法典》对处理旅游合同纠纷影响几何［N］. 中国消费者报，2021-01-18.
③ 王春霞. 民法典对旅游合同及纠纷处理的影响［N］. 中国旅游报，2021-01-07.

金，处理起来有些不合情理、有失公平。《民法典》“人格权编”第996条规定：因当事人一方的违约行为，损害对方人格权并造成严重精神损害，受损害方选择请求其承担违约责任的，不影响受损害方请求精神损害赔偿。《民法典》对因合同违约而受到侵害的主体新增了精神损害赔偿的规定，实现了创新性突破，同时也会给心灵、精神方面受到创伤的受害人带来更大的安慰（参见【案例1-1】）。

3.明确旅游合同为可撤销合同，“霸王”条款可确定约定内容无效

近年来，旅游市场恶意欺瞒、虚假宣传等违规行为时有发生，不仅损害了旅游消费者的合法权益，也不利于旅游业的健康发展。《民法典》的出台，将从根本上规范旅游市场的经营主体和消费主体的行为，进一步厘清主体间的权责关系。旅游经营主体在提供商品或服务中，采取虚假、欺诈或者其他不正当的手段误导消费者，基于此签订的合同，属于可撤销的合同。此外，采用格式条款订立合同的，提供格式条款的一方应当遵循公平原则确定当事人之间的权利和义务，并采取合理的方式提示对方注意免除或者减轻其责任等与对方有重大利害关系的条款，按照对方的要求，对该条款予以说明。如提供格式条款的一方未履行提示或者说明义务，致使对方没有注意或者理解与其有重大利害关系的条款，对方可以主张该条款不成为合同的内容。这是旅游合同法律规定的重大调整，将压实旅游经营者履行告知义务，防止旅游合同中“埋雷”现象的发生，充分保障旅游消费者的知情权。

4.意外事件不是行李物品损害赔偿的免责事由

关于行李物品损毁，《民法典》没有将意外事件作为法定免责事由；《旅游法》第67条将其表述为“不可抗力或者旅行社、履行辅助人已尽合理注意义务仍不能避免的事件”等，其实质都将“意外事件”排除在外。此外，依据《民法典》第897条的规定，无偿保管人证明自己没有故意或者重大过失的，不承担赔偿责任。而在旅游实践中，旅游经营者或者旅游辅助服务者为旅游者代管行李物品通常都是无偿的，只要其能证明自己没有故意或者重大过失或者因不可归责于保管人的事由造成保管物毁损、灭失的，旅游经营者、旅游辅助服务者不负赔偿责任或者可以主张免责。

（三）旅游合同纠纷案的特点及应对①②③

1.旅游合同纠纷案件在审理过程中呈现的特点

（1）旅游合同之诉大多与侵权责任竞合。因旅游经营者或辅助服务者的违约行为，侵害旅游者人身、财产权益的，旅游者尽管选择了合同违约之诉，但依然涉及损害赔偿的问题，而旅游合同中的损害赔偿既有民法中损害赔偿的一般特点，也有基于旅游合同特殊性产生的问题，由于横跨合同与侵权两大领域，在审理旅游合同纠纷案件中法律适用有其特殊性。

（2）旅游合同纠纷的内容复杂。旅游活动涉及面广泛、旅游市场庞大，不仅涉及直接

① 谢栋．旅游合同纠纷：6大特点、9个法律提示、6则典型案例［EB/OL］．［2021-05-03］．https：//new.qq.com/rain/a/20210503A01CM700

② 江门市人民政府．旅游者与旅游经营者在履行旅游合同过程中发生纠纷如何应对和解决？［EB/OL］．［2021-05-24］．http：//www.jiangmen.gov.cn/gzhd/lywh/content/post_2325294.html.

③ 俞剑．旅游合同签订前后需要注意什么？［EB/OL］．［2020-12-22］．http：//www.64365.com/zs/661650.aspx.

为旅游者提供食、住、行、游、购、娱的综合性服务行为，还跨越不同行业领域，旅游活动涉及错综复杂的合同关系，由此产生的旅游合同纠纷自然也就呈现出内容多样性。

（3）旅游合同履行中不确定因素较多，合同履行中的变更事宜较为常见。旅游合同在履行中的每一个环节变化都会影响旅游质量，比如，航班变化不仅会涉及票价变动，而且会影响游客的休息和旅行时间；下榻宾馆档次、地点的变化，同样也会带来价格的变动，影响游客的心情，降低满意度；旅游景点的变化会使旅游目的落空等。以上种种因素，均会导致各种纠纷的发生。

（4）旅游合同纠纷的主体具有多元性。旅游合同纠纷既可能发生在旅游者与旅游经营者（如旅游饭店、旅游景点、旅游交通、旅游纪念品商店）之间，也可能发生在旅游经营者之间，还会发生在旅游者或旅游经营者与相关部门之间。

（5）旅游合同纠纷的争议内容突出。旅游合同纠纷是关于旅游法律关系主体权益的争议，在旅游活动中，旅游者、旅游经营者因接受服务或者提供服务、因购买商品或者提供商品而依法享有权利和利益，纠纷的发生多是由于各方对是否如约履行合同以及对各自所享有的权利和应履行义务范围有不同认识而产生，争议焦点突出。

（6）旅游合同条款多为格式合同。在日常生活中，旅游合同多以格式合同条款的形式出现，而旅游中出现的各种事件纷繁复杂，极具不确定性，合同条款无法包罗万象，而旅游合同自签订后至旅游结束之前，旅游经营者均存在违约的可能，不同的违约情形导致合同的履行程度也存在差异，而旅游格式合同也无法做到对违约责任进行全面罗列或约定，导致发生纠纷后，争议事项往往在旅游合同条款中找不到相应约定，双方当事人对违约责任各持己见，审理难度大。

2.旅游合同纠纷中法律问题的应对与解决

（1）旅游合同签订的注意事项。一是要注意合同的一些特殊要素。例如，出境游如果要收导游小费，必须事先在合同中约定收取标准；法规规定出境游一定要派领队的，合同中要有相关的约定；大部分旅行社通常会将省外游、出境游委托地接社去做，旅行社有义务在合同中告知游客地接社的名称、联系方式等。二是要注意合同中是否存在市场监管部门认定的“霸王条款”问题。例如，“若人数不够，我社无法独立成团，将提前五天通知，全额退还团费，不作赔偿；或我社有权联合其他旅行社共同组团出游，恕不另行通知”。如果有，可与旅行社交涉或协商，再不行可另选旅行社参团。三是注意行程表作为合同的附件也是合同的重要组成部分，要注意行程表中的有关条款与合同条款有没有相互抵触的问题。四是善用协商权。对双方协商一致的其他内容，旅行社在其提供的合同中应当留有“特别约定条款”位置，供双方去协商，游客对合同中已印制定下来的一些内容，认为不合理的，一定要提出异议，通过充分协商去修改。若游客中有需要照顾的老人小孩、需要清真饮食的少数民族成员等，就要补充一些特别的约定。对显失公平的合同，旅行社不肯让步的，游客有权选择不参加这个旅行团。五是注意看旅行社的经营资格和经营范围。例如，出境旅游必须由有出境旅游组团资格的旅行社组团，台湾游必须由具有台湾游组团资格的旅行社组团，否则就存在风险。

（2）在履行旅游合同过程中发生纠纷如何应对和解决？首先，应当采取积极协商的方式，可以通过向文化和旅游部门、司法行政部门进行投诉，由以上部门指导各方通过网络、电话、面谈等沟通方式达成和解；其次，可以通过提请人民调解组织进行协商，各方本着化解矛盾、解决纠纷的态度达成调解协议，能够即时履行的即时履行，不能即时履行的明确履行时间，并对调解协议申请司法确认；最后，也可以向人民法院提起诉讼，法院当前均设有多种化解纠纷的诉调对接机制开展调解工作。特别是因本次疫情期间引发的旅游合同纠纷案件，最高人民法院、司法部、文化和旅游部门联合下发了《关于依法妥善处理涉疫情旅游合同纠纷有关问题的通知》，尽可能组织当事人通过协商和解、互谅互让、共担风险、共渡难关，提供快捷高效的法律服务。当然，对涉疫情旅游合同纠纷，若无法通过调解方式解决的，人民法院也会遵循严格执行法律、积极引导变更旅游合同、慎重解除旅游合同、妥善处理合同解除后的费用退还，并在充分考量双方是否及时采取了减损措施、是否及时履行通知义务等依法公平、公正进行裁判。

（3）旅游者遭遇“霸王条款”时如何维权？实践中，旅游者与旅游经营者相比，处于弱势地位，旅游经营者以格式合同、通知、声明、公告等方式作出对旅游者不公平、不合理的规定，或者减轻、免除其损害旅游者合法权益的责任，旅游者可以向人民法院请求依据《消费者权益保护法》第24条的规定认定该内容无效，并可依法请求保护其合法利益。

（4）若旅游经营者违约，旅游者如何获得救济？在旅游合同纠纷中，旅游经营者违约，主要体现在擅自改变旅游行程、遗漏旅游景点、减少旅游服务项目、降低旅游服务标准等行为，对此不仅属于严重违约，而且有违诚实信用原则，旅游者可以根据旅游合同约定的服务或行程的合理费用，并依照《消费者权益保护法》的规定主张旅游经营者给予赔偿。

（5）旅游过程中转团的，旅游者的权益如何维护？首先，法律、行政法规并无明文规定禁止转团，因此，规范的转团是允许的，即取得旅游者同意的旅游业务转让，为债权债务的概括移转，此时，受让的旅游经营者与旅游者建立直接合同关系，原来与旅游者建立合同关系的旅游经营者不再承担责任。其次，由于旅游合同有很强的人身信任性，旅游者不同意转团的，可以解除合同并要求旅游经营者承担违约责任。最后，在旅游者不知情的情况下，旅游经营者擅自转团的，如旅游者遭受损失，与旅游者签约的旅游经营者与受让旅游业务的旅游经营者应当承担连带责任。

（6）自由行产品中，旅游经营者是否担责？旅游经营者事先设计，并以确定的总价提供交通、住宿、游览等一项或者多项服务，不提供导游和领队服务，由旅游者自行安排游览行程的旅游产品为自由行。自由行在旅游业内俗称“小包价”产品。其通常表现为“机票+酒店”的形式，旅游经营者并不提供导游和领队。自由行由于旅游者的自由度较大，在旅游市场中占据了很大的份额，因此，产生的纠纷也多。自由行过程中责任的承担，应以旅游经营者能够控制的风险为限，只要旅游经营者按约提供了服务，则无须承担责任。对于其未提供服务的部分，即旅游者自行安排的活动，旅游经营者对此期间的风险无从控制，因此不应承担责任。

（7）旅游者在境外旅游时如何保障合法权益？境内的旅游者出境旅游，通常与境内的旅行社签约。为保证出境旅游者实现旅游目的，境内旅行社往往要委托境外旅行社或者旅游辅助服务者提供旅游服务。旅游者在境外旅游时，如果因旅游经营者或者旅游辅助服务者方面的原因造成旅游者人身损害或财产损失的，旅游者可以选择要求旅游经营者承担违约责任，可以向被告所在地法院起诉；如果旅游合同约定由原告所在地、合同签订地法院管辖的，也可以向约定的法院起诉；如果旅游者选择要求旅游经营者或者旅游辅助服务者承担侵权责任，则旅游者可以在侵权行为地即境外提起诉讼。

（8）因客观原因变更、解除旅游合同的处理。由于恶劣天气、自然灾害、战争、罢工、骚乱、恐怖事件、政府行为、公共卫生事件（如新冠疫情）等客观原因，造成旅游行程安排的交通延误、景区临时关闭、宾馆饭店临时被征用、出境管制、边境关闭、目的地入境政策临时变更、我国政府机关发布橙色及以上旅游预警信息等，均会导致旅游目的无法实现。上述事件均不可归责于旅游经营者、旅游辅助服务者。旅游者与旅游经营者出于经济上的考虑，可以协商通过延期出行、变更行程等方式变更旅游合同。变更行程后费用减少，旅游经营者应退还旅游者；变更行程后费用增加的，应由旅游者负担。协商不成的，双方均可解除合同，旅游经营者应当采取积极措施防止损失扩大。在扣除实际支出且无法挽回费用后，在合理时间内尽快将余款退还旅游者。对于不能退还费用，旅游经营者应当提供明确的证明材料，确保旅游者的知情权。

二、旅游合同的类型

（一）旅游合同的一般分类

合同的分类是将合同诸多种类按照特定的标准进行抽象性的区别和划分，其意义在于：一是把握各类合同关系的差别，认识和了解此类合同与彼类合同的相互联系；二是在同一类合同中划分出若干子合同，子合同具有自身的特性，其结果能通过这种划分认识某些合同关系的主要环节；三是通过划分，在市场交易与各种经营活动中正确处理不同的合同关系，并从分类中掌握同一类合同的共同特征及成立条件等，有助于合同立法的完善与健全，并决定合同的管理、案件的管辖和法律的适用[①]。依据《民法典》和《旅游法》的规定，旅游合同在合同的一般分类中表现为以下几类：

1.有名合同与无名合同

根据法律是否对合同规定有确定的名称与调整规则为标准，可将合同分为有名合同与无名合同。有名合同是立法上规定有确定名称与规则的合同，又称典型合同。如《民法典》“合同编”第二分编中规定了买卖合同，供用电、水、气、热力合同，赠与合同，借款合同，保管合同，保证合同，租赁合同，融资租赁合同，保理合同，承揽合同，建设工程合同，运输合同，技术合同，仓储合同，委托合同，物业服务合同，行纪合同，中介合同以及合伙合同等十九大类典型合同。无名合同是立法上尚未规定有确定名称与规则的合同，又称非典型合同。区分两者的法律意义在于法律适用的不同。有名合同可直接适用

① 陈小君．合同法学［M］．北京：中国政法大学出版社，2014：6-12.

“合同编”第二分编中关于该种合同的具体规定。对无名合同则只能在适用“合同编”第一分编“通则”的同时，参照“第二分编”或者其他法律中最相类似的规定执行。我国《旅游法》第五章明确规定有“旅游服务合同”，即该合同为旅游法上的有名合同。

2.单务合同与双务合同

根据合同当事人是否相互负有对价义务为标准，可将合同分为单务合同与双务合同。此处的对价义务并不要求双方的给付价值相等，而只是要求双方的给付具有相互依存、相互牵连的关系即可。单务合同是指仅有一方当事人承担义务的合同，如赠与合同。双务合同是指双方当事人互负对价义务的合同，如买卖合同、承揽合同、租赁合同等。区分两者的法律意义在于，因为双务合同中当事人之间的给付义务具有依存和牵连关系，因此双务合同中存在同时履行抗辩权和风险负担的问题，而这些情形并不存在于单务合同中。依据《旅游法》的规定，旅游合同以双方当事人互负义务为前提，因而属于双务合同。

3.有偿合同与无偿合同

根据合同当事人是否因给付取得对价为标准，可将合同分为有偿合同与无偿合同。有偿合同是指合同当事人为从合同中得到利益要支付相应对价给付的合同，如买卖、租赁、雇佣、承揽、行纪等都是有偿合同。无偿合同是指只有一方当事人作出给付，或者虽然是双方作出给付但双方的给付间不具有对价意义的合同，如赠与合同是典型的无偿合同，另外，委托、保管合同如果没有约定利息和报酬，也属于无偿合同。《旅游法》规定包价旅游合同应当具备的条款之一是“旅游费用及其交纳的期限和方式”，可见，旅游合同是典型的有偿合同。

4.诺成合同与实践合同

根据合同成立除当事人的意思表示以外，是否还要其他现实给付为标准，可以将合同分为诺成合同与实践合同。诺成合同是指当事人意思表示一致即可认定合同成立的合同。实践合同是指在当事人意思表示一致以外，尚需有实际交付标的物或者有其他现实给付行为才能成立的合同。确认某种合同属于实践合同必须法律有规定或者当事人之间有约定。常见的实践合同有保管合同、自然人之间的借贷合同、定金合同等。但赠与合同、质押合同不再是实践合同。区分两者的法律意义在于：除了两种合同的成立要件不同以外，实践合同中作为合同成立要件的给付义务的违反不产生违约责任，而只是一种缔约过失责任。由于旅游合同标的的特殊性，根据《旅游法》的规定，旅游合同双方当事人的意思表示一致，合同即告成立，即旅游合同为诺成合同。

5.要式合同与不要式合同

根据合同的成立是否必须符合一定的形式为标准，可将合同分为要式合同与不要式合同。要式合同是按照法律规定或者当事人约定必须采用特定形式订立方能成立的合同。不要式合同是对合同成立的形式没有特别要求的合同。确认某种合同属于要式合同必须法律有规定或者当事人之间有约定。《旅游法》第58条规定“包价旅游合同应当采用书面形式”，可见，旅游合同中的包价旅游合同为要式合同，而旅游合同中的其他合同为不要式合同。

6.主合同与从合同

根据两个或者多个合同相互间的主从关系为标准，可将合同分为主合同与从合同。主合同是无须以其他合同存在为前提即可独立存在的合同。这种合同具有独立性。从合同又称附属合同，是以其他合同的存在为其存在前提的合同。保证合同、定金合同、质押合同等相对于提供担保的借款合同即为从合同。从合同的存在是以主合同的存在为前提的，故主合同的成立与效力直接影响从合同的成立与效力。旅游合同为主合同，无须依赖其他合同即能独立存在。在旅游实践中，出境旅游中的"保证金"问题、旅游住宿中的"定金"问题，其性质可定义为"从合同"，其目的具有保障主合同履行的功能和作用。

（二）旅游合同的特殊类型

我国《旅游法》设"旅游服务合同"专章，并对旅游服务合同的内容、当事人的合同义务、违约责任等进行明确规制。通过对《旅游法》的分析可知，旅游服务合同是指由当事人双方签订的，一方即旅游企业向对方当事人即旅游者（旅游团）提供旅游服务，对方当事人按约定标准支付旅游费用的协议。因此，旅游合同的特殊类型，实际上是针对《旅游法》上的同一种"旅游服务合同"类型，根据旅游实践的需要，仅按合同标的进行的细分。

1.包价旅游合同

包价旅游合同，是指旅行社预先安排行程，提供或者通过履行辅助人提供交通、住宿、餐饮、游览、导游或者领队等两项以上旅游服务，旅游者以总价支付旅游费用的合同。包价旅游合同亦可称旅游接待服务合同，其法律关系当事人有组团社，即与旅游者订立包价旅游合同的旅行社；地接社，即接受组团社委托，在目的地接待旅游者的旅行社；履行辅助人，即与旅行社存在合同关系，协助其履行包价旅游合同义务，实际提供相关服务的法人或者自然人，如提供住宿服务的酒店、提供交通服务的旅游承运人、提供观光游览服务的景区等。

2.财产转移的旅游合同

财产转移的旅游合同，是指当事人双方签订的，一方当事人向另一方当事人转移财物，另一方当事人支付财物价金的协议。财物的转移有所有权的转移、经营权的转移和使用权的转移。旅游纪念品的买卖合同、旅游物资供销合同、旅游设备设施的租赁合同等，都属于财产转移的旅游合同。

3.完成工作的旅游合同

完成工作的旅游合同，是指当事人双方签订的，一方当事人完成他方交给的工作、向他方提供一定的劳动成果，由他方当事人支付报酬的协议。旅游建设工程承包合同、旅游规划设计合同、旅游委托合同等，都属于完成工作的旅游合同。

4.旅游聘用合同

旅游聘用合同，是指以职工雇用为目的，旅游用人单位从社会上招收新职工时与被录用者依法签订的缔结劳动关系并确定权利义务关系的合同。旅游聘用合同主要适用于旅游企业招聘在职和非在职劳动者中有特定技术业务专长者为专职或兼职的旅游专业技术人员

或管理人员时使用的合同。例如，《旅游法》第38条规定：“旅行社应当与其聘用的导游依法订立劳动合同，支付劳动报酬，缴纳社会保险费用；旅行社临时聘用导游为旅游者提供服务的，应当全额向导游支付规定的导游服务费用。”

5.旅游保险合同

根据我国《保险法》的规定，保险合同是投保人与保险人约定保险权利义务的协议。所谓旅游保险合同，是指旅游保险关系双方当事人之间签订的一方缴纳保险费，另一方在保险标的遭受法律规定或者当事人约定的保险事故时，承担经济补偿责任或者履行给付义务的一种协议。例如，《旅游法》规定，“国家根据旅游活动的风险程度，对旅行社、住宿、旅游交通以及高风险旅游项目等经营者实施责任保险制度”，“旅行社应当提示参加团队旅游的旅游者按照规定投保人身意外伤害保险”等。

【案例5-1】 游客诉旅行社旅游合同纠纷案

2019年12月，20位老年人与案外人张某某协商组团前往福建旅游事宜，张某某负责安排签订合同及对接，于某某作为老年人团体的代表，通过微信转账向其交付旅游费用。后收到旅行社发送的电子合同，因参团人员变动多次发生修改，旅行社数次向其发送的电子合同均带有合同专用章。次年1月，旅行社再次发送电子合同后，原告代表20人签字予以确认。合同对签约双方、旅游产品名称、旅游日期、旅游费用等进行约定，并附有游客身份信息和旅游行程单。后因疫情未能出行。于某某与张某某沟通退款事宜，张某某以公司未向其退款为由拒绝退还，20位老人均诉至人民法院。旅行社辩称，张某某并非其员工，与于某某沟通签约并非经其授权履行的职务行为，无权代理及收取旅游费用。

人民法院审理认为，本案中，于某某所代表的20位老年人向张某某支付旅游费用及多次修改合同后，均及时收到电子合同，合同均有旅行社的签章，张某某承诺减免的旅游费用也与合同一致，于某某等人有理由相信张某某系旅行社员工，其签订旅游合同及交付旅游款项系善意且无过失。张某某的行为具有已被授予代理权的外观，致使于某某等人相信其有权而支付旅游费用，应发生与有权代理同样的法律效力，故判决旅行社向于某某返还上述费用。

点评：本案系老年人在无代理人情况下涉复杂法律问题的团体性维权类案件，具有典型示范意义。随着社会的发展，老龄团体追求愉悦生活的愿望强烈，退休后，老年人闲暇时间较多，约上好友外出旅游成为常态，而在旅游中遭受损失投诉无门时只能走法律途径，维权困难成为此类案件特点。此类案件及时、妥善处理，有利于切实保护老年人权益。此案也能有效引导旅游机构依法订立合同，规范签约行为，自觉遵守市场交易秩序。同时提醒老年人在签订旅游合同时，要注意审查相对人是否有相应的代理权和签约资质，并及时通过诉讼途径维护自身权益，对老年人维权、规范旅游行业具有积极的引导作用。

资料来源：最高人民法院．于某某诉北京某旅行社及其分公司旅游合同纠纷案［EB/OL］．［2021-02-24］．https：//www.chinacourt.org/article/detail/2021/02/id/5818128.shtml.

第二节 旅游合同的订立和履行

一、旅游合同的订立

（一）订立旅游合同的原则

旅游合同的订立是指旅游活动当事人之间依法对旅游合同的主要条款经过平等协商，达成一致并签订协议的法律行为。订立旅游合同应遵循如下原则：

1.遵守法律法规和善良风俗原则

《民法典》规定："民事主体从事民事活动，不得违反法律，不得违背公序良俗。"订立旅游合同既要符合法律、行政法规规定的精神和原则，又要符合社会上被普遍认可的道德行为准则及善良风俗。旅游法律法规、政策集中地体现了国家发展旅游事业的根本利益，"民事主体从事民事活动，应当有利于节约资源、保护生态环境"，违反了法律法规和政策就会给旅游业的发展带来损害，同时，当事人也应当承担相应的法律责任。

2.遵守诚实信用原则

《民法典》规定："民事主体从事民事活动，应当遵循诚信原则，秉持诚实，恪守承诺。"诚实信用原则要求当事人在订立合同的全过程中，都要诚实，讲信用，不得有欺诈或其他违背诚实信用的行为。旅游合同当事人在缔约中相互负有协力、保护、通知、诚实等附随义务，当事人违反诚实信用原则，在缔约过程中故意告知对方虚假情况，或者故意隐瞒真实情况，致使对方当事人对合同性质以及标的物的品种、质量、规格和数量等重要内容产生"重大误解"而签订合同的，受损害方有权请求人民法院或者仲裁机构变更或者撤销所订立的合同，因此给对方造成的损害，应当承担赔偿责任。

3.坚持合同自由、平等互利、协商一致原则

《民法典》规定："民事主体在民事活动中的法律地位一律平等"，"民事主体从事民事活动，应当遵循自愿原则，按照自己的意思设立、变更、终止民事法律关系"，"民事主体从事民事活动，应当遵循公平原则，合理确定各方的权利和义务"等。可见，《民法典》关于民事主体从事民事活动，如关于合同的订立、合同的内容与形式等行为规范多为任意性规范，只要不违反国家强制性法律规定，不违背公序良俗，是否缔结旅游合同、合同的内容与形式如何，以及对方当事人的选择等问题主要取决于当事人自己的意思。旅游合同的当事人，无论是自然人、法人还是其他组织，不论其组织规模、运行模式、资金状况，也不论其民族、性别、社会地位等，都能平等地表达自己的意愿、平等地适用法律和受法律的平等保护。因此，在订立旅游合同时，任何一方当事人都可以充分表达其意志，坚持平等互利、协商一致的原则，经过充分酝酿和协商，在自愿的基础上达成一致意见，所订立的合同才能保证履行。

4.坚持包价旅游合同采用书面形式原则

《旅游法》规定："旅行社组织和安排旅游活动，应当与旅游者订立合同。""包价旅游

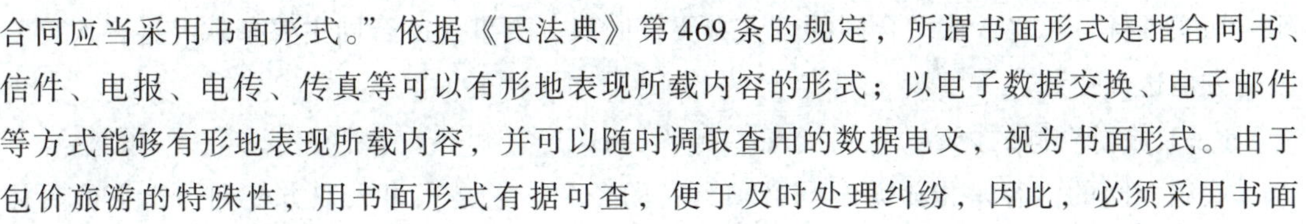

合同应当采用书面形式。”依据《民法典》第469条的规定，所谓书面形式是指合同书、信件、电报、电传、传真等可以有形地表现所载内容的形式；以电子数据交换、电子邮件等方式能够有形地表现所载内容，并可以随时调取查用的数据电文，视为书面形式。由于包价旅游的特殊性，用书面形式有据可查，便于及时处理纠纷，因此，必须采用书面形式。

（二）订立旅游合同的程序

1.要约

要约即订约提议。《民法典》第472条规定：“要约是希望与他人订立合同的意思表示，该意思表示应当符合下列条件：（一）内容具体确定；（二）表明经受要约人承诺，要约人即受该意思表示约束。”任何旅游合同的订立，首先要有一方提出订立合同的意思表示，提议的一方称为要约方，接受提议的一方称为受要约方。要约方一般要向特定人或者向其代理人提出，如包租旅游汽车合同必定是某旅行社向某旅游汽车公司或者其代理人提出租车要约。

旅游合同要约的提出，必须明确表示订立旅游合同的愿望，提出订立旅游合同的主要条款，并给对方一定的答复期限。在旅游实践中，除即时订立的旅游合同可以用口头形式提出要约外，一般应以书面形式提出。要约是一种具有法律约束力的行为，在要约规定的有效期限内，对方如接受要约，要约人有与之订立旅游合同的义务。同时，在此期间内，要约人不得就同一标的再向第三人发出同样的要约。有时合同主体并不直接向他方发出订立合同的意思表示，而是以行为表示希望他人向自己发出要约的意思，这种希望他人向自己发出要约的意思表示是要约邀请，又称要约引诱。

依据《民法典》的规定，要约可以撤回或撤销。有下列情形之一的，要约失效：要约被拒绝；要约被依法撤销；承诺期限届满，受要约人未作出承诺；受要约人对要约的内容作出实质性变更。

2.承诺

承诺即接受订约的提议。承诺是指受要约人对要约完全接受的意思表示。对旅游合同要约的承诺，必须由受要约方表示，而不能由其上级或第三人代替。《民法典》规定，承诺的内容应当与要约的内容一致。受要约人对要约的内容作出实质性变更的，为新要约。有关合同标的、数量、质量、价款或者报酬、履行期限、履行地点和方式、违约责任和解决争议方法等的变更，是对要约内容的实质性变更。因此，旅游合同的受要约方对于要约方的提议如有异议，可以提出新的订约提议。这时，受要约人和要约人就发生了互移其位的变化。承诺也是一种法律行为，表示承诺便是当事人双方协议一致。承诺一旦作出，旅游合同即告成立，由此在当事人之间就产生了法律上的约束力，彼此就有履行旅游合同的义务。

一项重要的旅游合同的订立，往往需要双方当事人反复协商多次，方能取得一致意见。因此，在旅游实践中，旅游合同的要约和承诺大都是一个反复协商的过程，只有在不断的协商中，双方当事人的意思表示才能达成一致，从而使订立出来的旅游合同符合实际、切实可行。总之，旅游合同的订立需要合同双方当事人就合同主要条款经过多次反复协商方能达成一致。

（三）旅游合同的内容

旅游合同的内容是指旅游合同必须具备的条款，它是当事人双方权利与义务的具体化，是双方当事人履行旅游合同、承担合同责任的法律依据。《民法典》第470条规定，合同的内容由当事人约定，一般包括下列条款：当事人的姓名或者名称和住所；标的；数量；质量；价款或者报酬；履行期限、地点和方式；违约责任；解决争议的方法。《旅游法》规定，包价旅游合同包括下列内容：旅行社、旅游者的基本信息；旅游行程安排；旅游团成团的最低人数；交通、住宿、餐饮等旅游服务安排和标准；游览、娱乐等项目的具体内容和时间；自由活动时间安排；旅游费用及其交纳的期限和方式；违约责任和解决纠纷的方式；法律法规规定和双方约定的其他事项。因此，旅游合同条款的表述必须具体、确切，切忌前后矛盾、模棱两可。其主要条款包括以下几个方面：

1.当事人名称或者姓名和住所

旅游合同是旅游法律关系主体意思表示一致的产物，将主体的基本情况列明于合同中为合同内容所必需，亦为日后解决可能出现的纠纷指明了对象。

2.标的

旅游合同的标的是指订立旅游合同的双方（或多方）当事人权利和义务指向的事物。它体现了当事人订立旅游合同的目的和要求，没有标的，当事人的目的和要求就会落空。旅游合同标的的条款包括标的名称、规格、型号、商标等，应当明确而又具体。例如，旅游接待合同应当明确而又具体地约定旅行游览的城市、旅游景点、参观项目，约定使用交通工具的种类、型号，约定住宿酒店的星级标准以及餐食饮料的种类、档次等。

3.数量和质量

旅游合同的数量和质量是确定合同标的特征的重要因素，也是旅游合同履行的尺度和标准，合同标的的数量和质量不明确，当事人所要实现的旅游目的就不能达到。依据《民法典》第511条第1款的规定，当事人就合同质量要求约定不明确的，按照强制性国家标准履行；没有强制性国家标准的，按照推荐性国家标准履行；没有推荐性国家标准的，按照行业标准履行；没有国家标准、行业标准的，按照通常标准或者符合合同目的的特定标准履行。因此，旅游合同的标的数量要准确，计量单位也要有明确约定。凡是国家有统一计量标准规定的，应当适用国家统一度量衡为计量单位。例如，《旅游景区质量等级的划分与评定》（GB/T 17775—2003）、《旅游饭店星级划分与评定》（GB/T 14308—2010）、《〈旅游民宿基本要求与评价〉（LB/T 065—2019）及第1号修改单实施工作规程》、《旅游休闲街区等级划分》（LB/T 082—2021）以及《景区最大承载量核定导则》（LB/T 034—2014）等国家标准和行业标准中均有数量和质量标准、技术要求或服务条件的规范要求。订立旅游合同时，凡合同条款涉及相关内容的，旅游经营者应当依该标准提供商品与服务。

4.价款和酬金

价款和酬金是接受旅游服务、取得旅游产品的一方向对方给付的货币。价款和酬金是以货币的数量来表示的，表现旅游商品、旅游服务货币交换关系的客观要求，也是遵循等价有偿原则进行旅游交往的体现。旅游合同应明确规定价款和酬金的数额，包括单价和总额以及计算标准、结算方式和结算程序等。例如，依据《民法典》第511条第2款的规定，价款或者报酬不明确的，按照订立合同时履行地的市场价格履行；依法应当执行政府定价或者政府指导价的，依照规定履行；第6款规定，履行费用的负担不明确的，由履行义务一方负担；因债权人原因增加的履行费用，由债权人负担。《旅游法》第60条第3款规定："安排导游为旅游者提供服务的，应当在包价旅游合同中载明导游服务费用。"将导游服务费一并纳入合同条款中，这也表明导游有权获得这部分的费用，一旦旅行社违约，将受到处罚。因此，旅游者在团队出发前，应当按照合同的约定支付包括导游服务费在内的合同约定费用。

5.履行的期限、地点和方式

旅游合同的履行期限、地点和方式是检验旅游合同是否全面正确履行的重要依据。旅游合同的履行期限是双方当事人履行旅游合同的时间界限，在此期限内，当事人应按合同约定履行义务，享有权利，到期不履行即为逾期，要承担由此产生的法律责任。《民法典》第511条第4款规定，履行期限不明确的，债务人可以随时履行，债权人也可以随时请求履行，但是应当给对方必要的准备时间。对于凡需要提前或逾期履行的旅游合同，应事先达成协议，并明确提前或逾期履行的时间幅度，因此，任何旅游合同都应有明确的期限要求。例如，海外旅游团队接待合同要约定团队入境日期和团队出境日期，旅游住宿合同要约定入住日期和离店日期，旅游用餐合同要约定用餐的日期和时间，旅游饭店管理合同要约定饭店管理公司管理饭店的起止期限等。旅游合同的履行地点是指合同标的交付和接受的地方。履行的地点直接关系着合同的费用和时间，因而必须明确规定，它可以是标的物的所在地，也可以是供方或需方的所在地，或者双方商定的第三地。《民法典》第511条第3款规定，履行地点不明确，给付货币的，在接受货币一方所在地履行；交付不动产的，在不动产所在地履行；其他标的，在履行义务一方所在地履行。旅游合同的履行方式是指当事人采取什么样的方法、什么样的手段履行合同规定的义务。不同类型的旅游合同，其履行的方式也各不相同。例如，旅游接待合同、代办行李托运合同、代订客房合同等，各有不同的履行方式。《民法典》第511条第4款规定："履行方式不明确的，按照有利于实现合同目的的方式履行。"

6.违约责任

违约责任是指旅游合同当事人不履行合同或不适当履行合同所应担负的法律责任，它是维护旅游合同的重要法律手段。旅游合同的违约责任一般应根据法律的规定来确定，依据《民法典》的规定，当事人可以约定一方违约时应当根据违约情况向对方支付一定数额的违约金，也可以约定因违约产生的损失赔偿额的计算方法。约定的违约金低于造成的损失的，人民法院或者仲裁机构可以根据当事人的请求予以增加；约定的违约金过分高于造成的损失的，人民法院或者仲裁机构可以根据当事人的请求予以适当减少。

7.解决争议的方法

旅游合同当事人就合同内容的理解与合同的履行等发生争议时，可以通过和解或调解解决纠纷。就外部有法律效力的解决纠纷的方式而言，有诉讼与仲裁两种方式，两者是平行的解决途径。旅游合同中解决争议的条款，其效力具有独立性，即使合同被撤销或被宣布为无效，解决争议的条款仍然有效。对于旅游合同纠纷的解决方法，仍要采用当事人双方所约定的方式。

（四）格式条款

所谓格式条款，是指当事人为了重复使用而预先拟定，并在订立合同时未与对方协商的条款。在旅游业运行中，旅游经营者与旅游者之间普遍使用格式条款订立合同，而这种格式条款都是旅游业经营者为了重复使用而预先拟定并在订立合同时未与旅游者协商的条款。

1.格式条款的概念和利弊

采用格式条款订立合同，既有有利的一面，又有不利的一面。一方面，采用格式条款订立合同，有利于减少交易成本，对于提供商品或者服务的一方当事人来说，可以将类似的交易行为用相同的标准订立合同，而不必与每一个订约者进行磋商并拟定合同条款，节省了大量的人力、物力和时间；另一方面，格式条款的提供者在拟定格式条款时，更多地考虑自己的利益，尽可能地将自己的权利在格式条款中加以陈述，并尽量减轻自己的责任，而对另一方的权利考虑较少或附加种种限制条件，尽量加重对方的责任。

2.格式条款提供者的责任

《民法典》第496条第2款规定，采用格式条款订立合同的，提供格式条款的一方应当遵循公平原则确定当事人之间的权利和义务，并采取合理的方式提示对方注意免除或者减轻其责任等与对方有重大利害关系的条款，按照对方的要求，对该条款予以说明。提供格式条款的一方未履行提示或者说明义务，致使对方没有注意或者理解与其有重大利害关系的条款的，对方可以主张该条款不成为合同的内容。可见，格式条款的提供者具有如下两项责任：

（1）遵循公平原则确定当事人之间的权利和义务。所谓公平原则，是指格式条款的提供者在拟定格式条款时，应当将双方的权利义务确定得相互对等，双方当事人享有的权利和承担的义务大体相当，而不能一方只享有权利而不承担义务，或者享有的权利明显大于承担的义务。如果格式条款的提供者在拟定格式条款时，约定自己享有较大权利而只承担较小义务，或者约定对方承担较大义务而只享有较小权利，这种格式条款违反公平原则，是“显失公平”的合同条款，经人民法院或者仲裁机构判定可以予以变更或者撤销。

（2）履行提示或者说明的义务。依照《民法典》，格式条款的提供者应当采取合理的方式提请对方注意免除或限制其责任的条款，按照对方要求，对该条款予以说明。所谓免除或者限制责任的条款，是指规定免除或者限制格式条款提供者责任的各种条件的条文。所谓合理的方式，就是指以能使对方当事人引起注意的方式提醒对方当事人考虑这些条款的含义，当对方当事人对免责条款存有疑虑时，格式条款提供者应当予以说明。如果格式条款提供者不尽提请对方注意和说明义务，等于是采用提供格式条款的有利条件，将有利于自己而不利于对方的免责条款夹塞到合同中去，违背了订立合同应当遵守诚实信用的原则。

3.格式条款的无效

所谓格式条款的无效，是指由于格式条款中含有法律所禁止的内容，或者在订立合同时违反法律规定而导致格式条款无效的情况。《民法典》第497条规定：“有下列情形之一的，该格式条款无效：（一）具有本法第一编第六章第三节和本法第五百零六条规定的无效情形；（二）提供格式条款一方不合理地免除或者减轻其责任、加重对方责任、限制对方主要权利；（三）提供格式条款一方排除对方主要权利。”可见，格式条款中含有下列内容的，该条款无效：

（1）具有《民法典》第一编第六章第三节规定的无效情形以及《民法典》第506条规定的免责条款无效情形的。（具体情形参见本章第二节“三、旅游合同的效力”中的相关内容。）

（2）提供格式条款一方当事人免除自己责任。所谓免除责任，是指格式条款中含有免除格式条款提供者按照通常情形应当承担的主要义务，一般与合同标的、数量、质量、履行期限、履行地点等有关。

（3）加重对方责任，是指格式条款中含有在通常情况下对方当事人不应当承担的义务。

（4）排除对方当事人主要权利。所谓排除对方当事人主要权利，是指格式条款中含有排除对方当事人按照通常情形应当享有的主要权利。例如，旅游者依法享有选择并接受服务的权利，如果旅游经营者在格式合同中规定旅游者必须接受某项服务，就是排除了旅游者的主要权利，因为“选择权”是旅游消费者依法享有的一项主要权利。

4.格式条款的解释

所谓格式条款的解释，是指当事人采用格式条款订立合同后，在履行过程中因对有关条款的含义有不同的理解，应当采取何种原则进行解释。依据《民法典》，对格式条款的理解发生争议的，应当按照通常理解予以解释。对格式条款有两种解释的，应当作出不利于提供格式条款一方的解释。按此规定，格式条款争议的解释原则为不利于格式条款的提供者，即当事人双方对格式条款含义的理解发生争议时，应当作出不利于格式条款提供者的解释。

5.格式条款和非格式条款不一致时的采用

依据《民法典》，格式条款和非格式条款不一致的，应当采用非格式条款。当事人在采用格式条款订立合同时，如果在格式条款中未能将双方合意全部表达清楚，还可以另行签订书面协议，或者对格式条款进行修改以其他的文字代替格式条款。在这种情况下，一份合同就具有了格式条款和非格式条款两部分，即由格式条款和非格式条款构成一份完整的合同。当事人在履行合同的过程中，如果发现格式条款和非格式条款存在不一致的地方，应当采用非格式条款。因为非格式条款不是当事人一方事先拟定的，而是双方当事人在经过协商之后确定的，因而更能充分反映和表达双方当事人的意愿，所以应当采用非格式条款。

（五）缔约过失责任

缔约过失责任是指当事人于缔结合同之际具有过失，从而导致合同不成立、被确认无效或被撤销时，使对方当事人遭受损害而应承担的法律责任。

缔约过失责任是存在于违约责任与侵权责任之间的责任形态。将其归入违约责任，则当时合同尚未成立或已被撤销，无合同可言，违约责任无从谈起；将其纳入侵权责任，则缔约过失责任对当事人的注意义务的要求较之侵权领域的注意义务为高，且侵权行为发生在两个毫无关联的主体之间，显然区别于正在缔约的双方。当事人进入磋商谈判欲缔结合同的阶段，其相互之间的关系比陌生人之间的关系要密切得多。在此阶段，双方理应互负相应的义务，以免给对方造成损害，此种义务被称为前契约义务，具体内容为当事人相互之间的协力、保护、通知、保密等义务，以及禁止欺诈。依据《民法典》的规定，缔约过失责任的具体形式有四种：

1.借订立合同，进行恶意磋商

当事人磋商缔结合同应本着真诚促进合同成立的心态行事，而不能以订立合同为幌子，利用对方急于签订合同的心态，名为与对方谈判，实为拖延时间，使其丧失与第三方缔约的机会，凡有上述行为并给对方造成损失的，过错方负赔偿损失的责任。

2.故意隐瞒与订立合同有关的重要事实或者提供虚假情况

在前契约义务中，缔约方的一个重要义务就是告知义务。唯有缔约各方将足以影响合同的情况如实相告，至少是不为虚假的告知，则合同的成立才有坚实的基础；否则，因一方隐瞒情况或提供虚假情况等欺诈行为而签订合同，对方当事人必陷入错误的认识，若因此而蒙受经济损失，欺诈方给予赔偿就是理所当然的。

3.违反保密义务

《民法典》第501条规定："当事人在订立合同过程中知悉的商业秘密或者其他应当保密的信息，无论合同是否成立，不得泄露或者不正当地使用；泄露、不正当地使用该商业秘密或者信息，造成对方损失的，应当承担赔偿责任。"此处的"密"特指商业秘密或者其他应当保密的信息，在谈判磋商阶段，由于缔结合同的需要或相互之间的信赖关系，一方可能知晓另一方的一些技术信息与经营信息，若上述信息符合反不正当竞争法对商业秘密的界定，缔约方即不得公开或为自己的利益而使用该信息；否则，违反保密义务并给对方造成损失的，应承担缔约过失责任。

4.有其他违背诚实信用原则的行为

诚实信用原则是民法的基本原则之一，具有漏洞补充的功效。在合同法领域，诚实信用原则与缔约过失责任紧密相连，为缔约过失责任的理论依据。

现代社会，旅游成为人类生活的一个重要组成部分，对旅游业及旅游法律关系当事人的全面保护是法律的当然之责。基于保护缔约方利益的现实需要，缔约过失责任应运而生。由于缔约过失责任存在于契约法之中但又不依赖于作为当事人所缔结的合同，这种责任与传统的契约责任已判然有别。在缔约过失责任制度的影响下，法律的保护范围从有效成立的契约扩及整个契约履行过程，诚实信用成为旅游合同当事人所必须恪守的准则。

【延伸阅读5-1】 缔约过失责任

缔约过失责任（Contracting Fault Liability）自德国法学家耶林（Rudolph von Jhering）提出以来，已被各国的民法理论和民事立法所吸收。基于对《德国民法典》的观察，耶林认为：所谓缔约过失是指当事人因自己的过失致使契约不成立者，对信其契约为有效成立的相对人应赔偿基于此项信赖而产生的损害。从事契约缔结的人，虽然没有完成契约的缔结过程，无法受到基于完整契约义务的保护，但实际上仍然是由一种消极义务范畴进入一种积极义务范畴。其因此而要承担的首要义务，就是缔约过程中应予必要注意义务。法律所保护的不是一个业已完成的契约，是一种正在发生的过程中的契约关系，这种关系如得不到保护，实际上无法体现出消极民事义务向积极民事义务的性质转变（注：缔约过失过程中基于诚信而产生的义务在约束强度上介于在磋商开始前一般人之间互不侵犯的消极义务和缔约后履行合同的积极义务之间）。耶林关于缔约过失的论述被认为是具有“开拓性的”。

我国通过《民法典》确立了缔约过失责任制度，但随着对缔约过失责任认识的不断深入，围绕我国缔约过失责任制度的立法模式产生了诸多新的争议。国内学界对缔约过失责任的通说为：在合同的订立过程中，一方因违背诚实信用原则所产生的义务，而导致另一方信赖利益的损失，应当承担的损害赔偿责任。学理上将缔约过程中双方应尽注意的义务据以产生或损害的利益称为“信赖利益”。英美法国家相较与大陆法国家，更加注重信赖利益的保护，不论是学说还是判例，都对因缔约过失而引起的信赖利益的损害给予充分的关注，并已经形成比较成熟的信赖理论。

信赖利益的性质界定是一个非常复杂的问题，自美国法学家富勒（Lon L.Fuller）发表《合同损害赔偿中的信赖利益》以来引起的关于信赖利益的大讨论，至今没有形成一个关于信赖利益的精确定义。富勒在解释信赖利益时认为：“基于对被告知许诺的信赖，原告改变了他的处境……我们的目的是使它恢复到与允诺作出前一样的处境，这种场合中受到保护的利益可以叫作信赖利益。”反思富勒对于信赖利益的界定，实际上表达了信赖利益就是受害人在对方导致处境变更后所损失的现实利益。这种定义与缔约过失责任制度在法理上是相契合的。缔约过失的语境下，信赖利益实际上就是现实利益的损失。从对信赖利益的性质界定中，可以再次与违约责任划清界限，二者的区别不仅在于合同是否已达成，更在于缔约过失责任保护的是现实利益的损失，而合同利益保护的则是一种基于双方合意的期待利益。将信赖利益定位于现实利益的损失一方面有利于确定被损害人具体的财产损失，另一方面也有利于维护民事活动的秩序，不致使损害人为基于其过失的行为承担较重的负担。

资料来源（根据以下文献整理）：

［1］张翔. 缔约过失责任的法理分析［EB/OL］.［2017-07-20］. http://www.acla.org.cn/article/page/detailById/20528? from=timeline&isappinstalled=1.

［2］钱玉林. 缔约过失责任与诚信原则的适用［J］. 法律科学，1999（4）：59-68.

［3］富勒. 合同损害赔偿中的信赖利益［M］. 韩世远，译. 北京：中国法制出版社，2004：36-43.

二、旅游合同的履行

（一）旅游合同履行的原则

旅游合同的履行是指双方当事人按照合同的约定全面完成自己所承担的义务。凡是签订旅游合同的当事人，都应当以认真负责的态度，严格按照合同条款的规定，不折不扣地全面履行合同。因为全面地履行合同不仅是一方当事人对另一方当事人的义务，而且是双方当事人对国家应尽的共同义务。旅游合同的全面履行包括实际履行和适当履行两种。

1.旅游合同的实际履行

旅游合同的实际履行，是指当事人必须按照旅游合同规定的标的去履行。《民法典》第512条规定，通过互联网等信息网络订立的电子合同的标的为交付商品并采用快递物流方式交付的，收货人的签收时间为交付时间。电子合同的标的为提供服务的，生成的电子凭证或者实物凭证中载明的时间为提供服务时间；前述凭证没有载明时间或者载明时间与实际提供服务时间不一致的，以实际提供服务的时间为准。电子合同的标的物为采用在线传输方式交付的，合同标的物进入对方当事人指定的特定系统且能够检索识别的时间为交付时间。在包价旅游合同中，旅游经营者就应当按照旅游合同约定的线路、标准等去履行，不得擅自变更旅游行程安排。如果一方当事人未能按期履行合同，在向对方当事人支付了违约金或赔偿金之后，合同并没有因此而终止，违约方仍不能免除实际履行的义务。只有在特定情况下，如合同的特定标的物灭失，义务方延迟履行使标的物交付对方权利人已失去实际意义，或法律有特别规定的，才允许不实际履行，但依法仍负有向对方承担赔偿的责任。

2.旅游合同的适当履行

旅游合同的适当履行，是指当事人必须按照合同约定的期限、地点和方式履行。要求当事人严格按照合同约定的期限、地点和方式履行旅游合同，是为了确保旅游接待的食、住、行、游、购、娱各个环节的衔接，维护旅游活动的正常秩序，保障旅游计划的完成。为此，当事人必须在旅游合同约定的地点履行义务，权利人也必须在约定的地点接受履行；当事人必须按旅游合同约定的方式履行，如一次履行或分批履行、当事人亲自履行或第三人代替履行等。这里需要强调的是：在我国当前建立和完善社会主义市场经济体制的过程中，大多数的商品和服务的价格实行市场调节，但仍然有极少数商品和服务的价格实行政府指导价或者政府定价。当价格发生变动时，如何履行合同？《民法典》第513条规定，执行政府定价或者政府指导价的，在合同约定的交付期限内政府价格调整时，按照交付时的价格计价。逾期交付标的物的，遇价格上涨时，按照原价格执行；价格下降时，按照新价格执行。逾期提取标的物或者逾期付款的，遇价格上涨时，按照新价格执行；价格下降时，按照原价格执行。

3.协作履行原则

协作履行原则是指在合同履行过程中，当事人不仅适当履行自己的合同债务，而且应基于诚实信用原则的要求，协助对方当事人履行其债务的履行原则。也就是说，合同是双

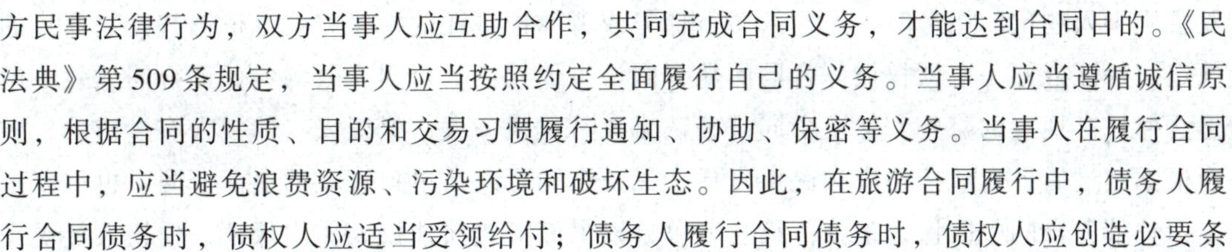

方民事法律行为，双方当事人应互助合作，共同完成合同义务，才能达到合同目的。《民法典》第509条规定，当事人应当按照约定全面履行自己的义务。当事人应当遵循诚信原则，根据合同的性质、目的和交易习惯履行通知、协助、保密等义务。当事人在履行合同过程中，应当避免浪费资源、污染环境和破坏生态。因此，在旅游合同履行中，债务人履行合同债务时，债权人应适当受领给付；债务人履行合同债务时，债权人应创造必要条件、提供方便，协助债务人履行合同义务；债务人因故不能履行或不能完全履行合同义务时，债权人应积极采取措施防止损失扩大，否则，应就扩大的损失自负其责。

4.情势变更原则

情势变更原则，是指合同有效成立后，因不可归责于双方当事人的事由发生重大变化而使合同的基础动摇或者丧失，若继续维持合同会显失公平，因此允许变更合同内容或解除合同的原则。《民法典》第533条规定，合同成立后，合同的基础条件发生了当事人在订立合同时无法预见的、不属于商业风险的重大变化，继续履行合同对于当事人一方明显不公平的，受不利影响的当事人可以与对方重新协商；在合理期限内协商不成的，当事人可以请求人民法院或者仲裁机构变更或者解除合同。人民法院或者仲裁机构应当结合案件的实际情况，根据公平原则变更或者解除合同。旅游合同履行中受诸多因素的影响，如订立合同时的客观条件变化、依托的法律政策环境变化、突发事件的出现、履行辅助人状况以及旅游者身体状况等，都可能影响当事人订立合同时目标的实现。因此，依据情势变更原则，当事人可以通过协商或者请求人民法院基于公平原则变更或解除旅游合同。

（二）旅游合同履行的担保

旅游合同履行的担保是指订立旅游合同的双方当事人为了确保旅游合同的切实履行而协商确定的具有法律效力的保证措施。

1.定金

定金是当事人一方为证明旅游合同成立和保证合同履行而预付给对方一定数量货币的担保方式。《民法典》第586条规定，当事人可以约定一方向对方给付定金作为债权的担保。定金合同自实际交付定金时成立。定金的数额由当事人约定，但是，不得超过主合同标的额的20%，超过部分不产生定金的效力。实际交付的定金数额多于或者少于约定数额的，视为变更约定的定金数额。《民法典》第587条规定，债务人履行债务的，定金应当抵作价款或者收回。给付定金的一方不履行债务或者履行债务不符合约定，致使不能实现合同目的的，无权请求返还定金；收受定金的一方不履行债务或者履行债务不符合约定，致使不能实现合同目的的，应当双倍返还定金。

旅游合同中实行预付定金的制度具有以下几个方面的作用：一是定金预付后，证明旅游合同已经成立，起证据的作用；二是定金对给付方和接受方都有保证履行的约束作用；三是定金要预先付给，在合同履行后又抵作价款，具有预付款的作用。

2.保证

保证合同是为保障债权的实现，保证人和债权人约定，当债务人不履行到期债务或者发生当事人约定的情形时，保证人履行债务或者承担责任的担保方式。依据《民法典》的规定，保证合同是主债权债务合同的从合同。主债权债务合同无效的，保证合同无效，但是法律另有规定的除外。保证合同被确认无效后，债务人、保证人、债权人有过错的，应当根据其过错各自承担相应的民事责任。保证合同可以是单独订立的书面合同，也可以是主债权债务合同中的保证条款。第三人单方以书面形式向债权人作出保证，债权人接受且未提出异议的，保证合同成立。

旅游合同履行中的保证方式包括一般保证和连带责任保证。前者是指当事人在保证合同中约定，债务人不能履行债务时，由保证人承担保证责任的，为一般保证。一般保证的保证人在主合同纠纷未经审判或者仲裁，并就债务人财产依法强制执行仍不能履行债务前，有权拒绝向债权人承担保证责任。当事人在保证合同中约定保证人和债务人对债务承担连带责任的，为连带责任保证。连带责任保证的债务人不履行到期债务或者发生当事人约定的情形时，债权人可以请求债务人履行债务，也可以请求保证人在其保证范围内承担保证责任。当事人在保证合同中对保证方式没有约定或者约定不明确的，按照一般保证承担保证责任。

3.留置

留置是指一方当事人合法地占有对方当事人的财产，在债务人的义务履行之前，债权人依法享有扣留其财产的权利的担保方式。依据《民法典》的规定，留置权人与债务人应当约定留置财产后的债务履行期限；没有约定或者约定不明确的，留置权人应当给债务人60日以上履行债务的期限。债务人逾期未履行的，留置权人可以与债务人协议以留置财产折价，也可以就拍卖、变卖留置财产所得的价款优先受偿。例如，在旅游产品加工承揽合同中，定作方超过领取期限不领取定作物的，承揽方有权将定作物变卖，所得价款在扣除报酬、保管费用以后，用定作方的名义存入银行。此外，在旅游行李物品运输合同、仓储保管合同中也可采取留置这种担保方式。

4.抵押

《民法典》第394条规定，为担保债务的履行，债务人或者第三人不转移财产的占有，将该财产抵押给债权人的，债务人不履行到期债务或者发生当事人约定的实现抵押权的情形，债权人有权就该财产优先受偿。旅游合同履行中的抵押是指债务人或第三人以一定的财产作为履行旅游合同的担保，当债务人不履行债务时，债权人有权依照法律的规定以抵押物折价或者以变卖抵押物的价款优先得到偿还的一种担保方式。

5.质押

质押是指债务人或第三人将动产或权利交与债权人占有，作为债务履行的担保方式。《民法典》第425条规定，为担保债务的履行，债务人或者第三人将其动产出质给债权人占有的，债务人不履行到期债务或者发生当事人约定的实现质权的情形，债权人有权就该动产优先受偿。旅游合同履行时，债权人享有在债务人不履行债务的情况下变卖质物，从所得价款中优先受偿的权利。

三、旅游合同的效力

（一）旅游合同的法律效力及生效要件

旅游合同的法律效力是指已成立的旅游合同对合同当事人乃至第三人产生的法律后果，或者说是法律拘束力，这种法律后果是立法者意志对当事人合意评价的结果。当法律对当事人合意予以肯定性评价时，发生当事人预期的法律后果，即合同生效；当法律对当事人合意给予全然否定性评价时，则发生合同绝对无效的法律后果；当法律对当事人合意给予相对否定性评价时，发生合同可撤销或效力未定的法律后果。《民法典》第143条规定："具备下列条件的民事法律行为有效：（一）行为人具有相应的民事行为能力；（二）意思表示真实；（三）不违反法律、行政法规的强制性规定，不违背公序良俗。"可见，已成立的合同要产生当事人预期的后果，则须满足法定的生效要件。旅游合同的一般生效要件主要有：

1.当事人缔约时有相应的缔约能力

缔约能力是指旅游合同主体据以独立订立合同并独立承担合同义务的主体资格。旅游合同的主体可分为自然人、法人及非法人团体。依据不同的主体和不同的旅游合同，法律对其资信状况、认知能力、独立承担责任能力有不同的要求。

2.意思表示真实

旅游合同的生效，不仅要求双方当事人意思表示一致，在此基础上进一步要求意思表示必须真实，即要求当事人的效果意思与表示意思一致。换言之，真实是指当事人的内在意思和外在意思一致。

3.不违反强制性法律规范及公序良俗

旅游合同不违反强制性法律规范及公序良俗，是其生效的一个重要条件。如果前述两个要件欠缺可经补正等手段使合同有效，但此要件的欠缺则确定地使合同无效。法律的强制性规范当事人不得违反，否则将导致法律的全然否定性评价；公序良俗原则是民事立法基于社会本位考虑，对当事人合同自由的一种限制，也是处理涉外合同关系中对抗和排除外国法适用以及参加国际公约对某些条款予以保留的一个基本原则。

4.标的的确定和可能

当事人订立旅游合同，其效果意思大都希望合同得以履行。而合同能否履行，首先要看合同的标的是否确定，其次要看标的有没有履行的可能；否则，旅游合同关系的存在就成为不必要。

（二）旅游合同欠缺生效要件的法律后果

尽管旅游合同是当事人的合意，反映了当事人的目的，但该合同只有在不违反法律要求时才具有法律效力，才受法律保护。如果合同欠缺合同的生效要件，其效力就会受到影响。

1.旅游合同的无效

旅游合同的无效，是指合同欠缺一定生效要件而致合同当然不发生效力。无效的旅游合同，国家不予确认，从订立时起就不具有法律效力。依据《民法典》的规定，导致旅游合同无效的情形有：

（1）无民事行为能力人实施的民事法律行为。所谓无民事行为能力人是指：不满8周岁的未成年人，不能辨认自己行为的成年人以及不能辨认自己行为的8周岁以上的未成年人。不能辨认自己行为，指因智力、精神健康原因所致；因醉酒导致不能辨认自己行为的，不属于无民事行为能力人，不得以此为由主张行为无效。

（2）通谋虚伪表示行为。通谋虚伪表示行为是指行为人与相对人以虚假的意思表示实施的民事法律行为或者以虚假的意思表示隐藏的民事法律行为。前者绝对无效，后者的效力依照有关法律规定处理。

（3）恶意串通损害他人利益的行为。《民法典》规定，行为人与相对人恶意串通，损害他人合法权益的民事法律行为无效。值得注意的是，行为人和相对人之间必须具有意思联络、共同恶意，方构成恶意串通。如果只有一方具有损害他人权益的主观恶意，另一方不知情或者虽然知情但并无主观恶意的，不构成恶意串通。

（4）违反法律、行政法规的强制性规定以及违背公序良俗的民事法律行为。《民法典》规定，违反法律、行政法规的强制性规定或者违背公序良俗的民事法律行为无效。但是，该强制性规定不导致该民事法律行为无效的除外。

（5）关于免责条款无效。《民法典》第506条规定："合同中的下列免责条款无效：（一）造成对方人身损害的；（二）因故意或者重大过失造成对方财产损失的。"

2.旅游合同的可撤销

旅游合同的可撤销，是指旅游合同欠缺一定生效要件，其有效与否，取决于有撤销权的一方当事人是否行使撤销权。依据《民法典》的规定，关于旅游合同撤销的情形如下：

（1）采取欺诈、胁迫或者乘人之危等手段签订的旅游合同。欺诈是一方故意制造假象或隐瞒真相，造成对方认识上的错误，使对方受骗上当而签订旅游合同；胁迫是一方使用要挟或威胁的手段，迫使对方就范而签订旅游合同；乘人之危是指行为人利用对方窘迫或危难之处境，迫使其违背真实意思而订立合同的行为。欺诈、胁迫和乘人之危等手段的共同特点是使对方在违背真实意思的情况下签订旅游合同，即受害方不能真实地表达自己的意志，并使其利益蒙受损失，这与按自愿互利原则签订旅游合同是背道而驰的，所以其所签订的旅游合同是不具有法律效力的。

（2）重大误解的旅游合同。所谓重大误解，是指当事人为意思表示时，因自己的过失对涉及合同法律效果的重大事项发生认识上的显著错误而使自己遭受重大不利的法律事实。

（3）显失公平的旅游合同。显失公平的旅游合同是指合同中双方当事人的权利与义务明显不对等，使一方遭受重大损失的合同。

撤销权本质上是一种请求权，享有撤销权的当事人不能以自己单方的行为来撤销合同，而只能向法院或仲裁机关主张撤销该合同。至于该合同是否被撤销，确认权在法院和仲裁机关。《民法典》第152条规定，有下列情形之一的，撤销权消灭：当事人自知道或者应当知道撤销事由之日起1年内、重大误解的当事人自知道或者应当知道撤销事由之日起90日内没有行使撤销权；当事人受胁迫，自胁迫行为终止之日起1年内没有行使撤销权；当事人知道撤销事由后明确表示或者以自己的行为表明放弃撤销权。当事人自民事法律行为发生之日起5年内没有行使撤销权的，撤销权消灭。

3.旅游合同的效力待定及补正

所谓效力待定的合同，是指已成立的合同因欠缺一定的生效要件，其生效与否，尚未确定。依据《民法典》的规定，导致合同效力待定的原因主要有：

（1）限制民事行为能力人订立的旅游合同。限制民事行为能力人实施的纯获利益的民事法律行为或者与其年龄、智力、精神健康状况相适应的民事法律行为有效；实施的其他民事法律行为经法定代理人同意或者追认后有效。相对人可以催告法定代理人自收到通知之日起30日内予以追认。法定代理人未作表示的，视为拒绝追认。民事法律行为被追认前，善意相对人有撤销的权利。撤销应当以通知的方式作出。

（2）无权代理人订立的旅游合同。行为人没有代理权、超越代理权或者代理权终止后，仍然实施代理行为，未经被代理人追认的，对被代理人不发生效力。相对人可以催告被代理人自收到通知之日起30日内予以追认。被代理人未作表示的，视为拒绝追认。行为人实施的行为被追认前，善意相对人有撤销的权利。撤销应当以通知的方式作出。行为人实施的行为未被追认的，善意相对人有权请求行为人履行债务或者就其受到的损害请求行为人赔偿。但是，赔偿的范围不得超过被代理人追认时相对人所能获得的利益。

（3）自我代理和双方代理订立的旅游合同。代理人不得以被代理人的名义与自己实施民事法律行为，但是被代理人同意或者追认的除外。

代理人不得以被代理人的名义与自己同时代理的其他人实施民事法律行为，但是被代理的双方同意或者追认的除外。

（4）复代理订立旅游合同。代理人需要转委托第三人代理的，应当取得被代理人的同意或者追认。转委托代理经被代理人同意或者追认的，被代理人可以就代理事务直接指示转委托的第三人，代理人仅就第三人的选任以及对第三人的指示承担责任。转委托代理未经被代理人同意或者追认的，代理人应当对转委托的第三人的行为承担责任，但是，在紧急情况下代理人为了维护被代理人的利益需要转委托第三人代理的除外。

总之，依据《民法典》的规定，效力待定的合同，其合同效力是不确定的，须经过补正方可生效，在一定的期限内不予补正则为无效的合同，即效力待定的合同要等到权利人追认才会生效；如果权利人不追认，合同就无效，当事人不需要履行合同义务。

（三）旅游合同被确认无效和被撤销后的法律责任

旅游合同当然无效、被撤销后无效或未经补正的无效，都属于广义的无效。其法律后果均导致合同自始无效，即无效溯及既往，自合同成立之时就无效。因此，合同约定的义务对当事人无约束力，当事人依合同取得的财产或利益应恢复到合同成立之时的状态。旅游合同部分无效，不影响其他部分效力的，其他部分仍然有效。如果因当事人的过错造成对方的损失，须予以赔偿。其责任类型属于缔约过失责任。

《民法典》第157条规定，民事法律行为无效、被撤销或者确定不发生效力后，行为人因该行为取得的财产，应当予以返还；不能返还或者没有必要返还的，应当折价补偿。有过错的一方应当赔偿对方由此所受到的损失；各方都有过错的，应当各自承担相应的责任。依照此规定，旅游合同被确认无效后，对因旅游合同无效所引起的财产后果，要分别不同情况，予以妥善处理。处理的办法主要有：

（1）返还财产。旅游合同确认无效后，无过错一方的当事人有权要求返还已交付给对方的财产，从而使当事人之间的财产关系恢复到合同签订以前的状况。一种情况是一方当事人根据无效旅游合同取得的标的物还存在，应当返还给对方；另一种情况是标的物已不存在或者已被第三者合法取得，因而不能返还时，可用赔偿损失的方法补偿。

（2）赔偿损失。旅游合同确认无效后，有过错的一方当事人应当赔偿对方所受的损失；如果旅游合同无效，是由双方当事人的过错造成的，则应分清过错的主次、大小和轻重，由双方各自承担自己的责任。

【延伸阅读5-2】　　表见代理及其法律特征

表见代理（Apparent Agency）属于广义的无代理权范畴。《民法典》第172条规定，行为人没有代理权、超越代理权或者代理权终止后，仍然实施代理行为，相对人有理由相信行为人有代理权的，代理行为有效。可见，表见代理以委托代理为前提，且委托代理权已消灭，但仍然有继续存在的假象，善意第三人尽到合理注意仍未发现真相，信赖代理权无瑕疵并与之缔结法律行为，此时应当保护其信赖。表见代理与狭义的无权代理的本质区别是在客观上存在授予代理权的权利表象，是本人意思自治对善意相对人交易安全的让步。表见代理的特征：

①表见代理在客观上属于无权代理，但具有代理权的法律外观（表征）。私法自治原则表明除违反法律强制性规定以及有关公共秩序和善良风俗的规定无效外，任何个人皆得依其自由意思而自律性地形成法律关系。它因此也表明：所有的个人除非出于自己的自由意思，否则不能取得权利、负担义务，或者说任何人不得在未经他人同意的情况下为其设定义务。《民法典》中“相对人有理由相信”系指相对人善意且对行为人享有代理权之外观表象信赖具有合理性，即行为人虽无代理权但具有代理权外观，“故代理权外观的类型及其传递信息的确定性程度等直接影响相对人信赖合理性判断”；对表见代理以外的狭义无权代理，行为人不仅没有代理权，也没有使第三人信其有代理权的表征，因而赋予被代理人追认权，故狭义无权代理属于效力未定之行为。

②表见代理是基于对相对人的信赖利益考量。表见代理制度的设立旨在保护善意第三人的利益，维护市场交易安全。如果信赖的一方在实施行为时是善意且无过失的，而法律对于此种利益不予保护，那么，与代理人进行民事活动的相对人就会失去安全感，并可能危及交易安全，进而影响代理制度的信用和效益。所谓信赖利益（Reliance Interest），首先是一种利益，是相对人基于合理的信赖关系，信赖法律行为有效成立而付出必要代价中所蕴含的利益。合同法中的信赖利益是从其反面——损失的角度界定的，即合同当事人基于受法律保护的信赖而支出的费用和丧失的其他缔约机会。

③表见代理中被代理人与权利表征有关联性。表见代理中的代理权源于被代理人的授权行为，即被代理人的授权行为引起相对人信赖代理关系中代理权存在的事实，也就是被代理人的行为所引起的代理权外观事实，这是表见代理制度适用的前提和存在的客观基础，其法律效果当然归责于被代理人。

资料来源（根据以下文献整理）：

［1］章丽．论表见代理——兼评《民法总则》第172条［J］．湖北工程学院学报，2018，38（4）：97-102.

［2］陈华彬．民法总论［M］．北京：中国法制出版社，2011：61.

［3］王利明．违约中的信赖利益赔偿［J］．法律科学，2019（6）：120-130.

［4］于韫珩．违约责任中的信赖利益赔偿［J］．环球法律评论，2015（3）：95-111.

第三节 旅游合同的变更、转让、解除和终止

一、旅游合同的变更和转让

（一）旅游合同的变更

1.旅游合同变更的概念及条件

合同的变更有广义和狭义之分。广义的合同变更，既包括合同内容和条款的变化，也包括合同主体的变化，即合同的转让；狭义的合同变更，仅指合同内容和条款的变化。本章所称旅游合同的变更，是指旅游合同订立以后，尚未履行或未完全履行之前，基于当事人的法律行为、法院或仲裁机构的裁判行为或法律规定，对原订立的旅游合同条款进行增加、减少、修改或补充的现象。《民法典》规定，“当事人协商一致，可以变更合同”（第543条），“当事人对合同变更的内容约定不明确的，推定为未变更”（第544条）。旅游合同一经签订，即对当事人产生法律约束力，任何一方不能擅自变更合同。在实践中，实现旅游合同的条件发生变化，使得原来签订的旅游合同不能履行或不能完全履行时，必须经过法定的程序方能变更。依据《民法典》的规定，旅游合同的变更需要符合下列条件：一是存在合法有效的合同关系。二是合同内容和条款发生变化，不包括合同主体的变化。三是合同的变更须依当事人协议或法律的直接规定及法院裁决，有时依形成权人的意思表示。如果是双方当事人协商同意变更合同，则必须遵循有关民事法律行为的规定，符合民事法律行为的生效要件；如果是根据法律规定变更合同，则必须根据法律规定的程序和方法变更合同。四是须遵守法律规定的方式。对合同的变更，法律要求采取一定方式的，必须遵守这种要求。

2.旅游合同变更的法律后果

（1）因不可抗力或旅游经营者无法控制的原因变更合同。依据《旅游法》第67条的规定，因不可抗力或者旅行社、履行辅助人已尽合理注意义务仍不能避免的事件，影响旅游行程，“合同不能完全履行的，旅行社经向旅游者作出说明，可以在合理范围内变更合同。旅游者不同意变更的，可以解除合同”；“合同变更的，因此增加的费用由旅游者承

担，减少的费用退还旅游者”。

（2）因旅游者的原因变更合同。《旅游法》第73条规定，旅行社根据旅游者的具体要求安排旅游行程，与旅游者订立包价旅游合同的，旅游者请求变更旅游行程安排，因此增加的费用由旅游者承担，减少的费用退还旅游者。

（3）包价旅游合同的变更。《旅游法》第69条规定：“旅行社应当按照包价旅游合同的约定履行义务，不得擅自变更旅游行程安排。”经旅游者同意，旅行社将包价旅游合同中的接待业务委托给其他具有相应资质的地接社履行的，应当与地接社订立书面委托合同，约定双方的权利和义务，向地接社提供与旅游者订立的包价旅游合同的副本，并向地接社支付不低于接待和服务成本的费用。地接社应当按照包价旅游合同和委托合同提供服务。

此外，《民法典》关于合同变更有特殊规定，例如，第422条规定，最高额抵押担保的债权确定前，抵押权人与抵押人可以通过协议变更债权确定的期间、债权范围以及最高债权额。但是，变更的内容不得对其他抵押权人产生不利影响。第695条规定，债权人和债务人未经保证人书面同意，协商变更主债权债务合同内容，减轻债务的，保证人仍对变更后的债务承担保证责任；加重债务的，保证人对加重的部分不承担保证责任。债权人和债务人变更主债权债务合同的履行期限，未经保证人书面同意的，保证期间不受影响等。总之，在旅游业实践中，旅游合同的变更需依据法律的规定进行，才具有法律效力。当事人一方擅自变更旅游合同的内容无效，对相对方当事人没有法律的约束力。

（二）旅游合同的转让

1.旅游合同转让的概念与条件

旅游合同的转让是指旅游合同的一方当事人（让与方）在不改变合同条款的情况下，把自己所享受的权利和承担的义务转让给第三人（受让方）。旅游合同转让一般要经过提议和接受提议两个阶段，让与方与受让方要经协商并达成一致才能转让。依据《民法典》的规定，旅游合同的转让需要符合下列条件：一是必须以合法有效的合同关系存在为前提；二是必须符合法律所规定的转让程序，需要通知的依法通知，需要征得相对方同意的先经其同意，应当办理批准、登记等手续的，依照其规定办理相应手续；三是让与方与受让方之间达成合同转让的合意，具备民事法律行为的有效条件；四是必须符合社会公共利益，且所转让的内容要合法。《民法典》从保护社会公共利益和维护交易秩序、兼顾转让双方的利益出发，在第545条对合同权利转让的范围作了限制，即规定了三种情况下不得将债权的全部或者部分转让给第三人：根据债权性质不得转让；按照当事人约定不得转让；依照法律规定不得转让。“当事人约定非金钱债权不得转让的，不得对抗善意第三人。当事人约定金钱债权不得转让的，不得对抗第三人。”

2.旅游合同转让的情形及法律后果

（1）权利的转让。合同权利转让是指不改变合同权利的内容，由债权人将权利转让给第三人。因此，权利转让的主体是债权人和第三人，债务人不能成为合同权利转让的当事人。

依据《民法典》的规定，“债权人可以将债权的全部或者部分转让给第三人”；“债权人转让债权，未通知债务人的，该转让对债务人不发生效力”；“债权转让的通知不得撤销，但是经受让人同意的除外”；“债权人转让债权的，受让人取得与债权有关的从权利，但是该从权利专属于债权人自身的除外”；“受让人取得从权利不因该从权利未办理转移登记手续或者未转移占有而受到影响”；“因债权转让增加的履行费用，由让与人负担”。合同权利的转让既可以是全部的转让，也可以是部分的转让。在权利部分转让的情况下，受让人作为第三人将加入到原合同关系中，与原债权人共同享有债权；当权利全部转让时，受让人则完全取代转让人的地位而成为合同当事人，原合同关系消亡，产生了新的合同关系。

（2）义务的转让。合同义务的转让包括合同义务的全部转让和部分转让两种形态。合同义务的全部转让是指债权人或者债务人与第三人之间达成转让债务的协议，由第三人取代原债务人承担全部债务；合同义务的部分转让是指原债务人并没有脱离原有合同关系，而是由第三人加入合同关系，并与原债务人一起共同向同一债权人承担合同义务。依据《民法典》的规定，“债务人将债务的全部或者部分转移给第三人的，应当经债权人同意。债务人或者第三人可以催告债权人在合理期限内予以同意，债权人未作表示的，视为不同意”；“第三人与债务人约定加入债务并通知债权人，或者第三人向债权人表示愿意加入债务，债权人未在合理期限内明确拒绝的，债权人可以请求第三人在其愿意承担的债务范围内和债务人承担连带债务”。《旅游法》第63条规定，旅行社招徕旅游者组团旅游，因未达到约定人数不能出团的，组团社经征得旅游者书面同意，可以委托其他旅行社履行合同。组团社对旅游者承担责任，受委托的旅行社对组团社承担责任。

（3）合同权利义务的转让。合同权利义务的转让是指合同当事人将合同中的权利和义务一并转让给第三人的行为。《民法典》规定：“当事人一方经对方同意，可以将自己在合同中的权利和义务一并转让给第三人。”合同权利义务的转让是合同当事人的彻底变更，原来的合同当事人退出合同关系，新的第三人进入合同关系。合同权利义务的转让除遵守合同转让的一般条件和要求外，必须经对方当事人同意，否则无效。《旅游法》第64条规定，旅游行程开始前，旅游者可以将包价旅游合同中自身的权利义务转让给第三人，旅行社没有正当理由的不得拒绝，因此增加的费用由旅游者和第三人承担。

总之，旅游合同的转让可以是全部转让，也可以是部分转让。除法律法规有特殊规定外，旅游合同义务的转让应当经过对方当事人的书面同意，而旅游合同权利的转让应当通知对方当事人，否则转让无法律效力。同时，《旅游法》规定了“旅行社未征得旅游者书面同意，委托其他旅行社履行包价旅游合同的”应当承担的行政责任。

二、旅游合同的解除和终止

（一）旅游合同的解除

1.旅游合同解除的概念与情形

旅游合同的解除是指对已经订立的旅游合同，在其有效期届满之前，提前终止其效力的协议。旅游合同一经签订，任何一方都不能任意变更或解除。在旅游业实践中，实现合同的条件发生变化，使得原来签订的旅游合同不能履行或不能完全履行时，必须经过法定的程序方能变更或解除。依据《民法典》的规定，合同解除有约定解除和法定解除两种。当事人协商一致解除合同的，属于约定解除；出现因不可抗力致使不能实现合同目的等情形时，一方解除合同的，就是属于法定解除。

（1）约定解除。《民法典》第562条规定："当事人协商一致，可以解除合同。当事人可以约定一方解除合同的事由。解除合同的事由发生时，解除权人可以解除合同。"

（2）法定解除。依据《民法典》第563条的规定，有下列情形之一的，当事人可以解除合同：因不可抗力致使不能实现合同目的；在履行期限届满前，当事人一方明确表示或者以自己的行为表明不履行主要债务；当事人一方迟延履行主要债务，经催告后在合理期限内仍未履行；当事人一方迟延履行债务或者有其他违约行为致使不能实现合同目的以及法律规定的其他情形。以持续履行的债务为内容的不定期合同，当事人可以随时解除合同，但是应当在合理期限之前通知对方。

2.《旅游法》关于旅游合同解除及其法律后果

（1）因旅行社的原因解除合同。《旅游法》第63条规定，旅行社招徕旅游者组团旅游，因未达到约定人数不能出团的，组团社可以解除合同。但是，境内旅游应当至少提前7日通知旅游者，出境旅游应当至少提前30日通知旅游者。因未达到约定人数不能出团的，组团社经征得旅游者书面同意，可以委托其他旅行社履行合同。组团社对旅游者承担责任，受委托的旅行社对组团社承担责任。旅游者不同意的，可以解除合同。因未达到约定的成团人数解除合同的，组团社应当向旅游者退还已收取的全部费用。

（2）因旅游者的原因解除合同。《旅游法》第65条规定，旅游行程结束前，旅游者解除合同的，组团社应当在扣除必要的费用后，将余款退还旅游者。《旅游法》第66条规定，旅游者有下列情形之一的，旅行社可以解除合同：患有传染病等疾病，可能危害其他旅游者健康和安全的；携带危害公共安全的物品且不同意交有关部门处理的；从事违法或者违反社会公德的活动的；从事严重影响其他旅游者权益的活动，且不听劝阻、不能制止的以及法律规定的其他情形。因此规定情形解除合同的，组团社应当在扣除必要的费用后，将余款退还旅游者；给旅行社造成损失的，旅游者应当依法承担赔偿责任。

（3）因不可抗力或旅游经营者无法控制的原因解除合同。《旅游法》第67条规定，因不可抗力或者旅行社、履行辅助人已尽合理注意义务仍不能避免的事件，影响旅游行程，"合同不能继续履行的，旅行社和旅游者均可以解除合同"，"合同解除的，组团社应当在扣除已向地接社或者履行辅助人支付且不可退还的费用后，将余款退还旅游者"。《旅游法》第68条规定，旅游行程中解除合同的，旅行社应当协助旅游者返回出发地或者旅游者指定的合理地点。由于旅行社或者履行辅助人的原因导致合同解除的，返程费用由旅行社承担。

总之，旅游合同解除后，尚未履行的，终止履行；已经履行的，根据履行情况和合同性质，当事人可以请求恢复原状或者采取其他补救措施，并有权请求赔偿损失。合同因违约解除的，解除权人可以请求违约方承担违约责任，但是当事人另有约定的除外。主合同解除后，担保人对债务人应当承担的民事责任仍应当承担担保责任，但是担保合同另有约定的除外。

（二）旅游合同的终止

旅游合同的终止是指旅游合同签订后出现了一定的旅游法律事实，从而引起双方当事人权利和义务在客观上消失。依据《民法典》的规定，合同因下列原因而终止：债务已经履行；债务相互抵销；债务人依法将标的物提存；债权人免除债务；债权债务同归于一人以及法律规定或者当事人约定终止的其他情形。合同解除的，该合同的权利义务关系终止。“债权债务终止后，当事人应当遵循诚信等原则，根据交易习惯履行通知、协助、保密、旧物回收等义务”；“债权债务终止时，债权的从权利同时消灭，但是法律另有规定或者当事人另有约定的除外”。

【案例5-2】 不可抗力引发的“游轮游”合同纠纷

为期9天8晚的皇家加勒比“海洋量子号”游轮游虽然已经结束，但是由于游轮临时更改行程引发的游客不满仍在持续。

2015年8月22日，皇家加勒比游轮公司从上海港出发的“海洋量子号”游轮，因受台风的影响，将原定23日出发去日本三地旅游变更为韩国两地游，从而引发了部分游客抗议。尽管游轮公司已经提出了“心意补偿方案”，包括相当于船票价格20%的未来航程抵用券，每间舱房225美元至800美元不等的现金返还，以及全程免费无线网络、额外的龙虾大餐等，但明确表示这是对游客的“补偿”而非“赔偿”，绝不会对游客的过激维权妥协，并以“国际惯例”为由驳回了游客们的种种诉求。

面对游轮公司的强硬态度，游轮上部分游客与船上的安保人员发生了肢体冲突，事件一度升级。在这场维权事件中，双方都认为自己是受害者。那么，双方的争执是否有其法律依据？游客又该如何维权呢？

记者在采访中了解到：业内人士认为，游轮公司给予的补偿方案属于合理范畴，并支持游轮公司的补偿方案。游轮游与其他出境旅游不同，航行过程中船长拥有完全的处置和判断权利。当遭遇台风等恶劣天气情况时，船长可以选择更换码头靠岸或在判断为不安全的情况下拒绝登陆。“虽然能够提前预测台风，但是由于天气的不稳定性，游轮公司只能实时监控台风，以确保能够按照行程出发。”“而且更改航线也不是想象中那么简单，需要跟众多国家联系，加上还需要补偿参团游客，所以游轮公司无形中也增加了成本，不到万不得已，他们不会对航线进行更改。”更改航线是船长根据天气、安全等问题进行评判的，这也是船长的义务之一。也有业内人士认为，中国游客对于游轮旅行的认知度不足，导致部分游客只把游轮当成了简单的交通工具，认为靠岸港口才是最终的游玩目的地。“其实，很多靠岸港口都是游轮游的赠送项目，游轮游最精彩、最特色的地方，其实是在游轮上体验各种设施和游轮带来的舒适与魅力，享受在游轮上度假的感觉。”目前，有旅行社已打算针对游轮线路出具合同附件，以确保游客和旅行社双方的利益。

点评：因不可抗力或者旅行社、履行辅助人已尽合理注意义务仍不能避免的事件，影响旅游行程、合同不能继续履行的，旅行社和旅游者均可以解除合同。合同不能完全履行的，旅行社经向旅游者作出说明，可以在合理范围内变更合同；旅游者不同意变更的，可以解除合同。在恶劣天气发生情况下，国际游轮行业通行并为国际游客普遍接受的做法是，在保障游客安全和舒适的前提下，尽最大努力为游客寻求最佳的代替行程，但对由此可能造成的停靠港的替换和减少，游轮公司没有赔偿义务。只有理性维权，才能保障自身利益不受侵害。

资料来源：春暮. 当中国《旅游法》遭遇“国际惯例”[N]. 华商报，2015-09-09.

第四节 违反旅游合同的责任

一、违反旅游合同责任概述

（一）违反旅游合同责任的概念和特征

违反旅游合同的责任也叫违约责任，是指旅游合同当事人因自己的过错造成旅游合同不能履行或不能完全履行，依照法律规定或合同约定必须承受的法律制裁。违约责任有以下特征：

1.违约责任以违反合同义务为前提

违约责任产生的基础是双方当事人之间存在合法有效的合同关系。若当事人之间不存在有效的合同关系，则无违约责任可言。违约责任是以违反合同义务为前提的，合同义务是发生合同责任的必要前提，合同责任则是违反合同义务的必然后果。没有违反合同义务的行为，便没有违约责任。

2.违约责任的确定具有相对的任意性

违约责任的确定，除法律强制规定外，当事人可以在法律规范的指导下，通过合同加以确定，这是由合同自由原则和民事责任的“私人性”所决定的。法律允许合同当事人自主、自愿约定各自的权利义务，也允许当事人通过合同预先约定违约形态，约定违约金的数额幅度、损害赔偿的计算方法，甚至约定免责或限责事由。同时，为了保障当事人设立违约责任条款的公正合理，法律也要对其约定予以干预。因此，违约责任的任意性是相对的，而不是绝对的。

3.违约责任具有补偿性

追究违约责任的目的，主要是弥补或补偿因违约行为而给合同债权人所造成的财产损失。从《民法典》所确认的违约责任方式来看，无论是强制实际履行，还是支付违约金，或者采用其他补救措施，无不体现出补偿性。这是《民法典》平等、公平、等价、有偿原则的具体体现。

4.违约责任具有相对性

违约责任的相对性，是指违约责任只能在特定的当事人之间，即合同关系的债权人和债务人之间发生，合同关系以外的第三人不负违约责任，合同当事人也不对第三人承担违约责任。

（二）违约责任的严格责任原则

在旅游法律关系中，严格责任原则是确定行为人的民事责任的依据和标准，是确定违约责任的基础。严格责任原则的确定，对于违约责任的构成要件、损害赔偿的范围、举证责任的承担等具有重要的意义。《民法典》规定了“不履行合同义务或者不适当履行”这两种违约形态，是严格责任归责原则的具体体现，这一原则的确立符合民法典发展的趋势。如《民法典》第577条规定：“当事人一方不履行合同义务或者履行合同义务不符合约定的，应当承担继续履行、采取补救措施或者赔偿损失等违约责任。”第592条第1款规定：“当事人都违反合同的，应当各自承担相应的责任。”在严格责任原则下，不要求证明行为人在主观上是否存在过错，而只要行为人没有履行合同或者履行合同不符合约定，就应当承担违约责任，除非存在免责事由。《民法典》采用严格责任原则，有利于维护守约方的利益和合同的严肃性，也有利于加强合同双方当事人的契约意识和法律意识。

此外，《民法典》在违约制度规定中，对过错责任归责原则也有体现。在旅游实践的合同违约责任问题上，究竟应适用过错责任归责原则，还是严格责任原则，需依合同性质和约定及违约事实来确定。契约自由和意思自治是民法典的重要原则，且诚信守约是法律的底线，如无不可抗力等法定的免责条件，一旦发生失信不履约情况，违约人理应依法承担违约责任。

二、违约责任的承担

（一）违约责任的承担方式

1. 一方违约时违约责任的承担

《民法典》关于“当事人一方不履行合同义务或者履行合同义务不符合约定的，应当承担……等违约责任”的规定，表明在合同履行中，无论是哪一方，只要其没有履行合同或者履行合同不符合约定，即应承担违约责任。

2. 双方违约时违约责任的承担

依据《民法典》的规定，订立合同的当事人双方都违反合同的，应当各自承担相应的责任。由此规定可见，双方当事人在履行合同中都没有按照合同约定履行义务，则双方当事人都应当承担相应的违约责任。同时，依据《民法典》第591条的规定，当事人一方违约后，对方应当采取适当措施防止损失的扩大；没有采取适当措施致使损失扩大的，不得就扩大的损失请求赔偿。当事人因防止损失扩大而支出的合理费用，由违约方负担。

3. 由于第三人的原因造成违约时违约责任的承担

依据《民法典》的规定，当事人一方因第三人的原因造成违约的，应当依法向对方承担违约责任。当事人一方和第三人之间的纠纷，依照法律规定或者按照约定处理。由此规定可见，只要合同一方当事人没有履行合同约定的义务，或者履行合同义务不符合合同约定，就要承担相应的违约责任。

（二）违约责任承担的具体形态

依据《民法典》的规定，当事人承担违约责任的方式有继续履行、采取补救措施或者赔偿损失等。“当事人既约定违约金，又约定定金的，一方违约时，对方可以选择适用违约金或者定金条款。定金不足以弥补一方违约造成的损失的，对方可以请求赔偿超过定金数额的损失。”（《民法典》第588条）《旅游法》规定，旅行社不履行包价旅游合同义务或者履行合同义务不符合约定的，应当依法承担继续履行、采取补救措施或者赔偿损失等违约责任；造成旅游者人身损害、财产损失的，应当依法承担赔偿责任。旅行社具备履行条件，经旅游者要求仍拒绝履行合同，造成旅游者人身损害、滞留等严重后果的，旅游者还可以要求旅行社支付旅游费用1倍以上3倍以下的赔偿金。当然，由于旅游者自身原因导致包价旅游合同不能履行或者不能按照约定履行，或者造成旅游者人身损害、财产损失的，旅行社不承担责任。可见，违约责任的承担方式主要有以下三种：

1.继续履行

继续履行是指当事人一方不履行合同或者履行合同义务不符合约定时，另一方当事人可以要求其在合同履行期限届满后继续按照合同所约定的主要条件完成合同义务的行为。

2.采取补救措施

所谓采取补救措施，是指违约方采取的除继续履行、支付赔偿金、支付违约金、支付定金方式以外的其他补救措施，其目的在于消除、减轻因违约给对方当事人造成的损失。《民法典》第582条规定：“履行不符合约定的，应当按照当事人的约定承担违约责任。对违约责任没有约定或者约定不明确……受损害方根据标的的性质以及损失的大小，可以合理选择请求对方承担修理、重作、更换、退货、减少价款或者报酬等违约责任。”这是《民法典》所要求违约方采取的补救措施。

3.赔偿损失

《民法典》第583条规定：“当事人一方不履行合同义务或者履行合同义务不符合约定的，在履行义务或者采取补救措施后，对方还有其他损失的，应当赔偿损失。”赔偿损失作为合同当事人承担违约责任的一种方式，一直为我国法律所确认。所谓赔偿损失，是指违约方因不履行或者不完全履行合同义务给对方造成损失时，依法或者根据合同约定应赔偿对方当事人所受损失的行为。《民法典》第584条规定：“当事人一方不履行合同义务或者履行合同义务不符合约定，造成对方损失的，损失赔偿额应当相当于因违约所造成的损失，包括合同履行后可以获得的利益；但是，不得超过违约一方订立合同时预见到或者应当预见到的因违约可能造成的损失。”

三、违约责任的减轻与免除

（一）不可抗力

1.不可抗力的概念

根据《民法典》第180条的规定，不可抗力是指不能预见、不能避免且不能克服的客观情况。不可抗力通常可分为自然现象和社会现象，如地震、洪灾、公共卫生危机、政府行为、社会动乱等。

2.不可抗力的构成条件

不可抗力具有严格的构成，其构成条件为：

（1）不可预见性。所谓不可预见性，是指合同当事人在订立合同时，在当时的客观、主观条件下，对于不可抗力事件是否会发生是不可能预见到的。

（2）不可避免性。所谓不可避免性，是指合同当事人对于可能出现的意外情况尽管采取了及时合理的措施，但是在客观上并不能阻止这一意外情况的发生，即尽管当事人在主观上做了很大的努力，但在客观上并不能阻止这一意外情况的发生。

（3）不可克服性。所谓不可克服性，是指合同当事人对于意外事件所造成的损失是不能克服的。如果意外事件造成的结果可以通过当事人的努力而得到克服，则该事件即不属于不可抗力事件。

3.不可抗力的法律后果

《民法典》第590条规定："当事人一方因不可抗力不能履行合同的，根据不可抗力的影响，部分或者全部免除责任，但是法律另有规定的除外……""当事人迟延履行后发生不可抗力的，不免除其违约责任。"再如，前述中关于《旅游法》第67条的规定，"因不可抗力或者旅行社、履行辅助人已尽合理注意义务仍不能避免的事件，影响旅游行程的"，按照下列情形处理：

（1）合同不能继续履行的，旅行社和旅游者均可以解除合同。合同不能完全履行的，旅行社经向旅游者作出说明，可以在合理范围内变更合同；旅游者不同意变更的，可以解除合同。

（2）合同解除的，组团社应当在扣除已向地接社或者履行辅助人支付且不可退还的费用后，将余款退还旅游者；合同变更的，因此增加的费用由旅游者承担，减少的费用退还旅游者。

（3）危及旅游者人身、财产安全的，旅行社应当采取相应的安全措施，因此支出的费用，由旅行社与旅游者分担。

（4）造成旅游者滞留的，旅行社应当采取相应的安置措施，因此增加的食宿费用，由旅游者承担；增加的返程费用，由旅行社与旅游者分担。

总之，不可抗力是旅游合同违约责任的法定免除条件或免除事由之一，因为如果让当事人对自己主观上无法预见，客观上不能避免、不能克服的事件造成的损失承担法律责任，是不符合"公平"原则的。不可抗力作为免责事由是有时间限制的，即它只有发生在合同订立之后、履行完毕之前。如果不可抗力发生在合同订立之前或者履行之后，都不能构成不可抗力事件。此外，如果当事人迟延履行义务后发生不可抗力的，也不能成为免责事由。

4.遭遇不可抗力一方当事人的义务

依据《民法典》的规定，"因不可抗力不能履行合同的，应当及时通知对方，以减轻可能给对方造成的损失，并应当在合理期限内提供证明"。由此可知，遭遇不可抗力一方当事人具有下列义务：

（1）及时通知义务。不可抗力发生后，遭遇不可抗力的一方应当及时通知对方，向对方通报自己不能履行或者不能完全履行或者延期履行合同的情形和理由，以期得到对方的协助，共同采取措施，防止和减少损失，遭遇不可抗力的一方若不及时履行通知义务，则不能部分或者全部免除责任。

（2）提供证明义务。不可抗力发生后，遭遇不可抗力的一方当事人应当在合理期限内提供有关机构的证明，以证明不可抗力事件发生及影响当事人履行合同的具体情况。依据合同实践及《民法典》的规定，证明应当采用书面形式，而且应当在合理的期限内提供。

应当指出，当一方当事人遭遇不可抗力时，必须及时通知对方当事人，并在合理的期限内提供证明，这是法定义务。如果当事人没有履行该两项义务，则不能部分或全部免除违约责任。

（二）他人过错

如因他人过错不能履行旅游合同，当事人可以免除违约责任。但是，对这种情形，第三者即过错人必须承担责任。例如，《旅游法》第71条规定，由于地接社、履行辅助人的原因导致违约的，由组团社承担责任；组团社承担责任后可以向地接社、履行辅助人追偿。由于地接社、履行辅助人的原因造成旅游者人身损害、财产损失的，旅游者可以要求地接社、履行辅助人承担赔偿责任，也可以要求组团社承担赔偿责任；组团社承担责任后可以向地接社、履行辅助人追偿。“但是，由于公共交通经营者的原因造成旅游者人身损害、财产损失的，由公共交通经营者依法承担赔偿责任，旅行社应当协助旅游者向公共交通经营者索赔。”《旅游法》第75条规定，住宿经营者应当按照旅游服务合同的约定为团队旅游者提供住宿服务。住宿经营者未能按照旅游服务合同提供服务的，应当为旅游者提供不低于原定标准的住宿服务，因此增加的费用由住宿经营者承担；但由于不可抗力、政府因公共利益需要采取措施造成不能提供服务的，住宿经营者应当协助安排旅游者住宿。

（三）物品的自然损耗

在标的为物的旅游合同中，由于物本身的性质或者物合理的损耗，造成货物灭失、缺少、变质、污染、损坏的，当事人不承担违约责任。

本章小结

（1）本章分析了旅游合同的概念、特征及类型。

（2）本章阐释了旅游合同订立的原则、程序、形式以及旅游合同的内容，分析了旅游合同的格式条款与缔约过失责任。

（3）本章阐释了旅游合同履行的原则及担保问题，解析了旅游合同的法律效力，特别是旅游合同生效要件、无效与可撤销的处理。

（4）本章阐释了旅游合同的变更、解除、转让和终止及其相关法律后果。

（5）本章分析了违反旅游合同的责任及不可抗力背景下旅游合同违约责任的承担。

一、简答题

1.什么是旅游合同？旅游合同的法律特征是什么？

2.什么是包价旅游合同？包价旅游合同应当包括哪些内容？

3.什么是旅游合同履行中的担保？旅游合同履行中的担保方式有哪些？

二、论述题

1.联系实际分析旅游合同无效的情形及其法律后果。

2.试分析新冠疫情及其防控措施的法律性质，并思考因新冠疫情或者疫情防控措施导致旅游合同不能履行的纠纷的处理。

三、案例分析题

2017年6月22日，原告北京王某代表家人及好友福州陈某等共8人与被告中某国旅公司签订“团队出境旅游合同”，约定参加2017年7月26日至8月7日的法瑞意德荷五国13日出境旅游团，费用合计124 800元。

原告王某诉称：在签订合同前，原告及陈某两家人早就商量筹备趁着孩子暑假一起出境游玩，同时促进两个家庭的友谊。因此，合同签订后，两个家庭为实现出境游目的，全面而紧张地履行合同，但因被告的严重违约及工作人员的失职导致陈某一家人滞留首都机场不能依约按时实现出境游目的，原告王某以签约代表身份留下来与陈某家人共同与被告交涉。

王某认为，出境游不同于国内游，原告及陈某一家人未按时出境是因为在护照销签时每人护照的头像上打了大“X”、钢印了黑色的大戳，形成了出入境的严重不良记录，人身形象严重受损，并因有不良记录而可能导致遭拒签，导致以后无法出入境的后果。原告及陈某一家人遭受严重心理创伤和精神痛苦。为此，王某提出以下诉讼请求：（1）被告退还原告旅游费用7.8万元；（2）被告向原告支付违约金37 530元；（3）被告向原告支付赔偿金23.4万元；（4）被告公开赔礼道歉；（5）优某国旅公司承担连带责任。

被告中某国旅公司辩称：不同意原告诉讼请求。理由如下：合同签订后，我方将原告一行人的客户材料交给优某国旅公司履行，费用也由优某国旅公司收取。

被告优某国旅公司辩称：不同意原告诉讼请求。理由如下：陈某一家四口人没有按时得到旅游签证，属于合同约定的不可抗力及不可预见的条款，我方拒绝赔偿。原告王某是按期取得旅游签证的，但是他拒绝出行，属于合同约定的旅行者自行解除合同，我方不承担赔偿责任。从合同上看，原告一行人和中某国旅公司签订合同，然后中某国旅公司将客户资料给我公司，我们履行的是我方和中某国旅公司的合同，我公司和原告没有合同关系。客人未拿到签证的原因是使领馆出签时间过长，我们在拿到签证后积极想办法把护照送到北京，但因暴雨导致飞机延误，最终客人未能及时拿到护照，导致无法出游，我公司没有责任。

法院经审理认定事实如下：在王某与中某国旅公司签订的“团队出境旅游合同”第6

章第17条出境社的违约责任中，第1款约定，出境社在行程开始当日解除合同的，应当支付旅游费用总额20%的违约金；第3款约定，出境社具备履行条件，经旅游者要求仍拒绝履行合同义务的，出境社向旅游者支付30%的违约金，造成旅游者人身损害、滞留等严重后果的，旅游者还可以要求出境社支付旅行费用1倍以上3倍以下的赔偿金。第19条第1款约定，因出境社原因导致旅游者被拒签而解除合同的，依据本合同第17条第1款处理。第7章第23条约定，成团最低人数25人，如不能成团，旅游者同意出境社委托优某出境社履行合同。第24条约定，旅游者同意采用拼团的方式成团。

合同签订后，王某将全部剩余旅游款给付中某国旅公司。同时，陈某等四人将护照及办理签证材料给付中某国旅公司。中某国旅公司委托优某国旅公司履行与原告等8名旅游者的旅游合同。优某国旅公司在接受委托后，随即为8名旅游者办理护照、签证等有关手续。陈某等四人的有关申请材料是由中智签证（福州）法国受理中心受理，并需向法国广州总领事馆递转。为此，优某国旅公司在广州取得陈某等四人护照后，立即安排飞机将护照送往北京。但是，航班因天气原因延误。陈某等四人在出行前取得出团通知书，并按照通知书规定时间于2017年7月26日晚21：30前到达北京首都机场第二航站楼一层3号门海关征税处集合。由于未取得护照，该四人无法开始旅游。王某为协调解决陈某一家四人的问题，主动放弃旅游。

思考题：近年来，跟团出境游成为节假日国民一种重要的休闲方式，伴随而来的旅游纠纷也不断出现新的情况。本案中王某和陈某因未拿到旅行社代办的护照和签证而错过期望已久的家庭出境游，旅行社则因航班延误未能履约，值得我们思考。

资料来源：韩楠，李凤新．王廷军与中商国际旅行社有限公司、北京优加国际旅行社有限公司旅游合同纠纷案——如何确定旅游公司就旅游护照/签证代办业务应预留的合理期限［EB/OL］．［2019-06-19］．https：//www.chinacourt.org/article/detail/2019/06/id/4081116.shtml.

第六章

旅游者权益保护法律制度

背景与提要

法律制度的权利义务规则设计，均依赖于其对法律主体的一种制度性预设，而主体制度的建立是基于同一社会实体或个人在不同的法律关系中从事的不同行为、享有的不同权利义务。因此，考察法律制度运行的实效，需要研究该主体的预设与实践中的主体是否相符。旅游法规的本质与核心是国家通过法律手段对旅游业运行、旅游资源开发利用、国民旅游活动以及文化与旅游融合进行宏观调控、组织与管理，用文化的理念发展旅游，用旅游的方式传播文化，从而促进旅游业的可持续发展。因而，考察旅游法规主体应当从旅游“法律关系本身以及主体参与的法律行为”视角进行。

公民的旅游权是一项重要的涉及自然人身心健康和精神人格全面发展的基本权利，是国家通过宪法和法律规定的公民从事旅游活动的可能性，是公民享有的通过旅游活动获得身心满足的权利。旅游者权益是指旅游者享有的法律权利和利益，它是旅游者利益在法律上的体现，是国家对旅游者进行保护的前提和基础。法律权利是国家通过法律的规定，对主体可以自主决定为或不为某种行为的许可和保障手段，是主体享有的、法律确认和保障的，以某种权能或正当利益为追求的行为自由，是主体在相应的社会关系中应该得到的价值回报。当权利受到侵害时，权利享有者有权向人民法院或者有关主管机关申诉或请求保护；利益是权利制度设计的根本目标，是主体主张和行使权利的根本动机。在此意义上，也可以说，权利是受到保护的利益，是为道德和法律所确认的利益。我国旅游法规上的利益选择是从一定旅游社会经济形态下旅游业运行的实际需要出发，以主流价值观为指导，对多元的客观利益进行判断、评价、权衡和比较，选择有利于国家利益、社会公共利益的共同需求和目的，又是旅游市场的主体性和自由自觉本质的体现，是实现主体尺度和客体尺度相统一的重要手段。

《消费者权益保护法》以调整国家在保护消费者权益的过程中发生的社会关系为对象。而《旅游法》的特点之一，就是在注意平衡各主体方利益关系的基础上，突出以人为本的理念，以保护旅游者的合法权益为主线，在法律的框架结构上，将旅游者的权利置于总则之后，突出旅游者的重要位置；在制度设计上，实行统一的旅游市场准则，强调与现有法律制度相衔接，与涉及旅游的各行业已有法律规范相衔接，与国际通行的行业规则相衔接；全方位、多角度，形成了多层次、立体的保障体系，有针对性地规定了旅游者的权利义务，为旅游者舒心旅游提供了健康的市场环境，尤其是对门票问题、购物问题、景区承载量问题、不合理价格组团问题的规范，回应了当前旅游市场存在的老百姓普遍关心的热点问题，使旅游者在旅游活动中的主要权利——民事权利得到充分的保护。旅游者是消费者的特殊群体，其合法权益应当受到《旅游法》与《消费者权益保护法》的共同保护。

学习引导与目标

本章在对旅游权利及其要素进行法律分析的基础上，提出我国关于旅游者权益保护的法律依据除旅游法律法规外，还可从宪法、民商法等法律中得到体现。通过本章的学习，要求学生：了解消费者权益保护法的概念与基本原则，了解中国公民出境旅游证照的办理；熟悉旅游者权益、旅游者权利与义务的概念，熟悉旅游经营者与旅游者权益争议的解决途径；理解基于宪法精神的公民旅游权的实现，理解私法领域公民个人信息及信息权的法律保护；掌握旅游者权利的具体内容，掌握旅游经营者义务与责任的形态。其目的在于提高学生对旅游业运行中，旅游者合法权益保护问题的识别与判断能力，并使学生能够运用民事法律赔偿制度解决相关法律问题。

第一节 旅游者权益及其保护的法律依据

一、旅游者与旅游者权益

（一）旅游者及其相关概念

1.旅游者概念的界定

旅游者是旅游活动的主体，对旅游者所作的官方定义一开始就特别注意旅游是否跨越国境的问题，由此形成了对旅游者的最基本分类，即国际旅游者与国内旅游者[①]。国际联盟（League of Nations）、联合国（United Nations，UN）及世界旅游组织（World Tourism Organization，WTO）乃至各国的旅游组织和研究机构对“国际旅游者”概念的界定问题已取得统一认识。如国际联盟认为“国际旅游者”或“外国旅游者”是指“离开自己的居住国，到另一个国家访问超过24小时的人”，具体包括下列人员：①为了消遣、娱乐、家庭事务和身体健康方面的目的而出国旅行的人；②为出席国际会议或作为各国公务代表而出国旅行的人；③为工商业务而出国旅行的人；④在海上巡游过程中登岸访问的人员，即使其停留时间不超过24小时，也被看作旅游者。联合国罗马会议（1963）称旅游者即游客是指除为获得有报酬的职业以外，基于任何原因到一个不是自己常住的国家去访问的任何人，包括：①过夜旅游者，即到一个国家作短期访问至少逗留24小时的游客，其旅游目的可属下列之一：其一，消遣（包括娱乐、度假、疗养保健、学习、宗教、体育运动）；其二，工商业务、家庭事务、公务出差、出席会议。②短程游览者，即当日往返旅游者，是到一个国家作短暂访问逗留不足24小时的游客（包括海上巡游旅行者）。世界旅游组织则在1981年出版的《国内与国际旅游统计资料收集与提供方法手册》一书中，使用排除法，对国际游客的统计口径做了界定，并向全世界推荐，规定下列人员可以作为国

① 谢彦君. 基础旅游学［M］. 北京：中国旅游出版社，2011：101.

际游客计算：①为了娱乐、医疗、宗教、家庭事务、体育活动、会务、学习或过境进入另一国家者；②外国轮船船员或飞机机组成员中途在某国短暂停留者；③停留时间不足1年的外国商业或公务旅行者；④负有持续时间不足1年使命的国际团体雇员或回国进行短期访问的旅行侨民。[①]至于“国内旅游者”概念的界定问题，世界各国没有统一的认识。我国政府从旅游统计的需要出发，认为国内旅游者指除为获得报酬以外的任何目的而离开常住地到本国其他地方访问，时间超过24小时而小于1年的人，主要包括国内观光游览、度假、探亲访友、就医疗养、购物、参加会议，或从事经济、文化、体育、宗教活动等不以谋取报酬为目的的本国居民，离开长住地，在我国境内其他地方的旅游住宅设施内停留至少一夜，最长不超过12个月的国内游客。[②]

在学者研究方面，吴必虎依据旅游者与旅游地居民的互动程度，将进入旅游社区的旅游者分成三种类型，即作为旅游社区特殊可预见事件旁观者的旅游者、作为旅游社区正常生活旁观者的旅游者，以及在旅游社区停留一个月以上，参与当地社区部分或大多数活动从而被视为当地社区成员的旅游者[③]；谢彦君则在对国内外学者对旅游者定义分析梳理的基础上，提出“旅游者是指利用其自由时间并以寻求愉悦为目的而在异地获得短暂的休闲体验的人”，其包括“体验旅游愉悦”、“短暂过程”以及“个人的行为”三个关键要素。[④]不同的旅游者对旅游体验中的自然环境、社会文化的感知、观念、行为不同，其利益诉求的重点也不太一样，但旅游者利益诉求核心在于旅游经历的质量和满足，即旅游体验，一般可归纳为：安全有序的旅游与消费环境、便利的旅游设施、优美的环境、独特的当地景观、和谐友好的社区氛围、合理的旅游价格等[⑤]。本书出于对旅游者法律地位的思考，认为旅游者包括海外旅游者和国内旅游者两大类。前者是指从境外到我国大陆旅游的外国人、无国籍人、海外华侨以及港、澳、台同胞等；后者是指在国内旅行游览的我国公民，以及出境旅游的我国公民。本书同时提出：一个国家是否准许外国人入境、居留、旅行、出境等是该国的国家主权问题，别的国家无权干涉。但是，在国际实践中，各国视不同情况，对外国旅游者多采用国民待遇的原则和形式，即旅游目的地国给予外国旅游者的待遇（民事或诉讼方面）和给予本国旅游者的待遇相同。外国旅游者的合法权益，受旅游目的地国法律保护，当他们的人身自由或者财产安全受到损害时，可以提起诉讼。当然，外国旅游者也应遵守旅游目的地国的法律法规和政策，不得危害旅游目的地国的安全，不得损害其社会公共利益和公共秩序。由于旅游者本人的过错给旅游目的地国家、集体和个人财产造成经济损失的，应进行赔偿。如果其行为触犯旅游目的地国刑律的，可依法追究刑事责任。

2.公民的旅游权及旅游者权益

（1）公民的旅游权。公民的旅游权是一项重要的涉及自然人身心健康和精神人格全面发展的基本权利，是国家通过宪法和法律规定的公民从事旅游活动的可能性，是公民享有

① 李天元．旅游学概论［M］．天津：南开大学出版社，2002：58-65.
② 邵琪伟．中国旅游大辞典［M］．上海：上海辞书出版社，2012：161.
③ 吴必虎．区域旅游规划原理［M］．北京：中国旅游出版社，2001：470.
④ 谢彦君．基础旅游学［M］．北京：中国旅游出版社，2011：104-105.
⑤ 隋丽娜，等．旅游业运营管理与实务分析［M］．北京：高等教育出版社，2014：139-140.

的通过旅游活动获得身心满足的权利。

（2）旅游者权益。旅游者权益是旅游者利益在法律上的体现，是国家对旅游者进行保护的前提和基础。具体而言，旅游者权益是指受我国旅游法律法规所保护的，旅游者享有的一切权利和利益。一切合法的权利都受到国家的保护，当权利受到侵害时，权利享有者有权向人民法院或者有关主管机关申诉或请求保护；利益则是表现人的社会活动的动因、思想意识的基础和社会冲突的根源，属于客观范畴，它是人们受社会物质生活条件所制约的需要和满足需要的手段与措施。“私人利益本身已经是社会所决定的利益，而且只有在社会所创造的条件下并使用社会所提供的手段，才能达到，也就是说……它的内容以及实现的形式和手段则是由不以任何人为转移的社会条件决定的”[①]，保护个人自由并不是法律的唯一目的，“法律的目的是平衡个人利益与社会利益，实现利己主义与利他主义的结合，从而建立起个人与社会的伙伴关系”[②]。我国旅游法规上的利益选择是从一定旅游社会经济形态下旅游业运行的实际需要出发，以主流价值观为指导，对多元的客观利益进行判断、评价、权衡和比较，选择有利于国家利益、社会公共利益的共同需求和目的，又是旅游市场的主体性和自由自觉本质的体现，是实现主体尺度和客体尺度相统一的重要手段。因此，本书认为旅游者利益具有合目的性、可受保护性以及符合公共秩序性等属性。

3.旅游者权益保护的法律原则

（1）经营者与旅游者交易的基本原则。经营者与旅游者进行交易应遵循的基本原则，既是对经营者行为的原则规范，也是对市场交易基本规律的抽象和概括。依据《消费者权益保护法》（以下简称《消法》）的规定，该基本原则的内容包括：一是自愿原则，即经营者与旅游者进行交易时，要尊重旅游者的意愿，建立交易关系亦应真正出于旅游者意愿；二是平等原则，这是商品经济的本质要求，指交易双方法律地位平等，不得恃强凌弱；三是公平原则，指双方交易符合等价交换这一商品经济的本质要求和社会商业道德规范精神；四是诚实信用原则，指双方在交易中应友好合作、实事求是、恪守信用。

（2）国家保护旅游者合法权益不受侵犯的原则。国家保护旅游者合法利益不受侵犯原则，是《消法》中一项最核心的基本原则。其主要内容是：国家对旅游者的合法权益不受侵犯负有法定义务；旅游者要依法行使权利；国家采取措施，保障旅游者依法行使权利，并进而达到维护旅游者利益的目的。其具体体现在：国家制定有关旅游者权益的法律法规和政策时，应当听取旅游者的意见和要求，各级人民政府应当加强领导，组织、协调、督促有关行政部门做好保护旅游者合法权益的工作；各级人民政府应当加强监督，预防危害旅游者人身、财产安全行为的发生，及时制止危害旅游者人身、财产安全的行为；各级人民政府市场监督管理部门和其他有关行政部门应当依照法律法规的规定，在各自的职责范

① 马克思，恩格斯．马克思恩格斯全集（第4卷）［M］．中共中央马恩列斯著作编译局，编译．北京：人民出版社，1956（12）：102-103.

② 转引自郭富青．社会公共经济利益的法权形式及实现途径［EB/OL］．［2022-01-18］．http://article.chinalawinfo.com/Space/Space Article Detail.aspx?AID=43612&AuthorId=131597&Type=1.

围内，采取措施，保护旅游者的合法权益；有关行政部门应当听取旅游者及其社会团体对经营者交易行为、商品和服务质量问题的意见，及时调查处理；有关国家机关应当依照法律法规的规定，惩处经营者在提供商品和服务中侵害旅游者合法权益的违法犯罪行为；人民法院应当采取措施，方便旅游者提起诉讼，对符合《民事诉讼法》起诉条件的旅游者权益争议，必须受理，及时审理。

（3）旅游者组织对旅游者权益保护的基本原则。维护旅游者的合法权益是旅游者组织的宗旨，法律通过赋予其职能来实现旅游者权利的保护。旅游者组织履行下列职能：向旅游者提供消费信息和咨询服务；参与有关行政部门对商品和服务的监督、检查；就有关旅游者合法权益的问题，向有关行政部门反映、查询、提出建议；受理旅游者的投诉，并对投诉事项进行调查、调解；投诉事项涉及商品和服务质量问题的，可以提请鉴定部门鉴定，鉴定部门应当告知鉴定结论；就损害旅游者合法权益的行为，支持受损害的旅游者提起诉讼；对损害旅游者合法权益的行为，通过大众传播媒介予以揭露、批评。各级人民政府对旅游者协会履行职能应当予以支持。为了保证旅游者组织的公正性和独立性，发挥其应有的作用，更好地担当起法律赋予的重任，旅游者组织不得从事商品经营活动和营利性服务；不得以牟利为目的向社会推荐商品和服务。此外，《消法》赋予消费者协会公益诉讼的权利，规定群体投诉的消费者可寻求消协更多的帮助。届时，消费者协会可以代表消费者向法院提起公益诉讼，为受害消费者维权，以减轻消费者的维权成本。

（4）全社会共同保护旅游者合法权益的原则。旅游与休闲消费正在成为国民大众的日常生活选项，旅游正在加速融入民众的日常生活。无论是周末的休闲旅游、法定假期的观光旅游，还是带薪休假期间形式多样的主题旅游，其旅游者权益已涉及社会经济生活的广泛领域，保护旅游者权益成为全社会共同的责任。社会各界都有相应的责任和义务来保护旅游者的权益，只有动员广泛的社会力量，发挥各方面积极性，才能形成旅游者权益保护的社会机制，使旅游者权益保护法律制度真正落到实处。据此，国家鼓励、支持一切组织和个人对损害旅游者合法权益的行为进行社会监督；大众传媒应当做好维护旅游者合法权益的宣传，对损害旅游者合法权益的行为进行舆论监督。

（二）旅游权利及其要素分析

1.旅游权利的法律思考

在本书第三章“旅游法规基础理论”中，我们提出旅游法律规范是对旅游权利与旅游义务的明确规定，旅游法律关系的核心内容是旅游法规主体的旅游权利与旅游义务的抽象理论概括，而旅游法律秩序、旅游法律后果取决于旅游权利与旅游义务的实现，即旅游权利的行使与旅游义务的履行，或者说是对违反法定义务或不履行合同义务的法律惩处。旅游法律权利具有如下特征：

（1）法律性。旅游法律权利以国家法律法规的确认为前提，其产生、变更和消灭必须有一定的法律依据，并通过必要的法律程序，对旅游法主体的侵权行为或违约行为进行法律制裁，保障旅游权利的实现。

（2）自主性。旅游法律权利不仅是国家许可和保障的行为，而且是按照权利主体的自主意愿决定是否实施的行为。主体享有行使或不行使旅游权利的自由，即旅游法主体可以行使某项旅游权利，也可以放弃某项旅游权利，任何人不得干预。

（3）趋利与可实现性。权利是实现利益的手段，旅游权利主体行使法律权利是以获得一定的利益为目的的。我国现行法律法规不仅确认了公民具有广泛的旅游权利，而且为公民行使旅游权利提供政治上和物质上的保障，体现了权利的真实性。旅游权利作为法律认可和保障的行为自由是具体的、可实现性的，只要权利人在法律所允许的行为范围内，满足自己利益的行为或者要求义务人从事一定行为是受法律保护的，而超过这一范围，则是非法的或不受法律保护的。

（4）权利与义务的一致性。旅游权利与旅游义务是不可分割的统一体，是旅游法律关系内容的两个方面，任何权利的实现总是以义务的履行为条件。说某人享有或拥有某种利益、主张、资格、权力或自由，是说别人对其享有或拥有之物负有不得侵夺、不得妨碍的义务。若无人承担和履行相应的义务，权利便没有意义。故一项权利的存在，意味着一种让别人承担和履行相应义务的观念和制度的存在。例如，《民法典》规定了合同双方当事人相互享有权利并承担义务；《消法》在规定消费者权利的同时，规定了经营者应当履行的义务；《旅游法》在规定旅游者基本旅游权利的同时，规定了旅游者应当承担的义务等。离开旅游义务就无法理解旅游权利，旅游法律权利的享有是得到义务人的法律义务的保证，否则权利人的权利不可能行使或实现。

2.旅游法律权利的要素分析

旅游法律权利的实质，归根结底是由旅游业发展的社会经济关系所决定的，即权利只不过是旅游社会经济关系的一种法律形式。旅游法律权利由利益、主张、资格、权能、自由等五个要素构成。

（1）利益。利益（Interest）是旅游法律权利的基础和根本内容，是权利制度设计的根本目标，是人们主张和行使权利的根本动机。一项权利之所以成立，是为了保护某种利益，是由于利在其中。在此意义上，也可以说，权利是受到保护的利益，是为道德和法律所确证的利益。利益既可能是个人的，也可能是群体的、社会的；既可能是物质的，也可能是精神的；既可能是权利主体自己的，也可能是与权利主体相关的他人的。

（2）主张。主张（Claim）是主体内心意愿的外在表现形式。一种利益若无人提出对它的主张或要求，就不可能成为权利。一种利益之所以要由利益主体通过表达意思或其他行为来请求，是因为它可能受到侵犯或随时处在受侵犯的威胁中。因此，旅游法律权利实际上是权利人自己为一定行为或不为一定行为，或者要求他人为或不为一定行为的意思表示。

（3）资格。资格（Entitlement）是提出利益主张的依据，即主体要有道德上或法律上的资格提出主张或要求。旅游主体的权利来源于道德赋予或法律赋予，而旅游法律权利是由法律确认的、主体提出主张或要求的资格，它是权利主体获得某项实有权利而必须具备的先决条件，是旅游法律法规赋予权利主体作为或不作为的许可、认定及保障的基础。

（4）权能。权能包括权威（Power）和能力（Capacity）。一种利益、主张、资格必须具有权能才能成为权利。权能既是从不容许侵犯的权威或强制力，也是一种能力。由法律来赋予权威的利益、主张或资格，称为法律权利。主体的旅游权利在获得法律确认后，既是道德权利，也是法律权利。因而，侵犯旅游权利会导致法律后果。除了权威的支持外，权利主体还要具备享有和实现其利益、主张或资格的实际能力或可能性。

（5）自由。自由（Liberty）是权利存在的形式和载体，它表现为一定社会中所允许的人们行为自由的方式、程序、范围、界限、标准等。在许多场合，自由是权利的内容，这种作为某些权利内容的自由通常指权利主体可以按个人意志去行使或放弃该项权利，不受外来的干预或胁迫。如果某人被强迫去主张或放弃某种利益、要求，那么就不是享有权利，而是履行义务。从这个角度上说，旅游主体的法律权利正是通过权利主体有意志支配的行为才能得到主张和维护，而任何一项旅游权利均须符合一定意志和价值标准。

二、旅游者权益保护的法律依据

（一）保障公民旅游权的宪法精神

1.公民的休息权

我国《宪法》第43条规定：“中华人民共和国劳动者有休息的权利。国家发展劳动者休息和休养的设施，规定职工的工作时间和休假制度。”旅游是公民休息或休养的一种方式，根据保障公民基本权利的宪法精神，《旅游法》明确规定，政府要推进旅游休闲体系建设和旅游服务标准化建设，使我国公民的旅游休闲度假权得到保障，为旅行社开发策划休闲旅游度假产品和研制休闲度假线路产品标准提供了法律支撑。目前，我国职工带薪年休假制度基本得到落实，城乡居民旅游休闲消费水平大幅增长，健康、文明、环保的旅游休闲理念成为全社会的共识，国民旅游休闲质量显著提高，与小康社会相适应的现代国民旅游休闲体系基本建成。这是国家依法对劳动者休息权的基本保障，国家建立劳动者带薪休假制度，保证劳动者获得充分休闲的时间，任何单位和个人不得强制公民放弃法定休假时间，不得阻挠公民行使休息权。

2.公民的物质帮助权

我国《宪法》第45条第1款规定：“中华人民共和国公民在年老、疾病或者丧失劳动能力的情况下，有从国家和社会获得物质帮助的权利。国家发展为公民享受这些权利所需要的社会保险、社会救济和医疗卫生事业。”《旅游法》规定了“残疾人、老年人、未成年人等旅游者在旅游活动中依照法律法规和有关规定享受便利和优惠”，明确政府在保障特殊人群旅游权利方面的责任，给予特殊人群在法律法规规定范围内的便利和优惠，以及旅游经营者在平等交易的前提下，给予特殊群体必要的人文关怀等。目前，国家在“改善国民旅游休闲环境”方面，稳步推进公共博物馆、纪念馆和爱国主义教育示范基地免费开放；城市休闲公园免费开放；城市休闲公园等游览景区、景点门票价格，逐步实行低票价；落实对未成年人、高校学生、教师、老年人、现役军人、残疾人等群体实行减免门票等优惠政策等，并将游客运输纳入当地公共交通系统，提高了旅游客运质量。

3.公民的受教育权

我国《宪法》第46条规定了“公民有受教育的权利和义务”。旅游不仅是一种度假形式，也是一种受教育方式，更是一种成长方式。真正的旅游，就是离开熟悉的地方，然后不一样地归来。离家出行的旅游者，进入异文化环境与非惯常生活状态中，经过一番观察、体悟、交流、对照、思索之后，待到归家之时，已经在视野、经验、心智、能力、认知等方面发生了变化，成为某种意义上的“新人”，平稳度过了某种困境、危机或瓶颈状态，更好地进入新阶段的学习、生活和工作之中。由是观之，旅游是人生的“通过仪式”，是促成人生转变的重要力量，是日益重要的个体成长方式。[①]国家鼓励城市休闲公园等游览景区、景点设立公众免费开放日，逐步推行中小学生研学旅行；弘扬优秀传统文化，大力发展红色旅游，提高红色旅游经典景区和精品线路的吸引力和影响力；开发旅游演艺、康体健身、休闲购物等旅游休闲消费产品，满足广大群众个性化旅游需求，鼓励学校组织学生进行寓教于游的课外实践活动；加强旅游休闲的基础理论、产品开发和产业发展等方面的研究，加大旅游设施设备的研发力度，提升旅游休闲产品科技含量；加强培训，提高景区等场所工作人员、服务人员和志愿者无障碍服务技能；创新人才培养模式，提高旅游休闲高等教育、职业教育质量，加快旅游休闲各类紧缺人才培养等，充分体现了公民通过旅游休闲享有受教育的权利。

（二）保护旅游者“个人信息权”的民商法依据

1.个人信息与个人信息权

（1）个人信息概念的界定。目前，国内外学者关于“个人信息”的观点归纳起来有隐私型、关联型和识别型三类。隐私型观点是通过隐私的概念来表示个人信息，强调个人信息的个人性和私密性，主要体现为个人信息不应为他人所知和与公共利益无关[②]；关联型观点是将自然人的身心、性格、职务和一切与个人有关联的信息紧密联系界定个人信息，即个人信息不仅涵盖与个人相关的私生活或者人格相关的信息，而且包括个人的社会文化活动、社会团体活动及其他所有与个人相关联的信息[③]；所谓识别型，则是认为通过该信息可以直接或者间接识别出信息主体，即个人信息之“识别”，是指能够将个人信息与信息主体建立起确定联系，通过信息“量”和信息“质”效用的有机结合，从而“识别主体”“消除不确定性”[④]。采取隐私型界定个人信息可能会缩小个人信息的保护范围，使本应当受到保护的个人信息被排除；关联型定义则可能会扩大个人信息的保护范围，不利于个人信息的正当或合理使用。因此，本教材通过识别型来定义个人信息。

---

① 李庆雷，芦雅琪．旅游是一种成长方式［N］．中国旅游报，2021-07-08．
② 陈起行．资讯隐私权法理探讨——以美国法为中心［J］．台湾政大法学评论，2000（64）：297-341．
③ 范江真微．政府信息公开与个人隐私之保护［J］．法令月刊，2001（5）：12-45．
④ 齐爱民．拯救信息社会中的人格：个人信息保护法总论［M］．北京：北京大学出版社，2009：85-87．

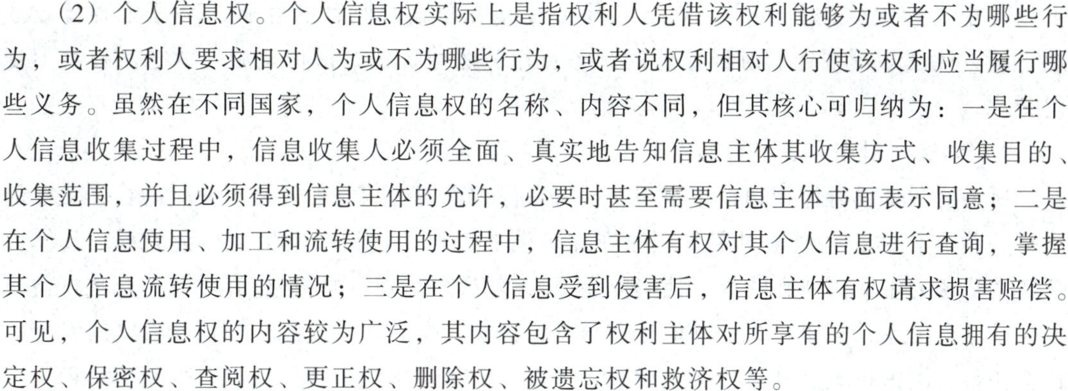

（2）个人信息权。个人信息权实际上是指权利人凭借该权利能够为或者不为哪些行为，或者权利人要求相对人为或不为哪些行为，或者说权利相对人行使该权利应当履行哪些义务。虽然在不同国家，个人信息权的名称、内容不同，但其核心可归纳为：一是在个人信息收集过程中，信息收集人必须全面、真实地告知信息主体其收集方式、收集目的、收集范围，并且必须得到信息主体的允许，必要时甚至需要信息主体书面表示同意；二是在个人信息使用、加工和流转使用的过程中，信息主体有权对其个人信息进行查询，掌握其个人信息流转使用的情况；三是在个人信息受到侵害后，信息主体有权请求损害赔偿。可见，个人信息权的内容较为广泛，其内容包含了权利主体对所享有的个人信息拥有的决定权、保密权、查阅权、更正权、删除权、被遗忘权和救济权等。

2. 民商法关于旅游者信息权的保护

《民法典》第111条规定："自然人的个人信息受法律保护。任何组织或者个人需要获取他人个人信息的，应当依法取得并确保信息安全，不得非法收集、使用、加工、传输他人个人信息，不得非法买卖、提供或者公开他人个人信息。"该规定将个人信息如身份证号码、户籍证明等直接作为保护对象进行保护，这种直接个人信息是指单就现有信息就能够识别出信息主体的个人信息，相较于对间接个人信息的保护，直接个人信息更具有保护的意义和价值。将个人信息纳入《民法典》，既充分体现出民法对公民权益的维护和对财产权益的保障，也为旅游者个人信息的民法保护提供了法律依据。"自然人的个人信息受法律保护"的表述标志着旅游者个人信息首次被民法确认，体现了民法对人格尊严、人格自由的强烈保护。

《旅游法》第52条规定："旅游经营者对其在经营活动中知悉的旅游者个人信息，应当予以保密。"这是关于旅游经营者对旅游者个人信息保密义务的规定。个人信息被誉为21世纪最有价值的资源，它不但可以为政府决策提供依据，而且可以被商业利用并产生利润。随着信息技术的不断发展，个人信息的采集、储存和传播变得更加迅速而快捷，批量处理和传递大量个人信息越来越容易，个人信息遭到不当采集、恶意使用、篡改的隐患也随之出现，滥用个人信息的情形屡见不鲜，如过度收集个人信息、擅自披露个人信息、擅自提供个人信息等，即有关机构在未经法律授权或者本人同意的情况下，过度收集、擅自披露，甚至恶意使用、篡改公民个人电子信息，使消费者权益频频受损，旅游行业也不例外。《旅行社条例实施细则》规定："旅行社不得向其他经营者或者个人，泄露旅游者因签订旅游合同提供的个人信息；超过保存期限的旅游者个人信息资料，应当妥善销毁。"依据最高人民法院《关于审理旅游纠纷案件适用法律若干问题的规定》，"旅游经营者、旅游辅助服务者泄露旅游者个人信息或者未经旅游者同意公开其个人信息，旅游者请求其承担相应责任的，人民法院应予支持"。

（三）旅游者权益保护的《旅游法》及《消法》依据

1.《旅游法》对旅游者权益的保护

正如本书第二章所述，我国《旅游法》的特点之一，就是在注意平衡各方利益关系的基础上，突出以人为本的理念，以保护旅游者的合法权益为主线。此外，旅游立法注重发挥中央和地方的积极性，总结我国旅游发展和旅游监管的经验，通过旅游行政法规、地方性法规等规定旅游经营者的义务及相关法律责任，保护旅游者的合法权益不受侵犯。

2.《消法》对旅游者权益的保护

所谓消费者权益保护法，是指调整国家在保护消费者权益的过程中发生的社会关系的法律规范的总称。其调整对象是国家在保护消费者权益过程中发生的社会关系，具体包括：消费者为生活消费在购买、使用商品或者接受服务过程中因经营者侵犯其合法权益而发生的社会关系；国家机关和其他社会组织在保护消费者权益过程中与消费者之间发生的社会关系；国家机关、其他社会组织或者个人在监督损害消费者合法权益的行为过程中发生的社会关系。旅游者是消费者的特殊群体，其合法权益受到《旅游法》与《消法》的共同保护。《消法》在保护旅游消费者权益过程中，体现出如下特征：

（1）《消法》是一部专门对消费者权利进行特殊保护的主体法。其保护的唯一主体是消费者，这与传统民法关于权利义务对等的惯例有一定的差别。其内容只规定了“消费者的权利”和“经营者的义务”，充分体现了国家对消费者的倾斜意志。这是《消法》最基本的法律特征，也是区别于其他法律的标志。

（2）《消法》是一部专门对保护消费者权利进行综合指导的基本法。《消法》是一部专门以消费者为生活消费购买、使用商品或接受服务为基础的特定法，与其他涉及保护消费者权益内容的法律共同构成保护消费者权益的法律体系。

（3）《消法》是一部专门集原则性规定与操作性规定、实体规范与程序规范于一体的适用法。该法既对消费者的权利、国家保护消费者的职责等作了原则性规定，又对保护消费者的规范作了具体可操作的规定；既有消费者权利和经营者义务的实体规定，又对消费纠纷的解决程序作了明确规定。《消法》是一部突出赋予行政执法机关自由裁量权的法律，在内容上是实体法与程序法的统一。

【延伸阅读6-1】　私法领域的“法益”解析

法益（Rechtsgut）源于法律对利益的平衡。一直以来存在这样的看法：成文法的列举式权利规定永远赶不上现实生活中权利类型的创造速度，这是导致权利体系必须向法益进行开放的根本原因。所谓对立法者“高瞻远瞩”的期望是不切合实际的，法律规定的有限性与社会关系的无限性的矛盾、法律的相对稳定性与社会生活的变动不定性的矛盾、法律的正义性与法律的具体规定在特殊情况下适用的非正义性的矛盾，成为“绝对严格规则主义”“概念法学”等无法回避的问题。

在私法领域，法益是权利类型化的产物。权利类型化虽然有助于法律体系的完整和法律适用的公正，但过分拘泥于法律明定或现有的权利类型，使民事主体在法定权利类型之外的利益难以得到周到的保护，必然会存在一些没有被法律确认，而实际上法律又应当在目前或将来确认的权利，即所谓的“应有权利”。“应有权利”虽未被法律确认，但它已构成法定权利的价值基础，具备了法定权利的应有特征，只是立法者受主观或客观条件的限制未能将其明确归入现行权利体系中，甚至在学说上也未作讨论和归纳。因此，所谓法益，指于法定权利之外，一切合乎价值判断，具有可保护性的民事利益。"这些民事利益通常不能归纳到具体的、有名的民事权利当中，但又确实为权利主体所享有，并经常成为加害行为侵害的对象，实有保护的必要。"

私法领域中的民法以"权利"为其核心内容和表现形态，以保护私法的正当性利益为目的，其法益存在有法律和社会两个方面因素。在法律上，大陆法系民法强调法典的核心地位和权利定型化的制度设计，这为民法法益确立基本的法律前提。而社会生活始终处于复杂变化之中，各种利益关系不可能都被清晰明确地纳入到法典之中予以调整，这是民法法益存在的社会基础。现代民法以保护权利为核心，但同时民法的基本原则也具有了授权法官在司法活动中的能动作用。因此，民法法益只是利益在民法上间接的和模糊的反映，并且通过民法对利益保护的影射性力量得以体现。法益不能直接获得法律力量的保护，而是处于民法保护力量的边缘地带。如我国《民法典》第111条规定的"个人信息"问题，王利明（2017）从"法益"视角分析认为"本条只是规定了个人信息应当受到法律保护，而没有使用个人信息权这一表述，表明民法典并没有将个人信息作为一项具体人格权利，它为自然人的个人信息保护提供了法律依据。"杨立新（2018）则认为对于在法律中规定对某种民事利益进行保护，又没有写明为权利的，该规定究竟是法益，抑或权利，应当根据该民事利益的独立性以及与其他民事利益之间的界限是否清晰、在实践中作为一项权利进行保护有无障碍、在比较法上有无规定为法益或者权利的立法例来确定。《民法典》规定的个人信息是指个人身份信息，与隐私权保护的私人隐私信息有明确的界限，在实践上作为一项权利保护没有障碍，在比较法上没有对个人信息作为法益保护的立法例，因此，应当认定《民法典》第111条规定的个人信息，就是规定的自然人享有的具体人格权之一，即个人信息权。

通过上述分析可知，法益的基本含义即法律上所保护的利益，各个部门法的设立与存续都是为了保护其专属的法益。在研究方面，法益有广义和狭义之分，广义上的法益泛指一切受法律保护的利益，权利也包含于法益之内；而狭义的法益仅指为法律明确规定的权利之外，但受法律保护的利益，是一个与权利相对应的概念。

资料来源（根据以下文献整理）：

[1] 徐国栋. 民法基本原则解释［M］. 北京：中国政法大学出版社，2004：180-186.

[2] 张驰，韩强. 民事权利类型及其保护［J］. 法学，2001（12）：53-56，61.

[3] 郑春玉. 论民法法益的存在及其价值［J］. 内蒙古大学学报，2005，37（6）：65-69.

[4] 王利明. 中华人民共和国民法总则详解［M］. 北京：中国法制出版社，2017：17-21，455-460.

[5] 杨立新. 个人信息：法益抑或民事权利——对《民法总则》第111条规定的"个人信息"之解读［J］. 法学论坛，2018（1）：34-45.

第二节　旅游消费者的权利及其法律保护

一、旅游消费者的权利与义务

（一）旅游消费者的权利

消费者的权利是消费者利益在法律上的体现，即在法律保障下，消费者有权作出一定的行为或者要求他人作出一定的行为。旅游消费者的权利，是消费者在旅游消费领域所具有的权能，是国家对旅游消费者进行保护的前提和基础。依据《旅游法》和《消法》的规定，旅游消费者依法享有以下权利：

1. 人身、财产安全不受侵犯权

人身、财产安全不受侵犯权是指消费者在购买、使用商品和接受服务时，享有人身、财产安全不受侵害的权利。消费者有权要求经营者提供的商品和服务，符合保障人身、财产安全的要求。

2. 知悉真情权

知悉真情权是指消费者享有知悉其购买、使用的商品或接受的服务的真实情况的权利。消费者有权根据商品或者服务的不同情况，要求经营者提供商品的价格、产地、生产者、用途、性能、规格、等级、主要成分、生产日期、有效期限、检验合格证明、使用方法说明书、售后服务，或者服务的内容、规格、费用等有关情况。

3. 自由选择权

自由选择权是指消费者有权自主选择提供商品或者服务的经营者，自主选择商品品种或者服务方式，自主决定购买或者不购买任何一种商品、接受或者不接受任何一项服务。消费者在自主选择商品或者服务时，有权进行比较、鉴别和挑选。

4. 公平交易权

公平交易权是指消费者在购买、使用商品或者接受服务时，有权获得质量保障、价格合理、计量正确等公平交易条件，有权拒绝经营者的强制交易行为。

5. 获得赔偿权

获得赔偿权是指消费者因购买、使用商品和接受服务受到人身、财产损害的，享有依法获得赔偿的权利。这是民事法律规定的请求损害赔偿的民事权利在消费者权益保护法中的具体体现。享有获得赔偿权的主体是因购买、使用商品或接受服务而受到人身、财产损害的人，即受害人，具体包括商品购买者、商品使用者、接受服务者和第三人。获得赔偿的范围既包括人身权受到的侵害，也包括财产权受到的损害。

6. 依法结社权

依法结社权是指消费者享有依法成立维护自身合法权益的社会团体的权利。它是《消法》根据《宪法》规定公民享有结社的基本权利，而赋予消费者实现自我保护的一项权利。消费者协会和其他消费者组织是依法成立的、对商品和服务进行社会监督的、保护消

费者合法权益的社会团体。

7.获得知识权

获得知识权是指消费者享有获得有关消费和消费者权益保护方面的知识的权利。获得知识权的内容包括：获得有关消费方面的知识，如有关消费态度的知识、有关商品和服务的基本知识及有关市场的基本知识；获得有关消费者权益保护方面的知识，如有关消费者权益保护的法律法规、政策、保护机构、争议解决等方面的知识。消费者应当努力掌握所需商品或者服务的知识和使用技能，正确使用商品，提高自我保护意识。

8.得到尊重权

得到尊重权是指消费者在购买、使用商品和接受服务时，享有人格尊严、民族风俗习惯得到尊重的权利，享有姓名、肖像、隐私等个人信息得到保护的权利。人格尊严的权利主要包括姓名权、名誉权、肖像权和生命健康权等。在市场交易中，这是消费者最基本的权利。民族风俗习惯大量地表现在饮食、服饰、婚葬、节庆、礼仪、禁忌等方面，它在不同程度上反映了各民族的历史传统和心理素质。尊重少数民族风俗习惯对保护不同民族的消费者的合法权益、维护各民族的团结有重要意义。

9.监督批评权

监督批评权是指消费者享有对商品和服务以及保护消费者权益工作进行监督的权利。消费者有权检举、控告侵害消费者权益的行为和国家机关及其工作人员在保护消费者权益工作中的违法失职行为，有权对保护消费者权益工作提出批评、建议。

（二）旅游消费者的义务

旅游者的义务是与旅游者的权利相对应的概念，是旅游者在相应的社会关系中应该进行的价值付出或依法承担的某种必须履行的责任。旅游者的义务设定或隐含在旅游法律规范中，是旅游者依据法律规范必须为一定行为或不为一定行为，以保证权利人的权利得以实现。或者说，旅游者的义务是旅游者以相对抑制的作为或不作为的方式保障权利主体获得利益的一种约束手段，当旅游者不履行或不适当履行自己的义务时，应当受到国家强制力的制裁，承担相应的法律后果。依据《旅游法》及相关法律法规的规定，旅游者的义务包括如下内容：

1.旅游者遵守公序良俗、文明环保旅游的义务

《旅游法》规定，旅游者在旅游活动中应当遵守社会公共秩序和社会公德，尊重当地的风俗习惯、文化传统和宗教信仰，爱护旅游资源，保护生态环境，遵守旅游文明行为规范。由于旅游活动的异地性，旅行社有义务向旅游者提供旅游目的地的社会公共秩序、风俗习惯、文化传统、宗教信仰等信息，也有提醒旅游者爱护旅游资源、保护生态环境以及宣传旅游文明行为规范的义务。

2.旅游者依法理性维权的义务

《旅游法》规定，旅游者在旅游活动中或者在解决纠纷时，不得损害当地居民的合法权益，不得干扰他人的旅游活动，不得损害旅游经营者和旅游从业人员的合法权益；旅游者在旅游活动中或者在解决纠纷时，损害旅行社、履行辅助人、旅游从业人员或者其他旅

游者合法权益的，依法承担赔偿责任。这是我国旅游法治建设的一大进步，对维护社会和谐与稳定将起到极其重要的作用。在旅游者维权时，如果出现“过度或过激”行为，除承担民事赔偿责任外，旅行社可解除旅游合同，对于严重扰乱社会治安秩序或毁坏旅游经营者的财物或者伤及当地居民或从业人员的，还可以依据《社会治安处罚法》报警处理，追究当事人的刑事责任。

3.旅游者健康信息告知、安全警示遵守和重大突发事件配合义务

《旅游法》规定，旅游者购买、接受旅游服务时，应当向旅游经营者如实告知与旅游活动相关的个人健康信息，遵守旅游活动中的安全警示规定；旅游者对国家应对重大突发事件暂时限制旅游活动的措施以及有关部门、机构或者旅游经营者采取的安全防范和应急处置措施，应当予以配合；旅游者违反安全警示规定，或者对国家应对重大突发事件暂时限制旅游活动的措施、安全防范和应急处置措施不予配合的，依法承担相应责任。根据此规定，如果旅游者拒绝如实告知与旅游活动相关的个人健康信息，就要承担不利的后果，当然，旅游经营者有安全警示义务，如果旅游经营者没有安全警示或者安全警示不充分，旅游经营者也要承担相应责任。规定中的“应急措施”包括紧急疏散撤离并妥善安置；封锁危险区域或场所并划定警戒线；实行交通管制及其他管控措施；禁止或限制使用有关设备设施；关闭或限制使用有关场所；中止人员密集活动等。对上述应急措施，旅游者有配合的法定义务，否则应当承担相应的法律责任。

4.旅游者随团出入境，不得非法滞留的义务

《旅游法》规定，出境旅游者不得在境外非法滞留，随团出境的旅游者不得擅自分团、脱团。入境旅游者不得在境内非法滞留，随团入境的旅游者不得擅自分团、脱团。

“离团”是指旅游者根据旅游合同的约定或者已依法办妥所需离团手续后暂时离开旅游团队或者不再归队的合法合约行为；“擅自分团”是指在没有办妥合法分团手续的情况下，旅游团队中部分旅游者擅自离开旅游团队并很可能不再归队的违法行为；“脱团”是指旅游者在没有办理任何合法离团手续的情况下离开旅游团队不再归队的违法行为。旅游者在出入境过程中，擅自分团、脱团或者非法滞留的，应当承担相应责任。对此相关情况，旅行社应当及时向我国驻外机构、旅游行政部门和公安部门报告，否则旅游行政部门将按照《旅游法》第99条的规定，处5 000元以上5万元以下罚款；情节严重的，责令停业整顿或者吊销旅行社业务经营许可证；对直接负责的主管人员和其他直接责任人员，处2 000元以上2万元以下罚款，并暂扣或者吊销导游证、领队证的行政处罚。

【案例6-1】 老年人出游突发脑梗死亡，旅行社要担责吗?

2019年6月3日，65岁的丁某以1 900元（60岁以下为1 600元）的价格，拼团参加了舟山某旅行社组织的“云南双飞六日游”项目。6月5日，该旅行团28人从宁波出发飞往云南。6月9日下午，丁某等人被旅行社告知下午自由活动，当天下午4时左右，丁某在酒店休息一个多小时后，与2名游客相约步行前往丽江古城。在走了大约一刻钟后，丁某突然晕倒在路上。同行游客紧急联系120急救车，将丁某送至丽江市人民医院进行治疗。经医院诊断，发现丁某有左侧大面积脑梗死、癫痫持续状态、右侧中枢性瘫痪、高血压病

3级（极高危）、肺部感染、冠心病等。事发后，旅行社人员积极配合医院抢救，并与丁某家属取得联系。6月14日，丁某经抢救无效死亡。事后，丁某妻子孙某及女儿丁某某将旅行社告上法庭，要求旅行社支付死亡赔偿金、精神损害赔偿费、被扶养人生活费等共计130余万元。

在法院审理中，旅行社称，丁某有高血压病史，出发前未如实告知其身体状况，其系因自身疾病死亡，旅行社已充分履行了告知、警示义务，并在事发后及时采取了救助措施，不应承担赔偿责任。一审法院审理认为旅行社不存在过错，驳回了丁某妻女的诉讼请求。孙某、丁某某不服，上诉至舟山市中级人民法院。二审法院认为，旅行社系在前往机场的大巴上向丁某等人告知安全注意事项，在旅游合同签订时，未按法律及行业规范采集丁某的个人信息，也未就心血管疾病患者不适合长途旅行等事项进行提示，一定程度上侵害了丁某的知情权和选择权。丁某系患有高血压等心脑血管疾病的老年游客，根据日常生活经验，其从低海拔地区到高海拔地区旅行，长时间舟车劳顿确实可能加重其身体负担，诱发相关疾病，故丁某的死亡结果与本次旅行之间存在一定的因果关系。考虑到丁某系成年人，对自身身体健康负有主要注意义务，由此对产生的损害后果应负主要责任；旅行社履行法定告知义务存在不到位之处，应负相应责任。孙某、丁某某的各项损失合计87万余元，综合考虑本案实际，酌情确定旅行社赔偿孙某、丁某某各项损失12万元。

点评：《民法典》第1176条规定，自愿参加具有一定风险的文体活动，因其他参加者的行为受到损害的，受害人不得请求其他参加者承担侵权责任。该条规定确立了文体活动“自甘风险”原则，但“自甘风险”的前提是知晓风险。根据《旅游法》《消法》和原国家旅游局发布的《旅行社老年旅游服务规范》，经营者有保障消费者人身和财产安全的义务，旅行社应在签订合同时，采集其个人健康信息并当面逐条讲解安全注意事项，对可能危及消费者人身、财产安全的事宜，应当向消费者作出真实的说明和明确的警示。

资料来源：舟山市中级人民法院．老年人出游突发脑梗死亡，旅行社要担责吗？［EB/OL］．［2021-03-13］．https：//jrsh.hangzhou.com.cn/read/content/2021-03/13/content_7927068.htm.

二、旅游消费者权益争议的解决

（一）争议解决的途径

旅游者权益争议是指旅游者与经营者在购买、使用商品或接受服务和提供商品或服务的过程中，双方在权利义务上发生的矛盾。《消法》规定，消费者和经营者发生权益争议的，消费者可以通过下列途径解决：

1.与经营者协商和解

当消费者和经营者因商品或服务发生争议时，协商和解应作为首选方式，特别是因误解产生的争议，通过解释、谦让及其他补救措施，便可化解矛盾，平息争议。协商和解必须在自愿平等的基础上进行。重大纠纷、双方立场对立严重、要求相距甚远的，可寻求其他解决方式。

2.请求消费者协会调解

《消法》明确消费者协会具有七项职能，其中之一是对消费者的投诉事项进行调查、调解。消费者协会作为保护消费者权益的社会团体，调解经营者和消费者之间的争议，应依照法律、行政法规及公认的商业道德从事，并由双方自愿接受和执行。

3.向有关行政部门申诉

政府有关行政部门依法具有规范经营者的经营行为、维护消费者合法权益和市场经济秩序的职能。消费者权益争议涉及的领域很广，当权益受到侵害时，消费者可根据具体情况，向不同的行政职能部门，如物价部门、市场监督管理部门等提出申诉，求得行政救济。

4.根据仲裁协议提请仲裁机构仲裁

由仲裁机构解决争端，在国际国内商贸活动中被广泛采用。消费者权益争议亦可通过仲裁途径予以解决。不过，仲裁必须具备的前提条件是双方订有书面仲裁协议（或书面仲裁条款）。在一般的消费活动中，大多数情况下没有必要也没有条件签订仲裁协议。因此，在消费领域，很少有以仲裁方式解决争议的。

5.向人民法院提起诉讼

《消法》及相关法律都规定，消费者权益受到损害时，可径直向人民法院起诉，也可因不服行政处罚决定而向人民法院起诉。司法审判具有权威性、强制性，是解决各种争议的最后手段。消费者为求公正解决争议，可依法行使诉权。

（二）旅游者权益损害赔偿责任承担

1.商品或服务质量问题

旅游者在购买、使用商品时，其合法权益受到损害的，可以向销售者要求赔偿。销售者赔偿后，属于生产者的责任或者属于向销售者提供商品的其他销售者的责任的，销售者有权向生产者或者其他销售者追偿；旅游者或者其他受害人因商品缺陷造成人身、财产损害的，可以向销售者要求赔偿，也可以向生产者要求赔偿。属于生产者责任的，销售者赔偿后，有权向生产者追偿。属于销售者责任的，生产者赔偿后，有权向销售者追偿。旅游者在接受服务时，其合法权益受到损害的，可以向服务者要求赔偿。

2.经营者变更或营业执照使用的变化问题

旅游者在购买、使用商品或者接受服务时，其合法权益受到损害，原企业分立、合并的，可以向变更后承受其权利义务的企业要求赔偿；使用他人营业执照的违法经营者提供商品或者服务，损害旅游者合法权益的，旅游者可以向其要求赔偿，也可以向营业执照的持有人要求赔偿。

3.展销会、租赁柜台购物或接受服务问题

消费者在展销会、租赁柜台购买商品或接受服务，其合法权益受到损害的，可以向销售者或者服务者要求赔偿。展销会结束或者柜台租赁期满后，也可以向展销会的举办者、柜台的出租者要求赔偿。展销会的举办者、柜台的出租者赔偿后，有权向销售者或者服务者追偿。

4.特殊平台交易行为后果问题

消费者通过网络交易平台购买商品或者接受服务，其合法权益受到损害的，可以向销

售者或者服务者要求赔偿。网络交易平台提供者不能提供销售者或者服务者的真实名称、地址和有效联系方式的，消费者也可以向网络交易平台提供者要求赔偿；网络交易平台提供者作出更有利于消费者的承诺的，应当履行承诺。网络交易平台提供者赔偿后，有权向销售者或者服务者追偿。同时，《消法》规定了网络交易平台的法律责任，即“网络交易平台提供者明知或者应知销售者或者服务者利用其平台侵害消费者合法权益，未采取必要措施的，依法与该销售者或者服务者承担连带责任”。

5.虚假广告问题

《消法》强化了虚假广告发布者和推荐者的责任。《消法》规定，消费者因经营者利用虚假广告或者其他虚假宣传方式提供商品或者服务，其合法权益受到损害的，可以向经营者要求赔偿。广告经营者、发布者发布虚假广告的，消费者可以请求行政主管部门予以惩处。广告经营者、发布者不能提供经营者的真实名称、地址和有效联系方式的，应当承担赔偿责任；广告经营者、发布者设计、制作、发布关系消费者生命健康商品或者服务的虚假广告，造成消费者损害的，应当与提供该商品或者服务的经营者承担连带责任；社会团体或者其他组织、个人在关系消费者生命健康商品或者服务的虚假广告或者其他虚假宣传中向消费者推荐商品或者服务，造成消费者损害的，应当与提供该商品或者服务的经营者承担连带责任。

三、旅游经营者的义务与法律责任

（一）旅游经营者义务的履行

旅游者权利的实现在一定程度上是通过经营者的义务履行来实现的。旅游经营者的义务是经营者在经营活动中应当履行的责任，即经营者依法必须作出一定的行为或者抑制自己的某种行为。依据《消法》的规定，旅游经营者必须履行下列义务：

1.依法或约定提供商品或者服务

《消法》规定，经营者有义务按照法律法规的规定或者双方的约定为消费者提供商品或者服务。该项义务的内容包括：经营者向消费者提供商品或者服务时，应当履行我国《产品质量法》《食品卫生法》等法律法规规定的义务；经营者与消费者之间就商品或者服务达成的协议，是一种双务合同，只要这种约定不违背法律法规的规定，经营者就应当履行与消费者合同约定的义务。

2.听取意见和接受监督

《消法》规定，经营者有听取消费者意见和接受消费者监督的义务。经营者应当听取消费者对其提供的商品或者服务的意见，接受消费者的监督。经营者生产经营的目的就是满足用户、消费者的需要，创造经济效益和社会效益。“消费者至上”应为经营者的经营方针。对于经营者的商品和服务，消费者是最终的评判官，最有发言权。消费者有权对经营者的商品或服务提出意见，不管是正面的还是反面的，经营者都应认真对待。消费者有权对经营者的商品或服务问题进行监督，无论是向经营者直接提出还是向有关组织、机关提出，这实际上是经营者不断听取消费者意见、改进经营质量的过程。

3.保障旅游者安全

《消法》规定，经营者有保障消费者人身和财产安全的义务。该项义务的内容包括：经营者有义务向消费者提供符合要求的商品或服务。经营者提供的商品或服务要符合保障消费者人身、财产安全的要求；对可能危及消费者人身、财产安全的事宜，应当向消费者作出真实的说明和明确的警示。经营者发现其提供的商品或者服务存在严重缺陷，即使正确使用商品或者接受服务仍然可能对人身、财产安全造成危害的，应当立即向有关行政部门报告和告知消费者，并采取防止危害发生的措施。

4.服务信息真实、可靠

《消法》规定，经营者有不作虚假宣传的义务。该项义务的内容包括：经营者提供有关商品或者服务的信息必须真实可靠，不得作引人误解的虚假宣传；对商品或者服务的质量、使用方法应当作出真实明确的答复；提供商品或者服务应明码标价。

5.出具购货凭证或服务单据

《消法》规定，经营者有向消费者出具购货凭证或服务单据的义务。该项义务的内容包括：经营者提供商品或者服务，应当按国家有关规定或商业惯例向消费者出具购货凭证或服务单据；消费者索要购货凭证或服务单据时，经营者不得拒绝。因为购货凭证或服务单据是消费者和经营者之间合同关系成立的重要证据，它对保护消费者合法权益至关重要。商业惯例则是指某个行业经营者在提供商品或者服务时普遍遵循的做法，虽然不是国家法律法规的规定，但为有关的经营者所公认和遵守，在维护正常的交易秩序、保护消费者权益方面也发挥着重要的作用。

6.标明真实名称和标记

《消法》规定，经营者有标明真实名称和标记的义务：租赁他人柜台或者场地的经营者，应当标明真实名称和标记。这一方面有利于消费者了解经营的真实情况，作出合乎真实意愿的消费决定；另一方面有利于国家对经营者进行监督管理，便于消费者在其权益受到侵害时实现求偿权。

7.承担“三包”和其他责任

《消法》规定，经营者有承担“三包”和其他责任的义务。该项义务的内容包括：经营者按照规定或者约定对商品承担包修、包换、包退的责任或者其他责任；经营者应当保证在正常使用商品或者接受服务的情况下其提供的商品或者服务具有相应的质量、性能、用途和有效期限，但消费者在购买该商品或者接受该服务前已经知道存在瑕疵的除外。根据不同服务行业的特点，经营者按照有关国家规定或者合同约定对其提供的服务承担责任，不得故意拖延或者无理拒绝履行有关义务。

8.网络等远程方式提供商品的责任

《消法》规定了网购等远程购物方式的七日“后悔权”，具体规定如下：“经营者采用网络、电视、电话、邮购等方式销售商品，消费者有权自收到商品之日起七日内退货，且无需说明理由，但下列商品除外：消费者定作的；鲜活易腐的；消费者拆封的音像制品、计算机软件；交付的报纸、期刊；其他根据商品性质不宜退货的。”“消费者应当自向经营

者提出退货要求之日起七日内将商品退回；经营者应当自收到退回货物之日起七日内返还消费者支付的商品价款。”当然，消费者“后悔权”行使只适用于远程购物方式，且有例外情况，并以购物后的“七日内”为限。

9.保护旅游者个人信息，尊重其人身权利

《消法》规定，经营者收集、使用消费者的个人信息，必须合法、正当、必要，明确目的、方式和范围等，并经消费者同意。具体内容如下：“经营者收集、使用消费者个人信息，应当遵循合法、正当、必要的原则，明示收集、使用信息的目的、方式和范围，并经消费者同意。经营者收集、使用消费者个人信息，应当公开其收集、使用规则，不得违反法律、法规的规定和双方的约定收集、使用信息。”“经营者及其工作人员对收集的消费者个人信息必须严格保密，不得泄露、出售或者非法向他人提供。经营者应当采取技术措施和其他必要措施，确保信息安全，防止消费者个人信息泄露、丢失。在发生或者可能发生信息泄露、丢失的情况时，应当立即采取补救措施。”“经营者未经消费者同意或者请求，或者消费者明确表示拒绝的，不得向其发送商业性信息。”“经营者不得对消费者进行侮辱、诽谤，不得搜查消费者的身体及其携带的物品，不得侵犯消费者人身自由。”

10.不得从事不公平、不合理的交易

《消法》规定，经营者不得利用格式条款并借助技术手段强制交易，不得作出不公平、不合理的规定，如酒店强行收取开瓶费、餐馆规定最低消费、预付卡余额不退等。该项义务的内容包括：经营者使用格式条款，应当以显著方式提请消费者注意商品或者服务的数量和质量、价款或者费用、履行期限和方式、风险警示、售后服务、民事责任等与消费者有重大利害关系的内容，并按照消费者的要求予以说明；经营者不得以格式条款、通知、声明、店堂告示等方式作出排除或者限制消费者权利、减轻或者免除经营者责任、加重消费者责任等对消费者不公平、不合理的规定；格式条款、通知、声明、店堂告示等含有前款所列内容的，其内容无效。

（二）侵犯旅游者合法权益的法律责任

1.民事责任

（1）人身、财产损害赔偿责任。经营者提供商品或者服务，造成旅游者或者其他受害人人身伤害的，应当赔偿医疗费、护理费、交通费等为治疗和康复支出的合理费用，以及因误工减少的收入。造成残疾的，还应当赔偿残疾生活辅助具费和残疾赔偿金。造成死亡的，还应当赔偿丧葬费和死亡赔偿金。构成犯罪的，依法追究刑事责任。

（2）人格尊严损害责任。经营者侵害旅游者的人格尊严、侵犯旅游者人身自由或者侵害消费者姓名、肖像、隐私等个人信息得到保护的权利的，应当停止侵害、恢复名誉、消除影响、赔礼道歉，并赔偿损失；经营者有侮辱诽谤、限制人身自由等侵害旅游者或者其他受害人人身权益的行为，造成严重精神损害的，受害人可以要求精神损害赔偿。

（3）“三包”或预付款方式提供商品和服务的责任。经营者提供商品或者服务，造成旅游者财产损害的，应当依照法律规定或者当事人约定承担修理、重作、更换、退货、补足商品数量、退还货款和服务费用或者赔偿损失等民事责任。经营者以预收款方式提供商品或者服务的，应当按照约定提供。未按照约定提供的，应当按照旅游者的要求履行约定或者退回预付款，并应当承担预付款的利息、旅游者必须支付的合理费用。依法经有关行政部门认定不合格的商品，旅游者要求退货的，经营者应当负责退货。

（4）欺诈行为的责任。经营者提供商品或者服务有欺诈行为的，应当按照旅游者的要求增加赔偿其受到的损失，增加赔偿的金额为旅游者购买商品的价款或者接受服务费用的3倍；增加赔偿的金额不足500元的，为500元。经营者有明知商品或者服务存在缺陷，仍然向旅游者提供的欺诈行为，造成旅游者或者其他受害人死亡或者健康严重损害的，依法追究刑事责任；受害人有权要求所受损失3倍以下的民事赔偿。需要注意的是，此赔偿原则仅针对经营者存在欺诈消费者的行为，是指经营者在提供商品或者服务中，采取虚假或者其他不正当手段欺骗、误导消费者，使消费者的合法权益受到损害的行为。

2.行政责任

依据《消法》的规定，经营者有下列情形之一，除承担相应的民事责任外，还应当承担行政处罚责任，由市场监督管理部门或者其他有关行政部门责令改正，可以根据情节单处或者并处警告、没收违法所得、处以违法所得1倍以上10倍以下的罚款，没有违法所得的，处以50万元以下的罚款；情节严重的，责令停业整顿、吊销营业执照：提供的商品或者服务不符合保障人身、财产安全要求的；在商品中掺杂、掺假，以假充真，以次充好，或者以不合格商品冒充合格商品的；生产国家明令淘汰的商品或者销售失效、变质的商品的；伪造商品的产地，伪造或者冒用他人的厂名、厂址，篡改生产日期，伪造或者冒用认证标志等质量标志的；销售的商品应当检验、检疫而未检验、检疫或者伪造检验、检疫结果的；对商品或者服务作虚假或者引人误解的宣传的；拒绝或者拖延有关行政部门责令对缺陷商品或者服务采取停止销售、警示、召回、无害化处理、销毁、停止生产或者服务等措施的；对消费者提出的修理、重作、更换、退货、补足商品数量、退还货款和服务费用或者赔偿损失的要求，故意拖延或者无理拒绝的；侵害消费者人格尊严、侵犯消费者人身自由或者侵害消费者个人信息依法得到保护的权利的；法律、法规规定的对损害消费者权益应当予以处罚的其他情形。

经营者有前述情形的，除依照法律、法规的规定予以处罚外，处罚机关应当记入信用档案，向社会公布。经营者对行政处罚决定不服的，可以依法申请行政复议或者提起行政诉讼。

3.刑事责任

依据《消法》的规定，经营者违反规定提供商品或者服务，侵害消费者合法权益，构成犯罪的，依法追究刑事责任。应当承担民事赔偿责任和缴纳罚款、罚金，其财产不足以同时支付的，先承担民事赔偿责任。此外，《消法》还规定，以暴力、威胁等方法阻碍有关行政部门工作人员依法执行职务的，依法追究刑事责任；拒绝、阻碍有关行政部门工作人员依法执行职务，未使用暴力、威胁方法的，由公安机关依照《治安管理处罚法》的规定处罚。国家机关工作人员有玩忽职守或者包庇经营者侵害消费者合法权益的行为的，由其所在单位或者上级机关给予行政处分；情节严重，构成犯罪的，依法追究刑事责任。

【案例6-2】 “好客山东”输给青岛大虾的警示

近些年，山东省着力打造“好客山东”品牌，“好客山东欢迎您”的广告宣传频现央视《朝闻天下》、凤凰卫视以及山东各地旅游景区。经过几年的努力，这句话可以说已经传遍了大江南北，四海内外。可是，来自青岛市市北区“善德海鲜烧烤家常菜”海鲜大排档的一只大虾，却在一夜之间将“好客山东”品牌毁于一旦。

2015年国庆假期，最热的新闻莫过于青岛“天价”虾事件，并由此引发网友对旅游景区宰客的“全民自嘲”。10月5日，“青岛一大排档兜售天价大虾”的新闻引发热议，报道称10月4日，有游客在青岛乐凌路“善德海鲜烧烤家常菜”大排档结账时遇到宰客，点单时确认过是38元一份的“海捕大虾”，结账时变成了38元一只，整盘收费1 500余元。当时事主肖先生报警，但当地派出所称不归其管，建议找物价部门，物价局则称“已经下班，报警找110解决”，第二天又称“必须过完节才能解决”。随着人民日报、澎湃新闻等众多媒体和官方微博的介入，“青岛天价虾”事件迅速成为热点。

在新媒体发达的今天，网友们甚至挖出了“善德海鲜烧烤家常菜”大排档及青岛出现宰客情况的各种“黑历史”，“天价虾”成为宰客代名词，青岛形象也遭到严重损害。网友评论称，山东省在电视上投放的以“好客山东”为主题的宣传片，一下被“天价虾”给毁了。10月7日，青岛市对“天价虾”事件相关部门人员作出处分决定，青岛市市北区市场监管局主要负责人停职检查，对该区物价、旅游等部门主要负责人进行诫勉谈话。同时对涉嫌欺诈的烧烤店罚款9万元，责令停业整顿并吊销营业执照。同时，青岛市旅游局、市场监管局、物价局、公安局还联合发布《关于进一步治理规范旅游市场秩序的通告》，要求全市旅游经营者严格贯彻实施行业法律法规。10月中旬，山东旅游部门通过电话向“青岛天价虾”中2名涉事游客表示道歉；10月20日，事主肖先生获得了来自青岛企业家5万元的慰问奖励金，随后肖先生将其捐给重病儿童。

点评：在舆论压力下，“青岛天价虾”事件得到了圆满的解决。然而现实中游客投诉无门或投诉无果的情况并不罕见，面对现实的无力，网友们充分发挥了“冷幽默”，各种关于虾的段子满天飞。“青岛天价虾”事件的涉事大排档其实多次被游客举报，却一直继续经营，从中反映出相关监管部门的缺位。这个事件发生的背后，是网民对景区宰客现象的“感同身受”、对监管部门不作为的不满。信用是市场经济的“基石”，当前，我国正在加快建设社会信用体系、构筑诚实守信的经济社会环境。让守信者处处受益、失信者寸步难行，使失信受惩的教训成为一生的“警钟”。把“青岛天价虾”事件当作永远的负面案例，以此为起点，诚实守信才能逐渐成为全社会共同的价值追求和行为准则。

资料来源（根据以下资料整理）：

[1] 秦川. “好客山东”输给青岛一只虾的警示［EB/OL］.［2015-10-07］. http://opinion.people.com.cn/n/2015/10/07/c1003-27668958.html.

[2] 李映雪. “一只大虾”对文明创建的警示［EB/OL］.［2015-10-08］. http://www.wenming.cn/wmpl_pd/yczl/201510/t20151008_2894176.shtml

第三节 旅游者出入境管理与法律保护

一、中国旅游者出入境管理与法律保护

（一）中国旅游者出入境的管理机关与有效证件

1.中国旅游者出入境的管理机关

国家保护中国公民出境入境旅游的合法权益。中国公民因私出境应向户口所在地的市、县公安机关提出申请；中国公民因公务出境，由派遣部门向外交部或外交部授权的地方外事部门申请办理出境证件；海员因执行任务出境，由港务监督局或者港务监督局授权的港务监督办理出境证件。

《出境入境管理法》将华侨在境内申请回国定居的受理机关由公安机关调整到侨务部门，进一步精简审批环节。定居国外的中国公民要求回国定居的，应当在入境前向中华人民共和国驻外使馆、领馆或者外交部委托的其他驻外机构提出申请，也可以由本人或者经由国内亲属向拟定居地的县级以上地方人民政府侨务部门提出申请；该法还明确了华侨在国内可以凭本人护照证明其身份，解决华侨证明身份难的问题，便利华侨在华工作和生活。

国家在对外开放的口岸设立出入境边防检查机关。中国公民、外国人以及交通运输工具应当从对外开放的口岸出境入境，特殊情况下，可以从国务院或者国务院授权的部门批准的地点出境入境。出境入境人员和交通运输工具应当接受出境入境边防检查。为了便利本国公民通关，增强本国公民对国家的认同感和自豪感，并为下一步继续推出自助通关等便利提供法律授权，《出境入境管理法》规定具备条件的口岸，应当为我国公民出入境提供专用通道等便利措施。

2.中国旅游者出入境的有效证件

（1）护照

护照是指一国公民向本国或外国当局证明其身份的文书。它是各主权国家发给本国公民出境、旅行、居留、入境的证件。由于护照能证明持有人的国籍、身份，可以使持证人在国外得到外国当局或者本国驻外使馆、领馆的保护，因此，凡出国人员均应持有效护照，以便有关当局查验。

护照分为外交护照、公务护照和普通护照三种。外交护照为红色，主要发给出国从事外交工作的政府高级官员、外交及领事官员等；公务护照为墨绿色，主要发给政府一般官员和驻外大使馆、领事馆的不具有外交职衔的工作人员等；普通护照可分为因公普通护照和因私普通护照两种，前者为深褐色，后者为褐色。普通护照主要发给侨民以及包括旅游在内的因私出国公民。

中国公民出境旅游应申请办理普通护照。按照法律规定，申请人应向户口所在地的市、县公安机关出入境管理部门提出申请，并回答有关询问，履行下列手续：提交本人的

居民身份证、户口簿、近期免冠照片以及申请事由的相关材料。国家工作人员因前往外国定居、探亲、学习、就业、旅行、从事商务活动等非公务原因出境申请普通护照的，还应当按照国家有关规定提交相关证明文件。公安机关出入境管理机构应当自收到申请材料之日起15日内签发普通护照；对不符合规定不予签发的，应当书面说明理由，并告知申请人享有依法申请行政复议或者提起行政诉讼的权利。在偏远地区或者交通不便的地区或者因特殊情况，不能按期签发护照的，经护照签发机关负责人批准，签发时间可以延长至30日。公民因合理紧急事由请求加急办理的，公安机关出入境管理机构应当及时办理。普通护照的有效期为：护照持有人未满16周岁的5年，16周岁以上的10年。同时根据《国际民航组织公约》附件九的规定，取消了护照延期的规定。外交护照、公务护照的有效期由外交部规定。新颁发的护照将不仅仅是一本小册子，它内部含有芯片，具备视读与机读两种功能。护照的防伪性能参照国际技术标准制定。护照签发机关及其工作人员对因制作、签发护照而知悉的公民个人信息，应当予以保密。

申请人有下列情形之一的，护照签发机关不予签发护照：不具有中华人民共和国国籍的；无法证明身份的；在申请过程中弄虚作假的；被判处刑罚正在服刑的；人民法院通知有未了结的民事案件不能出境的；属于刑事案件被告人或者犯罪嫌疑人的；国务院有关主管部门认为出境后将对国家安全造成危害或者对国家利益造成重大损失的。申请人有下列情形之一的，护照签发机关自其刑罚执行完毕或者被遣返回国之日起6个月至3年以内不予签发护照：因妨害国（边）境管理受到刑事处罚的；因非法出境、非法居留、非法就业被遣返回国的。

《护照法》规定的处罚种类包括罚款、拘留、没收违法所得三种。《护照法》规定的罚款和拘留的幅度是：弄虚作假骗取护照的，由护照签发机关收缴护照或者宣布护照作废；由公安机关处2 000元以上5 000元以下罚款；构成犯罪的，依法追究刑事责任。为他人提供伪造、变造的护照，或者出售护照的，依法追究刑事责任；尚不够刑事处罚的，由公安机关没收违法所得，处10日以上15日以下拘留，并处2 000元以上5 000元以下罚款；非法护照及其印制设备由公安机关收缴。持用伪造或者变造的护照或者冒用他人护照出入国（边）境的，由公安机关依照出境入境管理的法律规定予以处罚；非法护照由公安机关收缴。

（2）签证

签证是指一个国家官方机构发给外国人，入出本国国境或在本国停留、居住的许可证明。中国旅游者凭护照或其他有效证件出入境，无须办理签证。但若作为允许中国公民前往一个国家或中途经过或停留的证件，中国公民在经批准出境获得护照后，应申办欲前往国的签证或入境许可证。按国际惯例，一般按护照种类发给相应签证，但也可发给高于或低于护照种类的签证。出国旅游应向驻华使、领馆办理签证申请；没有使、领馆，也没有其他使、领馆代办业务的，则需到办理该国签证机关的国家办理。出国旅游要提前办理签证；办好签证要特别注意有效期和停留期；需延长的，应向有关单位办理申请延长手续。

（3）旅行证

旅行证是中国公民出入境的主要证件，由中国驻外的外交代表机关、领事机关或外交部授权的其他驻外机关颁发。旅行证分为一年一次有效和两年多次有效两种，由持证人保存、使用。需变更或加注旅行证的记载事项，应提供变更材料、加注事项的证明或说明材料向颁发证件机关提出申请。

（4）入出境通行证

入出境通行证是中国公民入出边境的通行证件，由省级公安机关及其授权的公安机关签发，证件在有效期内一次或多次入出境有效。

护照以及出入境证件持有人出现下列情形之一的，原发证机关或上级机关予以吊销和宣布作废：持证人因非法进入前往国或者非法居留被送回国内的；持护照、证件招摇撞骗的；从事危害国家安全、荣誉和利益活动的。若违反法律规定，持证人还将受到收缴证件、警告、拘留的处罚，情节严重的，追究刑事责任。

（二）中国旅游者出入境的权利义务及其限制

1. 中国旅游者出入境的权利义务

中国旅游者出入境的合法权益受中国法律保护，同时也受前往国法律的保护。当今世界上许多国家为发展旅游业，对旅游者在旅游活动中最关心的安全、服务质量、发生意外事故得到法律保障等问题通过立法建立相应的法律制度，签订双边和多边协定规定外国旅游者应受到与本国国民同等的法律保护，并给予若干优惠，中国旅游者理应得到相关外国法律的保护。中国旅游者持护照出入境无须办理签证；公安机关对于中国旅游者出境申请应在规定时间内答复；申请人有权查询规定时间没有审批结果的原因，受理部门应作出答复；申请人认为不批准出境不符合法律规定，可向上一级公安机关申诉，受理机关应作出处理和答复；旅游者本人保存、使用其护照，非经法定事由和特定机关，不受吊销、收缴和扣押；旅游者有权按规定缴纳有关费用。

中国公民出国旅游应申办有效证件，并妥善保管护照等证件；在指定口岸或对外开放的口岸出入境，向边防检查站出示中国护照或其他有效证件，填写出入境登记卡，接受“一关四检”的检查及各种检查，遵守中国及前往国国家法律，不得有危害祖国安全、荣誉和利益的行为。

2. 中国公民出境限制

《出境入境管理法》规定：中国公民有下列情形之一的，不准出境：未持有效出境入境证件或者拒绝、逃避接受边防检查的；被判处刑罚尚未执行完毕或者属于刑事案件被告人、犯罪嫌疑人的；有未了结的民事案件，人民法院决定不准出境的；因妨害国（边）境管理受到刑事处罚或者因非法出境、非法居留、非法就业被其他国家或者地区遣返，未满不准出境规定年限的；可能危害国家安全和利益，国务院有关主管部门决定不准出境的；法律、行政法规规定不准出境的其他情形。

（三）中国公民出境旅游管理

按照国际通行的定义，出境旅游是指一个国家的居民跨越国境到另外一个国家的旅游活动。由于特殊政治背景和历史的诸多原因，中国的出境旅游指的是中国公民跨越国境和某些特定的界线到其他国家或特定行政区域的旅游活动。具体地说，是指由中国内地前往其他国家或者地区，由中国内地前往香港特别行政区、澳门特别行政区，由中国大陆前往台湾地区，不以通过所从事的活动获取报酬为主要目的，进行休闲、娱乐、观光、度假、探亲访友、就医疗养、购物、参加会议或从事经济、文化、体育、宗教等活动，且在境外连续停留不超过12个月，不包括因工作或学习在国内和目的地国家（地区）之间有规律往返的活动，即出境旅游，实际上包括出国旅游、边境旅游和到我国港澳台地区的旅游活动。

1.出国旅游目的地及旅行社的审批

依据《中国公民出国旅游管理办法》（2017年修订，以下简称《办法》）的规定，出国旅游的目的地国家，由国务院旅游行政部门会同国务院有关部门提出，报国务院批准后，由国务院旅游行政部门公布。任何单位和个人不得组织中国公民到国务院旅游行政部门公布的出国旅游的目的地国家以外的国家旅游；组织中国公民到国务院旅游行政部门公布的出国旅游的目的地国家以外的国家进行涉及体育活动、文化活动等临时性专项旅游的，须经国务院旅游行政部门批准。

旅行社经营出国旅游业务，应当具备下列条件：取得国际旅行社资格满1年；经营入境旅游业务有突出业绩；经营期间无重大违法行为和重大服务质量问题。

申请经营出国旅游业务的旅行社，应当向省、自治区、直辖市旅游行政部门提出申请。省、自治区、直辖市旅游行政部门应当自受理申请之日起30个工作日内，依据规定的条件对申请审查完毕。经审查同意的，报国务院旅游行政部门批准；经审查不同意的，应当书面通知申请人并说明理由。国务院旅游行政部门批准旅行社经营出国旅游业务，应当符合旅游业发展规划及合理布局的要求。未经国务院旅游行政部门批准取得出国旅游业务经营资格的，任何单位和个人不得擅自经营或者以商务、考察、培训等方式变相经营出国旅游业务。

2.名单表及其相关要求

依据《办法》的规定，国务院旅游行政部门统一印制“中国公民出国旅游团队名单表”（以下简称“名单表”），在下达本年度出国旅游人数安排时编号发放给省、自治区、直辖市旅游行政部门，由省、自治区、直辖市旅游行政部门核发给组团社。组团社应当按照核定的出国旅游人数安排组织出国旅游团队，填写“名单表”。旅游者及领队首次出境或者再次出境，均应当填写在“名单表”中，经审核后的“名单表”不得增添人员。

“名单表”一式四联，分为：出境边防检查专用联、入境边防检查专用联、旅游行政部门审验专用联、旅行社自留专用联。组团社应当按照有关规定，在旅游团队出境、入境时及旅游团队入境后，将“名单表”分别交有关部门查验、留存。

3.组团旅行社及其领队的职责

（1）安排领队并接受相关检查。依据《办法》的规定，组团社应当为旅游团队安排专职领队。领队在带团时，应当遵守本办法及国务院旅游行政部门的有关规定。旅游团队应当从国家开放口岸整团出入境。旅游团队出入境时，应当接受边防检查站对护照、签证、“名单表”的查验。经国务院有关部门批准，旅游团队可以到旅游目的地国家按照该国有关规定办理签证或者免签证；旅游团队出境前已确定分团入境的，组团社应当事先向出入境边防检查总站或者省级公安边防部门备案；旅游团队出境后因不可抗力或者其他特殊原因确需分团入境的，领队应当及时通知组团社，组团社应当立即向有关出入境边防检查总站或者省级公安边防部门备案。

（2）维护旅游者的合法权益。组团社向旅游者提供的出国旅游服务信息必须真实可靠，不得作虚假宣传，报价不得低于成本；组团社经营出国旅游业务，应当与旅游者订立书面旅游合同。旅游合同应当包括旅游起止时间、行程路线、价格、食宿、交通以及违约责任等内容。旅游合同由组团社和旅游者各持一份；组团社应当按照旅游合同约定的条件，为旅游者提供服务。组团社应当保证所提供的服务符合保障旅游者人身、财产安全的要求；对可能危及旅游者人身安全的情况，应当向旅游者作出真实说明和明确警示，并采取有效措施，防止危害的发生；组团社组织旅游者出国旅游，应当选择在目的地国家依法设立并具有良好信誉的旅行社（以下简称境外接待社），并与之订立书面合同后，方可委托其承担接待工作。

（3）对境外接待社的要求。组团社及其旅游团队领队应当要求境外接待社按照约定的团队活动计划安排旅游活动，并要求其不得组织旅游者参与涉及色情、赌博、毒品内容的活动或者危险性活动，不得擅自改变行程、减少旅游项目，不得强迫或者变相强迫旅游者参加额外付费项目。境外接待社违反组团社及其旅游团队领队根据前款规定提出的要求时，组团社及其旅游团队领队应当予以制止。

（4）对领队职责及素质的要求。旅游团队领队应当向旅游者介绍旅游目的地国家的相关法律、风俗习惯以及其他有关注意事项，并尊重旅游者的人格尊严、宗教信仰、民族风俗和生活习惯；旅游团队领队在带领旅游者旅行、游览过程中，应当就可能危及旅游者人身安全的情况，向旅游者作出真实说明和明确警示，并按照组团社的要求采取有效措施，防止危害的发生；旅游团队领队不得与境外接待社、导游及为旅游者提供商品或者服务的其他经营者串通欺骗、胁迫旅游者消费，不得向境外接待社、导游及其他为旅游者提供商品或者服务的经营者索要回扣、提成或者收受其财物。旅游团队在境外遇到特殊困难和安全问题时，领队应当及时向组团社和中国驻所在国家使领馆报告，组团社应当及时向旅游行政部门和公安机关报告。

【延伸阅读6-2】　　中国公民出境旅游文明行为指南

为提高公民文明素质，塑造中国公民良好国际形象，中央文明办、国家旅游局于2006年联合颁布了《中国公民出境旅游文明行为指南》。外交部领事司谨提醒每位公民出境旅游时要努力践行《中国公民出境旅游文明行为指南》，克服旅游陋习，倡导文明旅游行为。该指南内容如下：

中国公民，出境旅游，注重礼仪，保持尊严。

讲究卫生，爱护环境；衣着得体，请勿喧哗。

尊老爱幼，助人为乐；女士优先，礼貌谦让。

出行办事，遵守时间；排队有序，不越黄线。

文明住宿，不损用品；安静用餐，请勿浪费。

健康娱乐，有益身心；赌博色情，坚决拒绝。

参观游览，遵守规定；习俗禁忌，切勿冒犯。

遇有疑难，咨询领馆；文明出行，一路平安。

中国旅游研究院（文化和旅游部数据中心）于2020年11月发布《中国出境旅游发展报告2020》。

报告显示：2019年中国出境旅游保持平稳发展，体现在发展速度上，也体现在目的地结构和客源地结构上。2019年，我国的出境旅游市场仍然保持了增长态势，规模达到1.55亿人次，相比2018年同比增长了3.3%。2019年，中国出境旅游市场的增长速度放缓。2019年，我国出境游客境外消费超过1 338亿美元，增速超过2%。出境旅游的目的地结构依然保持稳定。2019年我国出境旅游目的地依然以亚洲周边目的地为主，我国港澳台依然是最主要的目的地。总体来看，我国出境游客的结构占比中，赴我国港澳台游客占比高于出国游客的占比，但是这种差距正在逐渐缩小。我国出国游客的占比自2014年以来不断提升。但在疫情冲击下，2020年的出境旅游发展基本停滞。自疫情爆发以来，海关总署、国家移民管理局等单位联合发布，建议国民非必要不参与出入境旅游的建议，减少人员跨境流动。疫情使得中国出境旅游市场发展暂时中断，但是相关方的努力一刻也没有中断。

资料来源：

[1] 外交部. 中国公民出境旅游文明行为指南［EB/OL］.［2012-11-16］http: //www.gov.cn/bumenfuwu/2012-11/16/content_2598152.htm

[2] 中国旅游研究院（文化和旅游部数据中心）. 中国出境旅游发展报告2020［EB/OL］.［2020-11-10］. http: //www.ctaweb.org.cn/cta/ztyj/202103/87a492a44eda4038b7fe8f6428ed3d5d.shtml

二、外国旅游者入出境管理与法律保护

（一）外国旅游者的法律地位

所谓外国旅游者，是指在一国境内进行旅行、游览，但不具有该国国籍的人。国籍是一个人同某一特定国家固定的法律联系。我们把具有一个国家国籍的人称为该国的国民或者公民。也就是说，国籍是国家对自己的公民实行外交保护的法律依据。

依据《中华人民共和国国籍法》（以下简称《国籍法》）的规定，在我国的外国旅游者，是指不具有中国国籍而在中国境内进行旅行、游览的外国人或无国籍的人。从国际法角度看，一个国家是否准许外国人入境、居留、旅行、出境等是该国的国家主权问题，别的国家无权干涉。但是，随着国际经济、文化和科学技术交流的不断增加，世界各国都根据本国的具体情况，在不同程度上规定了外国人可以入、出本国国境和在本国境内居留、旅行等。

在国际实践中，根据外国人在一个国家所处的法律地位不同，可将其分为一般外国人

与享有外交特权和豁免权的外国人两种。外国旅游者属于前一种人。一个国家对合法入境的外国旅游者，都给予一定的权利，如人身权、财产权、婚姻家庭权和诉讼权等。

关于外国旅游者的待遇问题，由于各国情况不同，出现了许多不同的原则和形式，其中国民待遇是最常见的一种。所谓国民待遇，是指旅游地国给予外国旅游者的待遇和给予本国旅游者的待遇相同。但是，这种待遇仅限于一般民事方面或者诉讼方面，而不包括政治方面。例如，在我国，外国旅游者可以同中国公民结婚，但没有选举权与被选举权。

外国旅游者的合法权益，受旅游地国法律保护，当他们的人身自由或者财产安全受到损害时，可以提起诉讼。当然，外国旅游者也应遵守旅游地国的法律、法规和政策，不得危害旅游地国的安全，不得损害其社会公共利益和公共秩序。由于旅游者本人的过错给旅游地国家、集体和个人财产造成经济损失的，应进行赔偿。如果其行为触犯旅游地国刑律，可依法追究刑事责任。

（二）外国人入境出境管理机关与签证

1.外国人入境出境管理机关及其职责

依据我国有关的法律规定，中国政府在国外受理外国人入境、过境申请的机关，是中国的外交代表机关、领事机关和外交部授权的其他驻外机关。在国内受理外国人入境、过境、居留、旅行申请的机关，是公安部、公安部授权的地方公安机关，外交部、外交部授权的地方外事部门。受理外国人入境、过境、居留、旅行的机关有权拒发签证、证件；对已发出的签证、证件，有权吊销或者宣布作废。公安部或外交部在必要时可以改变各自授权的机关作出的决定。对非法入境、非法居留的外国人，县级以上公安机关可以拘留审查、监视居住或者遣返出境。县级以上公安机关外事民警在执行任务时，有权查验外国人的护照和其他证件。外事民警查验时，应当出示自己的工作证件，有关组织或者个人有协助的责任。

2.签证

（1）签证的概念与种类。《出境入境管理法》规定，外国人入境，应当向驻外签证机关申请办理签证。签证是指一国外交、领事、公安机关或由上述机关授权的其他机关，根据外国人要求入境的申请，依照有关规定在其所持证件（护照等）上签注、盖印，表示准其出入本国国境或过境的手续，它实际上是一国实施有条件准许入境的措施。为了规范签证的签发和外国人在中国境内停留居留的服务和管理，根据《出境入境管理法》，国务院制定了《外国人入境出境管理条例》，建立了外国人入境出境服务和管理工作协调机制，加强了外国人入境出境服务和管理工作的统筹、协调与配合。

在我国，根据外国人的身份和所持护照的种类，根据证件持有人是否享有外交特权和优遇，将签证分为外交签证、礼遇签证、公务签证和普通签证；在签发普通签证时，根据外国人申请来中国的事由，在签证上标明相应的汉语拼音字母，主要有以下几种：C字签证，发给执行乘务、航空、航运任务的国际列车乘务员、国际航空器机组人员、国际航行船舶的船员及船员随行家属和从事国际道路运输的汽车驾驶员。D字签证，发给入境永久居留的人员。F字签证，发给入境从事交流、访问、考察等活动的人员。G字签证，发给

经中国过境的人员。J1字签证，发给外国常驻中国新闻机构的外国常驻记者；J2字签证，发给入境进行短期采访报道的外国记者。L字签证，发给入境旅游的人员；以团体形式入境旅游的，可以签发团体L字签证。M字签证，发给入境进行商业贸易活动的人员。Q1字签证，发给因家庭团聚申请入境居留的中国公民的家庭成员和具有中国永久居留资格的外国人的家庭成员，以及因寄养等原因申请入境居留的人员；Q2字签证，发给申请入境短期探亲的居住在中国境内的中国公民的亲属和具有中国永久居留资格的外国人的亲属。R字签证，发给国家需要的外国高层次人才和急需紧缺专门人才。S1字签证，发给申请入境长期探亲的因工作、学习等事由在中国境内居留的外国人的配偶、父母、未满18周岁的子女、配偶的父母，以及因其他私人事务需要在中国境内居留的人员；S2字签证，发给申请入境短期探亲的因工作、学习等事由在中国境内停留居留的外国人的家庭成员，以及因其他私人事务需要在中国境内停留的人员。X1字签证，发给申请在中国境内长期学习的人员；X2字签证，发给申请在中国境内短期学习的人员。Z字签证，发给申请在中国境内工作的人员。

外国人申请办理签证，应当向驻外签证机关提交本人的护照或者其他国际旅行证件，以及申请事由的相关材料，按照驻外签证机关的要求办理相关手续、接受面谈。外国人申请办理签证需要提供中国境内的单位或者个人出具的邀请函件的，申请人应当按照驻外签证机关的要求提供。出具邀请函件的单位或者个人应当对邀请内容的真实性负责。

中国政府驻外使、领馆和外交部及其授权的其他机关、公安部及其授权的其他机关是办理签证事宜的部门。经授权的地方公安机关作为口岸签证机关，按法律规定的事宜，对在外事、旅游活动中确需来华而来不及在中国驻外机关申办签证的外国人办理签证的，申办人一下飞机即可办理签证，这种方式俗称“落地签证”。

旅行社按照国家有关规定组织入境旅游的，可以向口岸签证机关申请办理团体旅游签证。外国人向口岸签证机关申请办理签证，应当提交本人的护照或者其他国际旅行证件，以及申请事由的相关材料，按照口岸签证机关的要求办理相关手续，并从申请签证的口岸入境。口岸签证机关签发的签证一次入境有效，签证注明的停留期限不得超过30日。

签证有一定格式和内容，包括签证有效期、有效次数、停留期、入出境口岸、偕行人员等。外国旅游者应在签证有效期内，按照指定的入境口岸、交通工具和线路通行，非经许可，中途不得停留。

旅游者领取签证、证件后，需要申请变更或延期，如有效期延长、增加偕行人员、增加不对外国人开放地点，法律是许可的，但应向证件发放机关申办，并办理下列手续：交验护照和签证、旅行证等证件；填写变更或延期申请表，提供与延期或变更有关的证明；缴纳规定的费用。

（2）签发签证的情形。一是不予签发签证的情形。《出境入境管理法》规定，外国人有下列情形之一的，不予签发签证：被处驱逐出境或者被决定遣送出境，未满不准入境规定年限的；患有严重精神障碍、传染性肺结核病或者有可能对公共卫生造成重大危害的其他传染病的；可能危害中国国家安全和利益、破坏社会公共秩序或者从事其他违法犯罪活动的；在申请签证过程中弄虚作假或者不能保障在中国境内期间所需费用的；不能提交签证机关要求提交的相关材料的；签证机关认为不宜签发签证的其他情形。对不予签发签证的，签证机关可以不说明理由。二是可以免办签证的情形。《出境入境管理法》规定，外国人有下列情形之一的，可以免办签证：根据中国政府与其他国家政府签订的互免签证协议，属于免办签证人员的；持有效的外国人居留证件的；持联程客票搭乘国际航行的航空器、船舶、列车从中国过境前往第三国或者地区，在中国境内停留不超过24小时且不离开口岸，或者在国务院批准的特定区域内停留不超过规定时限的；国务院规定的可以免办签证的其他情形。三是临时入境手续的办理。根据《出境入境管理法》，有下列情形之一的外国人需要临时入境的，应当向出入境边防检查机关申请办理临时入境手续：外国船员及其随行家属登陆港口所在城市的；符合免办签证规定“持联程客票搭乘……”的人员需要离开口岸的；因不可抗力或者其他紧急原因需要临时入境的。临时入境的期限不得超过15日；对申请办理临时入境手续的外国人，出入境边防检查机关可以要求外国人本人、载运其入境的交通运输工具的负责人或者交通运输工具出境入境业务代理单位提供必要的保证措施。

（三）外国人的入境出境

1.入境

依据《出境入境管理法》，外国人入境，应当向出入境边防检查机关交验本人的护照或者其他国际旅行证件、签证或者其他入境许可证明，履行规定的手续，经查验准许，方可入境。外国人有下列情形之一的，不准入境：未持有效出境入境证件或者拒绝、逃避接受边防检查的；具有不予签发签证情形的；入境后可能从事与签证种类不符的活动的；法律、行政法规规定不准入境的其他情形。对不准入境的，出入境边防检查机关可以不说明理由。对未被准许入境的外国人，出入境边防检查机关应当责令其返回；对拒不返回的，强制其返回。外国人等待返回期间，不得离开限定的区域。

2.出境

依据《出境入境管理法》，外国人出境，应当向出入境边防检查机关交验本人的护照或者其他国际旅行证件等出境入境证件，履行规定的手续，经查验准许，方可出境。外国人有下列情形之一的，不准出境：被判处刑罚尚未执行完毕或者属于刑事案件被告人、犯罪嫌疑人的，但是按照中国与外国签订的有关协议，移管被判刑人的除外；有未了结的民事案件，人民法院决定不准出境的；拖欠劳动者的劳动报酬，经国务院有关部门或者省、自治区、直辖市人民政府决定不准出境的；法律、行政法规规定不准出境的其他情形。

（四）外国人的停留居留

1.停留期限

《出境入境管理法》规定，外国人停留证件的有效期最长为180日。外国人所持签证注明的停留期限不超过180日的，持证人凭签证并按照签证注明的停留期限在中国境内停留。需要延长签证停留期限的，应当在签证注明的停留期限届满7日前向停留地县级以上地方人民政府公安机关出入境管理机构申请，按照要求提交申请事由的相关材料。经审

查，延期理由合理、充分的，准予延长停留期限；不予延长停留期限的，应当按期离境。延长签证停留期限，累计不得超过签证原注明的停留期限。

2.居留证件

外国人所持签证注明入境后需要办理居留证件的，应当自入境之日起30日内，向拟居留地县级以上地方人民政府公安机关出入境管理机构申请办理外国人居留证件。申请办理外国人居留证件，应当提交本人的护照或者其他国际旅行证件，以及申请事由的相关材料，并留存指纹等人体生物识别信息。公安机关出入境管理机构应当自收到申请材料之日起15日内进行审查并作出审查决定，根据居留事由签发相应类别和期限的外国人居留证件。外国人工作类居留证件的有效期最短为90日，最长为5年；非工作类居留证件的有效期最短为180日，最长为5年。

依据《出境入境管理法》，外国人有下列情形之一的，不予签发外国人居留证件：所持签证类别属于不应办理外国人居留证件的；在申请过程中弄虚作假的；不能按照规定提供相关证明材料的；违反中国有关法律、行政法规，不适合在中国境内居留的；签发机关认为不宜签发外国人居留证件的其他情形。符合国家规定的专门人才、投资者或者出于人道等原因确需由停留变更为居留的外国人，经设区的市级以上地方人民政府公安机关出入境管理机构批准可以办理外国人居留证件。在中国境内居留的外国人申请延长居留期限的，应当在居留证件有效期限届满30日前向居留地县级以上地方人民政府公安机关出入境管理机构提出申请，按照要求提交申请事由的相关材料。经审查，延期理由合理、充分的，准予延长居留期限；不予延长居留期限的，应当按期离境。

3.住宿

《出境入境管理法》规定，外国人在中国境内旅馆住宿的，旅馆应当按照旅馆业治安管理的有关规定为其办理住宿登记，并向所在地公安机关报送外国人住宿登记信息。外国人在旅馆以外的其他住所居住或者住宿的，应当在入住后24小时内由本人或者留宿人，向居住地的公安机关办理登记。在中国境内出生的外国婴儿，其父母或者代理人应当在婴儿出生60日内，持该婴儿的出生证明到父母停留居留地县级以上地方人民政府公安机关出入境管理机构为其办理停留或者居留登记。外国人在中国境内死亡的，其家属、监护人或者代理人，应当按照规定，持该外国人的死亡证明向县级以上地方人民政府公安机关出入境管理机构申报，注销外国人停留居留证件。

4.就业

《出境入境管理法》规定，外国人在中国境内工作，应当按照规定取得工作许可和工作类居留证件。任何单位和个人不得聘用未取得工作许可和工作类居留证件的外国人。外国人有下列行为之一的，属于非法就业：未按照规定取得工作许可和工作类居留证件在中国境内工作的；超出工作许可限定范围在中国境内工作的；外国留学生违反勤工助学管理规定，超出规定的岗位范围或者时限在中国境内工作的。

5.关于外国人停留居留的其他规定

根据维护国家安全、公共安全的需要，公安机关、国家安全机关可以限制外国人、外国机构在某些地区设立居住或者办公场所；对已经设立的，可以限期迁离。未经批准，外国人不得进入限制外国人进入的区域；聘用外国人工作或者招收外国留学生的单位，应当按照规定向所在地公安机关报告有关信息。公民、法人或者其他组织发现外国人有非法入境、非法居留、非法就业情形的，应当及时向所在地公安机关报告；申请难民地位的外国人，在难民地位甄别期间，可以凭公安机关签发的临时身份证明在中国境内停留；被认定为难民的外国人，可以凭公安机关签发的难民身份证件在中国境内停留居留。

6.永久居留

《出境入境管理法》规定，对中国经济社会发展作出突出贡献或者符合其他在中国境内永久居留条件的外国人，经本人申请和公安部批准，取得永久居留资格。取得永久居留资格的外国人，凭永久居留证件在中国境内居留和工作，凭本人的护照和永久居留证件出境入境。外国人有下列情形之一的，由公安部决定取消其在中国境内永久居留资格：对中国国家安全和利益造成危害的；被处驱逐出境的；弄虚作假骗取在中国境内永久居留资格的；在中国境内居留未达到规定时限的；不适宜在中国境内永久居留的其他情形。

三、旅游者出入境检查检疫制度

（一）海关检查

海关是国家的门户，是国家入出境管理机构。海关检查，指海关在国境口岸依法对进出国境的货物、运输工具、行李物品、邮递物品和其他物品执行监督管理、代收关税和查禁走私等任务时所进行的检查。我国海关在执行任务时贯彻既严格又方便的原则，既保卫国家的政治、经济利益，维护国家主权，又便利正常往来。

外国旅游者来中国，主要接受海关对其入境运输工具和行李物品的检查。在现代旅游实践中，旅游者不仅搭乘飞机、船舶或列车，而且在邻近国家之间，往往驾驶车辆、船舶等旅游，因此各国都制定了对外国旅游者运输工具的监督和检查制度。进出中国国境的旅游者应将携带的符合规定的行李物品交海关检查。旅游者应填写“旅客行李申报表”一式两份，经海关查验行李物品后签章，双方各执一份，在旅游者回程时交海关验核。进出境旅游者向海关的申报，应在海关对有关物品实施查验（包括检查设备查验）之前完成；海关开始检查后，旅游者对其所携带物品以任何方式作出的申明，均不视为申报。来我国居留不超过6个月的旅游者，携带海关认为必须复运出境的物品，由海关登记后放行，旅游者出境时必须将原物带出；旅游者携带的金银、珠宝、钻石等饰物，如准备携带出境，应向海关登记，由海关发给证明书，以便出境时海关凭证核放。进出国境的旅游者携带的行李物品符合纳税规定的，应照章纳税。

（二）边防检查

各国为维护国家主权和安全，禁止非法出入境，便利进出境人员和交通运输畅通，都在对外开放的港口、机场、国境车站和边防通道以及特许的进出口岸设立了边防检查站，对进出国境的人和物进行检查。边防检查人员必须依法执行公务，任何组织和个人不得妨碍边防检查人员依法执行公务。出入境人员和交通工具，必须经对外开放的口岸或经主管机关特许的地点通行，接受边防检查、监护和管理。

1.对出入境人员的检查

《出境入境管理法》规定，县级以上地方人民政府公安机关或者出入境边防检查机关对涉嫌违反出境入境管理的人员可以采取当场盘问、继续盘问、拘留审查、限制活动范围、遣送出境等措施。外国人有下列情形之一的，不适用拘留审查，可以限制其活动范围：患有严重疾病的；怀孕或者哺乳自己不满1周岁婴儿的；未满16周岁或者已满70周岁的；不宜适用拘留审查的其他情形。被限制活动范围的外国人，应当按照要求接受审查，未经公安机关批准，不得离开限定的区域。限制活动范围的期限不得超过60日。对国籍、身份不明的外国人，限制活动范围期限自查清其国籍、身份之日起计算。外国人有下列情形之一的，可以遣送出境：被处限期出境，未在规定期限内离境的；有不准入境情形的；非法居留、非法就业的；违反本法或者其他法律、行政法规需要遣送出境的。其他境外人员有所列情形之一的，可以依法遣送出境。被遣送出境的人员，自被遣送出境之日起1至5年内不准入境。

2.对运输工具的检查

出入境的交通运输工具离抵口岸时，必须接受边防检查。对交通工具的入境检查，在最先抵达的口岸进行；出境检查，在最后离开的口岸进行。在特殊情况下，经主管机关批准，对交通运输工具的入境、出境检查，也可以在特许的地点进行。

3.行李物品、货物的检查

边防检查站根据维护国家安全和社会秩序的需要，可以对出境、入境人员携带的行李物品和交通运输工具载运的货物进行重点检查。出境、入境的人员和交通运输工具不得携带、载运法律、行政法规规定的危害国家安全和社会秩序的违禁物品；携带、载运违禁物品的，边防检查站应当扣留违禁物品，对携带人、载运违禁物品的交通运输工具负责人依照有关法律、行政法规的规定处理。任何人不得非法携带属于国家秘密的文件、资料和其他物品出境；非法携带属于国家秘密的文件、资料和其他物品的，边防检查站应当予以收缴，对携带人依照有关法律、行政法规的规定处理。出境、入境的人员携带或者托运枪支、弹药，必须遵守有关法律、行政法规的规定，向边防检查站办理携带或者托运手续；未经许可，不得携带、托运枪支、弹药出境、入境。

（三）安全检查

中国海关和边防站，为保证旅游者生命和财产安全，禁止携带武器、凶器、爆炸物品，采用通过安全门使用磁性探测检查、红外线透视、搜身开箱检查等方法，对旅游者进行安全检查。

（四）卫生检疫

为防止传染病由国外传入或由国内传出，保护人身健康，各国都制定了国境卫生检疫法。我国依据《国境卫生检疫法》设立了国境卫生检疫机关，在入出境口岸依法对包括旅游者在内的有关人员及其携带的动植物和交通运输工具等实施传染病检疫、检测和卫生监督；只有经过检疫，由国境卫生检疫机关许可，才能入出境。

（五）动植物检疫

为了保护我国农、林、牧、渔业生产和人体健康，维护对外贸易信誉，履行国际义务，防止危害动植物的病、虫、杂草及其他有害生物由国外传入或由国内传出，我国同世界各国都制定了动植物检疫的法律，对动植物检疫意义重大。在我国边境口岸设立的口岸动植物检疫站，代表国家对入出境的动物、动物产品、植物、植物产品及运载动植物的交通工具等执行检疫任务。旅游者应主动接受动植物检疫，并按有关规定入出境。

本章小结

（1）本章在对保障公民基本旅游权的宪法精神分析的基础上，以《旅游法》和《消法》为依据，介绍了公民的旅游权、旅游者权益等法律概念，进而阐释了消费者权益保护法的概念、特征与基本原则。

（2）本章以《民法典》为依据，探讨了旅游者“个人信息权”的法律保护。

（3）本章介绍了旅游消费者权利的内容，分析了旅游者权利与义务的关系，在此基础上梳理了旅游经营者的相关义务。

（4）本章介绍了旅游者与旅游经营者发生争议的解决途径，提出争议的解决可以使旅游者权益从根本上得到保护。

（5）本章以《出境入境管理法》等法律、法规为主线，介绍了国家对旅游者出入境的管理及法律保护问题。

思考与练习

一、简答题

1.什么是旅游者权利？旅游者权利有哪些体现？

2.《旅游法》规定的旅游者的义务有哪些？旅游者不履行法定义务的后果是什么？

3.依据《出境入境管理法》，在哪些情形下，中国旅游者不得出境？

二、论述题

1.试联系实际分析旅游经营者损害旅游者合法权益的赔偿责任。

2.结合我国立法实践，谈谈你对旅游者个人信息权保护的理解。

三、案例分析题

2016年3月，国家旅游局门户网“旅游消费”板块，转发了来自山东省旅游监察总队和福建省泉州市旅游局发布的旅游消费警示，“群旅游”的消费陷阱具有一定的典型性，引发对旅游者权益保护的思考。

2016年，“3·15”消费者权益日即将来临时，山东省旅游监察总队发出旅游消费警示，提醒游客警惕新型旅游传销陷阱。据介绍，随着社交越来越多元化，许多户外群、QQ群、微信群、车友群及有关网站利用现代传播手段和途径，非法经营旅游业务，纷纷组织出外旅游活动，由于“群”这种自然组织不具备经营旅游业务的资质和相关经营许可，在操作旅游业务时专业能力不足，风险防范能力差，又规避相关主管部门的监管，不

仅扰乱正常的旅游市场秩序，也带来一定的安全风险。因此，山东省旅游监察总队提醒广大游客：外出旅游请务必选择有资质的正规旅行社，拒绝个人或无资质单位提供的旅游服务。旅游传销陷阱主要存在四大问题：

（1）貌似AA制，实则为赢利。“户外旅游”等群旅游自发组织在宣传旅游线路产品时，价格常以AA制的形式出现，分解为火车票××元、景点门票××元、餐费××元等，乍一看价格透明，群主只是活动的发起者，群成员分担费用，公平合理。其实不然，当人数达到一定数量后群主在吃、住、行、门票等方面都能拿到相当优惠的团队价格，这和群成员交纳的费用有一定差价，加上参与人数众多，产生的利润就相当可观。

（2）领队无资质，合同未签订。领队没有专业资质，而且出游前一般是口头召集，不会和参与者签订协议合同，约定双方的权利和义务，一旦出现安全或服务质量方面的问题，领队常解释为自由选择的结伴出游，不承担任何责任。另外，正规旅行社按照《旅游法》的要求，都投保旅行社责任险，用于因旅行社原因出现责任事故时保障游客的合法权益，可“群旅游”没有此项保险，一旦发生事故，赔偿就无从谈起。

（3）监督有死角，安全无保障。“群旅游”这类旅游组织者具有无形性，他们既没有固定经营场所，也未在市场监管部门办理营业执照，监管难度大。即便发生损害事故和投诉，管理部门也无从收集证据，使旅游者维权困难。“群旅游”属于个人达成的约定，因为缺乏监管，所以在组织旅游活动时常有夜间行车等危及游客安全的行为发生。

（4）追责无依据，游客难维权。“户外旅游”等群旅游的付款方式，有些通过现金支付，也有些通过预付和银行转账，没有发票、保险，也不签合同，发起人只是一个网名，人都很难找到。如果出现纠纷或损害事故，出游者很难举证维权。这种情况给旅游行政执法部门取证也造成很大困难，参与的网友也事不关己，不配合提供证据，导致游客遭遇侵权后无法合理维权。在法律层面，“群旅游”引发的民事纠纷受理起来也面临困难。

山东省旅游监察总队再次提醒广大旅游者，外出游玩，应谨慎选择“户外群”出游。首先，在选择群组织上要慎重，学会分辨各种形式的“黑”俱乐部，警惕组织者以“廉价”为诱饵欺骗参与者。其次，要做好风险防范，与组织者签订旅游合同，明确各方应承担的责任和义务。同时，要注意出游安全，出游前认真学习相关旅游安全知识，旅行过程中不要脱离组织，并掌握相关的户外生存和急救技巧。

思考题：慎重选择，学会分辨，做好风险防范是理性旅游的前提和基础，试结合案例材料，并依据旅游者权益保护的相关法律，给旅游者出行提出建议。

资料来源：付玉婷. 警惕新型旅游传销陷阱［N］. 大众日报，2016-03-14.

第七章

旅游经营管理法律制度

背景与提要

旅游业是凭借旅游资源和设施，专门或者主要从事招徕、接待游客，为其提供交通、游览、住宿、餐饮、购物、文娱等服务的综合性行业。旅行社业、旅游饭店业、旅游交通业并称旅游业的三大支柱。旅行社业是指为人们旅行提供服务的专门机构的行业。旅行社业以媒介性为其基本特点，具有把旅游客源地与旅游目的地联系起来的桥梁纽带作用，并能通过预先安排，提供或者通过履行辅助人提供交通、住宿、餐饮、游览、导游或者领队等旅游服务，是旅游接待业的集中代表，是经济性和服务性的充分体现。[①]旅游饭店业是指以旅游接待设施为依托，通过向旅游者及所在社区提供住宿、餐饮、娱乐等综合服务实现经济效益和社会效益的行业，是人们在旅行游览活动中必不可少的“驿站”。旅游交通业则是实现旅游者空间移动的各种交通工具、手段和服务的集合，它是承运人使用一定的交通运输工具，通过一定的交通路线和站、港、场等设施来实现旅游者由居住地到目的地的往返以及在各地区旅游往返所提供空间位置转移的生产服务活动和现象的总和。

由于旅游业主要通过劳动服务的劳务形式，向社会提供无形的效用，即特殊的使用价值，以满足旅游者进行旅行游览的消费需求，使得旅游者对旅游业具有高度的依赖性。而旅游者与旅游经营者之间存在信息不对称，需要保证诚信的条件，为此，本章包含了旅行社业管理法律制度、旅游饭店业管理法律制度和旅游交通业管理法律制度三部分内容。旅行社是以营利为目的的企业，其生产的产品是服务，兑现承诺是检验旅行社产品合格的最低标准。目前，我国关于旅行社的设立采用了市场准入原则。导游是旅行社的灵魂，其职业形象，对旅游业的发展起着至关重要的作用。作为“民间大使”，导游人员的行为既代表了委托的旅行社形象，往往又代表了旅游目的地的形象，同时又肩负着对全团游客全面负责的重任。

随着现代旅游业的发展，我国旅游饭店取得了长足的进步，尤其是在硬件方面已经与国际水平对接，但在科学管理、规范化服务等方面与国际水平还存在一定的差距。为了促进旅游饭店进入国际市场，我国推出《旅游饭店星级的划分与评定》国家标准，标志着旅游饭店业进入国家战略体系，促进了旅游饭店业的管理和服务更加规范化和专业化，使之既符合我国实际又与国际发展趋势保持一致。与此同时，为倡导履行诚信准则，保障客人和旅游饭店的合法权益，维护旅游饭店业经营管理的正常秩序，促进旅游

---

① 黄安民. 休闲与旅游学概论［M］. 北京：机械工业出版社，2007：198-223.

饭店业的健康发展，中国旅游饭店业协会依据国家有关法律法规，制定了《中国旅游饭店行业规范》。旅游交通运输企业承担着旅游接待“进得来、散得开、出得去”的重任，特别是要满足旅游者安全、方便、快捷、舒适、价廉等方面的需求，就应当不仅具有一般交通运输的功能，还要具有满足人们旅游需求的功能，并在交通工具、运输方式、服务等方面形成自己的特色，因而，需要有相应的法律法规来调整旅游交通承运人与旅游者以及其他旅游经营者之间的权利义务关系，以解决在旅游交通运输中可能出现的各类问题和纠纷。《民用航空法》《铁路法》《公路法》等法律法规成为旅游交通承运人应当遵守的行为规范。

学习引导与目标

本章以我国《民法典》和《旅游法》规范为基础，介绍了旅行社业管理法律制度、旅游饭店业管理法律制度以及旅游交通业管理法律制度的相关内容，其目的是使学生明晰旅游业运行中旅游经营者的行为规范，并能运用相关理论分析旅行社及其导游人员、旅游饭店以及旅游交通承运人的法律责任。在第一部分中，要求学生了解旅行社设立、审批程序以及导游资格考试的条件；熟悉旅行社的经营原则与经营规则，以及旅行社的市场准入与导游许可制度；掌握旅行社与导游人员的法定义务与职责。在第二部分中，要求学生了解旅游饭店星级的划分与评定国家标准；熟悉旅游饭店的经营规范；掌握旅游饭店与旅客之间的权利义务关系。在第三部分中，要求学生了解旅游交通业的特点和道路旅客运输管理的相关规定；熟悉旅游交通运输合同，包括航空旅客运输合同、铁路旅客运输合同的相关内容；掌握航空承运人与铁路承运人不履行或不完全履行法定义务的后果。

第一节 旅行社业管理法律制度

一、旅行社业与旅行社设立

为了加强对旅行社业经营活动的管理，保障旅游者和旅行社的合法权益，维护旅游市场秩序，我国《旅游法》从行政法视角，对旅行社的核心业务、设立条件、设立程序、业务经营范围，以及旅行社的经营行为等进行规制，并与现行《旅行社条例》（以下简称《条例》）一起为旅行社业的健康可持续发展营造良好的法律环境。

（一）旅行社及其业务范围

1.旅行社的概念与法律特征

《条例》所称旅行社，是指从事招徕、组织、接待旅游者等活动，为旅游者提供相关旅游服务，开展国内旅游业务、入境旅游业务或者出境旅游业务的企业法人。可见，旅行社具有以下法律特征：

（1）旅行社是具有法人资格的企业法人。旅行社是依法设立的企业法人，它具有企业法人成立的一切条件，如它有自己的组织章程、组织机构、经营场所、财产，具有权利能力和行为能力，因而，能够独立从事旅游业务经营、获取有偿服务，并独立承担法律责任。旅行社的权利能力是指旅行社作为旅游法律关系主体，参与旅游经营活动，享有权利并承担义务的资格。旅行社的权利能力从其取得经营业务许可、领取营业执照时开始，到其歇业、解散、破产或被吊销经营许可证和营业执照时即告消灭。旅行社的行为能力是指旅行社能够以自己的名义，在法定业务范围内，按照自己的意思开展旅游业务活动，履行法定义务或合同义务，并享有相应权利的资格。旅行社的行为能力与权利能力同时产生，同时终止。

（2）旅行社的业务是从事招徕、组织和接待旅游者，为旅游者提供相关旅游服务。《旅行社条例实施细则》（以下简称《实施细则》）将“从事招徕、组织和接待旅游者，为旅游者提供相关旅游服务”界定为包括安排交通服务，安排住宿服务，安排餐饮服务，安排观光游览、休闲度假等服务，提供导游、领队服务，提供旅游咨询、旅游活动设计服务，以及接受委托，提供相关旅游服务等内容。所谓“招徕”，是指旅行社按照法律规定并在经主管部门批准的经营范围内开展宣传营销活动，组织招徕游客的工作，具体包括：招徕宣传；为旅游者提供旅游行程咨询；与旅游者签订旅游合同；收取旅游费用；向旅游者通知有关行程事项等。此五项业务仅限于旅行社门市部的前台收客工作。“组织”是指策划设计旅游线路产品、采购并委托供应商接待事宜和团队接待计划的落实，包括出境游签证等相关出境手续的办理。“接待”是指团队出发后的接待服务，即团队接待计划的实施兑现工作。对于招徕、组织和接待业务，旅行社可以仅经营其中的一项，也可以同时经营三项的组合。仅经营招徕业务的旅行社通常称为“旅游零售商”，经营组织或者招徕和组织业务的通常称为“旅游批发商”，仅经营接待业务的通常称为“旅游供应商”。“为旅游者提供旅游服务”包括包价旅游服务、导游和领队服务，以及其他受托代订服务等。

（3）旅行社是以营利为目的，实行独立核算的经济实体。旅行社是以营利为目的，预先或者按照旅游者的要求安排行程，提供或者通过履行辅助人提供交通、住宿、餐饮、游览、娱乐、导游或者领队等旅游服务，实行独立核算的经济实体。旅行社为了实现营利的目的，为了合理地做到有偿服务，可以通过开拓旅游招徕和接待业务，增加旅游收入，开展精确的核算活动，节省经营中的人力、物力、财力消耗，做到以收抵支，并有盈余，取得较好的经济效益。

2.旅行社的经营业务范围

《旅游法》对旅行社的业务范围进行了规定，该法第29条规定，旅行社可以经营下列业务：境内旅游；出境旅游；边境旅游；入境旅游；其他旅游业务。但下列情形不属于经营旅行社业务：交通、景区和住宿经营者在其交通工具上或者经营场所内，提供交通、住宿、餐饮等单项或者多项服务的；社会团体组织会员、机关企事业单位组织员工、学校组织学生进行旅游活动的；家庭成员、朋友、同学等彼此相识的群体自发组织旅游活动的。境内旅游是指旅行社招徕、组织和接待内地（大陆）居民在境内旅游；出境旅游业务，是

指旅行社招徕、组织、接待中国内地居民出国旅游，赴香港特别行政区、澳门特别行政区和台湾地区旅游，招徕、组织、接待在中国内地的外国人，以及在内地的香港特别行政区、澳门特别行政区居民和在大陆的台湾地区居民出境旅游的业务；边境旅游是指内地（大陆）居民和毗邻国家居民，从指定边境口岸出入境，且在双方政府商定的边境特定区域和停留期限内旅游；入境旅游业务，是指旅行社招徕、组织、接待外国旅游者来国内旅游或者香港特别行政区、澳门特别行政区旅游者来内地旅游，台湾地区居民来大陆旅游。“其他旅游业务”属于兜底条款，主要包括可以接受委托提供交通、住宿、餐饮、游览、娱乐等各类代订服务，如自由行小包价、单项委托代订、代售旅游产品以及提供旅游设计、咨询等业务等。

（二）旅行社的设立与审批

1.旅行社业务经营许可制度

旅行社业务经营许可，是旅行社经营旅游业务的资格证明，由国家旅游主管部门统一印制，由具有审批权的旅游行政管理部门颁发。《旅游法》规定，设立旅行社，应当取得旅游主管部门的许可，取得行政许可的旅行社可经营境内旅游业务和入境旅游业务。经营出境旅游业务的行政许可，适用《条例》第8条的规定，即“旅行社取得经营许可满两年，且未因侵害旅游者合法权益受到行政机关罚款以上处罚的，可以申请经营出境旅游业务”。可见，旅行社经营出境和边境旅游业务，应当取得相应的业务经营许可。此外，《旅游法》还规定，通过网络经营旅行社业务的，应当依法取得旅行社业务经营许可，并在其网站主页的显著位置标明其业务经营许可证信息；发布旅游经营信息的网站，应当保证其信息真实、准确。未取得旅行社业务经营许可的，不得经营旅行社业务；旅行社未取得相应许可或者未经指定的，不得经营出国和赴港澳旅游业务、边境旅游业务、赴台旅游业务。

旅行社业务经营许可证由正本和副本组成。正本应当与旅行社营业执照一并悬挂在营业场所的显要位置，以便有关部门监督检查以及旅游者、其他企业识别；副本主要为旅行社开展业务的需要而印制、核发。许可证上应当注明旅行社的名称、许可证编号、企业性质及形式、注册资本和质量保证金、法定代表人和主要负责人、经营范围、颁证日期及有效期等内容。许可证有效期为3年。旅行社应当在许可证到期前的3个月内，持许可证到原颁证机关换发。许可证损坏或遗失，旅行社有义务向原颁证机关作出明确的书面说明，并到原颁证机关申请换发或补发。遗失许可证，旅行社应当在发现之日起尽快在全国性报纸上声明作废。

依据《旅游法》，违反上述规定，未经许可经营旅行社业务的，由旅游主管部门或者市场监督管理部门责令改正，没收违法所得，并处1万元以上10万元以下罚款；违法所得10万元以上的，并处违法所得1倍以上5倍以下罚款。对有关责任人员，处2 000元以上2万元以下罚款；未经许可经营出境旅游和边境旅游业务，或者出租、出借旅行社业务经营许可证，或者以其他方式非法转让旅行社业务经营许可的，除依照前款规定处罚外，责令停业整顿；情节严重的，吊销旅行社业务经营许可证。对直接负责的主管人员，处2 000

元以上2万元以下罚款。

2.旅行社的设立条件

依据《旅游法》及《条例》的规定，设立旅行社，招徕、组织、接待旅游者，为其提供旅游服务，应当具备下列条件，取得旅游主管部门的许可，依法办理工商登记：有固定的经营场所；有必要的营业设施；有不少于人民币30万元的注册资本；有必要的经营管理人员和导游；法律、行政法规规定的其他条件。

（1）旅行社分社。旅行社设立分社的，应当向分社所在地的市场监督管理机关办理工商登记，并自工商登记之日起3个工作日内向分社所在地的旅游行政管理部门备案；旅行社分社的设立不受地域限制。分社的经营范围不得超出设立分社的旅行社的经营范围。

（2）旅行社服务网点。旅行社服务网点是指旅行社设立的，为旅行社招徕旅游者，提供旅游咨询业务的门市部。关于旅行社设立服务网点的区域范围，依据《国家旅游局关于放宽旅行社设立服务网点政策有关事项的通知》（旅发〔2015〕211号），允许设立社在所在地的省（自治区、直辖市）行政区划内及其分社所在地的设区的市的行政区划内设立服务网点，不受数量限制。服务网点的名称、标牌应当包括设立社名称、服务网点所在地地名等，不得含有使消费者误解为是旅行社或者分社的内容，也不得作易使消费者误解的简称。服务网点应当在设立社的经营范围内，招徕旅游者、提供旅游咨询服务。旅行社服务网点应当接受旅行社的统一管理，不得从事招徕、咨询以外的活动。

3.旅行社的审批程序

《条例》规定，申请设立旅行社，经营国内旅游业务和入境旅游业务的，应当向所在地的省、自治区、直辖市旅游行政管理部门提出申请，并提交符合《条例》规定的设立条件的相关证明文件。受理申请的旅游行政管理部门应当自受理申请之日起20个工作日内作出许可或者不予许可的决定。予以许可的，向申请人颁发旅行社业务经营许可证；不予许可的，书面通知申请人并说明理由。

申请经营出境旅游业务的，应当向国务院旅游行政主管部门或其委托的省、自治区、直辖市旅游行政管理部门提出申请，受理申请的旅游行政管理部门应当自受理申请之日起20个工作日内作出许可或者不予许可的决定。予以许可的，向申请人换发旅行社业务经营许可证；不予许可的，书面通知申请人并说明理由。

《条例》还规定，旅行社变更名称、经营场所、法定代表人等登记事项或者歇业的，应当到市场监督管理机关办理相应的变更登记或者注销登记，并在登记办理完毕之日起10个工作日内，向原许可的旅游行政管理部门备案，换领或者交回旅行社业务经营许可证。

（三）旅游服务质量保证金制度

1.质量保证金及其交存数额

旅游服务质量保证金是指根据《旅游法》及《条例》的规定，由旅行社在指定银行缴存或由银行担保提供的一定数额用于旅游服务质量赔偿支付和团队旅游者人身安全遇有危险时紧急救助费用垫付的资金。

《条例》规定，经营国内旅游业务和入境旅游业务的旅行社，应当存入质量保证金20万元；经营出境旅游业务的旅行社，应当增存质量保证金120万元。旅行社每设立一个经营国内旅游业务和入境旅游业务的分社，应当向其质量保证金账户增存5万元；每设立一个经营出境旅游业务的分社，应当向其质量保证金账户增存30万元。质量保证金及其利息，属于旅行社所有，任何单位和个人不得挪用。

2.质量保证金的使用范围

（1）旅游行政管理部门使用

《旅游法》第31条规定："旅行社应当按照规定交纳旅游服务质量保证金，用于旅游者权益损害赔偿和垫付旅游者人身安全遇有危险时紧急救助的费用。"《条例》明确了质量保证金的使用范围，规定旅游行政管理部门可以使用质量保证金，赔偿旅行社给旅游者造成损失的情形。因此，旅游服务质量保证金使用的具体范围包括：旅行社违反旅游合同约定，侵害旅游者合法权益，经旅游行政管理部门查证属实的；旅行社因解散、破产或者其他原因造成旅游者预交旅游费用损失的；旅游者人身安全遇有危险，旅行社申请垫付紧急救助费用的。

（2）人民法院划拨

《条例》规定，人民法院判决、裁定及其他生效法律文书认定旅行社损害旅游者合法权益，旅行社拒绝或者无力赔偿的，人民法院可以从旅行社质量保证金账户划拨赔偿款。

3.质量保证金的动态管理

《条例》建立了质量保证金的动态管理机制，规定了质量保证金的降低、补交或取回的情形和程序。

（1）质量保证金的降低。《条例》规定，旅行社自交纳或者补足质量保证金之日起3年内未因侵害旅游者合法权益受到行政机关罚款以上处罚的，旅游行政管理部门应当将旅行社质量保证金的交存数额降低50%，并向社会公告。旅行社可凭省、自治区、直辖市旅游行政管理部门出具的凭证减少其质量保证金。

（2）质量保证金的补交与取回。《条例》规定，旅行社在旅游行政管理部门使用质量保证金赔偿旅游者的损失，或者质量保证金退还后，因侵害旅游者合法权益受到行政机关罚款以上处罚的，应当在收到旅游行政管理部门补交质量保证金通知之日起5个工作日内补足质量保证金。旅行社不再从事旅游业务的，凭旅游行政管理部门出具的凭证，向银行取回质量保证金。

（四）外商投资旅行社的有关规定

1.外商投资旅行社及其设立

外商投资旅行社，是指依照我国法律的规定，在中国境内设立的，由中国投资者和外国投资者共同投资或者仅由外国投资者投资的旅行社，包括中外合资经营旅行社、中外合作经营旅行社和外资旅行社。

依据《国家旅游局关于落实简政放权和行政审批工商登记制度改革有关规定的通知》

（旅发〔2015〕96号）的文件精神，设立外商投资旅行社应先经商务部门审批，再取得工商营业执照，最后申请旅行社业务经营许可证。据此，申请设立外商投资旅行社的，应当持市场监督管理部门颁发的外商投资企业的营业执照，依照内资旅行社的审批程序办理，即申请人向所在地省、自治区、直辖市旅游行政管理部门提出申请，并提交符合《条例》规定的其他相关证明文件。省、自治区、直辖市旅游行政管理部门应当自受理申请之日起30个工作日内审查完毕。予以许可的，颁发旅行社业务经营许可证；不予许可的，书面通知申请人并说明理由。

2.关于外商投资旅行社的特别规定

《条例》规定，除国务院决定或者我国签署的自由贸易协定，以及内地与香港特别行政区、澳门特别行政区关于建立更紧密经贸关系的安排和大陆与台湾地区海峡两岸经济合作框架协议另有规定外，外商投资旅行社不得经营中国内地居民出国旅游业务以及赴香港特别行政区、澳门特别行政区和台湾地区旅游的业务；外商向具有出境旅游、边境旅游业务经营范围的旅行社投资的，旅行社应当办理工商变更登记，原许可的旅游主管部门应当取消其出境旅游、边境旅游业务的经营范围，并换发旅行社业务经营许可证。

二、旅行社经营制度

（一）旅行社的经营原则与经营规则

1.旅行社的经营原则

《条例》规定，旅行社在经营活动中应当遵循自愿、平等、公平、诚实信用的原则，提高服务质量，维护旅游者的合法权益。可见，旅行社在经营中应当遵守以下原则：

（1）自愿原则。自愿原则就是要求参与市场交易的经营者，在市场交易中能充分表达自己的真实意志。根据自己的意愿选择交易对手、交易内容和条件以及终止或变更交易的条件。我国《民法典》把自愿原则作为一项基本原则，即一切民事活动都必须遵守这一原则。凡以欺诈、胁迫等手段或者乘人之危，使对方在违背真实意愿的情况下所为的民事行为均为无效的民事法律行为。

（2）平等原则。平等原则是指在具体的交易中，不论经营者一方是法人还是自然人，或双方在经济力量上存在的差别有多大，或即便一方交易者属某行政机关管辖，交易者双方都是平等的，在双方权利与义务的约定上必须平等协商。一方不得恃强凌弱，强迫对方服从自己的意志。同时，平等原则要求法律法规对交易者双方提供平等的法律保障与保护。

（3）公平原则。公平原则是指在交易和竞争的方法、条件和结果上都应当是公平的。发展社会主义市场经济必须保护公平竞争，发挥竞争机制推动市场经济的作用。

（4）诚实信用原则。诚实信用原则要求经营者以善意、诚实、公正为基础，自觉履行对其他经营者、消费者和国家所承担的基本责任。诚实信用原则是市场经济中公认的商业道德，也是道德规范在法律上的表现。

2.旅行社的经营规则

（1）关于证照管理。《条例》及《实施细则》规定，旅行社及其分社、服务网点，应

当将“旅行社业务经营许可证”、“旅行社分社备案登记证明”或者“旅行社服务网点备案登记证明”，与营业执照一起，悬挂在经营场所的显要位置。旅行社不得出租、出借旅行社业务经营许可证，或者以其他形式非法转让旅行社业务经营许可证。属于转让、出租或者出借旅行社业务经营许可证的行为包括：旅行社准许或者默许其他企业、团体或者个人，以自己的名义从事旅行社业务经营活动，或者准许其他企业、团体或者个人，以部门或者个人承包、挂靠的形式经营旅行社业务等行为。

（2）关于信息发布与宣传。《旅游法》规定，旅行社为招徕、组织旅游者发布信息，必须真实、准确，不得进行虚假宣传，误导旅游者。《条例》也规定，旅行社向旅游者提供的旅游服务信息必须真实可靠，不得作虚假宣传。旅行社以互联网形式经营旅行社业务的，除符合法律、法规规定外，其网站首页应当载明旅行社的名称、法定代表人、许可证编号和业务经营范围，以及原许可的旅游行政管理部门的投诉电话。

（3）关于旅游活动安排的禁止性规定。《旅游法》及《条例》对旅行社安排旅游活动的合法性与合乎公德性有明确的规定，如规定旅行社及其从业人员组织、接待旅游者，不得安排参观或者参与违反我国法律、法规和社会公德的项目或者活动，旅行社为旅游者安排或者介绍的旅游活动不得含有违反有关法律、法规规定的内容。旅行社经营出境旅游业务的，不得组织旅游者到未经国务院旅游行政主管部门公布的中国公民出境旅游目的地国家和地区旅游。《实施细则》则规定旅行社不得安排的活动，主要包括：含有损害国家利益和民族尊严内容的；含有民族、种族、宗教歧视内容的；含有淫秽、赌博、涉毒内容的；其他含有违反法律、法规规定内容的。

（4）关于低价销售及相关问题。《旅游法》及《条例》明确规定，旅行社不得以不合理的低价组织旅游活动，诱骗旅游者，并通过安排购物或者另行付费旅游项目获取回扣等不正当利益；旅行社组织、接待旅游者，不得指定具体购物场所，不得安排另行付费旅游项目。旅行社不得以低于旅游成本的报价招徕旅游者，未经旅游者同意，旅行社不得在旅游合同约定之外提供其他有偿服务。但是，经双方协商一致或者旅游者要求，且不影响其他旅游者行程安排的除外。旅行社以不合理的低价诱骗旅游者、指定具体购物场所或安排另行付费旅游项目的，旅游者有权在旅游行程结束后30日内，要求旅行社为其办理退货并先行垫付退货货款，或者退还另行付费旅游项目的费用。

（5）关于委派导游及相关问题。《旅游法》规定，旅行社组织团队出境旅游或者组织、接待团队入境旅游，应当按照规定安排领队或者导游全程陪同。旅行社为接待旅游者委派的导游人员，应当持有国家规定的导游证。取得出境旅游业务经营许可的旅行社为组织旅游者出境旅游委派的领队，应当取得导游证，具有相应的学历、语言能力和旅游从业经历，并与委派其从事领队业务的旅行社订立劳动合同。旅行社应当将本单位领队名单报所在地设区的市级旅游行政管理部门备案。

旅游者在境外滞留不归的，旅行社委派的领队人员应当及时向旅行社和我国驻外机构报告，旅行社应当及时向旅游行政管理部门和公安机关报告，并垫付相应的遣返费用；旅行社接待入境旅游，发生旅游者非法滞留我国境内的，应当及时向旅游行政管理部门、公安机关和外事部门报告，并协助提供非法滞留者的信息。

（二）旅行社对旅游者权益的保护

关于旅行社对旅游者权益的保护问题，《旅游法》、《条例》及《实施细则》均作了明确、具体的规定。

1.关于旅游产品与接待

《旅游法》规定，旅行社组织旅游活动应当向合格的供应商订购产品和服务。旅行社将旅游业务委托给其他旅行社的，应当就接待旅游者的事宜签订委托合同，确定接待旅游者的各项服务安排及其标准，约定双方的权利义务。旅行社将旅游业务委托给其他旅行社的，应当向接受委托的旅行社支付不低于接待和服务成本的费用，接受委托的旅行社不得接待不支付或者不足额支付接待和服务费用的旅游团队。

旅行社应当在旅游行程开始前向旅游者提供旅游行程单，旅游行程单是包价旅游合同的组成部分。旅行社委托其他旅行社代理销售包价旅游产品并与旅游者订立包价旅游合同的，应当在包价旅游合同中载明委托社和代理社的基本信息。安排导游为旅游者提供服务的，应当在包价旅游合同中载明导游服务费用。

2.关于告知义务

《旅游法》规定，订立包价旅游合同时，旅行社应当向旅游者告知下列事项：旅游者不适合参加旅游活动的情形；旅游活动中的安全注意事项；旅行社依法可以减免责任的信息；旅游者应当注意的旅游目的地相关法律、法规和风俗习惯、宗教禁忌，依照中国法律不宜参加的活动等；法律、法规规定的其他应当告知的事项。由于旅游者自身原因导致包价旅游合同不能履行或者不能按照约定履行，或者造成旅游者人身损害、财产损失的，旅行社不承担责任。《条例》规定，旅行社对可能危及旅游者人身、财产安全的事项，应当向旅游者作出真实的说明和明确的警示，并采取防止危害发生的必要措施。在旅游者自行安排活动期间，旅行社未尽到安全提示、救助义务的，应当对旅游者的人身损害、财产损失承担相应责任。旅行社应当提示参加团队旅游的旅游者按照规定投保人身意外伤害保险，旅行社组织旅游为旅游者办理旅游意外保险，应当取得旅游者的书面同意。

3.关于赔偿主体的确认

《条例》规定，接受委托的旅行社违约，造成旅游者合法权益受到损害的，作出委托的旅行社应当承担相应的赔偿责任。作出委托的旅行社赔偿后，可以向接受委托的旅行社追偿。接受委托的旅行社故意或者重大过失造成旅游者合法权益损害的，作出委托的旅行社应当承担连带责任。但是，由于公共交通经营者的原因造成旅游者人身损害、财产损失的，由公共交通经营者依法承担赔偿责任，旅行社应当协助旅游者向公共交通经营者索赔。

旅行社接受旅游者的委托，为其代订交通、住宿、餐饮、游览、娱乐等旅游服务，收取代办费用的，应当亲自处理委托事务。因旅行社的过错给旅游者造成损失的，旅行社应当承担赔偿责任。旅行社接受旅游者的委托，为其提供旅游行程设计、旅游信息咨询等服务的，应当保证设计合理、可行，信息及时、准确。

【延伸阅读7-1】关于严格执行旅游法第三十五条有关规定的通知（旅发〔2013〕362号）

旅游法实施以来，旅游部门和企业对执行旅游法第三十五条有关规定，不同程度地存在理解和执行不一致等问题。为了保证旅游法的正确、有效实施，坚定不移地取缔“零负团费”等违法经营行为，现就严格执行旅游法第三十五条有关规定通知如下：

一、关于指定具体购物场所和安排另行付费旅游项目

旅行社在旅游活动中指定具体购物场所和安排另行付费旅游项目的，应当按照诚实信用、自愿平等、协商一致的原则，与旅游者订立书面合同，且不得以不合理的低价组织旅游活动，不得诱骗旅游者，不得通过指定具体购物场所和安排另行付费旅游项目获取回扣等不正当利益，也不得影响其他不参加相关活动的旅游者的行程安排。

旅游者不同意参加旅行社指定的具体购物场所或者另行付费旅游项目活动的，旅行社及其从业人员不得因此拒绝订立旅游合同，也不得提高旅游团费或者另行收取费用。

二、关于“以不合理的低价组织旅游活动”

旅行社以低于接待和服务费用的价格或者行业公认的合理价格提供旅游服务，且无正当理由和充分证据证明的，应认定为“以不合理的低价组织旅游活动”。

三、关于“诱骗旅游者”

旅行社或者其从业人员通过虚假宣传，隐瞒旅游行程、具体购物场所及商品或者另行付费旅游项目等真实情况的手段，诱使旅游者参加旅游活动或者购买相关产品和服务的，应认定为“诱骗旅游者”。

四、关于“回扣等不正当利益”

旅行社或者其从业人员违反反不正当竞争的有关规定，或者通过诱骗、强迫、变相强迫旅游者消费，收受的旅游经营者以回扣、佣金、人头费或者奖励费等各种名义给予的财物或者其他利益，应认定为“回扣等不正当利益”。

五、关于“影响其他旅游者行程安排”

旅行社安排旅游者在指定具体购物场所或者另行付费旅游项目活动时，没有对其他不参加相关活动的旅游者作出合理的行程安排，导致其合法权益受到损害的，应认定为“影响其他旅游者行程安排”。

各级旅游主管部门应当严格按照旅游法有关规定和本通知，加大执法力度，保障旅游者合法权益，确保旅游企业公平、有序、合法竞争，规范旅游市场秩序。

资料来源：国家旅游局. 国家旅游局关于严格执行旅游法第三十五条有关规定的通知［EB/OL］.［2013-12-17］. http: //zwgk.mct.gov.cn/zfxxgkml/zcfg/gfxwj/202012/t20201204_906240.html.

三、旅行社的法律责任

（一）旅行社承担法律责任的原则与根据

1.旅行社承担法律责任的原则

（1）过错责任原则。过错责任原则是旅行社承担法律责任的主要依据，根据这一原则，旅行社对自己的行为只有在过错即故意或过失的前提下，才承担法律责任。它的主要内容如下：有过错，承担责任，无过错，不承担责任；过错大，承担责任大，过错小，承

担责任小；当事人都有过错，各自承担相应的责任。

（2）赔偿实际损失原则。赔偿实际损失原则，即赔偿直接损失的原则。旅行社因自己违反法律、法规的行为给对方造成损失的，以实际损失作为赔偿的标准。

2.旅行社法律责任产生的根据

（1）因合同违约产生的法律责任。旅游合同是当事人之间设立、变更、终止旅游法律关系的双方法律行为。依法成立的合同具有法律约束力。由于旅行社自己的过错，使旅游合同未履行或未完全履行的，根据法律的规定或合同的约定，旅行社应承担由此而产生的违约赔偿责任。

（2）因侵权行为产生的法律责任。由于旅行社及其工作人员的过错，致使旅游者发生人身伤亡或行李物品灭失、损坏，即构成了侵权行为。旅游者有权要求旅行社赔偿损失，旅行社负有赔偿的义务。但是，要使旅行社对其工作人员的侵权行为所造成的损害结果承担责任，必须以该工作人员执行职务为前提。旅行社对外承担责任后，并不因此免除有过错的工作人员的责任，旅行社有权在内部对其工作人员作出行政或经济方面的处罚。

（二）旅行社法律责任的形式

旅行社承担的责任分为民事责任、行政责任和刑事责任三种。在此仅根据《条例》的规定，对旅行社应承担的行政责任作如下介绍：

1.无经营权或超越经营权的处罚

违反《条例》的规定，旅行社有下列情形之一的，由旅游行政管理部门或者市场监督管理部门责令改正，没收违法所得，违法所得10万元以上的，并处违法所得1倍以上5倍以下的罚款；违法所得不足10万元或者没有违法所得的，并处10万元以上50万元以下的罚款：未取得旅行社业务经营许可，经营国内旅游业务、入境旅游业务、出境旅游业务的；分社超出设立分社的旅行社的经营范围经营旅游业务的；旅行社服务网点从事招徕、咨询以外的旅行社业务经营活动的。

2.转让、出租、出借业务经营许可证的处罚

违反《条例》的规定，旅行社转让、出租、出借旅行社业务经营许可证的，由旅游行政管理部门责令停业整顿1个月至3个月，并没收违法所得；情节严重的，吊销旅行社业务经营许可证。受让或者租借旅行社业务经营许可证的，由旅游行政管理部门责令停止非法经营，没收违法所得，并处10万元以上50万元以下的罚款。

3.违反质量保证金规定或未投保旅行社责任险的处罚

违反《条例》的规定，旅行社未在规定期限内向其质量保证金账户存入、增存、补足质量保证金或者提交相应的银行担保的，由旅游行政管理部门责令改正；拒不改正的，吊销旅行社业务经营许可证。同时，违反《条例》的规定，旅行社不投保旅行社责任险的，由旅游行政管理部门责令改正；拒不改正的，吊销旅行社业务经营许可证。

4.不符合设立、变更登记程序或报送制度的处罚

违反《条例》的规定，旅行社有下列情形之一的，由旅游行政管理部门责令改正；拒不改正的，处1万元以下的罚款：变更名称、经营场所、法定代表人等登记事项或者歇

业，未在规定期限内向原许可的旅游行政管理部门备案，换领或者交回旅行社业务经营许可证的；设立分社未在规定期限内向分社所在地的旅游行政管理部门备案的；不按照国家有关规定向旅游行政管理部门报送经营和财务信息等统计资料的。

5.外商投资旅行社经营不规范的处罚

违反《条例》的规定，外商投资旅行社经营中国内地居民出国旅游业务以及赴香港特别行政区、澳门特别行政区和台湾地区旅游业务，或者经营出境旅游业务的旅行社组织旅游者到国务院旅游行政主管部门公布的中国公民出境旅游目的地之外的国家和地区旅游的，由旅游行政管理部门责令改正，没收违法所得，违法所得10万元以上的，并处违法所得1倍以上5倍以下的罚款；违法所得不足10万元或者没有违法所得的，处10万元以上50万元以下的罚款；情节严重的，吊销旅行社业务经营许可证。

6.违法安排旅游活动及提供相关服务的处罚

依据《条例》的规定，旅行社为旅游者安排或者介绍的旅游活动含有违反有关法律、法规规定的内容的，由旅游行政管理部门责令改正，没收违法所得，并处2万元以上10万元以下的罚款；情节严重的，吊销旅行社业务经营许可证；旅行社向旅游者提供的旅游服务信息含有虚假内容或者作虚假宣传的，由市场监督管理部门依法给予处罚。旅行社以低于旅游成本的报价招徕旅游者的，由价格主管部门依法给予处罚；旅行社未经旅游者同意在旅游合同约定之外提供其他有偿服务的，由旅游行政管理部门责令改正，处1万元以上5万元以下的罚款。

7.违反有关旅游合同规定的处罚

依据《条例》的规定，旅行社有下列情形之一的，由旅游行政管理部门责令改正，处2万元以上10万元以下的罚款；情节严重的，责令停业整顿1个月至3个月：未与旅游者签订旅游合同；与旅游者签订的旅游合同未载明《条例》规定的事项；未取得旅游者同意，将旅游业务委托给其他旅行社；将旅游业务委托给不具有相应资质的旅行社；未与接受委托的旅行社就接待旅游者的事宜签订委托合同。同时，《条例》规定，旅行社违反旅游合同约定，造成旅游者合法权益受到损害，不采取必要的补救措施的，由旅游行政管理部门或者市场监督管理部门责令改正，处1万元以上5万元以下的罚款；情节严重的，由旅游行政管理部门吊销旅行社业务经营许可证。

8.安排导游、领队不符合规定或不支付合理费用的处罚

依据《条例》的规定，旅行社组织中国内地居民出境旅游，不为旅游团队安排领队全程陪同的，由旅游行政管理部门责令改正，处1万元以上5万元以下的罚款；拒不改正的，责令停业整顿1个月至3个月。旅行社委派的导游人员未持有国家规定的导游证或者委派的领队人员不具备规定的领队条件的，由旅游行政管理部门责令改正，对旅行社处2万元以上10万元以下的罚款；旅行社要求导游人员和领队人员接待不支付接待和服务费用、支付的费用低于接待和服务成本的旅游团队，或者要求导游人员和领队人员承担接待旅游团队的相关费用的，由旅游行政管理部门责令改正，处2万元以上10万元以下的罚款。此外，旅行社有下列情形之一的，由旅游行政管理部门责令改正，停业整顿1个月至

3个月；情节严重的，吊销旅行社业务经营许可证：旅行社不向接受委托的旅行社支付接待和服务费用的；旅行社向接受委托的旅行社支付的费用低于接待和服务成本的；接受委托的旅行社接待不支付或者不足额支付接待和服务费用的旅游团队的。

9.既处罚旅行社，又处罚导游人员的相关规定

依据《条例》的规定，有下列情形之一的，对旅行社，由旅游行政管理部门或者市场监督管理部门责令改正，处10万元以上50万元以下的罚款；对导游人员、领队人员，由旅游行政管理部门责令改正，处1万元以上5万元以下的罚款；情节严重的，吊销旅行社业务经营许可证、导游证：拒不履行旅游合同约定的义务的；非因不可抗力改变旅游合同安排的行程的；欺骗、胁迫旅游者购物或者参加需要另行付费的游览项目的。此外，旅行社及其委派的导游人员、领队人员有下列情形之一的，由旅游行政管理部门责令改正，对旅行社处2万元以上10万元以下的罚款；对导游人员、领队人员处4 000元以上2万元以下的罚款；情节严重的，责令旅行社停业整顿1个月至3个月，或者吊销旅行社业务经营许可证、导游证：发生危及旅游者人身安全的情形，未采取必要的处置措施并及时报告的；旅行社组织出境旅游的旅游者非法滞留境外，旅行社未及时报告并协助提供非法滞留者信息的；旅行社接待入境旅游的旅游者非法滞留境内，旅行社未及时报告并协助提供非法滞留者信息的。

【案例7-1】　　呼伦贝尔治理“不合理低价游”

屡禁不止的“不合理低价游”就是那些不诚信旅行社抓住部分游客贪图价格便宜心理，实则以高价购物的差价作为补偿，“不合理低价游”潜在的旅行风险让游客得不偿失。治理“不合理低价游”必须重视源头治理，引导旅行社明确行业定位，准确细分市场，提供多样化、差异化的产品和服务满足旅游消费者的多层次需求。监管部门落实强化执法监督，特别是引导消费者增强维权意识，识别“不合理低价游”陷阱，综合施策才能确保整治“不合理低价游”收到实效。

呼伦贝尔治理“不合理低价游”打出一记重拳。2017年6月6日，呼伦贝尔市对5·29海拉尔火车站游客滞留事件中涉案的呼伦贝尔万象旅行社开出52万元巨额罚单。2017年4月中旬，呼伦贝尔某旅行社（注册地：鄂温克旗，没有取得旅行社业务经营许可）负责人石某与沈阳市某旅行社分公司（注册地：沈阳，没有取得旅行社业务经营许可）经理张某某商定，双方于2017年端午节假期合作开展“呼伦贝尔双卧4日游”旅游项目，主要游览满洲里市周边景点。由沈阳市某旅行社分公司招募当地户外群主（采取低价游和欺骗性广告等方式吸引游客报名），再由户外群主组织发动当地游客，呼伦贝尔市某旅行社负责呼伦贝尔旅游地接工作，组团社和地接社没有签订任何旅游合同。该项目定价为399元/人（其中呼伦贝尔市某旅行社收取249元/人、沈阳市某旅行社分公司收取50元/人、户外群主收取100元/人），已低于成本，地接社希望通过游客自费项目收入达到盈利。5月29日早6点沈阳至海拉尔旅游专列，以及8点40分沈阳至海拉尔旅游专列共计1 160名游客因地接社人员推荐自费项目产生争议滞留海拉尔火车站。事件发生后，呼伦贝尔市委、市政府高度重视，责成海拉尔区人民政府负责事件的有关调查和游客的疏散工作。截至5月29

日15时，游客全部疏散完毕，按照原定行程参观游览，5月30日全部返程。

点评：为规范旅游市场秩序、提升旅游服务质量，呼伦贝尔旅游发展委员会将2017年确定为“不合理低价游”整治年，陆续发布了《关于组织开展整治“不合理低价游”专项行动的通知》、《关于对旅游服务质量进行跟踪调查的通知》和《关于严禁旅行社组织接待不合理低价游等违规行为的紧急通知》，并组织开展整治“不合理低价游”专项行动。经过调查取证，案例中涉及的行为属以不合理低价组织旅游活动，违反了《旅游法》等法律、法规。按照属地管理原则，2017年6月6日，鄂温克旗旅游局对涉案的呼伦贝尔某旅行社下达了52万元的行政处罚决定书。行政处罚分5项：（1）没有取得旅行社业务经营许可经营旅行社业务，处罚10万元；（2）旅行社以不合理低价组织旅游活动，处罚30万元；（3）安排未取得导游证的人员提供导游服务，并未向导游支付导游服务费，处罚5万元；（4）使用“黑车”，向不合格的供应商订购产品和服务，处罚5万元；（5）对直接责任人石某处罚2万元。呼伦贝尔旅游发展委员会严厉打击“不合理低价游”现象，维护了旅游者和旅游经营者的合法权益，规范了旅游市场秩序，努力使企业诚信经营市场环境得到了优化。

资料来源：

[1] 郝绍彬. 源头治理“不合理低价游”[N]. 人民法院报，2017-04-10.

[2] 张玮，付强，董佳静. 呼伦贝尔某旅行社因推销“低价游”被罚52万[EB/OL]. [2017-06-07]. http: //news.sina.com.cn/sf/news/ajjj/2017-06-07/doc-ifyfuzny3850812.shtml.

四、导游人员管理法律制度

（一）导游人员的概念与分类

1.导游人员的概念及含义

导游队伍是我国旅游业的重要组成部分，是旅游服务的提供者和旅游形象的展示者，是传播中华优秀传统文化、弘扬社会主义先进文化、促进社会主义精神文明建设的重要窗口，在提升旅游服务质量、维护旅游市场秩序、推动旅游业高质量发展方面发挥着重要作用。现阶段，导游服务供需结构性矛盾仍然比较突出，管理体系不够健全、就业环境还需优化、权益保障相对薄弱、职业认同仍需加强、专业能力有待提升、执业行为需进一步规范、行业价值观作用发挥不够充分等问题依然存在，个别导游的严重违法违规行为对行业产生较大影响，与旅游业高质量发展的新要求还有一定差距。[①]我国《旅游法》对导游的执业管理、行为规范等内容做了原则性规定，并为导游制度的改革指明了方向。《导游人员管理条例》规定：“本条例所称导游人员，是指依照本条例的规定取得导游证，接受旅行社委派，为旅游者提供向导、讲解及相关旅游服务的人员。”可见，导游人员的概念包含以下三层法律含义：

（1）从业资格要求。从业资格是标志某人从事某一特定行业，能够胜任该行业职业或工作的资格证明。“取得导游证”标志某人具备从事导游职业资格。导游证由国务院旅游

① 文化和旅游部. 加强导游队伍建设和管理工作行动方案（2021—2023年）[EB/OL]. [2021-06-11]. http: //zwgk.mct.gov.cn/zfxxgkml/scgl/202106/t20210611_925163.html.

行政部门颁发，即在参加导游人员资格考试并合格后，向旅游行政部门领取。

（2）执业形式要求。导游执业形式是指通过法律、法规明确旅行社委派导游服务的制度，

“接受旅行社委派”是导游人员从事导游业务活动的方式要件。当然，导游职业社会化，使其成为全社会、全行业共享的资源，既能够体现导游工作的特点，又符合旅游市场的现实需要，应当是社会导游管理体制改革的目标和方向。2016年5月，国家旅游局下发《关于开展导游自由执业试点工作的通知》，在全国9个省市试点线上线下相结合的导游自由执业试点工作。其中，江浙沪三省市以及广东省将开展线上导游自由执业试点工作；吉林长白山、湖南长沙和张家界、广西桂林、海南三亚、四川成都则同时开展线上和线下导游自由执业试点工作。

（3）服务内容要求。“为旅游者提供向导、讲解服务及相关旅游服务”是导游业务活动的内容要件。所谓“向导”，一般是指为他人引路、带路，而“讲解”则是指为旅游者解说、指点风景名胜，至于“相关旅游服务”一般是指为旅游者代办各种旅行证件、代购交通票据，以及安排旅游住宿、旅程就餐等与旅行游览有关的各种服务。

2. 导游人员的类别

（1）从导游的服务范围分类。从导游的服务范围分类，导游可分为领队人员、全程陪同、地方陪同和定点陪同。领队人员又称出境旅游领队人员，《旅游法》规定：“从事领队业务，应当取得导游证，具有相应的学历、语言能力和旅游从业经历，并与委派其从事领队业务的取得出境旅游业务经营许可的旅行社订立劳动合同。”因此，领队人员是具备领队条件，接受具有出境旅游业务经营权的旅行社委派，为出境旅游团提供旅途全程陪同和有关服务的人员。全程陪同，是指受旅行社委派或聘用，在旅游者（团）的整个行程中，为跨省、自治区、直辖市范围的旅游者安排旅行和游览事项，提供全部旅程导游服务的人员。地方陪同，是指受旅行社委派或聘用，在省、自治区、直辖市范围内为旅游者提供导游服务的人员。在业务实践中，地方陪同只在当地帮助全程陪同，安排旅行和游览事项，提供讲解和旅途服务。定点陪同，是指在旅游景区或参观点内为旅游者提供导游服务的人员。

（2）从导游隶属关系分类。从导游隶属关系分类，导游可分为专职导游人员和社会导游人员。专职导游人员，是指专门从事导游工作，以其工作收入为主要生活来源的人员。专职导游隶属旅行社，旅行社要对导游承担全部的教育和管理职责，特别是对带团过程中违规违纪行为要承担后果和责任。社会导游人员，主要是指利用业余时间在旅游旺季担任临时导游工作的人员。这部分人员的主要成分大多是旅游院校导游专业的教师和学生，他们精通各种语言，并通过全国导游资格考试，取得了导游证。社会导游由专门的导游服务机构承担日常管理、教育培训和奖罚清退的管理责任。

（3）从导游语言上分类。从导游语言上分类，导游可分为使用外国语的导游人员（如英语、日语、俄语、法语、德语、泰语、西班牙语、印度尼西亚语、阿拉伯语、意大利语等）、使用汉语普通话的导游人员、使用方言的导游人员（如广东话、闽南话等）、使用少

数民族语言的导游人员（如蒙古语、维吾尔语、藏语等）。

（二）导游资格考试及执业制度

1.导游资格考试制度

《导游人员管理条例》规定“国家实行全国统一的导游人员资格考试制度”，参加导游资格考试应当具备下列条件：

（1）有关国籍的条件。在我国，从事导游工作的人员，必须是具有中华人民共和国国籍的公民。此外，依据中央人民政府与港澳特区政府分别签署的《CEPA补充协议五》（Closer Economic Partnership Arrangement，《关于建立更紧密经贸关系的安排》），其中，在旅游项下开放的内容之一为：“允许香港、澳门永久性居民中的中国公民参加内地导游人员资格考试。考试合格者依据有关规定领取导游人员资格证书。”后期，内地与港澳又相继签署补充协议及其他相关协议，作为CEPA升级的重要组成部分，2019年1月1日起正式实施。基于此，国家旅游局印发《关于香港、澳门永久性居民中的中国公民报考全国导游人员资格考试有关事项的通知》，对港澳居民报考全国导游人员资格考试有关事项进行规定。外国人、无国籍的人，不得参加我国导游资格考试，不能担任导游工作。

（2）有关学历的条件。学历条件是衡量一个从业人员的知识结构及文化程度的客观标准，也是某种职业对从业人员的基本要求。《导游人员管理条例》规定，参加导游资格考试的报考者应当具有高级中学、中等专业学校或以上学历。

（3）有关身体的条件。“身体健康”是《导游人员管理条例》对报考导游资格考试人员身体素质的基本要求。联合国世界卫生组织对健康下的定义是：健康不但没有身体疾患，而且有完整的生理、心理状态和社会适应能力。现代人的健康观是整体健康，世界卫生组织提出“健康不仅是躯体没有疾病，还要具备心理健康、社会适应良好和有道德”。因此，现代人的健康内容包括：躯体健康、心理健康、心灵健康、社会健康、智力健康、道德健康、环境健康等。健康是人的基本权利。[①]由于导游业务的特殊性，导游人员必须具有良好的身体素质，导游人员不仅要身体各部位发育正常，功能健康，没有疾病，还应当体质强壮，对疾病有高度的抵抗力，才能适应导游工作的需要。

（4）有关知识与能力的条件。《导游人员管理条例》规定，报考导游资格考试的人员应当“具有适应导游需要的基本知识和语言表达能力”，这是对报考导游资格考试人员基本的业务素质与能力的要求。“知识”是从业的基础，是载体，“能力”则是技能化的知识，是知识的综合体现。一个具有较强能力和良好素质的人必须掌握丰富的知识，而能力和素质的培养必须通过具体知识的传授来实施，或者说在许多场合，专业能力和专业素质是通过知识表现出来的。导游人员应当具有运用知识发现问题、分析问题、解决问题的能力；相反，能力的增强，有利于从业人员学习更多知识，并因此而提高自身的专业知识结构和综合素养。

① 许湘岳，吴强. 自我管理教程［M］. 北京：人民出版社，2016：279-280.

2. 导游执业准入制度

（1）导游证及其规范要求。《导游人员管理条例》第4条规定："在中华人民共和国境内从事导游活动，必须取得导游证。""取得导游人员资格证书的，经与旅行社订立劳动合同或者在相关旅游行业组织注册，方可持所订立的劳动合同或者登记证明材料，向省、自治区、直辖市人民政府旅游行政部门申请领取导游证。"《导游管理办法》（2018年1月1日实施）专章设"导游执业许可"，并规定"经导游人员资格考试合格的人员，方可取得导游人员资格证"。"取得导游人员资格证，并与旅行社订立劳动合同或者在旅游行业组织注册的人员，可以通过全国旅游监管服务信息系统向所在地旅游主管部门申请取得导游证。"这是关于导游执业准入制度的规定。依据该规定，导游资格考试合格是办理导游证的前提条件，与旅行社签订劳动合同或者在相关旅游行业组织登记注册是必备条件，是对导游人员准入制度做了优化。这里的"旅游行业组织"是指经民政部门登记注册依法成立的社团组织，如旅游协会、旅行社协会、导游协会或者旅游协会导游分会等。鉴于导游协会或分会尚未普遍成立，可在各地已比较完善的旅游协会中先行设立导游工作部作为过渡，承担相关职能。这里需要说明的是，到相关旅游行业组织登记注册并不意味着一定要加入该协会成为会员。根据行业协会管理的相关法律、法规，行业协会可以对自身会员和仅依法登记注册成员在其权利义务上分别对待。《旅游法》规定，未取得导游证从事导游、领队活动的，由旅游主管部门责令改正，没收违法所得，并处1 000元以上1万元以下罚款，予以公告。

同时，《导游管理办法》规定，导游证采用电子证件形式，由国家旅游主管部门制定格式标准，由各级旅游主管部门通过全国旅游监管服务信息系统实施管理。电子导游证以电子数据形式保存于导游个人移动电话等移动终端设备中。导游证的有效期为3年。导游需要在导游证有效期届满后继续执业的，应当在有效期限届满前3个月内，通过全国旅游监管服务信息系统向所在地旅游主管部门提出申请，并提交"未患有传染性疾病的承诺、无过失犯罪以外的犯罪记录的承诺；与经常执业地区的旅行社订立劳动合同或者在经常执业地区的旅游行业组织注册的确认信息"等材料。

（2）不得颁发导游证的情形。依据《导游人员管理条例》及《导游管理办法》的规定，有下列情形之一的，不得颁发导游证：一是无民事行为能力或者限制民事行为能力的，即无民事行为能力的人和限制民事行为能力的人，不得充任导游员。只有具有完全民事行为能力的公民，才能申请领取导游证，从事导游职业。二是患有甲类、乙类以及其他可能危害旅游者人身健康安全的传染性疾病的。所谓传染性疾病，是指由病原体侵入生物体，使生物体产生病理反应而引起的疾病。一个人是否患有传染性疾病，应当由医疗机构作出诊断证明。对患有传染性疾病的人员，之所以不得颁发导游证，是由导游这一职业特性所决定的。三是受过刑事处罚的，过失犯罪的除外，即旅游行政部门对受过刑事处罚的人员，不得颁发导游证。所谓受过刑事处罚的人员，是指因其行为触犯了国家刑法而受到刑罚制裁的人。但是对于过失犯罪的人，尽管其也受过刑事处罚，仍然可以申请领取导游证，旅游行政部门也可以颁发给其导游证。四是被吊销导游证，未满3年的。这一规定是

指有些曾经取得导游证的导游人员，因违反导游管理法规，被旅游行政管理部门处以吊销导游证的处罚，因其在导游执业中有过不良记录、受过被吊销导游证的处罚，自吊销导游证之日起满3年后可以按照《导游人员管理条例》的规定重新报考申办导游证。

旅游行政部门颁发导游证，是准予申请领取导游证人员从事导游活动的具体行政行为，这种具体行政行为直接决定申请领取者能否从事导游活动，直接影响他们的合法利益。依据《导游人员管理条例》的规定，旅游行政部门对符合颁发导游证条件的申请领取者，必须在收到申请领取导游证之日起15日内颁发导游证；对不符合颁发导游证条件的申请领取者，应当在规定期限内说明理由。这是一条强制性规定，旅游行政部门必须依此规定执行。

【延伸阅读7-2】 加强导游队伍建设和管理工作行动方案（2021—2023年）（摘选）

为贯彻落实党中央、国务院关于高质量发展的决策部署，加快建设高标准旅游市场体系，文化和旅游部印发《加强导游队伍建设和管理工作行动方案（2021—2023年）》（文旅市场发〔2021〕65号），涉及总体要求、重点任务和保障措施三部分，以下摘选部分内容：

◇指导思想：以习近平新时代中国特色社会主义思想为指导，全面贯彻落实党的十九大和十九届二中、三中、四中、五中全会精神，贯彻新发展理念，以推动高质量发展为主题，以改革创新为根本动力，围绕缓解导游服务供需结构性矛盾这一重要问题，多措并举，全面加强导游队伍建设，健全管理体系，优化就业环境，加强权益保障，提升专业能力，增进职业认同，加强价值引领，为建设高标准旅游市场体系、推动旅游业高质量发展、助力构建新发展格局提供人才支撑。

◇主要目标：通过3年的努力，导游管理体系进一步健全，就业环境进一步优化，专业能力进一步提升，导游合法权益得到有效保障，服务质量显著提升，职业自豪感和吸引力进一步增强，行业核心价值观牢固树立，导游在传播中华优秀传统文化、弘扬社会主义先进文化、促进社会主义精神文明建设方面的重要作用进一步彰显，培养造就一支规模适度、结构合理、服务专业、符合需求的导游队伍。

◇重点任务：

（一）加强改革创新，健全管理体系

1.推进导游执业改革。修订《导游人员管理条例》及相关法律、法规，总结导游执业改革试点工作经验，研究创新导游执业模式，推进导游执业改革。

2.完善导游资格准入制度。实施导游资格证书电子化改革，改进导游证审批管理，审批时限压缩至7个工作日以内，推动各地在导游证审批过程中对导游与旅行社签订劳动合同及在行业组织注册情况实行告知承诺。

3.创新“导游+网约车”服务。适应旅游市场小团化、定制化消费需求，探索导游和有关服务车辆依法办理网约车驾驶员证和车辆运输证，向游客提供“导游+网约车”服务。

4.研究实施边境旅游区域内执业制度。研究在边境旅游相关地区试点实施区域内执业制度，加强外语导游储备，改进领队备案管理工作，研究盘活领队资源相关政策，解决旺季领队供给不足矛盾。

5.推动建立导游服务预约平台。加强全国旅游监管服务平台建设，推进电子导游证管理应用，丰富执业信息展示，推动有条件的地区建立导游服务预约平台和新型导游服务管理机构，方便导游执业，保障合法收入。

6.推动劳动报酬指导性标准与服务质量评价相衔接。联合有关部门及时总结劳动报酬集体协商试点工作经验，解决试点过程中遇到的堵点、难点问题，推动劳动报酬指导性标准与服务质量评价相衔接，适时扩大试点地区。

7.用好中央有关支持政策。系统梳理中央有关支持政策，加强政策有效衔接和融会贯通，提升政策综合效能。

……

资料来源：文化和旅游部．加强导游队伍建设和管理工作行动方案（2021—2023年）[EB/OL].［2021-06-11］. http：//zwgk.mct.gov.cn/zfxxgkml/scgl/202106/t20210611_925163.html.

（三）导游权益保障

1.《旅游法》对导游权益的保障

《旅游法》第38条规定："旅行社应当与其聘用的导游依法订立劳动合同，支付劳动报酬，缴纳社会保险费用；旅行社临时聘用导游为旅游者提供服务的，应当全额向导游支付本法第六十条第三款规定的导游服务费用；旅行社安排导游为团队旅游提供服务的，不得要求导游垫付或者向导游收取任何费用。"此处"第六十条第三款规定"即"安排导游为旅游者提供服务的，应当在包价旅游合同中载明导游服务费用"，这是关于保障导游合法收入的法律规定。其内容体现在：

（1）保障导游合法收入。目前我国导游人员的收入来源主要有工资、带团津贴、佣金分成或回扣、小费等。但根据抽样调查的结果，有超过70%的导游是没有基本工资的，所谓带团津贴也非常低，与导游工作的辛苦程度和劳动强度根本就无法匹配。[①]通过立法明确我国导游的薪酬制度，并使其得到真正的落实，是保障导游人员合法权益、提升导游服务质量的必要前提。

（2）旅行社不得要求导游垫付费用或向导游收取任何费用。在旅行社业务实践中，要求导游垫付团队接待费用或者向导游收取"人头费"，是导游市场的"潜规则"。尤其是在聘用临时导游提供团队服务时，有不少旅行社会要求导游垫付全程的接待费用，也有要求导游"买团"的。这种做法严重违反劳动法的规定。《旅游法》规定"旅行社安排导游为团队旅游提供服务的，不得要求导游垫付或者向导游收取任何费用"，具有禁止性法律效力，是国家整顿导游服务市场秩序、维护导游人员合法权益的依据。

（3）旅游者不得损害导游的合法权益。《旅游法》第14条规定："旅游者在旅游活动中或者在解决纠纷时，不得损害当地居民的合法权益，不得干扰他人的旅游活动，不得损

① 王玉松．旅游法指明导游改革体制管理方向［EB/OL］.［2013-05-09］. http：//fashion.ifeng.com/travel/news/china/detail_2013_05/09/25113368_0.shtml？_from_ralated.

害旅游经营者和旅游从业人员的合法权益。”该规定既体现了旅游者权利义务的对等性，同时也是对导游在接受旅行社委派，为旅游者提供导游服务时，其合法权益应当得到保护的基本依据。

2.行政法规、部门规章对导游权益的保障

（1）导游享有人格尊严不受侵犯权。《导游人员管理条例》规定：“导游人员进行导游活动时，其人格尊严应当受到尊重，其人身安全不受侵犯。导游人员有权拒绝旅游者提出的侮辱其人格尊严或者违反其职业道德的不合理要求。”《导游管理办法》规定：“导游在执业过程中，其人格尊严受到尊重，人身安全不受侵犯，合法权益受到保障。导游有权拒绝旅行社和旅游者的下列要求：侮辱其人格尊严的要求；违反其职业道德的要求；不符合我国民族风俗习惯的要求；可能危害其人身安全的要求以及其他违反法律、法规和规章规定的要求。”可见，导游人员在执行导游职务活动中，享有人格尊严不受侵犯权。人格权是民事主体具有法律上的独立人格必须享有的民事权利。如生命、健康、名誉等，既是构成人的人格要素，又是人作为民事主体从事民事活动所必须具备的条件。导游人员在进行导游活动时，其人格尊严应当受到尊重，其人身安全不受侵犯，在旅行游览过程中，个别旅游者对导游提出一些有辱其人格尊严或者违反其职业道德的不合理要求，导游人员有权拒绝。同时，导游的执业安全受到法律的保护，“旅行社等用人单位应当维护导游执业安全、提供必要的职业安全卫生条件，并为女性导游提供执业便利、实行特殊劳动保护”。

（2）导游在旅游活动中享有调整或变更接待计划权。《导游人员管理条例》规定：“导游人员在引导旅游者旅行、游览过程中，遇有可能危及旅游者人身安全的紧急情形时，经征得多数旅游者的同意，可以调整或变更接待计划，但是应当立即报告旅行社。”依此规定，导游人员享有调整或变更接待计划的权利。但是，导游人员行使这一权利时，必须符合下列条件：一是在引导旅游者旅行、游览过程中。导游调整或变更接待计划权必须在引导旅游者旅行、游览过程中，即必须是在旅游活动开始后。在旅行、游览开始之前，导游人员不得行使这一权利。在旅游合同订立之后，旅游活动开始之前，如果出现不利于旅游活动的情形，应当由旅行社与旅游者进行协商，达成一致意见后，由旅行社调整或者变更旅游接待计划。二是遇到可能危及旅游者人身安全的紧急情形。导游调整或变更接待计划权必须是遇到可能危及旅游者人身安全的紧急情形时，才可以行使这一权利。为了避免可能危及旅游者人身安全情形的发生，导游人员就需要当机立断地调整或变更旅游行程计划。三是应当经多数旅游者同意。在旅行、游览中，导游人员如果要调整或变更接待计划，必须征得旅游团中多数旅游者的同意。这是因为旅游合同一经双方确认订立后，就应当严格按照合同约定履行，如果需要调整或变更旅游计划，应当经过双方协商一致。但是，由于现在发生了可能危及旅游者人身安全的紧急情形，所以导游人员只要征得多数旅游者的同意，就可以调整或变更旅游接待计划，而不必得到全体旅游者的同意。四是应当立即报告旅行社。应当立即报告旅行社是因为旅游接待计划是由旅行社确定的，是得到旅游者认可的，而导游人员是受旅行社的委派带团执行旅游接待计划，调整或变更旅游接待计划并不是导游人员的职责权限。但是，由于导游人员在执行带团旅游任务的途中，遇到可能危及旅游者人身安全的紧急情形，为了避免旅游者人身安全发生损害，在征得多数旅游者同意后，导游人员依法可以调整或变更接待计划。导游人员在调整或者变更接待计划后，必须立即报告旅行社，以得到旅行社的认可。

（3）导游享有申请行政复议权和诉讼权。《导游管理办法》规定，旅行社有下列行为的，导游有权向劳动行政部门投诉举报、申请仲裁或者向人民法院提起诉讼：不依法与聘用的导游订立劳动合同的；不依法向聘用的导游支付劳动报酬、导游服务费用或者缴纳社会保险费用的；要求导游缴纳自身社会保险费用的；支付导游的报酬低于当地最低工资标准的。

此外，《导游人员管理条例》规定了对导游或领队违反该条例的行政处罚。如果导游或领队人员对旅游行政部门所给予的行政处罚不服，依照我国《行政复议法》和《行政诉讼法》的规定，有权向旅游行政机关申请复议或者向人民法院提起诉讼。结合我国旅游行政管理实际，导游人员对旅游行政部门的下列具体行政行为不服时，可以申请复议或者提起诉讼：对罚款、吊销导游证、责令改正、暂扣导游证等行政处罚不服的；认为符合法定条件申请行政机关颁发导游人员资格证书和导游证，旅游行政部门拒绝颁发或者不予答复的；认为旅游行政部门违法要求导游人员履行义务的；认为旅游行政部门侵犯导游人员人身权、财产权以及法律、法规规定可以提起行政诉讼或者可以申请复议的其他具体行政行为的。

（四）导游行为规范与法律责任

1.业务素养与职业道德规范

《旅游法》规定：“导游和领队从事业务活动，应当佩戴导游证，遵守职业道德，尊重旅游者的风俗习惯和宗教信仰，应当向旅游者告知和解释旅游文明行为规范，引导旅游者健康、文明旅游，劝阻旅游者违反社会公德的行为。”《导游人员管理条例》规定，导游人员应当不断提高自身业务素质和职业技能。导游人员进行导游活动时，应当自觉维护国家利益和民族尊严，不得有损害国家利益和民族尊严的言行。导游人员进行导游活动时，应当遵守职业道德，着装整洁，礼貌待人，尊重旅游者的宗教信仰、民族风俗和生活习惯；导游人员进行导游活动时，应当向旅游者讲解旅游地点的人文和自然情况，介绍风土人情和习俗；但是，不得迎合个别旅游者的低级趣味，在讲解、介绍中掺杂庸俗下流的内容。《导游管理办法》规定，导游在执业过程中应当携带电子导游证、佩戴导游身份标识，并开启导游执业相关应用软件。旅游者有权要求导游展示电子导游证和导游身份标识。导游在执业过程中应当履行下列职责：自觉维护国家利益和民族尊严；遵守职业道德，维护职业形象，文明诚信服务；按照旅游合同提供导游服务，讲解自然和人文资源知识、风俗习惯、宗教禁忌、法律法规和有关注意事项；尊重旅游者的人格尊严、宗教信仰、民族风俗和生活习惯；向旅游者告知和解释文明行为规范、不文明行为可能产生的后果，引导旅游者健康、文明旅游，劝阻旅游者违反法律、法规、社会公德、文明礼仪规范的行为。

依据《旅游法》的规定，旅行社违反规定，安排旅游者参观或者参与违反我国法律、法规和社会公德的项目或者活动的，由旅游主管部门责令改正，没收违法所得，责令停业整顿，并处2万元以上20万元以下罚款；情节严重的，吊销旅行社业务经营许可证；对直接负责的主管人员和其他直接责任人员，处2 000元以上2万元以下罚款，并暂扣或者吊销导游证。依据《导游人员管理条例》的规定，导游人员进行导游活动时未佩戴导游证的，由旅游行政部门责令改正；拒不改正的，处500元以下的罚款。导游人员进行导游活动时，有损害国家利益和民族尊严的言行的，由旅游行政部门责令改正；情节严重的，由省、自治区、直辖市人民政府旅游行政部门吊销导游证并予以公告；对该导游人员所在的旅行社给予警告直至责令停业整顿。

2.不得私自承揽业务的规定

《旅游法》规定："导游和领队为旅游者提供服务必须接受旅行社委派，不得私自承揽导游和领队业务。"这是导游或领队人员不得私自承揽业务的规定。《导游人员管理条例》也规定："导游人员不得私自承揽或者以其他任何方式直接承揽导游业务，进行导游活动。"这里的"私自承揽"是与旅行社委派相对应的，指导游或领队人员没有经过旅行社委派擅自揽活提供导游服务，包括以营利为目的自行非法组团。因此，导游或领队确因特殊情况需要更换时，尽管当事人可以提名替补人选，但必须得到委派的旅行社的同意并办理换人手续；私下更换的一律视为违反该条例规定。当然，持导游证人员为亲朋好友作陪同讲解，或者在特定情况下作为志愿者提供免费向导与讲解服务，则不属于法律、法规禁止的行为。《旅游法》规定，导游、领队违反规定，私自承揽业务的，由旅游主管部门责令改正，没收违法所得，处1 000元以上1万元以下罚款，并暂扣或者吊销导游证。

3.具体行为规范

《旅游法》规定："导游和领队应当严格执行旅游行程安排，不得擅自变更旅游行程或者中止服务活动，不得向旅游者索取小费，不得诱导、欺骗、强迫或者变相强迫旅游者购物或者参加另行付费旅游项目。"这是关于导游在执业过程中的具体行为规范，主要体现在：

（1）不得擅自变更旅游行程或者中止服务活动。导游人员应当严格按照旅行社确定的接待计划安排旅游者的旅行、游览活动，不得擅自增加、减少旅游项目或者中止导游活动。依据《旅行社条例实施细则》的规定，旅行社及其委派的导游人员和领队人员的下列行为，属于擅自改变旅游合同安排行程：减少游览项目或者缩短游览时间的；增加或者变更旅游项目的；增加购物次数或者延长购物时间的；其他擅自改变旅游合同安排的行为。该细则同时规定了"允许导游在现场实施情势变更的情形"，即在旅游行程中，当发生不可抗力，危及旅游者人身、财产安全，或者非旅行社责任造成的意外情形，不得不调整或者变更旅游合同约定的行程安排时，应当在事前向旅游者作出说明；确因客观情况无法在事前说明的，应当在事后作出说明。"擅自中止服务活动"是指导游或领队人员，在执业过程中拒绝继续履行旅游合同的情况。《旅游法》规定，在旅游行程中擅自变更旅游行程安排，严重损害旅游者权益的，对直接负责的主管人员和其他直接责任人员，处2 000元以上2万元以下罚款，并暂扣或者吊销导游证。

（2）不得向旅游者索取小费。导游人员进行导游活动，不得向旅游者兜售物品或者购买旅游者的物品，不得以明示或者暗示的方式向旅游者索要小费。《旅游法》无禁止导游或领队人员收取旅游者主动自愿给予的小费。但是，根据境外支付小费的交易习惯，旅游者在境外旅游过程中需要向境外相关服务人员支付小费的，旅行社应当在签订旅游合同时向旅游者明确说明。事先无约定，事后又要求旅游者缴纳的，视为索取。《旅游法》规定，导游、领队违反规定，向旅游者索取小费的，由旅游主管部门责令退还，处1 000元以上1万元以下罚款；情节严重的，暂扣或者吊销导游证。

（3）不得诱导、欺骗、强迫或者变相强迫旅游者购物或者参加另行付费旅游项目。“欺骗”指一方当事人故意告知对方虚假情况，或者故意隐瞒真实情况，致使对方当事人作出错误意思表示的行为；“诱骗”指当事人通过引诱和引导的方式，实施前述欺骗行为；“强迫”指通过施加压力迫使对方违背其真实意愿服从自己意愿的行为；“变相强迫”指虽然一方没有直接向对方施加压力，但对方实质上已经处于别无选择的境地，不得不作出违背自己真实意思的选择的情形。《导游人员管理条例》规定，导游人员进行导游活动，欺骗、胁迫旅游者消费或者与经营者串通欺骗、胁迫旅游者消费的，由旅游行政部门责令改正，处1 000元以上3万元以下的罚款；有违法所得的，并处没收违法所得；情节严重的，由省、自治区、直辖市人民政府旅游行政部门吊销导游证并予以公告；对委派该导游人员的旅行社给予警告直至责令停业整顿。

（4）保障旅游者安全义务。《导游人员管理条例》规定，导游人员在引导旅游者旅行、游览过程中，应当就可能发生危及旅游者人身、财产安全的情况，向旅游者作出真实说明和明确警示，并按照旅行社的要求采取防止危害发生的措施。由于导游人员的侵权行为而使旅游者人身或财产遭受损害时，导游人员要承担相应的赔偿责任。

【案例7-2】 导游强迫、诱导购物问题

新华社昆明2015年5月4日电，一则“导游辱骂游客强迫购物消费”的消息，使旅游业再次被推到舆论浪尖。尽管相关旅游执法部门已及时调查并依法处理，但究竟是“恶导游”还是“饿导游”？如何根治旅游业“病态”，让今后出行不闹心？记者展开了调查。

根据官方通报，此事件中，骂人导游存在“欺骗、胁迫旅游者消费或者与经营者串通欺骗、胁迫旅游者消费”的行为，涉事旅行社违反了“未向临时聘用的导游支付导游服务费用；要求导游垫付或者向导游收取费用”等规定。对此，云南旅游行业管理部门通报了调查和处理结果，拟对该导游作出吊销导游证的处罚，对涉事旅行社作出责令停业整顿的处罚，并对该旅行社的直接负责人处2万元罚款。事实上，此次对导游的处罚决定并不陌生。这不禁让人反思：旅游行业发展迅猛的同时，为什么服务水平没有得到相应的提升？当事导游小陈承认骂人不对，也坦承像这样的低价团，只有游客多多购物消费，自己才拿得到带团的酬劳。“如果团费是交够的，导游应得的报酬旅行社也给了，（那么）该怎么玩就怎么玩，怎么还会发生这样的事呢？”记者调查了解到，“不合理低价”是引发此次事件的核心问题。旅游行业管理人员指出，低于成本价销售产品，必然难以保证服务质量。在

低价经营的恶性循环中，游客陷入团费低价、购物高价陷阱，导游甚至成为“鱼鹰”，高压力带团，服务意识全无。

点评：理性思考，这一“典型案例”并没有多少“典型”的意义。从辱骂游客的方式、语言上看，确属“典型”，但放在“低价组团，强制购物”这一普遍现象下，就一点都不“典型”了。从经济学的角度分析，价格是市场的事，维护市场规则才是政府的事。“低价组团”未必不可以有，前提是消除游客与旅行社之间的“信息不对称”，政府部门可以通过法律、法规的制定以及有力的监管，强制旅行社对旅游线路相关信息保持足够的透明，包括购物商店的信息透明，实现游客真正的自愿——自愿选择线路、自愿购物。当前，旅行社与导游之间劳资关系不规范，旅游业竞争“惨烈”，“恶”导游是旅游市场竞争畸形的产物。有律师认为，对于此种情况，一方面要加强对导游进行职业素养的教育和行业自律；另一方面要加强旅游执法，更好地规范旅游业，改善行业秩序等。

资料来源：

[1] 侯文坤，钱春弦．云南“导游辱骂游客强迫购物”事件调查［EB/OL］．［2015-05-04］．http：//www.wenming.cn/jwmsxf_294/wmly/201505/t20150504_2593041.shtml.

[2] 翟春阳．导游辱骂游客的“典型案例”不典型［EB/OL］．［2015-05-04］．http：//gotrip.zjol.com.cn/system/2015/05/04/020633958.shtml.

第二节 旅游饭店业管理法律制度

一、旅游饭店业及其法律问题

（一）旅游饭店业及其特征

旅游饭店业是指以旅游接待设施为依托，通过向旅游者及所在社区提供住宿、餐饮、娱乐等综合服务实现经济效益和社会效益的行业。在旅游业的食、住、行、游、购、娱六大要素中，旅游饭店业是一个十分重要的环节，与旅行社业、旅游交通业并称为旅游业的三大支柱，是人们在旅行、游览活动中必不可少的“驿站”①。与其他行业相比，旅游饭店业具有以下重要的特征②③④：

1.旅游饭店业是有形和无形要素的组合产品，具有综合性特征

饭店业是以提供劳务为主的服务性行业。通常所说的饭店产品，是饭店有形的设施设备与无形的劳务服务的有机结合，其中以劳务服务为主，设施设备为辅。旅游饭店业的有形要素包括周围环境、设备设施、装修、地理位置以及为客人提供的餐饮产品。对旅游饭店业的有形要素管理很复杂，因为顾客会将一家酒店的外观和环境与他们的预先期望值作比较，再对产品的质量进行判断。同样，虽然食物能够满足人们的基本需要，但就餐体验常常是顾客住宿体验的一个很重要的组成部分。旅游饭店业的无形要素比有形要素更为复

---

① 杨朝晖．饭店法规实务［M］．重庆：重庆大学出版社，2013：1-34.
② 库珀，弗莱彻．旅游学［M］．张俐俐，等编译．北京：高等教育出版社，2007：212-244.
③ 喻玲，李建春．旅游饭店业的发展现状及优势特征分析——以宜宾市为例［J］．资源与人居环境，2010（8）：70-71.
④ 蒋丁新．饭店管理［M］．北京：高等教育出版社，2009：1-13.

杂，它包括酒店所营造的氛围和顾客在饭店住宿过程中所享受到的服务。大多数旅游饭店业产品是由有形与无形的多种因素组合而成的。

2.旅游饭店业的产品生产与消费是不可分割的，具有整体性特征

在旅游饭店业产品的生产与消费过程中，顾客必须来到服务现场进行参与和体验，饭店产品才能得以提供。这种不可分割性还意味着顾客在购买和消费产品之后，该产品的所有权并不属于顾客，顾客在购买了饭店产品后，具有了“暂住”一段时间内的使用权，不仅享受了住宿的美好体验，还拥有了住宿后的美好回忆。现代饭店业不仅要满足顾客的住宿和饮食的基本需求，还必须同时满足不同客人的多种消费需求，如商业贸易、会议、度假、文秘、通信、健身、娱乐、购物、货币兑换、票务、委托代办等。因而，饭店必须配备相关的设施并提供相应的服务，产品的整体性已成为饭店业竞争的重要手段，一家饭店的多种功能越是完备，就越能满足客人的多样化的需求，获得更多的客源。

3.旅游饭店业的产品是瞬间即逝的，文化性是旅游者的共同需求

饭店业产品是不可以储存的，如果客房一晚没卖出去，那么销售机会将永远消失。就算在这之后由于需求的突然增加而将所有的房间都卖出，之前的空房所带来的损失也不会得到弥补。与大多数物质产品不同，饭店业产品具有高度的即逝性，也不能被储存起来以后再销售。因此，客人的需求在饭店产品的提供中起到相当大的作用，大多数饭店设施供应商会碰到很多因需求波动所带来的损失和管理问题。探求异地文化是旅游者的共同需求。旅游饭店作为旅游者在旅游过程中的居留场所，不仅应该是客人的物质消费场所，而且应该是客人感受异地文化的精神消费场所。饭店应积极营造良好的文化氛围，要倡导主流文化、健康文化、民族文化、特色文化，通过外在的、有形店景文化和内在企业文化的建设，丰富饭店的文化内涵，使饭店业劳务活动升华为一门服务艺术，把饭店服务产品中的使用功能价值，推进到具有文化附加值的新境界，使客人在多彩的饭店业文化氛围中感受到精神的享受和愉悦。

（二）旅游饭店业的法律问题

1.质量等级标准与价格问题

《旅游法》对饭店业影响最大的是在质量等级方面，该法第50条第2款明确规定：“旅游经营者取得相关质量标准等级的，其设施和服务不得低于相应标准；未取得质量标准等级的，不得使用相关质量等级的称谓和标识。”这里的“……不得低于相应标准”“不得使用……”等属于强制性规范，对保障旅游者权益、规范饭店服务合同、促进饭店业的发展等具有重要作用。旅游饭店取得的质量标准等级，不管其标准是否为强制性标准，都表明其产品和服务质量达到了一定的美誉度和识别度，是其对社会和市场的保证和承诺，旅游者往往据此加以选择。因此，已取得相应质量标准等级的旅游饭店，就负有与等级认定相符的质量担保义务，未取得质量标准等级的旅游饭店禁止使用相关质量等级的称谓和标志，以免误导旅游者、扰乱旅游市场秩序。但是，目前国内饭店使用“饭店”“酒店”“旅馆”“宾馆”等不同称谓，自称“超五星级”“白金五星级”“六星级”“七星级”的现象普遍存在。而在旅游饭店业价格方面，《旅游法》没有类似景区票价涨价那么明确细致的规

定，因此，现实中对于团体客人或包价旅游客人，旅游饭店的低价竞争、制定垄断价格等问题，或者基于自由行和散客旅游的发展，在旅游高峰期，在热点旅游目的地或旅游景区周边，经济型饭店市场销售价格上涨等问题普遍存在。总之，伴随着旅游饭店质量等级标准和定价混乱，带来的是旅游服务的参差不齐，以及旅游饭店业低价恶性竞争循环。

2.在线服务引来的投诉问题

目前，在线旅游服务提供商在饭店业方面主要表现为：一是以旅游网站为代表的旅游垂直搜索引擎，将消费者引导到饭店业产品供应商的页面进行结算；二是各传统旅游饭店自设线上平台进行饭店业服务产品销售；三是传统电子商务网站提供销售平台，加入旅游饭店产品销售；四是旅游要素提供商进行线上直销，包括各连锁饭店，甚至单体饭店企业，以及各航空公司的机票在线销售等。在线旅游服务的高速发展，为大众提供资源、信息共享和行动便利的同时，因CRS（Central Reservation System，中央预订系统）事前的“预付费机制”和事后的“酒店违约处罚机制”不明确，导致旅游饭店、在线旅游服务商或第三方交易平台违约的情况时有发生，因而引来的旅游投诉问题比较突出。

3.安全问题处理的统一标准依据缺失

我国《产品质量法》规定：“可能危及人体健康和人身、财产安全的工业产品，必须符合保障人体健康和人身、财产安全的国家标准、行业标准；未制定国家标准、行业标准的，必须符合保障人体健康和人身、财产安全的要求。”《消法》与《旅游法》在保护旅客人身、财产安全方面作出了一致的规定，有利于星级饭店行业标准的统一、行业发展的规范，进而通过审批干预或者听证会等形式，对市场表现不佳的饭店设限，住宿、餐饮相对安全。现今，旅游饭店类型多样化，旅游产品合同价格增加及自由行比例增加，如何引导消费者重复消费，确立对品牌的信赖，成为经济型饭店发展的一个课题。但经济型饭店或者所谓“精品酒店”内，因设施配备、服务管理等引起的旅客人身、财产损害，或因饭店上下游服务供应商的设备设施安全、食品卫生安全的管控不严，带来的人身、财产安全问题引起旅客投诉事件时有发生，但因缺乏公认的衡量标准或统一的安全质量标准，使得国内饭店行业缺乏统一的管理，相关部门在处理旅客投诉时也难以寻求具体的法律依据，导致同一类事件或相似事件，其处理方式和后果却不甚相同。

（三）旅游饭店权利义务关系

《旅游法》对旅游饭店业最直接的影响就是确保了服务的诚信和质量[①]。旅游饭店的权利和义务，体现在它与其他法律关系当事人之间，在此，仅介绍旅游饭店与旅客之间的权利义务关系。基于散客和包价旅游客人的区别，旅游饭店的权利义务关系，表现为旅游饭店与旅客之间，或旅游饭店与旅行社之间的旅游住宿服务合同关系。在法律上，我们把旅客或旅行社向旅游饭店提出订房的要求叫要约，旅游饭店答应旅客或旅行社订房的要求叫承诺。订房的要约和承诺达成了协议，旅游饭店与旅客或旅行社之间的旅游住宿服务合同关系即告成立。为此，在旅游饭店与旅游者或旅行社之间即产生了法律上的权利义务

① 李俊，南曙光．解读旅游法的实施对旅游行业的影响［J］．企业导报，2014（3）：118-119.

关系。

1.权利义务关系的时空范围

旅游饭店与旅客之间权利义务关系的产生，可分为以下两种情况：一种情况是旅游者直接到旅游饭店投宿。在这种情况下，当旅游饭店接受了旅客的要求，履行了登记手续，将客房钥匙交给旅客时，双方的权利义务关系随之产生。另一种情况是旅客向旅游饭店预订房间。在这种情况下，旅客既可以采取口头或电话形式，也可以通过旅游饭店自己运营的网络平台，或者第三方网络运营商等形式向旅游饭店预订房间，经过旅游饭店明示或默示的同意，旅游饭店与旅客之间的权利义务关系也随之产生。依据《旅游法》的规定，在包价旅游中，旅游饭店作为旅行社的履行辅助人，与旅行社签订团体旅游住宿合同，协助旅行社履行包价旅游合同义务，并按约定实际提供客房和相关服务。旅游住宿服务合同一经成立，对双方当事人即具有法律上的约束力，任何一方或双方不按协议的规定履行自己的义务，都应承担相应的旅游法律责任。

旅游饭店与旅客或旅行社的权利义务关系随着协议的履行、解除和终止而消灭。在一般情况下，当旅客准备离开饭店时，旅游饭店提出账单，旅客付清房费之后，双方的权利义务关系也随之消灭。但是，在旅客结账之后到离开旅游饭店之前还有一段时间，这段时间可以看作双方权利义务关系的延伸①。在这段时间内，如果由于旅游饭店的过错造成旅游者损失，旅游饭店应承担相应的责任。

随着旅游饭店业的不断发展，旅游饭店和旅客之间权利义务关系的空间范围已不限于客房和餐厅。如前所述，现代饭店业有许多附加产品或附属设施，这样，旅游饭店的责任范围也就扩大到一切由它实际控制或提供服务的区域。

2.旅游饭店的权利

（1）依约或依规范收取费用的权利。旅游饭店有权按照协议的约定或《中国旅游饭店行业规范》，收取旅客支付的住宿费和各种合理的费用。其他各种合理的费用主要包括：客房饮料费、电报电话费、膳食费、洗衣费等。如果旅游者无力或拒绝支付这些费用，按照《民法典》的相关规定，旅游饭店有权留置由其控制的旅游者的行李物品，并可以折价或变卖该行李物品，从中得到优先受偿的权利。

（2）法定情由下拒绝接受旅客的权利。旅游饭店在有合法理由的情况下，有权拒绝接受旅客。如客房已满，旅客患有传染病、精神病，或者旅客有损害饭店或他人人身、财产安全嫌疑等，在这种情况下，旅游饭店有拒绝接受的权利。同时，对于以旅游饭店为掩护，进行违法犯罪活动的人，旅游饭店有驱赶其出饭店的权利。

（3）保护自身合法利益的权利。《旅游法》第72条规定："旅游者在旅游活动中或者在解决纠纷时，损害旅行社、履行辅助人、旅游从业人员或者其他旅游者的合法权益的，依法承担赔偿责任。"依此，旅游饭店有权要求旅游者爱护饭店内的一切设备设施和财物。同时，对于旅客无正当理由取消订房而造成旅游饭店经济损失的，旅游饭店有权要求

① 王莉霞. 旅游法学［M］. 西安：世界图书出版公司，1996：119-120.

其承担违约或赔偿责任。

3.旅游饭店的义务与责任

（1）不加歧视地接受旅客的义务与责任。旅游饭店从产生时起，不加歧视地接受旅游者已成为其基本义务之一。只要旅游饭店具有接待条件，不论是本国人还是外国人，不论其是何种族、有何宗教信仰等，旅游饭店都有义务接待。依据《旅游法》第50条关于旅游经营者质量等级的规定，对于星级饭店而言，在与旅客或旅行社的住宿协议确立后，应当依据《旅游饭店星级的划分与评定》（GB/T14308—2010）的规定，为旅客提供相应标准的客房和服务。

在包价旅游合同中，旅行社一般是通过“预订房间”这种形式与旅游饭店签订旅游住宿服务合同的。旅游饭店为了防止旅客或旅行社取消订房或者在合同约定的时间不提供合同约定数量的客人，在经营中采取了“超额订房”这种措施，以减少自己的经济损失。依据《旅游法》第75条的规定，“住宿经营者应当按照旅游服务合同的约定为团队旅游者提供住宿服务。住宿经营者未能按照旅游服务合同提供服务的，应当为旅游者提供不低于原定标准的住宿服务，因此增加的费用由住宿经营者承担；但由于不可抗力、政府因公共利益需要采取措施造成不能提供服务的，住宿经营者应当协助安排旅游者住宿”。在包价旅游合同中，因住宿经营者与团队旅游者之间没有直接的合同关系，其合同义务主要体现在按照旅行社订单的要求，本着诚实信用的原则，向旅游者提供住宿服务，否则即构成违约。住宿经营者承担违约责任的方式，是在同一地区或预订酒店附近，提供档次不低于原标准的替代酒店，并依法承担因此增加的费用。该“费用”是指因饭店违约所导致的所有增加费用，包括因订不到就近的同等酒店而增加的交通费用以及旅行社因此需支付给旅游者的违约金等。同时，酒店因不可抗力和政府行为导致不能提供服务的，可免于继续提供并免负违约责任，但酒店有“协助另行安排的法定义务”；否则，酒店仍需就此过错承担违约责任。

此外，《旅游法》第71条第1款规定：“由于地接社、履行辅助人的原因导致违约的，由组团社承担责任；组团社承担责任后可以向地接社、履行辅助人追偿。”因此，在包价旅游服务中，由于旅游饭店的原因，导致旅行社为旅游者提供的住宿及相关服务不符合合同约定的，旅客可以向组团社索赔，组团社承担责任后，可以向旅游饭店进行追偿。相反，如果旅行社没有按照住宿合同的约定时间、人数为旅游饭店输送客人，或者无正当理由而取消订房时，旅游饭店有权要求旅行社承担相应的法律责任。

（2）保证旅客的人身、财产安全的义务与责任。旅游饭店业属于特种服务行业，保证旅客的人身、财产安全是旅游饭店业的法定义务。这里的“人身财产安全法定义务”包括：住宿安全、设备设施安全、餐饮食品安全、环境安全等。《旅游法》、《消法》和《食品安全法》等法律、法规明确规定，旅游经营者应当保证其提供的商品和服务符合保障人身、财产安全的要求，对可能危及人身、财产安全的商品和服务，应当向消费者作出真实的说明和明确的警示，并说明和标明正确使用商品或者接受服务的方法以及防止危害发生的方法。经营者发现其提供的商品或者服务存在严重缺陷，即使正确使用商品或者接受服务仍然可能对人身、财产安全造成危害的，应当立即向有关行政部门报告和告知消费者，并采取防止危害发生的措施。依据《民法典》的规定，宾馆、商场、银行、车站、娱乐场所等公共场所的管理人或者群众性活动的组织者，未尽到安全保障义务，造成他人损害的，应当承担侵权责任。因第三人的行为造成他人损害的，由第三人承担侵权责任；管理人或者组织者未尽到安全保障义务的，承担相应的补充责任。《旅游法》第71条第2款规定："由于地接社、履行辅助人的原因造成旅游者人身损害、财产损失的，旅游者可以要求地接社、履行辅助人承担赔偿责任，也可以要求组团社承担赔偿责任；组团社承担责任后可以向地接社、履行辅助人追偿。"因此，在包价旅游服务中，因旅游饭店的原因造成旅游者人身损害、财产损失的，旅客可以要求旅游饭店承担赔偿责任，也可以要求组团社承担赔偿责任；组团社承担责任后可以向旅游饭店追偿。

（3）对旅客个人信息保密的义务与责任。《旅游法》第52条规定："旅游经营者对其在经营活动中知悉的旅游者个人信息，应当予以保密。"这是关于旅游经营者对旅游者个人信息保密义务的规定。旅游者的个人信息指旅游者的个人身份信息，主要包括姓名、性别、年龄、血型、身高、健康状况、证件号码、工作单位、通信地址、联系方式、教育程度、家庭状况等信息，属于旅游者的个人隐私。除旅行社外，旅游饭店同样会接触到上述旅客的个人信息。保密一般指不得泄露旅客个人信息和未经旅游者同意不得公开其个人信息。全国人大常委会《关于加强网络信息保护的决定》规定："网络服务提供者和其他企业事业单位及其工作人员对在业务活动中收集的公民个人电子信息必须严格保密，不得泄露、篡改、毁损，不得出售或者非法向他人提供。"最高人民法院《关于审理旅游纠纷案件适用法律若干问题的规定》规定："旅游经营者、旅游辅助服务者泄露旅游者个人信息或者未经旅游者同意公开其个人信息，旅游者请求其承担相应责任的，人民法院应予支持。"《旅游法》规定包括旅游饭店在内的旅游经营者对于旅游者信息保密的附随义务，其价值在于宣告了旅游者享有个人信息的权益，同时，通过法律明确规定该义务，为权益受到侵害的旅游者提供了一种救济渠道，即通过提起侵权之诉来获得救济。不管旅游经营者无意泄露了旅游者个人信息，还是故意泄露、出卖个人信息，给旅游者造成损害的，都需要承担相应的责任。

（4）与外包的实际经营者承担损害连带责任的义务与责任。《旅游法》第54条规定："景区、住宿经营者将其部分经营项目或者场地交由他人从事住宿、餐饮、购物、游览、娱乐、旅游交通等经营的，应当对实际经营者的经营行为给旅游者造成的损害承担连带责任。"这是关于景区、住宿经营者与外包的实际经营者承担损害连带责任的规定。就旅游饭店而言，这里的"外包"主要指场地出租和项目承包，前提是旅客或旅行社在与旅游饭店的服务合同存续期间，外包经营者提供了原应由旅游饭店自己向旅客或旅行社提供的服务；这里的"连带责任"属于侵权法定一般连带，其含义是，旅客或旅行社既可以追究外包经营者的责任，也可以追究旅游饭店的责任。旅游饭店承担责任后，可以按照双方的责任份额向外包经营者追偿。因此，旅游饭店应当在场地出租协议和承包协议中明确外包经营者应承担的责任，以有效转移经营风险。当然，如果旅客对旅游饭店提起违约之诉，旅

游饭店可以依据《关于审理旅游纠纷案件适用法律若干问题的规定》，请求法院将外包经营者追加为第三人共同诉讼；如果旅客对旅游饭店提起侵权之诉，旅游饭店可依上述规定追加外包经营者为共同被告。这样可以避免连环诉讼的讼累，提高理赔效率。在包价旅游服务中，旅行团出现上述损害的，根据《旅游法》第71条的规定，旅行社在承担连带责任的同时，同样可以依法追加第三人或者共同被告。

二、旅游饭店星级评定制度

（一）星级评定总则及机构

1.星级评定总则

依据《旅游饭店星级的划分与评定》国家标准，由若干建筑物组成的饭店的管理使用权应该一致，饭店内包括出租营业区域在内的所有区域应该是一个整体，评定星级时不能因为某一区域财产权或经营权的分离而区别对待。饭店开业一年后可申请星级，经星级评定机构评定批复后，可以享有五年有效的星级及其标志使用权。开业不足一年的饭店可以申请预备星级，有效期一年。除非该国家标准有更高要求，饭店的建筑、附属设施、服务项目和运行管理应符合安全、消防、卫生、环境保护等现行的国家有关法规和标准。

2.星级评定机构及职权

旅游饭店星级评定工作由全国旅游饭店星级评定机构统筹负责，其责任是制定星级评定工作的实施办法和检查细则，授权并督导省级以下旅游饭店星级评定机构开展星级评定工作，组织实施五星级饭店的评定与复核工作，保有对各级旅游饭店星级评定机构所评定饭店星级的否决权。

省、自治区、直辖市旅游饭店星级评定机构按照全国旅游饭店星级评定机构的授权和督导，组织本地区旅游饭店的星级评定与复核工作，保有对本地区下级旅游饭店星级评定机构所评饭店星级的否决权，并承担推荐五星级饭店的责任。同时，负责将本地区所评星级饭店的批复和评定检查材料上报全国旅游饭店星级评定机构备案。

其他城市或行政区域旅游饭店星级评定机构按照全国旅游饭店星级评定机构的授权和所在地区省级旅游饭店星级评定机构的督导，实施本地区旅游饭店星级评定与复核工作，保有对本地区下级旅游饭店星级评定机构所评饭店星级的否决权，并承担推荐较高星级饭店的责任。同时，负责将本地区所评星级饭店的批复和评定检查资料逐级上报全国旅游饭店星级评定机构备案。

（二）星级评定的办法、原则及规程

1.星级评定办法

旅游饭店的星级评定，依据国家标准《旅游饭店星级的划分与评定》、行业标准《星级饭店访查规范》，以及原国家旅游局发布的《旅游饭店星级的划分与评定实施办法》进行。

星级评定检查工作的主要形式是明查和暗访，由持证评定员担任，无证则评定员身份

无效。明查侧重检查饭店在必备和选择项目上的达标情况，并参照《旅游饭店星级的划分与评定》附录A据实给分，查阅附录D规定的制度性文件。暗访则侧重检查饭店的管理水平和服务质量，对照《旅游饭店星级的划分与评定》附录B、附录C和《星级饭店访查规范》，据实评定，检查饭店申请材料中列明的服务项目实际达标情况，体察饭店经营机制的运行情况和员工的礼节礼貌。

2.旅游饭店星级评定原则

饭店所取得的星级表明该饭店所有建筑物、设施设备及服务项目均处于同一水准。如果饭店由若干座不同建筑水平或设施设备标准的建筑物组成，旅游饭店星级评定机构应按每座建筑物的实际标准评定星级，评定星级后，不同星级的建筑物不能继续使用相同的饭店名称；否则，旅游饭店星级评定机构不予批复或收回星级标志和证书。

饭店取得星级后，因改造发生建筑规格、设施设备和服务项目的变化，关闭或取消原有设施设备、服务功能或项目，导致达不到原星级标准的，必须向原旅游饭店星级评定机构申报，接受复核或重新评定；否则，原旅游饭店星级评定机构应收回该饭店的星级证书和标志。

某些特色突出或极具个性化的饭店，若自身条件与本标准规定的条件有所区别，可以直接向全国旅游饭店星级评定机构申请星级。全国旅游饭店星级评定机构应在接到申请后1个月内安排评定检查，根据检查和评审结果给予评定星级批复，并授予相应星级的证书和标志。

3.旅游饭店星级评定规程

（1）受理。接到饭店星级申请报告后，相应评定权限的旅游饭店星级评定机构应在核实申请材料的基础上，于14天内作出受理与否的答复。对申请四星级以上的饭店，其所在地旅游饭店星级评定机构在逐级递交或转交申请材料时应提交推荐报告或转交报告。

（2）检查。受理申请或接到推荐报告后，相应评定权限的旅游饭店星级评定机构应在1个月内以明查和暗访的方式安排评定检查。检查合格与否，检查员均应提交检查报告。对检查未予通过的饭店，相应星级评定机构应加强指导，待接到饭店整改完成并要求重新检查的报告后，于1个月内再次安排评定检查。对申请四星级以上的饭店，检查分为初检和终检。

初检由相应评定权限的旅游饭店星级评定机构组织，委派检查员以暗访或明查的形式实施检查，并将检查结果及整改意见记录在案，供终检时对照使用；初检合格，方可安排终检。终检由相应评定权限的旅游饭店星级评定机构组织，委派检查员对照初检结果及整改意见进行全面检查；终检合格，方可提交评审。

（3）评审。接到检查报告后1个月内，旅游饭店星级评定机构应根据检查员意见对申请星级的饭店进行评审。评审的主要内容有：审定申请资格，核实申请报告，认定达标情况，查验违规及事故、投诉的处理情况等。

（4）批复。对于评审通过的饭店，旅游饭店星级评定机构应给予评定星级的批复，并授予相应星级的标志和证书。对于经评审认定达不到标准的饭店，旅游饭店星级评定机构

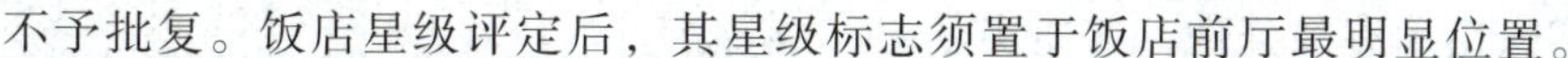

不予批复。饭店星级评定后，其星级标志须置于饭店前厅最明显位置。

（三）旅游饭店星级的复核及处理

《星级饭店访查规范》是对已经评定星级的饭店进行质量检查活动的依据和要求。星级复核是星级评定工作的重要补充部分，其目的是督促已取得星级的饭店持续达标，其责任划分完全依照星级评定的责任分工。

1.复核

旅游饭店的复核是对已经评定星级的饭店，评定机构每年进行一次复核检查工作。依据《星级饭店访查规范》，复核工作应在饭店对照星级标准自查自纠，并将自查结果报告旅游饭店星级评定机构的基础上，由旅游饭店星级评定机构以明查或暗访的形式安排抽查验收。旅游饭店星级评定机构应于当地复核工作结束后进行认真总结，并逐级上报复核结果。

2.处理

《星级饭店访查规范》规定，旅游饭店星级评定机构对严重降低或复核认定达不到相应星级的饭店，按以下办法处理：旅游饭店星级评定机构根据情节轻重给予签发警告通知书、通报批评、降低或取消星级的处理，并在相应范围内公布处理结果。凡在1年内接到警告通知书3次以上或通报批评两次以上的饭店，旅游饭店星级评定机构应降低或取消其星级，并向社会公布。被降低或取消星级的饭店，自降低或取消星级之日起1年内，不予恢复或重新评定星级；1年后，方可重新申请评定星级。已取得星级的饭店如发生重大事故，造成恶劣影响，其所在地旅游饭店星级评定机构应立即反映情况或在权限范围内作出降低或取消星级的处理。饭店接到警告通知书、通报批评、降低星级的通知后，必须认真整改并在规定期限内将整改情况报告处理机构。旅游饭店星级评定机构对星级饭店进行处理的责任分工依照星级评定的责任分工办理。全国旅游饭店星级评定机构保留对各星级饭店的直接处理权。凡经旅游饭店星级评定机构决定提升或降低、取消星级的饭店，应立即将原星级标志和证书交还授予机构，由旅游饭店星级评定机构作出更换或没收的处理。

三、旅游饭店行业规范

（一）旅游饭店业务管理制度

1.预订、登记及入住

（1）预订。依据《中国旅游饭店行业规范》，旅游饭店应与客人共同履行住宿合同，除双方另有约定以外，因不可抗力不能履行双方住宿合同的，任何一方均应当及时通知对方。由于饭店出现超额预订而使客人不能入住的，饭店应当主动替客人安排本地同档次或高于本饭店档次的饭店入住，所产生的有关费用由饭店承担。

（2）住房合同、登记及入住。依据《中国旅游饭店行业规范》，旅游饭店应当同团队、会议、长住客人签订住房合同。合同内容应包括客人进店和离店的时间、房间等级与价格、餐饮价格、付款方式、违约责任等款项。饭店在办理客人入住手续时，应当按照国家的有关规定，要求客人出示有效证件，并如实登记。

（3）不予接待的情形。依据《中国旅游饭店行业规范》，饭店可以不予接待的情形包括：携带危害饭店安全的物品入店者；从事违法活动者；影响饭店形象者；无支付能力或曾有过逃账记录者；饭店客满；法律、法规规定的其他情况。

2.饭店收费

旅游饭店应当将房价表置于总服务台显著位置，供客人参考。饭店如给予客人房价折扣，应当书面约定。饭店客房收费以“间/夜”为计算单位（钟点房除外）。按客人住一“间/夜”，计收一天房费；次日12时以后、18时以前办理退房手续者，饭店可以加收半天房费；次日18时以后退房者，饭店可以加收一天房费。根据有关规定，饭店可以对客房、餐饮、洗衣、电话等服务项目加收服务费，但应当在房价表及有关服务价目单上注明。客人在饭店商场内购物，不应加收服务费。

（二）保护旅客人身和财产安全制度

1.安全保护义务

（1）设施设备。为了保护旅客的人身和财产安全，饭店客房房门应当装置防盗链、门镜、应急疏散图，卫生间内应当采取有效的防滑措施。客房内应当放置服务指南、住宿须知和防火指南。有条件的饭店应当安装客房电子门锁和公共区域安全监控系统。饭店应当确保健身、娱乐等场所设施设备的完好和安全。对不按使用说明及饭店员工指导进行操作而造成伤害的，饭店不承担责任。

（2）安全措施。旅游饭店对可能损害客人人身和财产安全的场所，应当采取防护、警示措施。警示牌应当中外文对照。饭店应当采取措施，防止客人放置在客房内的财物灭失、毁损。由于饭店的原因造成客人财物灭失、毁损的，饭店应当承担责任；由于客人自己的行为造成损害的，饭店不承担责任；双方均有过错的，应当各自承担相应的责任。

（3）保护客人的隐私权。旅游饭店应当保护客人的隐私权，除日常清扫卫生、维修保养设施设备或者发生火灾等紧急情况外，饭店员工未经客人许可不得随意进入客人的房间。

2.物品保管义务

（1）贵重物品的保管。依据《中国旅游饭店行业规范》，饭店应当在前厅处设置有双锁的客人贵重物品保险箱。贵重物品保险箱的位置应当安全、方便、隐蔽，能够保护客人的隐私。饭店应当按照规定的时限免费提供住店客人贵重物品的保管服务。饭店应当对住店客人贵重物品的保管服务作出书面规定，并在客人办理入住登记时予以提示；否则，造成客人贵重物品灭失的，饭店应当承担赔偿责任。客人寄存贵重物品时，饭店应当要求客人填写贵重物品寄存单，并办理有关手续。对没有按规定存放在饭店前厅贵重物品保险箱内而在客房里灭失、毁损的客人的贵重物品，如果责任在饭店一方，可视为一般物品予以赔偿。在客人结账退房离开饭店以后，如无事先约定，饭店可以将客人寄存在贵重物品保险箱内的物品取出，并按照有关规定处理。饭店应当将此条规定在客人贵重物品寄存单上明示。客人如果遗失饭店贵重物品保险箱的钥匙，除赔偿钥匙成本费用外，饭店还可以要求客人承担维修保险箱的费用。

（2）一般物品的保管。依据《中国旅游饭店行业规范》，客房内设置的保险箱仅为客人提供存放一般物品之用。饭店保管客人寄存在行李寄存处的行李物品时，应当检查其包装是否完好、安全，询问有无违禁物品，并经双方当面确认后签发给客人行李寄存牌。客人在餐厅、康乐中心、前厅、行李寄存处等场所寄存物品时，饭店应当当面询问客人物品中有无贵重物品。客人寄存的行李中如有贵重物品，应当向饭店声明，由饭店员工验收并交饭店贵重物品保管处免费保管；客人事先未声明或不同意核实而造成物品灭失、毁损的，如果责任在饭店一方，饭店按照一般物品予以赔偿；客人对寄存物品没有提出需要采取特殊保管措施的，因为物品自身的原因造成毁损或损耗的，饭店不承担赔偿责任；由于客人没有事先说明寄存物的情况，造成饭店损失的，除饭店知道或者应当知道而没有采取补救措施的以外，饭店可以要求客人承担其所受损失的赔偿责任。

（三）有关旅游饭店的其他规定

1.洗衣服务

依据《中国旅游饭店行业规范》，客人送洗衣物，饭店应当要求客人在洗衣单上注明洗涤种类及要求，并应当检查衣物有无破损。客人如有特殊要求或者饭店员工发现衣物破损的，双方应当事先确认并在洗衣单上注明；客人事先没有提出特殊要求，饭店按照常规进行洗涤，造成衣物损坏的，饭店不承担赔偿责任。客人的衣物在洗涤后即发现破损等问题，而饭店无法证明该衣物是在洗涤以前破损的，饭店承担相应责任。饭店应当在洗衣单上注明，要求客人将衣物内的物品取出。对洗涤后客人衣物内物品的灭失，饭店不承担责任。

2.停车场管理

依据《中国旅游饭店行业规范》，饭店应当保护停车场内饭店客人的车辆安全。由于保管不善，造成车辆灭失或者毁损的，饭店应承担相应责任，但因为客人自身的原因造成车辆灭失或者毁损的除外。双方均有过错的，应当各自承担相应的责任。饭店应当提示客人保管好放置在汽车内的物品，对汽车内放置的物品的灭失，饭店不承担责任。

3.饭店的其他权利和义务

依据《中国旅游饭店行业规范》，饭店可以谢绝客人自带酒水和食品进入餐厅、酒吧、舞厅等场所享用，但应当将谢绝的告示设置于有关场所的显著位置；饭店有义务提醒客人在客房内遵守国家有关规定，不得私留他人住宿或者擅自将客房转让给他人使用及改变用途。对违反规定造成饭店损失的，饭店可以要求下榻该房间的客人承担相应的赔偿责任。饭店可以口头提示或书面通知客人不得自行对客房进行改造、装饰。未经饭店同意进行改造、装饰并因此造成损失的，饭店可以要求客人承担相应的赔偿责任。饭店有义务提示客人爱护饭店的财物。由于客人的原因造成损坏的，饭店可以要求客人承担赔偿责任；由于客人原因维修受损设施设备期间导致客房不能出租、场所不能开放而发生的营业损失，饭店可视情况要求客人承担责任。对饮酒过量的客人，饭店应恰当、及时地劝阻，防止客人在店内醉酒。客人醉酒后在饭店内肇事造成损失的，饭店可以要求肇事者承担相应的赔偿责任。客人结账离店后，如有物品遗留在客房内，饭店应当设法同客人取得联系，将物品归还或寄还给客人，或替客人保管，所产生的费用由客人承担。3个月后仍无人认领的，饭店可进行登记造册，按拾遗物品处理。饭店应当提供与本饭店档次相符的产品与服务，如果存在瑕疵，饭店应当采取措施及时加以改进。由于饭店的原因而给客人造成损失的，饭店应当根据损失程度向客人赔礼道歉，或给予相应的赔偿。

【案例7-3】 酒店停车场车辆损坏责任如何认定？

2014年10月5日，韩女士与家人开车到达某市，晚上入住该市一大酒店。当时他们把车停在酒店前的开放式停车场，保安给了她一张车辆临时出入证。然而第二天上午7时，他们准备离开酒店时，却发现自己的保时捷车的两个后视镜被刮花并且破碎。韩女士马上找到酒店，但是酒店称停车场已经外包给了物业公司，酒店对于车辆损坏不负责。之后他们又找到了负责停车场收费的物业公司，但物业公司称“停车所收的费用是车位占用费，并不是保管费，所以车辆发生损坏他们并不负责”。于是，韩女士报了警，警方来现场了解情况后，希望车主和物业双方协商解决。韩女士解释说，“主要是这款车在当地没有4S店”，经过估算，如果重新更换两个后视镜的话，需要大概14 000元。在与保险公司沟通后，保险公司只负责50%的损失，因此，韩女士提出要求物业公司赔偿3 000元。

问题的焦点在于：物业公司收取的停车费到底是车位占用费还是保管费。韩女士认为，物业公司收取了车辆停车费，那就要承担看管义务，并且保证停放车辆的安全。但是物业公司则表示，他们收取的停车费只是车位占用费，并不负有保管的义务。

点评：目前，很多停车场收取的停车费，到底是保管费还是车位占用费，在这个问题上存在很大的争议。《中国旅游饭店行业规范》第27条规定：饭店应当保护停车场内饭店客人的车辆安全。由于保管不善，造成车辆灭失或者毁损的，饭店承担相应责任，但因为客人自身的原因造成车辆灭失或者毁损的除外。双方均有过错的，应当各自承担相应的责任。《民法典》第897条规定，保管期内，因保管人保管不善造成保管物毁损、灭失的，保管人应当承担赔偿责任。但是，无偿保管人证明自己没有故意或者重大过失的，不承担赔偿责任。《旅游法》第54条规定，景区、住宿经营者将其部分经营项目或者场地交由他人从事住宿、餐饮、购物、游览、娱乐、旅游交通等经营的，应当对实际经营者的经营行为给旅游者造成的损害承担连带责任。因此，律师认为：消费者如果入住酒店，将车辆停放至酒店附属的停车场，就与酒店形成了一种服务与被服务的合同法律关系，酒店有为消费者人身、财产安全提供安保的义务，车辆在酒店的停车场发生损坏，酒店就有义务承担相应的责任。本案中，酒店将停车场外包给物业公司，就应当对物业公司的经营行为给韩女士造成的损害承担连带责任，酒店承担责任后可以向物业公司追偿。当然，韩女士也可以直接向物业公司要求赔偿，物业公司应当赔偿韩女士因车辆损坏造成的经济损失。

资料来源：黄静，赵秀兰，庞广芬．车在酒店损坏谁负责？[EB/OL]．[2014-10-07]．http://www.gxnews.com.cn/staticpages/20141007/newgx54333604-11303885.shtml.

四、旅游饭店食品安全管理

（一）食品安全与食品安全法

1.食品安全及其相关概念

1984年，世界卫生组织对食品安全的定义是“生产、加工、储存、分配和制作食品过程确保食品安全可靠、有益于健康并且适合人消费的种种必要条件和措施”。1996年，世界卫生组织又将食品安全的解释改为“对食品按其原定用途进行制作和/或食用不会使消费者受害的一种担保”。食品的不安全主要是食品受到了各种各样的污染——外来的有毒有害物质在食品生产的各个环节中进入食品，并随食品进入人体，对人体健康造成损害，例如急性、慢性的食物中毒与食源性疾患，致癌、致畸、致突变等。

我国《食品安全法》规定：“食品，指各种供人食用或者饮用的成品和原料以及按照传统既是食品又是药品的物品，但是不包括以治疗为目的的物品。”“食品安全，指食品无毒、无害，符合应当有的营养要求，对人体健康不造成任何急性、亚急性或者慢性危害。”“食物中毒，指食用了被有毒有害物质污染的食品或者食用了含有毒有害物质的食品后出现的急性、亚急性疾病。”“食品安全事故，指食物中毒、食源性疾病、食品污染等源于食品，对人体健康有危害或者可能有危害的事故。”据此，旅游饭店为旅客提供的食品应当符合我国《食品安全法》的规定。

2.《食品安全法》的特点

为了保证食品安全，保障公众身体健康和生命安全，我国制定了《食品安全法》，该法自2015年10月1日起施行。2018年12月和2021年4月，根据食品安全新形势，全国人大常委会对《食品安全法》进行了修改。该法从我国食品安全实际情况出发，吸收国内外食品安全监管的成功经验和做法，以保证食品安全为主线，针对食品安全监管中的漏洞，在不同层面、多个角度，进行了体制创新、制度创新和机制创新，为食品安全工作构筑了新的框架平台。立法重点明确，在食品安全风险监测和评估、食品安全标准的制定、食品生产经营、食品检验、食品安全事故处理、监督管理和法律责任等方面都做了全面妥善的规定，法的适用性和可操作性都比较强。其特点如下：

（1）食品安全监管体制更加科学、有效。食品安全是重要的公共卫生问题。为了解决食品安全监督管理中的职责不清等突出问题，《食品安全法》规定了国务院各有关主管部门按照各自职责分工依法行使职权，对食品安全分段实施监管的监督管理体制。国务院设立食品安全委员会，作为高层次的议事协调机构，协调、指导食品安全监管工作。

（2）明确食品安全风险评估的法律地位。食品安全问题的主要表现形式是食源性疾病、营养缺乏性疾病。食品安全风险评估就是对食品中生物性、化学性和物理性危害对人体健康可能造成的不良影响进行的科学评估。将食品安全风险评估结果作为制定食品安全标准和政策的科学依据，是人们对食品安全监管规律的深刻认识，已成为许多国家的普遍做法。据此，我国《食品安全法》确立了食品安全风险评估制度。

（3）规范食品安全标准的制定。为了解决目前一种食品有多套标准适用的问题，《食品安全法》规定，制定食品安全标准，应当以保障公众身体健康为宗旨，做到科学合理、安全可靠，并规定食品安全国家标准由国务院卫生行政部门负责制定、公布，国务院标准化行政部门提供国家标准编号，有利于保障监管工作的统一性。

（4）规范食品检验行为。为了规范食品检验机构和食品检验活动，保证食品检验数据和结论的客观、公正，《食品安全法》规定：一是食品检验机构按照国家有关认证认可的规定取得资质认定后，方可从事食品检验活动。二是食品检验机构的资质认定条件和检验规范，由国务院卫生行政部门制定。三是食品检验实行食品检验机构与检验人负责制，由食品检验机构指定的检验人独立进行。

（5）注重食品生产经营的管理。《食品安全法》强化了食品生产经营者作为食品安全第一责任人制度，要求食品生产经营者建立健全本单位的食品安全管理制度，加强对职工安全知识培训，配备专职或者兼职食品安全管理人员，做好对所生产经营食品的检验检测工作，依法从事食品生产经营活动。这样有助于强化企业的责任意识，提高食品安全整体水平，维护好消费者的权益。

（6）确保进口食品的安全。《食品安全法》加大了对进口食品的监管力度，对食品进口规定：一是进口的食品、食品添加剂以及食品相关产品应当符合我国食品安全国家标准，无国家标准或首次进口的新品种，进口商应当向国务院卫生行政部门提出申请并提交相关安全性评估材料。二是向我国境内出口食品的出口商或者代理商应当向国务院出入境检验检疫主管部门备案等。

（7）规范食品安全监管部门的权力和责任。针对食品安全监管中执行力不强、执法不严等问题，《食品安全法》赋予监管部门制止、查处违法行为的必要权力，规定：食品安全监管部门履行食品安全监管职责时，有权进入生产经营场所实施现场检查；对生产经营的食品进行抽样检验；查阅、复制有关合同、票据、账簿以及其他有关资料；查封、扣押有证据证明不符合食品安全标准的食品，违法使用的食品原料、添加剂、食品相关产品，以及用于违法生产经营或者被污染的工具、设备；查封违法从事食品生产经营活动的场所等。

（8）加大对违法行为的处罚力度。《食品安全法》强化了公民权益保障的有效措施，对用非食品原料生产食品或在食品中添加食品添加剂以外的化学物质，或用回收食品作为原料生产食品，生产经营营养成分不符合食品安全标准的专供婴幼儿和其他特定人群的主辅食品，经营病死、毒死或者死因不明的禽、畜、兽、水产动物肉类及其制品，未经安全性评估利用新的食品原料从事食品生产或者从事食品添加剂和食品相关产品新品种的生产等，处以最高多达货值金额10倍的罚款，吊销其许可证。对其直接负责的主管人员自处罚决定作出之日起5年内不得从事食品生产经营管理工作。生产或销售明知是不符合食品安全标准的食品，消费者除要求赔偿损失外，还可以向生产者或销售者要求支付价款10倍的赔偿金。针对一些虚假食品广告欺骗、误导消费者，损害消费者权益的情况，《食品安全法》加强了对食品广告的监管。为了保证使权益受到损害的消费者优先得到赔偿，《食品安全法》还规定，经营者应当承担民事赔偿责任和缴纳罚款、罚金，其财产不足以

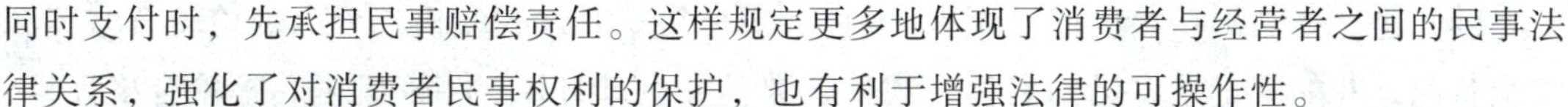

同时支付时，先承担民事赔偿责任。这样规定更多地体现了消费者与经营者之间的民事法律关系，强化了对消费者民事权利的保护，也有利于增强法律的可操作性。

（二）食品的生产经营

1.食品生产经营许可制度及必要条件

《食品安全法》第35条规定，国家对食品生产经营实行许可制度。从事食品生产、食品销售、餐饮服务，应当依法取得许可。但是，销售食用农产品和仅销售预包装食品的，不需要取得许可。仅销售预包装食品的，应当报所在地县级以上地方人民政府食品安全监督管理部门备案。县级以上地方人民政府食品安全监督管理部门应当依照《行政许可法》的规定，审核申请人提交的相关资料，必要时对申请人的生产经营场所进行现场核查；对符合规定条件的，准予许可；对不符合规定条件的，不予许可并书面说明理由。依据《食品安全法》的规定，食品生产经营必须具备三方面的条件：

（1）许可。生产经营企业必须取得食品生产许可证、取得工商营业执照方可组织生产；从事食品添加剂和食品相关产品生产的企业，必须取得工业生产许可证。

（2）国家标准。生产经营企业必须按食品安全国家标准组织生产。

（3）场所、设备设施及人员。生产经营企业必须按《食品安全法》提出的对生产场所和现场条件的要求、生产设备和设施的要求、设备布局的要求、工艺流程的要求、人员条件的要求、规章制度的要求组织生产。

《食品安全法》规定，食品许可在生产、流通、餐饮三个环节，分别发放三种许可证，即食品生产加工环节，发放食品生产许可证；食品流通环节，发放食品流通许可证；餐饮服务环节，发放餐饮服务许可证。该法同时规定，设立食品生产企业，应当预先核准企业名称，依照《食品安全法》的规定取得食品生产许可后，再办理工商登记。

2.食品企业的基本制度

（1）建立健全食品安全管理制度。《食品安全法》要求食品企业加强对职工食品安全知识的培训，配备专职或者兼职食品安全管理人员，做好对所生产经营食品的检验工作，依法从事食品生产经营活动。

（2）建立并执行从业人员健康管理制度。《食品安全法》规定，患有痢疾、伤寒、病毒性肝炎等消化道传染病的人员，以及患有活动性肺结核、化脓性或者渗出性皮肤病等有碍食品安全的疾病的人员，不得从事接触直接入口食品的工作。食品生产经营人员每年应当进行健康检查，取得健康证明后方可参加工作。

（3）建立进货查验记录制度。《食品安全法》要求食品生产者采购食品原料、食品添加剂、食品相关产品，应当查验供货者的许可证和产品合格证明文件；对无法提供合格证明文件的食品原料，应当依照食品安全标准进行检验；不得采购或者使用不符合食品安全标准的食品原料、食品添加剂、食品相关产品。食品生产企业应当建立食品原料、食品添加剂、食品相关产品进货查验记录制度，如实记录食品原料、食品添加剂、食品相关产品的名称、规格、数量、供货者名称及联系方式、进货日期等内容。食品原料、食品添加剂、食品相关产品进货查验记录应当真实，保存期限不得少于2年。

（4）建立食品出厂检验记录制度。《食品安全法》要求查验出厂食品的检验合格证和安全状况，并如实记录食品的名称、规格、数量、生产日期、生产批号、检验合格证号、购货者名称及联系方式、销售日期等内容。食品出厂检验记录应当真实，保存期限不得少于2年。食品、食品添加剂和食品相关产品的生产者，应当依照食品安全标准对所生产的食品、食品添加剂和食品相关产品进行检验，检验合格后方可出厂或者销售。

（5）建立食品召回制度。《食品安全法》规定，食品生产者发现其生产的食品不符合食品安全标准，应当立即停止生产，召回已经上市销售的食品，通知相关生产经营者和消费者，并记录召回和通知情况。食品生产者应当对召回的食品采取补救、无害化处理、销毁等措施，并将食品召回和处理情况向县级以上质监部门报告。

（6）建立食品安全事故处置方案。《食品安全法》规定，食品生产企业应当制订食品安全事故处置方案，定期检查本企业各项食品安全防范措施的落实情况，及时消除食品安全事故隐患。

（三）食品安全事故处置

1.对食品安全事故的处置

关于对食品安全事故的处置，《食品安全法》对发生食品安全事故的企业、相关监督部门以及政府三方面的行为进行了规范。

（1）发生食品安全事故的企业。《食品安全法》规定，发生食品安全事故的单位平时要制订食品安全事故处置预案。发生事故后应当立即予以处置，对导致或者可能导致食品安全事故的食品及其原料、工具、设备等，应当立即采取封存等控制措施，防止事故扩大。发生食品安全事故的单位自事故发生之时起2小时内向所在地县级人民政府卫生行政管理部门报告，同时要立即向事故发生地县级卫生行政管理部门报告。可见，制订预案、先行处置及事故报告是发生食品安全事故企业的法定职责。

（2）监管部门。一是通报。食品安全监督管理部门在日常监督管理中发现食品安全事故，或者接到有关食品安全事故的举报，应当立即向卫生行政部门通报。二是处置。在卫生行政部门的组织协调下，立即采取以下措施：救治受害人员，开展应急救援工作，对因食品安全事故导致人身伤害的人员，卫生行政部门应当立即组织救治；采取封存措施，封存可能导致食品安全事故的食品及其原料，并立即进行检验；封存被污染的食品用工具及用具，并责令进行清洗消毒；召回并销毁问题食品，对确认属于被污染的食品及其原料，责令食品生产经营者依法予以召回、停止经营并销毁；做好信息发布工作，依法对食品安全事故及其处理情况进行发布，并对可能产生的危害加以解释、说明。三是调查。发生重大食品安全事故，设区的市级以上人民政府卫生行政部门应当立即会同有关部门进行事故责任调查，督促有关部门履行职责，向本级人民政府提出事故责任调查处理报告。发生食品安全事故，县级以上疾病预防控制机构应当协助卫生行政部门和有关部门对事故现场进行卫生处理，并对与食品安全事故有关的因素开展流行病学调查。事故责任调查主要是调查事故原因，调查事故的责任单位和责任人。四是处理。调查食品安全事故，除了查明事故单位的责任，还应当查明负有监督管理和认证职责的监督管理部门、认证机构的工作人员失职、渎职情况。对事故单位及责任人进行处理。

(3) 政府。《食品安全法》规定，接到县级卫生行政部门关于发生重大食品安全事故的报告的县级人民政府应当按照规定上报，并应当立即成立食品安全事故处置指挥机构，启动应急预案，依照规定进行处置。

2. 食品安全监督部门的监管措施

依据《食品安全法》的规定，食品安全监督部门在监督管理中采取的措施包括以下内容：现场检查，即进入生产经营场所实施现场检查；抽样检验，即对生产经营的食品进行抽样检验；查阅、复制有关资料，即查阅、复制有关合同、票据、账簿以及其他有关资料；查封、扣押有关物品，即查封、扣押有证据证明不符合食品安全标准的食品，违法使用的食品原料、食品添加剂、食品相关产品，以及用于违法生产经营或者被污染的工具、设备；查封有关场所，即查封违法从事食品生产经营活动的场所。

此外，《食品安全法》规定，国家鼓励社会团体、基层群众性自治组织开展食品安全法律、法规以及食品安全标准和知识的普及工作，倡导健康的饮食方式，增强消费者食品安全意识和自我保护能力。新闻媒体应当开展食品安全法律、法规以及食品安全标准和知识的公益宣传，并对违反本法的行为进行舆论监督。国家鼓励和支持开展与食品安全有关的基础研究和应用研究，鼓励和支持食品生产经营者为提高食品安全水平采用先进技术和先进管理规范。任何组织或者个人有权举报食品生产经营中违反本法的行为，有权向有关部门了解食品安全信息，对食品安全监督管理工作提出意见和建议。

【延伸阅读7-3】 国际食品安全认证体系及其危害和关键控制点分析

欧美国家在食品安全一般管制的基础上，比较鼓励食品部门的自我管理。食品安全管理部门制定一系列食品企业通用管理规范，作为强制性法规的补充或替代，如HACCP等，由食品企业自愿采纳并融合到自己的管理系统中，鼓励企业根据产品和生产特性形成自己的食品安全计划。这些企业的自我管理大都是预防性和保护性的措施，要通过认证得到承认。认证不仅是促进企业和其他组织提高管理与服务水平、保证产品质量、提高竞争力的可靠方式，同时也是从源头上确保产品安全、规范市场行为、指导消费、保护健康的战略性选择。目前，国际比较通行的食品安全认证体系主要包括：危害分析和关键控制点分析（HACCP）、良好生产规范（GMP）、良好卫生规范（GHP）体系、全面质量管理（TQM）、ISO 9000系列质量标准体系等。

危害分析和关键控制点技术是生产（加工）安全食品的一种控制手段。它对原料、关键生产工序及影响产品安全的人为因素进行分析，确定加工过程中的关键环节，建立、完善监控程序和监控标准，采取规范的纠正措施，从而提高食品从最初生产到最终消费全过程的安全性。危害分析和关键控制点体系被认为是控制食品安全和保持风味品质的有效管理体系，已成为国际上认可和接受的食品安全保证体系。在联合国粮农组织和世界卫生组织等国际组织的大力推荐下，危害分析和关键控制点体系已在世界各国得到了广泛的应用和发展。作为科学的预防性食品安全体系，它具有以下特点：

（1）危害分析和关键控制点是预防性的食品安全保证体系，但它不是一个孤立的体系，必须建立在食品良好生产规范和卫生标准操作程序的基础上。

（2）每个危害分析和关键控制点计划都反映了某种食品加工方法的专一特性，其重点在于预防，设计上防止危害进入食品。

（3）危害分析和关键控制点分析不是零风险体系，但它将食品安全的责任首先归于食品生产商及食品销售商，并使食品生产最大限度趋近于“零缺陷”，可用于尽量减少食品安全危害的风险。

（4）危害分析和关键控制点分析克服传统食品安全控制方法（现场检查和成品测试）的缺陷，强调在加工过程中生产者与监管部门的交流沟通。监管部门通过确定危害是否正确地得到控制来验证工厂危害分析和关键控制点分析实施情况，将精力集中到食品生产加工过程中最易发生安全危害的环节上，从而更有效地控制食品安全。

（5）危害分析和关键控制点分析概念可推广延伸应用到食品质量的其他方面，控制食品缺陷。

上述特点根本在于，危害分析和关键控制点体系使食品生产者或供应商从以最终产品检验为主要基础的控制观念转变为建立从生产到消费，鉴别并控制潜在危害，全面保证食品安全。

资料来源：陈乃康．国际食品安全管理制度及其在我国的应用［EB/OL］．［2006-01-19］．http：//www.npc.gov.cn/zgrdw/npc/xinwen/rdlt/fzjs/2006-01/19/content_344239.htm.

第三节　旅游交通业管理法律制度

一、旅游交通业与旅游交通运输合同

（一）旅游交通业及其特征

旅游交通业是实现旅游者空间移动的各种交通工具、手段和服务的集合，它是承运人使用一定的交通运输工具（火车、汽车、船舶、飞机等），通过一定的交通路线（铁路、公路、航道、航线等）和站、港、场等设施来实现旅游者由居住地到目的地的往返以及在各地区旅游往返所提供空间位置转移的生产服务活动和现象的总和。特别是旅游交通要满足旅游者安全、方便、快捷、舒适、价廉等方面的需求，这要求旅游交通业不仅要具有一般交通运输的功能，还要具有满足人们旅游需求的功能，并在交通工具、运输方式、服务等方面都形成旅游交通业的特色。旅游交通业虽然不是一个完全独立的行业，却是整个国民经济交通运输业和旅游经济的重要组成部分。[①②]在整个国民经济交通运输业中，旅游交通业又有其特殊性，从而具有相对的独立性。其特征如下：

1.游览性

旅游交通业的一个突出特性在于它的游览性。如长江三峡的旅游船，较之一般长江客轮，经停的游览点多，而且有较长的游览时间。而一般长江客轮则是以准点将旅客从始发

① 于行行．旅游交通发展存在的问题及其前景分析［J］．山东交通学院学报，2005，13（3）：84-86.
② 罗明义．国际旅游发展导论［M］．天津：南开大学出版社，2002：216-222.

港送到目的港为特征，沿途景点停留数量少且时间短，经常是夜过三峡。旅游船则保证旅游者在白天过三峡，以实现旅游者“三峡之游”的目的。此外，旅游交通业在线路安排上十分注意将各旅游景区、景点连接起来，以便旅游者在旅行过程中游览多个景点、领略沿途风景。

2.舒适性

旅游交通业的舒适性也是与一般交通运输有所不同的一个特性。如旅游列车在车厢设施、服务质量、服务项目、乘客座椅等方面，特别注重其舒适性；旅游汽车、旅游船内的设备设施一般也都优于一般交通客车、交通客轮。当然，有些旅游者，从经济角度出发，也有选择一般交通客车、客轮作为其旅游交通工具的。作为旅游交通业的舒适性，突出体现在一些国际旅游专列和巨型远洋游船上。在这些旅游交通运输工具上，不仅拥有星级客房、风味餐厅，而且有各类娱乐、健身设施。

3.季节性

一般来说，随着自然季节的变化，旅游交通运输也有旺季、淡季之分。旅游旺季、节假日期间，旅游交通客运量急剧增加，求大于供；而在旅游淡季，则交通运送量明显下降，供大于求。旅游交通运输为适应这种季节性，也往往在旅游旺季集中运送旅游者，而在旅游淡季则以运送一般旅客为主，不断地根据季节作相应的调整。

（二）旅游交通运输合同

1.旅游交通运输合同的概念

《民法典》第809条规定，运输合同是承运人将旅客或者货物从起运地点运输到约定地点，旅客、托运人或者收货人支付票款或者运输费用的合同。旅游交通运输合同是运输合同的一种，它是指承运人按照约定的运输方式，在运达期限内将旅客或者货物送达约定地点并由旅客、托运人或者收货人支付票款或者运输费用的合同。可见，旅游交通运输合同的概念包含了以下内容：

（1）旅游交通运输合同的主体是承运人和旅客、托运人。旅游交通运输合同主体是指合同权利义务的承担者，即合同的当事人。依据《民法典》的规定，当事人一方是享受收取运费或者票款权利、承担运送义务的承运人，另一方是享受运送权利并支付运费的旅客和托运人。在运输合同中，承运人作为一方当事人，可以是一人，也可以为数人，如在相继运输中，承运人可分为缔约承运人和实际承运人；在多式联运合同中，有多式联运经营人和各区段承运人。承运人多为法人或者组织，但也可以是个人。托运人是指与承运人订立货物运输合同的一方当事人。

（2）旅游交通运输合同中的托运人。旅游交通运输合同中的托运人有时就是收货人，但是在多数情况下，另有收货人，此时，收货人不是运输合同的一方当事人。货物送达目的地后，承运人有通知收货人的义务，经收货人请求交付后，取得托运人因运输合同所产生的权利。在有收货人的情况下，托运人与承运人订立运输合同是为了收货人的利益，承运人应当依照运输合同向收货人交付，但收货人的权利产生于请求交付之时，而非运输合同订立时，收货人是运输合同的第三人，也是运输合同中重要的关系人。

（3）旅游交通运输合同是承运人将旅客或者货物运输到约定地点的合同。由此可见，运输合同的客体是承运人运送行为，不是货物和旅客。在运输合同中，承运人的义务是将旅客或者货物运输到约定地点，权利是收取票款或者运费；而旅客、托运人的权利和义务与其对应，权利是要求承运人将其运输到约定地点，义务是向承运人支付票款或者运费。这里的“票款”是指在旅客运输合同中，旅客向承运人支付的报酬；“运费”是指在货物运输合同中，托运人向承运人支付的报酬。

2.旅游交通运输合同的种类

依据《民法典》的规定，旅游交通运输合同主要分为旅客运输合同、货物运输合同和多式联运合同，在此主要介绍旅客运输合同。

（1）旅客运输合同。旅客运输合同是指承运人将旅客从出发地运至目的地，旅客支付票款的合同。客票是旅客运输合同的证明，旅客凭客票就可以要求承运人履行运输义务。《民法典》规定，客运合同自承运人向旅客交付客票时成立，但当事人另有约定或者另有交易习惯的除外。这是对旅客运输合同的成立时间所作的规定。旅客运输合同作为民事合同的一种，其订立和成立与其他民事合同的订立和成立有相同的地方，但是，在旅客运输合同的订立和成立时间上也有其特殊的地方。这主要体现在以下几个方面：

从合同行为主体方面来看，在旅客运输合同中，承运人一般具有独占的地位，制作并发布标准合同，其相对人是社会中不特定的大众，任何人都可以按这些企业发布的标准合同确立合同关系。但是，旅客运输领域中还有一个特殊情况存在，即旅客运输供求关系所造成的运力与运量的矛盾总是存在的。在运力大于运量的情况下，承运人不应拒绝也不会拒绝旅客；而在运力小于运量的情况下，承运人就可能满足不了所有旅客的要求。在实践中，如铁路客运中，往往在售票窗口告示某车次的可售票的数量；班轮客运中，承运人在营业地或者报纸上公告航次和舱位数量，承运人在此运量的范围内才受拘束。

从运输合同的内容来看，承运人所制作公布的客票、价目表和班次时刻表等间接或者直接地构成合同内容，但是否构成合同的内容，是以合同是否成立为界限的，在旅客购票以前，即合同成立以前，这些内容的性质仅在于说明承运人的运输能力、运输安排、价格等实际情况。对承运人法定资格、经营范围、经营行为能力的公示，还不构成具体运输合同的内容，只有在旅客向承运人交付票款、取得客票后，合同才成立，上述内容也才成为运输合同的内容。

旅客运输合同一般在旅客取得客票时成立。在旅客运输合同中，合同一经成立，旅客就已履行了其主要的义务，即支付票款的义务。旅客运输合同的成立时间和地点，涉及合同当事人受合同约束的开始时间和案件管辖问题，而国际旅客运输合同的成立往往还涉及法律适用问题。在通常情况下，客票就是旅客运输合同成立的凭据，也就是说，承运人向旅客签发的客票证明了承运人和旅客之间订立了合同。所以，旅客运输合同的成立时间一般是旅客客票的取得时间。但是，在运输合同的当事人另有约定的情况下，旅客运输合同可以不在客票的交付时成立。例如，依据《民法典》第491条第2款的规定，当事人（承运人）一方通过互联网等信息网络发布的商品或者服务信息符合要约条件的，对方（旅客）选择该商品或者服务并提交订单成功时合同成立，但是当事人另有约定的除外。又如，在航空运输中，旅客与承运人约定航空运输合同从旅客登上飞机时成立，则该航空运输合同的成立时间即为旅客登上飞机那一刻。在另有交易习惯的情况下，旅客运输合同的成立时间也可以不是交付客票时，如在出租车运输中，客票的交付时间一般在运输行为完成后，按出租车运输的交易习惯，该运输合同在旅客登上出租车时就成立。

（2）货物运输合同。货物运输合同是指承运人按照托运人的要求将货物从起运地运到目的地，托运人或者收货人支付运费的合同。

（3）多式联运合同。多式联运合同是指以至少有两种不同的运输方式，由多式联运经营人将货物安全送达目的地，托运人或收货人支付运费的合同。

3.旅游运输合同的法律特征

（1）旅游运输合同是双务、有偿合同。承运人有义务将旅客或货物按合同约定运达目的地，托运人（有时也有收货人）或旅客有义务按合同规定支付运费及其他费用。因此，一般而言，旅游运输合同是双务、有偿合同。当然，个别时候承运人可能免费运输货物或旅客，这时候就是单务、无偿合同，但这只是个别情况。

（2）旅游运输合同是诺成合同。从有关法律、法规的规定来看，货物运输合同一般为诺成合同，但也有实践合同。另外，从实务上说，若认定运送合同为实践合同，则承运人在同意托运而未实际接受货物前，合同并不成立。即使其后对托运人交付的货物不予接受和托运，也不承担违约责任。这样，在现代化大生产条件下，则对托运人的利益保护十分不利，会严重影响托运人和收货人的生产经营活动。同样，若托运人不交付货物，即使承运人已为托运做了准备（如已安排车辆），也不能追究托运人的违约责任，这会影响承运人的营业。

（3）旅游运输合同一般为标准合同。旅游运输合同的承运人一般是从事客货运输业务的人，运输合同的内容一般是由承运人事先根据有关法规和政策或者市场行情事先制定好的，当事人双方的权利、义务更多的是由承运人来决定的，客票、货运单、提单都是统一印制的，运费一般也是统一规定的。因此，旅游运输合同一般是标准合同。

（4）旅游运输合同以运送旅客或货物为直接目的、以运送行为为标的。旅游运输合同既不是承揽合同，因为承运人提供的是运送服务本身而不是某项劳动成果；同时，旅游运输合同也不是一般的雇佣或委托合同，因为承运人是以自己的名义和责任独立地完成旅客或货物的运送。

二、民用航空运输管理

（一）民用航空运输管理的基本规范

1.民用航空运输的概念与经营准则

民用航空运输，分为国内航空运输和国际航空运输。我国《民用航空法》规定，国内航空运输是指根据当事人订立的航空运输合同，运输的出发地点、约定的经停地点和目的地点均在中华人民共和国境内的运输。国际航空运输则是指根据当事人订立的航空运输合同，无论运输有无间断或者有无转运，运输出发地点、目的地点或者约定的经停地点至少有一个不在中华人民共和国境内的运输。

《民用航空法》规定，公共航空运输企业应当以保证飞行安全和航班正常、提供良好服务为准则，采取有效措施，提高运输服务质量。公共航空运输企业应当教育和要求本企业职工严格履行职责，以文明礼貌、热情周到的服务态度，认真做好旅客和货物运输的各项服务工作。旅客运输航班延误的，应当在机场内及时通告有关情况。该规定旨在促进公共航空运输企业改善经营管理，在保证飞行安全和正常飞行的基础上，进一步提高运输服务质量。对于旅游业来说，航空运输具有很强的窗口性。每天都有很多中外旅客乘坐我国航空公司的飞机，飞往各国或各地。公共航空运输企业的服务质量，直接体现着中国在国际上的形象和声誉，必须上升到法律的高度来要求服务质量。从法律上讲，旅客与公共航空公司都是平等的合同主体。航空公司将客票售出，便意味着与旅客签订了航空运输合同。公共航空运输企业在运输服务中必须恪尽职守、文明礼貌、热情周到，把旅客及其行李及时、安全、完好地运送到目的地，才算是适当地履行了航空运输合同。因为旅客是为了得到更好的服务，才付出比其他运输方式更高的费用来选择航空运输的。

依据《民用航空法》，旅客航空运输航班延误的，法律规定公共航空企业应当在机场内及时通告有关情况。因为航空旅客运输合同签订后，公共航空运输企业就应当按照公布的班期时刻运送旅客，如果因故无法按照客票中规定的航班运送旅客，应当及时在机场向航空运输合同的另一方——旅客公布有关情况。该规定中的“有关情况”，主要包括航班延误的原因（依法不能公布的原因除外）、航班延误的时间、对旅客的住宿安排等。这不仅是法律规定的义务，也是对民航优质服务工作方针的要求。

2.有关禁运的规定

（1）禁运物品。《民用航空法》规定，公共航空运输企业不得运输法律、行政法规规定的禁运物品。禁止旅客随身携带法律、行政法规规定的禁运物品，如毒品、伪钞等乘坐民用航空器。为了与其他法律、法规相衔接，以使公共航空运输企业的运输行为符合安全要求和公共利益，国家在很多法律、法规中规定了禁运物品以及运输这些物品应承担的法律责任。因此，公共航空运输企业必须严格遵照法律、法规的有关规定，不得运输禁运物品。不仅如此，作为旅客，法律也规定禁止携带禁运物品乘坐航空器，因为这些禁运物品大都是危害人民群众身体健康、社会公共秩序、社会经济秩序、社会道德水平的。所以，公共航空运输企业有义务配合公安机关等有关部门，对私带禁运物品乘坐民用航空器的行为进行打击，认真检查旅客的人身及随身物品。发现携带禁运物品的旅客，不允许其乘坐民用航空器，并按照国家有关规定，将其连同禁运物品一并移交公安机关或其他有关部门处理。作为旅游业的导游人员，也有自身不携带禁运物品的义务，还应该协助、配合公共航空运输企业和公安机关禁止旅游者随身携带禁运物品乘坐民用航空器。

（2）禁止旅客携带危险品。依据《民用航空法》的规定，禁止旅客携带危险品乘坐民用航空器，禁止违反国务院民用航空主管部门的规定，将危险品作为行李托运。所谓危险品，是指对运输安全构成威胁的易燃、易爆、剧毒、易腐蚀、易污染和放射性物品，这是

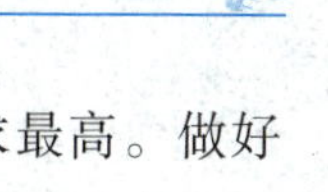

出于对航空安全的考虑。由航空器的特点所决定，航空运输对安全措施的要求最高。做好航空运输的安全保障工作，仅靠机组人员是不够的，必须要有广大旅客的支持和配合。因此，禁止旅客携带危险品乘坐航空器，不仅是对航空安全的保障，同时也是对广大旅客生命财产安全的保障。

（3）禁止旅客携带枪支、管制刀具。《民用航空法》规定，除因执行公务并按照国家规定经过批准外，禁止旅客携带枪支、管制刀具乘坐民用航空器。此规定是出于对航空器安全保卫工作的考虑，防止不法分子利用枪支、管制刀具劫持航空器、破坏航空器，或者在航空器内进行其他违法犯罪活动，扰乱秩序，影响飞行安全。对于拒绝接受安全检查的旅客，公共航空运输企业有权拒绝运输。这同样是保障航空运输安全以及所载旅客生命财物安全的需要，也是世界各国管理公共航空运输的通行做法。

（二）民用航空运输凭证和依据

在旅游交通运输中，旅客和承运人之间一般不以签字的方式订立合同，承运人发售的客票、行李票即是双方运输合同法律关系的凭证。

1.旅客运输凭证

《民用航空法》规定，客票是航空旅客运输合同订立和运输条件的初步证据；承运人运送旅客，应当出具客票。旅客乘坐民用航空器，应当交验有效客票。这是关于承运人出具客票和旅客交验客票的义务性规定。此规定含义如下：

（1）出具客票是承运人的法定义务。承运人运送旅客，必须向旅客签发客票，如果承运人不出具客票而又同意旅客乘坐民用航空器，承运人将无权援用法定的赔偿责任限额。客票是航空旅客运输合同订立和运输合同条件的初步证据，如果承运人不出具客票，航空旅客运输过程中一旦发生纠纷，就缺乏这种初步证据，因此法律要求承运人出具客票。

（2）登机前交验有效客票是旅客的法定义务。旅客乘坐民用航空器，在办理登机手续时，必须向承运人交验有效的客票。旅客如不交验客票，或者所交验的客票已经过期或因其他原因失效，承运人可以拒绝其乘坐民用航空器，这是我国长期航空运输实践中的习惯做法。这一规定是指航空旅客运输合同一般在旅客购入客票时即告成立。但是，客票只是此项合同订立的初步证据，而不是合同本身。因为航空旅客运输合同一般不采用书面形式订立，而客票是证明合同订立的一个证据。客票除作为旅客运输合同订立的证明外，还对运输合同条件具有初步证据力。运输合同条件是关于运输合同当事人双方的主要权利、义务的规定，一般记载于客票之中。运输合同条件中最主要的内容是承运人的责任规则，即在何种情况下，承担或不承担责任以及责任限额等。

正是由于客票是初步证据而不是最终证据，当出现下列情形时，运输合同的存在或者效力不受影响：一是旅客未能出示客票。旅客虽然购买了客票，但由于某种原因而无法向承运人出示客票，如旅客忘记随身携带已购买的客票（含电子客票），运输合同确已订立并仍然有效。二是客票不符合规定。这主要是指客票不符合《民用航空法》的规定。如该法第110条规定："客票应当包括的内容由国务院民用航空主管部门规定，至少应当包括以下内容：（一）出发地点和目的地点；（二）出发地点和目的地点均在中华人民共和国境内，而在境外有一个或者数个约定的经停地点的，至少注明一个经停地；（三）旅客航程的最终目的地点、出发地点或者约定的经停地点之一不在中华人民共和国境内，依照所适用的国际航空运输公约的规定，应当在客票上声明此项运输是适用于该公约的。客票上应当载有该项声明。”客票上如果没有包括上述规定，即“客票不符合规定”。但是这并不影响运输合同的成立，即合同仍然有效，但承运人的权利在某种程度上将受到影响。三是客票遗失。旅客已经购买了客票，但客票遗失或者电子客票的应用软件无法打开，运输合同仍然存在并有效。

《民用航空法》上述关于承运人出具客票的规定和第110条关于在国际航空旅客运输的客票中声明适用的国际航空运输公约的规定，都是强制性规定，承运人违反强制性规定，就必须承担没有限额的完全责任。具体来讲，在国内航空运输中，承运人违反出票的强制性规定，不出具客票而同意旅客乘坐民用航空器的，就无权援用《民用航空法》第128条有关赔偿责任限制的规定。在国际航空运输中，承运人不出具客票而同意旅客乘坐民用航空器，或者虽然出具了客票，但客票上未载明《民用航空法》第110条第3项的声明，无权援用该法第129条有关赔偿责任限制的规定。

2.行李运输凭证

《民用航空法》规定：“承运人载运托运行李时，行李票可以包含在客票之内或者与客票相结合。除本法第110条规定外，行李票还应当包括下列内容：（一）托运行李的件数和重量；（二）需要声明托运行李在目的地点交付时的利益的，注明声明金额。”行李票是行李托运和运输合同条件的初步证据。旅客未能出示行李票、行李票不符合规定或者行李票遗失，不影响运输合同的存在或者有效。在国内航空运输中，承运人载运托运行李而不出具行李票的，或者行李票上未依照该法第110条第3项的规定声明的，承运人无权援用该法第129条有关赔偿责任限制的规定。该规定是关于行李票的形式、内容、性质、法律地位以及承运人违反行李票规则的法律后果的规定。其含义如下：

（1）承运人有出具行李票的义务。承运人载运托运行李，应当向旅客出具行李票。根据国际航空运输协会（运输合同条件）对行李的表述，行李是指一位旅客的与其旅程有关的穿、用舒适与方便所必需的适当的物品以及其他个人财物。除另有规定外，行李包括旅客托运行李和旅客自带行李。托运行李又称登记行李，旅客自带行李指的是旅客随身携带的物品，又称非登记行李。承运人载运旅客自带行李，无须出具行李票，而只有在载运托运行李时才需要出具行李票。

（2）行李票的形式。承运人载运托运行李时出具的行李票，可以包含在客票之内，也可以与客票相结合。根据我国的航空实践，承运人载运托运行李，一般不出具单独的行李票，其所出具的行李票或者是包含在客票之内，或者是与客票相结合。所谓行李票包含在客票之内，是指承运人所出具的运输凭证名称为“客票”，其中有行李栏目可供填写有关行李票应包含的内容。所谓行李票与客票相结合，是指承运人所出具的运输凭证名称为“客票行李票”。无论采取哪种形式，该运输凭证就旅客本身的运送而言是客票，就托运行李的运输而言是行李票。如果旅客没有托运行李，该运输凭证仅起客票的作用。

（3）行李票的内容。包含在客票之内的行李票和与客票相结合的行李票，除《民用航空法》第110条规定的内容外，还应当包括托运行李的件数和重量；需要声明托运行李在目的地点交付时的利益的，注明声明金额。

（4）行李票的性质。行李票是行李托运和运输合同条件的初步证据，即行李票是一项初步证据，它不是行李运输合同本身。行李票的出具，能基本上证明旅客已经履行了行李托运的手续，即将托运行李交给承运人照管，并表明旅客和承运人已就托运行李运输合同的条件达成一致。

正是由于行李票是行李托运和运输合同条件的初步证据，而不是最终证据，旅客未能出示行李票、承运人出具的行李票不符合规定或行李票遗失时，托运行李运输合同的存在或有效不受影响。依据《民用航空法》的规定，承运人未履行出具行李票的强制性义务或未在行李票上规定法定的强制性内容，应当承担的法律后果：一是在国内航空运输中，承运人载运行李而不出具行李票，则承运人无权援用《民用航空法》第128条有关赔偿责任限制的规定，其赔偿责任金额将是无限制的。二是在国际航空运输中，承运人载运行李而不出具行李票，或者行李票上未作《民用航空法》第110条第3项的声明的，则承运人无权援用《民用航空法》第129条有关赔偿责任限制的规定，其赔偿责任金额将是无限制的。

（三）航空承运人的责任

1.承运人对旅客及行李安全的责任

《民用航空法》规定，因发生在民用航空器上或者在旅客上、下民用航空器过程中的事件，造成旅客人身伤亡的，承运人应当承担责任。但是，旅客的人身伤亡完全是由于旅客本人的健康状况造成的，承运人不承担责任。该规定是关于承运人对旅客人身伤亡的责任的规定，其含义如下：

（1）承运人对旅客的责任。一是承运人对因发生在民用航空器上或者在旅客上、下民用航空器过程中的事件造成的旅客人身伤亡承担责任。承运人承担民事责任的对象是旅客；承运人承担民事责任的范围仅限于旅客的人身伤亡；承运人承担民事责任的前提条件是旅客的人身伤亡是因发生在民用航空器上或在旅客上、下民用航空器过程中的事件造成的，而这一事件与旅客的人身伤亡存在因果联系；承运人的责任期间是“在民用航空器上或者在旅客上、下民用航空器的过程中”，凡在该期间以外的事件，造成旅客人身伤亡，承运人不承担责任。二是对完全是由于旅客本人的健康状况，即旅客的疾病而造成的旅客人身伤亡，承运人不承担责任。三是对部分由旅客本人的健康状况造成的旅客人身伤亡，承运人应当承担责任。如某旅客患有心脏病，飞行中飞机发生剧烈颠簸造成该客人摔倒，病发身亡，在这种情况下，承运人应对该旅客的死亡承担责任。

依据《民用航空法》，承运人如能证明旅客死亡或受伤是不可抗力或旅客本人健康状况造成的，承运人不承担赔偿责任。此外，如果承运人能证明旅客死亡或受伤是由旅客本人的过失或故意行为造成的，可以减轻或免除其赔偿责任。

（2）承运人对旅客随身携带物品的责任。《民用航空法》规定，因发生在民用航空器上或者在旅客上、下民用航空器过程中的事件，造成旅客随身携带物品毁灭、遗失或者损坏的，承运人应当承担责任。旅客随身携带物品的毁灭、遗失或者损坏完全是由于行李，即该随身携带物品本身的自然属性、质量或者缺陷造成的，承运人不承担责任。该规定的含义：一是承运人应当对因发生在航空器上或者旅客上、下民用航空器过程中的事件造成的旅客随身携带物品的毁灭、遗失或者损坏承担责任。二是旅客随身携带物品的毁灭、遗失或者损坏完全是由于行李本身的自然属性、质量或缺陷造成的，承运人不承担责任。因为这些情况的发生一方面与飞机的航行活动无关，另一方面也是承运人无法预料、无法防范的。三是对部分因旅客随身携带物品的自然属性、质量或者缺陷造成该物品的毁灭、遗失或者损坏，承运人仍应承担责任。

（3）承运人对旅客托运行李的责任。《民用航空法》规定，因为发生在航空运输期间的事件，造成旅客的托运行李毁灭、遗失或者损坏的，承运人应当承担责任。"航空运输期间"，是指在机场内、民用航空器上或机场外降落的任何地点、托运行李处于承运人掌管之下的全部期间。

2.承运人对旅客、行李延误运输的责任

《民用航空法》规定："旅客、行李或者货物在航空运输中因延误造成的损失，承运人应当承担责任；但是承运人证明本人或者其受雇人、代理人为了避免损失的发生，已经采取一切必要措施，或者不可能采取此种措施的，不承担责任。"

（1）责任期间。《民用航空法》规定的"航空运输中"，是指承运人的责任期间，承运人仅对在其责任期间造成的旅客、行李迟延运输负责，而不对在此期间外因其他运输方式的延误造成的损失负责。这里的"延误"是指承运人未能按照运输合同约定的时间将旅客、行李运抵目的地点。运输合同约定的时间，一般指承运人的班机时刻表，或者机票上载明的旅客抵达目的地的时间。此外，从国际航空司法实践看，航班的撤销也作延误处理。

（2）责任范围。依据《民用航空法》的规定，承运人只在因延误造成损失时才承担责任，如果延误没有造成任何损失，承运人就不承担责任。法律之所以作如此规定，首先，并不是所有的延误都可能造成损失，因此，在虽然发生延误，但并未造成实际损失的情况下，承运人不承担责任；其次，并不是一出现延误就会给每个旅客或托运人造成损失，只有当旅客或托运人因延误遭受损失时，承运人才承担责任，这就要求旅客或托运人负责举证其某项损失是由延误造成的，并列举出延误所造成损失的具体款项；再次，因延误造成的损失是指因延误而给旅客或者托运人造成的实际经济损失，不包括因延误给旅客或托运人造成的精神损失，如给旅客造成的身体上的不便、不适等。至于因延误造成的损失是仅指直接的经济损失，还是既包括直接经济损失，也包括间接经济损失，法律尚无明确规定。如果承运人能够履行其举证责任，证明其本人或者其受雇人、代理人已经采取一切必要措施以避免损失的发生，或者根本不可能采取此种措施，可以不承担责任。

3.承运人责任的减免与责任限制制度

（1）承运人责任的减轻与免除。《民用航空法》规定，在旅客、行李运输中，经承运人证明，损失是由索赔人的过错造成或者促成的，应当根据造成或者促成此种损失的过错的程度，相应免除或者减轻承运人的责任。旅客以外的其他人就旅客死亡或者受伤提出赔偿请求时，经承运人证明，死亡或者受伤是旅客本人的过错造成或者促成的，同样应当根据造成或者促成此种损失的过错的程度，相应免除或者减轻承运人的责任。该规定中，“索赔人”主要是指旅客或其代理人。如果旅客在航空运输中死亡，索赔人即为旅客的继承人或其代理人。“旅客以外的其他人”是指旅客的代理人、继承人或该继承人的代理人。

关于旅客、行李运输中承运人的免责问题，法律规定主要包括：一是在旅客、行李运输中，损失如果完全是由于索赔人的过错造成的，应当免除承运人的责任。如飞机发生空中颠簸，承运人通知旅客系好安全带，但某旅客不听乘务员的吩咐而未系安全带造成撞伤。在这种情况下，可以免除承运人的责任。二是在旅客、行李运输中，损失如果是由于索赔人的过错促成的，应当根据促成此种损失的程度，相应减轻承运人的责任。如旅客将一活的动物作为一般行李托运，未向承运人申明。承运人误将该活动物运往旅客目的地以外的地方，致使该“托运行李”延误，该活动物因延误时间过长而死亡。在这种情况下，应当根据旅客的过错程度，相应减轻承运人的责任。实际上，也就是根据承运人的过错和旅客的过错程度，使双方分摊因其共同过错造成的损失。所谓“过错”，是指行为人的故意或过失的行为或者不作为。如旅客在托运行李时负有申报危险品的义务而没有申报，旅客的代理人在代旅客提取行李时不慎将行李摔坏等。

（2）承运人责任限制制度。承运人责任限制制度，是指发生重大的航空事故时，作为责任人的承运人，一般情况下，即航空公司可以根据法律的规定，将自己的赔偿责任限制在一定范围内进行赔偿的法律制度。我国《民用航空法》关于航空承运人责任限制制度的规定是对民法中一般民事损害赔偿原则，即按照实际损失赔偿的原则作出的特殊规定。规定这一制度的目的在于促进航空运输业和航空保险业的发展，公平维护航空运输合同各方当事人的合法权益。根据这一制度，当航空运输过程中发生的旅客人身伤亡，行李物品灭失、损坏的损失数额没有超出法定责任限额时，承运人应当按实际损失赔偿旅客或者托运人。当损失数额超过责任限额时，承运人仅在法定责任限额内承担赔偿责任，对法定限额以外的损失数额不予赔偿。因此，赔偿责任限制制度是通过法律或者行政法规规定承运人的最高赔偿责任限额，将承运人的责任限制在一定数额范围内，以达到保护承运人利益、使承运人不致过度赔偿而破产的目的。当然，赔偿责任限制制度不仅考虑到对承运人利益的保护，也考虑到对合同对方当事人利益的保护，这种对合同对方当事人利益的保护，一般体现在允许合同对方当事人另行约定高于法定责任限额的赔偿责任限额。就该合同而言，该赔偿责任限额一经约定即取代法定责任限额。一旦发生损失且损失额巨大时，承运人将在双方约定的赔偿责任限额的范围内承担责任。

关于国内航空运输承运人的赔偿责任限额，依据《国内航空运输承运人赔偿责任限额规定》，对每名旅客的赔偿责任限额为人民币40万元；对每名旅客随身携带物品的赔偿责任限额为人民币3 000元；对旅客托运的行李和对运输的货物的赔偿责任限额，为每千克人民币100元。此外，旅客自行向保险公司投保航空旅客人身意外保险的，此项保险金额的给付，不免除或者减轻承运人应当承担的赔偿责任。除了法定赔偿责任限制制度外，法律允许旅客可以就旅客的人身伤亡及延误，事先与承运人书面约定高于行政法规规定的赔偿责任限额。一旦发生了旅客人身伤亡及延误，承运人即应在约定的赔偿责任内承担责任。

关于国际航空运输承运人的赔偿责任。依据《民用航空法》第129条的规定，国际航空运输承运人的赔偿责任限额：一是对每名旅客的赔偿责任限额为16 600计算单位。但是，旅客可以同承运人书面约定高于本项规定的赔偿责任限额。二是对托运行李或者货物的赔偿责任限额，每千克为17计算单位。旅客或者托运人在交运托运行李或者货物时，特别声明在目的地点交付时的利益，并在必要时支付附加费的，除承运人证明旅客或者托运人声明的金额高于托运行李或者货物在目的地点交付时的实际利益外，承运人应当在声明金额范围内承担责任。托运行李或者货物的一部分或者托运行李、货物中的任何物件毁灭、遗失、损坏或者延误的，用以确定承运人赔偿责任限额的重量，仅为该一包件或者数包件的总重量；但是，因托运行李或者货物的一部分或者托运行李、货物中的任何物件的毁灭、遗失、损坏或者延误，影响同一份行李票或者同一份航空货运单所列其他包件的价值的，确定承运人的赔偿责任限额时，此种包件的总重量也应当考虑在内。三是对每名旅客随身携带的物品的赔偿责任限额为332计算单位。

在国际航空运输实践中，《华沙公约》和《海牙议定书》在“赔偿限额”上有不同的规定，究竟航空公司应赔偿多少，取决于航空公司与旅客所订立的航空运输合同的约定。而旅客所持客票上印制的“旅客须知”或“运输条件”便是该航空运输合同的内容。经常乘坐飞机的人会发现，自己所买的机票前面都印有“旅客须知”，写明了该航空运输的性质、适用的法律以及航空公司的责任范围等。实际上，这也就是航空公司与旅客所订立的合同内容的一部分。在空难发生后，按照“旅客须知”，航空运输的性质和应适用的法律是明确的。因此，赔偿金额也应以所依据的法律的规定来确定。即便起诉到法院，首先也是按照“旅客须知”的规定，除非旅客与航空公司有其他特别的约定。

《统一国际航空运输某些规则的公约》(1999年《蒙特利尔公约》)规定了国际航空运输承运人对旅客伤亡的双梯度责任制度，在第一梯度下，无论承运人是否有过错，都要对旅客的死亡或者身体伤害承担以10万特别提款权，约合人民币112万元为限额的赔偿责任，明显高于国内40万元的水平。

总之，依据《民用航空法》及相关法律、法规，无论是在国内航空运输还是在国际航空运输中的赔偿责任限制，只要能够证明在航空运输中的损失是由于承运人的故意或重大过失造成的，那么，承运人无权援用上述赔偿责任限制制度，即承运人不仅无权援用法定的赔偿责任限额，同时也无权援用约定的赔偿责任限额。也就是说，在这种情况下，承运人将承担无限责任。

【案例7-4】　危险品航空运输中行政处罚问题

2012年年底，A销售代理公司经某外航航班（中国—B国）运输了一票普通快件货物。飞机在B国降落时，经B国民航局抽查，发现该票普货内含疑似危险品。B国民航局遂将该信息通报至中国民航局。C地区管理局按照中国民航局的指示对该案进行了调查取证，最终认定托运人A销售代理公司在普货中夹带危险品，并依据《中国民用航空危险品运输管理规定》（CCAR-276）的有关规定对其给予警告和罚款人民币2万元的行政处罚。

点评：随着我国社会经济的发展和对外开放步伐的加快，危险品航空运输的市场需求不断增长。但由于所涉及的链条长、环节多、人员复杂（这一点在国际航空运输中表现得尤为突出），危险品航空运输中存在的问题也逐渐显现，夹带、谎报、匿报以及违法运输危险品的问题较为突出。因此，民航行政机关严格安全监管，依法开展了专项治理行动，重点对谎报、匿报危险品或在普通货物中夹带危险品运输等违法行为加大了监察力度，严厉查处各类违法行为，确保航空运输安全。本案中，应重点注意以下几个问题：

首先，要明确违法主体。由于本案属于国际货运，《中国民用航空货物国际运输规则》将托运人定义为“与承运人订立货物运输合同，其名称出现在航空货运单托运人栏内的人”，C地区管理局通过调查发现，实际与承运人订立货运合同，且在航空货运单托运人栏记载的主体为A销售代理公司，据此认定其为违法当事人。

其次，要准确界定违法行为的种类。本案中，实际货主在交货时没有作出危险性声明，而托运人A销售代理公司在收货时也仅通过客户的书面材料和货物包装进行辨别，没有发现该货物存在危险性。因此，没有证据证明A销售代理公司存在主观谎报、匿报危险品的故意，最终认定其为普货中夹带危险品。

最后，要重点做好调查取证工作。通过这一系列的调查取证，形成了一条完整的证据链，据此对违法主体、货物性质、违法行为种类等问题予以准确认定，并依据适用法律作出上述处罚决定。

资料来源：蒋华. 危险品航空运输中行政处罚问题［N］. 中国民航报，2013-09-17.

三、旅客铁路运输管理

（一）旅客铁路运输的基本规范

我国《铁路法》主要对铁路运输、铁路建设、铁路安全与保护及其法律责任等作出了具体规定。现就与旅游业关系密切的有关内容介绍如下：

1.铁路运输企业的义务

《铁路法》规定：“铁路运输企业必须坚持社会主义经营方向和为人民服务的宗旨，改善经营管理，切实改进路风，提高运输服务质量。”该规定是对铁路运输企业的义务性的规定。铁路运输企业的义务就是为旅客、托运人和收货人提供运输服务。因此，铁路运输企业应当始终把为人民提供良好的运输生产服务、切实做好各项工作放在首位，应当不断改进铁路的服务方式、提高服务质量、加强企业管理，真正做到优质、高效、全面地为旅客、托运人和收货人提供各种运输服务。

2.铁路运输有关安全的规定

《铁路法》规定：“公民有爱护铁路设施的义务。禁止任何人破坏铁路设施，扰乱铁路运输的正常秩序。”铁路运输安全保护问题不仅是铁路部门的事，同时也是全体公民的重要义务。只有依靠全体公民的共同努力，才能从根本上保证铁路运输安全，保证铁路运输畅通无阻。因此，每个公民都应从法律的高度来认识自己的义务，维护铁路运输的安全，使“人民铁路人民爱”的宣传宗旨落到实处。

同时，《铁路法》规定：“铁路运输企业应当保证旅客和货物运输的安全，做到列车正点到达。”这一规定有以下三层含义：

（1）必须保证旅客的乘车安全。旅客旅行的目的是从一地到另一地，在旅行过程中，安全是旅客的第一需要。铁路承运人在运送旅客过程中必须把保证旅客的生命、财产安全放在首位，确保旅客列车的运行安全。

（2）保证货物、行李的安全和完好。托运人托运货物、行李的目的是要实现上述物品的位移，铁路运输企业运送上述物品的主要义务也是要保证这些物品的完整和安全。这不仅是铁路运输企业必须做到的，也是民事平等主体关系在法律上的反映。

（3）保证列车安全正点到达目的地。安全正点是铁路运输企业提供运输服务的基本义务之一。保证正点到达目的站的基本含义是要求铁路的旅客列车必须按列车运行图规定的时间开出始发站和到达目的站。旅客旅行有一定的计划性，如果列车不能按照规定的时间及时发车和到达旅行目的站，则势必打乱旅客的旅行计划，使旅客在精神上、物质上受到损失。因此，运输企业应当提高铁路运输的正点率。

（二）铁路运输合同及其当事人的权利义务

1.铁路运输合同

《铁路法》规定：“铁路运输合同是明确运输企业与旅客、托运人之间权利义务关系的协议。”旅客车票、行李票、包裹票和货物运单是合同或者合同的组成部分。

铁路运输合同是《铁路法》的重要内容。铁路运输企业在多年的运输生产活动中，虽然每时每刻都在同旅客打交道，但对体现双方权利义务的合同关系一直不明确，特别是旅客运输。旅客持有车票，与铁路运输企业发生旅客运输关系，关于车票的法律属性问题，《铁路法》明确规定了旅客车票、行李票、包裹单和货物运单是合同或合同的组成部分。正确理解和认识铁路运输合同，对搞好铁路运输生产、依法维护合同双方当事人的合法权益都是十分有利的。

2.铁路运输企业的权利义务

《铁路法》规定：“铁路运输企业应当保证旅客按车票载明的日期、车次乘车，并到达目的站。因铁路运输企业的责任造成旅客不能按车票载明的日期、车次乘车的，铁路运输企业应当按照旅客的要求，退还全部票款或者安排改乘到达相同目的站的其他列车。”旅客旅行的基本目的就是要到达旅行目的地，旅客到铁路车站购买车票，要向铁路运输企业提出具体的车次、时间、到站，铁路运输企业按照旅客的要求售给相应的车票，则铁路旅客运输合同即告成立。旅客凭车票有权要求铁路运输企业按照票面载明的日期、车次及时安排旅行；铁路运输企业也有义务按照票面的规定，组织旅客旅行，为旅客提供条件，把旅客及时运送到旅行目的地。但是，由于客观情况的变化，有时旅客并不能按时乘车。从实际看，这种情况的发生主要有两个方面的原因：

（1）旅客自身的原因。旅客自身的原因，如情况发生变化，放弃或改变了旅行计划，也可能是由于各方面的原因，发生了误车等情况。由于旅客自身的原因造成不能按时乘车的，其法律后果应当由旅客自己负责，铁路运输企业不承担法律责任。但是旅客可以按照有关规定，办理退票或改乘其他列车的手续，并缴纳规定的退票或改乘的签证费用。旅客退票实际上是向铁路运输企业提出解除铁路运输合同的请求，铁路运输企业按照旅客的要求办理了退票手续，则双方之间的合同即告解除。由于是旅客单方解约，所以应向铁路运输企业缴纳违约费用，即所谓的“退票费”；旅客要求办理改乘手续，实际上是向铁路运输企业提出变更合同的请求，铁路运输企业按照旅客的要求改签了旅客车票的乘车车次、日期，则与旅客之间成立了新的旅客运输合同，双方当事人应当按照改签后的合同履行各自的权利和义务。在变更合同的情况下，旅客也应承担相应的法律责任，即向铁路支付签证费及其他规定的手续费。

（2）铁路运输企业的原因。铁路运输企业的原因，包括列车晚点、车次取消等。由于铁路运输企业的原因而造成旅客不能按照车票载明日期、车次乘车的，铁路运输企业应当承担法律责任，即退还全部票款或安排乘坐到达相同目的站的其他列车。在这种情况下，改乘列车，铁路运输企业就不得收取任何费用。

实际上，上述法律规定是要求铁路运输合同的双方当事人都信守合同，按照合同约定履行义务，无论哪一方违反合同、不履行合同义务，都要承担相应的法律责任。

此外，《铁路法》规定，铁路运输企业应当采取有效措施做好旅客运输服务工作，做到文明礼貌、热情周到，保持车站和车厢内的清洁卫生，提供饮用开水，做好列车上的饮食供应工作。《铁路法》作此规定，是因为铁路运输企业从事运输生产活动，其本身就是为旅客或者托运人、收货人提供服务。旅客运输是铁路运输企业为公众服务的“窗口”，旅客运输服务质量和水平的高低，直接关系到路风路誉。因此，做好铁路旅客服务工作，是铁路运输企业经营管理的首要任务。

3.关于旅客乘车条件的规定

《铁路法》规定：“旅客乘车应当持有效车票。对无票乘车或者持失效车票乘车的，应当补收票款，并按照规定加收票款；拒不交付的，铁路运输企业可以责令其下车。”

旅客乘车旅行必须具备的条件是应当持有效车票。所谓“有效车票”，是指必须是铁路车站出售的，有规定的乘车期限、规定的上车车站和票面指定的乘车车次的车票。如果旅客无票乘车或者持无效车票乘车，通常情况下，铁路运输企业可以根据有关规章的规定补收票款，并加收一定的票款。补收并加收票款是符合我国《民法典》相关规定的，因为旅客持失效车票或者无票乘车，实际上是一种侵害铁路运输企业合法权益的行为。依照我国《民法典》的规定，实施侵权行为的加害人，应当承担相应的法律责任。

从实际情况看，旅客无票乘车的原因是多种多样的。如有的旅客是有紧急事务而来不及购买车票，有的旅客是家中有急事而临时要求乘车。对这些情况，如果是经列车长同意上车的，则可以按照正常的票价补票即可，因为这种情况下乘车是经过铁路运输企业同意的。而对于未经列车长允许，旅客自己上车的，旅客则应承担相应的责任，即除补收票款外，还需加收票款及有关手续费。

依据《铁路旅客运输规程》，对不符合乘车条件的，有下列行为时，除按规定补票、核收手续费以外，还必须加收应补票价50%的票款：无票乘车时，补收自乘车站（不能判明时自始发站）起至到站止车票票价；持失效车票乘车按无票处理；持用伪造或涂改的车票乘车时，除按无票处理外并送交公安部门处理；持站台票上车并在开车20分钟后仍不声明时，按无票处理；持用低等级的车票乘坐高等级列车、铺位、座席时，补收所乘区间的票价差额；旅客持半价票没有规定的减价凭证或不符合减价条件时，补收全价票价与半价票价的差额。

4.铁路承运人的赔偿责任

（1）铁路运输赔偿原则。《铁路法》规定，铁路运输企业应当对承运的货物、包裹、行李自接受承运时起到交付时止的灭失、短少、变质、污染或者损坏，承担赔偿责任，包括：一是托运人或者旅客根据自愿申请办理保价运输的，按照实际损失赔偿，但最高不超过保价额。二是未按保价运输承运的，按照实际损失赔偿，但最高不超过国务院铁路主管部门规定的赔偿限额；如果损失是由于铁路运输企业的故意或者丢失造成的，不适用赔偿限额的规定，按照实际损失赔偿。托运人或者旅客根据自愿，可以向保险公司办理货物运输保险，保险公司按照保险合同的约定承担赔偿责任。托运人或者旅客根据自愿，可以办理保价运输，也可以办理货物运输保险，还可以既不办理保价运输，也不办理运输保险。铁路运输企业不得以任何方式强迫办理保价运输或者货物运输保险。该内容是关于铁路运输赔偿原则的规定，也是铁路运输合同的一个十分重要的内容。其中涉及三个概念：一是限额赔偿。限额赔偿是指在发生铁路责任赔偿事故时，铁路运输企业按照实际责任赔偿，但最高不超过国务院铁路主管部门规定的限额。如果实际损失低于限额，则按实际损失赔偿。这就是《铁路法》中关于限额赔偿的规定。但是，如果当事人能够证明行李、包裹和货物的损失是由于铁路运输企业的故意或重大过失造成的，则应当按照实际损失予以赔偿，不适用限额赔偿的规定。二是保价运输。保价运输是指旅客、托运人在托运货物、行李和包裹时，可以按照货物、行李和包裹的实际价值向铁路运输企业申明价格，并按照申明的价格支付相应的运输费用。在发生物品损坏时，铁路运输企业按照申明的价格进行赔偿。保价运输是针对限额赔偿而规定的一种法律制度，因为在铁路运输中实行限额赔偿制度仅仅保护了承运人的利益，对于广大货主或托运人来说，限额赔偿不能满足其对赔偿的要求，这对托运人来说是不公平的。为了保障托运人的利益和在铁路运输中贯彻我国民法的公平原则，法律不仅规定了限额赔偿，保护铁路运输企业的合法权益，而且给托运人要求得到全额赔偿以出路，这就是保价运输。三是货物运输保险。货物运输保险是指托运人与保险公司之间的有关保险权利义务的协议，即托运人在托运货物时，可以向保险公司提出办理运输保险。

（2）铁路旅客运输损害赔偿的规定。一是铁路承运人的责任范围。《民法典》第819条规定，承运人应当严格履行安全运输义务，及时告知旅客安全运输应当注意的事项。旅客对承运人为安全运输所作的合理安排应当积极协助和配合；第823条规定，承运人应当对运输过程中旅客的伤亡承担赔偿责任，但是，伤亡是旅客自身健康原因造成的或者承运人证明伤亡是旅客故意、重大过失造成的除外。可见，铁路旅客人身损害违约赔偿责任为严格责任原则，即承运人对运输过程中，除“旅客因自身健康原因造成的”或者“承运人证明伤亡是旅客故意、重大过失造成的”外，应当承担对旅客故意或重大过失造成人身伤害的举证责任。承运人不能举证或证据不足以证明伤亡是旅客故意或重大过失造成的，无论承运人是否有过错，都应当承担赔偿责任。《民法典》将铁路运输企业不承担赔偿责任的范围限定在因“旅客健康”或有证据证明“旅客故意或重大过失”，这是对《铁路法》规定的“由于受害人自身的原因造成，铁路运输企业不承担赔偿责任”更具体、清晰的规定，或更有操作性。二是铁路旅客人身损害赔偿的法律适用。铁路旅客的人身受到伤害后，当受害人选择违约之诉起诉到法院时，法院适用的法律是《民法典》的相关规定，对确已进站上车并在运输中的旅客发生的损害赔偿问题，只要不是旅客的健康原因造成的或承运人不能证明伤亡是旅客故意或重大过失造成的，承运人就应当承担赔偿责任。但是对那些已经检票进站，还未上车或已经到达终点、已下车还未出站的旅客，人身损害赔偿责任的法律适用问题成为一个焦点。最高人民法院《关于审理铁路运输人身损害赔偿纠纷案件适用法律若干问题的解释》规定，铁路旅客运送期间发生旅客人身损害，赔偿权利人要求铁路运输企业承担违约责任的，人民法院应当依照《民法典》的规定，确定铁路运输企业是否承担责任及责任的大小。该规定尽管没有使用“过失相抵、减轻赔偿”等语言表述，但已明确要求依照《民法典》确定铁路运输企业是否承担责任及责任的大小。因此，在审理铁路旅客人身损害违约赔偿责任案件时，如果损害是由于旅客自身的原因造成的，可以适用一般侵权领域里的过失相抵制度，解决无过错责任原则下，铁路旅客人身损害违约赔偿责任的问题，即适用过失相抵原则减轻赔偿义务人的损害赔偿责任。

【延伸阅读7-4】 过失相抵原则

过失相抵原则是指当受害人对于损害的发生或者损害结果的扩大具有过错时，依法减轻或者免除赔偿义务人的损害赔偿责任，从而公平合理地分配损害赔偿责任的一种制度，即被侵权人对损害的发生有过错的，侵权人可以被侵权人的过错为由进行抗辩，要求减轻自己的侵权责任，减少损害赔偿的数额。过失相抵原则在以过错责任为归责原则的一般侵权领域里已有法律的明文规定，如《民法典》第1173条规定：“被侵权人对同一损害的发生或者扩大有过错的，可以减轻侵权人的责任。”第1174条规定：“损害是因受害人故意造成的，行为人不承担责任。”

过失相抵原则只有具备特定的客观要件和主观要件才能形成过失相抵。所谓客观要件，是指加害人的过失与受害人的过失引发了同一个损害结果，且双方的行为均是造成损害的原因，即损害结果的同一和原因力的竞合。若双方互为侵权行为，损害结果不同，或产生损害之原因不同，则无过失相抵之适用。正确理解过失相抵的客观要件，要注意与因果关系中断的区别，损害结果同一与原因力竞合这两个条件一个不具备或者两者都缺乏时，就可能发生因果关系中断。所谓主观要件，是指受害人主观上有过失。受害人的行为虽然是损害发生的同一原因，但如果受害人没有过失，仍不能据其行为与损害后果具有因果关系而减免加害人的责任。对于受害人的过失一般分为故意、重大过失和一般过失。其实，“过失”是一个不确定概念，在实务中很难操作，应由法官根据案件的具体情况，考量相关因素而为客观的判断。过失相抵原则的具体适用如下：

(1) 双方当事人均为故意的情形。双方均为故意的侵权案件多表现为互殴行为。互殴行为虽然是双方的故意行为，但是依然能够依据双方的过错大小、原因力程度来划定双方的责任分担范围。比如要考虑互殴行为的引发者、互殴损害的大小比较等。需要明确的一点是，必须首先将正当防卫的行为排除出来，才能依据上述规则进行责任的划分。如果一方的行为已经构成了正当防卫则不能再依据原因力、过错来分担责任，而应当由侵权人承担全部责任。

(2) 侵权人故意与受害人重大过失的情形。在侵权人存在故意、受害人存在重大过失的情形下，侵权人责任不能被完全免除，但不应当承担全部责任。此时，适当地减轻侵权人的赔偿责任才是妥当的。

(3) 侵权人故意与受害人一般过失。当侵权人具有故意伤害他人意图时，表明了其过错是损害发生的唯一原因，此时其行为就具有了显著的非法性，法律应当制裁之。因此，侵权人因故意或者重大过失致人损害，而受害人只有一般过失的，不能减轻赔偿义务人的责任。

(4) 侵权人过失与受害人故意的情形。当损害是由受害人故意引起时，侵权人能否免除责任，需要区分侵权人的过失是属于一般过失还是重大过失。侵权人存在一般过失，可免责；侵权人存在重大过失，只能减轻责任。

(5) 侵权人的一般过失与受害人的重大过失。在过错责任领域，受害人存在重大过失，而侵权人存在一般过失的情形下，可以减轻侵权人的责任，甚至在个案中依据具体的案情可免除侵权人的责任。

总之，过失相抵原则适用本质上是损失后果的一种分担过程，如何界定双方当事人的注意义务程度，还需要结合个案的具体情况，当事人的职业、文化水平、社会经验等因素进行认定。

资料来源：

[1] 王利明. 侵权责任法研究（上卷）[M]. 北京：中国人民大学出版社，2016：368-395.

[2] 程浩朋. 浅析过失相抵原则的适用 [EB/OL]. [2013-11-18]. https://www.chinacourt.org/article/detail/2013/11/id/1145817.shtml.

四、道路旅客运输安全管理

依据《旅游法》的规定，旅游经营者应当采取措施保证商品和服务符合保障人身、财产安全的要求。其安全措施包括：旅游交通经营者应当依法取得法律、法规规定的经营、运营许可，配备有资质的经营管理和服务人员；严格遵守消防技术和设施、特种设备等方面的强制性标准要求；建立严格的安全生产、经营和服务机制，加强安全经营和服务培训，对危及人身、财产安全的不合理危险因素有充分的预判和防范能力；外购相关商品和服务提供给旅游者时，也应尽到安全保证义务，对商品和服务进行查验，由于采购的商品和服务有瑕疵对旅游者造成损害的，应依法承担相应的责任。道路旅客运输安全管理是旅游交通运输安全中最具有典型性、代表性的安全管理制度。

（一）道路旅游客运经营者的经营规范

《旅游法》第53条规定："从事道路旅游客运的经营者应当遵守道路客运安全管理的各项制度，并在车辆显著位置明示道路旅游客运专用标识，在车厢内显著位置公示经营者和驾驶人信息、道路运输管理机构监督电话等事项。"这是关于道路旅游客运经营者经营规范的规定，在与相关法律、法规相衔接的基础上，针对旅游客运的特殊性作出了一些针对性规定。

1.遵守道路客运安全管理的各项制度

目前，在国家层面，与道路客运安全管理相关的安全制度主要是《道路交通安全法》、《道路运输条例》和《道路旅客运输及客运站管理规定》。《道路交通安全法》涉及车辆和驾驶人、道路通行条件、道路通行规定等要求；《道路运输条例》规定了客运经营者应当取得许可，经营规范包括：从事包车客运的，应当按照约定的起始地、目的地和线路运输；从事旅游客运的，应当在旅游区域按照旅游线路运输。客运经营者不得强迫旅客乘车；不得甩客、敲诈旅客；不得擅自更换运输车辆；应当加强对从业人员的安全教育、职业道德教育，确保道路运输安全。道路运输从业人员应当遵守道路运输操作规程，不得违章作业；驾驶人员连续驾驶时间不得超过4个小时。《道路旅客运输及客运站管理规定》规定了客运经营的区域、方式、车辆技术、驾驶人员、责任险等要求。《国务院关于加强道路交通安全工作的意见》（国发〔2012〕30号）也提出了要求。道路旅游客运属于道路客运的一部分，以上相关法规及其制度适用道路旅游客运，从事道路旅游客运的经营者都应当严格遵守。

2.遵守旅游方面的道路客运安全管理制度

与普通客运相比，旅游客运安全问题具有其自身特点，发生事故的风险更高：一是由于旅游客运的运输线路不固定，有的运程较远，旅途不可控性较大，涉及旅游者、旅行社、客运经营者等多个主体；二是道路旅游客运除应当接受交通、应急管理、公安等系统监管外，还需要符合运载旅游者的要求，接受旅游主管部门的行业要求管理；三是道路旅游客运通常不出现超载现象，但为了不延误行程，疲劳驾驶、夜间行驶、违规超车等现象客观存在。因此，在地方层面，不少地方性旅游法规也对道路旅游客运作出了有针对性的规定。

3.明示道路旅游客运经营的相关信息

（1）在车辆显著位置明示道路旅游客运专用标识。道路客运在我国实行经营许可，具备法律规定条件的客运企业、客车、驾驶人员，取得相关证书方可从事客运运营。依据《道路旅客运输及客运站管理规定》的规定，客运车辆驾驶人员应当在规定位置放置客运标志牌；客运包车应当凭车籍所在地县级以上道路运输管理机构核发的包车客运标志牌，按照约定的时间、起始地、目的地和线路运行。省际临时客运标志牌、省际包车客运标志牌由省级道路运输管理机构按照国家交通运输管理部门的统一式样印制，由当地县以上道路运输管理机构向客运经营者核发。《旅游法》所指"标识"，主要是客运标志牌。目前，定线旅游客运按照普通班车客运管理，非定线旅游客运按照普通包车客运管理，其客运标志牌的核发和摆放与普通客运的要求一致。由于旅游客运以运送旅游者为目的，为了与普通客运有较显著的区别，便于旅游者和管理部门识别与监督，《旅游法》第53条专门提出了明示旅游客运专用标识的要求，规定："从事道路旅游客运的经营者应当遵守道路客运安全管理的各项制度，并在车辆显著位置明示道路旅游客运专用标识，在车厢内显著位置公示经营者和驾驶人信息、道路运输管理机构监督电话等事项。"

（2）在车厢内显著位置公示经营者和驾驶人信息等相关信息。《旅游法》针对不具有合法资质的车辆及驾驶人员从事旅游客运的问题，在《道路旅客运输及客运站管理规定》要求客运车辆驾驶人员随车携带"道路运输证"、从业资格证等有关证件的基础上，进一步要求旅游客运经营者应在车厢内显著位置公示经营者和驾驶人信息、道路运输管理机构监督电话等事项，为旅游者搭乘、选择、识别具备旅游客运资质运营者提供信息，以便于旅游者和执法部门进行监督。

（二）旅游客车设施与服务安全规范

旅游客车（Tourist Coach）是指为旅游团队（者）在旅行活动中提供地面交通服务的，由旅游企业或有旅游需求的组织和个人预订的，通常配有专职驾驶员的客运汽车，不包括提供公共服务的城市观光客车、房车和用于自驾旅游的车辆；设施是指在游客旅行过程中，满足游客合理的旅行需求的硬件设施，包括车辆及配套设备等；服务是指在旅程中，由服务人员提供的满足游客合理的旅行需求的活动。随着我国旅游业的发展，旅游者对于旅游客车设施和服务的要求也在不断提高。旅游客车设施设备应成为方便服务人员为乘客提供各种服务的载体，以旅游客车为载体提供的服务，除满足乘客作为一般车辆使用者的需求外，还能满足乘客作为旅游者而产生的服务需求。为了促进旅游客车生产企业设计、制造出更能满足旅游市场需要的旅游客车，提高旅游客车服务提供者的服务水平，使旅游客车的使用者能够享受到更高质量的产品和更规范的服务，我国制定了《旅游客车设施与服务规范（GB / T26359—2010）》（以下简称《规范》）。《规范》从旅游客车设施与服务的基本要求、技术要求、服务规范、运营规范、安全与事故处理，以及设施与服务评价等方面提出了标准。其中，《规范》在旅游客车的运营及设施服务安全方面的具体规范如下：

1.运营规范

《规范》对旅游客车的运营有如下规定：旅游客车运输服务各环节应协调配合，确保服务质量；车辆调度应准确无误地根据时间、地点、线路和人员等要求调派车辆；执行任务前严格按车容车况、仪容仪表、行车安全等方面进行检查，确保达到要求；服务人员接到任务后，应核准、记清用车单位、时间、地点、陪同人员姓名、联系电话、团队名称、人数、航班（车次）、活动日程及其他特殊要求；确保一人一座，不得让游客在车内站立；确保车内有足够的行李空间且不会危及行车和人身安全；驾驶员应提前10~15分钟到达用车地点，就近停靠，方便游客上下车；打开空调，调节车内温度，等候游客；游客到达时，驾驶员应主动站立于车门一侧，迎候游客上下车；遇携带大件行李物品的游客，应主动帮助提携，开启行李箱帮助妥善放置并锁好行李箱；对老、弱、病、残、幼、孕和抱婴者等行动不便的游客应细心服务，主动提供帮助；与导游、领队人员密切合作，合理选择最佳行车路线，保证游客的游览时间和安全。到达游览地点后，应明确下一站地点和时间安排，准备充分并熟悉备选行车路线；根据乘客意愿使用车内空调、音视频等服务设施。行车过程中谨慎驾驶，坚持安全礼让、中速行驶、拐弯平缓、刹车平稳，避免不必要的紧急制动，保证游客舒适安全。行驶至复杂路面时应减速并提醒乘客扶好；游客到达目的地后，车辆应在就近地点停靠，方便游客上下车。提醒游客携带贵重物品，游客离车后应检查门窗是否关好，并看管车内物品，时间充裕时应按规定实施车辆途中检查并清洁车内卫生；等候游客应保持耐心，不应在车内躺卧或有将腿脚伸向仪表盘、方向盘等不文明姿势；不应远离车辆或翻阅乘客放于车内的物品；不应用喇叭催促乘客或发生因驾驶员擅自离岗而造成游客无法及时上车或丢失物品等现象；营运中车辆若发生故障应积极抢修，若短时间内无法修复致使车辆不能正常行驶，应及时报告，安抚乘客并采取相应的补救措施；接待过程中如遇特殊情况或误解，应冷静处置，不应刁难乘客，不应有不文明语言；执行任务时不应干预导游人员正常的计划行程，严禁以各种借口强行安排团队进行计划外购物、参观、住宿、用餐等活动；完成任务后，应主动征求游客、导游和陪同人员意见，提高服务质量。

2.设施与服务安全

（1）基本要求与安全设施。依据《规范》，旅游客车服务提供企业应设立安全管理机构，建立安全管理制度与规范，加强安全管理培训，并对旅游客车涉及安全的设施设备进行定期和不定期的检查；旅游客车服务人员在车辆运营及提供服务过程中，应强化安全意识，提高安全技能，消除安全隐患，妥善处理各种安全意外事件。旅游客车的安全设施主要包括以下内容：设安全门或紧急出口，且有明显标志；密闭式车窗有逃生装置和措施；前排座椅应配备安全带，其他座椅宜配备安全带；乘客门有防夹伤措施；自动开启的车窗应有防夹伤功能；自动开启的车门能在自动措施失效时通过另外的装置或措施开启；车上应备有必要的对人、对车的紧急救援设备、警示牌和工具等；应配备适用的消防器材，并确保有效；宜安装防劫防盗装置；宜安装车辆超时驾驶自动提醒或停止装置。

（2）行车安全。依据《规范》，驾驶员应身体健康，定期体检，确保良好的驾车状态；驾驶员应提前熟悉行车路线和路况预报，并根据可能的计划变更制订备选路线方案；驾驶员应坚持安全操作，安全行驶，合理掌握车速，文明礼让，不强行超车；旅游客车在地形复杂、道路崎岖等路况危险的道路上行驶时，服务人员应提醒游客系好安全带、抓紧扶手，做好安全保护措施；旅游客车如进行长途行车，应提前全面检查车况并备足备用胎和其他工具，行车中时刻关注车况，防止发生爆胎等安全事故。

（3）人身与财产安全。依据《规范》，服务人员在行车中应提醒游客系好安全带，调好座椅，不要将脑袋、手臂、相机等伸出车外；妥善选择车辆停靠位置，严禁在危险路段或交通法规禁止的地方上下乘客；应建立游客财物报失管理制度，向游客公布报失联系方式；登记、储存游客的失物信息，保管好捡拾到的游客遗失物，尽力寻找失主；服务人员接到游客失物查询后，应及时与游客就物品遗失的相关信息进行沟通并及时回应查询结果；行李存放区域安全，可以闭锁；乘客在取放行李物品时，驾驶员应从旁予以协助，根据行李标签确认乘客所取的行李系本人所有；应提醒乘客随身携带贵重物品，注意看管放在座位上的物品，防止丢失；乘客下车活动期间，驾驶员应人不离车，并检查门窗是否关好；收车前应仔细查看车内和行李箱有无遗失物。如发现遗失物，应及时归还失主；无法归还的应按规定上缴，并做好相关记录；对涉嫌恶意侵占乘客财物的人员应依法处理。

（4）突发事件处理。依据《规范》，旅游客车服务企业应针对交通事故、自然灾害和人为灾害等可能发生的情况制订应急预案，并定期对服务人员进行培训，确保相关人员能妥善应对各种突发事件，保障乘客的安全和利益。行车中如果发生交通事故，应保护现场，抢救伤者，并立即报告上级和公安交通管理部门，配合相关方面妥善处理事故；发生交通事故无法靠个人进行现场自救的，应请示上级组织启动应急预案，第一时间抢救受伤乘客，保护乘客生命安全。旅游客车进入天气状况恶劣、地形复杂的路段，应提前准备防滑链等设施设备，并时刻关注天气预报，提前掌握信息，避免在大风、大雪、大雨、冰雹等恶劣天气行车；旅游客车应避免进入自然灾害发生区域，在可能发生泥石流、山体滑坡、塌方等危险的路段应谨慎通行。发生其他突发事件，如车内和途中发生治安或刑事案件，应及时报警，并报告上级组织；车辆发生火灾时，应立即停车，协助乘客下车并疏散至安全区域，进行灭火并报警；如火灾导致车辆操作失灵，车门无法打开，应使用车内安全急救设施与工具，帮助和组织乘客安全逃生。

（三）旅游包车安全

依据《旅行社安全规范》（LB/ T028—2013）的规定，旅行社安排旅游者乘坐旅游公共交通工具，如乘坐飞机、火车、班轮、城际客运班车等公共客运交通工具时，导游有义务提醒旅游者遵守公共交通承运人的安全要求。旅行社安排旅游包车旅行，使用的旅游营运车辆应符合《规范》的要求，车辆应当符合旅游包车营运资质、安全检验合格，满足旅游行程运输要求。其具体内容包括：

1.督促承运人落实车辆出车检查制度

旅行社应督促旅游汽车承运人严格贯彻落实车辆出车检查制度，做到旅游车辆班组日检、部门周检、公司月检。检查中应使用安全检查表并签名。对检查中发现的问题，应立即处理；不能立即处理的，应及时报告；严重或累次违反采购协议的安全条款约定的，应及时停用。

2.确保行车安全

旅行社使用的旅游汽车驾驶员应具备相关资质，并确保行车安全，不超载超速、不疲劳驾驶、不酒后驾车、不在出发前使用影响驾驶安全的各种违禁药物。对连续驾驶超过4小时，或连续行程超过400千米的旅游线路，旅行社应安排驾驶员中途休息时间，或增配一名驾驶员。

3.保障从业人员安全与安全提醒义务

旅行社使用的旅游汽车应在首排正座设置导游/领队专座，以保障导游/领队的人身安全。使用的旅游汽车应每车配备一部“游客安全乘车温馨提示”宣传片，同时每座配置一份“游客乘车安全须知”。

本章小结

（1）本章以分析《旅游法》“旅游经营”专章中关于旅行社及其从业人员的相关内容为主线，结合《旅行社条例》、《导游人员管理条例》以及《导游管理办法》的规定，阐释了国家对旅行社设立、审批、市场准入等方面的要求。

（2）本章阐述了旅行社及其导游人员的经营原则、经营行为，以及权利义务与法律责任。

（3）本章以分析旅游饭店与旅客之间的权利义务关系为主线，对当下旅游饭店运行中的法律问题、法规规范以及法律责任进行了探析。

（4）本章介绍了我国《旅游饭店星级的划分与评定》国家标准、《中国旅游饭店行业规范》的主要内容。

（5）本章以阐释旅游交通业的特点和旅游交通运输合同为切入点，重点介绍了《民用航空法》、《铁路法》以及《道路旅客运输管理》等法律、法规中与旅游者密切相关的内容。

思考与练习

一、简答题

1.简述旅行社的设立条件与准入制度。

2.在导游活动中，导游人员享有哪些权利？

3.依据《食品安全法》，简述在旅游中发生食品中毒事故的处理程序。

4.什么是交通运输合同？《民用航空法》关于旅客运输合同是如何规定的？

二、论述题

1.试举例分析，旅行社及其导游人员的法定职责及法律后果。

2.试结合旅游业实践，分析旅游饭店与旅客之间的权利义务关系。

三、案例分析题

为促进旅游业高质量发展，规范旅游市场经营秩序，深入整治旅游市场“不合理低价游”等突出问题，文化和旅游部在2021年3月部署开展未经许可经营旅行社业务专项整治行动，并公布了专项整治行动第一批指导案例：

◇关键字：零团费、保险。根据群众举报，经河南省汝州市文化广电和旅游局依法查明：某保险股份有限公司汝州支公司在未取得“旅行社业务经营许可证”的情况下，为回馈投保人员，以“表彰会”名义组织607名投保人员（或其亲属、朋友）旅游，其中566人系“零团费”旅游。汝州市文化广电和旅游局依法责令当事人改正违法行为，并给予没收违法所得16 400元、罚款10万元的行政处罚。

◇关键字：一日游、购物。江西省宜春市文化广电新闻出版旅游局执法人员根据前期摸排的线索，在某“灵芝科技馆”外执法检查时，发现一辆载有37名旅游者的旅游包车。经查，当事人某食品商行（洪某）未办理“旅行社业务经营许可证”，以团费每人28元的价格招徕旅游者参加“一日游”，并安排旅游者到其经营的“灵芝科技馆”购物。宜春市文化广电新闻出版旅游局依法责令当事人改正违法行为，并给予罚款2万元的行政处罚。

◇关键字：赠礼品、招徕。根据群众举报，四川省泸州市文化广播电视和旅游局、江阳区文化广播电视和旅游局联合有关部门，依法对一个旅游团队进行现场检查。经查，当事人重庆某商贸有限公司不具备旅行社合法主体资质，通过发放宣传资料、宣讲及赠送鸡蛋、面条等生活用品的方式，以团费每人100元的价格，招徕173名老年旅游者，准备租赁4辆旅游客车前往重庆旅游。泸州市文化广播电视和旅游局依法责令当事人改正违法行为，并给予罚款1万元的行政处罚。

◇关键字：医疗器械、保健品。江苏省常州市文化广电和旅游局执法人员依法对常州某养老服务有限公司进行检查时，发现该公司悬挂有“好时光旅游俱乐部”宣传海报。经查，当事人主要从事医疗器械、保健品销售业务，为增强顾客黏性，在未取得“旅行社业务经营许可证”的情况下，以团费每人68元的价格，招徕、组织100名公司会员、顾客等旅游者，参加“扬州一日游”和“金坛花谷奇缘一日游”。常州市文化广电和旅游局依法责令当事人改正违法行为，并给予罚款1万元的行政处罚。

◇关键字：养生养老、会员。①上海市文化和旅游局执法人员在对上海某社区养老服务有限公司进行执法检查时，发现游客名单表、出团通知书、旅游包车合同等证据材料。经查，当事人以3 199元的价格销售“养生养老家族会员”资格，在不具备旅行社合法主体资质的情况下，分5批次组织227名会员参加“安徽安庆天柱山4天3夜品质游”。上海市文化和旅游局执法总队依法责令当事人改正违法行为，并给予罚款2万元的行政处罚。②重庆市江津区文化和旅游发展委员会执法人员在对重庆某健康管理有限公司现场检查时，发现当事人印制的旅游会员卡170张、旅游代金券31张、“7·25一日游人员名单”1份，执法人员还查明当事人在未取得“旅行社业务经营许可证”的情况下，以签订养生服务合同的形式提供包价旅游服务。江津区文化和旅游发展委员会依法责令当事人改正违法行为，并给予罚款1万元的行政处罚。

◇关键字：俱乐部、微信群。根据群众举报，浙江省舟山市文化和广电旅游体育局依法对微信群“水田公社俱乐部”进行立案调查。经查，当事人章某某、夏某某建立微信群“水田公社俱乐部”，利用微信群和线下渠道招徕57名旅游者参加“无锡鼋头渚二日游”，获利2 149元。舟山市文化和广电旅游体育局依法责令当事人改正违法行为，并分别给予没收违法所得、罚款的行政处罚。

◇关键字：户外。①根据群众举报，福建省福清市文化体育和旅游局执法人员在对福州市某户外拓展有限公司进行执法检查时，发现“超值京津——北京天津纯玩六日游”行程表、境内旅游合同等证据材料。经查，当事人在未办理“旅游社业务经营许可证”的情况下，招徕39名旅游者参加旅游活动。福清市文化体育和旅游局依法责令当事人改正违法行为，并给予罚款1万元的行政处罚。②当事人司某某建立微信群“享受阳光户外旅游群”，组织67名旅游者参加“兴安水库一日游”，通过微信转账收取团费共计3 685元。内蒙古自治区兴安盟文化旅游体育局依法责令当事人改正违法行为，并给予罚款11 000元的

行政处罚。

思考题：本次专项整治行动以保障旅游者合法权益、营造旅游市场公平竞争环境为工作目标，重点整治两类违法违规经营行为：一是以免费旅游、购物（会员）送旅游、旅游赠礼品等名义或者以俱乐部、康养活动等形式招徕旅游者，未经许可经营旅行社业务的违法违规经营行为；二是未经许可，通过互联网开展招徕旅游者等旅行社业务的违法违规经营行为。文化和旅游部提醒旅游者在旅游消费时，选择合法正规旅行社，更好地保障自身安全和合法权益。试结合旅行社业经营管理法律制度的内容，为旅游者理性消费，审慎选择不合理的低价旅游产品，主动抵制不法经营行为，降低消费风险提供法律策略。

资料来源：李晓霞．文化和旅游部部署开展未经许可经营旅行社业务专项整治行动［EB/OL］．［2021-03-17］．https：//www.mct.gov.cn/whzx/whyw/202103/t20210317_923002.htm.

第八章

旅游竞争法律制度

背景与提要

市场竞争法则支持并且要求市场主体全面遵行商业道德义务。遵行的目的在于阻止以不正当竞争行为为表现的市场恶性竞争。这种不正当竞争行为还是一把“双刃剑”，既扰乱了消费者在信息不对称情况下的正确判断，更会误伤企业自身的商业形象。不正当竞争行为的概念最早出现在1883年的《保护工业产权巴黎公约》中，该公约规定“在工业或商业中任何违反诚实习惯的竞争行为都是不正当的竞争行为”。因此，各国针对不正当竞争行为出台了反不正当竞争行为的法律。不正当竞争行为，有广义及狭义之分。广义的不正当竞争行为包括违反竞争机制的垄断行为、限制竞争行为及不正当竞争行为；狭义的不正当竞争行为仅指我国现行《反不正当竞争法》所称的不正当竞争行为。

我国《反不正当竞争法》首先对不正当竞争行为做了概括性规定，即不正当竞争行为是指“经营者违反本法规定，损害其他经营者的合法权益，扰乱社会经济秩序的行为”。其构成的核心要件为经营者在市场竞争中，采取非法的或者有悖于公认的商业道德的手段和方式，存在主观恶意，损害了诚实竞争者的利益。在此基础上，《反不正当竞争法》采用列举式的立法技术，对具有典型性、代表性，在一定时期内较为严重的不正当竞争行为，如市场混淆假冒产品、虚假宣传误导消费者、侵犯商业秘密、诋毁竞争对手商业信誉、商业贿赂、不合理的低于成本价销售等行为进行具体的法律规制，明文加以禁止。

但是，在互联网环境下，市场出现了诸多包括OTA旅游企业在内的新类型经营者的新的竞争行为和手段，难以直接适用现行法律的具体条款，这就需要依据“应当遵守法律和商业道德，公平参与市场竞争”的原则性规定，并在司法实践中根据不正当竞争行为构成的核心要件进行重新考量与界定。而网络环境的国际化与无边界性，使得传统旅游企业与电商旅游企业之间以及旅游电商企业之间的国际竞争加剧，不正当竞争频发。我国《旅游法》规定，国家建立健全旅游服务标准和市场规则，禁止行业垄断和地区垄断。旅游经营者应当诚信经营，公平竞争，承担社会责任，为旅游者提供安全、健康、卫生、方便的旅游服务。国务院建立健全旅游综合协调机制，对旅游业发展进行综合协调；县级以上地方人民政府应当加强对旅游工作的组织和领导，明确相关部门或者机构，对本行政区域的旅游业发展和监督管理进行统筹协调。

目前，我国关于竞争行为的立法采取分立式的立法模式，除《反不正当竞争法》《反垄断法》《产品质量法》《消费者权益保护法》《电子商务法》外，在《旅游法》《广告法》以及其他法律、法规中亦有与竞争规制相关的内容。旅游市场需要自由、平等、公平的竞争环境，而竞争法律制度的健全与完善能为旅游业的健康发展保驾护航。

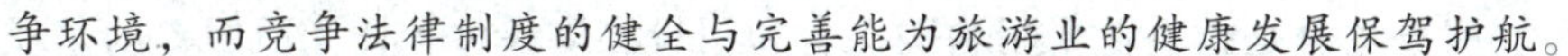

学习引导与目标

本章在分析垄断行为、限制竞争行为以及不正当竞争行为概念、性质基础上，阐述了不正当竞争行为的种类及对不正当竞争行为的法律规制。要求学生通过本章的学习，了解我国反不正当竞争法、反垄断法的立法目的和调整对象，了解国际垄断组织的表现形态；熟悉不正当竞争行为的类型，熟悉反垄断行为与反不正当竞争行为的关系；理解垄断协议、滥用市场支配地位、经营者集中三种经济性垄断和行政性垄断的含义及构成要件；掌握旅游市场不正当竞争行为的构成要件以及OTA旅游企业不正当竞争行为的表现形态，掌握对旅游企业不正当竞争行为的法律规制；运用竞争法律制度分析和解决旅游市场因不正当竞争行为产生的法律纠纷。

第一节 竞争法律制度概述

一、竞争与竞争法

运用法律手段维护公平的市场竞争秩序是市场经济发展的内在要求，也是生产经营者和消费者的强烈愿望，为此各国都普遍重视竞争法律制度的建设。在市场经济的法律体系中，反垄断法与反不正当竞争法构成现代竞争法的内容，被称为国家的“经济宪法”或整个经济法的“基石”。

（一）竞争及其相关概念

1.竞争与商业竞争

市场经济具有开放性与竞争性的特点。所谓竞争，是指人们为了达到特定的目标，按照一定的社会规则进行的较量。竞争是市场经济最重要的运行机制，存在于社会生活的各个方面。任何通过某种形式较量，分出高低、优劣的行为和活动都可称为竞争。

商业竞争是指两个或两个以上经营者，为争夺市场，以价格、质量、市场份额或者其他条件争取交易机会、具有对抗性的商业行为。品牌是商业竞争的核心，商业竞争的内容主要有：[①②]

（1）产品竞争。产品竞争主要是指企业以生产与经营质量、品种、花色、式样等优于其他企业同类产品的商品办法，争取更多的消费者和用户的行为。产品竞争是商业竞争的物质基础。

（2）经营要素竞争。经营要素包括地理位置、经营设施、信息、资金、渠道和经营者素质等。经营要素的竞争往往关系到企业的发展后劲和发展能力。

---

① 叶家聪．试论商业竞争的趋势［J］．商业经济与管理，1995（3）：6-7，11.
② 刘化龙．品牌是商业竞争核心要素［N］．2016-11-10.

（3）服务竞争。服务竞争是指企业采用为购买者和用户提供各种各样优质服务的途径来争夺、占有市场的行为。

（4）价格竞争。价格竞争主要指对质量相同的商品，企业以比其他企业商品价格低的价格出售，以吸引消费者、扩大销售额的一种行为。

2.反竞争行为

反竞争行为也是一种竞争行为，只不过这种竞争行为是要受到国家法律禁止而已。反竞争行为的种类繁多，总体上包括不正当竞争行为、限制竞争行为、垄断行为。如何确定应该禁止的反竞争行为，取决于一国根据其市场经济发展状态而制定的竞争政策。例如，就垄断行为的“双重性”后果（一是扩大经济规模和改善经济结构；二是限制或窒息竞争）而言，在较为发达的市场经济国度里，国家更注重的是不要因为扩大经济规模或改善经济结构而影响市场的竞争；而在较不发达或者刚进入市场经济轨道的国度里，国家似乎更注重如何扩大经济规模和改善经济结构，以此淘汰不适合竞争的企业，从而形成新一轮竞争环境。实质上，国家在实现了初期竞争目标，即已扩大经济规模和改善经济结构后，以更加灵活、更加积极的法律措施来禁止对市场经济运行不利的垄断行为。①

（1）垄断行为。垄断行为是指市场主体或者行政主体在市场经济运行过程中，利用自身的技术、资金、规模、经营等方面的优势，或者利用相互之间订立的协议、行业规范等方式，排他性控制或对市场竞争进行实质性的限制，从而阻止竞争活动，妨碍公平竞争秩序的行为，例如市场独占、行政垄断等。

（2）限制竞争行为。限制竞争行为是指经营者滥用优势地位或者通过订立协议等方式共谋排斥或限制市场竞争的行为。如经营者之间通过订立协议的形式共同划分市场、联合定价、抵制交易、串通投标等限制自由贸易和竞争的行为，以及具有优势地位的经营者实施的附条件交易和搭售行为等。

（3）不正当竞争行为。不正当竞争行为是指经营者以及其他有关市场参与者，违反公平、诚实信用原则，采取非法手段和方式，争取交易机会或者破坏他人的竞争优势，损害消费者和其他经营者的合法权益，扰乱社会经济秩序的行为。

（二）竞争法及其调整对象

1.竞争法的概念与特征

竞争法在不同国家有不同的名称，如欧洲称“竞争法”，美国称“反托拉斯法”，日本称“禁止垄断法”等。竞争法有广义和狭义之分。广义的竞争法是指所有以维护公平竞争为目的，调整与市场相关的所有行业的结构与行为的法律规范的总称，包括反不正当竞争法、反限制性竞争法、反垄断法、消费者权益保护法、国际贸易中的反倾销法以及电子商务法、广告法、产品质量法等法律中有关竞争的法律规范所组成的竞争法体系；狭义的竞争法仅指反不正当竞争法。本教材所称竞争法，是指国家在协调经济运行

① 吴宏伟. 论竞争法的政策功能［J］. 中国人民大学学报，2001（2）：84-89.

中，调整市场竞争关系和市场竞争管理关系的法律规范的总称。现代竞争法具有以下特征：[①②]

（1）适用对象的多样性。竞争是一种市场行为，是经营者之间所发生的以实现利益最大化为目的而进行的行为，竞争关系是作为平等市场主体的经营者之间，基于竞争而形成的权利义务关系，因此，竞争法的适用对象主要是经营者。但同时，竞争法也适用于部分管理机关，因为经营者之间的竞争行为，是一种自发的行为，需要通过“有形的手”来加以制约，以避免无序的竞争所带来的社会资源的浪费。规定竞争管理机关的权利义务，是竞争法的一项重要内容。

（2）法律关系的竞合性。竞争法调整的对象包括竞争关系和竞争管理关系两个方面，在这两种关系中，前者属于平等主体之间的关系，后者属于不平等主体之间的关系，如果用简单的一种方法来调整这两种完全不同的关系，显然是不可能的。竞争法既用自愿平等的方法调整横向的关系，又用命令和服从的方法调整纵向和竞争管理关系，竞争性调整的正是这种被动性适应和主动性竞争的竞合。

（3）法律内容的交叉性。竞争法有其特定的调整对象，从而决定了竞争法的内容有其自身特点和相对独立性。然而，竞争关系作为一种经济关系，其涉及面相当广泛，与其他经济关系有着十分密切的联系，这就导致了竞争法在内容上相对独立的同时，又形成了与其他法律的相互交叉与相互渗透。例如，不正当竞争行为典型表现形式之一的假冒他人注册商标行为，既为竞争法所禁止，也为商标法所禁止。又如，竞争法所禁止的虚假广告宣传，同时也是广告法的重要内容。从世界各国的竞争立法的内容上看，一般都会出现与民法、商标法、专利法、广告法、价格法、产品质量法、公司法等相关法律的交叉性。

（4）法律责任的综合性。建立有效的竞争机制，为竞争主体创造一个公平竞争的环境，是竞争得以发挥其积极作用的前提条件，而通过制定相应的法律，追究违法竞争行为人的法律责任，是保护合法的竞争行为、维护正常的竞争秩序的有效保证。因此，法律责任是竞争法的最重要的组成部分。违反竞争法应承担的法律责任是一种综合性责任，包括民事责任、行政责任和刑事责任。民事责任是行为人对因其违法竞争行为造成特定的竞争对手损失时，对特定竞争对手所承担的责任。由于责任双方当事人的法律地位平等，这种责任所体现的主要是补偿性。行政责任是国家竞争管理机关对违反竞争法的行为人依法采取的制裁措施，是行为人对国家所承担的责任，责任的特征主要表现为惩罚性。刑事责任是国家审判机关对于严重违反竞争法律制度构成犯罪的行为人给予的刑事制裁措施，是行为人所应承担的一种最为严厉的法律责任。

总之，从调整对象分析，竞争法既调整经营者之间平等的竞争关系，又调整国家与经营者之间的竞争管理关系；从性质上分析，竞争法以保护公共利益、经营者利益和消费者利益为己任，具有公私兼容的性质；从调整方法上分析，竞争法既注重市场调节，又进行

---

① 种明钊. 竞争法［M］. 3版. 北京：法律出版社，2016：36-42.
② 徐士英. 市场秩序规制与竞争法基本理论初探［J］. 上海社会科学院学术季刊，1999（4）：93-102.

政府管制，强调二者的有机结合；从基本原则上分析，竞争法既要求公平，又注重效率，实行效率优先兼顾公平的原则等。

2.竞争法的调整对象

如前所述，竞争法是规制市场主体竞争行为的法律规范，其调整对象是竞争关系和竞争管理关系。

（1）竞争关系。竞争关系是平等的竞争主体之间形成的一种社会关系，它是竞争法所调整的基础性的社会关系，不仅具有广泛性，而且是竞争管理关系发生的前提和基础，没有竞争关系，就不可能有竞争管理关系。竞争关系包括合法的竞争关系和违法的竞争关系两类。前者是符合竞争机制的，后者则是侵害竞争机制的。只要市场主体在追求其最大利益时，所选择的行为不构成对竞争机制的侵害，就是为竞争法的内在价值所认同和肯定的。相反，当市场主体追求个体利益最大化时所选择的行为侵害了竞争机制，竞争法的内在价值就会否定或禁止该类行为，并给予否定性评价，市场主体也就要承担相应的法律后果。

（2）竞争管理关系。竞争管理关系是国家竞争管理机关在依照职权监督、管理市场的过程中所形成的社会关系，也即国家竞争管理机关与市场主体之间形成的一种管理与被管理的关系。与竞争关系不同，竞争管理关系在本质上属于国家行政管理的范畴，它是具有管理职权的竞争管理机关，在依法行使管理职权时，与市场竞争主体之间产生的纵向关系，其目的是保护公平竞争以及限制或制裁已经发生的不正当竞争行为，为公平竞争创造良好的外部条件。

【延伸阅读8-1】 关于“市场障碍排除法”

国家对市场的规制主要是对市场竞争规制，包括对垄断（限制竞争）的规制和对不正当竞争的规制，为此，国家制定了反垄断法和反不正当竞争法。两种法律合称竞争法。垄断（限制竞争）与不正当竞争都妨害自由和公平竞争，扭曲价值规律，妨碍市场机制充分有效地发挥调节作用，都是市场障碍的表现。因此，反垄断法同反不正当竞争法的基本性质和功能是一致的。鉴于国家对市场规制这种国家调节的作用方式的目的和特点，是直接作用于市场主体的竞争行为和其他不公平交易行为，排除市场障碍，让市场机制充分发挥对社会经济的调节作用，所以，市场规制法实际上是一种“市场障碍排除法”。

市场障碍排除法所侧重的是法的功能和作用方式，即表明国家制定和实施这种法律是为了排除市场障碍，维护和促进充分和公平的竞争，以让市场机制充分发挥其调节经济的作用。国家以这种调节方式来达到最后调节社会经济的目的。市场机制正常发挥作用的障碍是从市场内部来说的，因此，国家对市场的规制和市场规制法一般就是指关于反垄断、反不正当竞争、产品质量以及消费者权益保护内容的法，这也是对全国统一市场已经形成、市场经济已经基本建立的国家而言的。但是在市场不发达的国家，由于原来权力排斥和抑制市场的因素较多，国家对市场干预的主要任务是组建和培育市场，只是在组建和培育市场的同时及市场基本建立之后，也需要注意对市场竞争和经营者的其他不公平交易行为进行规制。因为市场竞争离不开市场，充分、自由、公平的竞争必须以存在完善和发

达的市场为前提。

市场发育不完善就不能让市场机制充分发挥作用，这也属于一种“市场障碍”，它与“市场自身”存在的障碍有共同点。因此，国家组建和培养市场也可视为“排除市场障碍”的举措之一。从这个意义上，可以说国家对市场的干预及其法律的完整体系除了对市场竞争和其他不公平交易行为的规制以外，还包括国家对市场的组建和培育（市场组建和培育法）。它们的关系如图8-1所示。

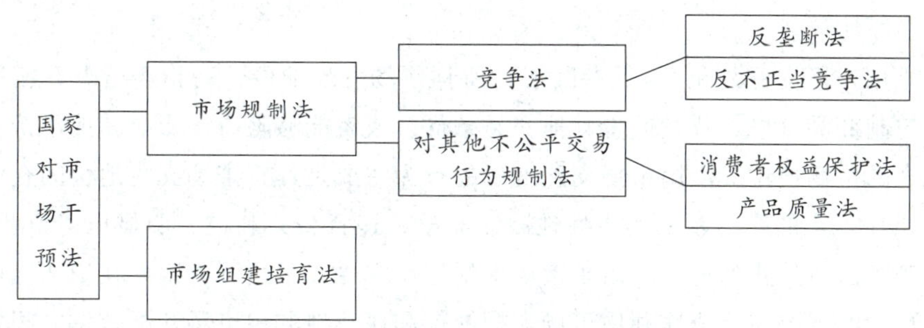

图8-1 国家对市场干预法的完整体系

资料来源：漆多俊．经济基础理论［M］．北京：法律出版社，2016：186-188.

二、侵害竞争机制行为的类型

（一）垄断与限制竞争行为

根据垄断行为的合理与否，当代法学界将其分为合法垄断与非法垄断。非法垄断是指具有社会危害性而应受到法律谴责或制裁的垄断行为或状态。非法垄断是反垄断法规制的基本对象，故人们常常误认为垄断仅指非法垄断这种情况；合法垄断是指不具有社会危害性和可责难性，法律所承认、容忍、保护的垄断行为或状态。[①]合法垄断在各国的反垄断法中一般不具有主要地位，往往是以“适用除外条款”的形式或以反垄断法典的“例外法”的形式加以确认，故又称“反垄断法的适用除外制度”。例如，反垄断法以“维护效益，弘扬竞争”为根本宗旨，但某些关系国计民生且成本极高的产业则允许存在垄断状态，这纯粹是出于“社会公益”价值的考虑。这一领域排斥了“过度竞争”，提倡和保护“规模经济”，让“自由竞争”和“（个体）效益”价值暂时退居次要地位，必将有利于国民经济稳定和有序地运行。[②]在紧急情况下，为了救护大众的生命健康和社会公共利益，临时放弃竞争理念，采取必要的限制竞争措施是十分必要的。

1.垄断及限制竞争行为的类型

为了预防和制止垄断行为，保护市场公平竞争，提高经济运行效率，维护消费者利益和社会公共利益，促进社会主义市场经济健康发展，我国制定了《反垄断法》。《反垄断法》所称的垄断行为包括：经营者达成垄断协议；经营者滥用市场支配地位；具有或者可能具有排除、限制竞争效果的经营者集中。可见，我国《反垄断法》是从广义角度对垄断行为进行规制的，该垄断行为包含限制竞争行为。

---

① 刘剑文，崔正军，竞争法要论［M］．武汉：武汉大学出版社，1996：34-38.

② 丁凤楚，张玉军．论合法垄断——反垄断法的适用例外制度研究［J］．青海社会科学，2000（6）：105-110，15.

（1）垄断协议。垄断协议是指排除、限制竞争的协议、决定或者其他协同行为。《反垄断法》第13条规定，禁止具有竞争关系的经营者达成下列垄断协议：固定或者变更商品价格；限制商品的生产数量或者销售数量；分割销售市场或者原材料采购市场；限制购买新技术、新设备或者限制开发新技术、新产品；联合抵制交易；国务院反垄断执法机构认定的其他垄断协议。第14条规定，禁止经营者与交易相对人达成下列垄断协议：固定向第三人转售商品的价格；限定向第三人转售商品的最低价格；国务院反垄断执法机构认定的其他垄断协议。

（2）滥用市场支配地位。《反垄断法》所称市场支配地位，是指经营者在相关市场内具有能够控制商品价格、数量或者其他交易条件，或者能够阻碍、影响其他经营者进入相关市场能力的市场地位。滥用市场支配地位的行为主要是具有市场支配地位的企业凭借其这种地位，在一定的交易领域实质性地限制竞争，违背公共利益，明显损害消费者利益，从而为反垄断法所禁止的行为。由于市场支配地位本身并不违法，因此在确认滥用市场支配地位的行为时需要在合法地利用市场支配地位和违法地滥用市场支配地位之间划一条界限。我国《反垄断法》第17条规定，禁止具有市场支配地位的经营者从事下列滥用市场支配地位的行为：以不公平的高价销售商品或者以不公平的低价购买商品；没有正当理由，以低于成本的价格销售商品；没有正当理由，拒绝与交易相对人进行交易；没有正当理由，限定交易相对人只能与其进行交易或者只能与其指定的经营者进行交易；没有正当理由搭售商品，或者在交易时附加其他不合理的交易条件；没有正当理由，对条件相同的交易相对人在交易价格等交易条件上实行差别待遇；国务院反垄断执法机构认定的其他滥用市场支配地位的行为。

同时，《反垄断法》第18条规定了认定经营者具有市场支配地位，应当依据下列因素：

该经营者在相关市场的市场份额，以及相关市场的竞争状况；该经营者控制销售市场或者原材料采购市场的能力；该经营者的财力和技术条件；其他经营者对该经营者在交易上的依赖程度；其他经营者进入相关市场的难易程度；与认定该经营者市场支配地位有关的其他因素。《反垄断法》第19条规定，有下列情形之一的，可以推定经营者具有市场支配地位：一个经营者在相关市场的市场份额达到1/2的；两个经营者在相关市场的市场份额合计达到2/3的；三个经营者在相关市场的市场份额合计达到3/4的。但在后两种情形下，其中有的经营者市场份额不足1/10的，不应当推定该经营者具有市场支配地位。此外，被推定具有市场支配地位的经营者，有证据证明不具有市场支配地位的，不应当认定其具有市场支配地位。

（3）经营者集中。《反垄断法》所称的经营者集中是指下列情形：经营者合并；经营者通过取得股权或者资产的方式取得对其他经营者的控制权；经营者通过合同等方式取得对其他经营者的控制权或者能够对其他经营者施加决定性影响。《反垄断法》规定，经营者集中达到国务院规定的申报标准的，经营者应当事先向国务院反垄断执法机构申报，未申报的不得实施集中。但是，经营者集中有下列情形之一的，可以不向国务院反垄断执法机构申报：参与集中的一个经营者拥有其他每个经营者50%以上有表决权的股份或者资产的；参与集中的每个经营者50%以上有表决权的股份或者资产被同一个未参与集中的经营者拥有的。

(4) 滥用行政权力排除、限制竞争。《反垄断法》规定，行政机关和法律、法规授权的具有管理公共事务职能的组织不得滥用行政权力，限定或者变相限定单位或者个人经营、购买、使用其指定的经营者提供的商品。不得滥用行政权力，实施下列行为，妨碍商品在地区之间的自由流通：对外地商品设定歧视性收费项目、实行歧视性收费标准，或者规定歧视性价格；对外地商品规定与本地同类商品不同的技术要求、检验标准，或者对外地商品采取重复检验、重复认证等歧视性技术措施，限制外地商品进入本地市场；采取专门针对外地商品的行政许可，限制外地商品进入本地市场；设置关卡或者采取其他手段，阻碍外地商品进入或者本地商品运出；妨碍商品在地区之间自由流通的其他行为。此外，《反垄断法》还规定，行政机关和法律、法规授权的具有管理公共事务职能的组织不得滥用行政权力：以设定歧视性资质要求、评审标准或者不依法发布信息等方式，排斥或者限制外地经营者参加本地的招标投标活动；采取与本地经营者不平等待遇等方式，排斥或者限制外地经营者在本地投资或者设立分支机构；强制经营者从事本法规定的垄断行为；制定含有排除、限制竞争内容的规定等。

2.垄断组织①②

随着企业的规模越来越大，要求的资本与劳动力也就越来越多，于是股份公司这种早已出现的集资经营方式开始得到广泛的发展，垄断组织也随之出现。所谓垄断组织，是指为获取高额利润，由多家大企业通过协议、控股、持股等形式建立的组织。国际上常见的垄断组织的形式有卡特尔、辛迪加、托拉斯、康采恩以及混合联合公司等。

(1) 卡特尔 (Cartel)。卡特尔是由生产同类产品的企业联合组成的。参加卡特尔的企业一方面为获得垄断利润而在价格、销售市场、生产规模和其他方面签订协议，另一方面又保持其在经济活动中的独立性。卡特尔一般有三种类型：一是规定销售市场范围的卡特尔；二是规定销售价格的卡特尔；三是规定参加卡特尔的企业所生产的各种商品的生产限额。随着跨国公司的出现和发展，资本主义各国的大垄断组织之间建立起国际卡特尔，其影响和规模都比国内卡特尔要大得多。

(2) 辛迪加 (Syndicate)。辛迪加是通过签订共同的供销协议而形成的企业同盟。参加辛迪加的企业通过签订共同销售商品和采购原材料的协议来协调价格，从而获得垄断利润。所有参加辛迪加的企业，其商品销售和原材料供应均由辛迪加统一运作。虽然参加辛迪加的企业没有了商业独立性，但生产的独立性依然保持。从法律上看，加盟辛迪加的企业仍然是一个独立的经济组织。

(3) 托拉斯 (Trust)。托拉斯是由生产同类产品或相关产品的企业联合组成的一种股份公司。参加托拉斯的企业不再是法人，由托拉斯对原企业实行产、供、销、人、

---

① 岳振华．如何理解垄断组织形成的原因和影响［J］．历史学习，2009（1）：14-15.
② 徐杰．经济法概论［M］．北京：首都经济贸易大学出版社，2014：209-234.

财、物的统一管理，原企业所有者成为托拉斯的股东，按股份获得利润。托拉斯在发达国家的许多主要工业部门中占据统治地位，且对社会生活产生了极大影响。20世纪初，托拉斯在美国迅速发展，在主要工业部门起着支配作用，因此，美国曾被认为是典型的托拉斯国家。

（4）康采恩（Konzern）。康采恩是由工业、商业、运输、金融、保险等不同经济部门中的企业联合组成的垄断组织。参加康采恩的企业虽在形式上保持各自的独立性，但实际上已被银行或其中资本雄厚的大企业所控制。康采恩通常由一个母公司和若干个子公司所组成。母、子公司采用控股、参股的办法，控制其他许多中小型企业，从而形成一个规模较大的康采恩集团。康采恩是以实力最为雄厚的工业垄断组织和大银行为核心组建的。它的兴起与发展，体现了金融资本和工业资本相结合的进程。

（5）混合联合公司（Conglomentate）。混合联合公司是大垄断公司为了攫取高额垄断利润，把积累的资本投向其他部门，实行多样化和异类化的产品生产和经营所进行的一种联合。混合联合公司主要有四个特征：一是所属各企业之间除了在财务上具有联系外，在生产、销售上毫无联系，即不形成统一的生产组织，只是财务上的联合、资本的集中。二是所属各企业之间在经营上没有长期稳定的主导企业或主导部门，经营企业或经营部门经常变更。三是采用合并现成企业的方式进行扩张，并且合并进来的企业的资产在全部资产中占有很大的比重。四是在组织管理上实行分权体制，即所经营的业务由分公司掌管，但分公司又必须接受混合联合公司的直接领导和指挥。混合联合公司是第二次世界大战后垄断资本积累规模过度膨胀的产物，是资本和生产高度集中的产物，也是资本主义国家干预经济和科学技术革命发展的必然结果。

3.垄断行为与不正当竞争行为的区别①

从广义角度分析，垄断行为也是一种不正当竞争行为，不正当竞争行为与垄断行为都是对公平自由竞争的限制。但垄断行为有其自身的特性，法律对二者的否定程度也有所不同，从而使垄断行为与不正当竞争行为区别开来。

（1）主体不同。实施不正当竞争行为的主体众多，且为一般经营者；垄断行为的主体较少，是具有优势经济地位的垄断企业。

（2）行为方式与手段不同。不正当竞争行为的表现形态呈多样化，所采用的是欺骗、胁迫、利诱及其他违反诚实信用原则的方式和手段，从而打击竞争对手并谋取利益；垄断行为所采用的是卡特尔、托拉斯、辛迪加、康采恩等方式，有一定的规律性。

（3）后果不同。不正当竞争无论采用哪种方式，最终目的还是竞争，以获取暴利、不当利益或者削弱竞争对手的竞争能力；而垄断行为本质上就是独占，是限制竞争，其目的是获取垄断利润，以达到在相关领域造成无竞争或者竞争程度很低的状态。

（4）法律否定程度不同。由于能实施垄断行为的企业一般来说都具有相当的市场优势，因此，垄断行为不会被一概否定，一般都规定有适用除外；而不正当竞争行为却为法

① 漆多俊. 经济基础理论［M］. 北京：法律出版社，2016：186-197.

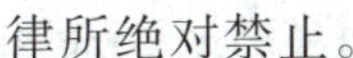

律所绝对禁止。

（二）不正当竞争行为

为了促进市场经济健康发展，鼓励和保护公平竞争，制止不正当竞争行为，保护经营者和消费者的合法权益，我国制定了《反不正当竞争法》。该法所称的不正当竞争行为，是指经营者违反该法的规定，损害其他经营者的合法权益，扰乱社会经济秩序的行为。该法第2条规定，经营者在生产经营活动中，应当遵循自愿、平等、公平、诚信的原则，遵守法律和商业道德。所谓经营者，是指从事商品生产、经营或者提供服务的自然人、法人和非法人组织。

1.假冒仿冒行为

假冒仿冒行为又称商业混同行为，是指经营者不正当地从事市场交易，或者在商品、服务或其包装的标示上，对商品的质量标志、产地或其他反映商品质量状况的各种因素作不真实的标注，使自己的商品或服务与特定竞争对手的商品或服务相混淆，以造成购买者误认或误购目的的不正当竞争行为。

2.商业贿赂行为

商业贿赂是指经营者在市场活动中，为销售或者购买商品和服务，争取交易机会，通过秘密给付财物或者其他报偿等手段，贿赂对方单位、个人以及政府有关部门工作人员的行为。

3.虚假或引人误解的商业宣传

虚假宣传行为是指在市场交易中，经营者为获取市场竞争优势和不正当利益，利用广告或其他方法，对商品或服务的性能、功能、质量、销售状况、用户评价、曾获荣誉等进行不真实的宣传或者引人误解的商业宣传，欺骗、误导消费者，导致或足以导致购买者对商品或服务产生错误认识的不正当竞争行为。

4.侵犯商业秘密行为

商业秘密，是指不为公众所知悉、具有商业价值并经权利人采取相应保密措施的技术信息、经营信息等商业信息。侵犯商业秘密的行为，是指为了竞争或个人目的，通过不正当方法获取、披露或使用权利人商业秘密的行为。

5.不正当的奖售行为

不正当有奖销售行为是指经营者违反诚实信用原则和公平竞争原则，利用物质、金钱或者其他经济利益引诱购买者与之交易，排挤竞争对手的不正当竞争行为。《反不正当竞争法》规制的不正当的奖售行为包括：所设奖的种类、兑奖条件、奖金金额或者奖品等有奖销售信息不明确，影响兑奖；采用谎称有奖或者故意让内定人员中奖的欺骗方式进行有奖销售；抽奖式的有奖销售，最高奖的金额超过5万元。

6.诋毁商业信誉行为

诋毁商业信誉行为是指经营者编造、传播虚假信息或者误导性信息，损害竞争对手的商业信誉、商品声誉，以削弱其市场竞争能力，并为自己谋取不正当利益的行为。

7.网络经营中的不正当竞争行为

网络经营中的不正当竞争行为是指经营者利用技术手段，通过影响用户选择、误导消费者搜索信息及设计恶意软件等方式，妨碍、破坏其他经营者合法提供的网络产品或者服务正常运行的行为。《反不正当竞争法》规制的网络经营中的不正当竞争行为包括：未经其他经营者同意，在其合法提供的网络产品或者服务中，插入链接、强制进行目标跳转；误导、欺骗、强迫用户修改、关闭、卸载其他经营者合法提供的网络产品或者服务；恶意对其他经营者合法提供的网络产品或者服务实施不兼容以及其他妨碍、破坏其他经营者合法提供的网络产品或者服务正常运行的行为。

【案例8-1】 商业竞争中“提醒对手”的法律底线

不正当竞争行为，既扰乱了消费者在信息不对称情况下的正确判断，更会误伤企业自身的商业形象。因此，商业竞争必须坚守法律底线。

某某浏览器存在漏洞，可能泄露用户账户、密码等个人信息，北京某科技公司采取弹窗等方式予以提示，被某某浏览器信息服务公司以诋毁商誉、系不正当竞争为由诉至法院。法院审理认为，市场竞争行为应当在法律框架下考量，方能产生对市场主体正面的价值意义。北京某科技公司作为同行，最清楚同行间的底细。该公司发现了同行公司的浏览器存在漏洞，这其实是关系到用户支付宝、银行账户等重要信息安全的好事。从某某浏览器信息服务公司的利益出发，其不清楚其产品缺陷，可能导致损害使用方权益而面临索赔的风险。如果北京某科技公司知道该漏洞的产生原因与补正方法，又能清楚竞争中也存在合作而共同抵御风险的共赢价值，就应当直接善意地向某某浏览器信息服务公司提醒漏洞的存在与风险，或者向行业主管部门报告以让中立第三方调查后要求某某浏览器信息服务公司予以补正。两家公司完全可以形成一种良性的竞争合作关系，共谋促进互联网浏览器的行业发展，而使用者也能从它们的合作中受益，得到更便利、经济、安全的浏览器服务。为此，北京知识产权法院终审判决认定，某某浏览器案发时泄露用户信息属实，北京某科技公司部分披露方式不妥，属违反商业道德的不正当竞争行为，判决其停止该行为，并赔偿原告人民币10万元。

点评：竞争是市场经济发展的动力，能为消费者带来更大福利。市场竞争法则支持并且要求市场主体全面遵行商业道德义务，其目的在于阻止以不正当竞争行为为表现的市场恶性竞争。北京某科技公司一旦选择发出声音，就须特别注意竞争行为正当与不正当的法律界限。本例中，互联网行业协会或行政主管部门有对某某浏览器信息服务公司漏洞向使用者公布提醒的职责，并且还要督促该公司及时补正。合法依据与合适主体的公布才可确保信息的真实与评价公正性，可以有效避免导致市场紊乱的恶性竞争。北京某科技公司凭借自身技术能力发现某某浏览器信息服务公司的技术漏洞，却作出了一个让自身利益同样受损的竞争选择，说明必须让高智慧的技术经营者具备市场法律意识，坚守法律底线。

资料来源：潘宇翔. 商业竞争中“提醒对手”的法律底线［N］. 人民法院报，2015-11-26.

第二节 旅游市场不正当竞争行为及其法律责任

一、旅游市场竞争与不正当竞争

（一）旅游市场竞争的概念与类型

1.旅游市场竞争及其优缺点①

旅游市场是实现旅游经济活动不可缺少的条件，旅游供给和旅游需求正是通过市场连接起来的。只要存在市场，就会存在竞争。旅游市场竞争是指旅游商品经营者在旅游市场上销售旅游商品时，相互争夺旅游消费者，以求得旅游消费者和社会的承认，从而实现旅游商品价值的经济活动。旅游市场竞争是旅游经济运行得以实现的内在机制，是与旅游经济存在联系的外部强制形式。旅游市场竞争同其他市场竞争一样，是商品经济的必然现象，因而具有存在并发挥作用的客观必然性。

（1）旅游市场竞争的优点。由于现代科学技术普及程度和发展速度大大提升以及旅游市场的全球化发展，极少有旅游供给主体能在旅游市场上形成或者保持垄断地位，竞争成为现实市场发展进程的常态。在激烈的竞争中，以利润最大化为生存和发展前提的旅游供给者必然会尽可能多地采用新技术，利用新资源，开发新产品，努力改善经营管理，提高工作效率，争取在竞争中获得更为有利的地位。这对于旅游产品的丰富、旅游产品质量的提高、旅游服务水准的提升是具有积极的推动作用的，从这个意义上说，旅游市场竞争是旅游产业不断发展和进步的外部动力。

（2）旅游市场竞争的缺点。首先，市场竞争主要集中于旅游供给者，面对普遍存在的供过于求的市场状况，为了实现自己的利益目标，不惜以自然资源和环境破坏为代价，过度开发和利用稀缺资源，且对资源的开发和利用往往采取低技术、低成本的方式，以拥有低成本的或差异化的产品在竞争中占据较有利地位。其次，在竞争中以不正当竞争手段争抢有限的客源和中间商。例如，以间接支付等不正当竞争手段争取中间商，拉拢或稳定客源，争取在某个区域或细分市场上形成垄断或占据有利地位。又如，以“零团费”“负团费”等不正当定价策略拉拢客源。不正当竞争行为不仅会损害竞争对手的利益，从长期来看，还会损害整个旅游产业的利益。最后，在竞争中消费者权益受到损害的事情屡见不鲜，如旅游活动服务质量未达到合同要求，旅游购物所购商品质次价高，甚至是假冒伪劣商品，既损害了旅游者的利益，也损害了当地旅游业甚至是中国旅游业的形象。

2.旅游市场竞争的类型②

（1）完全竞争（Perfect Competition）。完全竞争旅游市场，是一种由众多旅游者和旅游经营者所组成的旅游市场。其市场结构必须具备以下条件：一是旅游市场上存在许多彼此竞争的旅游者和旅游经营者，每个旅游者和旅游经营者所买卖的旅游产品数量在整个市场上占有的份额都很小；二是各旅游经营者生产经营的旅游产品是完全相同的；三是所有

① 赵书虹，尹松波．旅游伦理学［M］．天津：南开大学出版社，2008：32-35.
② 田里．旅游经济学［M］．北京：高等教育出版社，2009：119-122.

生产要素资源能够在各行业间完全自由流动，旅游经营者可以自由地进入或退出完全竞争的旅游市场；四是市场上每个旅游者和旅游经营者都具有充分的市场信息。由于现实中不存在同时具备以上四个条件的市场，因而完全竞争旅游市场实际上只是一种理论假设。

（2）完全垄断（Complete Monopoly）。完全垄断旅游市场，是一种完全由一家旅游经营者控制旅游产品供给的旅游市场，是与完全竞争旅游市场相对应的另一种市场结构的极端状态。完全垄断旅游市场的主要特征：一是某旅游企业完全控制了某种旅游产品的供给和销售市场，这种旅游产品没有其他可以替代的旅游产品；二是旅游市场上旅游产品的价格和产量是由该旅游经营者完全控制的；三是旅游市场具有较强的壁垒，甚至是封锁的，其他任何旅游经营者都无法进入；四是旅游市场上的信息是不充分的。完全垄断旅游市场最突出的特征是旅游产品的唯一性，如西安的秦兵马俑、北京的故宫和长城、埃及的金字塔等。

（3）垄断竞争（Monopolistic Competition）。垄断竞争旅游市场，是一种介于完全竞争和完全垄断之间，既有垄断又有竞争的旅游市场结构。垄断竞争旅游市场的竞争性主要表现在：一是同类旅游产品市场上拥有较多的旅游经营者，每一个经营者的产量在市场总额中只占较小的比例，任一单独经营者都无法操纵市场；二是在市场经济条件下，旅游经营者进入或退出旅游市场一般较容易；三是不同的旅游经营者生产和经营的同类旅游产品存在一定的差异性，从而使处于优势的旅游产品在价格竞争和市场份额的占有上优于其他旅游经营者。垄断竞争旅游市场的垄断性主要表现在：一是每个国家或地区的旅游资源不可能是完全相同的，从而导致每一种旅游产品都有其个性，于是旅游产品间的差异性在一定程度上就形成了旅游产品的垄断性；二是政府的某些方针政策的限制，也会形成旅游产品的垄断；三是由于各种非经济因素的制约，使旅游者不能完全自由选择旅游产品而进入任何旅游目的地，从而使某些旅游产品形成一定的垄断性。

（4）寡头垄断（Oligopoly）。寡头垄断旅游市场，是指为数不多的旅游经营者控制了绝大部分旅游产品供给的市场结构，并且每个旅游经营者在行业中都占有相当大的份额，以致其中任何一家的产量或价格变动都会影响整个旅游产品的价格和其他旅游经营者的销售量。寡头垄断旅游市场也是介于完全垄断旅游市场和完全竞争旅游市场之间，并偏于完全垄断旅游市场的一种市场结构。在现实市场经济中，寡头垄断旅游市场往往比完全垄断旅游市场更为普遍，尤其对于某些独特的或稀少的旅游资源，通过开发和建设容易形成寡头垄断的旅游产品和旅游市场。完全竞争和完全垄断是旅游经济市场竞争的两个极端的现象，在现实中极为少见。垄断竞争和寡头垄断是旅游市场上大量存在的竞争类型，其中最常见的是垄断竞争市场状态。导致旅游市场垄断的因素有：旅游资源分布状况、地理位置及距离、历史和文化渊源、特殊政策等。

总之，从旅游市场的发展总体看，旅游市场属于不完全竞争，即垄断竞争市场，它既包含垄断因素，又包含竞争因素。其主要表现：一是旅游产品差别较大，每个国家或地区的旅游资源不可能完全相同，各有其个性和特点，具有不可替代的属性，能构成卖方垄断。二是政府的某些政策限制，形成一定的垄断，如政府对外资参与当地旅游业经营的限制等。三是旅游市场开放度较高，新的竞争者能够随时加入竞争行列。四是大多数旅游产品质的差别不大，有一定的可替代性，必然导致旅游经营者之间激烈竞争。此外，近几年，旅游市场的竞争呈现多角化。20世纪，中国旅游市场的竞争基本是同行业中企业之间的竞争，而且由于当时饭店、旅行社数量和服务项目供不应求，这种竞争在一定程度上还带有垄断竞争的性质。然而，进入21世纪后，随着电子商务在旅游业中的应用不断深入，旅游在线服务商也加入到了旅游市场的激烈竞争中，表现为多方位和多角化特色。这是中国旅游市场呈现出的一个新情况，也表明今后市场竞争将日益复杂化，这就要求企业从长期性和战略性来考虑企业营销战略。

（二）旅游市场不正当竞争行为及其产生原因

1.旅游市场不正当竞争行为的概念与特点

旅游市场不正当竞争行为，是指旅游经营者在市场竞争中违反《反不正当竞争法》的规定，采取非法的或者有悖于公认的商业道德的手段和方式，损害其他旅游经营者和旅游者的合法权益，扰乱旅游市场秩序的行为。旅游市场不正当竞争行为具有以下特点：

（1）主体的特定性。我国《反不正当竞争法》第2条明确规定："本法所称的经营者，是指从事商品生产、经营或者提供服务的自然人、法人和非法人组织。"非经营者不能成为不正当竞争行为的主体。由于旅游市场的综合性，不正当竞争行为的主体体现出复杂性特点。特别是在电子商务背景下，旅游市场不正当竞争行为的主体有两种类型：一类是采取电子商务交易手段的传统旅游企业；另一类则是为电子商务交易提供基础设施服务和辅助服务的现代互联网服务企业。

（2）客体的破坏性及危害性。任何通过不正当手段获取的竞争优势，相对于市场中的其他诚实经营者都是不公平的，其应得的商业利益无不因此受到损害。而每一个具体的不正当竞争行为都意味着损害或可能损害其他某一特定经营者的利益，构成对他人合法权利的侵犯。可见，不正当竞争行为有损害其他经营者利益的危害性。此外，旅游市场还存在诸如混淆商品、引人误解等不正当竞争行为，不仅损害了特定经营者的合法权益，同时还破坏了公平的竞争环境，扰乱了社会经济秩序，导致市场失去透明度，其他同业经营者失去客户，消费者无法正确地选择购买商品等，因而具有破坏性。

（3）行为的违法性。旅游市场不正当竞争行为不仅违反了我国《反不正当竞争法》《反垄断法》《电子商务法》《旅游法》的规定，也违反了其他法律和旅游行政法规、部门规章中的相关规范。特别是随着互联网的发展，旅游市场中的不正当竞争行为体现为两大类：一是以网络为工具的传统不正当竞争行为在电子商务中的新表现；二是电子商务背景下，不正当竞争行为独有的新形态，表现为多样化、多变性、短期性及传播速度快，成为旅游市场不正当竞争行为的新特点。

2.旅游市场不正当竞争行为产生的原因及影响因素

旅游市场不正当竞争行为产生的原因较多，归纳起来主要有以下几类：一是违法成本低、收益快、维权成本高，同时互联网领域行业自律机制不完善，而监管部门的执法效率低、职能交叉、多头领导，这些因素都对不正当竞争起到推波助澜的作用。[①]二是经营者违背诚信经营原则，这与社会法律制度、市场信息透明度、政府监管力度、社会道德、造假成本、市场需求等因素密切相关[②]。三是旅游经营者因为投机心理、信息不对称、惩治力度等因素在是否诚信经营中作出选择，而消费者则根据对企业的满意度、价格差异、价值感知等因素选择经营者[③]。因此，结合上述对旅游市场不正当竞争行为特征的分析，可以认为旅游市场不正当竞争行为产生的影响因素包含：

（1）政府行为因素。政府负有监督市场秩序的职能，可以通过出台相关法律、法规对不正当竞争行为进行规制，鼓励旅游市场经营者诚信经营，惩治实施不正当竞争行为的经营者。我国旅游市场出现不正当竞争行为的主要原因是：相关法律不完善，“政策出多门”，各监管部门之间沟通较少，导致监管效率低下。为了治理旅游市场出现的不正当竞争行为，除现行的法律、法规外，国家应当健全和完善反不正当竞争行为的治理体系，加强政府对旅游市场不正当竞争的惩罚力度和出台激励诚信经营政策等。

（2）企业自身因素。旅游企业自身因素主要包含三个方面，即企业的影响力、企业的社会责任意识、企业诚信经营的成本。旅游企业的影响力是指旅游企业在本行业中的知名度，一般情况下，影响力越大的企业，自身的经营体系越完善，自律意识也越强，发生不正当竞争的概率也就越低。企业的社会责任意识是指旅游企业诚信经营的态度和意愿，包括企业的社会责任感、经营商品信息公开程度，企业的社会责任意识越强，诚信经营的可能性越大，产品信息的透明度越强，在行业中可以发挥模范带头作用，越来越多的企业将社会责任意识纳入企业战略管理中。诚信经营成本包括积极成本和消极成本，积极成本是指旅游企业诚信经营所付出的成本代价，消极成本是指旅游企业在采取不正当竞争时所承受的心理成本，两者对企业的诚信经营起着关键性作用。

（3）市场因素。市场因素包括两个方面：旅游者的反馈和媒体、公众对不正当竞争的曝光度。旅游者的反馈主要涉及旅游者对旅游企业的满意度、对旅游产品或服务的价格感知能力两个方面。旅游者对旅游企业的满意度越高，其对企业的忠诚度就越高，还会自愿成为旅游企业口碑营销的宣传者，对企业的诚信经营起到积极作用。旅游者的价格感知能力，也就是旅游者对商品或服务性价比的关注度。通过媒体或公众对旅游企业不正当竞争的曝光，可以扩大旅游者对不正当竞争的认知度，加强旅游者的维权意识以及监督意识，促进企业的诚信经营。

【延伸阅读8-2】　商业竞争须遵循道德和法律边界

在市场经济下，商业竞争的角力再正常不过，而且从某种意义上讲，市场经济的核心就是竞争，保护和推动市场竞争，恰恰是市场经济发展的重要条件和市场经济保持活力的决定性因素。不过，并非所有竞争都是市场经济合意的竞争，如果利益之争已经超越商业竞争伦理道德甚至法律允许的边界，即涉嫌非道德、非法的恶性竞争和不正当竞争。

---

① 晁金典，周君丽．网络不正当竞争法律规制再考量［J］．法律适用，2014（7）：14-18.

② 赵佩华，张柳钦，胡赛强．基于演化博弈的造假者与监管方行为研究［J］．经济与管理，2018，32（4）：76-82.

③ 卢金荣，李意．电子商务平台交易双方信任问题的博弈分析［J］．西南石油大学学报，2019，21（1）：14-20.

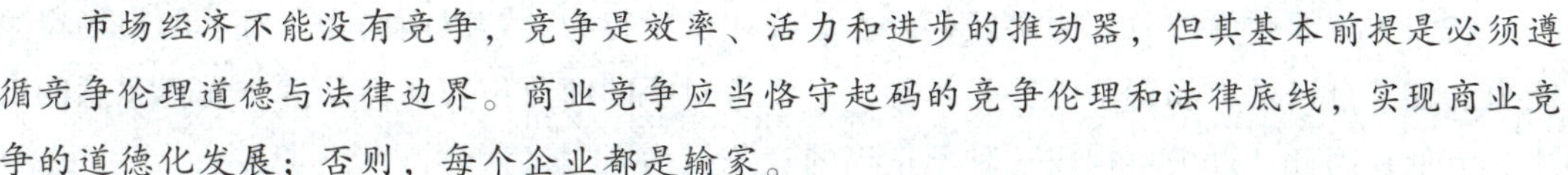

市场经济不能没有竞争，竞争是效率、活力和进步的推动器，但其基本前提是必须遵循竞争伦理道德与法律边界。商业竞争应当恪守起码的竞争伦理和法律底线，实现商业竞争的道德化发展；否则，每个企业都是输家。

竞争伦理学认为，竞争本质上是利益主体在市场上为实现各自利益要求展开的经济资源和市场的争夺，包含着十分复杂而又广泛的内容。从竞争主体在市场中的行为性质来说，可分为买方之间的竞争、卖方之间的竞争以及买卖双方之间的竞争；从竞争的手段或方式来说，可将竞争分为自由竞争、过度竞争、恶性竞争、公平竞争及不正当竞争。

竞争伦理学谴责、贬损恶性竞争和不正当竞争，崇尚和倡导公平竞争，认为竞争必须遵循一定的伦理原则，在道德的范围内进行和展开。从道德范围来看，法律是强制遵守的最低道德要求。竞争伦理学将竞争和道德、法律结合起来，提倡竞争道德，这不仅为解决经济伦理领域中的效率与公平问题、秩序与活力问题奠定了理论基础，更为经济道德化发展的实践指明了方向。

经济道德化是现代经济的基本特征，不仅有助于提升社会福利，同时也为企业自身提供了一个良好的、赖以生存发展的商业环境。在这个意义上说，现代企业的商业竞争行为必须遵循起码的伦理道德和法律边界，否则将陷入一个无序发展的商业环境。

资料来源：盘和林. 商业竞争须遵循道德和法律边界［EB/OL］.［2017-11-28］. https：//share.gmw.cn/guancha/2017-11/28/content_26936253.htm.

二、旅游市场不正当竞争行为类型及其构成要件

（一）诋毁商誉行为

1.具体表现

旅游市场的诋毁商誉行为，是对竞争对手合法享有的商誉及商誉权的严重损害和侵犯。这种以损害竞争对手合法权益为手段的竞争行为，破坏了旅游市场公平竞争的正常秩序，属于典型的不正当竞争行为。其具体表现包括：利用广告、启事、声明、新闻发布会等形式散布虚假事实或者利用假投诉、恶意制造纠纷等行为公开诋毁竞争对手；利用网络开放平台传播快捷的特点，虚假宣传，贬低其他经营者；在自己的门户网站上发布竞争对手不实信息或者进行恶意评价等。

2.构成要件

（1）行为的主体必须是旅游经营者。行为人具有旅游经营者的身份是认定旅游市场侵犯商誉权行为的重要条件之一，即只有从事旅游商品经营或者营利性服务的法人、其他经济组织和个人所实施的损害竞争对手商誉的行为才构成该类不正当竞争行为。依据《最高人民法院关于审理不正当竞争民事案件应用法律若干问题的解释》，新闻单位或者消费者因为对旅游经营者的产品质量或者服务质量进行批评、评论失当，甚至借机诽谤、诋毁、损害经营者的，应当认定为侵害名誉权的行为。可见，新闻单位、消费者与商誉权的主体之间没有竞争关系，不互为竞争对手，所以不能作为诋毁商誉行为的主体。但是，如果旅游经营者利用或者通过其他组织或者个人实施对竞争对手的商誉诋毁行为，该其他组织或者个人应当与旅游经营者共同承担诋毁商誉行为的法律后果。

（2）主观要件为故意。旅游经营者实施商业诋毁行为，是以削弱竞争对手的市场竞争能力、谋求自己的市场竞争优势为目的，对竞争对手的商业信誉、商品信誉进行恶意的诋毁、贬低，因此，过失不构成这种不正当的竞争行为。

（3）客观要件为实施了侵犯商誉权的行为。旅游市场中，实施侵犯商誉权的行为主要包括编造、传播虚假信息或者误导性信息，诋毁、贬低竞争对手的商誉，给其造成或可能造成一定的损害后果。依据世界知识产权组织关于反不正当竞争示范法所作的概括，侵犯商誉权的行为分为两种：一种是采取虚假说法的行为，即凭空捏造或散布有关他人商誉的，与其商业信誉、商品声誉真实情况不相符合的事情，包括无中生有的编造，也包括对真实情况的恶意歪曲；另一种是采取不当说法的行为，即不公正、不准确、不全面地陈述客观事实，意在贬低、诋毁竞争对手的商誉。

（二）侵犯商业秘密行为

1.具体表现

旅游市场侵犯商业秘密行为是指以不正当手段获取、披露或者使用其他旅游经营者商业秘密的行为。依据《反不正当竞争法》，其具体表现包括：以盗窃、贿赂、欺诈、胁迫、电子侵入或者其他不正当手段获取权利人的商业秘密；披露、使用或者允许他人使用以前项手段获取的权利人的商业秘密；违反保密义务或者违反权利人有关保守商业秘密的要求，披露、使用或者允许他人使用其所掌握的商业秘密；教唆、引诱、帮助他人违反保密义务或者违反权利人有关保守商业秘密的要求，获取、披露、使用或者允许他人使用权利人的商业秘密。此外，《反不正当竞争法》规定，经营者以外的其他自然人、法人和非法人组织实施前述所列违法行为的，视为侵犯商业秘密；第三人明知或者应知商业秘密权利人的员工、前员工或者其他单位、个人实施违法行为，仍获取、披露、使用或者允许他人使用该商业秘密的，视为侵犯商业秘密。

2.构成要件

（1）主观要件为过错。旅游市场侵犯商业秘密行为的主观要件为侵权人必须有过错，即侵权人在主观上必须知道或应当知道是商业秘密，且未经其所有人的许可而非法占有或使用。只要侵权人知道或应当知道商业秘密的存在，而实施了侵犯商业秘密的行为，即具备了侵犯商业秘密行为的主观要件。

（2）行为侵犯的对象为商业秘密。旅游市场中的商业秘密，包括新的旅游线路，旅游商品与服务类型，开发经营方案、形象策划，往来客户名单，促销活动的时间、方式及产品定价、商业折扣比率等未正式公开的商业信息。

（3）客观要件为实施了侵犯商业秘密的行为。旅游市场侵犯商业秘密的行为主要包括：旅游企业之间通过高薪利诱对方核心业务人员，促使其“跳槽”而泄露原任职企业的旅游商业秘密资料，最终给商业秘密拥有者造成了巨大的损失；或者旅游经营者的一些旅游策划活动在具体实施之前被其竞争对手所知道，后者对此获取之后，或者进行披露，或者自己抢先实施，导致原策划者在付出了许多精力和成本之后却无法实现预期的经济效益。

（三）引人误解的虚假宣传行为

1.具体表现

旅游市场引人误解的虚假宣传行为是指旅游经营者违反诚实信用原则，以涉及商品质量或服务水平的内容为主，以其他刺激消费欲望的内容如价格、赠品等为辅的不正当竞争行为。经营者的生命在于商品或服务的品质，旅游者也最为关心有关此方面的宣传信息，因而，旅游商品及服务的质量不可避免地成为虚假宣传最容易触及的领域。虚假宣传行为者可能获得不等价的巨大经济利益，这样的竞争将造成旅游市场秩序的混乱，妨碍竞争机制作用的发挥，也侵犯了旅游消费者的利益。其具体表现包括：在旅游产品的广告宣传中，采取虚构事实、隐瞒真相或不适当的夸大广告宣传，使用“第一”“世界级”“最低价”等涉及虚假宣传的词语，冠以“天下第一川”“天下第一瀑”等名号或者使用“准×星”“豪华游”等字词，有的旅游经营者还采用“分割旅游产品与服务”的形式进行广告宣传；在康养旅游中，对产品性能、效果、用途等夸大其词，误导消费者对实际功效的判断；在旅游中安排的购物环节，对构成商品的原材料标示含糊，掩盖等级差别或者使用无效或过期的许可证、合格证，暗示其商品或服务品质正宗等。

2.构成要件

（1）行为的主体是广告经营者或旅游经营者。广告经营者是指在商业广告活动中，通过组织虚假交易等方式，帮助其他经营者进行虚假或者引人误解的商业宣传的经营者。在旅游市场中，广告经营者虽然不是直接的获益者，但行为的结果仍然是引诱或欺骗消费者。旅游经营者是指通过一定媒介和形式，在“商品或服务上”，“通过广告”和“其他方法”，直接或者间接地推销自己的旅游商品或者服务，并直接受益者。无论是广告经营者还是旅游经营者，只要实施了引人误解的虚假宣传行为，就是责任主体，都要承担责任。虚假宣传的直接受害者是旅游者或同业竞争者。

（2）主观要件为过错，但因主体不同而有区别。广告经营者的主观状态是明知或应知，如果广告经营者主观上没有过错，有可能其本身也是受害者，就不需要承担法律责任；旅游经营者无论其主观上处于何种状态，均必须对虚假广告承担法律责任。

（3）客观要件是主体实施了引人误解的虚假宣传行为。虚假的含义是与真实性不符，有可能是隐瞒真相，也有可能是制造假象。广告经营者或旅游经营者对其商品或服务作了与事实不符的宣传或以其他方式进行了虚假宣传，引诱或欺骗消费者，自己从中获取不正当利益，就构成了引人误解的虚假宣传行为。

（四）市场混同行为

1.具体表现

市场混同行为是指经营者采取假冒、仿冒等欺骗性手段，从事市场交易，使自己的商品或服务与特定竞争对手的商品或服务相混同，造成或足以造成购买者误认的不正当竞争行为。旅游市场中混同行为主要表现为：一是关于产品的混同行为，主要体现为旅游景点的假冒或仿冒行为。二是关于经营主体的混同行为，主要是指行为人假冒或使用其他企业的名称、品牌、质量认证标志等信息，给消费者造成服务主体误认的情况。

2.构成要件

（1）主观要件为故意。旅游市场的混同行为只能由“故意”构成，即作为主体的旅游经营者明知是其他经营者质量好、知名度高、市场销售量大的商品或服务而进行“仿冒”或“擅自使用”，其目的在于使交易对方或消费者对其提供的商品或服务产生混淆或误解，从而接受其商品或服务。

（2）客观要件是实施了仿冒行为。由于旅游经营者的混同行为是对市场中经营优势的掠夺，侵害他人长期形成的无形资产。因此，混同行为总是发生在特定的具有市场优势的旅游经营者及其特定的商品和服务上。仿冒者通过对这些特定商品或服务的商标、包装、企业名称等的精心模仿，造成市场上用户和消费者受到混淆的后果。

（3）行为的对象或客体具有特定性。认定仿冒行为首先是确定被仿冒的特定经营者和特定商品或服务。对假冒商标和企业名称的行为来说，只要发生假冒行为，被假冒的对象是立即可以确定的，因为这些权利是经过登记和注册的。在电子商务背景下，违法经营者多伪装成知名企业或畅销商品进行误导，而对网站域名和内容的混淆行为不仅侵害了消费者和被混淆企业，更是对网络市场秩序和网络交易安全性的损害，会导致消费者对电子商务交易的信任危机。

（五）商业贿赂行为

1.具体表现

发生在旅游市场交易中的商业贿赂行为，是指通过收受或者向有关利害关系人支付回扣的形式实现的不正当竞争行为。其具体表现包括：一是旅游团在组团过程中私下收受回扣，买团卖团；二是以旅游团为重要销售对象的土特产店、餐馆、自费景点、文艺演出和足疗设施，非法为旅行社或导游提供回扣，强制旅游者消费或接受服务；三是单位组团旅游中，旅行社、导游给相关组织人员回扣，如依赖回扣生存的“零负运费旅游车”现象等。

2.构成要件

（1）行为主体为旅游经营者或旅游运营商。旅游市场中，商业贿赂行为的主体只能是旅游经营者或旅游运营商。至于受贿主体，则是相对方单位或个人。依据《反不正当竞争法》的规定，包括：交易相对方的工作人员；受交易相对方委托办理相关事务的单位或者个人或者利用职权或者影响力影响交易的单位或者个人。

（2）主观要件为故意。旅游经营者或旅游运营商，为了谋取交易机会或者竞争优势，明知采用的手段或方式不当，依然秘密给予相对方财物，以推销自己的旅游产品或服务。

（3）客观要件是实施了贿赂行为。这是指受贿人接受他人的不法财物以及行贿人不法给付财物的行为。依据《反不正当竞争法》的规定，经营者在交易活动中，可以以明示方式向交易相对方支付折扣，或者向中间人支付佣金。经营者向交易相对方支付折扣、向中间人支付佣金的，应当如实入账。接受折扣、佣金的经营者也应当如实入账。在旅游市场中，如果旅游经营者或旅游运营商通过买团卖团来暗地收受回扣；旅游途中，旅行社或导游接受相对方旅游经营者的“提成”，以使消费者被迫在其经营的企业消费；旅行社、导游给组团旅游的单位中相关人员“分红”等，即构成商业贿赂行为。

三、旅游市场主体不正当竞争行为的法律责任

《旅游法》规定，国家建立健全旅游服务标准和市场规则，禁止行业垄断和地区垄断。旅游经营者应当诚信经营，公平竞争，承担社会责任，为旅游者提供安全、健康、卫生、方便的旅游服务。国务院建立健全旅游综合协调机制，对旅游业发展进行综合协调；县级以上地方人民政府应当加强对旅游工作的组织和领导，明确相关部门或者机构，对本行政区域的旅游业发展和监督管理进行统筹协调。旅游市场主体的不正当竞争行为既损害了其他旅游经营者和旅游消费者的合法权益，也扰乱了旅游市场秩序，必须依法加以规制。规制的目的是矫正主体的不正当竞争行为，恢复公平有序的市场竞争。规制的方法是通过有权机关的监督检查，及时发现不正当竞争行为，并依法追究实施不正当竞争行为者的法律责任。

(一) 对旅游市场不正当竞争行为的监督检查

所谓监督检查，是指法定机关依照法定程序，对涉嫌违法行为的经营者采取的了解、取证、督促措施以及必要的行政强制措施。对不正当竞争行为的监督检查，包括政府专门机构的监督检查以及其他组织和个人的社会监督。

1.政府监督检查

市场经济背景下，政府负有组织和调控市场、维护公平竞争的职责。各级人民政府应当采取措施，制止不正当竞争行为，为公平竞争创造良好的环境和条件。依据《反不正当竞争法》的规定，县级以上人民政府市场监督管理部门对不正当竞争行为进行监督检查；法律、行政法规规定由其他部门监督检查的，依照其规定。监督检查部门在监督检查旅游市场不正当竞争行为时有权行使下列职权：

(1) 询问权。监督检查部门有权按照规定程序询问被检查的经营者、利害关系人、证明人，并要求提供证明材料或者与不正当竞争行为有关的其他资料。

(2) 查询复制权。监督检查部门有权查询、复制与不正当竞争行为有关的协议、账册、单据、文件、记录、业务函电和其他资料。

(3) 检查权。监督检查部门有权对与各种不正当竞争行为有关的财物进行检查，必要时可以责令被检查的经营者说明该商品的来源和数量，暂停销售，听候检查，不得转移、隐匿、销毁该财物。

2.社会监督

《反不正当竞争法》规定：“国家鼓励、支持和保护一切组织和个人对不正当竞争行为进行社会监督。”这项规定体现了《反不正当竞争法》的社会监督功能。任何组织和个人均有权依据《反不正当竞争法》的规定，对不正当竞争行为进行举报、控告、申诉、社会舆论监督及其他各种形式的社会监督。国家对社会监督予以鼓励和支持。

3.监督检查的程序

监督检查的工作人员监督检查不正当竞争行为，应当遵循法定程序，这是监督检查部门工作人员应履行的义务。监督检查部门的工作人员在监督检查不正当竞争行为时，应当出示检查证件；在对被检查者、利害关系人、证明人进行询问，以及要求后者提供证明材料或者与不正当竞争行为有关的其他材料时，应按照规定的程序进行。

（二）旅游市场主体不正当竞争行为的法律后果

1.行政处罚

依据《反不正当竞争法》，旅游市场主体如果违反相关法律、法规的规定，实施了不正当竞争行为，监督检查部门有权采取强制措施，如罚款、没收违法所得、责令停止违法行为和赔偿损失等。

2.民事制裁

《反不正当竞争法》的实施，除行政执法外，司法机关的民事制裁则是一种更为主要的法律实施途径。依据《反不正当竞争法》，旅游经营者给被侵害的经营者造成损害的，应当承担损害赔偿责任，被侵害的经营者的损失难以计算的，赔偿额为侵权人在侵权期间因侵权所获得的利润，并应当承担被侵害的经营者因调查该经营者侵害其合法权益的不正当竞争行为所支付的合理费用。被侵害的经营者的合法权益受到不正当竞争行为损害的，可以向人民法院提起诉讼。

3.刑事制裁

对于某些性质严重的不正当竞争行为，各国法律规定构成犯罪，应作刑事制裁，有些案件还同时适用刑事和民事两种制裁[①]。此外，依据《反不正当竞争法》，监督检查不正当竞争行为的国家机关工作人员滥用职权、玩忽职守，构成犯罪的，依法追究刑事责任；不构成犯罪的，给予行政处分。监督检查不正当竞争行为的国家机关工作人员徇私舞弊，对明知有违反《反不正当竞争法》规定构成犯罪的经营者故意包庇不使他人受追诉的，依法追究刑事责任。

【案例 8-2】　订票，捆绑销售成“惯例”

购物券、服务券、停车券……搭售额外项目已成为在线旅游企业赚钱的重要渠道。如果用户没发现且不需要“搭售”服务，这些花费就成了在线旅游企业的利润。

在不少在线旅游平台，除了机票、燃油费和机场建设费外，消费者都会被默认选择购买酒店优惠券、贵宾休息室消费券、接送机服务券、机场停车券以及各类保险。许多人看到合适的打折机票，会不假思索地迅速下单支付，一不小心就落入捆绑销售的陷阱。一位业内人士表示，目前在线旅游企业的机票价与航空公司官网的票价基本一致，企业光靠售票的赢利空间不大，搭售额外项目已成为在线旅游企业赚钱的重要渠道。如果用户没发现且不需要“搭售”服务，这些花费就成了在线旅游企业的利润。即便用户刚好使用某些搭售服务，在线旅游平台的报价也高出不少：比如航意险，直接从一些保险公司购买为20

① 漆多俊. 经济基础理论［M］. 北京：法律出版社，2016：208-213.

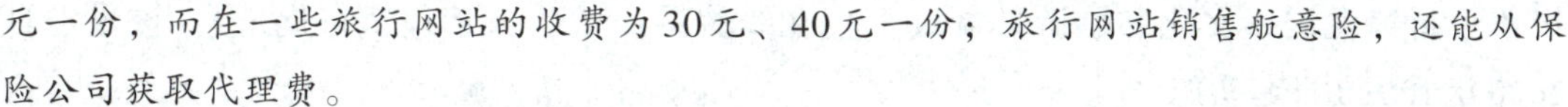

元一份，而在一些旅行网站的收费为30元、40元一份；旅行网站销售航意险，还能从保险公司获取代理费。

在线旅游平台上，越是标价低的所谓特价票、优惠票，暗中“搭售”的项目就越多。比如，某平台北京飞广州标价1 490元的机票中，搭售了四五个项目；标价1 810元的机票中，就仅搭售了一项；而在标价1 910元的全价票中，没有任何搭售。

点评：“一些‘搭售’行为侵犯了消费者的知情权、自主选择权、公平交易权，应受到管理机构及相关法律的管理和规制。”北京汇佳律师事务所律师邱宝昌说，购买什么类型的航意险、入住什么样的酒店，都是消费者的自主交易行为，拥有充分自主选择权。现在，机票搭售几乎成为行业的“潜规则”，不少企业把它弄成变相的强制消费，涉嫌侵犯消费者的选择权和公平交易权。专家表示，一些在线旅游企业多次陷入“霸王条款”纠纷，既说明我国互联网企业对保护消费者权益的认识不足，也说明相关法律规范的缺失。在很多时候，消费者即便因“霸王条款”“消费陷阱”蒙受损失，由于势单力薄也很难维护自己的合法权益。规范经营主体的行为，加强监管尤为重要。当务之急是健全法律、法规，明确主体责任，对霸王条款、消费陷阱、恶意“搭售”等不正当竞争行为严惩不贷。

资料来源：吴海波. 机票遭捆绑，订房被加价［EB/OL］.［2017-06-09］. http: //news.cnr.cn/native/gd/20170609/t20170609_523792919.shtml.

第三节　在线旅游企业竞争行为的法律分析

一、OTA旅游企业及其竞争行为的理论基础

（一）OTA旅游企业及其法律性质

1.OTA旅游企业的产生背景

电子商务是以互联网为基础，通过信息技术来实现电子交易和相关活动的商务模式。随着电子商务被广泛应用，旅游业与电子商务的结合逐渐受到重视，旅游电子商务逐渐产生。旅游电子商务的概念最初是由Ravi Kalakota在20世纪90年代提出的，之后由John Hagel逐渐完善。此后，旅游电子商务的研究一直是各国旅游业学者和经济学者研究的热点。伴随着互联网市场的高速发展，我国旅游电子商务发展逐步走向专业化、多元化。经营者和运营商们在积极探索和实践符合中国消费市场的旅游电子商务模式。近几年，高速增长的旅游市场和日益成长的网络消费人群，也使得旅游电子商务的发展迎来了新的契机，从而诞生了一大批具有资讯服务实力的旅游电商网站，主要分为三类：专业网站，如携程旅行网、去哪网、艺龙旅行网等；区域性网站，如丽江旅程网、游客网、100T·海南完美之旅旅游网等；门户网站的旅游频道，如新浪旅游、搜狐旅游等。这些网站在提供常规的网上资讯、预约服务的同时，其经营范围涵盖了旅游的食、住、行、游、购、娱等较全面的旅游产品分析、旅游个性化服务推送、旅游产品体验与分享等。在线旅游企业（Online Travel Agency，OTA）就是在旅游电子商务发展中逐渐形成的旅游服务重要媒介及运营商。为了保障旅游者合法权益，规范在线旅游市场秩序，促进在线旅游

行业可持续发展，文化和旅游部制定了《在线旅游经营服务管理暂行规定》，该规定自2020年10月1日起实施。

2.OTA旅游企业的概念及法律性质

《在线旅游经营服务管理暂行规定》所称在线旅游经营服务，是指通过互联网等信息网络为旅游者提供包价旅游服务或者交通、住宿、餐饮、游览、娱乐等单项旅游服务的经营活动。“在线旅游经营者”是指从事在线旅游经营服务的自然人、法人和非法人组织，包括在线旅游平台经营者、平台内经营者，以及通过自建网站、其他网络服务提供旅游服务的经营者；“平台经营者”是指为在线旅游经营服务交易双方或者多方提供网络经营场所、交易撮合、信息发布等服务的法人或者非法人组织；“平台内经营者”是指通过平台经营者提供旅游服务的在线旅游经营者。本书所谓OTA旅游企业，即在线旅游服务商或在线旅游公司，是指依托互联网，以满足旅游消费者信息查询、产品预订及服务评价为核心目的，囊括了在线提供旅游产品与服务的旅行社、航空公司、酒店、景区、租车公司等旅游服务供应商，提供搜索引擎、消费预订、旅游资讯和社区论坛等综合服务的在线旅游经营者。从OTA旅游企业的建设主体分析，除供应链上游企业，如旅行社、酒店、航空公司、景点景区等建设的，发布企业自身信息和推介旅游产品的在线旅游直销网站外，更多的或者最主要的OTA旅游企业则是以撮合旅游市场的供给端与消费者需求端的在线旅游中介网站。这类网站还可细分为旅游频道、旅游综合网站、旅游垂直网站、旅游推荐网站和旅游点评网站等，如以客户反向定价（Name Your Own Price）为特色，提供在线旅游C2B模式的Priceline公司；以旅游社区和旅游评论网站为主业，打造社区为中心的TripAdvisor公司；以“代理+批发商”模式为主，品牌多元化的Expedia公司；“在线旅游+传统旅游”转型“手指+水泥”的携程旅行网；从旅游垂直搜索平台到注重用户体验和交易安全保障TTS系统（统一服务平台，Text To Speech）的去哪儿网，以及以“网站+呼叫中心+旅游线路”为其商业模式，提供休闲度假线路预订终端零售商的途牛网等。为此，本书认为在法律上，对OTA旅游企业概念界定至少应当把握以下几点：

（1）主体法律地位。OTA旅游企业是通过网络经营旅游业务的组织实体，亦称商事主体。该商事主体应当包括直接交易主体，如通过网络进行直营的传统旅行社以其旅游服务辅助人和构建、运营网络交易平台，提供网络平台服务、进行网络交易、间接经营旅游业务的网络媒介。

（2）主体市场准入性。在市场主体的准入性问题上，OTA旅游企业作为一个商事主体，虽然以虚拟性为其主要特征，但其商务模式的核心依旧是商务活动，因此应当与传统旅游企业主体具有相类似的条件，即依法取得主体资格地位，如依法登记、取得营业资格及经营许可，具有相关经营及履约能力等。

（3）主体表现形态。电子商务体系是一个开放的系统，因此，OTA旅游企业的主体表现形态总是处在一个不断变化的环境下，其主体更具复杂性，这也是责任认定的难点。但是，无论OTA旅游企业概念如何界定，均应当排除自然人（含传统的个体工商户）因

其网络经营活动和交易行为的间断非商事性而作为网络交易主体的资格。

（二）OTA旅游企业竞争行为的理论基础

1.动态竞争理论

动态竞争理论将竞争发动者比喻为进攻一方，将其他竞争者比喻为反击一方，通过总结交互双方竞争行为的特征、竞争模式以及竞争中的变量和可能产生的影响，从而更好地分析竞争行为，以采取更有效的策略。许多关于动态竞争的研究都来源于约瑟夫·熊彼特的创造性破坏理论："将竞争定义为一个动态的模型，竞争行为的发动者为了创造优势作出的行为，会使市场上其他参与者产生反击行为，来阻止目标的达成。"根据这一理论，竞争首先采取行动的一方会由于对手的反击需要准备和决策后才能生效，在这一时间段内进攻者能享受垄断优势。所以，研究动态竞争的学者试图从实证入手，研究延迟反击或增加时滞的战略。对于旅游电子商务而言，因为互联网的开放性和反应的快速性使得竞争尤为激烈。优秀营销方案、成功的旅游产品和创新的咨询业务，不论是哪一种在市场中具有领先性的业务，在旅游电子商务中都有可能被竞争对手在短时间内模仿甚至取代。动态竞争理论对竞争对策和时滞最大化的研究，十分契合当下旅游电子商务的竞争现状。同时，为了达到时滞最大化，经营者往往采用一些不正当竞争的手段。因此，对动态竞争理论的探索，能使OTA旅游企业采用正当科学方法进行竞争。

2.合作竞争理论

合作竞争是战略目标的竞争行为，将合作与竞争不再割裂看待。从优化社会资源配置和可持续发展的角度，使原本的竞争对手间诞生出一种包含合作和竞争行为但又高于合作和竞争的关系，从一味地竞争走向了战略目标的合作。合作竞争理论，是使竞争者之间建立并保持一种动态合作竞争关系，竞争变成了对行业活力的刺激，在大的战略和目标层面上达成共识。简单来说，就是联合了竞争者间的优势，利益捆绑化，合作开拓市场，增加参与者在市场上的竞争力。我国旅游电子商务的格局正好印证了合作竞争理论对企业竞争未来发展模式的构想。"携程"与"艺龙"的合并、"去哪儿"与"携程"的相互入股等，这种合作与竞争并存的关系并不少见，合作竞争理论得到了充分的体现。因此，对于合作竞争理论的研究，能够使原先的竞争对手逐渐向合作者转化，让利益与目标趋于一致，用竞争来调节市场的活跃性，并通过这种方式使企业间的利益密不可分，有效地减少不正当竞争的发生，从而达成共赢。

二、OTA旅游企业不正当竞争行为的表现形态与法律特征

（一）OTA旅游企业不正当竞争行为的表现形态

电子商务是传统商务活动各环节的电子化、网络化、信息化，是"互联网+商务"的商务模式，但"其发展远远超出了传统商务的框架，也具有了互联网的一些属性，自然延伸出许多新类型的不正当竞争行为"[①]。根据2009年《中国旅游电子商务报告》，千橡互动收购e龙流通股开启了互联网公司探索与旅游业结合的模式，标志着中国旅游电子商务

① 张今．互联网新型不正当竞争行为的类型及认定［J］．北京政法职业学院学报，2014（2）：2-5.

进入自我规范、自我管理的新探索阶段。2015年5月，全国旅游网上投诉平台开通，此后对OTA旅游企业运行的监督与行政规制进入线上线下（O2O）共同管理。这一时期也是学者们关于OTA旅游企业不正当竞争行为研究最集中的阶段。研究结果表明，OTA旅游企业不正当竞争行为的表现形态主要有以下几方面：

1.通过兼并和收购等方式获得市场垄断

实证分析表明，OTA寡头企业通过兼并和收购、价格战和移动终端的发展获得了市场垄断，使得市场集中度更高，众多小OTA企业要想在市场立足，只能选择细分市场[①]。主流OTA旅游企业利用其规模经济和全球影响力，为酒店、旅行社、航空公司、景区等传统旅游企业提供了更具成本效益的分销途径，并通过投资收购、战略合作等方式，在产业链上实现横向整合资源，使线上线下界限不断模糊，使得OTA与传统旅游企业竞争不断加剧[②③]。

2.以不合理的低价销售或为其提供交易机会

在旅游市场，“零团费”甚至“负团费”等低价倾销现象屡禁不止。旅游产品与服务的同质化，使OTA旅游企业掀起价格大战，以不合理的低价销售产品或服务，而在线旅游平台经营者在协助文化和旅游主管部门对不合理低价游进行管理时，为其组织的旅游活动提供交易机会，使平台内经营者不断降低酒店、机票预订佣金或者采取缔结联盟的运营模式，导致服务质量与标准差异较大，既损害了中小型旅游企业的利益，也扰乱了在线旅游市场秩序。

3.滥用大数据分析技术，设置不公平的交易条件或者强行搭售行为严重

调研发现，有些OTA旅游企业在提供旅游服务时，对组合商品拆分销售，无显著标志地搭售产品，甚至个别OTA平台还有明显或更为严重的搭售情况。[④]机票代理服务更是鱼龙混杂，同一时间、同一班次的航班在不同OTA平台上价格千差万别，有的平台盗用积分兑换机票或者利用中老年顾客信息套取机票，破坏了旅游OTA行业自由平等的市场秩序，严重影响其他旅游OTA企业的正常经营，侵犯旅游者合法权益。

4.擅自屏蔽、删除“差评”，误导、引诱、替代或者强制旅游者作出评价

现实中，不少在线旅游经营者，在商业利益驱动下，对消费者的评价尤其是不好的评价，如“中评”与“差评”，人为设置障碍，甚至采取“好评”返现、威逼利诱等方式阻止消费者作出“差评”。个别在线旅游经营者甚至动用不正当资源，擅自屏蔽、删除旅游者对其产品和服务的“差评”。尊重和保护消费者对旅游产品与服务的评价权利，是旅游企业应尽的法定义务。当然，对于违法删除评价的在线旅游企业除用法律制裁外，还应当利用互联网新技术，对评论者隐匿化处理，让旅游经营者看不到评价者的真实身份，更好地保障消费者合法权益，让在线旅游评价变得更加真实客观，进而倒逼旅游企业提升服务质量。

---

① 刘小玲，何喆．中国在线旅游行业SCP范式分析——以OTA为例［J］．中国市场，2014（29）：153-155.
② 盛蕾．国内OTA与传统旅游企业竞合关系研究述评［J］．上海建桥学院学报，2018（1）：28-33.
③ 盛蕾．国外OTA与传统旅游企业竞合关系研究综述［J］．世界地理研究，2019，28（3）：202-212.
④ 刘益．旅游高峰来袭　OTA平台搭售情况再调查［J］．计算机与网络，2018，44（18）：10-11.

（二）OTA旅游企业不正当竞争行为的法律特征

通过上述对OTA旅游企业不正当竞争行为的表现形态的分析以及对旅游网上投诉平台的投诉案例整理，发现OTA旅游企业的不正当竞争行为的主要特征表现在：

1.主体的多样性与复杂化

OTA旅游企业既是线下旅游运营的服务主体，又是在线电子商务平台的经营者，具有双重身份，其范围包括在线旅游平台经营者、平台内经营者、自建网站或通过其他网络服务提供在线旅游经营服务的经营者。主体的多元化也使得不正当竞争行为表现多样，如利用网络的开放平台传播快捷和广泛的性质，通过商业诋毁行为快速摧毁竞争对手在消费者心目中的形象；在自己的门户网站上发布竞争对手不实信息或虚构竞争对手不利信息进行宣传；故意在开放平台散布虚假评论，误导旅游消费者或对竞争对手进行抹黑等诸多行为。因此，在发生不正当竞争行为时因交易对象或交易主体角色、地位不同，体现了责任认定的复杂性。

2.经营模式的隐蔽性和无国界性

互联网领域具有隐蔽性和无国界性等特征，OTA旅游企业的经营模式也决定了其商务活动的国际性，随着经济全球化环境带来的各国之间的贸易越来越频繁，很容易出现跨国不正当竞争或其他违法行为。如在经营活动中，OTA旅游企业对组合旅游商品拆分销售或者无显著标志地搭售产品；部分企业使用违法手段，将知名企业的域名跨国抢先注册，让消费者对OTA旅游企业与其竞争对手所经营商品或提供的服务产生混淆的行为等。众所周知，域名代表了企业的形象，关联了产品、服务、信誉等诸多方面，包含了重大的商业意义，是OTA旅游企业特有的商业符号，是企业核心竞争力的一部分。通过注册相近域名、盗用电子商标或制作虚假链接，让消费者产生混淆，不仅侵害了消费者和被混淆企业的利益，更是对网络市场秩序和网络交易安全性的损害，从而导致消费者对电子商务交易的信任危机。

3.经营方式与手段的高科技性

计算机技术和互联网技术作为实现电子商务的基础，具有高科技性，因而除传统手段的不正当竞争行为外，常常出现最具破坏力的技术性新型不正当竞争手段。如OTA旅游企业将自己网站恶意链接到其他线下旅游企业的预订网页或通过与合作网站签订排他协议来遏制竞争对手业务的开展，约定不得发布非该企业的广告、电子邮件等相关信息，从而减少从该网站进入竞争对手网站的用户流量，以此达到“独占”或实现技术垄断的目的；或者无正当理由屏蔽广告、恶意软件冲突、恶意风险提示、恶意评分等。

三、OTA旅游企业竞争行为法律规制

（一）OTA旅游企业竞争行为法律制度设计

对抗与抗辩是法律的特色，也是法律运作的方式。OTA旅游企业行为的法律规制应当是各主体方不断对抗、平衡的结果。通过以上实证分析不难发现，影响OTA旅游企业产生不正当竞争的众多因素中，政府行为是最主要的因素。政府加大监管执法力度和对

OTA旅游企业诚信经营的鼓励程度都能影响不正当竞争行为发生的可能性；其次是OTA旅游企业自身因素，包含OTA旅游企业采取不正当竞争手段的心理成本因素及社会责任意识和产品信息公开程度等。目前，在关于包括OTA旅游企业在内的旅游电子商务的规制方面，国家颁布并实施了《电子商务法》，新修订的《反不正当竞争法》也添加了"互联网条款"，由文化和旅游部印发的《在线旅游经营服务管理暂行规定》也于2020年10月1日起正式施行。但是，《旅游法》《消费者权益保护法》《反垄断法》等法中缺乏针对旅游电子商务行业或OTA旅游企业相关行为的直接特别规定。因此，本书认为未来针对OTA旅游企业主体的法律制度设计应当或至少应当包含以下内容：

1.主体法律资格认定及其旅游经营活动的限定问题

互联网市场是一个动态的、多变的市场，网络环境的国际化与无边界性，使得OTA旅游企业与传统旅游企业以及OTA旅游企业之间的国际竞争加剧，主体法律资格认定成为OTA旅游企业开展经营活动的前提。因此，法律对OTA旅游企业主体资格或行为认定时，应当区别于传统旅游企业，在《电子商务法》规定的"电子商务经营者应当依法办理市场主体登记"的主体登记制度前提下，实施主体公示制度及信用监督体系制度，并根据其不断变化的经营模式和竞争模式，给予一定的资格框架或宏观条件，至于具体的主体法律地位和行为界定问题，则应当在司法实践中根据不同的个案予以确认。关于对OTA旅游企业从事旅游经营活动的限定，本书认为，OTA旅游企业既然是通过互联网等信息网络渠道从事销售旅游商品或者提供旅游服务的经营活动，为旅游者提供游览、旅行、住宿、交通、餐饮等旅游中介服务，就应当从具有法定资质的旅游经营者中选择服务提供方，并通过与各服务提供方签订协议，才能在网络上进行产品营销或产品销售。而旅游消费者则通过网络向自营的OTA旅游企业或旅游服务提供商预订旅游产品或服务，并通过网上支付或者线下付费完成交易。

2.增加对旅游消费者利益的考量因素

在线旅游产业价值链是一条由上游供应商、线上网络中间商以及终端客户三大环节组成的一根垂直链条。其中，上游供应商通过自建网站或中间代理商两种渠道进行旅游产品和服务的直销与分销，在线旅游代理商则通过产品分销渠道将上游供应商的产品和服务销售给终端用户[①]。因此，基于旅游电子商务越来越注重用户体验这一关键点，旅游消费者行为研究成为对OTA旅游企业研究中的另一热点。国内学者谢礼珊（2009）等在对在线旅游预订网站顾客调研的基础上，对顾客感知的关系利益和顾客忠诚感的影响进行了实证研究，结论表明，在网络预订环境中，顾客获得的信任利益、社交利益和特殊待遇利益都会对顾客忠诚感产生影响，其中特殊待遇利益对顾客忠诚感的正向影响最大，其次是信任利益，而社交利益会对顾客忠诚感产生负向影响[②]；夏少颜和韩元军（2017）则将在线旅游作为一个独立的旅游行业分支进行研究，并提出该领域未来还应从在线旅游消费者行

① 候建娜，李仙德．在线旅游国内外研究进展与展望［J］．世界地理研究，2011，20（1）：151-158.

② 谢礼珊，彭家敏，王帅．旅游预订网站顾客所感知的关系利益对顾客忠诚感的影响——兼论替代者吸引力的调节作用［J］．旅游科学，2009，23（5）：50-58.

为、在线旅行社服务质量、在线旅游业态竞合关系、在线旅游分销渠道与供应商的关系等方面进一步研究[①]。国外学者Senecal & Nante（2004）对消费者决策与网络产品推荐关系进行了调研，研究反映出网络上产品的评价信息直接影响了消费者的购买决策，正面的评价信息能大大地提升消费者的购买意愿，反之会降低[②]。可见，旅游消费者的购买意愿在很大程度上受到了其他消费者评价的影响，但是由于在线网络客户和其他渠道客户在受教育背景、年龄、网络浏览量与感知度以及互联网使用年限等方面存在差异性[③]，影响旅游者在线购买意愿和决策的因素不仅有其他旅游者的评价，还受到旅游网站质量的影响。Gao L& Bai X（2014）认为信息质量、服务质量和系统质量往往成为旅游者评价旅游网站优劣的主要因素。旅游网站的信息量、有效性及娱乐性可以影响旅游者的购买体验，进而影响其在线购买意愿[④]。Lee H. Y.，Qu H. L. & Kim Y. S.（2007）则认为如果把在线购买旅游产品作为一种创新行为，创新意识强的旅游者在线购买时主要受个人态度的影响，而创新意识弱的旅游者还要参考他人的意见[⑤]。旅游是一个体验性很强的行为，在线社交网站和移动终端的发展加快了信息传播的速度，消费者在线旅游信息获取、查询渠道和习惯本身就是一种体验，也就成为影响旅游者决策的重要因素。OTA旅游企业“需要重视用户查询的模式和查询习惯，其中包括查询的渠道、关键字、与产品相关的其他配套信息等”[⑥]，消费者在自行对旅游产品进行体验的同时也可以参考其他消费者在网络上的旅游评价信息作出最终选择。总之，互联网市场是一个双边市场，OTA旅游企业与传统旅游企业，以及OTA旅游企业之间的竞争更多地体现在对旅游消费者这一最终用户的竞争上。因此，在判断OTA旅游企业不正当竞争行为的标准中应当引入互联网市场赖以生存基础的旅游消费者利益的考量因素，以在维持互联网市场秩序的同时保护旅游消费者的利益不受侵害。

3.实施主体混合过错的责任认定原则

传统旅游企业责任认定以过错责任为其主要归责原则，即不考虑侵权与其造成的后果是否具有直接的因果关系，仅根据侵权旅游企业的行为有无过错为依据来判定其是否需要承担相应的法律责任。基于OTA旅游企业不正当竞争行为隐蔽性强、违法成本低、维权成本高、波及范围广以及竞争中的道德缺失，造成企业间恶性竞争局面的损害后果严重等特性，本书认为对OTA旅游企业的责任认定应当坚持过错推定责任原则为主，辅之以无过错责任原则和公平原则，并实施举证责任倒置，即受到侵权的旅游经营者直接从损害事实的客观要件及它与违法行为的因果关系中推定其他OTA旅游企业或平台内经营者有过错，如果该行为人认为自己在主观上无过错，则须自己举证，反之则应承担侵权民事责

① 夏少颜，韩元军. 境外在线旅游研究新进展［J］. 旅游学刊，2017，32（3）：29-36.

② SENECAL S，NANTEL J. The influence of online product recommendations on consumers' online choices［J］. Journal of Retailing，2004，80（2）：159-169.

③ KIM W G，KIM D J. Factors affecting online hotel reservation intention between online and non-on-line customers［J］. International Journal of Hospitality Management，2004，23（4）：381-395.

④ GAO L，BAI X. Online consumer behaviour and its relationship to website atmospheric induced flow：Insights into online travel agencies in China［J］. Journal of Retailing and Consumer Services，2014，21（4）：653-665.

⑤ LEE H Y，QU H L，KIM Y S. A study of the impact of personal innovativeness on online travel shopping behavior：A case study of Korean travelers［J］. Tourism Management，2007，28（3）：886-897.

⑥ XIANG ZHENG，PAN BING. Travel queries on cities in the United States：Implications for searching engine marketing for tourist destinations［J］. Tourism Management，2009（8）：419-430.

任。通过这种过错推定责任原则、无过错责任原则和公平原则三位一体的混合归责原则，能够加大对OTA旅游企业不正当竞争行为的法律规制。OTA旅游企业如果知道或者应当知道平台内经营者侵权的，应当采取删除、屏蔽、断开链接、终止交易和服务等必要措施。未采取必要措施的，与侵权人承担连带责任。

（二）OTA旅游企业竞争行为法律规制策略

1.行为规制

（1）法律规制。旅游电子商务是以网络为载体进行旅游相关产业运营的商务体系。因此，对旅游电子商务的法律规制还是以旅游行业的配套法规进行规制为主。《旅游法》对旅游经营者的行为进行了明确的规范，同时，还需要诸如《反不正当竞争法》《消费者权益保护法》《反垄断法》等法律、法规共同进行规制。

（2）司法规制。旅游电子商务在我国出现以来，涉及旅游电子商务的案件大量涌现。如果遇到没有相关法律适合这些出现的新问题，且现实中又不能不解决，就需要对现有法律进行解释，将一些重大案件裁判过程中被普遍认可的原则上升为司法解释。如最高人民法院关于网络域名纠纷司法解释等，及时地为法院在处理相关案件时提供合理的依据。法律的制定具有滞后的缺点，是一个严谨且漫长的过程，所以立法不一定能紧跟时代的发展，但司法解释的出现可以及时地弥补现有法律与实际需求的差距，在“无法可依”的情况下及时为案件提供依据，保护当事人的合法权益不受侵害。

（3）行政规制。旅游电子商务依托互联网发展，对旅游电子商务企业的行政管理也需要互联网的参与。2015年5月，全国旅游网上投诉平台的开通，将旅游行政管理搬到网上，运用网络对旅游电子商务进行监督，在便利的同时也能更及时地发现问题；受理网民对网络的举报，让群众参加到监督旅游电子商务企业的行动中去。加强对旅游电子商务行为监管是对法律规制的延伸，在法律对某些行为没有作出具体规范时，行政规范对OTA旅游企业的行为起到了监管作用。

2.引导行业自律

企业的发展需要公平有序的竞争环境，企业也要讲商业伦理道德，旅游行业协会应起到更为积极的引导作用，制定行业规则，引导行业自律、企业自律，促进行业健康、有序发展，规范行业秩序，保护各方的合法权益。通过行业协会和法律的引导加深企业间的合作，有效避免不正当竞争，以实现统一的战略目标。同时，通过合作让企业优势进行互补，提高在国外资本参与下的中国企业的竞争力。一旦达成这种共识，企业就能很好地反哺行业，让行业整体在和谐中健康发展。

3.典型问题快速治理

旅游电子商务行业几乎每年都会曝出一些重大问题。为抢占用户低价倾销的不正当竞争行为，从线上蔓延到线下，使整个行业陷入了混乱，不仅危害了消费者的利益，更是让许多旅游行业从业人员苦不堪言。2015年“某地导游辱骂游客”事件是一个典型的例子，低价倾销带来的“零团费”“超低价”让旅游企业不得不把这一部分成本转嫁到导游身上，而导游为了生存又不得不影响游客的行为。这一系列连锁反应让大众对旅游行业产生

了不信任，直接打击了相关旅游目的地的人气和相关旅游产业。2016年初的“某某网卖假票”事件也是一个十分典型的例子，直接导致旅游电子商务行业在临近春运的情况下在线票务预订业务居然大幅下降。这些典型问题，直接关系到整个旅游行业的正常运行。在问题爆发时就应当快速处理，力求把对行业的影响降到最低。如果法律在这些问题上尚有距离，就应当本着优先解决问题的原则，通过行政规制或者行业规范，在短时间内加大整治力度，提升消费者对旅游行业的信心。

总之，旅游业运营发展需要公平有序的竞争环境，也需要商业伦理道德约束，相关旅游立法的建立和完善、旅游行业协会的积极引导以及OTA企业自律，可以有效避免不正当竞争的产生。动态竞争理论和合作竞争理论为OTA旅游企业的合作及优势互补提供了理论依据，“携程”与“艺龙”的合并、“去哪儿”与“携程”的相互入股等正是合作与竞争并存关系的最好实例。让竞争对手的利益与目标趋同，并使OTA旅游企业逐渐从竞争者向合作者转化，用竞争来调节市场的活跃性，可以有效地减少不正当竞争行为的发生，从而达成共赢。因此，电子商务发展中OTA旅游企业行为的法律规制就显得尤为紧迫和重要，只有明确了取得许可的OTA旅游企业各主体相关责任及连带责任，强化平台的资质审核、提示、预警、监督、处理、报告、保险等相关要求，理清其法律关系，才能依法规范在线旅游市场秩序和保障旅游者合法权益相结合，促进在线旅游行业依法发展。

本章小结

（1）本章以我国《反垄断法》《反不正当竞争法》为依据，在阐释竞争与不正当竞争以及垄断行为和限制竞争行为概念的基础上，分析了不正当竞争行为的种类。

（2）本章分析了旅游市场不正当竞争行为产生的原因，并对各类旅游不正当竞争行为的构成要件进行了清晰界定。

（3）本章阐释了对旅游市场不正当竞争行为的监督检查及主体的法律责任。

（4）本章对在线旅游企业的竞争行为进行了法律分析，提出了旅游业运营发展需要公平有序的竞争环境，也需要商业伦理道德约束，相关旅游立法的建立和完善、旅游行业协会的积极引导以及OTA企业自律，可以有效避免不正当竞争的产生。

思考与练习

一、简答题

1.什么是不正当竞争行为？旅游市场不正当竞争行为有哪些特点？

2.我国《反垄断法》对垄断（限制竞争）行为是如何规定的？

3.简述反不正当竞争法及其调整对象。

二、论述题

1.谈谈你对旅游市场商业贿赂及“折扣”“佣金”的理解。

2.试结合实际，分析旅游市场侵犯商业秘密行为的构成要件。

三、案例分析题

为深入整治旅游市场"不合理低价游"等突出问题，营造旅游业复工复产良好的市场环境，文化和旅游部持续推进未经许可经营旅行社业务专项整治行动，严查在线旅游市场，整治通过互联网开展旅行社业务的违法违规经营行为，有力地规范了旅游市场经营秩序。

◇关键字：直播带货。无锡走着瞧科技有限公司在未取得"旅行社业务经营许可证"的情况下，通过抖音等平台，以"直播带货"等方式，销售"贵州黔行走着瞧6天5晚"等包价旅游产品。依据《旅游法》第95条第1款的规定，江苏省无锡市文化广电和旅游局依法责令当事人改正违法行为，并给予没收违法所得47 722.20元、罚款45 000元的行政处罚，对有关责任人员给予罚款5 000元的行政处罚。

◇关键字：平台经营者、平台内经营者。旅美美旅行社服务有限公司在不具备旅行社业务经营主体资质的情况下，通过"旅游社区"网站宣传推销其经营的包价旅游产品，招徕、组织、接待旅游者，湖南省常德市文化市场综合行政执法支队依法责令当事人改正违法行为，并给予罚款10万元的行政处罚，对有关责任人员给予罚款2万元的行政处罚。湖南慧慧旅游服务有限公司开办"旅游社区"网站，为在线旅游经营服务交易双方提供交易撮合、信息发布等服务，未依法履行对平台内经营者的行政许可等信息进行真实性核验、登记的法定义务，湖南省常德市文化市场综合行政执法支队依据《在线旅游经营服务管理暂行规定》第33条的规定，责令其限期改正违法违规行为。

◇关键字：网络推广。常州耀佳旅行社有限公司在未取得"旅行社业务经营许可证"的情况下，通过百度平台开展包价旅游产品网络推广业务，以旅游攻略、游记的形式推送"旅游客服"的联系方式和微信号，将旅游者"引流"至"旅游客服"后，提供包价旅游产品订购服务。当事人未经许可、通过互联网开展招徕旅游者等旅行社业务，违反了《旅游法》第25条的规定，江苏省常州市文化广电和旅游局依法责令当事人改正违法行为，并给予没收违法所得、罚款5万元的行政处罚，对有关责任人员给予罚款5 000元的行政处罚。

◇关键字：公众号、安全。根据群众举报，经依法查明：当事人师某通过某户外组织的微信公众号招徕、组织24名旅游者参加"青海邂逅柴达木之行"半自驾游活动。在旅游行程中，安排旅游者到未开放景区游览、在未穿救生衣的情况下乘坐船只，存在较大安全隐患。河北省保定市文化广电和旅游局依法责令当事人改正违法行为，并给予没收违法所得1 100元、罚款1万元的行政处罚。

◇关键字：旅游定制。北京特美信息科技有限公司通过自建网站，以"旅游定制"的名义，提供"广西桂林旅行2～6人团"等包价旅游产品"定制"服务。当事人在不具备旅行社业务经营主体资质的情况下，为旅游者设计旅游路线、向供应商采购服务的行为，属未经许可经营旅行社业务。北京市文化和旅游局依法责令当事人改正违法行为，并给予罚款1万元的行政处罚，对有关责任人员拟给予罚款2 000元的行政处罚。

思考题：为贯彻落实《在线旅游经营服务管理暂行规定》的要求，文化和旅游部在专

项整治行动中加强对在线旅游平台经营者的监管，指导督促其履行信息管控、核验登记、处置报告、信息保存等法定义务，压实平台责任，推进源头治理。试结合竞争法的内容，谈谈你对在线旅游企业法律规制的理解。

资料来源：杨倩．文化和旅游部持续推进未经许可经营旅行社业务专项整治行动［EB/OL］．［2021-04-21］．https：//www.mct.gov.cn/whzx/whyw/202104/t20210421_923860.htm.

第九章

旅游安全与保险法律制度

背景与提要

旅游活动是一个复杂的系统，在外部性上具有空间上的异地性、时间上的暂时性和运行过程中的综合性特点。因此，旅游活动受诸多自然和社会环境因素的影响，任何一个环节出现异常都会导致旅游安全问题的产生。旅游安全是旅游业的生命线，是旅游业发展的基础和保障，旅游安全既关系到旅游者的生命财产，也关系到旅游目的地的形象，对中国旅游业的国际形象也具有重大影响。为此，《旅游安全管理暂行办法》（2016年12月废止）将“安全第一，预防为主”作为旅游安全管理贯彻的基本方针，这是我国第一部关于旅游安全问题的部门规章，是对旅游安全管理工作的科学总结，也使我国旅游安全管理工作步入规范化、制度化的轨道。此后，国家旅游主管部门或与相关管理部门联合发布了《旅游安全管理暂行办法实施细则》《重大旅游安全事故报告制度试行办法》《重大旅游安全事故处理程序试行办法》《漂流旅游安全管理暂行办法》及《游乐园（场）安全和服务质量》《关于加强旅游涉外饭店安全管理、严防恶性案件发生的通知》《关于加强宾馆、饭店等旅游设施消防安全工作的通知》《关于客运架空索道安全运营与监察规定》《关于加强公园、风景区游览安全管理工作的通知》等，形成了我国旅游安全管理的基本制度，为旅游安全问题的解决提供了依据，并依其权威性和强制性，规范和约束了旅游从业人员的行为，提高了旅游者的旅游安全防范意识，在旅游安全管理中发挥了重要作用。

进入21世纪，国务院《关于加快发展旅游业的意见》将“加强旅游安全保障体系建设”作为重要内容，提出以旅游交通、旅游设施、旅游餐饮安全为重点，严格安全标准，完善安全设施，加强安全检查，落实安全责任，消除安全隐患，建立健全旅游安全保障机制。《旅游法》设“旅游安全”专章，严格执行旅游安全事故报告制度和重大责任追究制度，完善旅游安全提示预警制度以及推动建立旅游紧急救援体系，完善应急处置机制，健全出境游客紧急救助机制，增强应急处置能力等。同时，《旅行社安全规范》（LB/T028—2013）行业标准、《旅游安全管理办法》相继出台。2018年，文化和旅游部发布慎重选择高风险旅游项目、自驾出游增强风险意识以及海上旅游安全风险等提示。2019年，文化和旅游部印发《关于进一步做好旅游安全工作的通知》，从强化旅游包车管理，督促旅行社选用正规汽车公司、密切关注汛情预报，指导A级旅游景区加强排查治理、加强火源管控、加强景区及周边客流控制，督促旅游餐饮服务提供者落实食品安全管理制度以及做好出境游安全监管，提高游客安全防范意识等方面要求各地加强组织领导，落实安全监管责任；围绕重点环节，深入开展排查整治；强化预警发布，做好宣传教育引导；严格值班值

守，提高应急处置水平。2020年，文化和旅游部与国家卫生健康委，针对新冠疫情后期旅游景区在恢复开放中出现大量游客聚集拥挤现象，增加了疫情传播风险的情形，联合发布《关于做好旅游景区疫情防控和安全有序开放工作的通知》，提出加强疫情防控，严格规范解禁后旅游景区管理，确保旅游景区安全有序开放。在旅游活动中，由于旅游安全事故发生具有不确定性，旅游法律关系当事人要承担可能出现的各种风险，于是，旅游保险便应运而生了。为了保障旅游者和旅行社的合法权益，促进旅游业的健康发展，《旅行社投保旅行社责任保险规定》通过强制经营主体投保责任保险的方式来保护旅游者和旅行社的利益，完全符合国际国内的保险惯例。2011年2月，国家旅游主管部门与中国保监会联合公布的《旅行社责任保险管理办法》施行。至此，我国旅游安全与保险管理进入了制度化、系统化、规范化、全面化的新阶段。

学习引导与目标

所谓旅游安全，是指旅游活动中各相关主体的一切安全现象的总称。它包括旅游活动各环节的相关现象，也包括旅游活动中涉及的人、设备、环境等相关主体的安全现象，既包括旅游活动中的安全观念、意识培育、思想建设与安全理论等“上层建筑”，也包括旅游活动中安全的防控、保障与管理等“物质基础”。随着保险业的发展，旅游保险从根本上维护了旅游者和旅游经营者的利益，保障了旅游业健康稳定的发展。本章依据我国《保险法》《旅游法》及《旅游安全管理办法》《旅行社责任保险管理办法》的规定，对旅游安全、旅游保险基本概念和基本原理进行阐述，要求学生了解旅游安全管理的方针和基本原则，对旅游安全与保险法律制度有较为系统、全面的认识和理解，同时结合旅游行业的实际情况，掌握旅游安全事故的处理程序以及对旅游安全事故责任进行法律分析，以增强旅游安全和防控意识，提高防范和处理旅游安全与保险问题的能力。

第一节　旅游安全管理法律制度

一、旅游安全管理的《旅游法》依据

（一）《旅游法》关于旅游安全规制的特点

所谓旅游安全，是指旅游活动中各相关主体的一切安全现象的总称。它包括旅游活动各环节的相关现象，也包括旅游活动中涉及的人、设备、环境等相关主体的安全现象，既包括旅游活动中的安全观念、意识培育、思想建设与安全理论等“上层建筑”，也包括旅游活动中安全的防控、保障与管理等“物质基础”[①]。我国《旅游法》对“旅游安全”问题进行专章规制，其特点如下：

---

① 郑向敏．旅游安全概论［M］．北京：中国旅游出版社，2009（6）：3-5.

1.目的宗旨的战略性

《旅游法》根据我国旅游业发展在安全层面的战略需求，对旅游安全与应急工作进行系统的法制规范，其目的在于打造安全的旅游目的地、保障旅游者的人身财产安全。

2.主体及内容的全方位、立体化

《旅游法》既从政府、旅游经营者，也从旅游者角度，对旅游安全与应急工作进行了全方位、立体化的规范，形成了政府、旅游经营者、旅游者权责统一的安全治理模式。在政府层面，要求县级以上人民政府统一负责旅游安全工作，并将旅游应急管理纳入政府应急管理体系，同时规定了政府有关部门在旅游安全与应急中的职责；在旅游经营者层面，对旅游经营者的安全生产条件、制度与应急预案建设、应急技能培训、产品与服务的安全监测、特殊旅游群体的安全保障、旅游安全说明和警示、旅游救助和应急处置等方面进行全面而系统的规范，这对于明确旅游经营者的安全保障义务，指明其安全工作的基本范畴，具有重要的规范意义和指导意义；在旅游者层面，明确了旅游者面临人身财产危险时的求助权。同时，对旅游者提供个人信息、遵守安全警示、应急配合及文明旅游等行为要素进行了系统规范，体现了旅游者权利与义务的对等。这些引导性的条款表明，旅游者自身的安全素质、意识和行为表现是保护旅游者安全的重要基础，它们也是旅游者应遵守的基本义务。

3.风险阻断机制的系统性

《旅游法》为充分保障旅游者的人身财产安全，对旅游风险的阻断机制进行了系统设计。其一，全面规范了旅游经营者的安全义务，要求将安全注意事项列入包价旅游合同，有利于减少旅游经营者环节的安全风险；其二，要求国家建立旅游目的地的安全风险提示制度，有利于加强政府对旅游者的风险提示和服务能力；其三，要求将旅游安全作为突发事件监测评估的重要内容，有利于提升旅游安全预警的专业能力；其四，要求对高风险旅游项目实施经营许可，有利于提升高风险旅游项目的安全门槛；其五，要求对旅行社、住宿、旅游交通和高风险旅游项目实施责任保险制度，有利于提升面向旅游者的安全赔偿能力。可见，《旅游法》的这些综合措施，将全面提升旅游者的安全保障力度。

4.治理原则的人性化

《旅游法》体现了“以人为本”的治理原则，主要表现为：其一，既从政府层面对旅游者安全进行保障，也从旅游经营者层面对旅游者安全进行保障；其二，对老年人、未成年人、残疾人等特殊旅游群体的安全保障予以高度关注，要求旅游经营者对他们采取针对性的安全保障措施；其三，不仅对旅游者在境内的旅游安全给予重视，也对出境旅游者在境外的协助和保护请求予以高度重视；其四，明确了在发生突发事件后，旅游者返回出发地或其指定的合理地点的权利；其五，对风险情形下的费用支出和分担机制进行了规定，明确了旅游者的权利义务，降低了赔偿纠纷的可能性。

（二）《旅游法》关于旅游安全规制的内容[①]

1.旅游者安全保护制度

旅游者人身安全和财产安全是其顺利进行旅游活动的物质基础。《旅游法》第12条规定，“旅游者在人身、财产安全遇有危险时，有请求救助和保护的权利。旅游者人身、财产受到侵害的，有依法获得赔偿的权利”；第82条规定，“旅游者在人身、财产安全遇有危险时，有权请求旅游经营者、当地政府和相关机构进行及时救助。中国出境旅游者在境外陷于困境时，有权请求我国驻当地机构在其职责范围内给予协助和保护。旅游者接受相关组织或者机构的救助后，应当支付应由个人承担的费用”，这是关于旅游者在人身和财产遇有危险和受到损害时有要求救助和赔偿的规定。

（1）旅游者请求安全救助和保护的制度。《旅游法》中，“当地政府”是指遇险地县和乡镇级人民政府；“相关机构”主要指有关职能部门和承担公共事务职能的事业单位、社会组织等；“我国驻当地机构”主要中国政府驻当地使领馆或其他代表我国政府的机构，该机构应当依据中国领事保护制度对中国公民提供领事保护。自然灾害、事故灾害、公共卫生事件或者人为因素等都可能造成旅游者在人身、财产安全危险。这里需要注意的是：首先，旅游者人身安全和财产安全危险是正在发生的，或者是能够预见并且对旅游者的人身或者财产的安全直接构成威胁的情形。其次，旅游者在人身、财产安全遇有危险时，有权请求旅游经营者、当地政府和相关机构进行及时救助。因此，在旅游者人身、财产安全遇有危险时，法律规定的特定义务人接到报警求助后必须立即组织施救。例如，旅行社及有关旅游经营者应立即按照法律法规的规定向有关部门报告，同时展开必要的救助，事后还应配合有关方面做好善后工作；收到求助的政府及其有关部门应当迅速组织力量施救，最大限度地减少损害扩大，并组织做好善后处理等相关工作等。对于在跨行政区域的地区发生的危险，相关的当地政府要协调配合，共同援救。《突发事件应对法》也规定，履行统一领导职责的人民政府可以采取单项或者多项应急处置措施，组织和救治受害人员，疏散、撤离并妥善安置受到威胁的人员及采取其他救助措施。

《旅游法》根据危险发生的情况，依照相关法律、法规的规定，要求负有法定义务的机构参与救助，增强了对事件处置的灵活性和可操作性。目前实践中较为普遍存在的问题是，一些旅游者为了追求新奇、刺激，无视当地“请勿入内”等安全警示，到一些尚未开发的地方自行“探险”。在这种情况下，一旦旅游者人身、财产安全遇有危险时，虽有请求救助和保护的权利，但可能因为当地不具备旅游的基本条件和安全设施，难以及时锁定出事位置或者由于地形过于奇特等障碍，不具备实施救援的条件，贻误救援时机。同时，保护人身、财产安全，也是旅游者自己的重要责任，因旅游者个人的原因引起的旅游安全救助，旅游者接受相关组织或者机构的救助后，应当支付应由个人承担的费用，体现了“谁使用、谁付费”的平等原则。

（2）旅游者依法获得赔偿制度。由于旅游活动涉及吃、住、行、游、购、娱六大要

① 李飞，邵琪伟. 中华人民共和国旅游法解读［M］. 北京：中国法制出版社，2013（7）：218-225.

素，涉及多个行业和部门，因而造成“侵害”的因素和侵害的主体较为复杂。在包价旅游合同中旅游者自行安排活动期间，旅行社未尽到安全提示、救助义务的，应当对旅游者的人身损害、财产损失承担相应责任；景区、住宿经营者将其部分经营项目或者场地交由他人从事住宿、餐饮、购物、游览、娱乐、旅游交通等经营的，应当对实际经营者的经营行为给旅游者造成的损害承担连带责任。同时，考虑到旅行社作为旅游活动的组织者，《旅游法》规定了严格的“由于地接社、履行辅助人的原因造成旅游者人身损害、财产损失的，旅游者可以要求地接社、履行辅助人承担赔偿责任，也可以要求组团社承担赔偿责任；组团社承担责任后可以向地接社、履行辅助人追偿。但是，由于公共交通经营者的原因造成旅游者人身损害、财产损失的，由公共交通经营者依法承担赔偿责任，旅行社应当协助旅游者向公共交通经营者索赔”。由于其他原因造成旅游者人身损害、财产损失的、《旅游法》未作规定的，适用《侵权责任法》及相关法律的规定。

2.高风险旅游项目经营许可制度

高风险旅游项目具有强烈的刺激性、挑战性和体验性，对崇尚冒险、追求新奇的旅游者具有强大的吸引力。但其安全系数低、风险性大，产生安全事件的概率要高于普通旅游形式。目前，我国已有一些法律、法规对高风险旅游项目作出了一些规定，如《安全生产法》《特种设备安全监察条例》等。鉴于我国高风险项目类型众多，规定比较零散，涉及的管理部门也很多，还存在设施设备及经营场所不符合有关安全规定和标准、项目经营者的管理和安全告知义务履行不到位、缺乏突发事件应对的体系和经验、操作人员不具备相应资质和技能等问题，《旅游法》第47条规定：“经营高空、高速、水上、潜水、探险等高风险旅游项目，应当按照国家有关规定取得经营许可。”这是对高风险旅游项目经营作出衔接性规定，是关于高风险旅游项目经营许可的规定。

（1）高风险旅游项目类型。目前，我国还没有制定高风险旅游项目目录，《旅游法》首次正式提出高风险旅游项目的概念，并将其概括为五种，即高空、高速、水上、潜水、探险。实践中，高空类项目主要包括滑翔伞、热气球、动力伞等空中项目；高速类项目主要包括轮滑、滑雪、卡丁车以及大型游乐设施等速度类项目；水上类主要包括摩托艇、游艇、水上飞伞以及水上游乐设施等水域类项目；潜水类项目主要指旅游者穿戴潜水服、氧气瓶等潜入水下的观光、休闲项目，以及水下游艇等水下旅游项目；探险类项目包括穿越高山、峡谷、暴走以及蹦极、攀岩等项目。

（2）国家对高风险旅游项目的经营许可规定。国家对高风险旅游项目有许可规定的，有关经营者应当取得许可。高空类旅游项目，如《航空体育运动管理办法》规定，滑翔机、载人气球、飞艇等民用航空器由民用航空部门审批和管理，降落伞、滑翔伞等航空运动器材由体育部门审批；高速类旅游项目一般是依托游乐设备等特种设备来实施的旅游项目。例如，《特种设备安全监察条例》规定，大型游乐设施的制造、使用、维修、检测、监督检查等均由特种设备安全监督管理部门来负责。经国务院批准执行的特种设备目录，对动力驱动、利用柔性绳索牵引箱体等运载工具运送人员的机电设备客运索道，包括客运架空索道、客运缆车、客运拖牵索道等，以及用于经营目的，承载乘客游乐的设施，其范

围规定为设计最大运行线速度≥2 m/s，或者运行高度距地面≥2 m的载人大型游乐设施，包括观览车、滑行车、架空游览车等十三大类，提出了要求；水上旅游类项目包括水域和海域两种水上空间，如《游艇安全管理规定》对游艇所有人自身用于游览观光、休闲娱乐等活动的游艇航行、停泊以及俱乐部等进行了规范。国家特种设备目录列出了“峡谷漂流系列、水滑梯系列”等水上游乐设施，依据《游乐园管理规定》，对“采用沿轨道运动、回转运动、吊挂回转、场地上（水上）运动、室内定置式运动等方式承载游人游乐的机械设施组合”的游艺机和游乐设施进行了规范，该规定明确园林行政主管部门负责游乐园的登记工作，质量技术监督行政部门负责游艺机和游乐设施的登记工作；大众化的高危险性体育项目，即为高风险类旅游项目①，等等。目前，一些探险旅游项目也在室内兴起，室内探险项目一般按照体育项目进行审批。

3.“旅游安全”专项制度

《旅游法》专章规定旅游安全，建立旅游安全综合管理、保障和救助体系，包括确立旅游安全风险提示、高风险旅游、旅游保险管理等旅游安全保障制度，明确了政府部门和经营者的安全保障责任和义务，以及进一步细化了旅游者的救助请求权，体现了以人为本的思想和对旅游者的人文关怀。其主要内容有：

（1）旅游安全监管及救助、协助义务。《旅游法》对人民政府及其部门的安全监管职责及救助、协助义务有明确规定，如《旅游法》第76条规定：“县级以上人民政府统一负责旅游安全工作。县级以上人民政府有关部门依照法律、法规履行旅游安全监管职责。”这是关于县级以上人民政府及其部门旅游安全监管职责的规定。“统一负责”主要体现在两个方面：一是加强旅游安全和应急工作的领导，督促有关部门履行旅游安全监管职责；二是对旅游安全监管和应急管理中存在的重大问题及时协调解决。“有关部门”涉及安监、公安、消防、交通、卫生、质监、农业、住建、旅游等众多部门。“法律法规”包括《旅游法》及其他法律、法规和国务院的有关规定。再如，《旅游法》第78条规定：“县级以上人民政府应当依法将旅游应急管理纳入政府应急管理体系，制定应急预案，建立旅游突发事件应对机制。突发事件发生后，当地人民政府及其有关部门和机构应当采取措施开展救援，并协助旅游者返回出发地或者旅游者指定的合理地点。”这是关于政府应急管理和突发事件应对的规定。依据此规定，政府应当依法建立健全包括应急预案和突发事件应对机制在内的旅游应急管理体系，应急预案应当具有针对性和可行性，明确旅游突发事件应急管理工作组织指挥体系与职责以及预防与预警机制、处置程序、应急保障措施和事后恢复与重建等内容，以确保面对突发事件时旅游者能及时撤离险地，并提出了当地政府要开展救援和协助旅游者返回的特殊要求。

（2）安全风险提示制度。《旅游法》第77条规定：“国家建立旅游目的地安全风险提示制度。旅游目的地安全风险提示的级别划分和实施程序，由国务院旅游主管部门会同有关部门制定。县级以上人民政府及其有关部门应当将旅游安全作为突发事件监测和评估的

① 肖海婷．我国户外探险旅游意外伤害事故的规避及法律问题研究［J］．广州体育学院学报，2016（5）：69-75.

重要内容。”这是关于安全风险提示制度和旅游突发事件监测、评估制度的规定。安全提示制度是我国旅游业发展过程中的重要安全管理手段，各地方人民政府应当根据本条规定，完善当地旅游目的地安全风险提示制度，国务院有关部门要完善境外旅游目的地安全风险提示制度。关于风险等级划分，依据《突发事件应对法》的规定共分四级，一级为最高级别。尽管旅游目的地安全风险提示的实施和发布的主体是旅游主管部门，但旅游安全风险防控是各相关主管部门的共同责任。因此《旅游法》规定等级划分和实施程序由国务院旅游主管部门会同有关部门制定。旅游目的地安全风险监测评估指，对旅游目的地的自然灾害、事故灾难、公共卫生事件和社会治安事件等可能危及旅游者人身财产安全的时间进行监测、分析和评估的综合过程。

（3）旅游经营者安全责任制度。《旅游法》规定的旅游经营者的安全责任制度包括安全防范、管理和保障，安全说明或警示以及安全救助、处置报告义务等内容。《旅游法》第79条规定：“旅游经营者应当严格执行安全生产管理和消防安全管理的法律、法规和国家标准、行业标准，具备相应的安全生产条件，制定旅游者安全保护制度和应急预案。旅游经营者应当对直接为旅游者提供服务的从业人员开展经常性应急救助技能培训，对提供的产品和服务进行安全检验、监测和评估，采取必要措施防止危害发生。旅游经营者组织、接待老年人、未成年人、残疾人等旅游者，应当采取相应的安全保障措施。”这是关于旅游经营者安全防范、管理和保障义务的规定，也是衡量旅行社供应商合格与否的标准之一。《旅游法》第80条规定：“旅游经营者应当就旅游活动中的下列事项，以明示的方式事先向旅游者作出说明或者警示：正确使用相关设施、设备的方法；必要的安全防范和应急措施；未向旅游者开放的经营、服务场所和设施、设备；不适宜参加相关活动的群体；可能危及旅游者人身、财产安全的其他情形。”这是关于旅游经营者安全说明或警示义务的规定，也是旅行社合格供应商的评定标准之一。这里要求的“明示”是指用积极的、直接的、明确的方式，将说明或警示的内容告知给旅游者，包括口头明示、书面明示和警示牌标示等；“事先”是指整个旅游行程开始前或者行程中某个具体项目开始前的时间区间。《旅游法》第81条规定：“突发事件或者旅游安全事故发生后，旅游经营者应当立即采取必要的救助和处置措施，依法履行报告义务，并对旅游者作出妥善安排。”这是关于旅游经营者安全救助、处置和报告义务的规定。“立即采取”是指事件（故）发生后，旅游经营者自知道或应当知道的第一时间进行相关工作，强调即时性；国家有规定的，按规定要求。“必要的”指在自身能力范围内积极采取合理措施施救和处置，如营救受害者、疏散、撤离安置受威胁者、控制危险源、标明危险区域、封闭危险场所以及防止危害扩大的其他措施等。“妥善安排”主要包括：转移至临时安全场所、解决食宿问题、协助旅游者返回等。

【延伸阅读9-1】 **事故致因理论**

事故致因理论是用来阐明事故的成因、始末过程和事故后果，以便对事故现象的发生、发展进行明确的分析。事故致因理论的发展经历了早期、近代和现代三个阶段，在此仅介绍以海因里希为代表的因果连锁理论和以约翰逊为代表的系统安全理论。

海因里希（W.H.Heinrich）的因果连锁理论是早期事故致因理论的代表。海因里希在《工业事故预防》（Industrial Accident Prevention）一书中把工业伤害事故的发生发展过程描述为具有一定因果关系事件的连锁，即人员伤亡的发生是事故的结果，事故的发生原因是人的不安全行为或物的不安全状态，人的不安全行为或物的不安全状态是由人的缺点造成的，人的缺点是由不良环境诱发或者是由先天的遗传因素造成的。海因里希将事故因果连锁过程概括为以下五个因素：遗传及社会环境，人的缺点，人的不安全行为或物的不安全状态，事故，伤害。海因里希用多米诺骨牌来形象地描述这种事故因果连锁关系。在多米诺骨牌系列中，一颗骨牌被碰倒了，则将发生连锁反应，其余的几颗骨牌相继被碰倒。如果移去中间的一颗骨牌，则连锁被破坏，事故过程被中止。他认为，企业安全工作的中心就是防止人的不安全行为，消除机械的或物的不安全状态，中断事故连锁的进程而避免事故的发生。事故因果连锁中一个最重要的因素是管理。大多数企业，由于各种原因，完全依靠工程技术上的改进来预防事故是不现实的，需要完善的安全管理工作，才能防止事故的发生。如果管理上出现缺欠，就会使得导致事故基本原因出现。

系统安全理论则是现代事故致因理论的体现，它是约翰逊（W.C.Johnson）等人为解决复杂系统的安全性问题而开发、研究出来的安全管理的理论和方法体系（Management Oversight and Risk Tree）。其主要研究对象是事故和安全系统的要素，即人的不安全行为、物的不安全状态、环境因素的不佳以及管理措施不到位。该理论包括很多区别于传统安全理论的创新概念：一是在事故致因理论方面，改变了人们只注重操作人员的不安全行为，而忽略硬件的故障在事故致因中作用的传统观念，开始考虑如何通过改善物的系统可靠性来提高复杂系统的安全性，从而避免事故。二是提出没有任何一种事物是绝对安全的，任何事物中都潜伏着危险因素，通常所说的安全或危险只不过是一种主观的判断。三是提出不可能根除一切危险源，可以减少来自现有危险源的危险性，宁可减少总的危险性而不是只彻底去消除几种选定的风险。四是提出由于人的认识能力有限，有时不能完全认识危险源及其风险，即使认识了现有的危险源，随着生产技术的发展，新技术、新工艺、新材料和新能源的出现，也会产生新的危险源。安全工作的目标就是控制危险源，努力把事故发生概率降到最低，即使万一发生事故，也把伤害和损失控制在较轻的程度上。

资料来源：

[1] 张西林. 旅游安全事故成因机制初探［J］. 经济地理，2003，23（4）：542-546.

[2] 傅贵，何冬云，张苏. 再论安全文化的定义及建设水平评估指标［J］. 中国安全科学学报，2013，23（4）：140-145.

[3] 郭文晶，刘祖德，蒋畅和. 事故致因理论和研究方法分析研究［J］. 现代商贸工业，2012（23）：207-208.

二、《旅游安全管理办法》的内容

（一）经营安全

《旅游安全管理办法》所称的旅游经营者，是指旅行社及地方性法规规定旅游主管部门负有行业监管职责的景区和饭店等单位。旅游经营者应当承担旅游安全的主体责任，加强安全管理，建立、健全安全管理制度，关注安全风险预警和提示，妥善应对旅游突发事件。旅游从业人员应当严格遵守本单位的安全管理制度，接受安全生产教育和培训，增强旅游突发事件防范和应急处理能力。旅游经营者及其从业人员应当依法履行旅游突发事件报告义务。

1.安全管理制度的建立与落实

依据《旅游安全管理办法》的规定，旅游经营者应当遵守下列要求：服务场所、服务项目和设施设备符合有关安全法律、法规和强制性标准的要求；配备必要的安全和救援人员、设施设备；建立安全管理制度和责任体系；保证安全工作的资金投入。旅游经营者应当定期检查本单位安全措施的落实情况，及时排除安全隐患；对可能发生的旅游突发事件及采取安全防范措施的情况，应当按照规定及时向所在地人民政府或者有关部门报告。旅游经营者应当对其提供的产品和服务进行风险监测和安全评估，依法履行安全风险提示义务，必要时应当采取暂停服务、调整活动内容等措施。经营高风险旅游项目或者向老年人、未成年人、残疾人提供旅游服务的，应当根据需要采取相应的安全保护措施。

2.安全生产教育和培训

《旅游安全管理办法》规定，旅游经营者应当对从业人员进行安全生产教育和培训，保证从业人员掌握必要的安全生产知识、规章制度、操作规程、岗位技能和应急处理措施，知悉自身在安全生产方面的权利和义务。旅游经营者建立安全生产教育和培训档案，如实记录安全生产教育和培训的时间、内容、参加人员以及考核结果等情况。未经安全生产教育和培训合格的旅游从业人员，不得上岗作业；特种作业人员必须按照国家有关规定经专门的安全作业培训，取得相应资格。

3.安全防范措施

依据《旅游安全管理办法》的规定，旅游经营者应当主动询问与旅游活动相关的个人健康信息，要求旅游者按照明示的安全规程，使用旅游设施和接受服务，并要求旅游者对旅游经营者采取的安全防范措施予以配合；旅行社组织和接待旅游者，应当合理安排旅游行程，向合格的供应商订购产品和服务。旅行社及其从业人员发现履行辅助人提供的服务不符合法律、法规规定或者存在安全隐患的，应当予以制止或者更换；旅行社组织出境旅游，应当制作安全信息卡。安全信息卡应当包括旅游者姓名、出境证件号码和国籍，以及紧急情况下的联系人、联系方式等信息，使用中文和目的地官方语言（或者英文）填写。旅行社应当将安全信息卡交由旅游者随身携带，并告知其自行填写血型、过敏药物和重大疾病等信息；旅游经营者应当依法制定旅游突发事件应急预案，与所在地县级以上地方人民政府及其相关部门的应急预案相衔接，并定期组织演练。

4.应急措施与报告义务

（1）应急措施。依据《旅游安全管理办法》的规定，旅游突发事件发生后，旅游经营者及其现场人员应当采取合理、必要的措施救助受害旅游者，控制事态发展，防止损害扩大。旅游经营者应当按照承担统一领导职责或者组织处置突发事件的人民政府的要求，配

合其采取的应急处置措施，并参加所在地人民政府组织的应急救援和善后处置工作。旅游突发事件发生在境外的，旅行社及其领队应当在中国驻当地使领馆或者政府派出机构的指导下，全力做好突发事件应对处置工作。

（2）报告义务。依据《旅游安全管理办法》的规定，旅游突发事件发生后，旅游经营者的现场人员应当立即向本单位负责人报告，单位负责人接到报告后，应当于1小时内向发生地县级旅游主管部门、安全生产监督管理部门和负有安全生产监督管理职责的其他相关部门报告；旅行社负责人应当同时向单位所在地县级以上地方旅游主管部门报告。情况紧急或者发生重大、特别重大旅游突发事件时，现场有关人员可直接向发生地、旅行社所在地县级以上旅游主管部门、安全生产监督管理部门和负有安全生产监督管理职责的其他相关部门报告。旅游突发事件发生在境外的，旅游团队的领队应当立即向当地警方、中国驻当地使领馆或者政府派出机构以及旅行社负责人报告。旅行社负责人应当在接到领队报告后1小时内，向单位所在地县级以上地方旅游主管部门报告。

（二）风险提示制度

1.风险提示及其相关职责

《旅游安全管理办法》规定，国家建立旅游目的地安全风险提示制度。根据可能对旅游者造成的危害程度、紧急程度和发展态势，风险提示级别分为一级（特别严重）、二级（严重）、三级（较重）和四级（一般），分别用红色、橙色、黄色和蓝色标示。风险提示信息，应当包括风险类别、提示级别、可能影响的区域、起始时间、注意事项、应采取的措施和发布机关等内容。一级、二级风险的结束时间能够与风险提示信息内容同时发布的，应当同时发布；无法同时发布的，待风险消失后通过原渠道补充发布；三级、四级风险提示可以不发布风险结束时间，待风险消失后自然结束。

国家旅游主管部门负责发布境外旅游目的地国家（地区），以及风险区域范围覆盖全国或者跨省级行政区域的风险提示。发布一级风险提示的，需经国务院批准；发布境外旅游目的地国家（地区）风险提示的，需经外交部门同意。地方各级旅游主管部门应当及时转发上级旅游主管部门发布的风险提示，并负责发布国家旅游主管部门发布之外涉及本辖区的风险提示。风险提示信息应当通过官方网站、手机短信及公众易查阅的媒体渠道对外发布。一级、二级风险提示应同时通报有关媒体。

2.旅行社及相关者应对风险的措施

《旅游安全管理办法》规定，风险提示发布后，旅行社应当根据风险级别采取下列措施：四级风险的，加强对旅游者的提示；三级风险的，采取必要的安全防范措施；二级风险的，停止组团或者带团前往风险区域，已在风险区域的，调整或者中止行程；一级风险的，停止组团或者带团前往风险区域，组织已在风险区域的旅游者撤离。其他旅游经营者应当根据风险提示的级别，加强对旅游者的风险提示，采取相应的安全防范措施，妥善安置旅游者，并根据政府或者有关部门的要求，暂停或者关闭易受风险危害的旅游项目或者场所。此外，《旅游安全管理办法》还规定了旅游者的风险应对义务，风险提示发布后，旅游者应当关注相关风险，加强个人安全防范，并配合官方应对风险暂时限制旅游活动的措施，以及有关部门、机构或者旅游经营者采取的安全防范和应急处置措施。

（三）安全管理

1.旅游安全日常管理

《旅游安全管理办法》规定，旅游主管部门应当加强下列旅游安全日常管理工作：督促旅游经营者贯彻执行安全和应急管理的有关法律、法规，并引导其实施相关国家标准、行业标准或者地方标准，提高其安全经营和突发事件应对能力；指导旅游经营者组织开展从业人员的安全及应急管理培训，并通过新闻媒体等多种渠道，组织开展旅游安全及应急知识的宣传普及活动；统计分析本行政区域内发生旅游安全事故的情况；法律、法规规定的其他旅游安全管理工作。同时，旅游主管部门应当加强对星级饭店和A级景区旅游安全和应急管理工作的指导。

2.地方各级旅游主管部门安全管理职责

依据《旅游安全管理办法》的规定，地方各级旅游主管部门应当根据有关法律、法规的规定，制定、修订本地区或者本部门旅游突发事件应急预案，并报上一级旅游主管部门备案，必要时组织应急演练。同时，地方各级旅游主管部门应当在当地人民政府的领导下，依法对景区符合安全开放条件进行指导，核定或者配合相关景区主管部门核定景区最大承载量，引导景区采取门票预约等方式控制景区流量；在旅游者数量可能达到最大承载量时，配合当地人民政府采取疏导、分流等措施。

3.旅游突发事件及其处置程序

（1）旅游突发事件概念与类型。《旅游安全管理办法》所称旅游突发事件，是指突然发生，造成或者可能造成旅游者人身伤亡、财产损失，需要采取应急处置措施予以应对的自然灾害、事故灾难、公共卫生事件和社会安全事件。根据旅游突发事件的性质、危害程度、可控性以及造成或者可能造成的影响，旅游突发事件一般分为特别重大、重大、较大和一般四级。所谓特别重大旅游突发事件，是指下列情形：造成或者可能造成人员死亡（含失踪）30人以上或者重伤100人以上；旅游者500人以上滞留超过24小时，并对当地生产生活秩序造成严重影响；其他在境内外产生特别重大影响，并对旅游者人身、财产安全造成特别重大威胁的事件。所谓重大旅游突发事件，是指下列情形：造成或者可能造成人员死亡（含失踪）10人以上、30人以下或者重伤50人以上、100人以下；旅游者200人以上滞留超过24小时，对当地生产生活秩序造成较严重影响；其他在境内外产生重大影响，并对旅游者人身、财产安全造成重大威胁的事件。所谓较大旅游突发事件，是指下列情形：造成或者可能造成人员死亡（含失踪）3人以上10人以下或者重伤10人以上、50人以下；旅游者50人以上、200人以下滞留超过24小时，并对当地生产生活秩序造成较大影响；其他在境内外产生较大影响，并对旅游者人身、财产安全造成较大威胁的事件。所谓一般旅游突发事件，是指下列情形：造成或者可能造成人员死亡（含失踪）3人以下或者重伤10人以下；旅游者50人以下滞留超过24小时，并对当地生产生活秩序造成一定影响；其他在境内外产生一定影响，并对旅游者人身、

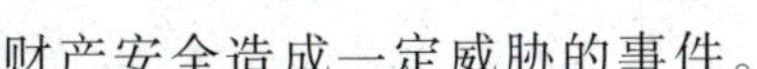

财产安全造成一定威胁的事件。

（2）旅游突发事件的处置程序。依据《旅游安全管理办法》，旅游突发事件的处置程序包含启动应急预案、事件调查、事件报告与信息通报以及制定改进措施等。一是旅游突发事件发生后，发生地县级以上旅游主管部门应当根据同级人民政府的要求和有关规定，启动旅游突发事件应急预案，并采取下列一项或者多项措施：组织或者协同、配合相关部门开展对旅游者的救助及善后处置，防止次生、衍生事件；协调医疗、救援和保险等机构对旅游者进行救助及善后处置；按照同级人民政府的要求，统一、准确、及时发布有关事态发展和应急处置工作的信息，并公布咨询电话。二是旅游突发事件发生地县级以上旅游主管部门应当根据同级人民政府的要求和有关规定，参与旅游突发事件的调查，配合相关部门依法对应当承担事件责任的旅游经营者及其责任人进行处理。三是在建立事件报告及信息通报制度方面，《旅游安全管理办法》规定，各级旅游主管部门应当建立旅游突发事件报告制度。旅游主管部门在接到旅游经营者的报告后，应当向同级人民政府和上级旅游主管部门报告。一般旅游突发事件上报至设区的市级旅游主管部门；较大旅游突发事件逐级上报至省级旅游主管部门；重大和特别重大旅游突发事件逐级上报至国家旅游主管部门。向上级旅游主管部门报告旅游突发事件，应当包括下列内容：事件发生的时间、地点、信息来源；事件涉及的旅游经营者、其他有关单位的名称；事件发生原因及发展趋势的初步判断；采取的应急措施及处置情况；需要支持协助的事项；报告人姓名、单位及联系电话。如果所列内容暂时无法确定，应当先报告已知情况；报告后出现新情况的，应当及时补报、续报。例如，《导游管理办法》第24条规定："旅游突发事件发生后，导游应当立即采取下列必要的处置措施：（一）向本单位负责人报告，情况紧急或者发生重大、特别重大旅游突发事件时，可以直接向发生地、旅行社所在地县级以上旅游主管部门、安全生产监督管理部门和负有安全生产监督管理职责的其他相关部门报告；（二）救助或者协助救助受困旅游者；（三）根据旅行社、旅游主管部门及有关机构的要求，采取调整或者中止行程、停止带团前往风险区域、撤离风险区域等避险措施。"四是建立事件信息通报制度，各级旅游主管部门应当建立旅游突发事件信息通报制度。旅游突发事件发生后，旅游主管部门应当及时将有关信息通报相关行业主管部门。省级旅游主管部门应当于每月5日前，将本地区上月发生的较大旅游突发事件报国家旅游主管部门备案，内容应当包括突发事件发生的时间、地点、原因及事件类型和伤亡人数等；县级以上地方各级旅游主管部门应当定期统计分析本行政区域内发生旅游突发事件的情况，并于每年1月底前将上一年度相关情况逐级报国家旅游主管部门。在制定改进措施方面，《旅游安全管理办法》规定，旅游突发事件处置结束后，发生地旅游主管部门应当及时查明突发事件的发生经过和原因，总结突发事件应急处置工作的经验教训，制定改进措施，并在30日内按照下列程序提交总结报告：一般旅游突发事件向设区的市级旅游主管部门提交；较大旅游突发事件逐级向省级旅游主管部门提交；重大和特别重大旅游突发事件逐级向国家旅游主管部门提交。旅游团队在境外遇到突发事件的，由组团社所在地旅游主管部门提交总结报告。

【案例 9-1】 旅游出事故，意外谁买单？

A 市游客李先生与老伴两人通过某旅行社报名参加邮轮旅游，旅途中从甲板走向船舱过程中摔倒，导致右膝受伤。旅行社领队立即将受伤游客送至邮轮医务室救治，后在停靠地日本福冈紧急联系救护车将游客送至医院做进一步救治，由其妻子陪同。经医生诊断，为右髌骨骨折，回国后经鉴定，构成十级伤残。治疗终结后李先生向 A 市旅游质量监督管理所投诉旅行社，要求旅行社承担违约责任，返还两人旅游费 3 600 元，并赔偿就医费、看护费、精神损失费、返程机票费、伤残赔偿金等共计 15.3 万元。旅行社认为，李先生意外受伤是自身原因所致，与旅行社没有任何关系。旅行社在没有过错的情况下，立即送其就医，上岸后联系救护车将李先生送往医院，并垫付救护车费，在李先生住院期间又派员前往探望，对游客尽到了道义上的义务，不应承担任何责任。邮轮公司表示，游客与邮轮公司并不存在合同关系，伤者也没有提供证据证明事故现场存在不安全因素，伤者受伤完全是自身失足造成的，为证明自己的说法，邮轮公司向旅行社提供了事故现场的照片及录像资料。

点评：《旅游法》规定，在旅游者自行安排活动期间，旅行社未尽到安全提示、救助义务的，应当对旅游者的人身损害、财产损失承担相应责任。而本案中，旅行社作为组团社在出团通知书中已经提示游客注意事项，领队、船方在登船后又通过口头、广播等方式告知游客要注意安全，李先生摔伤后又立即采取措施救助。这些情况说明，旅行社尽到了提醒游客注意安全以及事故后积极协助游客得到良好救治的义务。可见，李先生摔伤属于意外事故，并非旅行社责任造成，旅行社不应对本起事故承担赔偿责任，李先生提出的巨额赔偿要求明显不合理。后李先生将该旅行社起诉至人民法院，法院最终也作出了旅行社不承担相应责任的判决。专家建议：游客在参加旅游前一定要对自身的身体状况有全面了解，建议 60 岁以上老年人做全面体检，同时报名旅游应有亲属同行。在整个旅游活动中也应该时刻注意安全，走路不观景，不在设有危险警示标志的地方停留。这个深刻的教训还提示游客购买旅游意外保险的重要性，建议游客在参团前选择购买。同时也希望游客能够文明旅游，合理维权，和谐旅游环境需要旅行社和游客的共同努力。

资料来源：王伟. 旅游出事故，意外谁买单？[EB/OL]. [2017-5-25]. 人民网，http: //travel.people.com.cn/n1/2017/0525/c41570-29298753.html.

第二节 旅游保险法律制度

一、旅游保险法概述

（一）旅游保险及其法律关系

1.旅游保险的概念与特征

保险分为社会保险和商业保险两大类。社会保险是指国家基于社会保障的需要，不以营利为目的而举办的一种福利保险。社会保险属法定保险，一般由国家立法予以规范，其

费用主要来源于国家财政资金或企事业单位资金和经费。社会保险主要包括养老保险、医疗保险、生育保险、工伤保险、失业保险等；商业保险是指社会保险以外的普通保险，保险人以营利为目的，其资金主要来源于投保人交纳的保险费，一般受保险法律规范。我国《保险法》规定的保险，以商业保险为限。在旅游活动中，由于旅游安全事故发生的不确定性，旅游者要承担可能出现的各种经营风险，于是，旅游保险便应运而生。旅游保险属于商业保险的范畴，其实质不是保证危险不发生、不遭受损失，而是对危险发生后遭受的损失予以经济补偿。旅游保险最大的功能是大众在旅游过程中遭遇各种人身危险、财产危险、对他人之责任危险所产生之损失，分摊消化于共同团体。所谓旅游保险，是指投保人根据合同约定，向保险人支付保险费，保险人对被保险人在旅游过程中发生了保险合同约定的可能发生的事故因其发生所造成的财产损失承担赔偿保险金责任，或者当被保险人死亡、伤残、疾病或者达到合同约定的年龄、期限时承担给付保险金责任的商业保险行为。其特征有：

（1）旅游保险是一种经济保障制度，具有互助性。保险是为维护社会的安定，通过运用多数社会成员的集合力量，根据合理的计算，共同建立保险基金，用于补偿少数社会成员因特定危险事故或因特定人身事件发生而造成的经济损失，是“集众人之力救助少数人灾难”的经济保障制度，其基本原理是聚合风险、分散损失。

（2）旅游保险是一种具有经济补偿性质的法律制度。保险是一种因合同而产生的债权债务关系，这种债权债务关系是基于保险法律规范和保险事实而产生的保险法律关系，其实质是当事人互为约定承担给付义务，即投保人承担给付保险费的义务，保险人承担赔偿或给付保险金的义务。在保险法律关系中，保险人的责任与一般民事赔偿责任的区别在于，投保人所遭受的损失是由不可抗力等危险事故造成的，保险人承担的保险赔偿责任和给付责任是基于保险合同设定的一种义务，具有对损失进行经济补偿的性质；而一般民事损害赔偿责任是当事人的侵权行为或违约行为所导致的法律后果。

（3）旅游保险以特定的危险为对象。危险的存在是构成保险的一个要件，无危险则无保险。作为保险对象的危险具备如下特征：一是纯粹性。危险按性质不同可以分为纯粹危险和投机危险。纯粹危险是指只有损失机会而无获利可能的危险，如火灾危险；投机危险是指既有损失机会又有获利可能的危险，如股市风险、企业的经营风险等。保险人承保的危险一般是纯粹危险，对投机危险，保险人一般是不能承保的。二是不确定性。一方面危险发生与否具有不确定性，不可能发生或者肯定要发生的危险不能构成保险危险；另一方面危险发生的时间、地点、原因和损失程度（即所导致的后果）不能确定。三是意外性。一方面危险的发生是不可预知的，另一方面危险的发生或危险损害后果的扩展不是投保人或者被保险人故意的行为。四是事先约定性。就具体保险合同而言，只有发生当事人事先约定的危险，保险人才予以赔偿或给付保险金。

2.旅游保险法律关系

旅游保险法律关系是指由旅游保险法律法规所确认和调整的，具有在旅游活动中的保险权利和义务关系的社会关系。

（1）旅游保险法律关系的主体。旅游保险法律关系的主体，包括旅游保险法律关系的当事人、旅游保险法律关系的关系人和旅游保险法律关系的辅助人。旅游保险法律关系的当事人是指订立旅游保险合同的双方，包括保险人和投保人。保险人是指经营旅游保险业务，收取保险费，按照旅游保险合同的约定，在旅游保险事故发生时，负责赔偿损失或履行给付保险金额义务的人，也就是我们通常所说的保险公司；投保人是指与保险人签订旅游保险合同，并交纳保险费的人。投保人既可以是自然人，也可以是法人。投保人既可为自己的利益投保，也可以为他人的利益投保。当投保人为自己的利益投保时，它就与被保险人合二为一。在旅游保险中，投保人通常不是被保险人，而是组织旅游者旅行游览的企业、团体等。旅游保险的关系人通常是指被保险人和受益人。被保险人是指在保险事故发生时，遭受损害并享有赔偿请求权的人。我国《保险法》所称的被保险人是指其财产或者人身受保险合同保障、享有保险金请求权的一方；受益人是指在旅游保险合同中约定的、享有请求赔偿权的一方。在旅游保险合同中，如果没有约定受益人，受益人则为被保险人的继承人。

旅游保险法律关系的辅助人，包括旅游保险代理人、保险经纪人。保险代理人是指根据保险人的委托，向保险人收取代理手续费，并在保险人授权的范围内代为办理保险业务的单位和个人，包括专业代理人、兼业代理人和个人代理人。我国《保险法》规定，保险代理人根据保险人的授权代为办理保险业务的行为，由保险人承担责任。保险代理人为保险人代为办理保险业务，有超越代理权限行为，投保人有理由相信其有代理权，并已订立保险合同的，保险人应当承担保险责任。但是保险人可以依法追究越权的保险代理人的责任；保险经纪人包括狭义的保险经纪人和再保险经纪人。前者是基于投保人的利益，为投保人与保险人订立保险合同提供中介服务，并依法收取佣金的单位。后者是指基于原保险人利益，为原保险人与再保险人安排分出、分入业务提供中介服务，并依法收取佣金的单位。保险经纪人必须采取有限责任公司形式设立。保险经纪人在办理保险业务中因自己的过错，给投保人、被保险人造成损失的，由保险经纪人承担赔偿责任。

（2）旅游保险法律关系的客体。旅游保险法律关系的客体又称保险标的，是指保险法律关系双方当事人权利和义务指向的对象。旅游保险法律关系如果没有双方当事人权利和义务所指向的对象，就会因为没有目标而不能落实，从而也就丧失其存在的意义。保险标的是保险合同的核心，也是确定保险条件、保险金额、计算保险费和赔偿标准的依据。我国《保险法》规定，保险标的是指作为保险对象的财产及有关利益或者人的寿命和身体。由此可见，保险标的可分为两类：一是财产及其有关利益。财产是指现实存在的并为人们所控制和利用而具有经济价值的生产资料和消费资料。它包括动产和不动产、有形物和无形物。财产保险的客体，一般是有形物，但当财产遭受损失时，除了财产本身的经济损失外，还会连带引起各种利益以及责任和信用等无形物的损失，后者也往往成为财产保险的标的。二是人的寿命和身体。这种保险标的无法用价值来衡量，因而在订立保险合同时，预先由双方当事人约定保险金额。

（二）旅游保险的分类

1.按旅游保险的标的分类

按旅游保险的标分类，旅游保险可分为旅游人身保险与旅游财产保险。旅游人身保险是以旅游者生命、健康为保险标的进行的保险；旅游财产保险是以旅游者携带的行李物品为标的进行的保险。

2.按旅游保险实施的形式分类

按旅游保险实施的形式分类，旅游保险可分为旅游强制保险和旅游自愿保险。我国《保险法》规定，投保人和保险人订立保险合同，应当遵守公平互利、协商一致、自愿订立的原则，不得损害社会公共利益。除法律、行政法规规定必须保险的以外，保险公司和其他单位不得强制他人订立保险合同。由此可见，保险合同可分为强制保险和自愿保险。旅游强制保险也叫法定保险，是指国家颁布法令强制施行的保险。它既对投保人具有强制性，也对保险人有强制性。例如，我国的旅游交通运输保险就属于强制保险，旅游者购买的火车票、汽车票、飞机票、轮船票本身就将保险费包括在其中，只要旅游者持有此凭证，当旅游保险事故发生时，承运人就应承担赔偿责任。同时，旅游者可以自行决定向保险公司投保旅游交通运输人身意外伤害险，此项保险金额的给付，不得免除或减少承运人应当承担的赔偿金额。此外，《旅行社责任保险管理办法》第2条规定："在中华人民共和国境内依法设立的旅行社，应当依照《旅行社条例》和本办法的规定，投保旅行社责任保险。"可见，旅行社责任保险是一种强制保险。旅行社在从事旅游业务活动时，必须履行这一强制义务，否则，应当承担相应的法律后果。旅游自愿保险是由保险双方当事人自愿协商签订旅游保险合同而确定的保险。这种行为要出于双方自愿，不能强迫，保险人不能因为另一方是自然人就可以强迫其订立合同。投保人也不能因为自己是大型旅游企业法人而强迫保险人按不合理的条件承保。此外，在我国，旅游保险的自愿是相对的，双方当事人有是否签订保险合同的权利，但一经确定下来，有关保险费、保险金额的标准等内容都由法律直接规定，投保人与保险人不能协商加以变更。

3.按旅游保险中被保险人的国籍分类

按旅游保险中被保险人的国籍分类，旅游保险可分为国内旅游保险与涉外旅游保险。国内旅游保险是对国内旅游者在我国境内旅游而进行的保险以及我国公民出国、出境旅游所进行的保险；涉外旅游保险，是指外国人、无国籍人来我国境内旅游进行的旅游保险，以及海外侨胞、港澳同胞回国旅游而进行的保险。

4.按旅游保险业务范围分类

按旅游保险业务范围分类，旅游保险可分为全程旅游保险与单项旅游保险。全程旅游保险在国内旅游和出境旅游中是指从旅游者开始旅行登上旅行社指定的交通工具时起，至本次旅行结束离开旅行社指定的交通工具为止，或者在入境旅游中，从旅游者入境后参加旅行社安排的旅游行程时开始，直至该旅游行程结束、办完出境手续出境为止的整个旅游过程所进行的保险。在全部的旅行过程中，不论被保险人是乘坐旅游交通工具，还是进行其他的旅行游览项目，只要发生了保险合同约定的旅游保险事故，保险人均要支付保险金。单项旅游保险是指对一个旅游项目所进行的保险，如“游船意外保险”“索道意外保险”“游览飞机意外伤害保险”等。在我国，目前有关单项旅游保险就有几十种之多。随着旅行游览项目的不断增多，旅游保险的项目将不断扩大和增加。在旅游实践中，常见的单项旅游保险有旅游救助保险、旅游人身意外伤害保险、旅客意外伤害保险、住宿旅客人身保险等。

5.按旅游保险责任为标准分类

按旅游保险责任为标准分类，旅游保险可分为旅游意外保险和旅游责任保险。旅游意外保险是指投保人对被保险人在旅游过程中出现自然灾害或者意外事故，由保险人承担支付保险金的保险。这类保险的投保人可以是旅游者个人，也可以是旅游者所在的单位或者是旅游企业。目前我国旅游意外保险属于自愿保险，由旅行社推荐，旅游者购买。旅游责任保险是指以被保险人对第三者依法应负的赔偿责任为保险标的的保险，保险人对责任保险的被保险人给第三者造成的损失可依合同的约定直接向该第三者支付保险金。

我国《旅行社责任保险管理办法》所称的旅行社责任保险，是指以旅行社因其组织的旅游活动对旅游者和受其委派并为旅游者提供服务的导游或者领队人员依法应当承担的赔偿责任为保险标的的保险。该办法规定的旅行社责任保险范围包括“旅行社责任保险的保险责任应包括旅行社在组织旅游活动中依法对旅游者的人身损害、财产损失承担的赔偿责任和对受旅行社委派、为旅游者提供服务的人员的人身损害承担的赔偿责任”。旅行社责任保险的保险期间为1年。旅行社应当在保险合同期满前及时续保。

综上所述，旅游保险是以旅游保险关系为调整对象的一切法律规范的总和。它以旅游保险合同为其主要内容，对双方当事人的权利义务作了明确的规定，是旅游企业法人以及旅游者在旅行游览过程中发生旅游保险事故后取得赔偿的重大保障。

【延伸阅读9-2】　意外伤害险中“意外”的司法认定要素

根据保险公司“旅游意外伤害保险条款”，意外伤害指遭受外来的、突发的、非本意的、非疾病的使身体受到伤害的客观事件。司法实践中，在认定意外伤害险中的“意外”时，其要素有：

——外来性。外来性是指意外事故的原因必须是存在于被保险人之外，而非内在于身体过程。如果被保险人所受之伤害系因疾病引起的，则属于内在因素引发的，不符合外来性的要求。前述保险条款及中国台湾地区“保险法”中所谓“非疾病”的要求，无非对外来性要件的再明确、再强调而已，不足以成为判断“意外”的一项独立要件。典型的外来事故，主要包括被保险人的身体与他人或他物以物理方式碰撞或者是以化学、电能、热能、生物等方式发生作用所引起的事故。尤其值得注意的是，外来性要素的要求排除了因自身疾病等内在原因导致健康受损的情形，因此，外来性不能等同于外伤性。如果外来原因作用使得身体内在受有损害，即使表面毫无痕迹，则仍认为符合外来性之特征。

——突发性。突发性是指事故是快速发生且出乎被保险人所预期及所能预见的。所谓快速发生，并不要求事故或者损害必须在瞬间发生，即使损害在事故发生后相当期间才发生，也可能符合突发性的要件。在突发性的认定上，除了要考虑时间因素，还必须同时考虑该事故损害对于被保险人的可预期性。即使该事故并非在短时间内快速发生，但只要该事故的发生本身并非被保险人所能期待者，则仍应当认为符合突发性要件。德国保险法学说和实务均承认，意外事故的概念已经包含了“不可预料”的特性。判别当事人的预见程度，应注意两个事项：一是当事人的预见程度，应依一般人的智力、常识，不能结合具体当事人的社会地位、经验。对这种预见程度，不能苛刻，不能要求普通被保险人存在专业的、精确的预见水准，也不能放纵被保险人的故意或者重大过失，放任其从事足够引起损失后果的危险行为。二是在探求事件发生过程中，必须注意事故发展过程自然、逻辑的演化中，有无加入突发的、偶然的、无法预见的因素。

——非自愿性。非自愿性是指损害的发生并非基于被保险人的故意所致，这项要件是对被保险人主观心态的要求。这里的故意包括直接故意和间接故意，且故意应当是指被保险人对于损害结果的发生具有故意，而不是仅指对原因事故本身具有故意。即使被保险人事先对于所进行的活动可能存在相应的风险有一定的笼统认知，但只要其在损害发生之前的主观心态是认为可能的危险并不会真的发生，也不应当以此否定事件的“非自愿性”。如果被保险人为了科学研究或挑战极限等，对某一明确危险或可能导致的损害结果进行测试，且已考虑过可能之损害，则由此所生的事故就不符合非自愿性的要求。而如果被保险人是出于正当防卫或紧急避险、见义勇为等而遭受损害者，应认为符合非自愿性要件的要求。

资料来源：王静．保险类案裁判规则与法律适用［J］．北京：人民法院出版社，2013（7）：279-280.

二、旅游保险合同

（一）旅游保险合同的概念与特征

依据《保险法》的规定，保险合同是投保人与保险人约定保险权利义务的协议，可见，所谓旅游保险合同，是指旅游保险关系双方当事人之间签订的一方交纳保险费，另一方在保险标的遭受法律规定或者当事人约定的保险事故时，承担经济补偿责任或者履行给付义务的一种协议。旅游保险合同具有以下特征：

1.旅游保险合同是双务性补偿合同

旅游保险合同是双方当事人意思表示一致的结果，当投保人与保险人签订了旅游保险合同后，他们之间的权利与义务就用法律的形式固定下来。投保人有交纳保险费的义务，当旅游保险事故发生时，享有请求赔偿的权利。保险人则有收取保险费的权利，当旅游保险事故出现时，有按合同的约定履行补偿或给付的义务。

此外，旅游保险合同是通过保险人集合为数众多的投保人的保险费，以此建立集中的旅游保险基金来实现的。也就是说，在旅游活动中，当旅游保险事故给旅游者的人身或财产造成损失时，用旅游保险基金来弥补旅游者财产损失以及因死亡或伤残导致劳动力丧失，从而使个人或其家庭收入减少，而开支增加的负担。从这个意义上说，旅游保险合同又是一种互助性的补偿合同。

2.旅游保险合同是具有保险利益的合同

保险利益是指投保人对保险标的具有法律上承认的利益。依据我国《保险法》的规定，保险利益的存在是旅游保险合同成立的前提，没有保险利益的人不能与保险人订立旅游保险合同，否则，所订的合同无效。也就是说，保险利益的存在是旅游保险合同成立的前提，这是因为，法律规定的保险合同是具有保险利益的合同，一是可以防止没有保险利益的人利用保险的形式取得份外收入，二是可以防止投保人或被保险人的道德危险甚至犯罪危险。

3.旅游保险合同是要式合同

所谓要式合同，是指以履行一定方式为合同成立的要件。根据我国有关法律法规的规定，旅游保险合同应采取书面形式，合同的主要内容即主要条款由保险人一方确定，投保方即旅游企业法人或旅游者只可在保险人设立的不同险种的条件中进行选择，而不像其他合同，任何一方都可以草拟合同文本。

4.旅游保险合同是射幸合同

旅游保险合同是合同当事人在法律规定的范围内实现转嫁风险目的的一种手段。在合同有效期限内，投保方以较少的保险费的支出，换取遇到旅游保险事故时取得较大保险金的保障。也就是说，如果发生了旅游保险事故，投保人或被保险人从保险人那里得到的赔偿金可能远远超出其所交纳的保险费。反之，在合同有效期间，如果没有发生旅游保险事故或者旅游保险事故超过一定限度，投保人或被保险人只付出保险费，而无任何收入，所付的保险费也不得收回。保险人的情况则相反，当发生旅游保险事故时，它所支付的保险金可能远远大于其所收的保险费；如果没有发生旅游保险事故或者旅游保险事故超过一定的限度，保险人只享有收取保险费的权利，而无赔偿的责任。

形成旅游保险合同射幸特征的原因是旅游保险事故发生的偶然性。也就是说，旅游保险事故是否发生是不确定的，如果某一特定的旅游事故肯定不会发生，就无需保险；如果是肯定要发生的旅游事故，也无人愿意承担保险责任。只有当旅游保险事故是否发生不确定时，旅游保险合同才能成立。

5.旅游保险合同是最大的诚信合同

诚实信用是指任何一方当事人对另一方当事人不得隐瞒、欺骗，都必须善意地、全面地履行自己的义务。而旅游保险合同的诚实信用程度远远大于其他合同，因为当事人在投保前后，其保险标的均在投保人的控制之下，保险人主要是依据投保人对标的的告知和保证来决定是否承保和保险费的多少，如果投保人欺骗或隐瞒，就可能导致保险人判断失误和上当受骗，所以说旅游保险合同是最大的诚实信用合同。

6.旅游保险合同具有短期性

任何类型的保险合同都具有时间限制，旅游保险合同与其他保险合同相比较，其期限更短暂。例如，有关旅游交通运输保险合同的时间，是从旅游者登上交通工具时开始，到抵达目的地离开交通工具时止。又如，游乐场所的翻滚过山车的保险合同，保险人只对旅游者登上该游乐器具开始至离开该游乐器具结束这一段时间内出现的旅游保险事故承担

责任。

（二）旅游保险合同的主要形式与条款

1.旅游保险合同的主要形式

在我国，旅游保险合同采取书面形式，最常见的有以下两种：一是保险单。保险单是由投保人与保险人共同签订的有关旅游保险事项的书面协议。这种协议要求双方当事人必须在同一张保险合同单上签名盖章，方才有效。二是保险凭证。保险凭证是一种简单化的保险单，目前广泛用于旅游交通运输保险和其他旅行游览保险。例如，火车票既是旅游者乘车的凭证，又是旅游者参加旅游保险的凭证。另外，有些旅游景点出售的门票，就兼作旅游保险的凭证。

2.旅游保险合同的主要条款

（1）保险标的。保险标的是指旅游保险合同的保险对象：在旅游人身保险中，是指被保险人的生命、健康；在旅游财产保险中，是指旅游者随身携带的行李物品等。

（2）保险费和保险金额。保险费是投保人按照保险金额的一定比例，向保险人交纳的费用。它是投保人的义务之一，根据旅游保险合同的特点，旅游保险费一般都是一次交清而且费用很低。保险金额是指当旅游保险事故发生时，保险人根据投保人交纳的保险费而支付的最高赔偿金额。但是在旅游财产保险中，保险金额不得高于投保财产的实际价值。

（3）保险期限。保险期限是指在旅游保险合同中，明确约定保险人承担赔偿责任的起止期限。在这里需要强调的是，保险人与投保人之间签订旅游保险合同的生效时间并不等于保险责任期限的开始。

（4）旅游保险责任范围和除外责任范围。旅游保险责任范围是指导致保险人承担责任的事故和风险范围。在我国，旅游保险责任范围一般是指旅游者在旅行游览过程中遇到的自然灾害或意外事故或者旅行社在从事旅游业务经营活动中，致使旅游者人身、财产遭受的损害。保险人根据法律规定或者合同的约定，在其责任范围内根据旅游保险事故的情节轻重承担相应的赔偿责任或者给付保险金。除外责任范围，是指由旅游保险合同约定保险人在什么样情况下，不承担保险赔偿责任。依据我国有关法律法规的规定，在下列情况出现时保险人可不承担赔偿责任：战争或军事行动；分娩、疾病、精神病；自杀、自伤、斗殴、犯罪行为、冒险行为；酗酒、药物中毒或麻醉；擅自改变或离开投保时规定的旅游路线，或不乘坐指定交通工具；行李、物品的自然消耗等。

（5）违约责任。违约责任是促使旅游保险合同双方当事人更好地履行合同规定义务的重要条款。一旦有一方违约，另一方可依此条款要求违约方承担相应的违约责任。

（三）旅游保险合同当事人的权利和义务

1.投保人的主要权利和义务

（1）支付保险费义务。在旅游保险合同履行过程中，按照约定交付保险费，是投保人的最基本义务。不同的保险条款对支付保险费的要求不尽相同，可以一次付清，也可以分期支付。财产保险合同保险费的额度，与保险标的的危险程度、保险价值等因素密切相关。《保险法》规定，在合同有效期内，保险标的危险程度增加的，保险人有权要求增加保险费或者解除合同。同时，《保险法》还规定了保险费用降低的两种情形（合同另有约定的除外），包括：据以确定保险费率的有关情况发生变化，保险标的危险程度明显减少；保险标的的保险价值明显减少。

（2）通知义务。《保险法》规定，投保人、被保险人或者受益人知道保险事故发生后，应当及时通知保险人。保险事故发生后及时通知保险人，有利于保险人采取必要的措施，防止损失的扩大，有利于保险人及时调查损失发生的原因。对于财产保险合同，《保险法》规定，在合同有效期内，保险标的危险程度增加的，被保险人按照合同约定应当及时通知保险人。被保险人如果未履行该项通知义务，因保险标的危险程度增加而发生的保险事故，保险人不承担赔偿责任。

（3）协助义务。依据《保险法》的规定，旅游保险事故发生后，依照保险合同请求保险人赔偿或者给付保险金时，投保人、被保险人或者受益人应当向保险人提供其所能提供的与确认保险事故的性质、原因、损失程度等有关的证明和资料（如保险单、保险标的原始凭证、出险报告、损失鉴定文件、损失清单和施救费用等索赔单证）。保险人依照保险合同的约定，认为有关的证明和资料不完整的，应当通知投保人、被保险人或者受益人补充提供有关的证明和资料。

（4）维护保险标的安全，防止或减少损失的义务与责任。对于财产保险合同，《保险法》规定，被保险人应当遵守国家有关消防、安全、生产操作、劳动保护等方面的规定，维护保险标的的安全。旅游保险事故发生时，被保险人有责任尽力采取必要的措施，防止或减少损失。保险事故发生后，被保险人为防止或者减少保险标的的损失所支付的必要的、合理的费用，由保险人承担；保险人所承担的数额在保险标的损失赔偿金额以外另行计算，最高不超过保险金额的数额。

2.保险人的主要权利和义务

（1）给付保险金义务。《保险法》规定，保险人收到被保险人或者受益人的赔偿或者给付保险金的请求后，应当及时作出核定，并将核定结果通知被保险人或者受益人。对属于保险责任的，在与被保险人或者受益人达成有关赔偿或者给付保险金额的协议后10日内，履行赔偿或者给付保险金义务。保险合同对保险金额及赔偿或者给付期限有约定的，保险人应当依照保险合同的约定，履行赔偿或者给付保险金义务。

（2）先予赔付。依据《保险法》的规定，保险人自收到赔偿或者给付保险金的请求和有关证明、资料之日起60日内，对其赔偿或者给付保险金的数额不能确定的，应当根据已有证明和资料可以确定的最低数额先予支付。保险人最终确定赔偿或者给付保险金的数额后，应当支付相应的差额。

（3）除外责任。依据《保险法》的规定，保险人的除外责任概括起来主要包括如下情形：在保险合同成立前，被保险人已知保险标的已经发生保险事故的；投保人故意不履行如实告知义务，或者因过失不履行如实告知义务，对保险事故发生有严重影响的；被保险人或者受益人在未发生保险事故的情况下，谎称发生了保险事故，向保险人提出赔偿或者

给付保险金请求的；投保人、被保险人或者受益人故意制造保险事故的，包括人身保险合同中，以死亡为给付保险金条件的合同，自成立之日起2年内被保险人自杀的，或者被保险人故意犯罪导致其自身伤残或者死亡的；保险事故发生后，投保人、被保险人或者受益人以伪造、变造的有关证明、资料或者其他证据，变造虚假的事故原因或者夸大损失程度的，保险人对其虚假的部分不承担赔偿或者给付保险金的责任；在合同有效期内，保险标的危险程度增加，被保险人未履行通知义务，因保险标的危险程度增加而发生的保险事故，保险人不承担赔偿责任。保险事故发生后，保险人未赔偿保险金之前，被保险人放弃对第三者的请求赔偿权利的。

【案例9-2】 旅游合同引发的旅游保险赔偿案

A旅行社向B运输公司租用的一辆大巴，在旅途中因驾驶员（属B运输公司员工）操作不当致使车辆冲出路面，坠入路边的河中，虽经抢救，仍有10人死亡、11人受伤。A旅行社已向保险公司投保了旅行社责任险，国内游赔偿限额为每人10万元，累计赔偿限额为200万元。事故发生后，A旅行社向保险公司提出理赔申请。对于此案，保险公司是否应该承担保险责任呢？该保险公司内部分歧较大，主要有两种观点：观点一认为，A旅行社向B运输公司租用车辆，事故的性质为驾驶员过错，应由运输公司承担责任。A旅行社租用车辆、所作指示均无过失，不应承担责任，因此，保险公司也不应承担责任。观点二认为，旅客是与A旅行社签订旅游合同的，A旅行社有保证其安全的义务，发生意外事故，旅客应该直接向A旅行社要求赔偿，因此，保险公司应当承担保险责任。有专家认为，保险公司是否应根据旅行社责任保险合同承担保险责任，关键在于A旅行社依法是否应向旅客承担赔偿责任。若A旅行社应向旅客承担责任，则保险公司应按照保险合同的约定承担保险责任；若A旅行社依法不需要对旅客的伤亡承担责任，则保险公司也不必承担保险责任。本案争议的焦点在于旅客依照法律，是应该向运输公司主张赔偿，还是应向A旅行社主张赔偿。

点评：从案例事实来分析，由于是B运输公司驾驶员操作失误导致车上旅客伤亡，根据《民法典》第七编“侵权责任”的规定，伤亡旅客或其亲属可直接要求B运输公司承担侵权责任。同时，本案中，旅客与A旅行社之间存在旅游合同关系，保障旅游者人身和财产安全是旅行合同的重要内容之一，根据《旅游法》及《民法典》第三编“合同”的相关规定，违约责任的归责原则上实行严格责任原则，若旅客在旅行的过程中由于意外事故而造成人身损害和财产损害，一般来说，应视为旅行社违反了旅行合同约定的安全保障义务，应该承担因此给旅客造成人身和财产损失的赔偿责任，旅客是否有权向A旅行社要求赔偿。除非旅行社能证明该损失是由不可抗力、旅客自身疾病的原因、旅客自身的过错、第三人的原因或其他不可归于旅行社的原因造成的。基于此，伤亡旅客或其亲属既可以直接向运输公司主张侵权赔偿，也可以直接向旅行社主张违约赔偿。这种情况，在民法理论中称为不真正连带责任，这是指数个主体基于不同的法律关系对同一损害后果都应承担全部赔偿责任。在不真正连带责任中，受害人享有数个请求权，受害人可以择一行使而不能分别行使，受害人选择的一个请求权全部实现后，其他请求权即消灭。在数个赔偿责任中，赔偿责任最终归属于造成损害的直接责任人，如果受害人选择的是直接责任人，该责任人应当最终承担赔偿责任。如果受害人选择的不是最终责任人，承担了赔偿责任的责任人可以向最终责任人要求赔偿。在本案例中，B运输公司是最终责任人，若受害人或其亲属直接向运输公司提出赔偿，则B运输公司赔偿之后，A旅行社不再承担赔偿责任，相应的，保险公司也不承担旅行社责任保险责任。若受害人或其亲属选择向旅行社提出赔偿，保险公司也应依据旅行社责任保险合同承担相应的保险责任。但保险公司承担保险责任后，可代位向B运输公司追偿。

资料来源：刘学庆．旅行遇车祸，应如何赔偿［EB/OL］．［2015-04-01］．https：//www.66law.cn/laws/42949.aspx.华律网，中国经济网，http：//www.ce.cn/economy/main/cjsl/201504/10/t20150410_3562587.shtml.此处结合《民法典》相关规定有修改.

三、保险人的代位求偿权与旅游保险的理赔

（一）保险人的代位求偿权

依据《保险法》的规定，当旅游保险事故是由第三人的行为造成时，若旅游保险标的是旅游者的行李物品，投保人应当向第三人要求赔偿。如果投保人向保险人提出赔偿要求，保险人可以按照旅游保险合同的约定，先予赔偿。但是，投保人必须将向第三人追偿的权利转让给保险人，并有义务协助保险人向第三人追偿。若旅游保险标的是旅游者的生命、健康，当投保人从保险人处取得保险金后，仍然有向第三人要求损害赔偿的权利。同时，保险人也不得因支付保险金而取得代位求偿权。

1.代位求偿权的概念

所谓代位求偿权，是指财产保险中保险人赔偿被保险人的损失后，可以取得在其赔付保险金的限度内，要求被保险人转让其对造成损失的第三人享有追偿的权利。《保险法》规定，因第三人对保险标的的损害而造成保险事故的，保险人自向被保险人赔偿保险金之日起，在赔偿金额范围内代位行使被保险人对第三人请求赔偿的权利。

2.代位求偿权的范围

代位求偿权的行使范围限于财产保险合同，在人身保险合同中，保险人不得享有代位求偿权。《保险法》规定，人身保险的被保险人因第三人的行为而发生死亡、伤残或者疾病等保险事故的，保险人向被保险人或者受益人给付保险金后，不得享有向第三人追偿的权利。但被保险人或者受益人仍有权向第三人请求赔偿。

3.代位求偿权的行使

依据《保险法》的规定，保险事故发生后，保险人未赔偿保险金之前，被保险人放弃对第三人请求赔偿的权利的，保险人不承担赔偿保险金的责任。保险人向被保险人赔偿保险金后，被保险人未经保险人同意放弃对第三人请求赔偿的权利的，该行为无效。由于被保险人的过错致使保险人不能行使代位求偿权的，保险人可以相应扣减保险赔偿金。在保险人向第三人行使代位求偿权时，被保险人应当向保险人提供必要的文件和其所知道的有关情况。

（二）旅游保险的理赔

1.旅游保险理赔的概念

旅游保险的理赔，是指保险人审核处理旅游保险事故的法律行为。它是旅游保险合同实际履行的重要内容，是双方当事人权利义务的具体体现。也就是说，当旅游者在旅游过程中发生了旅游保险范围内的旅游事故后，经享有请求赔偿权的人在有效期限内索赔，由保险人进行调查核实和作出是否赔偿决定的活动。享有请求赔偿权的人（申请理赔人）在索赔时应注意以下问题：

（1）及时通知并提出索赔请求。旅游保险事故发生后，投保人应当将旅游保险事故发生的情况尽快通知保险人，并在法定或约定的理赔时效内提出索赔请求。所谓申请理赔的时效，是指在旅游保险合同中约定的，享有请求赔偿权的人向保险人追索赔偿保险金的时间期限。申请理赔人必须在法律规定或合同约定的时效内提出理赔请求，逾期提出申请的，视为自动放弃权益。换句话说，理赔申请人只有在法定或约定的期限内提交给付或赔偿保险金申请书，保险人才予以赔偿，否则，保险人不承担赔偿责任。依据《旅行社责任保险管理办法》的规定，旅行社在组织旅游活动中发生保险责任范围内的情形，保险公司依法根据保险合同的约定，在旅行社责任保险责任限额内予以赔偿。责任限额可以根据旅行社业务经营范围、经营规模、风险管控能力、当地经济社会发展水平和旅行社自身需要，由旅行社与保险公司协商确定，但每人人身伤亡责任限额不得低于20万元人民币。旅行社组织的旅游活动中发生保险事故，旅行社或者受害的旅游者、导游、领队人员通知保险公司的，保险公司应当及时告知具体的赔偿程序等有关事项。

（2）提供相关证明材料，并协助保险人做必要的审核工作。申请理赔人在索赔时除了必须填报理赔申请单外，必须提供法定或约定的有关证明材料，这是保险人受理理赔、给予赔款的主要依据。依据《旅行社责任保险管理办法》的规定，保险事故发生后，旅行社按照保险合同请求保险公司赔偿保险金时，应当向保险公司提供其所能提供的与确认保险事故的性质、原因、损失程度等有关的证明和资料。保险公司按照保险合同的约定，认为有关的证明和资料不完整的，应当及时一次性通知旅行社补充提供。这些证明材料主要有：参加旅游保险的保险单或者其他保险凭证，受益人的身份证件及基层组织出具的证明。如果属于旅游财产保险事故，申请理赔人还应提供受损失清单，保护、抢救等费用的清单以及其他必要的单据、证明等。如果属于人身保险事故，申请理赔人应提供医院出具的人身伤亡情况证明、有关旅游行政管理部门和公安机关出具的旅游保险事故的证明，以及被保险人伤亡的医疗诊断书、医药费、住院费等单据。同时，申请理赔人有义务协助保险人做必要的审核工作，在旅行社责任保险中，旅行社以及受害的旅游者、导游或者领队人员应当向保险公司提供必要的文件和所知道的有关情况。

2.旅游保险中理赔的调查和处理

保险人在接到理赔申请书以后，应根据保险合同的约定及时审查，同时，应派人到事故现场实地调查或者邀请专家对事故进行分析。对属于保险责任范围内的旅游事故，保险人在与申请理赔人协商解决赔偿金额后，应立即偿付，否则，应承担违约责任。依据《旅行社责任保险管理办法》的规定，旅行社对旅游者、导游或者领队人员应负的赔偿责任确定的，根据旅行社的请求，保险公司应当直接向受害的旅游者、导游或者领队人员赔偿保险金。旅行社怠于请求的，受害的旅游者、导游或者领队人员有权就其应获赔偿部分直接向保险公司请求赔偿保险金。保险公司收到赔偿保险金的请求和相关证明、资料后，应当及时作出核定；情形复杂的，应当在30日内作出核定，但合同另有约定的除外。保险公司应当将核定结果通知旅行社以及受害的旅游者、导游、领队人员；对属于保险责任的，在与旅行社达成赔偿保险金的协议后10日内，履行赔偿保险金义务。

保险人在确认具体的赔偿数额时，应以保险标的实际损失为限。也就是说，在旅游人身保险合同中，保险数额的确定，应以医院诊断证明确定的伤害程度为限。在旅游财产保险中，应以发生旅游保险事故造成被保险人行李物品的灭失或者损坏当天的实际价值为限，超出部分保险人不承担保险赔偿责任。对于申请理赔人为抢救保险标的或者为减少损失而进行救护所支付费用的赔偿数额，应以保险金额为限。也就是说，在保险金额以内支付的必要救护费用，支付多少就赔多少，当其超过保险金额时，保险人只赔偿相当于保险金额的数额，超过部分保险人不负责赔偿。此外，在旅行社责任保险中，因抢救受伤人员需要保险公司先行赔偿保险金用于支付抢救费用的，保险公司在接到旅行社或者受害的旅游者、导游、领队人员通知后，经核对属于保险责任的，可以在责任限额内先向医疗机构支付必要的费用。因第三人损害而造成保险事故的，保险公司自直接赔偿保险金或者先行支付抢救费用之日起，在赔偿、支付金额范围内代位行使对第三人请求赔偿的权利。

3.旅游保险理赔中的仲裁和诉讼

依据《保险法》的规定，理赔申请人，在旅游保险事故发生以后，必须先向保险人申请，要求作出理赔处理。如果对处理结果没有异议，可以在接到通知后从保险人处领取保险赔偿金。若对处理结果有异议或者旅行社与保险公司对赔偿有争议，双方可以协商解决，协商不成时，理赔申请人可以在法定的期限内，按照双方的约定，申请仲裁，或者直接依法向人民法院提起诉讼。

本章小结

（1）本章分析了旅游安全管理的《旅游法》依据，其内容包含旅游者安全保护制度、旅游安全风险提示制度以及高风险旅游项目经营许可制度等。

（2）本章介绍了《旅游安全管理办法》的相关内容，对旅游突发事件的概念、类型以及事件的处理程序进行了分析。

（3）本章分析了旅游保险法律关系主体及其权利义务关系。

（4）本章阐释了旅游保险的类型与旅游保险合同相关内容。

（5）本章分析了旅行社责任保险及其理赔。

思考与练习

一、简答题

1.什么是旅游保险法律关系？旅游保险法律关系当事人的主要权利义务有哪些？

2.什么是旅游保险合同？旅游保险合同具有什么特征？

3.简述旅行社责任保险及其保险标的。

二、论述题

1.分析旅游安全事故的成因，并从法律视角提出对策。

2.试结合旅游实践，分析同一案例中旅行社责任保险与旅游意外保险的法律适用问题。

三、案例分析题

游客侯某报名参加某旅行社组织的泰国曼谷芭提雅旅游，在芭提雅当地乘坐快艇时由于颠簸导致游客腰椎压缩性骨折，被立即安排前往当地医院进行治疗。由于游客是跟几个朋友出去游玩，没有家属的陪同，随身携带的货币不足以支付泰国当地医疗费，即向旅行社提出医疗费垫付的需求。

旅行社接到报案后，落实游客侯某意外险保单情况。侯某在出行前购买了江泰旅游意外险产品，其选择的方案中保险责任包含紧急救援服务，调处中心立即协调保险公司启动紧急救援。游客的病情经当地医院诊断不能按行程返还国，需留在当地进行治疗，随后游客通过保险垫付了医疗费，游客可以安心治疗，也减轻了旅行社的资金压力。经过几天的治疗后，泰国当地的医生同意游客返程，但前提是游客不能坐立，只能平躺着由担架进行运转。在得知此消息后，调处中心立即协调救援公司启动紧急救援，制订了救援方案。由于芭提雅到游客居住地没有直飞的航班，只能先将游客送往曼谷，由曼谷再转运回居住地，考虑到游客的身体情况，最终决定由救护车去医院接该名游客，并对游客进行安全固定后送往曼谷机场，再拆机位将担架固定在飞机上，保证游客安全返回。同时，由于游客的伤情较重，救援公司对国内的接机也做了相应的安排，联系了当地救护车，待游客出机场之后由家属陪同，立即送往医院进行后续治疗。因为旅行社给游客购买了包含紧急救援的意外险，救援机构先是给游客垫付了在泰国的医疗费，其次由救援机构协调当地医院和机场，将游客平安送回国内，游客家属及旅行社对此事故的处理非常满意。

江泰旅游意外险产品首先需要与旅行社责任保险无缝衔接、损失并案处理。江泰保险经纪公司主导研发的"江泰旅游意外险产品项目"，采取与旅行社责任保险统保示范项目配套衔接的方式，承保因意外伤害或突发疾病导致的医疗费用及随之产生的紧急救援服务等。在保障内容方面与旅行社责任保险、旅游意外保险和旅游紧急救援服务互为补充，承保因意外伤害或突发疾病（包括既往疾病突发情况）导致的医疗费用及随之产生的紧急救援服务和意外伤害/伤残保险金、突发疾病身故（含猝死）及全残保险金，从而使出国出境的游客获得满足自身特点的专属风险保障，降低由于游客旅游期间遭受意外伤害事故或突发疾病而引发的医疗纠纷、责任纠纷等。

思考题：保险是一种责任，保险是一份服务，保险是一份关爱，只有当你真正遇到困难的时候，你才能感受保险的价值，旅游意外保险产品是一份承诺，是一份人文关怀，通过这份承诺缩短了人们心与心的距离。试结合《旅游法》的相关内容，分析旅游者请求安全救助和保护制度。

资料来源：

[1] 程春雨. 境外旅行遭遇意外，保险紧急救援来解困 [EB/OL]. [2014-10-13]. http：//www.chinanews.com/fortune/2014/10-13/6670807.shtml.

[2] 刘小微. 保险助力让赴台游更安心 [EB/OL]. [2014-09-22]. https：//www.financialnews.com.cn/bx/sx/201409/t20140922_63189.html.

[3] 费杨生. 江泰保险推出“赴台游意外医疗保险项目” [EB/OL]. [2014-09-22]. http：//www.cs.com.cn/sylm/jsbd/201409/t20140922_4519505.html.

第十章

旅游权利救济法律制度

背景与提要

权利救济实际上是通过法律或类法律方式解决权利冲突，保护权利主体合法利益的一种救济制度。权利是人性尊重的表现，任何侵害无论是否存在损害后果都是对个人尊严和价值的贬损，都必须采取救济手段加以救济。“有侵害必有救济”是权利救济的基本原则。从现实意义看，对公民权利侵害的救济是维护社会秩序的根本保证，也是公民幸福和社会和谐的保障。按自然法学的观点，人类从自然状态走向人类社会的第一步是通过将防卫被侵害的权利让渡给国家，由国家负责保护每个人的自由、生命、安全和财产，这种保护是没有个体差别、类型差别的，只要是个体遭到侵害，就必须通过有效途径进行救济，才能符合当初社会契约的目的。侵害行为是对整个人类所订立的国家契约的侵犯，因而是必须加以制止和进行补救的。通常情况下，权利救济的方式有私力救济和公力救济两种方式，私力救济是指权利主体在法律允许的范围内，依靠自身的实力，通过实施自卫行为或者自助行为来救济自己被侵害的民事权利。私力救济是人们解决冲突、补偿受损的利益和权利的最初形式，这种救济方式，本质上是“权利受到损害的一方凭借于一定的暴力或者非暴力手段，使自己的某种权利得以实现或者补偿，并使对方受到一定的制裁和惩罚”。现代法治中协商、调解等自力救济方式及公众调解、仲裁等社会救济方式，实际上具有私力救济的一些特性。公力救济是指国家公权力根据当事者的诉求或者主动介入权利冲突，依照特定的规范和程序，对冲突的是非作出裁判，并以强制力保证权利实现的救济方式。公力救济体现了国家对权利冲突的掌控和对社会秩序的控制。与私力救济相比，公力救济具有的特点是：国家机关所代表的公权力介入纠纷的解决；救济受到法律的严格限制；救济需遵守严格的程序规则；救济的实现有国家强制力作为保障。

随着社会发展和时代进步，人们在满足了基本的生活需要后，就注重更高层次的消费，越来越多的人选择了外出旅游作为放松身心、拓宽视野的方式。但是，在旅游业飞速发展的同时，却出现了一些不和谐的声音，侵犯旅游者权益的事件时有发生，旅游纠纷频繁出现。旅游权利救济是指在旅游法规主体的实体权利遭受侵害时，由有关机关或个人在法律允许的范围内采取一定的补救措施，以消除侵害，从而使权利人获得一定的补偿或者赔偿，实现其合法权益的制度。《旅游法》既在总则中设置了旅游者权利的相关原则，又设立“旅游者”“旅游纠纷的处理”专章，尊重和保护旅游者的基本权利，使旅游者权利受到损害时，可用诸多方式进行救济，使旅游者权利的实现有了根本的法律保障。2020年12月23日，依据《民法典》，最高人民法院对《关于审理旅游纠纷案件适用法律若干问题的规定》（以下简称《旅游纠纷司法解释》）进行了修改，以确保在旅游纠纷案件审理过程中做到法律适用标准统一。此外，我国《行政复议法》《行政诉讼法》《民事诉讼法》《仲裁法》等法律为公民旅游权利的实现提供了救济，公民权利得到救济意味着纠纷得到了解决。

学习引导与目标

旅游权利救济为实有旅游权利提供了一种程序化的机制，使冲突或纠纷得以解决，它是对当事人违反法定义务或不履行合同义务所造成后果的一种矫正，即通过救济权的行使，原有旅游实有权利得到恢复或者实现。本章通过对旅游权利救济制度设计、旅游权利救济请求权基础，以及旅游权利救济的价值追求与法律方法分析，提出救济权的行使以旅游实有权利的存在为基础，并通过一定的方式方法使原权利得以实现和保护。在此基础上，对旅游行政救济制度、司法救济制度和仲裁救济制度进行阐释。要求学生在了解权利救济理论依据、原则与方法的基础上，掌握以“旅游投诉制度”为典型的司法行政救济制度，并能熟悉诉讼救济和仲裁救济的程序，运用最高人民法院《旅游纠纷司法解释》中的相关内容，诊断和研判旅游实践中旅游纠纷案件的法律问题。

第一节　旅游权利救济法律制度概述

一、权利救济及其理论依据

（一）权利救济的含义与情形

1.权利救济的含义

《牛津法律大辞典》对“救济”的定义为：救济即纠正、矫正或改正已发生或业已造成伤害、危害、损失或损害的不正当行为[①]。在法哲学意义上，“权利”（right）的形态常常被划分为应有权利、法定权利和现实权利三种具体形态。应有权利是权利的初始状态，它是特定社会的人们基于一定的物质生活条件和文化传统产生的权利需求，是主体认为应当享有或被承认应当享有的权利。由于应有权利往往表现为道德上的主张，所以也被称为“道德权利”；法定权利是国家通过宪法和法律明确规定或通过立法纲领、法律原则加以宣布的、以规范与观念形态存在的，主体从事某项活动时所享的有某项权利的可能性。法定权利是权利的主要存在形态；实有权利则是权利主体实际享有与行使的权利，它是权利运行的终点，又是新权利运行的起点。应有权利转化为法定权利涉及权利的宣告与确认，从应有权利和法定权利到现实权利涉及权利的保护与救济，即从应有权利、法定权利到现实权利的转化需要一个过程，救济是关系到权利实现与否的关键。

救济权是宪法或法律赋予权利主体的一项权利，是保障主体实体权利实现的重要环

① 程燎原，王人博. 权利及其救济［M］. 济南：山东人民出版社，1998（7）：358-361.

节。或者说，救济权的产生以原有的实体权利受到侵害为基础，当权利人的权益受到违法或不当处分侵害时，为了获得某项权益，当事人有获得自行解决或请求司法机关及其他机关给予解决的权利。这里的“实体权利”是一种原权利或称第一权利，而“救济权”则是相对于原权利的助权，是第二权利，是原权利实现的保障。救济权的行使，为实体权利提供了一种程序化的机制，使冲突或纠纷得以解决，即通过救济的程序使原权利得以恢复或实现。如果主体被剥夺了救济权，就意味着他已丧失了第一权利即实体权利。因此说，权利救济实际上是通过法律方式或类法律方式来解决权利冲突，以保护权利人合法权利的一种救济制度。

2.权利救济的情形

一般来讲，当权利人的权利遭到侵害的时候，他们通常会选择以下方式解决冲突问题：自我帮助；逃避；协商；通过第三方解决；忍让。逃避和忍让的方式不属于救济的范畴，因为这两种方式虽可以使纠纷或者冲突得到解决，但未能够使受损的权益得到恢复或者补救，也就是说，权利得到救济意味着纠纷得到了解决。但是，反过来，纠纷的解决未必是救济权行使的结果。因此，本章阐述的权利救济是指旨在通过某种积极方式的运用使得受损权益得到恢复或者补救。可以认为，救济是对法律关系中由于一方当事人违反义务所造成后果的一种矫正，它意味着合法权利的实现和法定义务的履行，即通过救济使原有权利得到恢复或者实现。它包括两种情形：

（1）恢复原状。在权利能够“恢复原状”的情况下，通过排除权利行使的障碍，促使冲突主体继续履行其应履行的义务，以使权利的原有状态得以恢复。

（2）补偿或赔偿。在不能“恢复原状”的情况下，通过和解或强制的方式使由冲突或者纠纷的影响造成的实际损失、危害、伤害、损害得到合理的补偿或者赔偿。

（二）权利救济的理论依据：目标与途径

1.权利救济追求的目标

权利救济意味着权利冲突或纠纷的解决，意味着解决冲突或纠纷的目的之一是实现合法权利并保证法定义务的履行，意味着法定权利转化为现实权利。这个过程是正当地分配利益或不利益的过程，并且要通过这种分配达至理想社会秩序的目的。因此，权利救济应当符合公平与正义的要求，公平与正义是权利救济追求的重要价值。一方面，公平与正义是建立和完善权利救济机制的目标或取向，是评价救济机制的价值标准；另一方面，公平与正义引导和约束着权利救济过程，也是权利人行使请求权、启动救济程序的重要动力。

救济是在公平与正义前提下，对实有权利进行保障的权利。作为一种助权，救济既然是对受侵害权利进行恢复和补偿的方法和手段，针对不同受侵害的权利和不同的侵害行为，救济的方法可以是物质的，也可以是非物质的；可以是实际履行，也可以是替代性的救济。例如，《旅游法》第70条第1款规定，旅行社不履行包价旅游合同义务或者履行合同义务不符合约定的，应当依法承担继续履行、采取补救措施或者赔偿损失等违约责任；造成旅游者人身损害、财产损失的，应当依法承担赔偿责任。旅行社具备履行条件，经旅游者要求仍拒绝履行合同，造成旅游者人身损害、滞留等严重后果的，旅游者还可以要求旅行社支付旅游费用一倍以上三倍以下的赔偿金。再如，最高人民法院《旅游纠纷司法解释》第7条规定，旅游经营者、旅游辅助服务者未尽到安全保障义务，造成旅游者人身损害、财产损失，旅游者请求旅游经营者、旅游辅助服务者承担责任的，人民法院应予支持。因第三人的行为造成旅游者人身损害、财产损失，由第三人承担责任；旅游经营者、旅游辅助服务者未尽安全保障义务，旅游者请求其承担相应补充责任的，人民法院应予支持。《旅游纠纷司法解释》第19条规定，旅游经营者或者旅游辅助服务者为旅游者代管的行李物品损毁、灭失，旅游者请求赔偿损失的，人民法院应予支持，但下列情形除外：(1) 损失是由于旅游者未听从旅游经营者或者旅游辅助服务者的事先声明或者提示，未将现金、有价证券、贵重物品由其随身携带而造成的；(2) 损失是由于不可抗力造成的；(3) 损失是由于旅游者的过错造成的；（四）损失是由于物品的自然属性造成的。上述规定，均体现了最高人民法院在审理旅游合同纠纷案件中追求的“公平与正义”目标，从而使旅游者权利救济有了明确保障。

2.权利救济实现的途径

博弈论是一种使用严谨的数学模型来解决现实世界中利害冲突的理论，是用来说明决策主体的行为发生和相互作用时的决策以及这种决策的均衡问题，它以一方的胜出为最终目的，以作用双方的共同生活为载体。博弈可分为合作博弈和非合作博弈。前者指博弈双方达成了一个对各自有约束力的协议，使双方从中获得利益，它强调的是团体理性、效率、公正；后者指博弈各方都希望自己从中获得最大的利益，主要强调个人的理性、个人最优决策，其结果可能是最有效率，也可能是无效率。在对抗性博弈中，参加博弈的当事人的收益或效用完全对立，一方利益的增加必然导致另一方利益的减少；在非对抗性博弈中，参加博弈的当事人有各自不同的收益值，其和不再等于零或常数，当事人之间的收益或效用既冲突又一致，具备了达成某种均衡的可能。

权利救济途径的选择是一个动态的博弈过程。在博弈论模型中，要求当事人清楚地了解自己的目标和利益所在，采取最佳策略以实现其效用或收益最大化。当然，当事人决策的变化不仅来自效益最大化的考虑，而且也受到当事人各方所具备的信息的影响。受害人一方总会选择成本较小的方式实现权利救济，如果受害人有充分的证据证明致害人的侵权行为，知道对方有赔偿能力等，也就是说受害人信息充分，选择诉讼会使其效益最大化；对致害人一方来说，他也会选择一个最有利的方式来解决权利纠纷。而且，在权利救济的过程中，当事人各方所具备的信念和信息是不断变化的，每个参与人都会权衡收益而采取相机行动方案，降低成本支出，其结果是所有参与人的战略不断更新，最终达到最优组合。

二、旅游权利救济性质、原则与方式

（一）旅游权利救济的性质与前提

1.旅游权利救济及其性质分析

旅游权利救济是指在旅游法规主体的实体权利遭受侵害时，由有关机关或个人在法律

允许的范围内采取一定的补救措施，以消除侵害，从而使权利人获得一定的补偿或者赔偿，以实现其合法权益的制度。

（1）旅游权利救济是诉求权。旅游权利救济作为一种基本权利具有程序意义上的性质，是宪法和法律为保障旅游活动当事人实体权利衍生出来的一种权利，它的存在为实体权利的实现或保障体系的建立提供了自足的和自我完结的内在契机。

（2）旅游权利救济是自由权。旅游权利救济不仅是权利主体向受理机关要求受理诉求的权利，更主要的是权利主体向有关机关或法院表达意愿的一项不可或缺的基本自由。它既具有消极性质的自由，又具有积极性质的请求权，即旅游权利的救济由当事人自行决定，当利益受到损害时，是否需要或者采取何种方式救济，由当事人自己选择。例如，在旅游活动中，如果旅游者的利益受到侵害，旅游者可以通过法定程序解决，也可以与对方当事人自行协调解决，也可以通过隐忍而放弃。

（3）旅游权利救济是受益权。旅游权利是主体被法律确认或普遍认可的利益，权利救济就是为了保障这种利益的实现或者是用强制来实现一项权利，阻止、纠正对一项权利的侵害，并使权利受到损害时在具体案件中给予补救的方式。权利救济的内容不仅包括要求受理的权利，更主要的是一项受益权，通过救济，使诉求权人的利益得到保护、损失得到补偿。

总之，旅游权利救济旨在通过某种积极方式的运用，使得受损权益得到恢复或者补救。旅游权利救济是对旅游当事人违反义务所造成后果的一种矫正，它意味着合法权利的实现和法定义务的履行，即通过救济使原有旅游权利得到恢复或者实现。

2.旅游权利救济的前提

当今世界两大法系即英美法系和大陆法系对权利救济的前提有不同的理解。英美法系奉行“救济先于权利”的原则，即无救济则无权利。因此，英美法系救济的前提并非权利，而是损害，即需要加以改善的状态。随着法律的发展，英美法系逐渐确定了实体权利的范围，但是在特定情况下，仍然采用“救济先于权利”的原则，允许在没有既存权利的情况下，当事人依据现行的社会标准要求救济。与英美法系以救济和程序为中心不同，大陆法系是以实体权利为中心，奉行“权利先于救济”原则，将“权利受侵害”作为基础，即没有实体权利的存在则无救济。

我国历来遵从大陆法系的传统，救济的获得以侵害的事实、实体权利的存在为前提。也就是说，没有实体权利的存在，也就无所谓侵权，无所谓救济。在旅游权利救济方面，我国民法理论对旅游合法权益损失的认定，必须先通过证实某种旅游权利受到了侵犯才能获得法律的救济。受害人请求保护的利益，必须构成权利的内容，或至少与受法律保护的权利有密切联系。例如，《旅游法》根据保障公民基本权利的宪法精神，规定了公民享有自主选择旅游产品和服务的权利，拒绝旅游经营者的强制交易行为的权利等。因此说，旅游法定权利的存在是旅游权利救济的前提。

（二）旅游权利救济的原则①

按自然法学的观点，人类从自然状态走向人类社会的第一步是通过将防卫被侵害的权利让渡给国家，由国家负责保护每个人的自由、生命、安全和财产，这种保护是没有个体差别、类型差别的，只要是个体遭到侵害，就必须通过有效途径进行救济，才能达到当初社会契约的目的。当前，随着旅游者对旅游服务质量的重视程度和维权意识不断增强，旅游者与旅游经营者、旅游辅助服务者之间因旅游合同存在缺陷、旅行社经营不规范、旅游管理部门失职、旅游相关服务部门、旅游从业人员以及旅游者自身等原因引起旅游纠纷频繁出现。而旅游权利救济意味着旅游纠纷得到解决。为此，在权利救济过程中，应当遵循有侵害必有救济原则、及时救济原则、充分救济原则、经济性协调原则、公力救济优先原则和司法最终救济等原则。

1. 有侵害必有救济原则

《旅游法》既在总则中设置了旅游者权利的相关原则，又设立“旅游者”“旅游纠纷的处理”专章，尊重和保护旅游者的基本权利，使旅游者权利受到损害时，可用诸多方式进行救济，使旅游者权利的实现有了根本的法律保障。同时，致力于促进旅游者的健康生活，并考虑社会、文化等领域的全面发展，构建社会主义和谐社会。从现实意义看，对公民旅游权利侵害的救济是维护社会秩序的根本保证，也是公民幸福和社会和谐的保障。权利是人性尊重的表现，任何侵害无论是否存在损害后果都是对个人尊严和价值的贬损，都必须采取救济手段加以救济。

2. 及时救济原则

旅游权利救济是对损害行为的纠正，也是对旅游者造成损害的补救。权利救济的及时性是法律秩序的连续性、稳定性的必然要求，权利被侵害后没有完成救济必然造成秩序链条的断裂，随时可能导致更大程度的破坏。权利救济的及时原则最低要求是严格遵守时限规定。程序的时限性克服和防止法官和当事人行为的随意性和随机性，为这些行为“提供了外在标准，也为程序参与者提供了统一化、标准化的时间标准，克服了行为的个别化和非规范化，从而使诉讼行为在时间上连贯和衔接，避免行为各环节的中断”。因此说，权利救济的及时性是权利救济程序公正的必然要求和重要保证。

3. 充分救济原则

充分救济是对旅游权利救济的质量要求，是一种对侵害者应当赔偿的国家判定，代表着一定时期国家对权利侵害救济的基本理念和救济力度，是对权利本身价值的社会判定，体现了权利人、侵害者、法官、社会公众以及法律规范等不同标准之间的协调妥协和形式上的某种统一。充分救济的底线应满足被侵害者损失的补偿或恢复到原状。精神侵害的充分性尽管难以用金钱衡量，但给予适当的金钱补偿可起到抚慰受伤心灵的作用。当然，充分性必须考虑一定地区、一定经济条件下人们生活水平，受侵害者未来的生活状态等因素。

① 陈焱光. 论公民权利救济的基本原则［J］. 武汉商业服务学院学报，2006，20（1）：24-28.

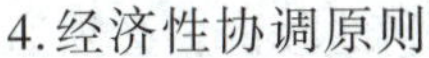

4.经济性协调原则

救济制度保护受侵害的权利，从制度设定状态到现实具体的权利保护，需要权利人花费一定成本去完成这一救济过程。任何一项具体旅游权利救济充分性和有效性的衡量指标均是以金钱形式显现的，权利救济的请求者必须考虑达到救济目标所花费的成本。当然，如果从整个社会而言，看待权利救济则必须将权利个体救济成本与救济后的社会整体因救济而带来的效益结合起来考虑。因此，经济性原则应视不同侵害类型而有不同的衡量方式和标准，权利救济请求人应尽量采取最迅速、有效地恢复自己原有权利和人性状态的手段和途径去实现维权。

5.公力救济优先原则

公力救济优先原则是由现代社会复杂的利益体系和当事人价值之多元化、纠纷表现形式的多样化决定的，是由救济结果正义认同不足和终极性缺失决定的，是由彼此之间存在的自尊和补偿认同度的差异等因素决定的。在对立的权益冲突的双方之间要寻求正义，就必须有无利害关系的第三方加入，并在制度和规则约束的环境中，使冲突或纠纷得到根本性解决。因此，该原则维持了一个相对稳定的共同体秩序，有利于人们尽快彻底摆脱冲突的束缚和影响，增加了在社会控制下补偿机制的正当性和模式化，增强了人们的守法意识，有利于法律文化的延续和发展。

6.司法最终救济原则

司法最终救济原则揭示了宪法权利救济制度建构的一般规律和要求。诚然，社会上发生的所有纠纷并不都是通过审判来解决的，但司法救济的价值并不在于它解决纠纷的数量，而在于它促进其他方式解决纠纷的质量。所有当事人不满意的各种解决纠纷的结果都可以在这里重新检测并获得补救，因此说，司法是人权法律保护的最后屏障，司法救济的法治意义在于：司法救济对原被告都具有正义的可期待性、平等的参与性和权利的对等性。如果说，在任何一个发达的司法制度中，以牺牲被告利益为代价考虑原告的利益显然是不公正的、误导的，那么，这种救济在整个过程中，是对原被告双方的合法权利都给予了平等保障，而这是宪法的生命所在，也是司法救济最终和最具公正性的原因所在。

总之，旅游权利救济的上述原则，既反映了所有法律权利救济的一般要求，更是反映公民权利救济的基本准则。为此，我们可从以下方面理解公民旅游权利救济制度的建立与实现：

（1）明确完整的法律规范是救济充分实现的首要前提。就法律制度本身的构建而言，救济是与法律的诞生相伴而生的。法律首先确认主体享有救济的权利，权利主体才可能有寻求救济的机会。因此，确认救济权利的实体规范明确与否，直接关系到救济实现的充分程度。没有实体规范对救济权利的明确确认，救济也就无从谈起。

（2）健全统一的救济机构体系是救济得以实现的重要条件。法律对于救济权利的确认，只是一种宣言。这种宣言只有通过实际机构的执行才能最终实现。只有实体规范对救济权利和救济途径的宣言，没有健全、科学的救济机构设置，只会导致救济给予的推诿和落空。因此，救济机构的设置也是考量救济能否得以充分实现的重要方面。

（3）正当的程序规则是救济充分实现的最重要的保障。对于权利的救济，必须通过一定的程序完成才能被视为正义。在法治社会，人们通常将正当程序视为审判结果正当性的重要根据。因为在正当程序的实施中，当事人得到了充分表达自己观点和理由的机会，裁判者也被视为对当事人的陈述进行了慎重的考虑。程序本身的这种公正性不但使当事人对审判结果产生敬重，从而能够遵守，同时也使救济制度本身产生权威，得到社会公众的信赖，最终被需要救济的人们选择。

（三）旅游权利救济的法律方法①

1.行政法律救济

行政法律救济是指行政机关作为救济主体为权利人提供的法律救济方式。从现代法制的发展来看，行政法律救济产生和存在的基础是近现代社会行政管理对象复杂化而需要贯彻司法程序的公正性所致。为了解决上述问题，就需要由具有一定法律知识、具有相关知识和技能以及行政管理经验的人员组成专门机构，不同程度地参照司法的程序化要求并体现行政效率的原则，从而保证提供公正、合法、有效率的救济。同时，这种救济方法与司法救济适当衔接，保证了办案的质量和法律效力。在旅游权利的行政法律救济上，调解是在旅游纠纷发生后，通过第三方主持并从中斡旋以解决旅游纠纷的行为，具体方式有：由双方当事人认可的第三人调解；一方向旅游行政管理部门投诉，旅游行政管理部门在查明事实、分清是非的基础上进行调解；由仲裁委员会在作出裁决之前进行调解；人民法院在审理旅游纠纷案件过程中进行调解。调解作为解决旅游纠纷的一种方式，其成功的关键，一是双方自愿，二是分清是非、互谅互让。

2.司法救济

司法救济，又称为司法机关的救济或者诉讼救济，指的是人民法院在旅游权利人权利受到侵害而依法提起诉讼后依其职权按照一定的程序对权利人的权利进行补救。司法救济具有以下几个方面的特征：救济范围具有广泛性；救济方式具有受动性；程序具有法定性；结果具有强制性；效力具有终局性。司法救济被称为权利保障的最后一道屏障，构成现代权利救济体系的一个重要支柱，是法律救济的核心。

3.仲裁救济

仲裁救济是法院以外提供的一种救济方法，是指根据当事人之间的合意即仲裁契约，把基于一定的法律关系而发生或将来可能发生的纠纷的处理，委托给法院以外的第三方进行裁决。在旅游纠纷发生后，仲裁机构依照法定程序对当事人在旅游活动中所产生的旅游争议居中调解、进行裁决。与诉讼相比，仲裁的功能特点在于程序简便、结案较快、费用低廉、不具备行政特色、能独立公正和迅速地解决争议，给予当事人充分的自治权。同时，仲裁具有客观性、灵活性、保密性、终局性和裁决易于得到执行等特点。而且，随着人们权利意识的提高，人们对救济也提出了更高的要求，人们渴望救济的获得更加高效率、低费用及意思自治。总之，仲裁是在审判之外发展起来的又一条权利救济途径，一方

① 于宏．权利救济：含义与方法［J］．法制与社会，2007（7）：36-37.

面它可以弥补诉讼的弊端，与之形成互补；另一方面又与诉讼展开竞争，互相牵制。但是，旅游法律关系当事人申请仲裁，应以事先在旅游合同中签订的仲裁条款或事后达成的仲裁协议为前提。

【延伸阅读10-1】　旅游投诉举报处理

有效防范旅游投诉举报案件办理的法律风险，核心在于全面履行自身职责，将工作重点放在把握时限、告知、程序等关键环节，从长远来看则要建立健全统一的投诉受理长效机制。

（1）履行投诉举报处理职责。《旅游法》首次把举报和投诉作为两项并列的职责加以明确规定，旅游部门在日常市场检查和接到游客投诉举报时，有权力和义务进行处理。处理投诉落实不到位、程序瑕疵可能引发行政问责。

（2）组织行政调解。《旅游法》规定，旅游投诉受理机构和有关调解组织在双方自愿的基础上，依法对旅游者与旅游经营者之间的纠纷进行调解。旅游投诉处理实行调解制度。旅游投诉处理应当在查明事实的基础上，遵循自愿、合法的原则进行调解，促使投诉人与被投诉人相互谅解，达成协议。应从以下几个方面理解：①侵害的是旅游者合法权益，提出旅游投诉的主体是旅游者。认定投诉人是否具有旅游者主体资格，关键要认定其与被投诉人是否存在服务行为。若没有事实上的服务行为，不是旅游者，即不能使用旅游投诉调解制度。②旅游投诉调解的对象是平等主体之间的民事纠纷。若纠纷双方不是平等主体关系或者争议的不是民事权利，则不适用旅游投诉调解制度。③旅游投诉调解的性质是行政机关的居间调解。自愿前提下的行政机关居间协调，既不能强制当事双方参与调解，也不能强制达成或执行调解协议。但对旅游主管部门来讲，发起并组织行政调解是法定职责，必须履行。④调解并不是投诉处理的唯一手段，不能认为处理了民事纠纷就可以放弃行政处罚，不能认为应当先进行民事调解，调解不成再行政处罚，这些都是行政瑕疵。

（3）投诉举报处理需要注意的事项。①履行投诉受理处理职责应依据法律、法规、规章和规范性文件。实践中有人认为，旅游主管部门因A级旅游景区、星级饭店、非法经营旅游业务引发投诉被问责，没有明文的法律依据。专家认为，职权法定与承担行政职责并不是同一关系。职权法定在于强调依法行使权力的资格，“法无授权不可为”，限制权力滥用，肆意减损公民、法人和其他组织的权利或增加其义务，否则即构成渎职行为而应承担法律后果。而有关职责包括行政职责和法律职责，其基本要义就是一项行政行为或措施，会因履行公务活动产生行政效应，因执行行政法规产生法律效力，不能仅仅依据没有法律的一对一条文就否定自身职责。旅游质监执法人员的职责是根据法律、法规、规章、规范性文件以及执法部门内部制度规定、文件办法等来界定，履行程序性检查、记录，依法处理、及时移送是依法行政的基本要求。

资料来源：邹爱勇．旅游投诉举报处理的责任风险防范与依法行政［EB/OL］．［2019-05-20］．https：//www.docin.com/touch_new/preview_new.do？id=2090927003.

第二节 旅游行政救济制度

一、旅游投诉的概念、特点与管辖

（一）旅游投诉概念与特点

1.旅游投诉的概念

旅游投诉制度是我国旅游活动中相对完善的一项旅游行政法律救济制度，是处理旅游纠纷五种方式（协商、调解、投诉、仲裁、诉讼）中最具旅游特色的一种。旅游投诉制度的建立，有利于国家旅游行政机关更好地行使行政权力，公平合理地处理双方当事人的矛盾和纠纷，依法管理旅游行业。依据《旅游投诉处理办法》的规定，所谓旅游投诉，是指旅游者认为旅游经营者损害其合法权益，请求旅游行政管理部门、旅游质量监督管理机构或者旅游执法机构（以下统称“旅游投诉处理机构”），对双方发生的民事争议进行处理的行为。

2.旅游投诉的特点

（1）投诉人是与投诉案件有直接利害关系的旅游者。直接利害关系是指投诉人必须是案件的当事人，或者案件处理的结果对他有直接的影响并承担由此产生的后果。

（2）投诉案件必须有损害行为发生。这种损害行为具有违法、违纪、违反服务规则的性质。正当履行职务的行为，不在被投诉之列。

（3）被投诉人主观上有过错。过错有故意和过失之分，无论由于故意或者过失造成损害后果，被损害人都可以对这种行为提出投诉。

（4）旅游投诉涉及的行为必须是发生在旅游活动之中的，或者是与旅游活动有密切联系的。

（5）旅游投诉处理机构是处理投诉的权力机关，包括旅游行政管理部门、旅游质量监督管理机构和旅游执法机构。旅游投诉处理机构在处理旅游投诉中，发现被投诉人或者其从业人员有违法或犯罪行为的，应当按照法律法规和规章的规定，作出行政处罚、向有关行政管理部门提出行政处罚建议或者移送司法机关。

（二）旅游投诉的管辖

1.旅游投诉管辖及其原则

旅游投诉管辖，是指各级旅游投诉管理机关和同级旅游投诉管理机关之间受理旅游投诉案件的分工和权限。旅游纠纷一旦产生，对于旅游纠纷的当事人而言，首先面临着到什么地方去投诉、由哪个具体的旅游投诉管理机关处理的问题；对于旅游投诉处理机构而言，也面临着哪个机关有权对其处罚的问题。这些问题不仅关系到行政机关能否尽职尽责行使权力，既不互相推诿，又不彼此相争，还关系到国家是否及时、有效、准确地追究违法行为的法律责任，也关系到旅游投诉者的权益能否真正实现。因此，旅游投诉的管辖在

整个投诉制度中占有重要位置。确定旅游投诉的管辖主要本着以下几个原则：

（1）效率原则。旅游投诉管辖的确定，应当便于旅游行政管理部门迅速、及时发现并制裁违法行为，既要使投诉方便、及时，也要使日常的旅游行政管理的有关情况能及时反馈。

（2）兼顾旅游行政管理部门分工与案件性质原则。我国旅游行政管理部门按级别组成，不同级别的机关职责不同。据此，县级以上旅游投诉处理机构要处理较多的旅游纠纷，而国家旅游投诉处理机构则要处理一些重要的、影响大的、性质恶劣的案件。

（3）原则性与灵活性相结合的原则。确定旅游投诉管理机关，既要明确实施主体，也要给旅游投诉处理机构在管辖上的机动性，使管辖能适应各种变化情况。

2.级别管辖与地域管辖

级别管辖，是指划分上下级旅游投诉处理机构之间对处理投诉案件的分工和权限。地域管辖，是指同级旅游投诉处理机构之间横向划分在各辖区内处理旅游投诉案件的分工和权限，即确定旅游行政管理部门实施其行政权力的地域范围。《旅游投诉处理办法》规定："旅游投诉由旅游合同签订地或者被投诉人所在地县级以上地方旅游投诉处理机构管辖。""需要立即制止、纠正被投诉人的损害行为的，应当由损害行为发生地旅游投诉处理机构管辖。"这是关于地域管辖的规定，其标准的确定如下：

（1）旅游合同签订地的确定。旅游合同签订地的确定，一般应当以实际签订地为准，但需要证据证明实际签订地，如果不能证明的，以约定的签订地为准。

（2）被投诉者所在地的确定。被投诉者是自然人的，其所在地是他长久居住的场所。《民法典》第25条规定，自然人以户籍登记或者其他有效身份登记记载的居所为住所；经常居所与住所不一致的，经常居所视为住所；被投诉者是法人的，依据《民法典》第63条的规定，法人以其主要办事机构所在地为住所。依法需要办理法人登记的，应当将主要办事机构所在地登记为住所。

（3）损害行为发生地的确定。损害行为发生地是指导致投诉人人身、财产权利或其他权利受到损害的被投诉人的过错行为发生地。

前两个标准，没有先后顺序之分，可以本着完全尊重投诉者意愿的精神，允许投诉者自愿选择。只要投诉者提出，旅游合同签订地或者被投诉人所在地的旅游投诉处理机构都有权管辖该投诉案件。损害行为发生地的旅游投诉处理机构管辖投诉案件的前提是"需要立即制止、纠正被投诉人的损害行为的"。

3.管辖权的转移与指定管辖

（1）管辖权的转移。管辖权的转移是级别管辖中的特殊情况，依据《旅游投诉处理办法》的规定，上级旅游投诉处理机构有权处理下级旅游投诉处理机构管辖的投诉案件。

（2）指定管辖。指定管辖是指上级旅游投诉管理机关以决定方式指定下一级投诉管理机关对某一投诉案件行使管辖权。指定管辖实际上是赋予投诉处理机构在受理投诉案件上一定的自由，以适应各种错综复杂的处罚情况，有利于解决重复管辖和管辖空白等问题。《旅游投诉处理办法》规定，发生管辖争议的，旅游投诉处理机构可以协商确定，或者报请共同的上级旅游投诉处理机构指定管辖。

【延伸阅读10-2】 2020年旅游投诉分析报告

2020年旅游投诉分析报告显示：为游客赔偿经济损失金额同比增长165.67%。

文化和旅游部旅游质量监督管理所于2021年2月发布2020年旅游投诉分析报告。报告显示，2020年旅游投诉总量同比大幅增长，涉疫旅游投诉占近40%。各渠道共收到有效旅游投诉49534件，同比增长47.43%；受理43 185件，受理率为87.18%；结案41 691件，结案率为96.54%；为游客赔偿经济损失金额11 154.89万元，同比增长165.67%。其中，全年涉疫旅游投诉19624件，如果除去涉疫旅游投诉，全年投诉总量同比下降10.98%。

报告显示，旅行社、景区和在线旅游企业仍是被投诉较多的市场主体。其中，旅行社占52.63%，景区占21.91%，在线旅游企业占17.5%。2020年国内游投诉占67.59%，出境游占比32.33%。其中，涉疫投诉主要集中在出境游。全年涉疫投诉中出境游占比63.73%。

报告显示，涉疫旅游投诉主要集中在上半年，下半年明显趋缓。第一季度占比82.22%，第二季度占56.56%，第三季度占9.52%，第四季度占8.72%。分析认为，涉疫旅游投诉主要集中在旅行社，占71.8%；其次是在线旅游企业，占22.26%。退订退费是涉疫旅游投诉的主要问题，占93.93%，逾五成游客要求全额退费。其中，旅行社退团退费问题（包含在线旅游企业的旅行社产品）占77.43%，机票、火车票退订退费问题占11.41%。分析认为，旅行社退团退费的涉疫旅游投诉最难调解，调解失败3500件，占调解失败案件总数的79.13%；其次是机票退订，占10.45%。

报告对2020年旅游投诉（不含涉疫投诉）反映的主要问题进行了分析。分析认为，不按合同约定标准履约是旅行社服务质量存在的突出问题；景区投诉主要集中在工作人员的服务问题上；对在线旅游企业的投诉主要集中在机票和住宿产品预订退订问题上；人员服务不佳是住宿产品服务质量的突出问题；态度言语不良是投诉导游领队的主要问题，占导游领队投诉总量的53.64%。

资料来源：李志刚. 2020年旅游投诉分析报告显示：为游客赔偿经济损失金额同比增长165.67%[N]. 中国旅游报，2021-02-08：02.

二、旅游投诉的受理与处理

（一）旅游投诉的受理

1.旅游投诉受理的条件

旅游投诉的受理，是指旅游投诉处理机构对投诉案件的接受、审理。具体而言，是指有管辖权的旅游投诉处理机构接到旅游投诉者的投诉状或者口头投诉后，经审查认定符合受理条件予以立案的行政行为。依据《旅游投诉处理办法》的规定，旅游投诉受理的条件包括：投诉人与投诉事项有直接利害关系；有明确的被投诉人，具体的投诉请求、事实和理由。同时，《旅游投诉处理办法》还规定："投诉人委托代理人进行投诉活动的，应当向旅游投诉处理机构提交授权委托书，并载明委托权限。""投诉人4人以上，以同一事由投诉同一被投诉人的，为共同投诉。""共同投诉可以由投诉人推选1至3名代表进行投诉。

代表人参加旅游投诉处理机构处理投诉过程的行为，对全体投诉人发生效力，但代表人变更、放弃投诉请求或者进行和解，应当经全体投诉人同意。”

2.旅游投诉受理的范围

依据《旅游投诉处理办法》的规定，投诉人可以就下列事项向旅游投诉处理机构投诉：认为旅游经营者违反合同约定的；因旅游经营者的责任致使投诉人人身、财产受到损害的；因不可抗力、意外事故致使旅游合同不能履行或者不能完全履行，投诉人与被投诉人发生争议的；其他损害旅游者合法权益的。

3.旅游投诉受理的程序

旅游投诉受理的程序，是指旅游投诉处理机构接受投诉者的投诉，依法立案审查所依据的程式和顺序。依照《旅游投诉处理办法》的规定，旅游投诉处理机构接到投诉，应当在5个工作日内作出以下处理：投诉符合《旅游投诉处理办法》的，予以受理；投诉不符合《旅游投诉处理办法》的，应当向投诉人送达“旅游投诉不予受理通知书”，告知不予受理的理由；依照有关法律法规和《旅游投诉处理办法》规定，本机构无管辖权的，应当以“旅游投诉转办通知书”或者“旅游投诉转办函”，将投诉材料转交有管辖权的旅游投诉处理机构或者其他有关行政管理部门，并书面告知投诉人。

此外，《旅游投诉处理办法》规定了不予受理的旅游投诉的情形主要包括：人民法院、仲裁机构、其他行政管理部门或者社会调解机构已经受理或者处理的；旅游投诉处理机构已经作出处理，且没有新情况、新理由的；不属于旅游投诉处理机构职责范围或者管辖范围的。旅游投诉处理机构应当及时告知投诉人向有管辖权的旅游投诉处理机构或者有关行政管理部门投诉；超过旅游合同结束之日90天的；不符合《旅游投诉处理办法》第10条规定的旅游投诉条件的；《旅游投诉处理办法》规定情形之外的其他经济纠纷。

（二）旅游投诉的处理

1.旅游投诉的调解

《旅游投诉处理办法》规定：“旅游投诉处理机构处理旅游投诉，除本办法另有规定外，实行调解制度。”“旅游投诉处理机构应当在查明事实的基础上，遵循自愿、合法的原则进行调解，促使投诉人与被投诉人相互谅解，达成协议。”由此可见，调解是指旅游投诉处理机构主持投诉双方通过和解解决纠纷而达成协议的行为。旅游投诉调解的主体是旅游投诉处理机构，调解本身是一种行政行为。无论是选择调解方式，还是达成调解协议，都要出于投诉双方的完全自愿。旅游投诉处理机构在整个调解过程中起主导作用，要使双方心悦诚服，而不能施加任何压力迫使双方达成协议。

2.旅游投诉处理程序

旅游投诉处理程序，是指旅游投诉处理机构受理投诉案件后，调查核实案情、促进纠纷解决或作出处理决定所必须经过的程式和顺序。依据《旅游投诉处理办法》的规定，旅游投诉处理的主要程序如下：

（1）对立案办理的基本要求。旅游投诉处理机构处理旅游投诉，应当立案办理，填写“旅游投诉立案表”，并附有关投诉材料，在受理投诉之日起5个工作日内，将“旅游投诉受理通知书”和投诉书副本送达被投诉人。对于事实清楚、应当即时制止或者纠正被投诉人损害行为的，可以不填写“旅游投诉立案表”和向被投诉人送达“旅游投诉受理通知书”，但应当对处理情况进行记录存档。

（2）对被投诉的要求。被投诉人应当在接到“旅游投诉受理通知书”之日起10日内作出书面答复，提出答辩的事实、理由和证据。投诉人和被投诉人应当对自己的投诉或者答辩提供证据。

（3）对旅游投诉处理机构审查案件的要求。旅游投诉处理机构应当对双方当事人提出的事实、理由及证据进行审查。旅游投诉处理机构认为有必要收集新的证据，可以根据有关法律法规的规定，自行收集或者召集有关当事人进行调查；需要委托其他旅游投诉处理机构协助调查、取证的，应当出具“旅游投诉调查取证委托书”，受委托的旅游投诉处理机构应当予以协助；对专门性事项需要鉴定或者检测的，可以由当事人双方约定的鉴定或者检测部门鉴定。没有约定的，当事人一方可以自行向法定鉴定或者检测机构申请鉴定或检测。鉴定、检测费用按双方约定承担；没有约定的，由鉴定、检测申请方先行承担。达成调解协议后，按调解协议承担。鉴定、检测的时间不计入投诉处理时间。

（4）对自行和解与调解的要求。在投诉处理过程中，投诉人与被投诉人自行和解的，应当将和解结果告知旅游投诉处理机构；旅游投诉处理机构在核实后应当予以记录并由双方当事人、投诉处理人员签名或者盖章。

（5）对调解的要求。依据《旅游投诉处理办法》的规定，旅游投诉处理机构受理投诉后，应当积极安排双方当事人进行调解，提出调解方案，促成双方达成调解协议。旅游投诉处理机构应当在受理旅游投诉之日起60日内，作出以下处理：双方达成调解协议的，应当制作“旅游投诉调解书”，载明投诉请求、查明的事实、处理过程和调解结果，由当事人双方签字并加盖旅游投诉处理机构印章；调解不成的，终止调解，旅游投诉处理机构应当向双方当事人出具“旅游投诉终止调解书”；调解不成的，或者调解书生效后没有执行的，投诉人可以按照国家法律法规的规定，向仲裁机构申请仲裁或者向人民法院提起诉讼。

此外，《旅游投诉处理办法》规定，在下列情形下，经旅游投诉处理机构调解，投诉人与旅行社不能达成调解协议的，旅游投诉处理机构应当作出划拨旅行社质量保证金赔偿的决定，或向旅游行政管理部门提出划拨旅行社质量保证金的建议：旅行社因解散、破产或者其他原因造成旅游者预交旅游费用损失的；因旅行社中止履行旅游合同义务、造成旅游者滞留，而实际发生了交通、食宿或返程等必要及合理费用的。

【案例10-1】 旅游贵宾券，享受得到真实尊贵游？

2016年五一前夕，张先生购买某品牌大件家电时，获得商家赠送的价值3 980元的港澳4天3夜双人游贵宾券。此券由名为“中国××国际旅游集团”的公司发出，显示：持券人在港澳期间的交通、住宿、餐饮、景点门票及保险费用全包，仅需额外交纳导游、司机小费及港澳口岸服务费、离境税等220元即可。张先生夫妇觉得很划算便报了名。

与张家夫妇同游的还有一位王女士，她是通过网络上购买的旅游券，显示“4天3晚港澳旅游券”爆款价格仅为2元，而且已经有400多条成交记录。于是，王女士便毫不犹豫地抢购了一张“价值2元的港澳旅游券”。现在2元只能购买一份报纸，用2元就能玩够“4天3晚港澳”吗？这种低价“港澳游”属于典型的不合理低价组团。“不合理低价团”，是指旅行社背离价值规律、低于经营成本、以不实价格招揽游客。

事实证明，上述两组游客在旅途中的实际上剧情有了大逆转，港澳游如噩梦一般，导游天天带着到珠宝店、手表店购物，商品质次价高，同团游客不愿购买，还被威胁辱骂。张先生夫妇购买了5 000多元的商品，导游还不满意，并声称不买到他满意的金额就用集装箱将其拉到澳门去。而王女士4天买了两万多元的钻石、手表，回来经鉴定都是假货。想要投诉，一查询才知，旅游券上的“××旅行社”和联系电话都是假的。经核实，所谓“中国××国际旅游集团”纯系子虚乌有。

点评：旅行社业务需要许可才能经营，出境业务更是需要相应的特许。若未取得许可从事旅行社业务，就会受到相应的行政处罚。案例中出现的明显就是假冒的“旅行社”，他们组织的往往就是“不合理低价”的购物团，旅游行程中为了挽回成本和盈利，必然发生强迫购物、自费等严重损害旅游者权益的行为。旅游者报名参团，应当核实旅行社的资质，可登录当地旅游主管部门网站查询，并且与旅行社签署正规的旅游合同，索取正规的发票和行程单，这样自身权利才能得到有效保障。同时，旅游者应当警惕“低价游”，坚信“天上不会掉馅饼”，理性参团，以免上当受骗，遭受难以估量的损失。律师还提醒读者，当旅游者未尽基本的审慎义务而参加了不合法的旅游团，可以被认定为应当知道旅游团的不法属性，报名参团权利受损，事后可能得不到充分有效的法律救济。例如，旅游者参加明知是“不合理低价”的购物团，而后又主张欺诈，要求赔偿，将得不到支持。另，在本案例中，家电销售者赠送旅游券给购买商品的消费者，应当对旅游券的合法性负责，明知旅游券不合法还赠送的行为，已经和实际组织者构成共同违法，可以认定参与了未经许可经营旅行社业务，同时还涉嫌构成商业欺诈。

资料来源：湛江市徐闻县文化广电旅游体育局. 十大旅游投诉案例分析（案例三）[EB/OL].[2016-09-04]. http://www.xuwen.gov.cn/zjxwwgdlt/gkmlpt/content/1/1194/post_1194373.html#7392.

第三节 司法救济与仲裁救济制度

一、司法救济制度

（一）行政诉讼

1.行政诉讼的概念和特征

行政诉讼是解决行政争议的重要法律制度。所谓行政争议，是指行政机关和法律法规授权的组织因行使行政职权而与另一方发生的争议。行政争议有内部行政争议和外部行政争议之分。行政诉讼与行政复议是我国解决外部行政争议的两种主要法律制度。在我国，行政诉讼是指公民、法人或者其他组织认为行政机关和法律法规授权的组织作出的具体行政行为侵犯其合法权益，依法定程序向人民法院起诉，人民法院在当事人及其他诉讼参与人的参加下，对具体行政行为的合法性进行审查并作出裁决的制度。在旅游纠纷发生后，若旅游者和旅游经营者首先向旅游行政管理部门请求处理，认为旅游行政管理部门应当履行的职责和义务而没有履行，或者履行不适当的，旅游者或旅游经营者可以向人民法院提起诉讼。此时，当事人所针对的是旅游行政管理部门的具体行政行为，因此所提起的诉讼为行政诉讼。结合我国旅游业实践，在旅游领域，行政诉讼具有如下特征：

（1）行政案件由人民法院受理和审理。行政诉讼中的被告一方始终是作出具体行政行为的行政机关。由于行政案件的特殊性，行政诉讼中的被告只有行政机关，而不能是其他主体，否则不能成为行政诉讼。例如，《旅游行政许可办法》第24条规定："申请人的申请符合法定条件、标准的，旅游主管部门应当依法作出准予行政许可的书面决定；不符合法定条件、标准的，旅游主管部门应当依法作出不予行政许可的书面决定，说明理由，并告知申请人享有依法申请行政复议或者提起行政诉讼的权利。"在实践中，如果旅游行政主管部门对符合法定条件、标准的申请不在规定期限内作出准予行政许可的书面决定，或者不说明理由的，申请人享有依法申请行政复议或者提起行政诉讼的权利。

（2）行政诉讼的客体只能是具体的行政行为。人民法院审理的行政案件只限于就行政机关作出的具体行政行为的合法性发生的争议。例如，旅游经营者及其从业人员对旅游行政主管部门作出的罚款、没收非法所得、责令改正、吊销证照等行政处罚不服的，享有依法申请行政复议或者提起行政诉讼的权利。除行政处罚外，人民法院不作适当性审查。

（3）行政复议不是行政诉讼的前置阶段或必经程序。所谓行政复议，是指与行政行为具有法律上利害关系的人认为行政机关所作出的行政行为侵犯其合法权益，依法向具有法定权限的行政机关申请复议，由复议机关依法对被申请行政行为合法性和合理性进行审查并作出决定的活动和制度。行政复议是行政机关实施的被动行政行为，它兼具行政监督、行政救济和行政司法行为的特征和属性。它对于监督和维护行政主体依法行使行政职权，保护相对人的合法权益等均具有重要的意义和作用。①例如，旅游者，旅游经营者、旅游辅助服务者及其从业人员对旅游行政主管部门的具体行政行为不服，可以申请行政复议，对复议结果不服再起诉，也可以直接向人民法院起诉。

（4）行政诉讼的举证责任在被告。《行政诉讼法》规定："被告对作出的具体行政行为负有举证责任，应当提供作出该具体行政行为的证据和所依据的规范性文件。"因为，在行政法律关系中，原告和被告处于不平等的地位，他们之间是一种管理与被管理的关系。因此，在旅游领域，行政诉讼中，作为被告一方的旅游行政主管部门应当对自己作出的具体行政行为提供证据，如果被告不提供证据或提供的证据没有证明力就应当承担败诉的责任。

2.行政诉讼案件的构成要件

（1）原告是认为行政机关及法律法规授权的组织作出的具体行政行为侵犯其合法权益的公民、法人或者其他组织。行使行政职权的行政机关或者法律法规授权的组织不能充当

① 张国庆．公共行政学［M］．北京：北京大学出版社，2017（11）：350-368.

原告。

(2) 被告是作出被原告认为侵犯其合法权益的具体行政行为的行政机关及法律法规授权的组织。

(3) 原告提起行政诉讼必须是针对法律法规规定属于法院受案范围内及属于受诉法院管辖的行政争议。

(4) 原告必须在法定期限内起诉。

(5) 法律法规规定起诉前须经过行政复议的，已进行行政复议；自行选择行政复议的，复议机关已作出复议决定或者逾期未作出复议决定。

(二) 民事诉讼

1.民事诉讼及其特点

民事诉讼是指公民之间、法人之间、其他组织之间以及相互之间因财产关系和人身关系提起的诉讼。或者说，民事诉讼是指人民法院、当事人和其他诉讼参与人，在审理民事案件过程中，所进行的各种诉讼活动以及由这些活动所产生各种关系的总和。旅游者和旅游经营者是具有平等地位的民事主体，发生在双方之间的旅游纠纷属于民事纠纷的范畴。在旅游纠纷发生后，旅游者可以直接向人民法院提起民事诉讼，要求旅游经营者承担民事责任。与调解、仲裁等解决民事纠纷方式相比，民事诉讼有如下特征：

(1) 民事诉讼具有公权性。民事诉讼是以司法方式解决平等主体之间的纠纷，是由法院代表国家行使审判权解决民事争议。它既不同于群众自治组织性质的人民调解委员会以调解方式解决纠纷，也不同于由民间性质的仲裁委员会以仲裁方式解决纠纷。

(2) 民事诉讼具有强制性。强制性是公权力的重要属性。民事诉讼的强制性既表现在案件的受理上，又反映在裁判的执行上。调解、仲裁均建立在当事人自愿的基础上，只要有一方不愿意选择上述方式解决争议，调解、仲裁就无从进行，民事诉讼则不同，只要原告起诉符合《民事诉讼法》规定的条件，无论被告是否愿意，诉讼均会发生。诉讼外调解协议的履行依赖于当事人的自愿，不具有强制力，法院裁判则不同，当事人不自动履行生效裁判所确定的义务，法院可以依法强制执行。

(3) 民事诉讼具有程序性。民事诉讼是依照法定程序进行的诉讼活动，无论是法院还是当事人和其他诉讼参与人，都需要按照《民事诉讼法》设定的程序实施诉讼行为，违反诉讼程序常常会引起一定的法律后果，诉讼外解决民事纠纷的方式程序性较弱，人民调解没有严格的程序规则，仲裁虽然也需要按预先设定的程序进行，但其程序相当灵活，当事人对程序的选择权也较大。

2.民事诉讼与行政诉讼的关系

民事诉讼与行政诉讼是两种相互联系又有重大差异的司法活动。一般来说，行政诉讼是从民事诉讼中分离出来的，其发展之初，往往适用民事诉讼程序，而且许多司法原则是共同的，如公开审判、回避制度、两审终审制、合议制等，所以二者存在着紧密的联系。但是，民事诉讼与行政诉讼毕竟是两种不同的诉讼程序，它们之间存在的差异主要有：

(1) 案件性质不同。民事诉讼解决的是平等主体之间的民事争议；行政诉讼解决的是行政主体与作为行政管理相对方的公民、法人或者其他组织之间的行政争议。

（2）适用的实体法律规范不同。民事诉讼适用民事法律规范，如《民法典》《民事诉讼法》等；行政诉讼适用行政法律规范，如《行政处罚法》《治安管理处罚法》等。

（3）当事人不同。民事诉讼发生于法人之间、自然人之间、法人与自然人之间；行政诉讼只发生在行政主体与公民、法人或者其他组织之间。

（4）诉讼权利不同。民事诉讼中双方当事人诉讼权利是对等的，如一方起诉，另一方可以反诉；行政诉讼双方当事人诉讼权利是不对等的，只能由公民、法人或其他组织一方起诉，行政主体一方没有起诉权和反诉权。

（5）起诉的先行条件不同。行政诉讼要求以存在某个具体行政行为为先行条件；民事诉讼则不需要这样的先行条件。

（6）是否适用调解不同。通过调解解决争议，是民事诉讼的结案方式之一；行政诉讼是对具体行政行为的合法性进行审查，因而不可能通过被告与原告相互妥协来解决争议。

3.民事诉讼当事人

民事诉讼当事人有狭义当事人和广义当事人之分，狭义当事人仅包括原告和被告。所谓原告，是指以自己的名义起诉，向法院请求保护权利或者解决其他争议，并受法院裁判约束的一方当事人，而被告则系被原告声称侵犯其权利或者与之发生其他争议，从而以自己的名义应诉、并受法院裁判约束的对方当事人。广义的当事人除原告和被告外，还包括共同诉讼人、诉讼代表人及有独立请求权的第三人。

在民事诉讼理论中，共同诉讼人是指诉讼一方或双方为两个或两个以上的当事人。根据共同诉讼人的人数不同，原告为两人以上的共同诉讼称为积极的共同诉讼，被告为两人以上的共同诉讼称为消极的共同诉讼，原告和被告均为两人以上的共同诉讼称为混合的共同诉讼；诉讼代表人是指代表本方当事人参加诉讼的人。在民事诉讼实践中，一方或者双方当事人人数众多时，由众多的当事人推选出代表人代表本方全体当事人进行诉讼，维护本方全体当事人的利益，代表人所为诉讼行为对本方全体当事人发生效力；有独立请求权的第三人是指除本诉原告和被告以外的第三方面的当事人。该第三方当事人是指对他人之间正在争议的诉讼标的有独立的请求权，或者他人之间的诉讼可能给自己的利益带来损失，以本诉中的原告和被告为被告提出独立的诉讼请求，加入到已经开始的诉讼中的当事人。

民事诉讼是在利害关系相互对立的两方当事人之间进行，但由于审级和诉讼程序的不同，当事人在诉讼中的称谓也不完全相同。在第一审普通程序和简易程序中，称为原告和被告；在第二审程序中，称为上诉人和被上诉人，其中既包括一审的原告和被告，也包括有独立请求权的第三人和被人民法院判决承担民事责任的无独立请求权的第三人。在特别程序中，称为申请人、债务人等。在审判监督程序中，若适用第一审程序审理，分别称为原审原告、原审被告、原审第三人；若适用第二审程序审理，则分别称为原审上诉人、原审被上诉人、原审第三人；在执行程序中，则称为申请人和被申请人（或申请执行人和被执行人）。

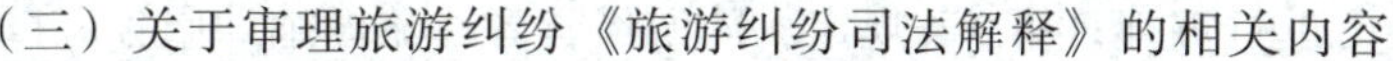

（三）关于审理旅游纠纷《旅游纠纷司法解释》的相关内容

在旅游业运行中，旅游经营者及其旅游辅助服务者的不诚信行为，既严重损害了旅游者的合法权益，也导致旅游市场的恶性竞争，已经形成社会关注的热点。组团出游，由于其涉及的环节多、链条长、责任主体多元化，加大了旅行社与旅游者之间纠纷解决的难度。最高人民法院关于审理旅游纠纷的《旅游纠纷司法解释》，对司法实践中出现的新情况、新问题进行了较为详细的规定。

1.旅游纠纷及其诉讼中的当事人制度

（1）旅游纠纷的概念。旅游纠纷有广义和狭义两种理解。广义的旅游纠纷是指旅游法律关系主体之间因旅游权利和旅游义务的矛盾而引起的争议。它包括平等主体之间涉及旅游内容的纠纷和公民、法人或者其他组织作为行政管理相对人与行政管理部门之间因行政管理行为所发生的涉及旅游内容的纠纷。狭义的旅游纠纷是指旅游经营者与旅游者之间的纠纷，以及因国家旅游行政管理部门在处理相关旅游纠纷时所引起的争议。《旅游纠纷司法解释》所称的旅游纠纷，是指旅游者与旅游经营者、旅游辅助服务者之间因旅游发生的合同纠纷或者侵权纠纷。“旅游经营者”是指以自己的名义经营旅游业务，向公众提供旅游服务的人；“旅游辅助服务者”是指与旅游经营者存在合同关系，协助旅游经营者履行旅游合同义务，实际提供交通、游览、住宿、餐饮、娱乐等旅游服务的人。

（2）旅游纠纷诉讼中的当事人。旅游者与旅游经营者之间的基础法律关系是基于旅游合同建立的民事法律关系。在旅游权利救济中，当事人是以自己的名义请求人民法院解决旅游纠纷或争议、保护旅游权益，受人民法院裁判约束的起诉方和被起诉方。《旅游纠纷司法解释》要求原告是与旅游纠纷或旅游案件有直接利害关系的人，而被告只要是“明确的被告”即可。《旅游纠纷司法解释》第2条规定，“以单位、家庭等集体形式与旅游经营者订立旅游合同，在履行过程中发生纠纷，除集体以合同一方当事人名义起诉外，旅游者个人提起旅游合同纠纷诉讼的，人民法院应予受理”；第4条规定，“因旅游辅助服务者的原因导致旅游经营者违约，旅游者仅起诉旅游经营者的，人民法院可以将旅游辅助服务者追加为第三人”；第5条规定，“旅游经营者已投保责任险，旅游者因保险责任事故仅起诉旅游经营者的，人民法院可以应当事人的请求将保险公司列为第三人”等，均是关于民事诉讼中旅游权利救济制度的当事人的规定。同时，依据《旅游纠纷司法解释》，旅游景点经营者与旅游者之间发生的旅游纠纷，可参照《旅游纠纷司法解释》处理。其目的在于解决旅游过程中旅游者权益受到侵害时，由谁来承担责任及承担何种责任的问题。在集体旅游过程中，订立旅游合同的往往是集体推选的代表，而不是每个旅游者单独与旅游经营者签订合同。因此，《旅游纠纷司法解释》明确了旅游者个人的诉讼权利，除合同签字的当事人有权提起诉讼外，未在旅游合同上签字的个人，也可以提起合同之诉。

2.人民法院受理旅游纠纷的范围

《旅游纠纷司法解释》较为全面地规范了旅游法律关系，明确了旅游者合法权益的保护范围。例如，《旅游纠纷司法解释》第3条规定，因旅游经营者方面的同一原因造成旅游者人身损害、财产损失，旅游者选择请求旅游经营者承担违约责任或者侵权责任的，人民法院应当根据当事人选择的案由进行审理；第9条规定，旅游经营者、旅游辅助服务者以非法收集、存储、使用、加工、传输、买卖、提供、公开等方式处理旅游者个人信息，旅游者请求其承担相应责任的，人民法院应予支持；第17条规定，旅游者在自行安排活动期间遭受人身损害、财产损失，旅游经营者未尽到必要的提示义务、救助义务，旅游者请求旅游经营者承担相应责任的，人民法院应予支持。自行安排活动期间，包括旅游经营者安排的在旅游行程中独立的自由活动期间、旅游者不参加旅游行程的活动期间以及旅游者经导游或者领队同意暂时离队的个人活动期间等；第22条规定，旅游经营者事先设计，并以确定的总价提供交通、住宿、游览等一项或者多项服务，不提供导游和领队服务，由旅游者自行安排游览行程的旅游过程中，旅游经营者提供的服务不符合合同约定，侵害旅游者合法权益，旅游者请求旅游经营者承担相应责任的，人民法院应予支持，等等。《旅游纠纷司法解释》为人民法院正确审理旅游纠纷案件，依法保护当事人合法权益提供了重要保障。

3.法院支持旅游者主张“霸王条款”无效，对欺诈行为进行惩罚性赔偿

依据《民法典》和《旅游纠纷司法解释》第6条，旅游经营者以格式条款、通知、声明、店堂告示等方式作出排除或者限制旅游者权利、减轻或者免除旅游经营者责任、加重旅游者责任等对旅游者不公平、不合理的规定，旅游者依据《消费者权益保护法》第26条的规定请求认定该内容无效的，人民法院应予支持。同时，《旅游纠纷司法解释》第15条规定，旅游经营者违反合同约定，有擅自改变旅游行程、遗漏旅游景点、减少旅游服务项目、降低旅游服务标准等行为，旅游者请求旅游经营者赔偿未完成约定旅游服务项目等合理费用的，人民法院应予支持。旅游经营者提供服务时有欺诈行为，旅游者依据《消费者权益保护法》第55条第1款规定请求旅游经营者承担惩罚性赔偿责任的，人民法院应予支持。即，旅游经营者提供服务时有欺诈行为的，应当按照旅游者的要求“增加赔偿其受到的损失，增加赔偿的金额为旅游者购买商品的价款或者接受服务费用的三倍；增加赔偿的金额不足五百元的，为五百元。”

4.司法机关将限制转团、挂靠等损害旅游者权益行为

《旅游纠纷司法解释》第10条规定，旅游经营者将旅游业务转让给其他旅游经营者，旅游者不同意转让，请求解除旅游合同、追究旅游经营者违约责任的，人民法院应予支持。旅游经营者擅自将其旅游业务转让给其他旅游经营者，旅游者在旅游过程中遭受损害，请求与其签订旅游合同的旅游经营者和实际提供旅游服务的旅游经营者承担连带责任的，人民法院应予支持。同时，《旅游纠纷司法解释》第16条规定，旅游经营者准许他人挂靠其名下从事旅游业务，造成旅游者人身损害、财产损失，旅游者依据《民法典》第1168条的规定请求旅游经营者与挂靠人承担连带责任的，人民法院应予支持。即，“二人以上共同实施侵权行为，造成他人损害的，应当承担连带责任”。

此外，《旅游纠纷司法解释》第16条、第20条规定，旅游者要求旅游经营者返还下列费用的，人民法院应予支持：因拒绝旅游经营者安排的购物活动或者另行付费的项目被增收的费用；在同一旅游行程中，旅游经营者提供相同服务，因旅游者的年龄、职业等差异而增收的费用。

5.依法保护旅游者合法权益，也要合理界定旅游经营者责任

《旅游纠纷司法解释》在保护旅游者合法权益的基础上，依法平衡旅游者与旅游经营者的关系，合理界定旅游经营者的责任。例如，《旅游纠纷司法解释》第8条规定，旅游经营者、旅游辅助服务者对可能危及旅游者人身、财产安全的旅游项目未履行告知、警示义务，造成旅游者人身损害、财产损失，旅游者请求旅游经营者、旅游辅助服务者承担责任的，人民法院应予支持。旅游者未按旅游经营者、旅游辅助服务者的要求提供与旅游活动相关的个人健康信息并履行如实告知义务，或者不听从旅游经营者、旅游辅助服务者的告知、警示，参加不适合自身条件的旅游活动，导致旅游过程中出现人身损害、财产损失，旅游者请求旅游经营者、旅游辅助服务者承担责任的，人民法院不予支持；第18条规定，旅游者在旅游行程中未经导游或者领队许可，故意脱离团队，遭受人身损害、财产损失，请求旅游经营者赔偿损失的，人民法院不予支持；第19条规定，旅游经营者或者旅游辅助服务者为旅游者代管的行李物品损毁、灭失，旅游者请求赔偿损失的，人民法院应予支持，但下列情形除外：损失是由于旅游者未听从旅游经营者或者旅游辅助服务者的事先声明或者提示，未将现金、有价证券、贵重物品随身携带而造成的；损失是由于不可抗力造成的；损失是由于旅游者的过错造成的；损失是由于物品的自然属性造成的，等等。可见，《旅游纠纷司法解释》并没有片面强调旅游者利益的维护，无限扩大旅游经营者的责任，而是通过合理界定不可抗力、自由活动期间以及自由行过程中旅游经营者应承担的责任及责任免除条件等方式，对旅游经营者的权益也进行了合理维护。《旅游纠纷司法解释》还规定在维护旅游者合法权益的同时，人民法院也将通过司法手段，注重维护旅游经营者的生存发展。互利共赢是人民法院审理旅游纠纷案件坚持的基本原则之一，既要维护好旅游者的合法权益，也要维护并促进旅游业的健康发展，两者不可偏废。

【案例10-2】 司法救济从根本上保障旅游权利的实现

某区法院受理的一起旅游合同纠纷案日前在市旅游集散中心“旅游纠纷巡回审判点”公开开庭审理。这是继在本市法院成立首个“旅游纠纷审判专项合议庭”后，区法院落实市中院与市旅游局合作共建旅游纠纷诉调对接工作机制的又一次积极尝试，也是“巡回审判点”设立后迎来的第一次正式庭审活动。

2014年初，市高院与市旅游局合作建立了旅游纠纷诉调对接工作机制，各区、县人民法院与相应的区、县旅游局可以建立联席会议制度，共同提高调解水平；人民法院和旅游局通过定期向社会发布典型案例，引导旅游者依法维权，推动旅游经营者诚信经营。

这次某区法院开庭的案件中，原告王女士为全家总共5人向某旅行社预订了菲律宾长滩4日游的旅游产品，总价2万元。临近出行突然被告知行程取消。王女士认为旅行社违约，要求退还2万元旅游服务费，并按照合同约定按100%的比例赔偿违约金。旅行社则认为，行程被迫取消的原因是菲律宾航空主管部门认为相关航空公司没有承运资格，属于“不可抗力”，因此，仅同意退还已收取的旅游服务费。

某区法院“旅游纠纷审判专项合议庭”法官和人民陪审员组成的合议庭，对案件事实作了法庭调查，涉案的菲律宾某航空公司作为第三人参加了庭审。市、区旅游质量监督部门的工作人员30余人旁听庭审。案件三方最终达成庭外和解。

点评：巡回法庭制度是指法院为方便群众诉讼，在辖区设置巡回地点，定期或不定期到巡回地点受理并审判案件的制度。设立旅游巡回法庭，旅游巡回法庭具有快审快执的特点，有利于及时、有效化解旅游纠纷，有利于完善多元化纠纷解决机制，规范旅游市场中的经营行为，为游客维权提供有力司法保障，促进基层社会治理法治化。近年来，一些地方通过旅游巡回法庭的实践，摸索出了更加有效的机制。譬如，海南三亚旅游巡回法庭逐渐形成较为完善的针对旅游纠纷一律使用的简易程序和三定（定期、定点、定人）、四就（就地立案、就地审理、就地调解、就地执行）、一重（注重调解）、两免（对小额旅游纠纷案件免收诉讼费和申请执行费）的审判工作机制。三亚还创建了“110”旅游审判新模式，即快速赶赴现场，快速受理、裁判、执行案件。有效应对旅游服务不可贮存及旅游过程的流动性、缔约形式的不规范性可能带来的问题。另外，一些地方建立起“电话接访、诉前调解、巡回审判”等一站式便民服务机制等。这些模式的探索和实践可谓是对司法为民的生动注脚。本案存在的焦点问题是：旅行社是否尽到了对旅游的安全告知、警示及旅游过程中妥善照顾等安全保障义务；旅游者选择提起合同之诉的，旅行社是否应对第三人侵权、旅游者自身过错承担违约责任；旅游者在旅游中亡故，其伤赔偿金是否应予支持等。此案是一起典型事例，它的成功判决对规范旅游市场有着积极作用，原告一方采用司法救济方法使其合法权益得到了根本性的保护。

资料来源：

[1] 章伟聪，袁玮．“旅游法庭”在“巡回审判点”开庭［N］．新民晚报，2014-07-13.

[2] 华律网．旅游纠纷巡回法庭的作用有哪些［EB/OL］．［2014-07-13］．https：//www.66law.cn/laws/ 426431.aspx.

二、旅游仲裁救济制度

（一）旅游仲裁及其原则

旅游仲裁，是指仲裁机构依照法定程序对当事人在旅游活动中所产生的旅游争议居中调解、进行裁决的活动。在旅游合同履行过程中，由于主客观情况难免会出现一些问题和争议，如果经过协商和调解不能解决，当事人就可以协商用仲裁方式处理，以避免造成更大的损失。通过仲裁活动，阐明事实、分清是非、明确责任，及时解决合同纠纷，保护当事人合法权益。旅游仲裁的原则有：

1.自愿仲裁原则

《仲裁法》规定：“当事人采用仲裁方式解决纠纷，应当双方自愿，达成仲裁协议。没有仲裁协议，一方申请仲裁的，仲裁委员会不予受理。”仲裁协议包括合同中订立的仲裁条款和以其他书面形式在纠纷发生前或者纠纷发生后达成的请求仲裁的协议。另外，当事人达成仲裁协议后，依法向人民法院起诉的，人民法院不予受理，但仲裁协议无效的除外。

2.以事实为根据、以法律为准绳的原则

《仲裁法》规定：“仲裁应当根据事实，符合法律规定，公平合理地解决纠纷。”以事

实为根据，就是要实事求是、尊重客观事实，正确查明事实真相。以法律为准绳，就是以法律作为衡量是非的制度和标准，严格依法办事。只有遵循并认真贯彻这一原则，才能公平合理地裁决。

3.依法独立仲裁原则

《仲裁法》规定："仲裁依法独立进行，不受行政机关、社会团体和个人的干涉。"依法独立仲裁是指仲裁委员会处于超脱的地位，摆脱外部因素的影响，有助于保证仲裁的客观、公正。

4.一次裁决原则

《仲裁法》规定："仲裁实行一裁终局的制度。裁决作出后，当事人就同一纠纷再申请仲裁或者向人民法院起诉，仲裁委员会或者人民法院不予受理。"根据这一规定，当事人不服裁决，不得向上一级仲裁机构申请裁决，也不得向人民法院起诉。这样，既有利于节省仲裁时间，又能及时解决旅游纠纷。

5.选定仲裁委员会原则

《仲裁法》规定："仲裁委员会应当由当事人协议选定。"仲裁不实行级别管辖和地域管辖。这一原则的确定，充分体现了《仲裁法》的民主精神和对当事人权利的尊重。

6.回避原则

《仲裁法》规定："仲裁员有下列情形之一的，必须回避，当事人也有权提出回避申请：当事人或者当事人代理人的近亲属；有直接的利害关系；与本案当事人、代理人有其他关系，可能影响公正仲裁的；私自会见当事人、代理人，或者接受当事人、代理人的请客送礼。"这既是保护当事人合法权益的一项重要原则，也是保证仲裁委员会能够依法公正处理旅游纠纷的一项重要制度。当事人提出回避申请，应当说明理由，在首次开庭前提出。回避事由在首次开庭后知道的，可以在最后一次开庭终结前提出。仲裁员是否回避，由仲裁委员会主任决定，仲裁委员会主任担任仲裁员时，由仲裁委员会集体讨论决定。

（二）仲裁程序

1.提出仲裁申请

《仲裁法》规定，当事人申请仲裁应当符合下列条件：有仲裁协议；有具体的仲裁请求和事实、理由；属于仲裁委员会的受理范围。申请仲裁应当向仲裁委员会递交仲裁协议、仲裁申请书及副本。提出仲裁申请，应从知道或应当知道权利被侵害之日起计算，法律有规定的，适用该规定。法律对仲裁时效没有规定的，适用诉讼时效的规定，一般为2年。

2.接受仲裁申请

接受仲裁申请，又叫受理。仲裁委员会收到仲裁申请书之日起5日内，认为符合受理条件的，应当受理，并通知当事人。同时，通知申请方按争议金额的5%预交案件受理费。案件处理终结，仲裁费（包括案件受理费和处理费）由败诉方承担。

3.仲裁前的准备工作

（1）组成仲裁庭。仲裁机关受理案件后，应组成仲裁庭。仲裁庭可以由三名仲裁员或一名仲裁员组成。由三名仲裁员组成的，设首席仲裁员。当事人约定由三名仲裁员组成仲裁庭的，应当各自选定或各自委托仲裁委员会主任指定一名仲裁员，第三名仲裁员由当事人共同选定或者共同委托仲裁委员会主任指定。

（2）向当事人送达仲裁规则和仲裁员名册以及被诉方提出答辩书。仲裁委员会受理仲裁申请后，应当在仲裁规则规定的期限内将仲裁规则和仲裁员名册送达申请人，并将申请书副本和仲裁规则、仲裁员名册送达被诉方。被诉方收到仲裁申请书副本后，应当在仲裁规则规定的期限内向仲裁委员会提交答辩书。仲裁委员会收到答辩书后，应当在仲裁规则规定的期限内将答辩书副本送达申请人。被诉方未提交答辩书的，不影响仲裁程序进行。

（3）技术鉴定。仲裁庭对专门性问题认为需要鉴定的，可以交由当事人约定的鉴定部门鉴定，也可以由仲裁庭指定的鉴定部门鉴定。鉴定部门根据当事人的请求或者仲裁庭的要求，应当派鉴定人参加开庭。当事人经仲裁庭许可，可以向鉴定人提问。

（4）证据保全。在证据可能灭失或者以后难以取得的情况下，当事人可以申请证据保全。当事人申请证据保全，仲裁委员会应当将当事人的申请提交证据所在地的基层人民法院，由人民法院根据情况采取保全措施。

4. 和解与调解

当事人申请仲裁后，可以自行和解。达成和解协议的，可以请求仲裁庭根据和解协议作出裁决书，也可以撤回仲裁申请。如果当事人达成和解协议，撤回仲裁申请后反悔，仍然可以根据仲裁协议申请仲裁。

仲裁庭在作出裁决前，可以先进行调解。当事人自愿调解，仲裁庭应当调解；调解不成的，应当及时作出裁决。调解达成协议的，仲裁庭应当制作调解书或者根据协议的结果制作裁决书。调解书与裁决书具有同等法律效力。调解书经双方当事人签收后，即发生法律效力。

5. 仲裁

当事人不愿调解或调解不成的，仲裁庭应及时作出裁决。仲裁应当开庭进行。当事人协议不开庭的，仲裁庭可以根据仲裁申请书、答辩书以及其他材料作出裁定，仲裁不公开进行。当事人协议公开的，可以公开进行，但涉及国家秘密的除外。

当事人在仲裁过程中有权进行辩论。辩论终结时，仲裁员应当遵循当事人的最后意见，将开庭情况记入笔录。裁决应当按照多数仲裁员的意见作出。仲裁庭不能形成多数意见时应当按照首席仲裁员的意见作出，裁决书自作出之时发生法律效力。

6. 申请撤销裁决

裁决书送达后，当事人提出证据证明裁决有下列情形之一，可以向仲裁委员会所在地的中级人民法院申请撤销裁决：没有仲裁协议的；裁决的事项不属于仲裁协议的范围或者仲裁委员会无权仲裁的；仲裁庭的组成或者仲裁的程序违反法定程序的；裁决所依据的证据是伪造的；对当事人隐瞒足以影响公正裁决的证据的；仲裁员在仲裁该案时有索贿受贿、徇私舞弊、枉法裁决行为的。人民法院应当组成合议庭对裁决进行审查核实，如果有以上规定情形之一的，应当撤销裁定。另外，如果裁决是违背社会公共利益的，人民法院应当撤销。当事人申请撤销裁决，应当自收到裁决书之日起6个月之内提出。人民法院应

当在受理撤销裁决申请之日起2个月内作出撤销裁决或者驳回申请的裁定。

7.仲裁的执行

裁决生效后，当事人应当自觉履行。一方当事人不履行的，另一方当事人可以依照《民事诉讼法》有关规定向人民法院申请强制执行。

本章小结

（1）本章在阐述权利救济及其理论依据的基础上，分析了旅游权利救济的性质与情形。

（2）本章以旅游权利救济请求权基础为切入点，分析了旅游权利救济的前提、方式和原则。

（3）本章阐述了旅游权利救济的价值追求、原则以及旅游权利救济的法律方法。

（4）本章以《旅游投诉处理办法》为依据，介绍了旅游行政救济制度。

（5）本章介绍了司法救济制度中的行政诉讼和民事诉讼，还介绍了仲裁救济制度。

（6）本章剖析了最高人民法院关于审理旅游纠纷案件适用法律若干问题的规定。

思考与练习

一、简答题

1.什么是旅游权利救济？试简述旅游权利救济的性质。

2.简述旅游权利救济的方式和原则。

3.什么是旅游投诉？旅游投诉有哪些特点？

4.什么是旅游投诉中的管辖？该管辖包括哪些类型？

二、论述题

1.结合实际，谈谈对旅游行政救济制度的理解。

2.结合司法救济中民事诉讼制度，谈谈对旅游纠纷案件审理的法律适用。

3.试分析仲裁救济制度解决旅游纠纷的优势。

三、案例分析题

2019年7月，游客刘女士一行10人通过某旅行社报名参加泰国清迈6日游，团费共计31 770元。到达泰国入住酒店当晚，刘女士8岁的女儿在床上蹦跳时意外摔倒，腿被床沿划伤，当地酒店协助就医。因孩子受伤行动不便，刘女士与旅行社联系更换行程，同时在回程时，委托旅行社安排了一辆中巴从上海浦东机场接机回扬州。返程后，刘女士就行程差价、酒店补偿、中巴费用、医疗补偿等各项补偿费用与旅行社未能达成一致意见。

刘女士认为，旅行社提供的产品宣传上承诺“酒店带泳池”，但实际入住的酒店没有泳池，未达到品质标准。而孩子受伤是酒店设施较差所致，旅行社应当承担此次意外的主要责任。更换行程和返程用车都是因孩子受伤被迫作出的选择，故提出诉求如下：要求旅行社补偿行程差价1万元，返程中巴车费2 000元，酒店品质未达标差价2 500元以及孩子后期的医疗整形费用1万元，共计2.45万元。

旅行社认为，有没有泳池并不代表酒店的品质标准；更换行程是游客自己提出的，旅行社也按照游客的要求更换了行程；从上海到扬州本应乘坐大巴车，但游客提出要用中巴车，旅行社也落实了。因此，只能退还景区门票及交通差价。另外，应该为孩子腿部受伤承担责任的是游客和当地酒店。作为监护人，游客未看好护好小孩，应该承担主要责任。且孩子摔伤后，游客已经接收了当地酒店给予的4 000泰铢（折合人民币800元）赔偿，等于认可了这一赔偿，不应再要求旅行社进行相关赔偿。

接到投诉后，扬州市某区文化体育和旅游局立即向旅行社下发《投诉受理通知书》和《投诉调查书》，组织专人进行取证调查，约谈旅行社主要负责人。同时，与投诉人沟通，核实事情经过、了解诉求内容。经过多次沟通协调并组织三方座谈，双方最终达成如下共识：旅行社一次性支付投诉人补偿金9 647元。其中，受伤补助5 000元，住宿补贴2000元，行程差价1 647元，车费补贴1 000元，并协助投诉人做好保险赔付事宜。

本案例有以下问题需要探讨：一是关于旅游品质问题的赔偿，《旅游法》第32条规定："旅行社为招徕、组织旅游者发布信息，必须真实、准确，不得进行虚假宣传，误导旅游者。"该旅行社的宣传广告上的确有"带泳池酒店"字样，双方签订的旅游合同中已列出住宿酒店和备选酒店的名称，且实际入住酒店在此范围内。虽然不能以有没有泳池来界定酒店的品质，但旅行社涉嫌通过"带泳池"等宣传来误导游客参团，故因旅游住宿引发的问题，旅行社不能完全免责。二是关于人身伤害的经济赔偿。案例中，当事人对于人身意外的责任承担者有不同意见：游客认为酒店没有泳池，即达不到广告宣传的品质标准，而孩子受伤亦是因为酒店设施较差导致，所以旅行社应当承担主要责任；旅行社则认为，应当承担责任的是游客和当地酒店。对于旅行社而言，《旅游法》第79条规定："旅游经营者应当对直接为旅游者提供服务的从业人员开展经常性应急救助技能培训，对提供的产品和服务进行安全检验、检测和评估，采取必要措施防止危害发生。旅游经营者组织、接待老年人、未成年人、残疾人等旅游者，应当采取相应的安全保障措施。"旅行社在选择合作酒店时，未对酒店进行实地考察，未对酒店设施及安全作出检测和评估；意外发生后，未能在第一时间启动应急预案，帮助游客做好各项应急处置。因此可以认定，旅行社未尽到安全保障义务，故应当对刘女士女儿受伤的结果承担部分责任。对于合作酒店来说，刘女士女儿受伤后，酒店立即协助其就医，并给予了相应的补偿。刘女士对酒店的补偿行为无异议，但旅行社不能因此就减轻或免除自身的责任。对于游客来说，根据《未成年人保护法》等法律规定，游客刘女士作为未成年女儿的监护人，应当履行为其提供健康、安全等保障的监护职责。本案中，刘女士女儿是在"蹦跳时意外摔倒被床划伤"，在一定程度上说明刘女士未完全尽到看护未成年子女的义务，需要对女儿受伤的损害结果承担一定责任。

思考题：在我国，旅游投诉制度作为一项相关完善的旅游行政法律救济制度，对旅游者权利的实现具有重要的保障作用。试结合《民法典》和《旅游法》的相关规定，分析案例中旅行社、酒店以及游客刘女士的法律责任，并阐释《旅游纠纷司法解释》中与案例相关的旅游纠纷受理范围。

资料来源：周婕．团队游客受伤谁担责？[N]．中国旅游报，2021-04-29.

主要参考文献

一、著作类文献

[1] 马克思，恩格斯．马克思恩格斯全集（第4卷）[M]．中共中央马克思恩格斯列宁斯大林著作编译局，编译．北京：人民出版社，1956.

[2] 马克思，恩格斯．《马克思恩格斯全集》（第六卷）[M]．中共中央马克思恩格斯列宁斯大林著作编译局，编译．北京：人民出版社，1961.

[3] 葛洪义．法理学导论［M］．北京：法律出版社，1996.

[4] 孙笑侠．法理学［M］．北京：中国政法大学出版社，1996.

[5] 张文显．法学基本范畴研究［M］．北京：中国政法大学出版社，1993.

[6] 孙国华．法学基础理论［M］．北京：法律出版社，2012.

[7] 舒国滢．法理学导论［M］．北京：北京大学出版社，2012.

[8] 波斯纳．法理学问题［M］．苏力，译．北京：中国政法大学出版社，2005.

[9] 德沃金．法律帝国［M］．李常青，译．北京：中国大百科全书出版社．1996.

[10] 凯尔森．法与国家的一般理论［M］．沈宗灵，译．北京：商务印书馆，2016.

[11] 哈特．法律的概念［M］．许家馨，等译．北京：法律出版社，2011.

[12] 梁晓俭．凯尔森法律效力论研究——基于法学方法论的视角［M］．济南：山东人民出版社，2005.

[13] 沈宗灵．现代西方法理学［M］．北京：北京大学出版社，1992.

[14] GARNER B A.Black's law dictionary［M］．Toronto：Thomson West，2014.

[15] 沃克．牛津法律大辞典［M］．北京社会与科技发展研究所，译．北京：光明日报出版社，1988.

[16] 博登海默．法理学：法律哲学与法律方法［M］．邓正来，译．北京：中国政法大学出版社，2010.

[17] 王利明．侵权责任法研究（上卷）[M]．北京：中国人民大学出版社，2016.

[18] 种明钊．竞争法［M］．北京：法律出版社，2016.

[19] 刘剑文，崔正军，竞争法要论［M］．武汉：武汉大学出版社，1996.

[20] 徐杰．经济法概论［M］．北京：首都经济贸易大学出版社，2014.

[21] 漆多俊．经济基础理论［M］．北京：法律出版社，2016.

[22] 张国庆．公共行政学［M］．北京：北京大学出版社，2017.

[23] 程燎原，王人博．权利及其救济［M］．济南：山东人民出版社，1998.

[24] 王莉霞．旅游法学［M］．西安：世界图书出版公司，1996.

[25] 王莉霞．旅游法学［M］．武汉：华中科技大学出版社，2017.

［26］托马斯．政治哲学导论［M］．顾肃，等译．北京：中国人民大学出版社，2006.

［27］孙明烈，肖彦山．污染防治法基本制度研究［M］．青岛：中国海洋大学出版社，2016.

［28］富勒．合同损害赔偿中的信赖利益［M］．韩世远，译．北京：中国法制出版社，2004.

［29］陈华彬．民法总论［M］．北京：中国法制出版社，2011.

［30］陈小君．合同法学［M］．北京：中国政法大学出版社，2014.

［31］齐爱民．拯救信息社会中的人格：个人信息保护法总论［M］．北京：北京大学出版社，2009.

［32］王利明．中华人民共和国民法总则详解［M］．中国法制出版社，2017.

［33］徐国栋．民法基本原则解释［M］．北京：中国政法大学出版社，2004.

［34］许湘岳，吴强．自我管理教程［M］．北京：人民出版社，2016.

［35］申葆嘉．旅游学原理［M］．北京：中国旅游出版社，2010.

［36］田里．旅游学概论［M］．天津：南开大学出版社，1998.

［37］李天元．旅游学概论［M］．天津：南开大学出版社，2009.

［38］吴必虎，俞曦．旅游规划原理［M］．北京：中国旅游出版社，2010.

［39］陈传康，等．旅游资源鉴赏与开发［M］．上海：同济大学出版社，1990.

［40］谢彦君．基础旅游学［M］．北京：中国旅游出版社，2011.

［41］库珀，等．旅游学［M］．张俐俐，等编译．3版．北京：高等教育出版社，2007.

［42］吴必虎．区域旅游规划原理［M］．北京：中国旅游出版社，2001.

［43］黄安民．休闲与旅游学概论［M］．北京：机械工业出版社，2007.

［44］隋丽娜等．旅游业运营管理与实务分析［M］．北京：高等教育出版社，2014.

［45］杨朝晖．饭店法规实务［M］．重庆：重庆大学出版社，2013.

［46］蒋丁新．饭店管理［M］．北京：高等教育出版社，2009.

［47］赵书虹，尹松波．旅游伦理学［M］．天津：南开大学出版社，2008.

［48］田里．旅游经济学［M］．北京：高等教育出版社，2009.

［49］郑向敏．旅游安全概论［M］．北京：中国旅游出版社，2009.

［50］丹宁．法律的正当程序［M］．李克强，杨百揆，刘庸安，译．北京：法律出版社，2011.

二、报刊、网络类文献

［1］邱水平．习近平法治思想的鲜明理论特质［N］．光明日报，2020-12-09.

［2］胡君颜．习近平法治思想的形成和发展［EB/OL］．［2021-01-22］．http：//www.china.com.cn/opinion/theory/2021-01/22/content_77142542.htm.

［3］高德胜，凌海霞．习近平法治思想：马克思主义法治思想的时代结晶［EB/OL］．

[2020-11-28] https：//theory.gmw.cn/2020-11/28/content_34410809.htm.

[4] 胡明. 深刻认识习近平法治思想的重大意义 [EB/OL]. [2020-12-15]. http：//www.xinhuanet.com/politics/2020-12/15/c_1126861880.htm.

[5] 翟国强. 发展马克思主义法治理论的原创性贡献 [EB/OL]. [2020-12-10]. https：//theory.gmw.cn/2020-12/10/content_34451088.htm.

[6] 公丕祥. 马克思主义法治思想中国化的重大理论创新成果 [EB/OL]. [2020-12-09]. http：//news.cssn.cn/zx/bwyc/202012/t20201209_5230258.shtml.

[7] 李林. 深刻理解习近平法治思想的丰富内涵 [EB/OL]. [2020-11-30] https：//www.chinanews.com/gn/2020/11-30/9351023.shtml.

[8] 李林. 在新时代发展中国特色社会主义法治理论 [N]. 人民日报，2018-07-25.

[9] 燕继荣. 社会变迁与社会治理——社会治理的理论解释 [J]. 北京大学学报，2017，54（5）：69-77.

[10] 徐汉明. "习近平社会治理法治思想"的核心要义及其时代价值 [EB/OL]. [2018-06-13]. http：//theory.people.com.cn/n1/2018/0613/c40531-30055178.html.

[11] 薛澜，张帆，武沐瑶. 国家治理体系与治理能力研究：回顾与前瞻 [J]. 公共管理学报，2015，12（3）：1-12.

[12] 龚廷泰. 中国特色社会主义法治理论的意涵 [N]. 光明日报，2014-12-02.

[13] 张文显. 中国特色社会主义法治理论的科学定位 [J]. 法学，2015（11）：3-8.

[14] 付子堂，朱林方. 中国特色社会主义法治理论的基本构成 [J]. 法制与社会发展，2015（3）：17-31.

[15] 朱景文. 坚持和发展中国特色社会主义法治理论 [J]. 求是，2016（18）：44-46.

[16] 黄进. 新时代中国特色社会主义法治理论的新发展 [EB/OL]. [2017-10-27]. http：//www.qstheory.cn/2017-10/27/c_1121866884.htm.

[17] 莫纪宏，翟国强. 中国特色社会主义法治理论的新发展 [N]. 人民日报，2018-03-05.

[18] 王乐泉. 坚持和发展中国特色社会主义法治理论 [N]. 人民日报，2015-08-28.

[19] 冯玉军. 中国特色社会主义法治理论体系创立的实践证成 [EB/OL]. [2020-12-04]. http：//www.rmlt.com.cn/2020/1204/600800.shtml.

[20] 法制日报评论员. 坚持和完善中国特色社会主义法治体系 [N]. 法制日报，2019-11-11.

[21] 袁曙宏. 坚持和完善中国特色社会主义法治体系 [N]. 光明日报，2019-12-10 .

[22] 迟方旭. 习近平新时代中国特色社会主义法治思想的实践基础、理论渊源与精神实质 [EB/OL]. [2018-02-06]. http：//www.qstheory.cn/llqikan/2018-02/06/c_1122376248.htm.

[23] 陈一新. 习近平法治思想是马克思主义中国化最新成果 [N]. 人民日报, 2020-12-30.

[24] 秦前红. 习近平法治思想蕴含深刻宪法精神 [EB/OL]. [2020-12-04]. https://www.spp.gov.cn/spp/llyj/202012/t20201204_488184.shtml.

[25] 中共中国法学会党组. 用习近平法治思想引领法治中国建设 [EB/OL]. [2020-12-25]. http://www.xinhuanet.com/politics/2020-12/25/c_1126906172.htm.

[26] 周佑勇. 习近平法治思想的立场观点方法 [EB/OL]. [2020-11-23]. http://www.china.com.cn/opinion2020/2020-11/23/content_76940603.shtml? f=pad&a=true.

[27] 金国坤. 习近平法治思想的辩证法 [EB/OL]. [2020-11-30]. http://news.youth.cn/sz/202011/t20201130_12597190.htm.

[28] 王旭. 习近平法治思想的原创性方法贡献 [EB/OL]. [2020-12-29]. https://www.chinanews.com/ll/2020/12-29/9373851.shtml.

[29] 刘思敏. 依法兴旅与依法治旅是递进关系 [EB/OL]. [2015-02-10]. http://www.ctnews.com.cn/paper/201502/10/node_01.html.

[30] 朱兵, 周刚志. 开创文化和旅游法治建设新格局 [N]. 中国旅游报, 2020-12-10.

[31] 中国旅游报采访组. 乘势而上, 开启文化和旅游新征程 [N]. 中国旅游报, 2020-11-02.

[32] 李晓红. "十四五"时期旅游业将迎来全面开放新格局——访中国旅游研究院副院长李仲广 [N]. 中国经济时报, 2020-08-27.

[33] 王利明. 发挥民法典在国家治理现代化进程中的保障作用 [N]. 光明日报, 2020-01-15.

[34] 郝跃翔. 旅游合同纠纷可以主张精神损害赔偿 [EB/OL]. [2020-11-12]. http://www.ctnews.com.cn/sjyx/content/2020-11/12/content_91187.html.

[35] 何建民. 全面提升旅游市场社会治理体系与治理能力 [EB/OL]. [2017-10-31]. http://m.people.cn/n4/2017/1031/c902-10046549.html.

[36] 戴斌. 依法兴旅、依法治旅的时代背景、战略目标与路径选择 [J]. 旅游学刊, 2015, 30 (3): 1-2.

[37] 陈爱平, 余俊杰. "互联网+旅游"发展提速 如何以数字赋能"旅游×" [EB/OL]. [2020-12-02]. http://www.xinhuanet.com/local/2020-12/02/c_1126810130.htm.

[38] 中国旅游报采访组. 科技创新驱动旅游业提质升级 [EB/OL]. 中国旅游报, 2021-01-07.

[39] 戴斌. 新冠疫情对旅游业的影响及应对方略 [J]. 人民论坛·学术前沿, 2020 (6): 46-52.

[40] 吴志才. 新冠肺炎疫情下的旅游业应对思考 [EB/OL]. [2020-02-17]. http://gs.people.com.cn/n2/2020/0217/c366766-33803905.html.

[41] 严伟，严思平. 新冠疫情对发展的影响与应对策略 [J]. 商业经济研究，2020（11）：190-192.

[42] 陈爱平. 预约旅游渐成旅游消费新习惯 [N]. 经济参考报，2020-07-09.

[43] 孙思琪. 邮轮旅游法律适用论要 [J]. 武大国际法评论，2018，2（2）：120-139.

[44] 刘作翔. 法理学的定位——关于法理学学科性质、特点、功能、名称等的思考 [J]. 环球法律评论，2008，30（4）：37-44.

[45] 李锋，唐晨. 中国旅游产业政策研究：进展、争论与展望 [J]. 北京第二外国语学院学报，2015（3）：22-32.

[46] 李锋. 国外旅游政策研究：进展、争论与展望 [J]. 旅游科学，2015（1）：58-75.

[47] 郑建华. 对民族自治地方立法权行使若干问题的思考 [J]. 理论研究，1998（6）：43-45.

[48] 吴伟. 论法律效力来源 [J]. 理论界，2008（2）：77-78.

[49] DAVIES A，PRENTICE R. Conceptualizing the latent visitor to heritage attractions [J]. Tourism Management，1995，16（7）：491-500.

[50] 李健文，孟庆金，金森. 旅游视角下的博物馆职能演变 [J]. 科普研究，2010，5（25）：25-27.

[51] 马朱炎，葛洪义. 法律责任若干理论问题的探讨 [J]. 法律科学，1990（4）：9-14.

[52] 刘作翔，龚向和. 法律责任的概念分析 [J]. 法学，1997（10）：7-10.

[53] 周永坤. 法律责任论 [J]. 法学研究，1991（3）：31-33.

[54] 夏勇. 权利哲学的基本问题 [J]. 法学研究，2004（3）：3-26.

[55] 杨富斌. 国外旅游立法对我国旅游立法的启示 [J]. 观察与思考，2007（8）：57-57.

[56] 徐智慧. 民法典推动旅游服务质量提升 [N]. 中国旅游报，2021-01-14.

[57] 王春霞. 民法典对旅游者权益保障的影响 [N]. 中国旅游报，2021-01-14.

[58] 郭来喜，吴必虎等. 中国旅游资源分类系统与类型评价 [J]. 地理学报，2000（3）：294-301.

[59] 任红阳，CHEN. 我国旅游环境保护法律法规存在的问题及对策研究 [J]. 经济研究导刊，2015（25）：191-193.

[60] 李宏伟. 推动新时代绿色发展和生态文明建设 [N]. 学习时报，2018-06-04.

[61] 张礼敏. 自洽衍变："非遗"理性商业化的必然性分析——以传统手工艺为例 [J]. 民俗研究，2014（02）：66-74.

[62] 李宗辉. 非物质文化遗产的法律保护——以知识产权法为中心的思考 [J]. 知识产权，2005，（6）：54-57.

［63］包哲钰，罗彪．论民间法对非物质文化遗产保护的可能贡献［J］．山东大学学报，2010（3）：54-59．

［64］马明飞．我国自然遗产保护立法的困境与出路［J］．法律科学，2011（4）：175-180．

［65］傅伯杰，陈利顶．景观多样性的类型及其生态意义［J］．地理学报，1996，51（5）：454-462．

［66］陈矼，曹礼昆，陈阳．三江并流的世界自然遗产价值——景观多样性［J］．中国园林，2004（1）：22-26．

［67］张斌．出台自然遗产保护法［N］．湖南日报，2010-03-07．

［68］焦波．看国外如何妥善保护并利用文物古建［N］．中国文化报，2015-06-12．

［69］何季东．国内外大峡谷景区经典开发案例比较分析［N］．中国旅游报，2014-12-29．

［70］王逸吟．2012年知识产权十大案件公布［N］．光明日报，2013-04-25．

［71］屠少萌．2012年中国法院知识产权司法保护十大案件简介［N］．人民法院报，2013-04-24．

［72］李涛．非物质文化遗产知识产权保护新论［J］．文化遗产，2018（5）：17-24．

［73］孟刚．《民法典》对处理旅游合同纠纷影响几何［N］．中国消费者报，2021-01-18．

［74］王春霞．民法典对旅游合同及纠纷处理的影响［N］．中国旅游报，2021-01-07．

［75］钱玉林．缔约过失责任与诚信原则的适用［J］．法律科学，1999（4）：59-68．

［76］章丽．论表见代理——兼评《民法总则》第172条［J］．湖北工程学院学报，2018，38（4）：97-102．

［77］王利明．违约中的信赖利益赔偿［J］．法律科学，2019（6）：120-130．

［78］于韫珩．违约责任中的信赖利益赔偿［J］．环球法律评论，2015（3）：95-111．

［79］张驰，韩强．民事权利类型及其保护［J］．法学，2001（12）：53-56，61．

［80］郑春玉．论民法法益的存在及其价值［J］．内蒙古大学学报，2005，37（6）：65-69．

［81］杨立新．个人信息：法益抑或民事权利——对《民法总则》第111条规定的“个人信息”之解读［J］．法学论坛，2018（1）：34-45．

［82］李庆雷，芦雅琪．旅游是一种成长方式［N］．中国旅游报，2021-07-08．

［83］陈起行．资讯隐私权法理探讨——以美国法为中心［J］．台湾政大法学评论，2000（64）：297-341．

［84］范江真微．政府信息公开与个人隐私之保护［J］．法令月刊，2001（5）：12-45．

［85］喻玲，李建春．旅游饭店业的发展现状及优势特征分析——以宜宾市为例［J］．

资源与人居环境，2010（8）：70-71.

［86］李俊，南曙光．解读旅游法的实施对旅游行业的影响［J］．企业导报，2014（3）：118-119.

［87］于行行．旅游交通发展存在的问题及其前景分析［J］．山东交通学院学报，2005，13（3）：84-86.

［88］丁凤楚，张玉军．论合法垄断——反垄断法的适用例外制度研究［J］．青海社会科学，2000（6）：105-110，15.

［89］岳振华．如何理解垄断组织形成的原因和影响［J］．历史学习，2009（1）：14-15.

［90］晁金典，周君丽．网络不正当竞争法律规制再考量［J］．法律适用，2014（7）：14-18.

［91］赵佩华，张柳钦，胡赛强．基于演化博弈的造假者与监管方行为研究［J］．经济与管理，2018，32（4）：76-82.

［92］卢金荣，李意．电子商务平台交易双方信任问题的博弈分析［J］．西南石油大学学报，2019，21（1）：14-20.

［93］叶家聪．试论商业竞争的趋势［J］．商业经济与管理，1995（3）：6-7，11.

［94］刘化龙．品牌是商业竞争核心要素［N］．人民日报，2016-11-10.

［95］吴宏伟．论竞争法的政策功能［J］．中国人民大学学报，2001（2）：84-89.

［96］刘小玲，何喆．中国在线旅游行业SCP范式分析——以OTA为例［J］．中国市场，2014（29）：153-155.

［97］盛蕾．国内OTA与传统旅游企业竞合关系研究述评［J］．上海建桥学院学报，2018（1）：28-33.

［98］盛蕾．国外OTA与传统旅游企业竞合关系研究综述［J］．世界地理研究，2019，28（3）：202-212.

［99］刘益．旅游高峰来袭OTA平台搭售情况再调查［J］．计算机与网络，2018，44（18）：10-11.

［100］张今．互联网新型不正当竞争行为的类型及认定［J］．北京政法职业学院学报，2014（2）：2-5.

［101］候建娜，李仙德．在线旅游国内外研究进展与展望［J］．世界地理研究，2011，20（1）：151-158.

［102］谢礼珊，彭家敏，王帅．旅游预订网站顾客所感知的关系利益对顾客忠诚感的影响——兼论替代者吸引力的调节作用［J］．旅游科学，2009，23（5）：50-58.

［103］夏少颜，韩元军．境外在线旅游研究新进展［J］．旅游学刊，2017，32（3）：29-36.

［104］SENECAL S， NANTEL J. The influence of online product recommendations on consumers' online choices［J］．Journal of Retailing，2004，80（2）：159-169.

［105］ KIM W G， KIM D J. Factors affecting online hotel reservation intention between online and non-on-line customers ［J］. International Journal of Hospitality Management，2004，23（4）：381-395.

［106］ Gao L，Bai X.Online consumer behaviour and its relationship to website atmospheric induced flow：Insights into online travel agencies in China ［J］. Journal of Retailing and Consumer Services，2014，21（4）：653-665.

［107］ LEE H Y，QU H L，KIM Y S.A study of the impact of personal innovativeness on online travel shopping behavior：A case study of Korean travelers ［J］. Tourism Management，2007，28（3）：886-897.

［108］ XIANG ZHENG，PAN BING. Travel queries on cities in the United States：Implications for searching engine marketing for Tourist destinations ［J］. Tourism Management，2009（8）：419-430.

［109］肖海婷. 我国户外探险旅游意外伤害事故的规避及法律问题研究［J］. 广州体育学院学报，2016（5）：69-75.

［110］王静. 保险类案裁判规则与法律适用［J］. 北京：人民法院出版社，2013（7）：279-280.

［111］张西林. 旅游安全事故成因机制初探［J］. 经济地理，2003，23（4）：542-546.

［112］傅贵，何冬云，张苏. 再论安全文化的定义及建设水平评估指标［J］. 中国安全科学学报，2013，23（4）：140-145.

［113］陈焱光. 论公民权利救济的基本原则［J］. 武汉商业服务学院学报，2006，20（1）：24-28.

［114］于宏. 权利救济：含义与方法［J］. 法制与社会，2007（7）：36-37.

附 录

案例教学法在“旅游法规：理论与实务”课程中的应用研究

1. 引言

众所周知，教学法是教师和学生为了实现共同的教学目标，完成共同的教学任务，在教学过程中运用的方式与手段的总称，是教师的教授方法和学生的学习方法有机统一的体现。胡庆芳（2014）认为，教学方法体现了特定的教育和教学的价值观念，它指向实现特定的教学目标要求，受到特定的教学内容、具体的教学组织形式的影响和制约①。《旅游法规：理论与实务》作者曾结合课程教学实践撰写教学法探讨的论文（2000），提出“旅游法学”与旅游专业同类型的其他课程相比具有专业性强、难度大、对学生知识结构要求高等特点，作为任课教师要熟悉法学理论、旅游学理论和旅游行业知识、行业动态，以形成自己完整的知识体系，并采用灵活多样的教学方法传授给学生，这样可使学生举一反三，触类旁通，既深化法学理论，又提高学生分析解决旅游业发展中现实问题的能力。在此基础上，作者对诸如情景教学法、启发式教学方法、辩论赛教学法、同类课程横向联合比较法等方法在课程教学中的应用进行阐释②。2005年，作者又专门针对案例教学法在“旅游法规”课程中的应用进行了更加深入的探析，同时，与团队成员共同申报“旅游学科专业教育中的案例教学法研究”项目，并于2007年获陕西省教学成果奖。当前，随着互联网与旅游业态的多样化融合，创新型应用性旅游人才的培养成为重中之重，而案例教学法作为一种行之有效的、有明确目的的、以行动为导向的教学方法，较之传统教学方法具备的特殊功能越来越受到教育教学主体的广泛关注和学习者的普遍喜欢。在此，作者结合对国内外相关研究成果的梳理，探索案例教学法在《旅游法规：理论与实务》课程中的应用，其目的是与从事旅游教育教学工作的各位专家、学者进行深入交流，以提高新时期旅游人才培养的质量。

2. 案例教学法及其相关研究

案例教学法（case methods of teaching）可简单地界定为一种运用案例进行教学的方法，它是英语国家如美国、加拿大等国最主要的教学方法。案例教学法在教学中的应用最早可追溯于古希腊、古罗马时期，那是案例教学法的萌芽时期，如苏格拉底的“问答式”教育、柏拉图的“启发式”教学模式等。现代意义上的案例教学法源于上世纪20年代的美国，哈佛大学首先在MBA相关课程教学中使用了这一教学方法，让师生共同参与并解

---

① 胡庆芳. 优化课堂教学：方法与实践［M］. 北京：中国人民大学出版社，2014（5）：98.
② 王莉霞. 旅游法学教学法探讨［J］. 西安外国语大学学报，2000（4）：104-106.

决讨论实际问题。如要求教师引导学生设身处地地模拟经营一家公司，当学生开始接受这种身份以后，就会真地开始为自己的经营着想，这样的过程促使学生不断提高自己解决问题的能力。因此，案例教学对于哈佛的成功人才培养成效显著，工商管理人才不断地从这里涌向社会，社会也开始逐渐认可这种方法[①]。到了上世纪60年代，美国在旅游教学中开始运用案例教学法，并且逐步对其进行研究分析和梳理。与此同时，法国、加拿大、瑞士、英国以及澳大利亚等国家相继将案例教学法全面引入到旅游专业教学与实践之中，将旅游业相关的典型事例作为教学案例，并对教学案例做了大量的研究工作，如收集、整理、总结、分析、使用、比较等，以提高各种案例在旅游管理专业教学中的运用[②]。

2.1 国外关于案例教学法的研究分析

2.2 国内关于案例教学法的研究分析

3. 案例教学法应用路径解析

3.1 传统案例教学法阐释

3.2 多样化案例教学法实践

（1）情境互动教学法

（2）模拟现场教学法

① 殷. 案例研究：设计与方法［M］. 周海涛，李永贤，李虔，译. 重庆：重庆大学出版社，2010：1-30.
② 于强，钟伟. 国外工商管理案例教学法及其借鉴［J］. 金融理论探索，2006（3）：54-55.

（3）案例辩论式教学法

（4）实践体验式教学法

4. 旅游人才培养中案例教学法应用的实证分析

4.1 样本选择及问卷有效性分析

4.2 学生信息及对案例教学法的认知分析

（1）学生基本信息分析

（2）学生对案例教学法的认知和接受程度分析

（3）卡方交叉分析

（4）学生喜欢或者不喜欢案例教学法的原因分析

4.3　案例教学法的实施及其效果分析

（1）案例教学法实施的基本情况分析

（2）教师对案例的具体选用及传授方式

（3）案例教学法的功能作用及效果分析

5. 国际化创新创业旅游人才培养中《旅游法规：理论与实务》课程案例教学法应用策略

5.1　以“社会凝视”为切入点，增强案例研究成果的有效性

5.2　以学习者参与为导向，激发学习潜能，调动学习主动性

5.3　建立专业课程教学案例库，强化同类课程间的联合

5.4　明确案例教学法的目标与思路，完善其过程评估与反馈机制

5.5 掌握“教”与“学”之间的平衡艺术

6.结语

综上所述，案例教学法是学习者乐于接受的一种教学方法。国际化创新创业旅游人才培养中《旅游法规：理论与实务》课程的案例教学法应用重案例但不惟案例，其着眼点不仅在于应用案例帮助学生分析获得蕴涵其中的那些已形成的旅游管理基本原理、基本知识和专业理论，更重要的是通过案例教学使学生在旅游管理这一领域的创造能力以及解决实际问题能力得到提高和发展，使学生养成未来专家的职业品质，从而缩短学生从校园走向社会以后的岗前培训和心理转型期，提高了专业教育的质量，为用人单位带来无形的效益，也有利于旅游人力资源的合理化配置。但是在教学过程中运用案例教学法时应注意避免以下问题：一是将案例教学停留在教师自己进行案例分析的层面上，缺乏灵活性和创新性，违背了案例教学法的真正内涵；二是案例选用渠道的单一性、单向性或者多来自媒体的报道，教师只注重案例面上的介绍，缺乏学科理论深层次发掘，达不到教学要求；三是选用或引用国外案例缺少“本土化”过程，“水土不服”。